# 人间丹丘

## 台州文化新论

李建军　主编

ZHEJIANG UNIVERSITY PRESS
浙江大学出版社

# 目　录
## Contents

## 下　编　文韵新析

# 绪　论

　　浙江中部沿海，镶嵌着一颗璀璨的明珠。神奇瑰丽的群山辉映出她秀美的风骨，蜿蜒曲折的河流浸润出她灵动的风姿，而青碧浩渺的大海则淘洗出她非凡的风度，她有一个古老的名字——台州，还有一个诗意的雅称——丹丘（神仙所居之地）。

　　台州文化作为浙江中部沿海的地域文化，与全国各地异彩纷呈的地域文化一样，既以多元一体、百川归海的姿态共同熔铸华夏文明，显示出中华文化的共通性、向心力，也以鲜明的自身特色显示出地域文化的丰富性、多元性。那么，置于中国地域文化的谱系中考量，台州文化的区域背景是怎样的？台州文化又经历了怎样的发展历程？台州文化的基本特性又是什么？本书试图回答这些问题。而回答这些问题之前，有必要先对其中的关键词"文化"进行界定。

　　文化是一个歧义繁杂、言人人殊的"大词"，本书也要用此概念，故而在此略作梳理和界定。"文化"一词，据现存文献首见于西汉刘向《说苑·指武》："圣人之治天下也，先文德而后武力。凡武之兴，为不服也，文化不改，然后加诛。"[1]其中的"文化"联系上下文，其意为"以文化之"[2]，即以"文德"教化之，显然是个动词性短语。《汉语大词典》

---

[1]　刘向撰，向宗鲁校证：《说苑校证》，北京：中华书局，1987年，第380页。

[2]　《周易·贲卦·彖辞》："刚柔交错，天文也。文明以止，人文也。观乎'天文'，以察时变；观乎'人文'，以化成天下。"（《周易正义》，李学勤主编标点本，北京：北京大学出版社，1999年，第105页）其中"观乎'人文'，以化成天下"已开始有"以文（人文）化（化成天下）之"意。

释为"文治教化"，大致准确，因为该项释义也可从动词角度理解为"以文治之""以教化之"。"文化"后来又由动词性短语演化为名词，较早者如《文选》所收晋代文人束晳《补亡诗·由仪》云："文化内辑，武功外悠。"李善注云："辑，和也。言以文化辑和于内，用武德加于外远也。"①此处的"文化"已与"武功"相对，变成了名词，指文之治、教之化。

近代以来，学人用"文化"一词去翻译英文"culture"，于是"文化"又衍生出新的义项。英文"culture"由拉丁语"cultura"转化而来，原意为对土地的耕耘和对植物的栽培，以后引申为对人身体和精神两方面的培养，到了中世纪，"cultura"已大致包含从物质生产活动到精神生产活动的广泛含义。当近代学人用"文化"去翻译英文"culture"时，②"文化"就发展出物质和精神生产活动及成果的新义项。现当代中国学界对"文化"的定义，大都基于该义项。《汉语大词典》"文化"条云："人们在社会历史实践过程中所创造的物质财富和精神财富的总和。特指精神财富，如教育、科学、文艺等。"③《不列颠百科全书》国际中文版"文化"条云："人类知识、信仰和行为的整体。在这一定义上，文化包括语言、思想、信仰、风俗习惯、禁忌、法规、制度、工具、技术、艺术品、礼仪、仪式及其他有关成分。"④《中国大百科全书》"文化"条云："人类在社会实践过程中所获得的能力和创造的成果……广义的文化总括人类物质生产和精神生产的能力、物质的和精神的全部产品。狭义

---

① 萧统编，李善注：《文选》，上海：上海古籍出版社，1986年，第909页。

② 最先可能是日本学人用汉语词"文化"去翻译"culture"（英语、法语）、"kultur"（德语），发展出"文化"之新义项，后来又由中国学人将此词的新用法引回国内。参见崔新京摘译《人的哲学》一书相关内容而成的《关于文化概念的词源学考察》，《日本研究》1988年第2期。

③ 罗竹风主编：《汉语大词典》，上海：汉语大词典出版社，1994年，第6卷，第1515页。

④ 《不列颠百科全书》（国际中文版），北京：中国大百科全书出版社，1999年，第5卷，第55页。

的文化指精神生产能力和精神产品，包括一切社会意识形态。"①笔者赞同《中国大百科全书》对"文化"的广义、狭义之分，并在本文写作中主要采用狭义。②

## 一、"另一乾坤"：台州文化的区域背景

### （一）负山表海的自然地理背景

台州位于浙江省中部沿海，居我国大陆海岸线中段。③东濒东海，南邻温州，西连丽水、金华，北接绍兴、宁波，东西长172.80千米，南北宽147.80千米，陆地总面积9411平方千米，其中山地丘陵约占2/3。

台州西北环山，东南濒海，地势由西向东倾斜。中西部与北部，山脉绵延起伏，重峦叠嶂。大雷山横亘中西部，为永安溪与始丰溪分水岭；括苍山雄踞西南部，为椒江水系与瓯江水系分水岭；天台山耸立北部，北与四明山以剡溪为界，南隔始丰溪河谷盆地与大雷山遥遥相对，主脉自华顶沿北东向山脊伸展出境，经新昌、宁海、奉化再折向鄞县，入海为舟山群岛。台州南部还有诸多较低的山峰，为北雁荡山余脉。在括苍山、大雷山、天台山诸山之间，有天台盆地、仙居盆地、临海大田盆地等山间河谷盆地。盆地内，自盆底至盆缘，有平原、台地、低丘与高丘层层分布。台州的平原包括河流冲积形成的河谷平原与海积形成的滨海平原。冲积平原主要分布于河流中下游两岸，较大者有始丰溪畔的天台

---

① 《中国大百科全书》（第二版），北京：中国大百科全书出版社，2009年，第23册，第281—282页。

② 西方学界，文化人类学创始人、英国著名人类学家泰勒在《原始文化》中对文化的定义被认为是经典性的："文化，或文明，就其广泛的民族学意义来说，是包括全部的知识、信仰、艺术、道德、法律、风俗以及作为社会成员的人所掌握和接受的任何其他的才能和习惯的复合体。"（连树声译，上海：上海文艺出版社，1992年，第1页）此定义与《中国大百科全书》所释"文化"的狭义基本一致。

③ 自然地理背景相关内容，参考台州市地方志编纂委员会编《台州市志》总述和卷2"自然环境"，北京：中华书局，2010年，第1—10、165—214页；台州市地方志编纂委员会编《台州地区志》概述和第二章"自然环境"，杭州：浙江人民出版社，1995年，第1—3、7—56页。

河谷平原，永安溪畔的仙居、白水洋、张家渡河谷平原，灵江沿岸的临海大田、城郊平原与涌泉平原，永宁江畔的头陀、澄江平原等。海积平原分布于东南与东部沿海，以椒江入海口南北的温黄、椒北平原最为宽广。

台州境内水系发达，有大小河流700多条，其中流域面积大于100平方千米的江河（包括支流）25条。椒江水系为境内最大的水系，其干流发源于西部仙居县与缙云县交界的天堂尖，向东流经仙居、临海、黄岩、椒江，入台州湾，全长197.70千米，为浙江第三大河。椒江水系由灵江、永宁江与永安溪、始丰溪等干、支流汇合而成，流域面积6613平方千米。

台州海域辽阔，海港众多，海岸线长约740千米，约占浙江省大陆海岸线总长的1/4。200米等深线以内（大陆架）海域8万平方千米。三门湾、台州湾、隘顽湾、乐清湾自北而南布列，近海有台州列岛、东矶列岛等12个岛群。海上出露面积500平方米以上岛屿691个，约占全省岛屿总数的四成。

台州属亚热带季风气候区，大部分境域具有海洋性气候特征，四季分明，但夏冬长、春秋短，季风交替明显，雨量充沛，温暖湿润。

台州负山表海而兼山海之利的地理特征、自然环境和气候特点，为经济社会发展提供了优越条件，为文化传承创新提供了肥沃土壤。南宋陈耆卿《嘉定赤城志》云：

> 台以山名州，自孙绰一赋，光价殆十倍。今以其所登载，质之见闻，秀概神标，炳炳如星日，非若野史浪记，谈河说海，诬诞而不经也。按道书，洞天福地于是邦为盛。夫神仙之事，虽圣贤所不齿，然必有灵区异境，而后宅焉。故州于东南无虑百数，而台山之诡异巉绝，独称雄于世间。闾阎之家面帕帻，亦他邦所无也。夫岂以其巉然之阜，卷然之石，能使人铺说而诵

咏哉。隐几澄思，必有得诸其山之外者矣。[1]

陈氏称扬台州为"灵区异境"，又指出"台山之诡异巉绝，独称雄于世间"，还点出"隐几澄思，必有得诸其山之外者矣"，从"台山之诡异巉绝"导出"得诸其山之外者"，已暗含地灵生人杰之意。王士性《广志绎》云：

> 浙中惟台一郡连山，围在海外，另一乾坤。其地东负海，西括苍山高三十里，浙北则为天姥、天台诸山，去四明入海，南则为永嘉诸山，去雁荡入海。[2]

王氏将台州称为"一郡连山，围在海外"的"另一乾坤"，点出了台州负山表海、自成一片天地的地理格局。喻长霖《台州府志》云：

> 吾台海陆，气象万千。台山高万八千丈，扶舆淑清，方驾五岳。雁宕、括苍，毗连绵亘，名胜甲东南，而海线长数百里，鱼盐蜃蛤，於物繁多。负山表海，泱泱乎大风也哉……台郡山海雄奇，士多磊落挺拔，往往异材特起，无待而兴，后先接踵，项领相望……台地弹丸，然崛起之士，代有闻人……亦颇足为台山生色。[3]

喻氏点出台州"负山表海"的地理特征和"名胜甲东南"的万千气象，又指出"台郡山海雄奇，士多磊落挺拔"，将地理特质（"台郡山海雄奇"）与文化格局（"士多磊落挺拔"）进行有机关联，已是直接阐明地灵人杰之意。

---

[1]　陈耆卿：《嘉定赤城志》卷一九，《台州丛书乙集》本，徐三见点校，上海：上海古籍出版社，2013年，第300页。

[2]　王士性：《广志绎》卷四，《台州丛书甲集》本，朱汝略点校，上海：上海古籍出版社，2013年，第82页。

[3]　喻长霖等：《台州府志》卷一"续修台州府志弁言"，胡正武等点校本，上海：上海古籍出版社，2015年，第16—19页。

### （二）由国而郡而州的建置沿革

台州在周代时属瓯越。①秦王嬴政二十九年（前218）征服瓯越、闽越，以其地置闽中郡，台州境域属闽中郡。秦末刘邦起义，东瓯王摇与闽越王无诸起兵助汉灭秦。汉惠帝三年（前192），封摇为东海王，都城在东瓯（今温岭大溪镇）境，俗称东瓯王，管辖今温州、台州、丽水等区域。以后朝代交替、时运交移，经历回浦县、章安县、临海县、临海郡、台州、台州路、台州府、行政督察区、台州专区、台州地区、台州市的沿革。

汉武帝建元三年（前138）闽越围东瓯，东瓯迁居江淮一带。汉昭帝始元二年（前85），乃于东瓯地置回浦县，因当地有河流弯曲回旋入海而得名回浦县，县治设于回浦（今椒江区章安），这是台州建县之始，属会稽郡，隶扬州。东汉章帝章和元年（87），回浦县改名章安县，"章安"得名可能与"章和"年号有关。东汉顺帝永和三年（138），析章安县东瓯乡置永宁县。东汉献帝建安元年（196），分章安县西北置始平县（今天台、仙居县境）。

三国东吴大帝赤乌十二年（249），分章安县西部及永宁县部分境域置临海县。东吴会稽王太平二年（257），分会稽郡东部置临海郡，隶扬州。郡治初设临海，后徙章安，辖章安、临海、始平、永宁、松阳、罗阳（后改称安阳）、罗江7县，是为台州建郡之始。

西晋武帝太康元年（280），始平县改名始丰县，又分鄞县一部分、章安县北部置宁海县，属临海郡。东晋明帝太宁元年（323），分临海郡南部永宁、松阳、安固、横阳4县置永嘉郡。临海郡辖章安、临海、始丰、宁海4县，后世台州辖境大致形成。东晋穆帝永和三年（347），分始丰县南乡置乐安县（今仙居县），属临海郡。

① 台州建置沿革相关内容，参考《台州市志》卷1政区之第一章沿革，第141—151页。

南北朝时，临海郡辖县如故。

隋文帝开皇九年（589），灭南朝陈，废郡，并临海郡各县入临海县，属处州（开皇十二年改称括州）。开皇十一年（591），于大固山麓置临海镇，移临海县治于此。自此，临海成为历代台州府城所在地。隋炀帝大业三年（607），改州为郡，临海县属永嘉郡。

唐高祖武德五年（622），置台州，以天台山而得名，台州之名自此始。辖章安、临海、始丰、乐安、宁海5县。武德七年（624），宁海县并入章安县。武德八年（625），始丰、乐安、章安3县并入临海县，章安县从此不复再置。台州仅辖临海县。唐太宗贞观八年（634），复分临海县置始丰县。唐高宗上元二年（675），分临海县南部再置永宁县，分始丰县再置乐安县。唐睿宗永昌元年（689），分临海县东北部再置宁海县。武则天天授元年（690）九月，永宁县改称黄岩县，以县西黄岩山而得名。唐玄宗开元二十一年（733），台州隶江南东道，辖临海、始丰、乐安、宁海、黄岩5县。唐肃宗乾元元年（758），台州隶浙江东道。唐肃宗上元二年（761），始丰县改称唐兴县。五代时台州属吴越国，辖县如故。

宋太宗太平兴国三年（978），吴越国除，台州入宋版图，州、县如故，隶两浙路。南宋时，台州隶两浙东路，辖县如故。

元世祖至元十四年（1277），改台州为台州路，隶江浙行中书省浙东道，辖县如故。

明太祖洪武元年（1368），改台州路为台州府，隶浙江行中书省。明宪宗成化五年（1469），分黄岩县南部方岩、太平、繁昌乡置太平县，以其境内有太平山而得名。自此，台州辖临海、黄岩、太平、仙居、天台、宁海6县。

清圣祖康熙元年（1662），台州府隶浙江省绍台道，七年（1668），隶宁台温海道，十一年（1672）隶台海道，二十四年（1685）隶宁台道。

清世宗雍正四年（1726）隶宁绍台道，六年（1728）于玉环山（岛）置玉环厅，厅因山（岛）名，隶温州府。宣统三年（1911）十一月，台州光复，成立台州军政分府，隶浙江省军政府。

民国三年（1914），太平县改名温岭县。二十四年（1935）8月，全省设置专员公署，台州为临海行政督察区，设专员公署（署址设临海县城），辖临海、黄岩、温岭、天台、仙居、宁海6县。二十九年（1940），划南田县全部境域及宁海县东南部、临海县东北部，置三门县，以濒三门湾而得名。三十七年（1948）划为第六行政督察区（台州），辖临海、黄岩、温岭、天台、仙居、三门、宁海7县。

中华人民共和国成立后，台州设台州专员公署，驻临海，辖临海、黄岩、温岭、天台、仙居、三门、宁海7县，以及临海城区、海门2个直属区。1952年10月，宁海县改属宁波专区，宁海从西晋武帝太康元年（280）设县开始即属台州（临海郡），长达1672年，此后离开台州归属宁波。1958年，撤销台州专区，天台、象山2县划属宁波专区，临海、黄岩、温岭、仙居4县划属温州专区。1962年，复置台州专区，辖临海、黄岩、温岭、天台、仙居、三门、玉环7县。

1980年置海门特区，1981年以其行政区域置椒江市，以椒江得名。1986年临海撤县设市，1989年黄岩撤县设市，1994年，温岭撤县设市。1994年8月，撤销台州地区和县级黄岩市、椒江市，设立台州地级市，台州市新设椒江区、黄岩区和路桥区，另外还管辖玉环、三门、天台、仙居4县，代管临海市、温岭市。2017年玉环撤县设市。现今台州市管辖3区（椒江区、黄岩区、路桥区）、3县（三门、天台、仙居），代管3市（临海市、温岭市、玉环市）。

## 二、"后先彪炳"：台州文化的演进理路

台州文化以仙居下汤文化为光辉的起点，迄今约7500—10000年[1]，可以分为四个大的阶段。第一段从史前到隋唐，台州逐渐从"南薄于海"的"僻左"之地融入中华大地，从区域性的瓯越文明融入大一统的中华文明，此期的台州文化可谓"潜龙在渊"；第二段从五代到南宋，台州逐渐从中华文化的边缘区域走向"密迩邦畿，治化声教之所先"[2]的重心区域，从文化输入地演进为文化输出地，此期的台州文化可谓"飞龙在天"；第三段从元代到明清，台州从中华文化的重心区域滑落为边缘区域，从名闻遐迩的王畿辅郡跌落为声名不显的海陬边郡，此期的台州文化可谓"亢龙有悔"；第四段从鸦片战争之后的近代到当下，台州赶上了世界经济从内陆时代走向海洋时代的快车，发挥沿海优势，逐渐走向复兴，此期的台州文化可谓"不自居首、'用九'则吉"。

### （一）潜龙在渊：史前到隋唐，从区域性文明到大一统文明

从史前到隋唐的台州文化，可以分为从史前到战国的瓯越文明、从秦汉到隋唐融入中华文明这样两个时段。

台州历史久远，很早就有人类活动，现已发现旧石器时代的遗存。据学者研究，"1985年还在临、黄两界的灵江下游的凤凰山一带，发现原始人类化石，和旧石器时期的打击石器。黄岩人王智正在灵江江边砂石子堆里得深掘出土的原始人头盖骨、牙齿、股骨等化石，以及石质、骨质、陶质的饰品，经中国社科院古脊椎古人类研究所的有关专家测

---

[1] 浙江省文物考古研究所《仙居下汤遗址勘探报告》："从地层和灰坑等遗迹单位出土的陶片、陶器来看，下汤遗址主体文化内涵可以TN1E1、TN1E2两个探方的3C层为界，分为两个文化时期。1层—3B层为跨湖桥文化时期，根据跨湖桥的测年，距今约7500年。3C层—4E层为上山文化时期，根据上山等遗址的测年，距今约10000年。"2017年未刊稿。

[2] 谢铎：《赤城新志》卷四，《四库全书存目丛书》本，济南：齐鲁书社，1996年，史部第177册，第229页。

试、研究、鉴定，参考浙闽沿海出土文物佐证，称为'灵江人''永宁人'……学者初定年代，可能是原始人群进入古人阶段的遗物、遗存，其年代早于丁村人，迟于马坝人，距今约十万年前"①。

台州新石器时代的遗址众多，分布于灵江上游永安溪和始丰溪沿岸、灵江中下游沿岸、沿海岛屿等区域，以仙居下汤文化为代表。下汤遗址坐落在仙居县城西30千米处的郑桥下汤村北端。据学者研究，"从出土器物形制特征和文化性质看，下汤人已脱离深山的穴居生涯，迁向平原过定居生活。他们以农业经济为主，狩猎、采集为辅，并发展了纺织、制陶和捕捞业，农业和手工业已有了较明确的分工，劳动果实也有所剩余。下汤遗址是目前在浙南地区发现的规模最大、保存最完整、时代最早、文化内涵最丰富的一处人类居住遗址"②。

台州在夏商周时期为瓯越民族居住地。《逸周书·王会解》附录《商书·伊尹朝献》记载伊尹受商汤之命作《四方献令》，有云："请正东符娄、仇州、伊虑、沤深、九夷、十蛮、越沤、鬋文身，请令以鱼支之鞞、□鲗之酱、鲛瞂、利剑为献。"③其中"越"之后的"沤"，据学者的研究，可能就是居住于今温台一带的瓯越部族，这是现今文献中最早关于温台的记载，由此可见商朝初期温台的瓯越部族已与中原存在交往。《逸周书·王会解》记载周成王成周之会的盛况和各方国的贡献，其中有云："西面者正北方……东越海蛤。欧人蝉蛇。蝉蛇顺，食之美。"④据黄怀信先生的研究，"欧"同"瓯"，即东瓯，乃今温台一带的方国部族，其中的"欧人蝉蛇。蝉蛇顺，食之美"云东瓯部族向周成王贡献温顺且肉味鲜美的鳝鱼。由此可见周成王时，瓯越部族仍与中原王朝存在贡纳关系。

---

① 叶哲明：《台州文化发展史》，昆明：云南民族出版社，2006年，第25页。

② 李一、周琦主编：《台州文化概论》，北京：中国文联出版社，2002年，第15页。

③ 黄怀信等：《逸周书汇校集注》（修订本），上海：上海古籍出版社，2007年，第910—912页。

④ 黄怀信等：《逸周书汇校集注》（修订本），第821—834页。

春秋战国时期，台州一带曾建立过东瓯国。据学者研究，"东瓯国经历东越国、瓯余国、东瓯国、东海国、东越国5个历史阶段。东越国和瓯余国时间缺乏史料，难以考明。东瓯国自周元王四年（前473）至汉元封元年（前110）除国，约有362年。自西汉惠帝三年（前192）至元封元年（前110）除国约有82年"①。东瓯国的都城，可能在今温岭大溪。南宋陈耆卿《嘉定赤城志·纪遗门·遗迹》有"古城"条目，云："在黄岩县南三十五里大唐岭东。外城周十里，高仅存二尺，厚四丈；内城周五里，有洗马池、九曲池、故宫基址，窑一十四级，城上有高木可数十围，故老云即徐偃王城也。城东偏有偃王庙。"②其中故老所云的"徐偃王城"，即今温岭大溪古城遗址，该遗址于2002年、2006年进行了两次考古发掘，发掘报告证实，"古城的年代……在西汉初期……现存的温岭大溪古城很可能就是东瓯国的国都王城，东瓯国建都之处应该就在台州地区的温岭大溪"③。那么台州故老为何将东瓯国都城说成是时代更早的徐偃王城呢？笔者推测，温岭大溪的东瓯国都城可能是在时代更早的徐偃王城基础上发展而来。司马迁《史记·赵世家》云，周穆王时"徐偃王反，穆王日驰千里马，攻徐偃王，大破之"。《史记正义》引《括地志》云："大徐城在泗州徐城县北三十里，古之徐国也。《博物志》云：'徐君宫人娠……生偃王。故宫人闻之，更收养之。及长，袭为徐君……'"④可见徐偃王是周穆王时徐国（都城在今江苏北部淮安、宿迁

① 王永献、严振非：《东瓯国历史地位及其价值——台州东瓯文化初探》，林吕建主编《浙江方志研究论坛第二届学术研究会论文集》，杭州：浙江人民出版社，2008年，第305页。另，关于东瓯国史事，详参王永献、严振非编：《东瓯国研究》（北京：中华书局，2005年），周琦《东瓯丛考》（上海：上海古籍出版社，2016年），佟珊、吴春明《从郡县沿革探讨东瓯都城地望》（《厦门大学学报》哲社版，2012年第3期）。

② 陈耆卿：《嘉定赤城志》卷三九，《台州丛书乙集》本，第634页。

③ 浙江省文物考古研究所、温岭市文化广电新闻出版局：《浙江温岭市塘山西汉东瓯贵族墓》，《考古》2007年第11期。

④ 司马迁：《史记》卷四三，点校本二十四史修订本，北京：中华书局，2013年，第2135—2136页。

一带）之君，后被周穆王击破。徐偃王的后裔四处流散，其中一支可能来到台州，在今温岭大溪一带定居建城，成为后来东瓯国都城的雏形。

秦汉之时，台州从区域性的瓯越文明融入大一统的中华文明。公元前221年，秦始皇统一全国，在瓯越、闽越地区设置闽中郡，但实际上并未设立正式的政权机构，瓯越、闽越地区仍是部族自据的局面。公元前210年，秦始皇南巡会稽，一方面把土著越人强行迁往已经华夏化的故吴地，另一方面又把华夏人迁入越地，初步改变了浙江的民族结构。楚汉战争时期，闽越首领无诸、瓯越首领摇因为佐汉有功，先后被汉高祖、汉惠帝立为闽越王、东海王。汉武帝时期，闽越北上侵袭瓯越，瓯越向汉廷求助，闽越退兵。瓯越自知势单力孤，恐闽越再侵，自请举国迁往江淮之间。这段历史即《史记·东越列传》所载："闽越王无诸及越东海王摇者，其先皆越王句践之后也……秦已并天下，皆废为君长，以其地为闽中郡。及诸侯畔秦……项籍主命，弗王，以故不附楚。汉击项籍，无诸、摇率越人佐汉。汉五年，复立无诸为闽越王，王闽中故地，都东冶。孝惠三年，举高帝时越功，曰闽君摇功多，其民便附，乃立摇为东海王，都东瓯，世俗号为东瓯王……至建元三年，闽越发兵围东瓯……庄助以节发兵会稽……浮海救东瓯。未至，闽越引兵而去。东瓯请举国徙中国，乃悉举众来，处江淮之间。"[1]瓯越内迁之后，温台地区的土著越人，纷纷逃往山区，是为"山越"，而中原内地的汉人则"乘虚而入"，陆续移民温台。汉廷在瓯越故地设置回浦乡，属会稽郡鄞县，同时在鄞县设置东部都尉，以加强对南方的统治。从秦始皇南巡会稽之际针对华夏人与土著越人的强制双向移民，到汉武帝时废东瓯国将瓯越土著整体迁入江淮，同时让内地汉人移民温台，温台地区的民族结构发生巨变，促进了该地区的民族融合和华夏化进程，从此台州从区域性的瓯

---

① 司马迁：《史记》卷一一四，点校本二十四史修订本，第3585—3586页。

越文明融入大一统的中华文明。

三国时期，孙吴着意开发东南疆土，台州得到一定程度的发展。黄龙二年（230），孙权派遣卫温、诸葛直率甲士万人，浮海远规台湾，"这是我国历史上大陆和台湾大规模交往的第一次记录，也是我国第一次以政府名义出航台湾，并在台湾行使国家权力的最早证明"，据叶哲明先生的研究，此次远规台湾的出海港口即在台州的章安港。[①] 章安港能够作为甲士万人船队的出海港口，可见彼时章安港已是东南沿海的一个大港。东吴会稽王太平二年（257），分会稽郡东部置临海郡。从汉武帝于瓯越故地置回浦乡到汉昭帝始元二年（前85）置回浦县，再到东吴太平二年（257）置临海郡，在300余年的时间里，台州地区的行政设置从乡升到县再升到郡，这正是台州不断发展的一个结果。东晋到南朝，由于定都南京，中原人士大批南下，加速了南方的开发，温台地区得到进一步的发展。东晋明帝太宁元年（323），又从临海郡中分出永嘉郡，从此温台分家，各为一郡。

隋唐时期，王朝定都关中，台州因远离政治文化中心，开发的力度、速度与六朝比有所减弱、减缓。隋文帝时废临海郡，将郡属各县并入临海县，唐高祖武德五年置台州，武德八年并县后，台州仅辖临海一县。从隋文帝的废郡到唐高祖的并县，行政设置的收缩可见台州发展的滞后。安史之乱后，中原一带大伤元气，大量人口南下，全国经济重心从此开始逐渐从中原移向江南，台州也在此背景下获得了大量的中原移民，经济社会发展开始提速。

从史前到战国的瓯越文明时期，台州出现了下汤遗址所代表的新石器时代文明之光，出现了东瓯国300余年的方国部族文明之光，放在浙江乃至全国都不算落后。从秦汉到隋唐融入中华文明时期，台州艰难跋涉，在从区域性文明融入大一统文明的征途上不断前行，也闪现出一些

---

① 叶哲明：《东吴卫温、诸葛直远规台湾出海港口考析》，《东南文化》1990年第6期。

文化的光芒。

三国时沈莹撰《临海水土异物志》，记载台州风土物产，乃台州著作之始。三国时高察曾隐居天台华顶山麓，乃有史可查的首位台州隐士。西晋时章安人任旭"清贞洁素，学识通博"[①]，屡被征召皆不赴，入《晋书·隐逸传》，乃最早入正史的台州本籍人士。东晋名士孙绰作《游天台山赋》，让天台山声震寰宇，吸引求仙修道之人纷至沓来。南朝宋齐之际名士顾欢隐居天台山，开馆聚徒度过了大半生。陈隋之际的智者大师上天台，开创第一个中国化的佛教宗派天台宗。初盛唐之际的司马承祯上天台，开出上清派南岳天台系。智者大师、司马承祯两位宗教领袖入台，吸引了海内外众多的佛道门徒和文人学士赴台，为台州成为扬名四海的佛宗道源奠定了基础。与此相关，孟浩然、李白、寒山子、钱起、韦应物、陆羽、顾况、元稹、刘禹锡、贾岛、李绅、陆龟蒙、皮日休、杜荀鹤、方干、许浑、任翻等众多唐代诗人，循着大师的足迹，来到浙东，登览台岳，或慕名游览，或学道求仙，或遁世隐居，目的大都与"乐彼长生道"[②]有关，为浙东唐诗之路的形成积淀了底色，为浙东唐诗之路目的地（天台山）的形成奠定了基础。还可一提的是，骆宾王、郑虔、沈佺期等大诗人贬谪台州，有力推进了当地的文教事业。晚唐时，台州终于出现了一位本籍的大诗人项斯。

总的来说，从秦汉到隋唐，台州在濡染关陇文化、中原文化等先进文化，融入华夏文明的征程中不断前行，在佛道文化创造等方面已显露出自己的特色和优势，但在儒学、文学、艺术、科技、教育等方面还有待进一步发展。吴子良《赤城集序》云："天台山至晋孙兴公始传，晋以前不知几千年矣，何传之晚也！自晋以来，历宋、齐、梁、陈、隋、唐，

---

① 房玄龄等：《晋书》卷九四，北京：中华书局，1974年，第2439页。

② 孟浩然《宿天台桐柏观》有"纷吾远游意，乐彼长生道"诗句，可代表唐代诗人入浙东的心声。诗见佟培基：《孟浩然诗集笺注》卷上，武汉：湖北教育出版社，2017年，第11页。

天台人物见简册落落才十数人。"①其中的"天台"乃台州代称，吴子良感叹自晋至唐台州人物"见简册落落才十数人"，正是此期台州尚未充分发展起来，人才寥落，文化整体处于"潜龙在渊"状态的反映。

## （二）飞龙在天：五代到南宋，从边缘区域到全国重心区域

从五代到南宋的台州文化，可以分为五代到北宋加速发展、南宋臻于鼎盛两个时段。

五代时，割据浙江一带的吴越国定都杭州，奉行"保境安民"的基本国策，社会安定，百姓安居乐业。台州作为邻近都城的州郡之一，受到统治者的青睐，吴越国派来台州的28任刺史中，钱氏王族就占了9任。吴越政权奖励农耕，大兴水利，开凿官河，初步形成温黄平原的人工河网，有力促进了台州的经济社会发展。北宋时定都中原，但汉唐时发挥贸易通道作用的河西走廊陷入西夏之手，北方的陆路外贸受阻，于是政府转而重点发展东南海上贸易，全国经济重心逐渐完成了向东南地区的转移，东南已是朝廷的主要经济依赖，时人已有"自祖宗以来，军国之费，多出于东南"②，"国家根本，仰给东南"③这样的认识。而两浙在东南地区中又占据着举足轻重的地位，"二浙财赋为天下之最"④，"两浙之富，国用所恃，岁漕都下米百五十万石，其它财赋供馈不可悉数"⑤，

---

① 吴子良：《赤城集序》，见林表民辑《赤城集》卷首，《台州丛书乙集》本，上海：上海古籍出版社，2013年，第1页。

② 李焘：《续资治通鉴长编》卷四六六"哲宗元祐六年九月甲寅"条，北京：中华书局，1993年，上海师大古籍所、华东师大古籍所点校本，第31册，第11141页。

③ 脱脱：《宋史》卷三三七《范祖禹传》，北京：中华书局，1977年，第10796页。

④ 范仲淹：《范文正集》卷一四《龙图阁直学士工部郎中段君墓表》，文渊阁《四库全书》本，台北：商务印书馆，1986年，第1089册，第719页。

⑤ 苏轼：《苏轼文集》卷三二《进单锷吴中水利书状》，北京：中华书局，1986年，孔凡礼点校本，第916—917页。

"朝廷经费之源，实本于此"①。台州作为两浙路中的沿海州郡，与日本、韩国和东南亚国家的海上贸易发达，经济社会发展步入快车道，人口迅速增加。唐玄宗天宝元年（742）时，台州仅8.38万户、48.9万人；到宋徽宗大观三年（1109），台州人口已达24.35万户，约为唐代的3倍，成年男丁与幼丁已达48.99万人，几乎与唐代天宝元年的男女总人口数持平；到南宋嘉定十五年（1222），台州人口已达26.6万户，成年男丁与幼丁已达58.81万人。②

　　南宋偏安江南，杭州一跃成为全国政治、军事、经济和文化中心，台州作为王畿辅郡，进入了发展的鼎盛时期。靖康之难，北方沦陷，原籍北方的王室贵族、达官显宦、学者文士纷纷南迁，其中很多人徙居浙江，进入台州。据学者统计，"当时迁入天台县境的有99个姓氏，迁入三门县境的有32个姓氏，迁入温岭县境的有22个姓氏，迁入玉环县境的有10个姓氏，迁入州治所在的临海县境的人数肯定更多。现在的临海城关赵巷一带，就是当时南迁皇族的聚居地"③。除此之外，还有大量的官员、文人侨寓台州，如位居宰执的吕颐浩、陈与义、谢克家、贺允中等。这些北方高素质人士的徙居（定居或侨寓），为台州注入了新鲜血液，植入了文化基因，为台州文化的昌盛奠定了基础。

　　台州文化从五代到北宋加速发展，到南宋臻于鼎盛。我们首先可以从人才的兴盛、科举登第人数的变迁管窥一二。详情见表0.1。

---

① 徐松：《宋会要辑稿》食货七之四三，北京：中华书局，1957年，第4927页。

② 喻长霖：《台州府志》卷四《户口表》，胡正武等点校本，第133页。

③ 李一、周琦主编：《台州文化概论》，第34页。

表0.1 台州历代进士人数①

| 县名 | 合计 | | 唐 | | 宋 | | 元 | | 明 | | 清 | |
|---|---|---|---|---|---|---|---|---|---|---|---|---|
| | 文 | 武 | 文 | 武 | 文 | 武 | 文 | 武 | 文 | 武 | 文 | 武 |
| 临海 | 357 | 23 | / | / | 217 | 12 | 6 | / | 125 | 3 | 9 | 8 |
| 黄岩 | 198 | 17 | / | / | 125 | 7 | / | / | 57 | / | 16 | 10 |
| 温岭 | 18 | 12 | / | / | / | / | / | / | 16 | 8 | 2 | 4 |
| 天台 | 85 | 12 | / | / | 45 | 4 | 2 | / | 31 | / | 7 | 8 |
| 仙居 | 105 | 112 | 2 | / | 79 | 104 | / | / | 23 | / | 1 | 8 |
| 宁海 | 131 | 8 | / | / | 108 | 1 | 1 | / | 19 | 2 | 3 | 5 |
| 不明 | 13 | / | / | / | 13 | / | / | / | / | / | / | / |
| 合计 | 907 | 184 | 2 | / | 587 | 128 | 9 | / | 271 | 13 | 38 | 43 |

从表0.1可以看到，台州的文武进士，唐代仅2人，宋代715人，元代9人，明代284人，清代81人，宋代进士数约占台州进士总数的三分之二，远超其他朝代进士数的总和，由此可见台州宋代科举登第人数之夥、人才之盛。宋代715名文武进士数中，北宋仅40余名，其余670余名皆出自南宋，于此又可见南宋的人才之盛。南宋进士中，进入一甲三名（状元、榜眼、探花）的有6位。详情见表0.2。

表0.2 台州历代文武状元、榜眼、探花名录②

| 姓 名 | 籍贯 | 中举时间 | 主要官职 | 生卒年 |
|---|---|---|---|---|
| 王会龙 | 临海 | 宋宝庆丙戌（1226）文科状元 | 著作郎，严州、泉州知州，太府卿 | 1192—？ |
| 泰不华 | 临海 | 元至治辛酉（1321）文科状元 | 礼部尚书，江东廉访使，浙东道宣慰使，台州路达鲁花赤 | 1304—1352 |
| 秦鸣雷 | 临海 | 明嘉靖甲辰（1544）文科状元 | 吏部、礼部侍郎，南京礼部尚书 | 1518—1593 |

---

① 《台州市志》表28—2，第1678—1679页。

② 《台州市志》表28—3，第1679页，格式略有调整。

续表

| 姓　名 | 籍贯 | 中举时间 | 主要官职 | 生卒年 |
|---|---|---|---|---|
| 杜文甫 | 临海 | 宋咸淳辛未（1271）文科榜眼 | 国子博士 | 1231—1291 |
| 杜　宁 | 天台 | 明宣德丁未（1427）文科榜眼 | 兵部左侍郎，福建左参政 | 1404—1473 |
| 喻长霖 | 黄岩 | 清光绪乙未（1895）文科榜眼 | 翰林院编修，京师大学堂监督 | 1857—1940 |
| 王居安 | 黄岩 | 宋淳熙丁未（1187）文科探花 | 工部侍郎，温州、福州知州 | 约1151—1233 |
| 裘　淳 | 天台 | 宋开禧乙丑（1205）文科探花 | 武安军节度推官 | |
| 卢原质 | 宁海 | 明洪武戊辰（1388）文科探花 | 太常少卿 | ？—1402 |
| 赵　象 | 临海 | 明正统丙辰（1436）文科探花 | 湖广按察使 | 1399—1467 |
| 叶　崇 | 临海 | 宋嘉泰壬戌（1202）武科状元 | 柳、澧、沅州知州 | |
| 陈正大 | 仙居 | 宋嘉定庚辰（1220）武科状元 | 钦、沅州知州 | |
| 陈桂芬 | 天台 | 清同治戊辰（1868）武科状元 | 广东南雄府副将 | 1848—1882 |
| 张　鈇 | 临海 | 明嘉靖甲辰（1544）武科探花 | 温、处参将 | 1504—1566 |

从表0.2可以看到，台州总共出了文科类状元、榜眼、探花10人，武科类状元、榜眼、探花4人，合计14人，其中宋代6人、元代1人、明代5人、清代2人，宋代占到总数的43%，远超其他朝代，而且宋代的这6人全部出自南宋，可见南宋的彬彬之盛。

屈映光《续修台州府志序》云："逮于两宋，人才最盛。二徐以儒宗著，康肃以直节称，南湖以学派传，清献以相业显，康敏以耿介终，后先彪炳，更仆难数。至考亭使节南来，台士闻风兴起，著籍者众，俊乂如林，宋景濂所谓'晦翁传道江南，而台特盛，世称小邹鲁'者是也。"①点出二徐（徐中行、徐庭筠）、康肃（吴芾）、南湖（杜煜）、清献（杜范）、康敏（黄超然）等台州两宋名士"后先彪炳，更仆难数"，又点出"考亭（朱熹）使节南来"对台州文教事业的极大推动，使得台州成为"小邹鲁"。屈氏之论，并非过誉。

---

① 屈映光：《续修台州府志序》，喻长霖《台州府志》卷首，胡正武等点校本，第1页。

台州从五代到南宋的文化昌盛，体现在儒学、佛学、道学、教育、文学、史学、艺术、科技等多方面的百花齐放、争奇斗艳。儒学方面，在朱熹的提振下，形成了以朱子弟子杜煜、杜知仁为首，以车瑾为同调，以杜范为家学弟子，以丘渐、车似庆、车似度、蔡梦说、车若水、戴亨、方仪、盛象翁、潘希宗、金叔明等弟子及再传弟子、三传弟子为羽翼的南湖学派。[①]台州儒学的兴盛与朱熹两主台州崇道观、一次提举浙东，按行台州讲学授徒息息相关。宋濂云："自我齐国文公绍伊洛之正绪，号为世嫡，益衍而彰，传道受业者几遍大江之南，而天台为极盛。时则有潘子善氏、林叔恭氏、赵几道氏兄弟，以及杜仲良氏，如此者不能遍举，皆见而知之。推原体用之学，敷化弘治，而风动于四方，重徽叠照，于斯为至。"[②]点出了朱熹（文公）传道江南，"天台为极盛""于斯为至"的盛况。佛学方面，则有禅宗支派法眼宗高僧德韶入天台山广建道场、弘扬佛法，其弟子延寿亦入天台，著《宗镜录》100卷；天台宗高僧知礼，发动山家山外之争，中兴天台学。道学方面，则有天台人张伯端集道教内丹学说之大成，著《悟真篇》，晚年在天台山桐柏宫授徒传道，后被尊为道教南宗始祖，桐柏宫亦被奉为南宗祖庭。

教育方面，州学、县学相继建立，弦歌不辍。另外，各地书院兴起，如临海上蔡书院、观澜书院，黄岩柔川书院、樊川书院，天台竹溪书院、龙溪书院，仙居桐江书院，宁海五峰书院，等等，均名闻遐迩。文学方面，北宋杨蟠"平生为诗数千篇"[③]，深得欧阳修、苏轼等文豪的赞许；两宋之际的陈克乃著名词人，"著有《赤城词》一卷……清绮婉

① 黄宗羲、黄百家、全祖望：《宋元学案》卷六六《南湖学案》，北京：中华书局，1982年，第2121—2136页。关于南湖学派，详参严振非：《台州理学南湖学派史》，上海：上海古籍出版社，2015年。

② 宋濂：《宋濂全集》之《芝园前集》卷七《故愚庵先生方公墓版文》，杭州：浙江古籍出版社，1999年，第1281页。

③ 脱脱：《宋史》卷四四二，北京：中华书局，1977年，第13086页。

约，直接花间，在北宋诸家中可与永叔（指欧阳修，引者注）、子野（指张先，引者注）抗行一代，虽所传不多，吾浙称此事者，莫之先矣"①。南宋的陈骙著《文则》，乃现存文话第一书，是我国第一部较为系统的修辞学专著；南宋中后期的陈耆卿、吴子良是宋代浙东文派嬗变阶段"文胜于学"的主要代表②；大致与陈耆卿同时代的戴复古为江湖诗派的领袖人物之一。史学方面，赵师渊与其师朱熹一道编撰《资治通鉴纲目》，开纲目体史书编撰之先河；宋元之际的胡三省撰《资治通鉴音注》，是研究《通鉴》最完整、最详细、最有价值的参考资料；另外，陈耆卿纂《嘉定赤城志》乃台州第一部总志，跻身宋代名志之列。艺术方面，中国戏剧最早的成熟形式——南戏即发源于温台地区，现存最早的南戏剧本《张协状元》中，有《台州歌》等鲜明的台州文化印记。科技方面，徐似道撰《检验尸格》，乃我国首部司法验尸技术专著；赵汝适撰《诸蕃志》，为我国首部记述中外交通、贸易与外国物产风土的志书；陈景沂撰《全芳备祖》，被后人称为我国首部植物学辞典；陈仁玉撰《菌谱》，为目前所知世界最早的食用菌专著。

南宋吴子良《赤城集序》梳理晋代以降的台州文脉，云："本朝始渐盛，南渡迄今始益盛，而距晋亦且千年矣，又何盛之晚哉！得非发露之骤者盘郁浅，韬晦之久者培养深，气脉俟时数而转旋，文献由风化而薰灼，倪会至而机动，自有不容掩遏者耶？"③点出"本朝始渐盛，南渡迄今始益盛"的文化之盛，又指出此种兴盛乃是千年的"韬晦""培养"所致。确实如此，台州从秦汉开始融入中华文明，一直处于"潜龙在渊"的状态，经过千年积淀，终于在南宋"飞龙在天"，从中华文化的边缘区域走到了重心区域。

---

① 李慈铭：《越缦堂读书记》，北京：中华书局，2006年，第912页。

② 详参李建军：《宋代浙东文派研究》，北京：中华书局，2013年，第323—346页。

③ 吴子良：《赤城集序》，见林表民辑《赤城集》卷首，《台州丛书乙集》本，第1页。

### （三）亢龙有悔：元代到明清，从王畿辅郡滑落为海陬边郡

从元代到明清的台州文化，可以分为元代的失速跌落、明代的止跌回升和清代的踉跄前行三个时段。

元代是台州文化从南宋最高峰一路失速跌落下来的深谷。元朝统治者实行民族歧视和压迫政策，将国内居民分为蒙古人、色目人、汉人、南人四等，所谓南人即原南宋境内的汉人。台州是南宋末代太后谢道清的桑梓之地，是沾溉南宋皇恩最多的地域之一，宋元鼎革之际曾激烈地反抗蒙元入侵。元朝一统天下后，在统治者眼中，台州人可谓"南人"中的"南人"，致使台州的发展举步维艰。据《台州府志·户口表》，台州在南宋嘉定十五年（1222）时有26.6万户，到元朝时缩减到19.64万户。[①]户口的缩减正是台州由宋入元失速跌落的写照。

明代是台州文化止跌回升、再次兴盛的一个时段。元明易祚之际，方国珍割据浙东，保境安民，台州社会相对稳定，未受到大的战乱影响。明代定鼎后，兴修水利，奖励垦荒，台州的农业、手工业、商业都有较快的发展，出现了白鹤、平桥、街头、坦头、珠岙、亭旁、杜桥、横峰等一大批繁荣的市镇。明宪宗成化五年（1469），分黄岩县南部方岩、太平、繁昌乡置太平县，台州的辖县又增加了一个，于此又可见台州南部得到了充分发展，已到了分乡设县的地步。明朝中叶后，台州备受倭寇的侵扰，但经济社会发展呈现出一定的韧性，相较元代仍有较大的进步。明代台州经济社会发展的较好态势，为台州文化在宋代之后的再次兴盛奠定了基础。

清代是台州文化低位震荡、踉跄前行的一个时段。明清改朝换代之际，台州曾是福王的南明小朝廷重点管辖区域之一，郑成功、张煌言等名将均在此地进行过多年的抗清斗争。清廷为围困游弋于海岛的抗清势

---

① 喻长霖：《台州府志》卷四《户口表》，胡正武等点校本，第133页。

力，厉行海禁接近四十年，台州成为海禁政策的重点区域，渔业、对外贸易等经济活动受到沉重打击。康熙二十二年（1683）清军平定台湾后，才逐步解除海禁，台州的渔业、外贸等经济活动触底反弹。但好景不长，乾隆二十二年（1757），清廷又重新实行闭关自守政策，只留广州作为外贸窗口，撤销其他沿海贸易口岸，台州的海洋经济再次遭遇重创。与元代一样，清代也实行民族歧视和压迫政策，台州作为清初抗清活动最剧烈的地区之一，饱受统治者的猜忌。顺治十八年（1661）的"两庠退学案"，被统治者上纲上线为"诸生近海，谋且叵测"，结果造成8人死亡、60余人流放的青衿之厄，可谓台州文化史上的至暗时刻，导致台州文教式微长达百年。

元明清三代台州文化的发展曲线，可以从进士数、入正史人物数管窥一二。从上文所列《台州历代进士人数》图表可知（唐代2人、宋代715人、元代9人、明代284人、清代81人），元代是真正的低谷，进士数仅有宋代的1.3%，明代是宋代后第二个人才高峰，进士数达到宋代的39.7%，清代则又是一个低谷，进士数仅有宋代的11.3%。元明清三代台州文化的发展，还可从入正史人物数比较中发现轨迹。详情见表0.3。

表0.3　二十五史人物传名录[①]

| 朝代 | 合计 | 临海 | 黄岩 | 温岭 | 仙居 | 天台 | 宁海 |
|---|---|---|---|---|---|---|---|
| 晋 | 1人 | 任　旭 | | | | | |
| 南齐 | 1人 | 吕文显 | | | | | |
| 唐 | 1人 | | | | 项　斯 | | |
| 宋 | 20人 | 陈公辅　陈良翰　陈骙　谢深甫　杨蟠　徐中行　徐庭筠　商飞卿　江仲明　谢道清 | 王居安　杜范　杜浒　杜谊　郭琮 | | 吴芾　蒋煜 | 贾涉　贾似道 | 叶梦鼎 |

---

[①] 《台州市志》表28—1，第1678页，表格有调整，增加合计一栏。

| 朝代 | 合计 | 临海 | 黄岩 | 温岭 | 仙居 | 天台 | 宁海 |
|---|---|---|---|---|---|---|---|
| 元 | 9人 | 周仁荣 陈 孚<br>泰不华 周敬孙<br>周仔肩 | 赵与熏<br>孟梦恂<br>陶宗媛 | | | 杜 本 | |
| 明 | 55人 | 朱 右 王宗沐<br>陶 凯 陈 基<br>王士性 危贞昉<br>陈员韬 戴德孺<br>陈 选 王士琦<br>王士崧 叶见泰<br>王士昌 东湖樵夫<br>叶惠仲 陈函辉<br>郑 华 | 陶宗仪 方国珍<br>刘仁本 王叔英<br>徐宗实 黄孔昭<br>王 爝 曾 铣<br>王 鐌 黄 绾<br>卢明诹 吴执御<br>陈 圭 | 林 鹗<br>谢 铎<br>张元勋 | 朱 煦<br>郑 恕<br>卢 回<br>吴时来 | 徐善述<br>赵季通<br>徐一夔<br>鲁 穆<br>夏 埙<br>庞 泮<br>夏 鍭<br>许敬轩<br>齐 汪 | 方孝孺<br>詹 鼎<br>叶伯巨<br>郑士利<br>卢原质<br>方克勤<br>郑公智<br>林嘉猷<br>叶 兑 |
| 清 | 11人 | 洪颐煊 洪坤煊<br>洪震煊 金 鹗<br>宋世荦 蒋懋勋 | 李 诚 罗江泰<br>蔡慧奴 | 戚学标 | | 齐召南 | |
| 合计 | 98人 | 40人 | 24人 | 4人 | 7人 | 13人 | 10人 |

从表0.3可以看到，台州入二十五史人物传的共有98人，其中宋代之前入正史者仅3人、占比3%，宋代20人、占比20.4%，元代9人、占比9.2%，明代55人、占比56.1%，清代11人、占比11.2%。明代人数最多、占比最高，其次为宋代、清代、元代。由此可见，明代确实是可比肩宋代的台州文化又一高峰，元代乏善可陈，清代也处于低位。

通观元明清三代，台州文化还是有一些亮点。儒学方面，明初的方孝孺，明代中叶的谢铎、金贲亨、黄绾都是一代大儒。文学方面，谢铎诗文俱佳，乃茶陵诗派的重要作家。元末明初的朱右"刻意为诗歌文词，动以古人为法"[1]，诗文皆工，曾将唐代韩愈、柳宗元，宋代欧阳修、曾巩、王安石和"三苏"（苏洵、苏轼、苏辙）的优秀散文编为《六先生文集》，开"唐宋八大家"之先河。稍后的陶宗仪节录前人小说、笔记等

---

① 喻长霖：《台州府志》卷一一七《朱右传》，胡正武等点校本，第5003—5004页。

*资料编成*《说郛》120卷，乃说部巨著。晚明的陈珍乃明代台州最杰出的女诗人，有诗集《绣佛斋草》传世。清代前中期的齐周华撰游记杂文集《名山藏副本》，颇得文人好评。清代中期的宋世荦"文名籍甚，一时瑰伟之士咸相与往来论交"①，著有《扶风杂咏》《韦川诗征》等。朴学方面，齐召南的《水道提纲》，李诚的《万山纲目》和《水道提纲补订》，戚学标的《汉学谐声》，洪颐煊的《管子义证》《诸史考异》，金鹗的《求古录礼说》等，都是有全国影响的著作。艺术方面，元代的柯九思曾担任奎章阁鉴书博士，是当时一流的书画家。宗教方面，元代的一山一宁任江浙诸路释教总统，奉诏出使日本被扣，后成为日本国师。地理学方面，晚明的王士性足迹遍及当时的两京十二省，著《五岳游草》《广游志》和《广志绎》，其在人文地理学上的开拓，可与同时期徐霞客在自然地理学上的贡献双峰并峙。

总之，台州文化从元代的跌落到明代的回升再到清代的跟跄，可谓一波三折。谢铎《赤城新志》云："况我圣祖，用夏变夷，移风易俗之功，上轶于宋，而台犹在近服，为王化之所不后者乎。"②点出明代"上轶于宋"的文教盛况，合乎实情。王舟瑶《光绪台州府志例言》云："由元迄明，渊源未泯，正士名臣，尚相接踵。近二百年，风流渐歇，继起无人，深可太息。"③王舟瑶《台学统序》云："吾台之学，远有端绪，代出名儒，近二百余年，继起无人，黯然寡色，虽词章训诂，间有所闻，而名臣硕儒，竟乏其选，以视宋明，瞠乎在后，实为吾辈之大耻。"④既点出由元迄明"正士名臣，尚相接踵"的文化传承之盛，又慨叹清代的"风流渐歇，

---

① 喻长霖：《台州府志》卷一〇五《宋世荦传》，胡正武等点校本，第4612—4613页。

② 谢铎：《赤城新志》卷四，《四库全书存目丛书》本，史部第177册，第229页。

③ 喻长霖：《台州府志》卷首，王舟瑶《光绪台州府志例言》，胡正武等点校本，第9页。

④ 王舟瑶：《台学统序》，王棻《台学统》卷首，《续修四库全书》本，上海：上海古籍出版社，2002年，第545册，第2页。

继起无人""以视宋明，瞠乎在后"，也颇为允当。屈映光《续修台州府志序》云："三百年来，台士如齐召南、冯甦、洪若皋、李诚、戚学标、黄濬等最为知名。然文学有余，而德业勋名尚未光显。"[1]点出清代台州人士"德业勋名尚未光显"，从人才角度反映出清代台州在全国影响力的缺乏，大致符合台州文化入清之后的颓势。总览元明清三代的台州文化，虽有明代的中兴，但前有元代的跌落，后有清代的颓势，总体水平低于五代到南宋的文化成就。台州从五代南宋时期的中华文化之重心区域滑落为边缘区域，此期的台州文化可谓"飞龙在天"之后的"亢龙有悔"。

### （四）用九则吉：近代到当下，从内陆时代走向海洋时代

从近代到当下的台州文化，可以分为近代以降的一阳来复、民国时期的蹒跚前行、1949年以来的走向复兴三个时段。

鸦片战争以后，国门洞开，台州被裹入从内陆时代走向海洋时代的世界经济大潮。光绪元年（1875），台州港的主要港埠从葭沚外移海门，大量的洋货经海门涌入台州，台州港在唐宋以降沉寂数百年后开始重新走向繁荣。另外，受到外来西方文明的刺激和国内洋务运动的影响，台州开始了艰难的近代化进程。近代航运业兴起，外海航运和内河航运呈现出初步繁荣局面，近代邮电业逐步发展起来，民族工商业也开始起步。经济发展的同时，人口也在快速增长。据《台州府志·户口表》，雍正时台州有7.01万户，人口22.51万人，到清末的宣统初年，台州已有226.62万人，[2]总人口是雍正时的10倍左右。

晚清的台州文化与清代前期、中期的颓势相比，呈现一阳来复的新趋势。清代台州共有文科进士38人，其中光绪一朝就有17人，占到总数的45%，可见晚清台州人才之盛。晚清之际，台州涌现了黄濬、王棻、

---

① 屈映光：《续修台州府志序》，喻长霖《台州府志》卷首，胡正武等点校本，第1页。

② 喻长霖：《台州府志》卷四，胡正武等点校本，第134页。

王舟瑶、喻长霖、杨晨、王咏霓、章梫、管世骏、王彦威等一大批闻名全国的学者、文士、官员，出现了《壶舟诗存》（黄濬撰）、《台学统》（王棻撰）、《中国学术史》（王舟瑶撰）、《清儒学案》《古今中外交涉考》《清大事记》《九通会纂》《经义骈枝》《两浙文徵》（喻长霖撰）、《台州府志》（王舟瑶、喻长霖等撰）、《三国会要》（杨晨撰）、《函雅堂全集》（王咏霓撰）、《康熙政要》（章梫撰）、《汉管处士年谱》（管世骏撰）、《清季外交史料》（王彦威、王亮编纂）等一大批重要著述，还出现了屈苣缠、屈蕙缠两位才女姐妹，其唱和诗集《同根草》较有影响。

民国以降，台州历经军阀统治时期、土地革命战争时期、抗日战争时期和解放战争时期四个时期，政局动荡，但经济社会仍有所发展。1914年，台州贤达杨晨、黄楚卿、屈映光、周继漾等创办海门振市公司，赎回被天主堂外国教士在清末廉价强购去的沿江涂地和码头等，开辟振市街，发展海门商业。1934年，黄泽路南延至乐清县馆头路段，黄泽路北延经黄岩、临海、天台、新昌的公路先后筑成，从此第一条纵贯台州的公路干线全线筑成。同年，当时浙东最大的水利工程，使用现代科技施工的新金清闸竣工。现代农业科技开始引进，1936年在黄岩成立省园艺改良场，为国内最早设立的柑橘研究机构。与此同时，永宁江流域的柑橘种植形成产业，规模已居全省首位。抗日战争时期，台州饱受侵华日军的蹂躏，经济社会发展几乎陷于停滞状态。抗战胜利后，国民党在台州的统治摇摇欲坠，中国共产党领导的人民解放战争席卷台州，迅速获得胜利。

民国时期，台州人才辈出。辛亥革命时期，台州涌现了王文庆、杨哲商等一大批志士仁人，据《台州市志》，列入台州辛亥革命志士名录的就有163人。[①]另外，列入民国台州籍中将、上将名录的将军有周至柔、

---

① 《台州市志》表28—5，第1683页。

方策等38位。① 同时，台州这片土地也孕育了郭凤韶、林炯等一大批为共产主义理想而奋斗的革命志士。民国时期的台州文化人，群星璀璨。文史名家项士元，一生著述丰富，有《中国簿录考》《浙江通商史迹》《浙江新闻史》《浙江方言考》《两浙艺文志》《台州经籍志》等约130种，中华人民共和国成立后，项先生又成为台州文博系统的奠基人。一代名儒柯璜，有《孔学十年大事记》《书画妙处》《人生基础哲学》《绿天斋书画初集》《绿天斋文刊》等多种著述，与此同时，潜心书画，盛名传世。散文家、翻译家陆蠡，著有散文集《海星》《竹刀》《囚绿记》等，翻译了俄国屠格涅夫《罗亭》、英国笛福《鲁滨逊漂流记》、法国拉·封丹《寓言诗》、法国拉马丁《希腊神话》等，在中国现代文学史上有一定影响。另外，还可一提的是辛亥志士屈映光，早年参加革命，后来退出政坛，专志学佛及救灾慈善事业，著有《金刚经诠释》《心经诠释》《无量寿经诠释》等，在佛学界有一定影响。

中华人民共和国成立后，台州翻开了新的一页。改革开放前，由于台海关系等多种因素的影响，国家对台州的投资较少，台州的建设项目不多，工业基础薄弱，再加上自然性经济资源相对贫乏，台州的发展相对滞后。改革开放以来，台州以农村经济改革为突破口，以产权制度改革为重点，积极扶持和发展以股份合作和个体私营为主要形式的民营经济，主动投入海洋经济的时代大潮，经济社会发展主要指标跻身全国沿海发达地区行列，走出了一条具有鲜明区域特色的现代化之路。中华人民共和国成立70年来，"台州人民以自己的聪明才智、勤劳勇敢和开拓创新，吹响了中国民营经济发展的先锋号，引领了区域经济的蓬勃发展，创造了世人瞩目的'台州现象'。台州经济总量从1949年的1.32亿元增加到2018年的4875亿元，年均增长10.0%。人均生产总值从1949年的55

---

① 《台州市志》表28—6，第1683—1684页。

元增加到80644元，年均增长8.5%，已达到中等偏上收入国家水平（按世界银行划分标准）。先后荣获'中国民营经济最具活力城市''中国最佳商业城市''中国最具幸福感城市''全国文明城市'等多项荣誉，从各方面彰显了台州的影响力和美誉度"[1]。改革开放以来，台州重新崛起，跻身全国沿海发达地区行列，从发展的边缘区域重回重心区域。

　　总之，从鸦片战争之后的近代到当下，台州赶上了世界经济从内陆时代走向海洋时代的快车，加速发展，从元明清时代全国发展的后进区域再次跻身先进区域，实现了南宋之后区域发展的再次辉煌，可谓伟大复兴。《周易·乾卦》在"上九，亢龙有悔"之后，云"用九，见群龙无首，吉"，意思是乾卦六爻均为阳爻，而六阳皆变，皆由阳刚变为阴柔，所以取群龙都不以首领自居之象，简言之，越是刚健，越有地位，越要谦逊，如此则大吉大利。[2]其意蕴可以概括为"'用九'则吉"，可以借来指称台州从近代到当下的重新崛起，也正好接续元明清时代的"亢龙有悔"。

## 三、"质有其文"：台州文化的基本特性

　　台州文化作为浙东中部负山表海的地域文化，从文化形态上讲，已形成以天台山文化为核心的名山文化，以章安港、海门港为核心的名港文化，以台州府城为核心的名城文化。对此叶哲明先生《台州文化发展史》已有详细阐发，兹不赘言。

　　关于台州文化的基本特性，学界众说纷纭、莫衷一是。笔者通检了台州历代方志和相关文献，力图从原始文献入手，进行新的探讨。实际

---

① 《新中国成立70年来的台州巨变》，凤凰网浙江综合，2019年9月23日，http://zj.ifeng.com/a/20190923/7729562_0.shtml。

② 详参黄寿祺、张善文：《周易译注》（修订本），上海：上海古籍出版社，2001年，第5页。

上，关于地域文化的基本特性，可以从文化质素的构成特征（儒释道关系所呈现的地域特质）、文化主体的性格特征（当地士庶的文化性格所呈现的地域特质）、文化通变的显著特征（继承与创新、稳定与开放之间关系所呈现的地域特质）三个维度进行考察。

## （一）文化质素：儒释道和合而释道更显

台州的儒、释、道都很兴盛，都各自形成了重要流派，产生了重要影响，但总体而言，还是释、道的声名更显。

### 1. 台州儒释道的脉络

台州的佛教源远流长。大约东汉末年，佛教传入台州，汉献帝兴平元年，石头禅院（今仙居境内）创建，是为台州寺院之始。东晋哀帝兴宁年间（363—365），敦煌高僧昙猷入天台传法，乃有史可查的较早进入台州的名僧。南朝萧齐时有慧明、昙兰、怀玉、普辽等僧人在台州传法，萧梁时有定光禅师隐居天台山佛陇30年。陈隋之际的智𫖮（538—597）于陈宣帝太建七年（575）率弟子入天台山，融通南义北禅，教观总持，定慧双修，开创第一个中国化的佛教宗派——天台宗。其弟子章安灌顶遵照智𫖮遗愿，建成国清寺，成为天台宗的祖庭。中唐贞元年间，天台宗十祖道邃传法于日本僧人最澄，从此天台宗传入日本。北宋元丰年间，高丽僧人义天入宋求法，师从天台宗高僧慈辩学习天台教观，更诣天台山佛陇真觉寺，礼智者塔，发下"归国敷扬"之宏愿，从此天台宗传入朝鲜半岛。宋元后，天台宗受到禅宗、净土宗的挑战，几度衰微，但又屡次中兴，薪火不绝，成为中国佛教宗派中开宗最早、传承有序、影响较大的一支。天台山的国清寺虽然数次"易教为禅"（改为禅寺），但天台宗传人屡仆屡起，规复旧制、重光祖庭。

除了天台宗，台州的禅宗也较为兴盛，其支派牛头宗、临济宗、法眼宗等皆有传承。先看牛头宗，唐代僧人遗则师从禅宗支派牛头宗传人慧忠得法，后隐居天台山佛窟岩四十年而终，世号佛窟禅师。再看临济宗，唐文宗太和七年（833）百丈怀海弟子普岸于天台山创建平田禅院（今万年寺），其同门黄檗希运、沩山灵祐后来各自开出临济宗、沩仰宗，而万年寺后来也成了临济宗黄龙派的重要道场。南宋孝宗淳熙年间，日僧荣西入宋求法，师从万年寺虚庵怀敞学习临济宗黄龙禅法，从此临济宗传入日本。再看法眼宗，唐末五代之际，法眼宗第二祖德韶于天台山建造天宫寺、护国寺、普光寺、宝相寺、普慈寺、慈云寺、证教寺、西定慧寺等10余个道场，弘扬禅法。德韶弟子，法眼宗第三祖延寿亦曾于天台山国清寺修行。台州的净土宗也代有传承，并与天台宗有合流之势，形成"教宗天台，行归净土"的格局。

台州的道教根深叶茂。道教传说中的黄帝、浮丘公、王子晋等大仙皆尝往天台山[1]，刘义庆《幽明录》记载了东汉明帝永平年间刘晨、阮肇入天台山采药遇仙之事，这些神仙传说为道教在天台山和台州的兴盛做了舆论先导。史料记载，东汉末年的葛玄（164—244）应该是较早到过台州的道士，陶弘景《吴太极左仙公葛公之碑》叙葛玄历游名岳，提及"长山盖竹，尤多去来，天台兰风，是焉游憩"[2]，其中的盖竹（山）、天台（山）均在台州，《嘉定赤城志》也指出葛玄"初在赤城，后入栝苍、盖竹等处，遇三真人授以秘诀、符箓，戏幻之术，无不通晓"[3]。两晋之际，葛洪《抱朴子·内篇》点出了包括天台山在内的27座"正神在其山

---

① 《历世真仙体道通鉴》卷一载："（轩辕黄帝）南至江，登熊湘山，往天台山，受金液神丹。"《传世藏书·子库·道典》本，卢国龙整理，海口：海南国际新闻出版中心，1996年，第960页。该书卷三又载："王君名晋，字子乔……一日，天台山浮丘公降授道要，使修石精金光藏景录神之法……子晋升天为右弼，主领五岳司侍帝宸，号桐柏真人，理金庭洞天。"第968页。

② 谭嗣先：《太极葛仙公传》卷末附录陶弘景《吴太极左仙公葛公之碑》，《道藏》第6册，北京、上海、天津：文物出版社、上海书店、天津古籍出版社，1988年，第854页。

③ 陈耆卿：《嘉定赤城志》卷三五，《台州丛书乙集》本，第563页。

中""可以精思合作仙药""可以避大兵大难"①的名山，可见至迟到葛洪时代，天台山已被道士群体视为修炼的宝地。南朝宋齐之际的顾欢曾整理上清派杨羲、许谧、许翙手写道经，著《真迹经》，又曾著《夷夏论》详辨道、佛二教之是非异同，隐居天台山开馆聚徒度过了大半生。此后，萧梁时的陶弘景、陈隋之际的徐则、隋唐之际的王轨等高道都曾到过或者隐居天台修道。

初盛唐之际，上清派第十二代宗师司马承祯曾遍游名山寻找修真之所，最终"雅惬素尚""东入台岳"②，约于武则天万岁登封元年（696）开始隐居天台山传道授徒，前后长达28年，开出上清派南岳天台系。司马承祯著《天地宫府图》开列118处洞天福地，其中十大洞天中的第二委羽洞天、第六赤城山洞、第十括苍山洞属台州，三十六小洞天中的第十九盖竹山洞属台州，七十二福地中的第四东仙源、第五西仙源、第十四灵墟、第六十司马悔山属台州。118处洞天福地中，台州占了8处，洞天福地处所之多、分布之密、影响之巨，可谓独领风骚。

北宋中叶，台州籍道士张伯端（984—1082）撰《悟真篇》，开创炼精化气、炼气化神、炼神返虚及先修命、后修性的内丹法，并传道授徒，创立金丹派南宗。晚年时回到家乡，修真于天台山桐柏宫，桐柏宫成为道教南宗的祖庭。元明清时期，全真道龙门派行于天下，亦传于台州。明代中后期，龙门派式微，第五代律师张静定、第六代律师赵真嵩，修真于天台山桐柏宫，力图重振宗风。明代末年，赵真嵩将龙门戒法传于王常月，王常月则促成了清代龙门派的中兴。置于龙门派衰而复振的历史谱系中，天台山桐柏宫可谓有功矣！

---

① 葛洪著，王明校释：《抱朴子内篇校释》卷四《金丹》，北京：中华书局，1985年，第85页。

② 徐灵府《天台山记》云："先生（指司马承祯，引者注）早岁从道，始居嵩华，犹杂以风尘，不任幽赏。乃东入台岳，雅惬素尚，遂此建修真之所。"胡正武点校本，杭州：浙江大学出版社，2010年，第6页。

台州的儒学亦有可观之处。宋以前为台州儒学的萌芽期。晋代任旭为台州儒学开山，南朝文士顾欢为台州最早的私学教育家，盛唐郑虔被誉为台州文教之祖，晚唐孙郃所撰《春秋无贤臣论》为现存最早的台州人所撰儒学文章，晚唐项斯则是台州第一位进士。

宋元为台州儒学的发展期。这时期的儒学从北宋中后期陈贻范、罗适、徐中行、徐庭筠发轫，中经南宋石𡒊、应恕、徐大受的发展，再经朱熹弟子林鼐、林鷃、赵师渊、赵帅郱、赵帅夏、杜煜、杜知仁、潘时举、林恪、郭磊卿、杜贯道、池从周、吴梅卿、赵师雍、赵师蒇等的传扬，复有杜范、王贲、胡常、戴良齐、车若水、黄超然、周敬孙、陈天瑞、杨珏、杨琦等的赓续，一时蔚为大观，其中杜煜、杜知仁一系还形成影响较大的南湖学派。①《台州府志》云："宋时台士渐兴，南渡后，台为辅郡，人才始盛。晦翁莅止，多士云从。吾台称小邹鲁。于是荒瘠僻左之地，一变而为名臣理学之邦。是朱子之有造于吾台，与台人之克自兴起，有足多者。嗣后南湖学术，樊川相业，正学精忠，皆奋乎百世之上。"②点出了朱子将台州从"荒瘠僻左之地"变为"名臣理学之邦"的功绩。

明清为台州儒学的成熟期。明初的方孝孺为一代大儒，"恒以明王道、辟异端为己任"③，殉难于靖难之役，是台州儒士知行合一的杰出代表，也是"台州式硬气"的典型代表。明代中叶的谢铎"力学慕古，讲求经世务……经术湛深，为文章有体要"④，以承续朱学道统为己任，著《伊洛渊源续录》；同时谢铎也是著名文士，茶陵诗派的重要作家。金贲亨学通经史，首举"台学"大旗，著成台州首部儒学史——《台学源流》。

---

① 详参严振非：《台州儒学史》，上海：上海古籍出版社，2019年。

② 喻长霖：《台州府志》卷六〇，胡正武等点校本，第2723—2724页。

③ 金贲亨：《台学源流》卷七，《台州丛书乙集》本，上海：上海古籍出版社，2013年，第40页。

④ 张廷玉等：《明史》卷一六三，北京：中华书局，1974年，第4431—4432页。

黄绾曾笃信王阳明之学，其后又入室操戈、质疑王学，成为中国思想史上较早对王学进行系统批判的代表性人物之一。晚清的王棻深于经史之学，著成《台学统》100卷，分气节、性理、经济、词章、训诂、躬行六科，分科辑录台州先哲自任旭至王维祺凡330余人的生平及学术资料，并下按语进行评述，乃台州儒学史、学术史集大成之作。

台州的儒释道之间，并非壁垒森严，而是互通互融、和合共生。隐居天台山的顾欢，早年曾"从豫章雷次宗谘玄儒诸义"，乃典型的儒生，晚年却"事黄老道，解阴阳书，为数术多效验"①，变成一位道徒。司马承祯是道教上清派宗师，其著《坐忘论》时既祖述道家的"心斋坐忘"，又融会儒家的"乐天知命"、佛家的"止观""定慧""色空"等思想精髓，自出机杼。张伯端自幼涉猎三教经书，后皈依道门，援儒引佛，著《悟真篇》，阐述以性命双修为大旨、以道家内丹为中心的"三教一理"思想。

### 2. 释道先发，儒学后成

台州儒释道的发展，并不平衡。首先，从发展的时间上看，释道先发，儒学后成。台州佛教发轫于东汉末年创建石头禅院，道教发轫于东汉末年葛玄"初在赤城，后入栝苍、盖竹等处"修真，而儒学则始于晋代的任旭，开始的时间晚于释道。实际上，儒学兴盛的时间也晚于释道。喻长霖《台州府志》云："台古越地，秦前弃弗属，唐时犹为贬谪之所。因地处丛山，自昔声教未通，风土迫隘，大都僧寮居之，依山卓锡，遂成风气。其徒遍天下，号天台宗。浮屠盛而儒术衰，势固然也。宋时台士渐兴……一变而为名臣理学之邦。"②喻氏甚至觉得"岂山川秀灵之气，有蕴而属之彼族耶"③。喻氏感叹台州宋之前是"浮屠盛而儒术衰"，宋时

---

① 萧子显：《南齐书》卷五四，北京：中华书局，1972年，第929—930页。

② 喻长霖：《台州府志》卷六〇，胡正武等点校本，第2723—2724页。

③ 喻长霖：《台学统序》，王棻《台学统》卷首，《续修四库全书》本，第545册，第4页。

儒学方才发展起来，甚而怀疑山川秀灵之气都"蕴而属之"释门了，质诸史实，虽有部分偏颇，但也大体不谬。

其次，从儒释道的场所和人员数量上看，释道更盛，儒学居后。王士性《广志绎》云："《道书》称洞天三十六、福地七十二，惟台得之多……其他非道书所载者，刘、阮桃源，寒山、拾得灶石，皇华丹井，张紫阳神化处，司马悔桥，蔡经宅，葛仙翁丹丘，智者塔，定光石，怀荣、怀玉肉身。自古为仙佛之林。"[①] 王氏称台州为"自古为仙佛之林"，道出了台州自古以来的释道之盛。喻长霖也惊叹"台山为仙佛之窟，刘阮采药为后世言神仙者所宗。魏晋以来，代多高僧，嗣后徒众遍天下，号天台宗，则吾台释氏之盛可知也"[②]。就儒释道的场所而论，陈耆卿《嘉定赤城志》云："台之为州，广不五百里，而为僧庐道宇者四百有奇。吁，盛哉！今吾孔子、孟子之像设不增，或居仆漫不治，而穹堂伟殿独于彼甘心焉……今备录之，非以滋惑，亦使观者知彼之盛而防吾之衰。"[③] 陈耆卿感叹僧庐道宇之盛，而惋惜"孔子、孟子之像设不增"，道出了释道场所之盛与儒学场所之衰，这正是台州儒释道场所盛衰有别的真实写照。就儒释道的人员而论，根据《台州地区志》汉至清代人物分类情况表[④]，从台州府志及各县志立传人物统计，入"方外"（释道）的明显多于"儒林"。入"儒林"者112人（本籍111人，客籍1人），入"方外"者256人（本籍78人，客籍178人），方外人士是儒林人士的2.29倍。而且，方外人士以客籍为主（客籍人士占总数的69.5%），儒林人士则几乎都是本籍，可见台州释道对客籍人士的吸引力。

再次，从发展的水平看，释道更为突出。佛教方面，台州是第一个

---

① 王士性：《广志绎》卷四，《台州丛书甲集》本，第82页。

② 喻长霖：《台州府志》卷一《续修台州府志弁言》，胡正武等点校本，第18—19页。

③ 陈耆卿：《嘉定赤城志》卷二七，《台州丛书乙集》本，第400页。

④ 台州市地方志编纂委员会编：《台州地区志》，第1142页。

中国化的佛教宗派天台宗的发祥地，国清寺作为天台宗祖庭已屹立 1400 余年，另外禅宗支派牛头宗、临济宗、法眼宗等皆有高僧传承，台州在佛教史上举足轻重；道教方面，台州是上清派南岳天台系的发祥地，是金丹派南宗的发祥地，桐柏观作为南宗祖庭屹立亦近千年，台州在道教史上举足轻重；儒学方面，台州虽有南湖学派传承，金贲亨、王棻等还梳理出"台学"脉络，但缺乏释之智者大师，道之司马承祯、张伯端这样开宗立派、震古烁今的巨擘，在整个儒学史上的影响，与北之四明、南之永嘉、西之婺州相较，仍显不足。

　　总之，从文化质素上看，台州是儒释道并存而释道更显、儒学稍逊，台州是名副其实的佛宗道源、仙佛之窟。

### （二）文化性格：大小传统共生而硬气贯穿

#### 1. 台州大小传统的共生

　　大传统（great tradition）与小传统（little tradition）之说，源于美国人类学家罗伯特·芮德菲尔德（Robert Redfield）1956 年在芝加哥大学出版社出版的《农民社会与文化——人类学对文明的一种诠释》（*Peasant Society and Culture—An Anthropological Approach to Civilization*）。[①] 芮德菲尔德在书中提出"在某一种文明里面，总会存在着两个传统"："其一是一个由为数很少的一些善于思考的人们创造出的一种大传统；其二是一个由为数很大的、但基本上是不会思考的人们创造出的一种小传统。大传统是在学堂或庙堂之内培育出来的，而小传统则是自发地萌发出来的，然后它就在它诞生的那些乡村社区的无知的群众的生活里摸爬滚打挣扎着持续下去。"[②] 同时，芮德菲尔德认为这两种传统相互依赖、相互

---

① 　[美]罗伯特·芮德菲尔德：《农民社会与文化——人类学对文明的一种诠释》，王莹译，北京：中国社会科学出版社，2013 年。

② 　[美]罗伯特·芮德菲尔德：《农民社会与文化——人类学对文明的一种诠释》，王莹译，第 95 页。

影响："我们可以把大传统和小传统看成是两条思想与行动之河流；它们俩虽各有各的河道，但彼此却常常相互溢进和溢出对方的河道。"① 芮德菲尔德还认为这两种传统双向互动、互为表里："大传统和小传统是彼此互为表里的，各自是对方的一个侧面。应该把小传统和大传统之间的双向的互动理解成为两个具有互补性影响的发生过程。"②

芮德菲尔德的大、小传统之说作为文化人类学的分析工具，很快被借鉴到中国学界，并运用于文化研究领域。余英时先生1987年出版专著《士与中国文化》，总结出一些关于中国文化大、小传统关系的普泛性观点："大传统和小传统之间一方面固然相互独立，另一方面也不断地相互交流。所以大传统中的伟大思想或优美诗歌往往起于民间；而大传统既形成之后也通过种种管道再回到民间，并且在意义上发生种种始料所不及的改变。"③ 李亦园先生在1993年香港举行的"文化中国"研讨会上发表《从民间文化看文化中国》，提出中国的"大传统"与"小传统"有"共通的文化准则"。④ 近年来，有学者提出："大传统主要维护人性中的普遍利益追求，而小传统既维护人性中的普遍利益追求，又维护人性中的个性利益追求。"⑤ 笔者基本认同上述观点，但认为还可表述得更为精准。笔者认为，就中国文化而言，大传统是主要维护人性中的普遍利益追求、着眼于社会秩序建构，并占据主导地位、发挥主流影响的价值系统；小传统则是维护人性中的多元利益追求、着眼于世俗生活，居于从属地位、发挥非主流影响的价值系统。

① ［美］罗伯特·芮德菲尔德：《农民社会与文化——人类学对文明的一种诠释》，王莹译，第96—97页。

② ［美］罗伯特·芮德菲尔德：《农民社会与文化——人类学对文明的一种诠释》，王莹译，第116、123页。

③ 余英时：《士与中国文化》，上海：上海人民出版社，1987年，第132—138页。

④ 李亦园：《从民间文化看文化中国》，《李亦园自选集》，上海：上海教育出版社，2002年，第225—240页。

⑤ 翁频：《近二十年国内外大、小传统学说研究述论》，《漳州师范学院学报》（哲社版）2009年第4期。

　　大小传统的理论框架可以用于分析地域文化。台州文化中既有"维护人性中的普遍利益追求、着眼于社会秩序建构"的大传统，主要体现为士人文化；也有"维护人性中的多元利益追求、着眼于世俗生活"的小传统，主要体现为草根文化。而且由于台州"一郡连山，围在海外，另一乾坤"的特殊地理条件，天高皇帝远，草根阶层所秉持的小传统可能还略胜于士人阶层所坚守的大传统。关于台州大小传统的主次关系及小传统的内蕴，高飞、倪侃教授有精到的分析："台州的文化长河中，既有民俗文化，亦有精英文化，但民俗文化是主流……台州民俗文化的特征，可以用'草根文化'来概括：在处理主客体关系时，表现为'自主性''独立性'；在价值取向上，表现为鲜明的以生存为旨归的功利倾向；在行为方式上，表现为'刚'性与'灵'气……以'自主''谋利'为魂，'刚''灵'相济，铸就了台州小传统的特色精魂。"[①]

　　实际上，与"自主谋利""刚灵相济"的小传统相对应，台州还有群己兼顾而重群、义利兼行而好义、刚柔相济而偏刚的大传统。王棻的《台学统》，分气节、性理、经济、词章、训诂、躬行六科，荟萃台州士人330余位。王氏在卷首叙录云："自孔门以四科取士，后世儒术，遂分为四。夫惟圣人兼材，无所不通，其余则皆学焉，而得其性之所近，盖德行之粹，根于性理；政事之懋，蔚为经济；言语之美，炳于词章；文学之精，垂为训诂。而其业皆具于六经，是故性理者六经之道也，经济者六经之用也，词章者六经之文也，训诂者六经之学也……然其大本，则曰气节，其大要，则在躬行。此二者，该贯乎四科，并包乎六艺，而非此则不足以为学也。"[②]王氏强调气节与躬行，将其分别置于首、尾。王氏在气节之学的叙录中云："儒者之学，以气节为本，而气节之大

①　高飞、倪侃：《"草根文化"与台州社会经济发展》，《浙江社会科学》2005年第3期。

②　王棻：《台学统》卷首叙录，《续修四库全书》本，第545册，第8页。

者，在于出处去就、辞受取与之间。盖粗之为义利之辨，精之在生死之交……世之学者，诚能务为其真，而毋窃其似焉。庶为学之大本，由是而立也与！"①接着王氏分高节、清节、忠节三类，辑录任旭、徐中行、徐庭筠、吴芾、陈函辉等49人的生平及学术资料，并下按语进行评述和表彰。任旭等49人"以气节为本"，可谓台州士人中坚守大传统的典型代表。而王棻于晚清学术日变、人心日浮的语境下著《台学统》，以气节之学为首，也体现出他对大传统的坚守。喻长霖《台州府志》云"台人尊贤重士，贵粟重农，士多尚名检"，又云"六邑之内，士子尚多自爱"②，点出台州士人的"多尚名检""尚多自爱"。王士性《广志绎》云："浙西俗繁华，人性纤巧，雅文物，喜饰鬟帨……浙东俗敦朴，人性俭啬椎鲁，尚古淳风，重节概。"③从两浙的比较中，认为包括台州在内的浙东"重节概"，颇有见地。

台州士人的气节、气概，不仅台州本籍如王棻、喻长霖、王士性等有深切体察，其他学者也有类似论述。章太炎先生为项士元先生作《台州经籍志序》，云："自方正学笃志修古，学成以死其一言，而齐周华陷于狂虏，著书传辞以亢大宗，名不显而身戮，至今攘除之功，则齐公为其先导。此二贤者，奋乎百祀之上，闻者兴起，懦夫可立，则岂独文学绝艺云尔而已乎！乡人士苟自勉以节操，质有其文，其庶几无忝斯书也。"④特地点出台州先贤方孝孺(方正学)、齐周华"岂独文学绝艺云尔"之外的节操，可谓恰中肯綮。

谢铎《赤城新志》称："宋亡于元，缙绅先生往往窜匿山谷，或服

① 王棻：《台学统》卷首叙录，《续修四库全书》本，第545册，第9页。
② 喻长霖：《台州府志》卷六〇，胡正武等点校本，第2720、2724页。
③ 王士性：《广志绎》卷四，《台州丛书甲集》本，第76页。
④ 项士元：《台州经籍志》卷首，章炳麟《台州经籍志序》，杭州：浙江图书馆刊印本，1915年，第2页。

衰麻终其身，或恸哭荒郊断垄间，如丧考妣。其民皆结垒自相战守，力尽则阖门就死而不辞。"①缙绅先生于宋亡之际"或服衰麻终其身"，可见其节概，而普通民众也能"就死而不辞"，亦可见其气节。台州普通民众多秉持功利倾向的小传统，但在江山易祚之际也能如秉持大传统的缙绅先生那样有气节，由此可见台州小传统也在受到大传统的影响。某些时段如宋元之际、明清之际，台州士（大传统持守者）庶（小传统持守者）抗击异族入侵、宁死不屈的气节都可圈可点，大小传统的互动由此可见一斑。

当然，台州大传统重节、重义、重群，却并不绝对排斥"利"，而是强调义利兼行，这可能与宋代浙东学派的影响有关，也与台州小传统的濡染有关。浙东学派认为"既无功利，则道义乃无用之虚语耳"②，主张"以利和义"③"义利双行、王霸并用"④，被学者称为"注重于经世致用、求实求功的实学传统，是整体儒学系统中的实践实用派"⑤。浙东学派在台州有陈耆卿、吴子良、王象祖、车若水、丁希亮、王汶等众多传人，将学派义利兼行的观点播扬于士林。同时，值得注意的是，台州士人能接受义利兼行的观点，而不是像别的地方舍利言义，应该与台州重功利之草根文化的濡染有关系。台州士人既持守华夏大传统的"义"，又不弃地域小传统的"利"，将其中和为义利兼行，这正体现了大小传统的相互影响与和合共生。

---

① 谢铎：《赤城新志》卷四，《四库全书存目丛书》本，史部第177册，第229—230页。

② 叶适：《习学记言序目》卷二三，北京：中华书局，1977年，第324页。

③ 叶适：《习学记言序目》卷二七，北京：中华书局，1977年，第386页。

④ 陈亮：《陈亮集》卷二八《又甲辰秋书》，邓广铭点校增订本，石家庄：河北教育出版社，2003年，第269页。

⑤ 方同义、陈新来、李包庚：《浙东学术精神研究》，宁波：宁波出版社，2006年。

## 2. 士庶的"劲"与"硬气"

台州的士人精英与草根大众，虽有信奉大传统、小传统为主的差异，但有一个共同的文化性格即"劲"或曰"硬气"。喻长霖《台州府志·风俗略》对台州府及各县的风俗特点及原因有精到分析，[①] 见表0.4。

表0.4　台州府及各县风俗特点一览表

| 地区 | 风俗特点 | 原因分析 |
|---|---|---|
| 天台 | ·民风劲健。<br>·天民果敢尚气，骨鲠性成，勇于急人之难，然亦好寻私仇。<br>·盖负气任侠，而量猖窄，有触即发。 | ·天台地瘠人满，治生艰窘。<br>·争利琐琐，析及秋毫，皆生计阨迫使然也。 |
| 仙居 | ·克勤小物，质直耐劳。<br>·唐俗俭啬之风，于越课劲之习，殆兼而有之矣。<br>·旧志称："人好使气斗讼，轻生吝财，兄弟别籍。女生多不育，丧葬溺风水，婚嫁论财礼。" | ·仙最瘠县，生计尤啬。山峻水洌，平畴极少，稼穑维艰，乡民节衣缩食，焦神极能，果啻积著，惟日不足。<br>·此等敝俗，至今未改。由谋生窘阨相迫而成。 |
| 临海 | ·民俗挚劲，自好之士往往崛起不凡，卓然特立。其劣者为之，乃徒急功利……盖峭厉奋发之气，杂以夸诈浮竞之风，良莠不齐，此其蔽也。<br>·至于东南际海，薮盗藏奸；西北蛮风，聚族哄鬭。患气所积，习为固常。 | ·临为首县，领袖六邑，富亚黄太而远胜天仙。 |
| 黄岩 | ·穷巷无书，寒家无帖，幸而释褐，见闻既隘，成就亦浅。志士奋兴，寥寥鲜遘，由域于地势，纽于锢俗，积习约之然也。 | ·盖地瘠则生计艰，人重节流，往往靳惜丝粟，饴苦啬嗜，故西乡多因惜财而致富。地饶则商务兴，人重开源，往往水陆贸迁，居奇垄断，故东南每因经商而致富。百里之内，俗尚不侔。然惜钱太过，节衣缩食，其余几何？故西乡究无甚富之民，东南稍知用财，然苦乏巨资，又囿旧习，故亦无富商大贾足媲宁、绍者。 |

---

[①] 喻长霖：《台州府志》卷六〇，胡正武等点校本，第2719—2730页。

| 地区 | 风俗特点 | 原因分析 |
|---|---|---|
| 太平 | ·贫民习勤，富民习奢，若画鸿沟。故劳农负贩，终日勤劬，而巨室豪家，以奢相炫，婚嫁动逾万金，甚至涉讼或倾家，冶游或破产，医药或不赀，此土风之积弊。 | ·太平由黄分县，土沃于黄，粟帛鱼盐之利，冠于六邑，吾台之上腴也。 |
| 宁海 | ·风气刚劲近蛮，志士尚义，百折不回；而憸徒为奸，亦往往闵不畏死。平民则耕织勤俭，作息自安，不识官长，此足尚也。而犷悍之徒，不安畎亩，每至白刃相仇，甚或相率盗劫，流为匪类。海寇繁多，伯仲临邑，皆风俗之忧也。 | |
| 台州 | ·传所谓沃土之民不材，瘠土之民好义，吾郡殆足以当之矣。<br>·台人尊贤重士，贵粟重农，士多尚名检，贱刀笔，耕氓鞭足自安，有足多者。然狷介近狭，刻厉近忮，是己非人之习，讥嘲倾轧之风，沿为俗尚。细民尤甚，动争锱铢，相仇结讼，此所短也。然老成之士，不乏长者，故犹重诗书而敦礼让。<br>·班《志》言会稽："其民好勇，轻死易发，巧而少信。"《晋志》："其气躁劲，厥性轻扬。"迄今二千余年，台地人情风土，犹略近之。<br>·大约临、宁近于强梁，天、仙勇于斗狠，黄、太邻于浇懦。强梁则使气喜事，平世不无梗顽之民，乱世或多豪杰之士。斗狠则好争喜讼，械斗肇祸，视同固常。黄、太则民志杂糅，强者怙势，穷者嗜利，间或好名，亦相訾謷。然六邑之内，士子尚多自爱，乡氓服教畏神，而治生俭啬，民勤稼穑，商贾百工，类多守分，此其良也。 | ·台郡绾宁、绍、温三府之中，为浙省东南奥区，山海雄峻而地瘠民贫，俗安畎亩，火耕水耨，渔猎山樵，工商之业不振，然士重廉耻，代产伟人，宋明以来，人文蔚起，卓然为浙东生色。<br>·台分六县，阖郡硗确，民不阜财。临、宁、黄、太皆滨海，天、仙山县，地尤贫瘠。<br>·台郡庶而不富，生齿日繁，人浮于地，田不敷耕，天、仙尤甚，或散之四方觅食劳工。 |

喻氏指出，天台因"地瘠人满，治生艰窘"，"民风劲健""果敢尚气""负气任侠"，乃"生计阨迫使然也"；仙居因"最瘠""生计尤啬"，"唐俗俭啬之风，于越慄劲之习，殆兼而有之矣""人好使气斗讼"，乃"谋生窘阨相迫而成"；临海则"民俗挚劲"；黄岩之西乡因"地瘠则生计艰"，东南因"地饶则商务兴"，但总的来说"无富商大贾，足媲宁、绍者"，造成"穷巷无书，寒家无帖，幸而释褐，见闻既隘，成就亦浅"的窘状；太平（温岭）"土沃于黄，粟帛鱼盐之利，冠于六邑，吾台之上腴"，但贫富不均，"贫民习勤，富民习奢，若画鸿沟"；宁海则"风气刚劲近蛮"。喻氏又指出，从整个台州而言，"台郡绾宁、绍、温三府之中，为浙省东南奥区，山海雄峻而地瘠民贫"，"阖郡硗啬，民不阜财"，"庶而不富"，造成"其气慄劲"，或"近于强梁"，或"勇于斗狠"，或"邻于浇懁"。

综合起来看台州民俗，天台"劲健"，仙居"慄劲"，临海"挚劲"，宁海"刚劲"，台州"慄劲"，台州多数县的民俗及台州民俗的整体趋势都带"劲"。值得注意的是，喻长霖在揭示台州民俗带"劲"的同时，分析其原因为"山海雄峻而地瘠民贫"，可谓有见地。台州山海雄峻，景色壮美，此为其长，但山多水多良田少，在传统的农业经济时代却很不利，资源贫瘠下的生存竞争压力使得台州民众性格整体带"劲"。台州民众的这种"劲"，现当代的学者也有深切体认和阐发。项士元先生云："风俗强悍，民情之顽固，惟吾台为最甚。"[1]其中的"强悍"可谓"劲"的另一种表述。

台州民众的这种"劲"，可用鲁迅先生所言柔石、方孝孺"台州式的硬气"予以概括。鲁迅先生《为了忘却的记念》云："他（指柔石）的家乡，是台州的宁海，这只要一看他那台州式的硬气就知道，而且颇有

---

① 项士元：《海门镇志》卷一〇《艺文一》文内编，临海：临海市博物馆印本，1988年。

点迁，有时会令我忽而想到方孝孺，觉得好像也有些这模样的。"① 简言之，"劲"或曰"硬气"可谓台州文化性格中的突出之处。

台州文化性格中的"劲"或曰"硬气"，从价值判断上，既可以衍生为性格优势上升为"大传统"，也可以流变为性格劣势滑落为"小传统"。《台州府志·风俗略》评点临海风俗云："民俗挚劲，自好之士往往崛起不凡，卓然特立。其劣者为之，乃徒急功利，竞锥刀，甚或忮悍好讼，各树党徒，环相妒慊，莫能相下。盖峭厉奋发之气，杂以夸诈浮竞之风，良莠不齐，此其蔽也。"② 其中的"挚劲"既可以衍生为"自好之士往往崛起不凡，卓然特立"的"峭厉奋发之气"，也可以流变为"其劣者为之，乃徒急功利"的"夸诈浮竞之风"，造成良莠不齐。《台州府志·风俗略》评点宁海风俗云："刚劲近蛮，志士尚义，百折不回；而慝徒为奸，亦往往闵不畏死。平民则耕织勤俭，作息自安，不识官长，此足尚也。而犷悍之徒，不安畎亩，每至白刃相仇，甚或相率盗劫，流为匪类。海寇繁多，伯仲临邑，皆风俗之忧也。"③ 其中的"刚劲"既可以衍生为"志士尚义，百折不回"，又可以流变为"慝徒为奸，亦往往闵不畏死"。喻长霖评点台州整体风俗云："吾台风俗近于刚劲，其失也粗犷。长于勤俭，其失也鄙啬。粗犷之积，乃成野蛮。鄙啬不已，乃觊非分……夫苟保其刚劲勤俭之美质，而去其粗犷鄙啬之陋习，则吾台小邹鲁之风虽至今存可也。"④ 点出台州民众"刚劲""勤俭"之美德，与"粗犷""野蛮""鄙啬"之陋习，相伴而生，并指出"保其刚劲勤俭之美质，而去其粗犷鄙啬之陋习"的"向上一路"。

总之，"劲"或曰"硬气"作为台州民众的显著文化性格，既可以

① 鲁迅：《鲁迅全集》第 4 卷，北京：人民文学出版社，2005 年，第 496 页。

② 喻长霖：《台州府志》卷六〇，胡正武等点校本，第 2720 页。

③ 喻长霖：《台州府志》卷六〇，胡正武等点校本，第 2722 页。

④ 喻长霖：《台州府志》卷一《续修台州府志弁言》，胡正武等点校本，第 17 页。

促成"尚义"的士人精英"百折不回"，书写大传统的荣光，也可以导致"重利"的草根民众"闵不畏死"，继续小传统的轮回。移风易俗、化劣为优，士人有责，济济多士，能不奋勉乎？

### （三）文化通变：地域性开放性并存而开放性走强

台州文化作为浙江中部沿海的地域文化，既以"大小传统共生而硬气贯穿"等鲜明特色显示出区域文化的地域性，同时也存在一定的跨地域性或曰开放性。实际上，台州文化作为东南海滨文化的重要组成部分，与内陆地区的地域文化相比，其跨地域性或曰开放性非常显著、值得关注。同时，就开放性而言，台州文化与同处沿海地区的地域文化如宁波文化、温州文化相比，也有自身特色，值得仔细梳理。

#### 1. 开放性的内在成因

台州文化的开放性与台州作为移民地区所形成的人口结构有密切关系。秦汉时期，先有秦始皇针对华夏人与土著越人的强制双向移民，后有汉武帝废东瓯国将瓯越土著整体迁入江淮、并让内地汉人移民温台，造成台州的民族结构、人口结构发生巨变，从先前的以土著越人为主变成以迁徙而来的汉人为主，促进了台州融入中华大家庭。

六朝时期，少数民族入主中原，大量汉人南迁，其中不少世家大族举族迁往台州。据《台州市志》，"六朝时，台州有大、弓、王、司马、朱、向、任、羊、李、宋、吴、吕、何、余、抗、周、孟、房、俞、马、秦、厚、夏、桓、高、虔、徐、陈、张、陶、许、章、富、杨、董、仆、厉、蒋、刘、潘、路、鲍、戴、谢、薛、严、疆、钱、郗共49姓氏，其中朱、吕、周、吴、潘、刘、严、徐、蒋、董、张为汉代及三国吴时迁入，王、司马、桓、刘、谢为中原迁入"[1]。

---

[1] 台州市地方志编纂委员会编：《台州市志》卷3"人口"，第220页。

　　唐宋时期，尤其是唐代的安史之乱与北宋末年的靖康之难这两个时段，因为躲避中原战乱和异族入侵，迁入台州的人口非常多。据《台州市志》，"唐时迁入天台18姓氏，三门26姓氏，今温岭12姓氏、16族支，玉环5姓氏。南宋南迁人口更多，迁入天台99姓氏，三门32姓氏，温岭境22姓氏、26族支，玉环10姓氏"[1]。据《临海县志》记载，"两宋时两次大规模迁入，大观三年（1109），客户达一万八千八，相当晋合郡数；南宋嘉定十五年（1222）近两万户，嗣后即无大迁徙"[2]。

　　元明清时期和民国时期，台州的人口流动基本都不大。1949年以后、改革开放前，因为各种特殊原因，台州出现了数起数量较大的人口流动。一是1955年2月，国民党军队胁迫大陈岛、披山岛居民约1.5万多人去台湾；二是1958—1962年，城镇青年支援宁夏建设4.2万人；三是1962—1978年，城镇知识青年支援黑龙江、内蒙古、新疆等地建设约9000人。[3]改革开放以后，台州的人口流动非常明显。1979—1990年，年平均迁入6.36万人，迁出6.07万人。2000年的时候，外出半年以上人口达到113.39万人，占到当时户籍总人口546.62万人的20.74%，而外来人口总数达到100.46万人，也占到当时户籍总人口的18.38%。[4]简言之，外出人口和外来人口均占到户籍总人口的20%左右。人口流动量之大，超越历史上绝大多数时期。

　　从上面的分析可以看到，秦汉时期、六朝时期、唐宋时期以及改革开放以来这四个时期，台州的人口流动量都是比较大的。就时间轴而论，秦代以降的2200余年中，台州大概在三分之二即1400年左右的时间里，人口流动都是较为明显的。台州人口流动的频率较高，特别是迁入、侨

---

[1]　台州市地方志编纂委员会编：《台州市志》卷3 "人口"，第220页。

[2]　临海县志编撰委员会编：《临海县志》，杭州：浙江人民出版社，1989年，第83页。

[3]　台州市地方志编纂委员会编：《台州市志》卷3 "人口"，第221页。

[4]　台州市地方志编纂委员会编：《台州市志》卷3 "人口"，第221页。

寓的外来人口较多，为台州文化带来源源不断的新鲜血液，从人口流动角度彰显了台州文化的开放性。

台州文化的开放性与台州作为沿海港口城市存在密切的海外交往也有关系。[①]三国时期的章安是东吴会稽东部都尉治所，章安港则是东南沿海从杭州湾到福州湾的核心大港。东吴黄龙二年（230），孙权派遣卫温、诸葛直率甲士万人，浮海首航台湾，就是在章安港集结水师，由此出发的。从东吴到隋唐、五代、北宋，章安港一直是台州海外交往的门户。南宋以降，椒江南岸的海门港崛起，逐渐取代椒江北岸的章安港，成为台州的主要港口和海外交往的门户。唐宋时期，台州与日本、韩国等东亚、东南亚国家的经贸往来非常频繁。《嘉定赤城志》记载黄岩有新罗坊，云："在县东一里。旧志云五代时以新罗国人居此，故名。"[②]该书还记载府城有通远坊，云："在州东南三百五十步。以税务在焉，故名。"[③]从这些记载可以看到当时台州有发达的海外贸易，以致要设立专门的通远坊来处理海外商船征税等事宜；还可以看到新罗国（今朝鲜半岛）来台州居住的人员众多，以致要设立专门的新罗坊来集中安置相应人员。

元明清时期，台州的海外经贸往来与唐宋相比，有所减弱。据学者研究，"元、明、清与日本、朝鲜的海外贸易，与宋代海外贸易有着显著区别。在宋代海外贸易中的北宋时期，主要是北宋海商进入日本、朝鲜海外贸易。在南宋时期，中、日、朝三国海商往来互市。但在元、明、清对日本与朝鲜的海外贸易中，主要是日本与朝鲜海商来华贸易，这种现象一直维持到清末"[④]。

民国时期，台州港有一定程度的发展。中华人民共和国成立后，台

---

① 关于台州的海外交往，详参周琦：《台州海外交往史》，北京：中国文史出版社，2008年。
② 陈耆卿：《嘉定赤城志》卷二，《台州丛书乙集》本，第21页。
③ 陈耆卿：《嘉定赤城志》卷二，《台州丛书乙集》本，第18页。
④ 周琦：《台州海外交往史》，第75页。

州港的发展步入了快车道。2018年9月，浙江省人民政府批复同意《台州港总体规划（2017—2030年）》。该《规划》进一步明确了台州港的功能定位，将原"一港六区"调整为"一港六区十港点"共同发展的新空间格局。同时，《规划》明确了以头门港区为核心港区，大麦屿港区、海门港区为重点，统筹建设健跳、龙门、黄岩港区及其他港点，形成资源共享、错位发展、整体推进的港口建设格局。古老的台州港正在焕发出新的生机与活力。与此同时，台州的外贸进出口也步入了发展的快车道。2018年台州外贸进出口总额达1742.99亿元，占当年GDP总额（4874.67亿元）的35.76%，外向型经济的特征非常明显。

如果说台州人口流动的频率较高，从人口流动角度彰显了台州文化的开放性，那么台州从三国以降大多数时段都比较活跃的海外经贸往来，则从经贸往来角度推动了台州文化的开放性。

**2. 开放性的三个维度**

台州文化的开放性，体现在三个维度。一是吸纳大量客籍人士入台进行文化创造、文化传播。《台州地区志》统计了历史上台州府志及各县志立传人物，详情见表0.5。

表0.5　汉至清代人物分类情况[①]

（单位：人）

| 分类 | 合计 | 本籍 | | | | | | | | 客籍 |
|------|------|------|------|------|------|------|------|------|------|------|
| | | 小计 | 临海 | 黄岩 | 温岭 | 仙居 | 天台 | 宁海 | 玉环 | |
| 总计 | 5221 | 4096 | 945 | 810 | 405 | 261 | 1041 | 512 | 122 | 1125 |
| 名宦 | 667 | 178 | 102 | 22 | 18 | 13 | 14 | 6 | 3 | 489 |
| 宦业 | 711 | 654 | 220 | 134 | 40 | 55 | 105 | 44 | 56 | 57 |
| 儒林 | 112 | 111 | 11 | 66 | 14 | 9 | 9 | 2 | | 1 |
| 文苑 | 885 | 781 | 168 | 191 | 98 | 36 | 201 | 60 | 27 | 104 |
| 隐逸 | 308 | 298 | 64 | 61 | 55 | 21 | 69 | 28 | | 10 |

---

① 台州市地方志编纂委员会编：《台州地区志》，第1142页。

续表

| 分类 | 合计 | 本籍 | | | | | | | | 客籍 |
|---|---|---|---|---|---|---|---|---|---|---|
| | | 小计 | 临海 | 黄岩 | 温岭 | 仙居 | 天台 | 宁海 | 玉环 | |
| 方外 | 256 | 78 | 32 | 8 | 2 | 6 | 20 | 10 | | 178 |
| 方伎 | 256 | 256 | 60 | 47 | 32 | 7 | 92 | 18 | | |
| 义行 | 358 | 352 | 80 | 56 | 28 | 23 | 97 | 53 | 15 | 6 |
| 一行 | 430 | 430 | 45 | 113 | 69 | 31 | 109 | 63 | | |
| 孝友 | 372 | 372 | 81 | 93 | 32 | 30 | 86 | 50 | | |
| 寓贤 | 280 | | | | | | | | | 280 |
| 其他 | 586 | 586 | 82 | 19 | 17 | 30 | 239 | 178 | 21 | |

从表0.5可以看到，历史上台州府志及各县志立传人物共有5221位，其中本籍4096位，占比78.45%，客籍1125位，占比21.55%。客籍人士占比超过两成，这个比例说明外来人口在台州文化史上占有重要地位。从类别上看，名宦、宦业、文苑、方外、寓贤类中，客籍人士比较多。其中名宦、宦业的客籍人士多为在台州做官而声名卓著者，如唐之李肇、郑虔，宋之钱暄、许景衡、郑伯熊、赵汝愚、尤袤、楼钥，元之脱脱、杨维桢，明之谭纶、戚继光，清之张联元、刘璈，等等。这些名宦、宦业类的客籍人士，本身就是名臣、名将、名士，入台为官多重视文教，为台州的文化发展做出了重要贡献。寓贤类人士则是因壮游、宦游等多种原因经行台州的贤臣良士，如唐之顾况、李绅、姚合、贾岛、许浑、杜荀鹤、方干，宋之朱熹、綦崇礼、汪藻、陈与义、王十朋、陈傅良、叶适、陈亮、陆游、文天祥、戴表元，元之赵孟頫，明之徐霞客，清之仇兆鳌、袁枚、洪亮吉，等等。这些寓贤类人士，多为名闻天下的贤人髦士，入台或办理公事（如朱熹等），或授徒传道（如叶适等），或游览山川（如徐霞客等），或探亲访友，等等，多有诗文涉台，为台州的文化建设也做出了贡献。尤其值得注意的是，方外类人士共256人，其中本籍78人，占比30%，客籍178人，占比70%。由此可见台州佛道的发展，从数量上看客籍人士占主体。其实，从影响上看，台州佛道的发展，也

是客籍人士群体发挥的作用更为明显。就佛教而论，智者大师入台创建天台宗，遗则入台弘扬牛头宗，普岸入台弘扬禅宗，德韶入台弘扬法眼宗；就道教而论，顾欢入台发展上清派，司马承祯入台开出南岳天台系，等等。台州在佛道方面的大贡献多数由入台的客籍人士做出。

二是台州本籍人士不恪守一家一派，不限于一时一地，而是博采众长、融会贯通，进行文化创造。典型者如张伯端广游天下，吸纳各地道学精粹，又不局限于道学，而是援儒引佛，著成《悟真篇》，开创道教金丹派南宗。又如王士性，游遍名山大川，广采博收，著《五岳游草》《广游志》和《广志绎》，被誉为中国人文地理学的开山鼻祖。再如陈景沂撰《全芳备祖》被誉为世界第一部植物学大辞典，陈仁玉撰《菌谱》被誉为世界第一部食用菌专著，徐似道撰《检验尸格》被誉为我国第一部法医专著。

三是经由台州之地或台州之人将中华文化播扬于日本、韩国等殊方绝域。先看经由台州之地进行海外文化传播的典型例证。如日本僧人最澄于大唐贞元年间入台，师从道邃和行满学习天台宗，归国后创建日本天台宗；又如日本僧人荣西于南宋中叶入台，师从万年寺虚庵禅师学习临济宗，归国后创建日本临济宗；再如高丽僧人义天于北宋中叶来华学习天台宗，并入台诣天台山佛陇真觉寺、礼智者塔，归国后将天台宗传入朝鲜半岛。再看经由台州之人进行海外文化传播的典型例证。如元代临海籍高僧一山一宁，出使日本被扣，居日本20年，弘扬禅法，号"一山派"，成为日本禅宗的重要流派。一山一宁病逝日本后，天皇追赐"一山国师"谥号。另外，唐代隐居天台山近70年、亦儒亦道亦佛的大诗人寒山，在日本和欧美都很有影响。南宋前期天台籍高僧李修缘扶危济困、除暴安良，被后人尊称为"济公活佛"，至今在东南亚都有一定影响。

台州文化的跨地域性或曰开放性，使得台州文化始终处于既能输入更能输出的活跃状态，在文化的通变中始终葆有生机与活力。随着台州对外开放的持续推进，台州文化的开放性还会得到进一步的加强，台州文化的活力还会得到进一步的迸发。

## 四、"文献上郡"：台州文化研究的省思

### （一）"文献之邦"的丰厚积淀

台州数千年的发展，积淀了丰硕的文化成果。明代陈相《赤城新志序》云"台为文献之邦旧矣，盖两浙诸郡，恒莫之先焉"[①]，明代谢铎《赤城新志》云"而今之称文献上郡者，不得不归之矣"[②]，又云宋时"伊洛之学，彬彬于台，家诗书而人逢掖，宛然邹鲁之遗风"[③]，清代《康熙台州府志》云"台处万山中，南薄于海，古为僻壤，晋宋而后，渐成声华文物之区"[④]。其中所云"文献之邦""文献上郡""邹鲁之遗风""声华文物之区"等美誉，都点出了台州的文献之丰、文教之盛、文物之富。

清代中叶编纂《四库全书》，著录张伯端《悟真篇》、陈骙《南宋馆阁录》等台籍人士著述50部，存目王松年《仙苑编珠》、陈贻范《鄱阳遗事录》等台籍人士著述64部，合计114部。《四库全书》共收11100余种著述（其中著录3400余种，存目6700余种），台籍人士入《四库全书》著述总数，占到了1%。在全国300余个地市中，台籍人士入《四库全书》的著述总数和所占比例，都算是较高的。民国初年，台籍大儒项士元先生编纂《台州经籍志》，搜罗自隋到民国初台州人士所有著述共计4532部。由此可见台州文化成果之丰硕。

另外值得注意的是，台州作为文献之邦，地方志编纂薪火相传，绵

---

① 陈相：《赤城新志序》，谢铎《赤城新志》卷首，《四库全书存目丛书》本，史部第177册，第200页。
② 谢铎：《赤城新志》卷二，《四库全书存目丛书》本，史部第177册，第207页。
③ 谢铎：《赤城新志》卷四，《四库全书存目丛书》本，史部第177册，第229页。
④ 冯甦、方景濂：《康熙台州府志》卷一，康熙六十一年刊本。

延不绝，不仅数量众多，而且质量较高。具体情况见下表0.6。

表0.6　台州市及各县地方志①

| 市县 | 编纂时代 | 主纂人员 | 地方志名称 |
|---|---|---|---|
| 台州 | 南宋嘉定年间 | 陈耆卿 | 《嘉定赤城志》 |
| | 明代弘治年间 | 谢铎 | 《赤城新志》 |
| | 清代康熙年间 | 冯甦、方景濂等 | 《台州府志》 |
| | 清代光绪年间 | 王舟瑶等 | 《台州府志》 |
| | 民国年间 | 喻长霖等 | 《台州府志》 |
| | 1995年 | 方山等 | 《台州地区志》 |
| | 2010年 | 王永献等 | 《台州市志》 |
| 椒江 | 清代宣统年间 | 金商等 | 《海门志稿》 |
| | 民国年间 | 项士元 | 《海门镇志》 |
| | 1998年 | 陈志超等 | 《椒江市志》 |
| | 2001年 | 陈志超等 | 《椒江续志》 |
| 黄岩 | 明代万历年间 | 牟汝忠等 | 《黄岩县志》 |
| | 清代光绪年间 | 王棻、王咏霓 | 《黄岩县志》 |
| | 1992年 | 严振非等 | 《黄岩县志》 |
| | 2002年 | 严振非等 | 《黄岩志》 |
| 路桥 | 民国年间 | 杨晨、杨绍翰 | 《路桥志略》 |
| | 2019年 | 管彦达等 | 《台州市路桥区志》 |
| 临海 | 清代康熙年间 | 洪若皋 | 《临海县志》 |
| | 民国年间 | 项士元 | 《临海要览》 |
| | 民国年间 | 何奏簧 | 《临海县志》 |
| | 1989年 | 梁光军等 | 《临海县志》 |
| | 2020年 | 王荣福、金志平等 | 《临海市志（1986—2012）》 |
| 温岭（太平） | 明代嘉靖年间 | 叶良佩 | 《太平县志》 |
| | 清代嘉庆年间 | 戚学标 | 《太平县志》 |
| | 清代光绪年间 | 王棻 | 《太平续志》 |
| | 1992年 | 吴小谦等 | 《温岭县志》 |
| | 2018年 | 方先勇等 | 《温岭市志（1988—2007）》 |

① 根据台州市地方志编纂委员会办公室编《台州地方志提要》（北京：中国文史出版社，2015年）整理。

续表

| 市县 | 编纂时代 | 主纂人员 | 地方志名称 |
|---|---|---|---|
| 玉环 | 清代雍正年间 | 张坦熊 | 《特开玉环志》 |
| | 清代光绪年间 | 吕鸿焘等 | 《玉环厅志》 |
| | 1994年 | 胡万檦等 | 《玉环县志》 |
| 天台 | 清代康熙年间 | 赵廷锡、李德耀等 | 《天台县志》 |
| | 1995年 | 张立道等 | 《天台县志》 |
| | 2007年 | 庞国凭等 | 《天台县志（1989—2000）》 |
| 仙居 | 明代万历年间 | 顾震宇 | 《仙居县志》 |
| | 清代光绪年间 | 王棻等 | 《仙居县志》 |
| | 民国年间 | 干人俊 | 《仙居县新志（稿）》 |
| | 1987年 | 沈在秀等 | 《仙居县志》 |
| | 2013年 | 项军美等 | 《仙居县志（1986—2010）》 |
| 三门 | 1992年 | 邵万户等 | 《三门县志》 |
| | 1994年 | 邵万户等 | 《三门湾志》 |

上述地方志中，有不少名家编纂的名志，如陈耆卿《嘉定赤城志》，谢铎《赤城新志》，喻长霖《台州府志》，王棻、王咏霓《黄岩县志》，王棻《太平续志》《仙居县志》，项士元《海门镇志》，等等。这些地方志和台籍人士的相关著述，为台州文化研究提供了扎实的文献基础。

### （二）台州文化研究的脉络梳理

现代学术范式意义上的台州文化研究，较早者可追溯至项士元先生《台州方言考》（1937年）、《台学纲要》（1939年），其后有陈钟祺先生《天台山文化史》（1943年）等著述。80多年来，台州文化研究取得了丰硕的成果，现举荦荦大者分述之。

文献整理方面，较早者有徐光大先生《寒山子诗校注》（陕西人民出版社1991年版）、《逊志斋集》（宁波出版社1996年版）、《项斯诗注》（浙江古籍出版社2006年版）。2012年《台州文献丛书》编纂工程启动，文献整理和文化研究并重，现已出版古籍影印本20部52册、古籍点校本

10部35册、文化研究24本专著。其中古籍点校整理有《台州丛书甲乙集》（含王士性《广志绎》、戴复古《石屏集》、冯甦《见闻随笔》、陈骙《文则》、陈耆卿《嘉定赤城志》、林表民《赤城集》、冯甦《滇考》、金贲亨《道南书院录》、金贲亨《台学源流》，上海古籍出版社2013年版），喻长霖《台州府志》（上海古籍出版社2015年版），洪颐煊《洪颐煊集》（上海古籍出版社2016年版），李诚《万山纲目》（国家图书馆出版社2017年版），齐召南《水道提纲》（国家图书馆出版社2017年版），齐召南《重订天台山方外志要》（国家图书馆出版社2018年版），李庚、林表民《天台集》（上海古籍出版社2018年版），谢铎《赤城后集》（上海古籍出版社2019年版），郭肇昌《台州续考》（上海古籍出版社2019年版），项士元《中国簿录考》（上海古籍出版社2019年版）。另外，马曙明、任林豪主编的《临海墓志集录》（宗教文化出版社2002年版），徐永恩校注整理的《始丰稿校注》（浙江古籍出版社2008年版）、《徐一夔集》（浙江古籍出版社2017年版）、《清圣祠志校注》（浙江古籍出版社2018年版），吴茂云校注整理的《戴复古全集校注》（中国文史出版社2008年版）等著述值得关注。

台州文化整体研究方面，有连晓鸣等《台州文化史话》（杭州大学出版社1993年版），李一、周琦《台州文化概论》（中国文联出版社2002年版），叶哲明《台州文化发展史》（云南民族出版社2006年版），胡正武《台学研究》（中华书局2012年版），杨供法《文化精神价值——以台州文化为例》（中央编译出版社2012年版），徐永恩《天台山和合文化通论》（中国文史出版社2015年版）、《天台山和合文化》（上海古籍出版社2017年版）等著述。

台州历史方面，有王永献、严振非《东瓯国研究》（中华书局2005年版），任林豪、马曙明《台州编年史》（浙江古籍出版社2017年版），任林豪、马曙明《台州历代郡守辑考》（上海古籍出版社2016年版），周琦《东瓯丛考》（上海古籍出版社2016年版），王及《章安史话》（上海古籍出版社2017年版），严振非《正史台州籍人物传》（上海古籍出版社2018年版），马曙明、任林豪《台州历代进士考》（上海古籍出版社2018年版），任林豪、马曙明《宋台州崇道观祠禄官考释》（上海古籍出版社2019年版）等著述。

台州儒学方面，有严振非《台州理学南湖学派史》（上海古籍出版社2015年版）、《台州儒学史》（上海古籍出版社2019年版）、张宏敏《黄绾年谱简编》（上海古籍出版社2016年版）等著述。

台州佛教方面，有曾其海《天台宗佛学导论》（今日中国出版社1993年版），朱封鳌、韦彦铎《中华天台宗通史》（宗教文化出版社2001年版），朱封鳌《天台山佛教史》（宗教文化出版社2012年版），许尚枢《济公文化面面观》（上海古籍出版社2016年版），周琦《天台山与中国五百罗汉文化》（上海古籍出版社2016年版）等著述。

台州道教方面，有任林豪、马曙明《台州道教考》（中国社会科学出版社2009年版），徐永恩《司马承祯与天台山》（上海古籍出版社2019年版），朱封鳌《天台山道教史》（宗教文化出版社2012年版）等著述。

台州文学方面，有何方形《戴复古诗词研究》（上海古籍出版社2018年版），吴茂云《戴复古论稿》（上海古籍出版社2015年版），林家骊《谢铎及茶陵诗派》（上海古籍出版社2019年版）等著述。另外，胡正武《浙东唐诗之路与隐逸文化》（中国社会科学出版社2006年版）、《浙东唐诗之路论集》（浙江工商大学出版社2019年版），李建军《宋代浙东文派研究》（中华书局2013年版）等著述也涉及台州文学。

台州艺术方面，有张峋《翰墨飘萧——柯九思的艺术世界》（上海古籍出版社2017年版）、王及《台州历代书画篆刻家传略》（上海古籍出版社2018年版）等著述。

台州民俗方面，有周仲强《诗性婚俗：台州"洞房经"的审美研究》（中国社会科学出版社2015年版），郑瑛中、戴相尚《台州节俗概说》（上海古籍出版社2015年版）等著述。

台州文博方面，有任林豪、马曙明《临海文物志》（文物出版社2005年版），张峋《台州文物考论》（上海古籍出版社2016年版），滕雪慧《瓜瓞绵延山海间：临海传统宗祠研究》（文物出版社2015年版）等著述。

台州海外交往方面，有周琦、赵宗彪《台州海外交往史话》（中国文史出版社2008年版），周琦《台州海外交往史》（中国文史出版社2008年版）、《一带一路：天台山与中外文化交流史》（宗教文化出版社2017年版），叶哲明《台州海运海港发展史》（上海古籍出版社2018年版）等著述。

台州名人专题研究方面，有王晚霞《郑虔研究》（浙江古籍出版社1990年版）、《郑虔传略》（黄山书社1998年版），徐建春、梁光军《王士性论稿》（杭州大学出版社1994年版），张峋《丹丘之旅——蒲华与晚清台州士林》（上海古籍出版社2019年版），何善蒙《隐逸诗人——寒山传》（浙江人民出版社2006年版）、《荒野寒山》（江西人民出版社2015年版），李建军《南宋英儒陈耆卿》（北岳文艺出版社2009年版）等著述。

其他方面，张明君《台州藏书史》（上海古籍出版社2016年版），徐三见《默墨斋集》（中国社会科学出版社2004年版）、《默墨斋续集》（中国社会科学出版社2006年版），丁伋《堆沙集》（中国社会科学出版社2007年版），丁式贤《丹丘论稿》（作家出版社2010年版），何林辉《禾睦山房集·学海泛舟》（中州古籍出版社2015年版）等著述，都值得关注。

### （三）《台州文化新论》的开新

面对台州文化如此丰厚的遗产，面对学界如此丰硕的成果，我们力图吸收学界的最新成果，全面梳理台州文化的区域背景、演进历程，系统分析台州文化的辉煌成就、独特价值，细致探讨台州文化的主要类型、基本精神，综合把握台州文化的境外传播、未来发展，编撰一本繁简适中、雅俗共赏的台州文化读本。

在编撰思路上，采取总分结合、纵横交织的策略，分为上中下三编。上编"文脉新释"着眼于从时空格局方面梳理台州文脉。其中"第一章、台州文化的孕育时期"，"第二章、台州文化的成熟时期"，"第三章、台州文化的嬗变时期"，"第四章、台州文化的复兴时期"梳理台州文化的演进历程，属于纵向分析，由此可以清晰地把握台州文化的来龙去脉。中编"文华新观"着眼于从特色、成就方面彰显台州文华。其中"第五章、史学哲学的辉煌成就"，"第六章、文学艺术的璀璨多姿"，"第七章、教育科技的发达灿烂"分门别类地展现台州文化的辉煌成就，属于横向分析。"第八章、民俗方言的别具风貌"，"第九章、地方戏曲的别具魅力"和"第十章、茶文化与武术的别有洞天"挖掘台州文化的独特价值，也属于横向分析。下编"文韵新析"着眼于从类型、精神、传播等方面呈现台州文韵，带有总论性质。其中"第十一章、台州文化的主要类型"，"第十二章、台州文化的基本精神"，梳理台州文化的主要类型和基本精神；"第十三章、台州文化的境外传播"，"第十四章、台州文化的返本开新"则从境外传播、继往开来等方面展现台州文化的生机和魅力。总之，"台州文化新论"通过总分结合、纵横交织的策略，力图多层次、多维度地展现台州文化，绘制出她的最新风貌，挖掘出她的精神魅力，阐扬出她的时代价值。

在具体撰写时，力图体现宏观与微观交互渗透、学术性与可读性两者兼顾的原则。首先，"台州文化新论"在论述具体问题时，既有面上的宏观把握，又有点上的微观分析，两者交互渗透，相得益彰。具体而言，就是阐发专题时要有深入的个案分析和鲜明的例证支撑。其次，"台州文化新论"可以作为"台州文化"等地方特色课程的乡土教材，可以作为地方文史学者研究台州的参考读物，可以作为普通读者了解台州的优选读本。为达上述目的，编写时既吸纳学界已有成果、融会著者研究心得以确保其学术性和前沿性，更注意用通俗易懂的语言深入浅出地讲解以确保其普及性和可读性。

台州文化从空间维度而言，源于浙东南，沾溉日韩越；从时间维度而言，始于下汤人，绵延近万年。其恢弘的时空格局，丰厚的文明积淀，令人瞩目，引人叹赏，台州文化可谓越文化的鲜活样本，中华优秀传统文化的重要部分。面对如此俊伟的地域文化，本书特地拈出"人间丹丘"四字作为主标题，以描摹其丰神情韵。在此，对"人间丹丘"的话语来源、丰富内涵略做梳理。

"丹丘"一词源于屈原《楚辞·远游》"仍羽人于丹丘兮，留不死之旧乡"，其中的"丹丘"，王逸注云"丹丘，昼夜常明也"[1]，联系此句的语境，"丹丘"与"不死之旧乡"互文见义，指昼夜常明的神仙所居之地，此句意为随着飞仙（羽人）升到丹丘仙境，在神仙的不死之乡息停。"丹丘"一词于此发轫，成为后世指称仙界、神域的雅语。如北魏郦道元《水经注·汳水》"于是好道之俦自远方集，或弦琴以歌太一，或覃思以历丹丘"[2]，其中的"丹丘"即指神仙之地。唐韩翃《同题仙游观》诗云"何用别寻方外去，人间亦自有丹丘"[3]，指出"人间"亦有堪比"方外"的"仙境"。韩翃此诗本是赞颂河南嵩山逍遥谷内的仙游观，但其"人间亦自有丹丘"的精练表达，被后世屡屡征引，成为称扬世间仙境的普泛用语。

---

① 洪兴祖：《楚辞补注》，北京：中华书局，1983年版，第167页。

② 郦道元撰、陈桥驿校释：《水经注校释》卷二三，杭州：杭州大学出版社，1999年版，第419页。

③ 韩翃：《同题仙游观》，周振甫主编《唐诗宋词元曲全集·全唐诗》第5册，合肥：黄山书社，1999年版，第1824页。

台州作为"佛宗道源"，在历代文人墨客的笔下，是当之无愧的世间仙境，因此，很早就被冠以"丹丘"之名。三国沈莹《临海水土异物志》有"丹邱穀，夏冬再熟"[①]的记载，其中的"丹邱"（丹丘）即指台州的前身——临海郡。东晋孙绰《游天台山赋》中有"仍羽人于丹丘，寻不死之福庭"[②]，即以"丹丘"誉美天台山。唐宋之际，丹丘作为台州的别名或者作为台州某地的雅称，广见于多种文献。唐代孟浩然《将适天台留别临安李主簿》诗云"羽人在丹丘，吾亦从此逝"[③]，其中"丹丘"即指天台山。北宋赵抃《过台州登巾子晚游东湖》诗云"巾顶广轩逢妙秋，万家云屋接丹丘；主人欲尽行人乐，更向东吴共泛舟"[④]，其中的"丹丘"则可能指台州的丹丘山。南宋陈耆卿《嘉定赤城志·地里门·馆驿》有云"丹丘驿，在州东南一里。旧传葛玄炼丹于此，故名"[⑤]，宋元之际林景熙《宿台州城外》诗云"荒驿丹丘路，秋高酒易醒"[⑥]，其中的"丹丘驿""丹丘路"，都是隶属台州的具体地理名称。元代台州籍文人陈基尝自名其斋为"小丹丘"，自撰《小丹丘记》云："今年春，治废圃，葺屋三数椽，因扁之曰'小丹丘'。昔孙兴公赋天台有曰'仍羽人于丹丘兮'，为天台之别称。予今扁之，盖有昔人不忘其土之意乎！"[⑦]清代洪

① 沈莹撰、张崇根辑校：《临海水土异物志辑校》，北京：农业出版社，1988年版，第51页。

② 孙绰：《游天台山赋》，萧统编、李善注《文选》卷一一，上海：上海古籍出版社，1986年版，第496页。

③ 孟浩然：《将适天台留别临安李主簿》，周振甫主编《唐诗宋词元曲全集·全唐诗》第3册，合肥：黄山书社，1999年版，第1119页。

④ 赵抃：《清献集》卷五《过台州登巾子晚游东湖》，《文渊阁四库全书》本，台北：台湾商务印书馆，1986年版，第1094册，第817页。

⑤ 陈耆卿：《嘉定赤城志》卷三，《台州丛书乙集》本，第27页。

⑥ 林景熙：《宿台州城外》，张景星等编《宋诗别裁集》卷四，长春：吉林出版集团股份有限公司，2017年版，第71页。

⑦ 陈基：《小丹丘记》，洪颐煊《台州札记》卷一二引，徐三见点校本，北京：中国文史出版社，2004年版，第162页。

颐煊《台州札记》考证"丹丘"云:"《吴越备史》:'王名俶,开运四年三月出镇丹丘。'丹丘即台州。曾宏父《鹿鸣宴》诗:'三郡看魁天下士,丹丘未必坠家声。'皆以丹丘如赤城,为台州一郡之总名。"[①]其中"丹丘即台州""皆以丹丘如赤城,为台州一郡之总名"的判断,道出了"台州"与"丹丘"的异名同实。直到今天,"丹丘"仍是台州的雅称,并有"丹丘山""丹丘路""丹丘台"等具体地理名称一直沿用,可见"丹丘"已渗入台州文化的骨髓。

台州历史上作为"佛宗道源",享有"丹丘"的美誉,名闻遐迩。今天的台州,更是生机勃勃、驰名中外,先后荣获"中国民营经济最具活力城市""中国最佳商业城市""中国最具幸福感城市""全国文明城市""中国优秀旅游城市""中国十佳宜居城市"等荣誉,成为宜业、宜居、宜游、宜养、宜学的乐土,成为新时代"人间丹丘"(世间仙境)的鲜活样本。

综上所述,从历史上的地域雅称、地理名称传承,当下的综合影响力、城市美誉度以及未来的文化塑造力,拈出"人间丹丘"四字以统摄台州文化,均有学理依据。

台州名士屈映光在1936年为喻长霖主纂之《台州府志》作序,云:"昔明莆田周瑛序《赤城论谏录》云:'台为州万山中,群贤多能立光明俊伟事业,以惊动人世,他郡莫之或先。'映光三复斯言,弥为怦怦心动。窃愿与同乡诸君子追踪曩哲,武步古人,举先贤之事业,益发挥而光大之,于以上追小邹鲁之盛,而遥待来哲于无穷焉,则区区之愿也。"[②]在此愿借屈先生之言,与诸君共勉!

---

① 洪颐煊:《台州札记》卷一,徐三见点校本,第5页。
② 屈映光《续修台州府志序》,喻长霖《台州府志》卷首,胡正武等点校本,第1—2页。

上　编

# 文脉新释

# 第一章　台州文化的孕育时期

传统的认识中，早期的台州文化是落后而野蛮的，喻长霖在《台州府志》中说："吾台古称荒域，僻处海滨，三代之时，人物无闻；汉晋以来，间有表见……"这一方面，是由于台州地处东鄙，远离政治经济中心，"交通不便，信息不灵，史家很少关注，故典籍所涉，阙漏疏略，以至于先秦上古时期的历史，几乎成为空白。"[①]另一方面，是由于传统社会对文化的认识略有偏颇，认为本地出了人物，才是有文化的表征。实际上，按照科学的态度，文化的概念应该是"总括人类物质生产和精神生产的能力、物质的和精神的全部产品。"[②]

近几十年来，本区域考古的不断发现，证实台州早期的文化是悠远而丰厚的。

## 第一节　史前时期的考古发现

灵江是台州文化的渊源所系，正是沿着这条河流，台州的史前文化开始向台州全境拓展。我们的探索之旅，就从灵江出发。

灵江发源于仙居与缙云交界的天堂尖，自西北流向东南，蜿蜒贯穿台州全境，至椒江牛头山颈入海。"灵江人"化石标本和一些新石器早期

---

① 叶哲明:《台州文化发展史》，昆明：云南民族出版社，2006年，第23页。

② 《中国大百科全书》(第二版)，北京：中国大百科全书出版社，2009年，第23册，第281—282页。

的文化遗存就采集自灵江的冲积流沙中。从目前掌握的考古资料看，台州地区人类生活与文明创造，正是从这里开始的。

## 一、旧石器时代的历史信息

20世纪80年代初，黄岩人王智正在临海涌泉凤凰山麓采集到一批古人类头盖骨、前额骨、下颌骨、股骨、牙齿等化石标本。这些标本可能曾受到外力的搬运。化石距今十万年前，属旧石器时代中期。这是台州境内迄今发现最早的古人类头骨化石，也是迄今为止所能了解到的台州人类活动的最早信息。

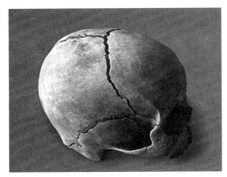

图 1.1　头盖骨　　　　　图 1.2　前额骨

据中国科学院古脊椎动物与古人类研究所张森水教授[1]鉴定，图1.1的这件下颌骨化石为男性，牙齿齐全，排列紧密，年龄在20—30岁之间；头盖骨前额骨（图1.2）化石为女性，年龄约20岁。

涌泉凤凰山麓采集到的旧石器时代的化石表明，约10万年前，灵江流域已经栖息生活着台州最早的先民"灵江人"，他们初辟草莱，创建家园，开始了艰难的文明之旅。

---

① 张森水（1931.8.21—2007.11.27），台州仙居人。曾任中国科学院古脊椎动物与古人类研究所研究员、研究所科学指导与咨询委员会成员、国家文物局考古专家组成员。

## 二、灵江两岸的新石器时代文化

台州地区的新石器时代文化首先出现在距今一万年前的西部山地，然后沿着灵江向中游的平原和下游的沿海岛屿拓展。仙居下汤文化遗址是台州地区最早的文明遗迹。当时的人们脱离了穴居生涯，迁向平原过着定居的农业生活。大约在一千五百年后，新石器文化发展到灵江中游，社会组织也从母系氏族向父系氏族社会转变。当新石器文化发展到下游及海岛地区时，青铜文化已初露端倪。

目前已发现的台州地区新石器时代遗迹、遗址60多处，主要分布在灵江上游永安溪和始丰溪沿岸，以及灵江中下游沿岸。

### （一）灵江上游的新石器时代文化

台州地区最早的新石器时代文化主要分布在灵江上游西北山区，以仙居遗址为代表，其他的重要遗址还包括天台左溪五十罗庵遗址和临海河头下湾山洞遗址。这一区域的遗址多见于河谷平原的台地上。当时的人们过着稳定的定居生活，以农业经济为主，狩猎、采集为辅。

下汤遗址位于灵江源头之一的永安溪上游，距仙居城西30千米。这是目前在浙南地区发现的规模最大、保存最完整、时代最早、文化内涵最丰富的人类居住遗址，属上山文化。

下汤，这个在仙居县并不显眼的小山村，在一个偶然的机会中，奏响了一曲让世人震惊的乐章！

1984年，村民们在村西北角的土墩（俗名下汤墩）上挖土造田时，发现了土层间冒出一些形状特异的鹅卵石和印有简陋花纹的陶器皿。起初，村民们也并不在意，有的碎片随手弃之于地，较完整的就带回家中作摆设。有一个叫张金苗的村民，由于读过高中，有一定文化知识，出于保护文物的责任感，他向县里报告了这一情况。于是，中国社会科学院张森水、省文物考古研究所牟永抗两位专家，闻讯前来实地考察，结论有如石破天惊：这里是原始社会新石器时代村落遗址，距今已有4000—7000年，总面积在2.3万平方米以上，文化内涵丰富。它的发现，雄辩地证实了永安溪流域与黄河流域一样，是我们祖先的发祥地之一。（图1.3）

图1.3　下汤遗址全景

1987年，科学出版社出版的《考古》第12期杂志，在头条发表了金祖明同志（原台州地区文管会办公室主任）撰写的《浙江仙居下汤新石器时代遗址调查报告》，引起考古学界的关注。之后，更多的专家、学者不辞劳苦前来考察调查，大批游客慕名纷至沓来，一睹"下汤遗址"的风采。"下汤遗址"犹如一个沉睡了上万年的少女突然醒来，姗姗然向世人展示出绰约秀丽的丰姿。（图1.4）

图1.4　玉锥形器

下汤村北依白冠山，南临永安溪，东西两侧为河谷平原，地势倾斜度大，不易积水，适合原始人类生息。下汤遗址在村之西北角，保存较完好的有1万多平方米。从目前村民建房筑基垂直挖下的断面看，文化层厚度在1米—1.5米左右。到目前为止，从表土上采集到的有大量的原始陶器碎片、少量完整陶器、大量石器诸如石刀、石斧、石钺、石凿、石削、石环形器、石球、石镞、石网坠、石弹丸、石环、石簪、石磨盘、石磨棒等。其中石磨盘、石磨棒、石磨球、环形砍砸器、流星索等在我省同类遗址中罕见。（图1.5、1.6）

图1.5　红陶罐

图1.6　红陶双耳罐

特别值得一提的是"石磨盘"和"石磨棒"，这些重二、三公斤或四、五公斤的椭圆形石器和盘状石板块，就是考古专家寻觅已久的新石器时代谷物加工工具。古人类把谷物放在石磨盘上，手持石磨棒或两手各执一根石棒来回研磨，使谷粒脱去外壳成为大米，用同样方法把麦子、黍等粮食研成粉末，做成食品。由于长期研磨，石磨盘留下了与石磨棒互相吻合的浅坑。（图1.7）

图1.7　石磨盘、石磨棒

石磨棒在我省余姚河姆渡文化、上山遗址都曾有发现，但是那里没有发现与之相匹配的石磨盘。在国外，伊拉克北部的新石器农业部落遗址中发现过石臼，却没有发现类似石磨棒的石杵。下汤遗址既有石磨盘，又有石磨棒，两者配对，凹凸吻合，且有数套之多，这不仅是我国考古学上的重要发现，也是对世界考古学研究的重要贡献。

在下汤遗址表土上采集到的不少陶器，表面装饰有条纹、绳纹、谷穗纹、篮纹等，风格与河姆渡文化第四期相近。

下汤遗址分布面积较大，文化堆积层极为丰富，可以说这里是古代一个比较大的人类居住部落，对于研究长江下游东南沿海古代人类活动的历史，具有重要的科学价值。1989年，省人民政府批准公布为省级文物保护单位。（图1.8）

图1.8 下汤遗址出土的陶器与石器

2014年12月—2015年6月，浙江省文物考古研究所对遗址进行了全面的考古勘探，并对中心台地和遗址外缘进行了必要的试掘。这次试掘使人们对下汤遗址的文化面貌和内涵又有了新的认识。（图1.9）根据试掘的地层包含物判断，中心台地的地层堆积分为上山文化和跨湖桥文化两个阶段，文化内涵以前者为主。TG3位于台地的边缘，根据地层包含物判断，第⑨—⑩层年代为上山文化时期，⑥—⑧层为跨湖桥文化时期。（图1.10）

图1.9 下汤遗址试掘的东壁剖面

图1.10 下汤遗址试掘的西壁剖面

　　试掘清理上山文化时期建筑遗迹2处，沟槽2条，疑似墓葬2座，灰坑32个（其中部分为柱洞）。灰坑多为近圆形或椭圆形，直径一般在60—80厘米，少数体量较大者直径在2米以上。（图1.11）

图1.11　下汤遗址的建筑遗迹

　　上山文化时期地层或遗迹中的遗物非常丰富，陶器以夹砂黄褐陶和泥质夹细沙黄褐陶为主。器形主要为各种形式的罐、大口盆，流行平底和圈足，圜底器少见。器表常施暗黄色陶衣，大口盆口沿、罐口沿内外壁及肩部常见施条带状红彩，罐口沿外壁还常见斜线、波浪纹等刻划线，盆口沿见有压印花边等，圈足上流行镂孔，少数器表施有绳纹、蓝纹等，个别器形为多角沿。总体面貌具有上山文化特征，同时也具有地方的特色，如典型的夹炭陶数量很少，某些形制的罐及个体较大的陶器不见或少见于其他上山文化遗址。

　　浙江目前已经发现的新石器时代早期遗址主要集中于以金衢盆地为中心的钱塘江流域。下汤遗址是灵江流域发现最早、保存最好、文化遗存最为丰富的新石器时代早期遗址，历次的考古工作初步揭露了它的文化面貌。专家认为，下汤遗址的考古工作，对建立灵江流域史前文化的谱系、认识东南地区新石器时代早期文化的分布、区域文化关系都有极其重要的意义。

下汤遗址具有丰厚的历史文化底蕴，凭借历次的考古调查、发掘成果，我们可以想见南方"百越"祖先劳动和生活的情形，也可以体味下汤人的人文精神。

大约一万年前，下汤人已告别了穴居或半穴居的生活，定居平原，开始搭木造屋。白天，他们或在田野上辛勤耕作，或手执木棒、石钺、石镞弓箭、流星索和弹丸围狩、追逐，和莽莽原始森林里的群兽进行殊死搏斗，获取战利品。这之中，有流血，有牺牲，但他们无所畏惧，勇往直前……由此可见台州的先民是多么的勇敢坚强！

下汤遗址陶器上那些繁而不密、疏而不简、笔划得宜的花纹装饰，师法自然，模拟自然界的一草一木，形象逼真，明快素雅。下汤人既创造了物质文明，也创造了精神文明，那种原始艺术的美更使我们浩叹不止。由此可见台州的先民是多么的热爱生活和富有艺术气质！

下汤遗址的石磨盘、石磨棒在我省的首次发现，证明了下汤人在一万年前不仅能熟练地采集、狩猎，还掌握了种植稻谷和其他杂粮的技术。他们发明了稻谷脱壳碾米的技术，扩大了食物的来源。正是丰富的脂肪和蛋白质，使我们先人的头脑越来越聪明。由此可见台州的先民是多么的勤劳聪慧和富有开拓精神！

### （二）灵江中下游的新石器时代文化

灵江中下游地势较平，水流缓慢，容易积水。为避免洪水浸漫，古人多选择在小山丘或地形较高的坡地上建屋。由于长期受雨水冲刷，保存完好的遗址较少。稍丰富的遗址和遗存有临海峙山头遗址、路桥灵山遗址、临海城东狗山、杜桥西外里坑、黄岩北洋小里灰和椒江观音洞，其中遗址类以临海峙山头遗址、路桥灵山遗址最具代表性，遗存类以杜桥镇西外村里坑遗存最具代表性。考古材料显示，当时的人类以定居农耕经济为主，采集和捕捞业为辅，并发展了造船业，开始开发近海的水产资源。

峙山头遗址位于灵江中下游的临海市小芝镇南丰村南，西南距临海市区30余千米。遗址分布在"靴"形山岗上及东部坡脚下，海拔60米—85米。山东南坡紧邻发源于大罗山的小芝溪，该溪于临海市区自东向西逆流汇入灵江。（图1.12）

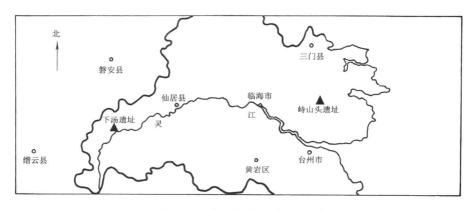

图1.12 峙山头遗址地理位置

峙山头遗址由文物爱好者胡为农首先发现，并提供信息。2014年6月至2015年10月，浙江省文物考古研究所与临海市文物保护管理所联合对遗址进行了三个阶段的考古调查和试掘。

这次试掘探沟的位置集中在山岗东坡和山顶，这两个区域的地层堆积分别以TG4和TG12为代表。TG4的第三层发现较多的陶片、少量石块和零星石器坯件。陶片以泥质夹细沙黄褐陶及夹炭黄褐陶为主，见有浅腹平底盘等器形，流行绳纹，具有上山文化晚期的特征。本层下发现H2、H5等灰坑及一些柱洞遗迹。（图1.13）

图1.13　TG4北壁剖面

　　TG12（西）第三层发现少量陶片，以夹砂红褐陶为主，其次为夹砂灰黑陶，可辨器形有釜口沿、扁方形鼎足，见有篮纹、弦纹。第五层出土一些陶片、少量石片及零星红烧土块，陶片以夹砂红褐陶为主，少量夹砂灰黑陶，可辨器形有细绳纹折肩釜等，具有明显的跨湖桥文化陶器的特征。（图1.14）

图1.14　TG12（西）北壁剖面

　　这次试掘共清理灰坑19座，绝大部分为史前时期。山顶及坡脚均有分布，平面多为不规则的圆形，直径1米左右，深约0.2米—0.4米，以H3为例，出土较多的陶片和石块，陶片全部为泥质夹细沙红衣陶和夹炭红衣陶，见有绳纹，可辨器形有浅腹平底盘、小口高领罐、牛鼻耳等。这次试掘发现的建筑遗迹，位于TG12东部第二层下开口，由G1、G2两条沟槽及若干柱洞组成。西侧沟槽内出土陶片以夹砂红褐陶为主，零星夹炭红衣陶。综合判断，沟槽和部分柱洞显然属于同一遗址单元，可能与居址有关。另外，在TG5内发现了数量较多疑似柱洞的浅坑，多为近圆形，少数形状不规则，可能也与建筑遗迹有关。（图1.15）

图1.15　TG5柱洞与灰坑（从西向东）

　　峙山头遗址出土的陶器较破碎，可辨器形有双耳罐、大口盆、釜、平底盘、钵、豆、陶拍。出土的石器成品数量不多，各种不规则的石块比例较大，绝大部分为灰黄色砂岩，多为打制石器或局部磨光。器形除了较多的石块，主要有斧、锛、磨盘、磨球，少量穿孔石器、石刀、石镞，另有零星石核、石片等。（图1.16）

图1.16　峙山头遗址出土的部分器物

　　根据上述文化因素综合判断，峙山头遗址可以分为早中晚三个时期。早期具有上山文化晚期特征，陶器以平底盘、双耳罐为代表，石器以打制石斧、穿孔石器、石磨盘为代表，年代约距今8500年[①]。中期具有跨湖桥文化特征，以多种形式的绳纹釜为代表，少量豆、钵，年代约距今7000—8000年[②]。晚期相当于河姆渡文化晚期，距今约5000余年。其中，以早、中期为遗址的主体文化内涵。

　　峙山头遗址出土陶器的总体面貌，具有上山文化和跨湖桥文化的特征，又有自身的特点，如黑色的环耳等，不见于其他上山文化、跨湖桥文化遗址。遗址还出土一件腹极浅的平底盘，虽不见于跨湖桥遗址，但在仙居下汤、嵊州小黄山、浦江上山、龙游荷花山等遗址的跨湖桥阶段均有发现。总体上因出土器物较破碎，完整遗物太少，对其文化面貌的准确认识还有待于更进一步的考古工作。

　　在文化性质上，峙山头遗址与上山文化和跨湖桥文化有密切的联

---

① 浙江省文物考古研究所、临海市文物保护管理所：《浙江临海峙山头遗址调查与试掘简报》，《东南文化》2017年第1期。

② 浙江省文物考古研究所、萧山博物馆：《跨湖桥》，北京：文物出版社，2004年，第336页。

系，又是迄今发现的上山文化向东分布的纬度最靠南、经度最靠东、距海洋最近的遗址，对于完整认识中国东南地区早期新石器时代文化具有十分重要的意义。

灵山遗址位于灵江下游的台州市路桥城区西部灵山街西侧的近海岸孤丘——灵山的东坡脚下，此地目前离海岸线约20千米，海拔近100米。该遗址文化堆积沿灵山山麓狭长分布，总面积约3万平方米。（图1.17）

图1.17　灵山遗址地理环境

2010年3月，在建设中央山公园时，一位文物爱好者在施工现场采集到一些陶片、石器等古代遗物，该遗址被发现。2011年上半年和下半年，浙江省文物考古研究所联合路桥区博物馆对灵山遗址进行了调查试掘，并在国家文物局批准下实施了两次抢救性考古发掘。根据对遗址地下文化遗存分布状况的调查判断，为便于操作和资料记录，发掘者自北往南将遗址分成了4个工作区。

2011年3、4月间，通过50平方米的试掘，大致了解了该遗址的年代、性质、文化面貌，认为该遗址是台州沿海地区发现的第一处具有晚期河姆渡文化因素的史前文化遗址，具有独特研究价值和重要历史意义。

　　2011年5—7月，对灵山遗址1区进行了第一次考古发掘，布置发掘面积400平方米。

　　因灵山山麓幼儿园工程的建设，2011年10月至2012年1月对灵山遗址3区和4区进行了第二次抢救性考古发掘，分别在3区布方5×10米9个和4区布方5×10米5个，总面积约700平方米。

　　该遗址属于沿海山丘坡麓滩涂型地理环境，遗址发掘区位于灵山山麓与山前滩涂平原的交接处，根据地层深度和出土遗物，主要可分为上（晚段）、下（早段）两个形成阶段。上部堆积为较硬实的缓坡相砂石、泥土混杂层，从中出土泥质、夹砂、夹炭等质地的较多碎小陶片、少量印纹硬陶和原始瓷器碎片，以及少量石锛、石镞、石刀等磨制石器，初步推断这一文化年代为商周时期，距今约3500年至2500年。下部堆积层由灰褐色硬实砂土层和灰黑色粘土层构成，试掘出土较多夹砂红褐陶、夹炭黑胎红褐衣陶片，其中可辨出较多饰绳纹的陶釜、陶支脚碎片，由此推断该文化层相当于河姆渡文化晚期，距今约6000年至5000年。（图1.18）

图1.18　灵山遗址文化层

　　灵山遗址的主体内容是新石器时代中期遗存。新石器时代文化层中出土遗物多为陶器、石器、木器，又以陶器最为丰富，有陶纺轮、陶罐、陶釜、陶器足、陶支脚、豆柄、圈足盆各1件（图1.19、1.20）。石器有石镞17件、石锛9件、石斧6件、石锤3件、石刀3件、石犁2件，石锥、石棋子、石球、石钺各1件（图1.21、1.22）。

图1.19　陶罐

图1.20　陶釜

图1.21　石锛

图1.22　石犁

　　木器见有带圈足的木盘、勾形木器和木筒，保存基本完好，非常不易，特作详细介绍。

　　勾形木器共1件。木材较硬，一端被火烧成黑炭，另一端为黄褐色，并被加工成为一个小榫，似用于捆绑，整体呈直角形。

　　木筒。整体上用直径在80厘米以上的粗大木材加工而成，上口略大于圆筒，口沿处较薄，中段以下，劈挖收腰明显，底圈象圈足，略外撇（图1.23）。

图 1.23　木筒

木圈足盘。残存木盘的很小部分，似为长方形的浅平底盘。

在灵山遗址，还发现了一支鹿角、少量酸枣（图 1.24）、较多的炭化稻米（图 1.25），有的带稻壳，似为脱壳不净；有的粒型较小；有的显得粗短。

图 1.24　酸枣

图 1.25　炭化稻米

在浙江，新石器时代考古的工作重点一直是杭嘉湖地区和宁绍地区，浙江南部沿海地区的考古工作尚待推进，判断灵山遗址的年代及其考古学文化性质，必须通过与北部地区的比较。总的说来，灵山遗址出土大量的泥质灰陶器，其年代不早于崧泽文化，但在地缘关系上，与河姆渡文化分布区更为接近，绳纹、夹炭陶、釜支子等因素的流行证明其与河姆渡文化有更多的亲缘关系。另外，我们还应该跳出浙江，将比较的眼光投向南部的福建地区，例如，闽江流域的昙石山文化，炊器中以绳纹釜为主、鼎少见，且多见绳纹圈足罐，灵山遗址当与之存在文化上的联系。

经过放射性碳十四测定，夹炭陶测定年龄为：5960±30年。因此，我们可将灵山新石器时代遗存的性质，定义为：受到河姆渡后续文化和福建地区的新石器时代文化双重影响，又具有自身特色的区域性文化类型。遗址的年代，约从距今6000多年前，延续到商周时代。对这种文化类型的进一步认识，有待于浙南沿海地区考古工作的进一步开展，在这个意义上，灵山遗址的发掘，打开了浙南沿海地区史前文化研究的一扇窗口。

河姆渡文化遗址自1973年发现和发掘以来，由于具有厚重的历史文化内涵，已经产生巨大的社会影响，灵山遗址的发现和对于其中的河姆渡文化晚期因素的认定，很可能是河姆渡文化考古研究领域的一项重要突破，可以显见的意义有：为研究河姆渡文化晚期的衰落原因、传播方向、扩散途径等重要问题提供了关键的资料；为研究浙江北部地区的史前文化与福建沿海、台湾等地的史前文化之间的联系找到重要的中间环节；将为浙江东南沿海——台州、温州地区的史前文化找到突破口，带动台州、温州地区史前考古的整体推进；确切地把台州沿海地区的文化源头从商周时期上推到河姆渡文化晚期，即距今近6000年前。

杜桥里坑遗存坐落在临海东南部杜桥平原西侧里坑山坡上，北依白岩山，南临沿海大平原。当地村民在遗址中挖土开岩，遗址文化层全被破坏，但还是出土了大量石器。其中石凿24件、刮削器21件、石斧3件、石锛2件，共计50件。从采集标本看，石器都为磨制，较为精细，其中一件石凿，器形狭窄修长，似长条形，长19厘米，宽3.5厘米，厚2.3厘米，论器形功能，不似一般的农具，应该是凿木造船的特制用具。

当时人们栖息于临海的水乡，没有水上交通工具，是无法劳动和生活的。为征服海洋和发展捕捞业，凿木造船技术必然出现。"其时代晚于下汤文化，距今5500至4500年，相当于父系氏族社会早中期。"[1]

### （三）沿海岛屿的新石器文化

东南沿海岛屿上的遗址多分布在西北山向的山间平地或环山谷地中，表明人们已知道台风来自东南方。一些沿海岛屿上发现了新石器晚期的遗存，如三门县亭旁镇包家村上坟墩遗存发现了石斧与夹砂陶片；山根邵村茶山上发现了新石器时期的月形石刀；六敖乡尖坑山发现了石锛。有些石器琢磨精湛，器形巨大，表明当时生产技术水平有很大提高。沿海岛屿中最有代表性而含有新石器文化因素的当数玉环的三合潭遗址。

三合潭遗址地处玉环城区珠港镇南部的一处不到1平方千米的山间小盆地，由三条小溪汇流冲积而成，几乎四面环山，地势较低，地表海拔仅5米上下，经常积水，故名三合潭。遗址距东海5千米左右。（图1.26）

图1.26　玉环三合潭遗址地理环境

20世纪五六十年代，在三合潭东北部的灯台山东麓造厂房挖地基的过程中，从数米深处挖出不少石器、小件铜器、陶瓷碎片和残朽木构件；

---

[1]　金祖明：《从考古发现看台州秦以前文化》，《东南文化》1990年第6期。

80年代，在大面积向纵深挖沙过程中又出土大量石器、陶片和一些小件铜器，还有很多木桩。当地文物部门根据一些现场采集的磨制石器，初步推定这里是一处新石器时代至商周时期的古文化遗址，不久把它公布为县级文物保护单位，但已被挖沙破坏严重。

2000年，由于三合潭附近位置重要，被规划为近期开发的对象，为准确划定遗址的保护范围，2000年下半年至2001年下半年间，浙江省文物考古研究所和玉环县文物管理委员会一起开展三合潭遗址的专项考古调查、试掘和发掘，并取得重要收获，为该遗址有效保护找到了明确的依据和方式。

三合潭遗址在发掘以前一直被认为包含新石器时代的文化遗存，但通过正式发掘，并对照所有的调查、采集的遗物，可以肯定，该遗址无新石器时代文化遗存。有专家认为："该遗址虽属于青铜时代晚期文化遗存，但从文化面貌上表现出石器和青铜器大量共存的现象。这种文化特征为研究浙江地区史前文化开拓、发展，并向青铜文化演变的过程和越文化的地域特征提供了新的视角。"①20世纪80年代以来，无论是从采集和发掘情况来看，三合潭遗址出土的石器，数量很多。早期采集的有石斧1件、石镞4件、石凿3件、石锛5件（图1.27）、石耨4件、石犁3件、石质犁壁6件、石钺3件（图1.28）。21世纪初正式发掘时，仅发现砺石3件。

如何看待青铜器时代晚期的遗址上出土石器这一文化现象呢？笔者认为，尽管玉环三合潭一带已经进入了青铜时代晚期，但该时期的经济社会发展还是比较缓慢的，人们在制造、使用青铜的同时，仍常态化地继续打制、使用材料成本较低的石器，离完全脱离石器时代的生活、生

---

① 孙国平：《玉环三合潭遗址——春秋战国时期木构建筑遗迹的揭露》，《中国文物报》"综合信息"栏目，2002年3月1日第2版。

产方式，还有很长的一段时期。这并不是孤立的现象，2001年4月发现的路桥梅屿山商周文化遗存，也曾出现了石器、陶器和青铜器共存的文化面貌[①]。

图1.27　三合潭遗址出土的石镞、石凿、石锛

图1.28　三合潭遗址出土的石犁、石钺

## 第二节　先秦时期的文明遗存

先秦时期的台州地区生活着瓯越人。他们断发文身，过着巢居山处、习水便舟的生活，中原的汉人称其为"沤越"。他们与周王朝具有一种宽松的臣属关系。从仙居湫山上田和临海沿江上山冯的青铜器窖藏、玉环三合潭遗址、路桥小人尖土墩墓出土的材料看，青铜开始进入人们的生活。这一地区出土的青铜器多为兵器与农具，反映出人们重视耕战

①　张峥：《台州路桥区梅屿山商周文化遗存初探》，《东方博物》第45辑，杭州：浙江大学出版社，2012年，第50页。

的生活状况。同时原始瓷器也开始出现，陶瓷制作的技艺有长足的发展。公元前324年，楚国打败越国，越国遗族一部分南逃至此与土著融合，出现了部落联盟。

商周至春秋战国时期，台州的文明既受周边乃至远方文明的辐射和影响，也具有本土文化的特征。根据近十余年来的考古发现，台州先秦时期的文明遗存还是比较丰富的。

## 一、商周时期文化遗存

### （一）遗址

已经调查的商周或含有商周文化堆积的遗址有：梅屿山遗址、灵山遗址、施岙遗址。

### 1. 梅屿山遗址

位于台州市路桥区峰江街道山后许村梅屿山顶端，遗址分布面积约40平方米。2001年4月11日，许山村村民在山顶建造凉亭掘土时发现了该遗址，当时遗址已遭到人为破坏，路桥区文物办于次日即开展实地勘探、调查，在离地表0.6—1米处发现一批石器、印纹陶器、青铜器以及陶片。其中石斧2件，石镞、石凿、砺石、石锛、石锤各1件；印纹硬陶罐、印纹硬陶瓿（图1.29）、陶碗各1件；青铜戈、青铜短剑（图1.30）、青铜斧（图1.31）各1件。还有陶鼎足3个，陶片若干件。梅屿山遗址所出的青铜戈，短胡、细长援体、近援末延展成胡等形制特征与1990年出土于台州黄岩小人尖西周土墩墓的青铜戈一致，[①]也与2003年出土于温州瓯海杨府山的西周土墩墓的青铜戈基本相同，青铜短剑的叶状剑身、剑身后端有凸脊与剑茎相通以及圆空茎上端铸一对扉耳作为自然分界等造

---

① 浙江省文物考古研究所、黄岩市博物馆：《黄岩小人尖西周土墩墓》，《浙江省文物考古研究所学刊（建所十周年纪念）》，北京：科学出版社，1993年，第200页。

型特征也与小人尖西周土墩墓、杨府山西周土墩墓的青铜短剑相一致。[①]
因此，这几件青铜器应该属于西周时期的文化遗存，而梅屿山遗址采集
到的印纹硬陶瓮、罐形制和纹饰，均与温州市瓯海杨府山2009年出土的
2件商代晚期的同类器物基本一致，[②]也同样具有商代晚期的风格。因此，
梅屿山遗址含有商代文化遗存是大致可以肯定的。

图1.29　印纹硬陶瓮

图1.30　青铜短剑

图1.31　青铜斧

## 2. 灵山遗址

位于台州市路桥区灵山街西侧灵山东坡。2010年3月在建设中央山

---

① 浙江省文物考古研究所、温州市文物保护考古所：《浙江瓯海杨府山西周土墩墓发掘报告》，《文物》
2007年第11期。

② 温州市瓯海区文博馆：《温州瓯海杨府山出土三件西周青铜鼎》，《东方博物》第36辑，杭州：浙江
大学出版社，2010年，第7—8页。

（灵山）公园时发现，2010年7月，浙江省文物考古研究所会同路桥区博物馆专业人员进行了钻探和试掘。试掘表明灵山遗址是一处史前至商周时期的村落型遗址，总面积约10000平方米，现存遗址面积约3000平方米—5000平方米。该遗址上部文化层厚约0.4平方米—0.6米，出土有泥质、夹砂等质地的陶片，还有少量印纹陶和原始瓷器碎片，以及少量石锛、石镞、石刀、石戈、砺石等磨制石器，初步判断时代为商周时期。[①]

### 3. 施岙遗址

位于临海市汛桥镇汛东村施岙南光私山东麓，属山前台地型遗址，最初发现于1983年5月，未见文化层断面，遗址堆积情况不明。从分布情况看，遗址东西长约100米，南北宽约50米。地表可见的遗物碎片有印纹硬陶、灰色硬陶及青瓷碎片，印纹有米字格、回纹间网纹、方格纹、花窗纹等。同时还发现夹砂陶足。根据遗物判断，施岙遗址为商周时期的聚落遗址。[②]

### （二）墓葬

古越人生活的地区流行着土墩墓的葬制。这种埋葬方式通常采用平地起封，不挖深坑，主要分布在苏南、皖南和浙北一带，但近来在浙南、闽北也陆续发现。路桥小人尖土墩墓就是西周时期的土墩墓，这表明台州地区的越人也同样流行着这种葬俗。另一种分布更广泛的墓葬形式在台州也屡有发现，这就是石棚墓。石棚墓是一种用巨石构筑而成的考古学遗存，在三门和仙居一带都有发现。

路桥小人尖土墩墓，位于原黄岩市路桥镇（今属路桥区）西南1千米，海拔约200米。1990年5月初，当地福泉乐园的老人们在小人尖山顶建造凉亭取土时，发现一批青铜器和原始瓷器等文物。省文物考古研究

---

所闻讯后，即派员会同台州地区及黄岩市博物馆有关同志赶往现场。据说山顶有一土墩，取土前墩高2米多，现残高1米许，底径约12米，墩中部已遭破坏。

经发掘确证系一座土墩墓。建墓之前山顶曾经过平整，并在略有凹凸的山岩上铺垫一层厚约20厘米的黄褐土夹碎石块。在墩的西南部出土52件器物，有青铜器、玉器和陶瓷器等。原始瓷豆数量较多，共39件，多成组摆放，其特点有三：一是多豆相叠侧倒的现象。从西向东共有三组，每组10件豆。这些豆原来应是平放着的。其次是4件豆环绕于1件豆周围。另外，还有3件豆摆放成"品"字形。在南侧原始瓷豆旁有青铜柄形器、牌饰、斧及突棱玉环。略往北，两个青铜戉端平面东西相距2.08米，其銎部相对，方向基本一致，应属同一件器物。北侧还散见残破的原始瓷豆、罐、夹砂陶鼎，突棱玉环及青铜短剑，戈等器物各1件。器物下面局部土色较黑，紧靠器物的西南侧还排列着一些20平方厘米左右见方的石块，有的相叠成两三层，但未见其延伸或转角。

小人尖土墩墓出土器物共78件（包括采集品），[①]现分类介绍如下。

1.青铜器22件。有尊、短剑、戈、戉端、矛、镞、锥、斧、钺、锛、枓、牌饰、柄形器等。器形显得轻巧，器壁一般较薄。除个别器物外，多有不同程度的锈蚀现象。（图1.32、图1.33）

2.玉器5件，有凸棱环、蛱形饰两种，乳白色或淡黄色，器表较光洁，有的略透明。

3.原始瓷器49件。器形有豆、罐、簋等。一般施釉不及底部，黄绿或暗绿色釉，釉层厚薄不均，常见聚釉、剥釉现象。同一件器物的烧成温度不一致，往往是器物的上部瓷化程度较好，胎色灰白，而近底部烧

---

① 浙江省文物考古研究所、黄岩市博物馆：《黄岩小人尖西周土墩墓》，《浙江省文物考古研究所学刊（建所十周年纪念）》，北京：科学出版社，1993年，第200页。

结程度较差，胎色黄褐，质地疏松。

4.夹砂陶鼎1件。通高13厘米、口径13.5厘米，素面红陶，外壁有抹光痕迹，内壁较粗糙，敛口弧腹平底，圆锥形足，角形把手。

图1.32　小人尖土墩墓出土的青铜短剑

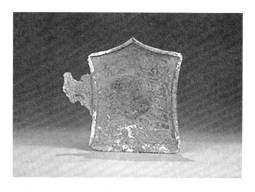

图1.33　小人尖土墩墓出土的青铜钺

三门县发现的石棚墓位于满山岛。满山岛位于县城海游镇东35千米的三门湾口，分南北两个岛屿。1986年8月，经台州地区文物部门实地调查，南岛山顶上发现有5座石棚墓。石棚墓有规则排列，棚盖倒塌已久，棚壁条石仍耸立可见。从海浪撞击倒塌山坎断面看，不仅发现大量的印纹陶片和原始青瓷片，并发现印文陶冲击文化层。这些碎片主要是当时人类使用的炊器、盛器、饮器、祭器等，如罐、坛、瓶、壶、碗等，印纹有弦纹、细布纹、云雷纹、波浪纹和S纹。根据遗物判断，含有商周时期的文化遗存。[①]仙居的岩石殿石棚墓位于安洲街道西门村西俗名"岩石殿"的台地里，目前共发现了4座，墓向坐北朝南。最东边一座保存较完整，由3块巨大舌状石块为顶盖，每块盖石重约20吨，4米—5米长，宽0.5米—0.6米，厚0.4米—0.5米，墓口的支石高1米—1.2米，已经倾斜或倒伏。盖石朝天翘起，形似大炮。（图1.34）[②]目前尚未发掘，文化面貌不清楚。

图1.34　仙居岩石殿石棚墓

① 金祖明：《满山岛考古记》，《台州日报》1986年10月4日第4版。
② 台州市第三次全国文物普查领导小组办公室《台州市不可移动文物名录》之《岩石殿石棚墓》，2011年。

台州地区的石棚墓虽然未经科学发掘，但从墓葬周边采集到的器物残片中，可以看出印纹硬陶、原始青瓷的器形与浙江其他地区同时存在的土墩墓，出土的同类器物相一致，因此，两者具有可比性。目前有研究成果显示，包括台州地区在内的浙南地区石棚墓的总体年代上起西周早期，下迄春秋晚期。调查资料则表明，石棚墓的产生年代可能会早到商代晚期。①

### （三）文化遗物

中华人民共和国成立后台州地区零星出土的商代文化遗物不多，较有影响者当数温岭县琛山乡1984年出土的青铜蟠龙盘（图1.35），现藏温岭博物馆。该蟠龙盘高26厘米，口径61.5厘米，重达22.5公斤，圆下收腹，宽折沿，高圈足。外腹以扉棱间隔，每组饰鸟纹一对。圈足饰龙纹。盘中心铸一圆卷的高浮雕螭龙，高10厘米。龙昂首翘立，口、耳、目、双角鲜明生动，是目前所见的商周时代圆形盘中最大的一件。关于它的时代，以前有关考古资料曾判为西周时期的器物。②在近期对它定级时，专家定为商晚期的一级文物，③并且已经得到国内学术界的认同，一些学术专著已加采纳引用。④

1989年3月，临海市水洋乡水洋村村民在平整宅基时，在距地表1.5米深处出土了一件青铜直内戈。戈虽尾端残缺，但大部尚完整。残长34厘米，本长10厘米，后缘残长10厘米，侧阑宽5.5厘米。中脊棱起，中段至本呈矛形凹进。援体尖长，近本放宽成阑，内上饰二圆穿，后端内有

---

① 陈元甫：《浙江石棚墓研究》，《东南文化》2003年第11期。

② 李一、江尧章、金祖明：《浙江温岭出土西周铜盘》，《考古》1991年第3期。

③ 《中国文物定级图典》（一级品·上），上海：上海辞书出版社，1999年，第228页。

④ 浙江省博物馆：《越魂》，杭州：浙江人民美术出版社，2004年，第69页。又参看徐建春：《浙江通史·先秦卷》，杭州：浙江人民出版社，2005年，第2页。

阙口，面间纵列7粒鼓钉纹，在凹进矛形间饰横线纹四组，中间一组为三线，两端二组为四线。在横线纹空间饰三组鼓钉纹，一组为六钉，两组为五钉。侧阑呈长方形，上下缘平直，缘部上下刃完好锋利。[①]该戈经专家鉴定为商晚期器物，也属国家一级文物，现藏临海市博物馆（图1.36）。

图1.35（1）　青铜蟠龙大盘照片一　　图1.35（2）　青铜蟠龙大盘照片二

图1.36　青铜直内戈

关于台州商周遗存的文化性质，根据出土文物以及遗存现状，我们可以初步研判如下：

路桥灵山遗址近年进行过科学发掘，已经明确为村落型遗址。梅屿遗址出土的石器、陶器、青铜器为先民的生产、生活、战争工具，具有实用性，作为古墓葬的可能性并不大。该遗址虽然处于山顶，但海拔不高，仅50米，且山顶较平坦，适宜古人村居，因此，极有可能是村落遗址。施岙遗址目前并没采集到窑具之类的器物或残片，因此根据目前的资料，确定为窑址似乎不适宜，暂定为村落型遗址较为妥当。

---

①　金祖明：《试谈台州出土的先秦青铜文化》，台州地区文物管理委员会办公室编《台州文物》第14期，1990年。

　　台州石棚墓产生的年代可能早在商代晚期，它的墓葬形式特殊，其起因可能来源于瓯越先民的巨石崇拜或石神崇拜。石棚盖石面积大，分量重，小者3、4吨，大者10吨—15吨。如此巨大的工程，只有当地的社会上层人士才有此劳动组织能力，反映了墓主人生前社会等级比较高。

　　关于小人尖土墩墓的相对年代，从出土的青铜器看，尊在形制及纹饰上与安徽屯溪M1的尊基本相同[①]，同样的尊还见于陕西长安沣西铜网厂西周墓及太原村等地[②]，江苏丹徒大港母子墩西周墓中的尊也与之形态接近。斗勺在陕西长安普渡村西周墓[③]中以及扶风白家庄[④]也曾发现过，其形态和纹饰与小人尖土墩墓所出者相似。短剑见于屯溪西周墓[⑤]，在浙江长兴雉城[⑥]、余杭等地也有发现。戈的内部较短，栏上端不突出，其两侧嵌有椭圆形绿松石片，这种形式的戈目前发现不多。至于牌饰和柄形器，可能是一种组装或镶接器的部件，其用途如何还有待新的发现。

　　结合共存的原始瓷器不难看出，它们的一般特征是普遍有聚釉与剥釉现象，常见凹形附加堆纹，绳索形系耳及釉下拍印的曲折纹。罐为侈沿、鼓腹，小平底，豆、簋、尊的圈足下端内敛与上述青铜尊之圈足的裙边有异曲同工之处。这些特点在浙江的金衢、丽水及安徽皖南地区约当西周中晚期的土墩墓中常见。据此，小人尖土墩墓的相对年代当不会晚于西周晚期。

　　小人尖土墩墓青铜器特别是青铜礼器的发现，在浙江地区以往发掘的土墩墓材料中实属罕见，这对进一步探索土墩墓的不同类型及其性质

① 安徽省文物工作队：《安徽屯溪西周墓葬发掘报告》图版伍1，《考古学报》1959年第4期。

② 王长启：《西安市文物中心收藏的商周青铜器》图四2、9，《考古与文物》1990年第5期。

③ 石兴邦：《长安普渡村西周墓葬发掘记》，《考古学报》1954年第8期。

④ 马承源主编：《中国青铜器》图4、5，上海：上海古籍出版社，1988年，第259页。

⑤ 刘和惠：《荆蛮考》图六1，《文物集刊》（3），北京：文物出版社，1981年。

⑥ 夏星南：《浙江长兴县发现吴、越、楚铜剑》图二4，《考古》1989年第1期。

具有重要意义。与之共存的原始瓷器则表现出一些不同于太湖流域及宁镇地区的地方特色，为不同区域土墩墓的比较研究提供了材料。小人尖土墩墓的发现还表明，这类遗存在商周时期的分布范围已抵达浙东南沿海地区。

温岭琛山出土的青铜大盘，盘心雕饰的螭龙，盘身所饰的方斜格纹，工艺繁复有致，美轮美奂，再加上它造型精美大气，不像实用的器具。考察它的出土地点在村前山坡上，出土时又不见其他遗物，因此很有可能是祭祀山神的祭器。临海水洋出土的青铜直内戈本身应属兵器，但此戈形制奇特，工艺精湛，不像作武器使用，可能是祭祀一类的东西。考察这件直内戈出土地点水洋村，即位于江河边，因此很有可能是祭祀河神的祭器。

民族学的材料告诉我们，远古人类由于生产力水平低下，人们对周围的许多自然现象无法给予科学的解释，因而信奉鬼神，以为高山大川、江河湖泊都是鬼神的归宿地，久而久之，便成了人们心目中的自然崇拜神。为了求得神灵的保佑，他们常常定期或不定期地举行祭祀活动。在中原地区，常常于山麓或河岸发现商周时代的青铜器，这就是当时人们祭祀山川神灵而就地掩埋的祭器。同时，在两广和云南等地，窖藏出土了数量较多且时代较早的铜鼓，专家们考其源由，是因为南方古代各族多信巫鬼，在山坡水畔祭祀时，常用铜鼓赛神、娱神，铜鼓作为祭器不能抬回家去，活动的最后一步就是随地挖一深坑，将铜鼓投入土地神的怀抱。[①]台州，商周时属于瓯越之地，先民们的原始宗教意识非常浓郁，他们崇尚高山、江河等自然神灵，温岭出土的青铜大盘、临海出土的青铜戈很有可能是祭祀山神、河神后就地掩埋的祭器。

---

① 朱世学：《土家族地区巴式青铜器的分类与探讨》，《重庆师范大学学报》2006第2期。

## 二、春秋战国时期文化遗存

近十几年来，台州境内发现的春秋战国时期的文化遗存，主要有青铜器窖藏遗存、村落遗址、岩画等。

### （一）青铜器窖藏遗存

主要分布在灵江上游的仙居、临海。1988年4月1日，仙居县湫山乡上田村一村民在村东山脚取土时，发现了一处春秋战国晚期的青铜窖藏。在距地表1.2米深处挖出一只印纹陶罐，四周还散布着许多青铜器残片。印纹陶罐企口，鼓腹，平底，全身饰小方格纹，罐内存放着数量不少的各类青铜兵器、生产工具、钱币、饪食器等，现为仙居县文物管理办公室收藏。仙居湫山出土的青铜器共分五类，总计94件。兵器7件，有矛、镞、弩机、剑等器。其中矛2件（图1.37），镞3件（图1.38），弩机（残件）1件，剑（残件）1件。生产工具共25件，有锸、凿、犁、削刀等器。其中锸2件（图1.39），凿1件；犁20件，较完整者7件，此外还有犁的某些部位残件13件；削刀2件，钱币18件，有布币、蚁鼻钱两种。布币2枚（图1.40），空首，无釿，方足。其中1件已经断为两截，空首，无釿，方足。币身两面中间略起脊，面部铸铭"殊布当十化"，幕部铸铭"十货"。蚁鼻钱16枚（图1.41），大小形状一致，大半表面已锈蚀，部分保存完整，皆椭圆形，上宽下狭，正面突起，刻"咒"字形，背面磨平，状似贝胆。饪食器1件，为残鼎足。杂类43件，有圆形器2件、残片4件（图1.42）、饼形铜块1件，还有小铜块35件（共重1200克）。[1]

---

① 张峋：《仙居湫山乡出土一批窖藏青铜器》，《东方博物》第36辑，杭州：浙江大学出版社，2010年，第16页。

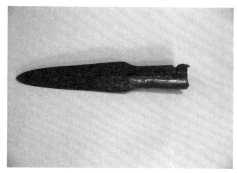

图 1.37　青铜矛

图 1.38　青铜镞

图 1.39　青铜铚

图 1.40　青铜布币

图 1.41　蚁鼻钱

图 1.42　鸟兽纹青铜残片

　　1983年1月20日，临海沿江镇上山冯村青年冯西安、冯先清、蒋敏顺等帮助冯贻康在柏树坦挖土垫地基时，发现了一批青铜器窖藏。临海县博物馆同志闻讯后赶赴现场调查。经过清理，发现有铜犁、铜镰、铜斧等生产工具，以及铜剑、铜矛等兵器，共重5.75公斤。同时出土的还有饼状铜块21.4公斤。

1985年2月11日，在原出土地相隔约15米处又发现了一坑铜器和铜块，器物有犁形器、铲、锸、剑、矛等。在出土点的西北面约100米处发现直径1.2米、高0.8米的锅形残窑窟，可能为当时冶炼青铜的地方。同时在村北面的田垄中还发现了较丰厚的同时期文化堆积层，出土有印纹硬陶和原始青瓷碎片。可辨器型有罐、坛、钵、碗、杯等，纹饰有网纹、方格纹、米字纹、回纹等。上山冯窖藏青铜器现为临海市博物馆收藏。出土的青铜器主要有兵器、农具，有些还处于半加工状态。兵器8件，剑4件，其中2件中部断缺，器形较完整，皆剑身宽阔，前锷略收，聚为锐锋，斜从较宽。格略呈"凹"字形，圆茎，中有两箍；2件残缺严重。矛4件，其中1件中部断缺，骹中空，上一鼻纽。銎口呈弧形，略凹。一锋两刃，中起脊，两侧有凹槽。矛头柳叶形。另3件残缺严重。农具有斧1件，较完整，宽体弧刃式，长方形銎，刃较锋利。铲1件，较完整，方銎，上有二弦纹。铲体呈梯形，刃部稍平。镰4件，皆残，仅存镰头，单面刃，刃为斜棱齿状。锸1件，半椭圆形环，内凹，似犁头。犁，数量众多，皆残，大部分两侧夹角呈"V"形。外侧有斜棱齿状，中有一凸棱。铚1件，作蚌壳形，壳背部有两圆孔，上部略呈弧形，下部分列细锯齿。还有器形不甚明确的残件若干件，铜块数量众多，大小、形态不一，表面多扁平，断面不规则，共重21.4公斤[①]。

近年来的民俗学调查发现，青铜器窖藏所在的仙居湫山乡一带，还遗存着丰富的有关越文化的非物质文化遗产，其中广为流传的是越王勾

---

① 王海波：《临海上山冯出土春秋战国青铜器》，《东方博物》第38辑，杭州：浙江大学出版社，2011年，第111页。

践的传说①。

对于这一传说，原台州市文管会主任金祖明先生结合史书记载和近年来的文物考古发现，认为："历代相传仙缙边界有越王勾践遗迹，吴越曾在此发生过一次非常激烈的战斗。吴越是民间口碑相传的，吴越战争绝对不可能发生在台州，应该是楚越战争才合乎历史地理事实。"②不过笔者认为，这一民间传说的主人公不一定真的是越王句践，很有可能是越国的一员大将或者王子。上述民间传说，流传于仙居湫山一带，笔者认为并不是凭空捏造的，结合湫山上田村出土的窖藏青铜器加以印证，其可信度是较高的。这一民间传说既然得以代代相传，说明春秋战国时期，仙居境内古越先民人口数量不在少数。

湫山上田村出土的布币、蚁鼻钱均属楚国货币。青铜器窖藏里出现楚币，这是令人深思的。台州学者徐三见认为："从史料的记载来看，越国为楚所灭前楚国的力量尚未及于台州，台民系东瓯土著山民的一部分，更无流通楚币的可能（越有楚币，或得之于其'释齐而伐楚'时）。因此，这批器物显系为楚所迫之后的越人所遗……"③根据《史记·越王勾践世家》的记载："王无彊时，越兴师北伐齐，西伐楚，与中国争强。当楚威

---

① 相传春秋末期吴越争霸，越王和吴王的军队在缙云和仙居边界的一个山岙里打了一仗。结果越王句践大败，单枪匹马，落荒而逃，吴国士兵则紧追不放。当越王逃到一处种着络麻的田野时，眼见追兵即将赶到，危急之下便弃了白马一头钻进麻田，暂时躲过了追兵。而后越王移步往东，又躲藏在一块巨石后良久，见追兵确已远去，才在距巨石东边不远的一个小山岙里搭草寮暂居。事后，越王想起了在情急之下遗弃的心爱白马，一气之下扔掉了马鞭。这个传说，千百年来流传不衰。为纪念越王，这一带留下了许多颇有意义的地名：吴越军队交战过的那座山叫"越王山"，山上还建有越王庙。吴越军队交战的山岙叫"越阵"。越王躲藏过的两个地方，一个叫"麻田"，另一个叫"叶岩头"（原名"隐岩头"，因"隐"与"叶"仙居方言是近音）。越王暂居之地则谓"王寮"（今黄寮）。此外，为纪念白马，叶岩头村后那座山名叫"白马山"，白马经过的永安溪叫"白马经坑"（今名金坑），越王扔马鞭的地方叫"马鞭头"。人们还在越王丢失白马的前桩（今名前庄）修建白马殿以示纪念。

② 金祖明：《括苍山麓楚越战争遗迹之我见》，张峋编著《仙居历史文化论丛》，北京：作家出版社，2007年，第107页。

③ 徐三见：《东瓯国疆域北界考》，《默墨斋集》，北京：中国社会科学出版社，2004年，第263页。

王之时，越北伐齐，齐威王使人说越王曰……于是遂释齐而伐楚。楚威王兴兵而伐之，大败越，杀王无彊，尽取故吴地至浙江，北破齐于徐州。而越以此散，诸族子争立，或为王，或为君，滨于江南海上，服朝于楚。"笔者认为，徐三见先生的分析是深中肯綮的。

结合当时的楚越战争，笔者认为，很有可能是越国王子或大将把伐楚时所获的楚币，视为心爱之物，因为战争原因，连同其他兵器、农具等暂时埋藏于此。

临海上山冯发现的窖藏青铜器，据俞珊瑛女士的研究，也属于战国中晚期的青铜器，她结合楚越战争以及越人流散的史实认为，越国在灭吴以后，一度北上中原。之后受到各种势力的压迫，迁回南方，并于公元前333年为楚所大败。然楚未能完全消灭越国，越国势力退守会稽山一带。越人于此之后，加快往南海沿岸迁徙的步伐，分别在灵江、瓯江、闽江一带建立了东越、瓯越、闽越等国。地处椒江、瓯江流域之间的仙居、临海、乐清、玉环、永嘉出土了大批与西施山内涵接近的青铜器，在地点和时间上皆与越人南迁的这段史实基本吻合[1]。因此临海上山冯出土的窖藏青铜器也很有可能是因楚越战争后，某位大将或当地贵族向南迁徙时，暂时埋藏地下之物。

## （二）村落遗址

主要指三合潭遗址。2001年5—7月，浙江省文物考古研究所和玉环县文物管理委员会联合对三合潭遗址进行抢救性考古发掘。发掘面积共450平方米，堆积深度18米—34米，主要发现了保存较好的成片木构建筑遗迹，出土大量的原始瓷器和印纹硬陶片以及一些小件青铜器。发掘成果表明，三合潭遗址主要是一处西周至春秋战国时期具有越文化特征

---

① 俞珊瑛：《浙江出土青铜器研究》，《东方博物》第36辑，杭州：浙江大学出版社，2010年，第37页。

的古村落遗址。

发掘区内，地势自北向南缓慢倾斜，文化层厚13—28米，高处薄，低处厚。整个堆积分上、中、下三部分。表土层下发现了南宋时期的一座有排水设施的残砖室墓和一口石砌水井。宋代堆积下直接叠压着相距一千多年的战国堆积，它的分布厚薄不均，低处以沙、石、泥混杂堆积为主，而高处含沙、石块较少，除出土较多的印纹陶片、原始瓷片外未见任何遗迹。清理掉此层以后，各处都陆续暴露出粗细不一的木桩和木柱。下部堆积以单纯的沙层和泥沙混杂层为主，早于房屋建筑遗迹的其他遗迹，还有两段用卵石块铺就的斜向小路和小范围里探挖出的密集小木（少量为竹子）桩，它处于最下部层，性质不明。

成片的木构建筑遗迹发现于距地表约15米深的地层里，整个遗迹被战国时期堆积叠压。以密集分布的木桩、木柱为主要形式，所有柱坑开口于战国层下（图1.43），打破春秋时期地层。

此次挖掘共发现直立的大小木桩、木柱100多根，长度多在1米上下。

建筑遗迹的南片木柱分布非常密集，柱子多数粗壮，直径一般在20厘米以上，最大达80厘米，而且它们多有深大的柱坑和厚实的垫板（图1.44）。根据大量木柱的平面分布规律，南片约80根柱子的分布可大致识别出为3个相对独立的建筑单元。

根据建筑环境、营建地面的海拔高度、所在位置、堆积土壤成分、建筑平面形式、用材大小等方面分析，这片建筑遗迹很有可能属于干栏式建筑。

图1.43　柱坑遗迹　　　　　　　图1.44　两个带垫木的立柱

　　出土遗物以印纹硬陶、原始瓷片为主，且原始瓷的比例下层特别高，约占80%，泥质陶、夹砂陶片数量很少；另外有近100件较完整的器物，器类有罐、盂、碗、尊、盆、杯、盅式碗、三足盘、鼎、支座等，还出土一件原始瓷捏塑小狗，造型生动简洁，堪称艺术精品。纹样有方格纹、方格填线纹、米筛纹、折线纹、回字纹、麻布纹、变形云雷纹、绳纹等；青铜器11件，器类有矛、刀、镰、削、渔钩，另有一件鼎的方耳；残木器5件，用途不明；石器此次仅发现3件砺石，早年采集的石器较多，有锛、凿、斧、犁、镞等。（图1.45）

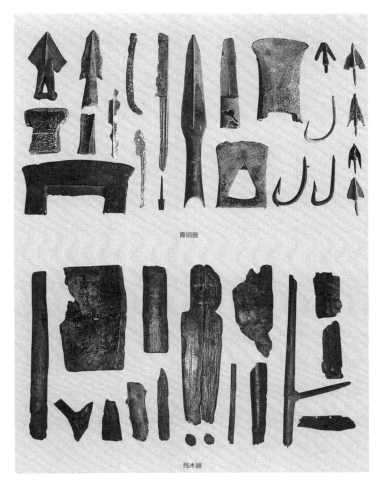

青铜器

残木器

图1.45 三合潭遗址出土的青铜器和残木器

三合潭遗址在发掘以前一直被认为包含新石器时代的文化遗存，但通过正式发掘，并对照所有的调查、采集的遗物，可以肯定，该遗址无新石器时代文化遗存，而以春秋战国时期的木构建筑遗迹与印文陶、原始瓷、石器、小件青铜器为遗存主体，在性质上主要是青铜时代晚期南方地区的一个聚落遗址，距今约2800—2400年。

三合潭遗址发掘出土的春秋战国时期的木构建筑遗迹，保存清晰，平面布局基本完整，并以挖坑、垫板、立柱为基本营建手段。这种建筑技术明显地来源于浙北地区史前文化如河姆渡文化、马家浜文化、良渚文化的部分建筑传统，代表了湿润的江南地区特别是沿海丘陵环境条件下的建筑文化特色。这个发现有力地证明，干栏式木构建筑作为中国南方建筑文化体系的代表，无论在技术上，还是在形式上都可谓源远流长。

### （三）岩画

台州仙居、路桥、临海、三门等地都有发现，各地岩画的风格、内涵相似，大体上是同一时代的作品，当为先秦瓯越先民所刻制。

台州岩画发现最早、面积最大的是仙居岩画群，由小方岩岩画、余岭岩画、殿前岩画、西塘高山塘岩画、西塘谷卵岩湾岩画、石盟垟岩画、送龙山岩画、中央坑岩画、东坪岩画组成，总面积约1441.65平方米。

**朱溪小方岩岩画** 位于仙居东南山区的朱溪镇方岩山，海拔326米。岩画分二处。"狮子耳朵"处岩画，内容丰富，岩壁上刻有似鸟、似人像（图1.46）、似田字形，似蛇头等图纹15个，大小不等，组合不甚规则，岩壁正上方图纹稍密集，下方较疏朗。"小方岩下"处岩画，岩面风化较严重，内容较单一，在岩壁的上方及左右两侧等不同位置均刻"房屋"形（一说锄耙形）图纹，共计7个，大小不等。

图 1.46　小方岩似鸟、似人像岩画拓片

**余岭岩画**　位于仙居县大战乡高田村余岭自然村余岭坑村民李再明承包田外侧，海拔429米，四周群山连绵，岩画对面更是山峰耸峙。岩画面积约2平方米，有蛇形、倒三角形、人像形等图纹5个（图1.47），其中蛇形、倒三角形图纹风格与朱溪小方岩岩画相似。

图1.47 余岭岩画全景

**殿前岩画**　位于仙居县上张乡央弄村，距县城23.8千米。村落建在较为开阔的山峁地带，岩画位于村东北殿前山麓一处水田旁，即一块略倾斜、岩面较为平坦的山岩上。海拔412米。岩画所在岩石坐南朝北，岩石旁边有小水沟，东面10米左右是主水沟，南面为开阔的田地，向南约200米处为俗名"大坪头"的山峰，北面是连绵的高山，俗名"满山岩"。

岩画所在的岩石呈青灰色，该岩面约4.14平方米，岩画所在的岩面面积约1.15平方米，刻有凹穴、带柄环形、肋骨形以及其他不规则形状，共分两组，第一组位于岩面左上角，刻有2个带柄环的形象，第二组位于岩面右下角，刻有肋骨形、凹穴以及其他不规则的形象。其中较大的一个肋骨形形象（图1.48），高22厘米，宽15厘米，刻痕深0.3厘米，笔划粗0.9厘米。凹穴共有5个，大小基本一致。

图1.48　殿前肋骨形岩画

　　**西塘高山塘岩画**　位于仙居西南山区的上张乡西塘村的高山塘山麓。该村是高山上的一个平原村，村西侧群山连绵，主山脉俗称"高山塘"，因山上有一口大池塘而得名，海拔600米。"高山塘"山脉略高于四周的群峰。其东南、西南方向约1华里处皆有一列山峰似屏障般高耸，气势十分雄伟。西塘岩画目前发现有3处5个点，一处在西塘村高山塘旁边山坡的一块巨型石壁上，面积约1000平方米，另两处在西塘村东北侧的"大岩塔岗"和"冷水湾头"，与高山塘为同一山脉，总面积约200平方米。"大岩塔岗"和"冷水湾头"处又各分布着两个岩画点。目前发现的3处5个分布点，即"高山塘岩画"1处，"大岩塔岗岩画"1处2点，"冷水湾头岩画"1处2点。西塘岩画内容丰富，崖壁上或疏或密地分布着形态各异的形似花朵、蛇、棋盘、太阳、房屋、柴刀、人像等清晰图纹百余个。（图1.49）

图 1.49 西塘高山塘岩画局部

**西塘谷卵岩湾岩画** 位于高山塘东北约350米的一处俗名"谷卵岩湾"的山崖上，海拔450米。此处岩画分为上下两部分，两者相距15米，上面部分岩画所在的岩石向南倾斜，岩面总面积约 102平方米，岩面上刻有房屋、米字格、舞蹈人物、棋盘、带柄法器等形象。其中房屋形象居多，共有8个，屋顶均刻饰鸟头型，房屋中间有数量不等的立柱，笔划粗犷，刻痕较深。米字格形象有 4个，舞蹈人物形象有4个，大小基本一致。下面部分的岩面向东南倾斜，总面积约80 平方米，岩面上刻有梯、米字格、蛇头、两蛇交尾形（图1.50）、长嘴鸟身形、房屋、成排的凹穴、骨节形图像、女阴形象，以梯形和成排凹穴形居多。梯形共有4个，米字格形1个，蛇头形图像1个。两蛇交尾形图像1个。长嘴鸟身形图像1个。房屋形图像1个（图1.51）。凹穴形图像共有4排，计有凹穴40个。骨节形图像4个，女阴图像4个。

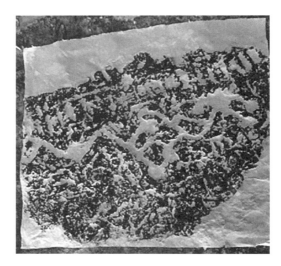

图 1.50　西塘谷卵岩湾两蛇交尾形岩画拓片

图 1.51　西塘谷卵岩湾房屋形岩画

**石盟垟岩画**　位于仙居县淡竹乡石盟垟村东北的俗名"牛鼻洞岩"下，该村南边翠峰如簇，北边溪涧环绕，环境幽静。岩画所在岩石俗称"四方岩"，悬立于村北的淡竹坑边，南对高约 100 米的悬崖"牛鼻洞岩"，北对俗称的"龙尾巴山"，岩面略向南倾斜，朝天一面的岩面面积约 100 平方米，青灰色，岩画大部已不可辨，现存的岩画岩面位于"四方岩"的右下角，约有 1.51 平方米，有锄耙形、棋盘形、疑似田字形三个形象。

**送龙山岩画**　位于仙居北部山区的福应街道赵家垟村北送龙山东侧山脚，岩画四周多崇山峻岭，平均海拔500米以上，地形地貌复杂。所在的岩石自上至下呈梯形分为12层，各层岩面上刻凿着人物形、蛇头形、房屋形（图1.52）、太阳形、米字格形（图1.53）等各种图纹约50个。

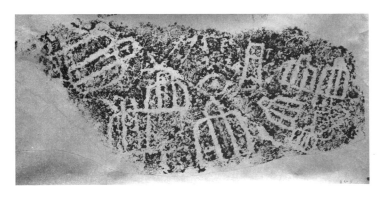

图1.52　送龙山房屋形岩画拓片

图1.53　送龙山太阳形、米字格形（一说花卉形、田字形）岩画拓片

中央坑岩画 位于仙居北部山区的广度乡中央坑。岩画所在的山，俗称"后门山"，位于村西侧，主峰海拔586.9米，与五份头自然村东侧的"前门山"近相对应。目前发现的有2处，1号崖刻所在的石壁略近长方形，有酷似鱼、鸟的图纹4个，刻痕较深，保存十分完好，历历可辨（图1.54）。2号崖刻所在的石壁略呈长方形，有似马、似鸟图纹6个，岩面风化较严重，图纹较模糊，但仍依稀可辨，大小不一。

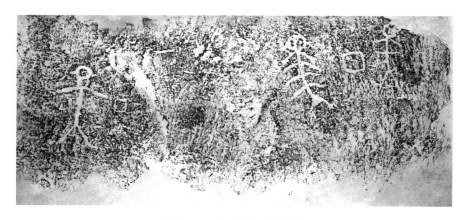

图1.54　中央坑1号崖刻

东坪岩画 位于仙居县广度乡祖庙村东坪自然村，距离县城28千米。岩画在村东边山道旁的一处山崖上，海拔456米，其四周群山叠翠，前方有一条狭长的沟壑和一座悬崖。岩画所在的岩石青灰色，面向东南，与地面成60°夹角，岩画面积2平方米。岩画中心部位高143厘米，宽96厘米。画面内容丰富，蛇头形图像及各种不规则的图纹分布密集，其中画面右下方刻有太阳形图像一个，直径25厘米，刻痕深0.9厘米。

路桥岩画 主要指共和岩画，位于路桥区桐屿街道共和村茅草山南麓小山坡顶上约高10米的峭壁上，海拔16米。岩画面积9.6平方米，岩面上刻有钺形（图1.55）、人像形、太阳图纹至少8个。

图1.55　共和岩画钺形图像

　　台州岩画的刻制时代，目前学术界倾向于春秋战国[1]。学者们结合文献资料、民俗学材料和考古发现信息，从岩画的刻凿工具、图像特征分析，认为台州岩画的刻痕总体上都较深，风化不明显，且刻线凹进去的边缘呈现锯齿痕迹，刻凿工具似乎可以判断为金属工具；从图像内容看，体现了春秋战国时期瓯越先民的生活状况，因此其刻制时代应该较晚，初步判定为春秋战国时代应该不至于大误[2]。

　　台州岩画近年不断发现，面积、规模居于华东地区之首。它分布广泛，图像丰富，具有丰厚的历史文化意蕴。经过初步探索，台州岩画至少蕴含了以下几方面的文化意蕴。

　　一是瓯越先民的生活形态。仙居小方岩、送龙山、西塘诸地的岩画中，都发现有"柴刀形"的图像，这种形状柴刀，顶端带钩，刃部尖细，当是古越先民砍斫树枝、杂草时所用，直至今天，还普遍使用于仙居各地的农民手中，俗称"钩刀"。古越先民在岩壁上刻凿"柴刀形"图形，

①　张崎：《仙居岩画述论》，《东南文化》2009年第6期。

②　张崎：《仙居岩画述论》，《东南文化》2009年第6期。

无疑折射出他们当时生活的某种情态。根据《吴越春秋》卷六"人民山居……随陵陆而耕种"的记载，春秋战国时期，山民们在山间盆地、丘陵山岗上择地垦荒耕种是常有的事。要开垦地块，难免要清除杂草，人们除了用青铜或铁制镰刀之外，对于一些难以清除的粗大的柴株、草根，还应该普遍用到柴刀。

中央坑崖刻如果排除它是古越族象形文字的话，笔者认为它也应该是一种抽象性稍强的岩画。这一地点的岩画，有两个形状皆似鸟头鱼身的图像值得我们注意。古越先民为何刻凿鱼形图像？我们推测，它应该是仙居地区古越先民喜食鱼类生活情形的反映。仙居地区虽未濒临大海，也没有大的湖泊江河，但是其地人民或居于溪畔平原，或居于两山相夹的溪涧附近，捕鱼而食是完全有可能的。他们也像靠近大海的其他越民一样，好食腥味，"饭稻羹鱼"，《史记·货殖列传》"正义"对此就有明确的记载："楚越水乡，足螺鱼鳖，民多采捕积聚，椎叠包裹，煮而食之。"①仙居作为内陆山区，鱼类资源不似海滨地区那样丰富，因此更显得珍贵。可以想见，古越先民是把它作为菜肴中的上品的，流传甚久的仙居传统饮食文化"八大碗"中，就有一碗是红烧大鱼，应该是古越先民饮食文化的遗孑。古越先民将其刻凿于岩壁上，反映了他们对鱼的珍爱。

在上张西塘"高山塘"岩画上，发现了分布在不同方位上的5个棋盘形图像，每个棋盘图像由2个长方形纵横交叠而成。对于这些棋盘形图像，我们不能轻率地认为是现代农家小孩玩棋子时刻上去的。因为中国棋子作为娱乐活动的起源是很早的，相传始于尧时。查考有关文献也是可以找到一些信息的，如晋张华《博物志》中说："尧造围棋，以教子丹朱。"在《越绝书》《吴越春秋》《说苑》等文献中保存着不少吴越的诗

---

① 司马迁：《史记》卷一二九《货殖列传》，北京：中华书局，1959年，第3270页。

歌、谣谚，说明包括台州在内的瓯越先民也是富有艺术生活情调的。既然他们在劳动中产生文学艺术，那么在劳作之余，他们也应该是有文化娱乐活动的。台州棋盘形岩画可能就是他们文化娱乐活动留下的遗迹。

二是古越先民的农事意识。根据岩画专家盖山林先生的研究，在我国种类繁多的岩画中，最基本、最常见的岩画约有四十多种，其中生活类母题，在全部岩画中数量最多，占有特殊的位置。这类母题都是反映古代人民生存需要的画面，是对人类维持生命所必需的物象的描绘[1]。仙居岩画也不例外，其反映春秋战国时期古越先民为发展农业经济而奋斗的"农事意识"十分明显。

仙居小方岩岩画的岩壁上，刻凿着一种似"田"字的图像，据王伯敏先生推测，"这个形象或符号，如果可以认定为'田'形的话，可能与那时当地人的对农事方面所做的某种反映有关系。"[2]春秋战国时期，浙江诸多地区的山间盆地，不仅土地广阔而平坦，地势高燥，不受咸潮的威胁，而且水源丰富，有利于定居农业的发展。古越先民们充分利用这些优越的地理条件，不畏艰难，胼手胝足，垦殖耕种，促进了生产力的大发展，史书对此颇多记载，如《吴越春秋》卷六记载："人民山居……随陵陆而耕种。"要发展垦殖耕种，首先要具备的条件是充裕的农田。仙居是个内陆山区，有"八山一水一分田"之说，可耕之田不是很多，故田土显得尤为珍贵而重要。考察仙居的诸多地域，无论是山间盆地、溪畔平原，还是丘陵山冈，只要略有平坦之地，农民便会垦地耕种。由此可以想见，春秋战国时期，古越先民在他们所涉足定居的平坦之地上，开垦耕种，发展农业，是完全有可能的。在他们看来，"田"这种物象，是维系人的生命或者说是使人赖以生存的根本之需。他们将其刻凿于经

---

① 盖山林：《中国岩画》，广州：广东旅游出版社，1996年，第200页。

② 王伯敏：《台州仙居小方岩岩画制作年代初探》，张峋编著《仙居历史文化论丛》，北京：作家出版社，2007年，第8页。

常活动的岩壁上，鲜明地体现了他们热爱田地的农事意识。

三是古越先民的宗教意识。台州地区的原始宗教意识可谓源远流长，自新石器时代至青铜时代的漫长历史中，越族先民的图腾信仰、自然崇拜、灵魂观念，等等，都呈现出诡谲幽隐的色彩。

仙居地区作为内陆山区，地处崇山峻岭，林木翁郁，自古以来，禽鸟遍布，种类繁多，据《万历仙居县志》卷之四"禽属"条记载，仙居山区比较多见的鸟类有"鹳、鹊、鹰、鸠、莺、凫、燕、鹭、雉鸡、竹鸡、山鸡、郭公、画眉、啄木、青丝、白雪、伯劳、青翠、黄头、勃鸽、鸳鸯、子规、乌鸦、白头翁、十二红、黄雀、鸽鷞、八哥、黄鹂"等，可以想见，仙居山间的古越先民对这些鸟类是非常熟悉的，也十分愿意与它们"认亲"，从而把它们作为图腾加以崇拜。仙居小方岩岩画所在的大岩壁中间，刻有一鸟头人身形图像，四肢作舞蹈状。另外一处，刻有一只似鹰状起立雄视的鸟。中央坑崖刻也至少刻有三个鸟头鱼身形图像。这些岩画图像应该是古越人鸟图腾崇拜的一种反映。

仙居西塘村"高山塘"岩画中，有多个蛇形图像，长度一般都在一米以上，最长者竟达二米，这些图像应该是古越先民蛇崇拜的一种体现。越人以蛇为图腾，文献中也多有记载，《说文解字·虫部》说："南蛮，蛇种。"又说："东越，蛇种也。"这里的"南蛮""东越"说的就是越民族。所谓"蛇种"意即信奉蛇图腾的民族。古越先民的崇蛇情结，至今在台州民间尚可找到一些文化遗存。如蛇进入室内，民间有不能轻易将其打杀而是洒以盐米、轻轻驱赶出去的禁忌。

从地理位置、地形地貌角度考察仙居诸岩画点，笔者发现有这样几个特点：一是岩画所处的地势都比较高，海拔都在500米以上；二是岩画所在的岩壁对面不远处往往有一座或多座高耸云天的山峦。由此可见古越先民在选择崖刻地点时，不是随意乱来的，而是择善而作的，也就是说，他们在刻制岩画之前心中存有某种意识或理念，那么，这是一种怎样的意识或理念呢？笔者认为还是应该从古代先民的原始宗教意识角度来考虑问题。根据我国南方瓯越地区近年来先秦时期古墓葬方面的考古发现，一些学者认为："从同期南方其他地区主要墓葬形式来看，不管是土墩墓、石棚墓还是石室墓、悬棺葬，都有尚高倾向，这可能反映了古代南方民族的崇天观念或灵魂归天的观念。"[①]散刻于地形隐蔽的深山丛林中的仙居岩画所在地，在春秋战国时期，很可能是一个宗教祭仪场所，其中的不少画面或符号，极有可能是古越先民原始宗教思想的外化形式和心态密码；同时，他们把崖刻地点选在崇山峻岭之上，而且所选崖刻地点对面有更高的山峰巍然耸峙，说明古越先民具有强烈的崇尚大山、崇尚高天的自然崇拜意识。

上张谷卵岩湾下部刻有至少3条梯形图像，上部刻有8个房屋形图像，各个房屋屋顶刻有鸟形象，还有2个房屋屋顶刻有向天的线条。这些图像如果联系起来考虑，不禁使人想起远古人类"通天"的宗教意识。如果把上张谷卵岩湾上下两部分的岩画内容联系起来，我们不妨进行大胆推想：那下部的梯形图像，是古人心目中的天梯，那是登上"天庭"的必经之"路"；那8个房屋形图像，是他们居住的村落的缩影。那屋顶鸟形的图像和向天的线条，似乎喻示着古人希望借此飞上高天的理想。在先民的思想中，"天"不可触及，它无边无际，主宰万事万物，而鸟有翅膀，赋予它有自由翱翔的能力，这是人类无法办到的[②]。因此，在先民的眼里，它被赋予"通天"的本领，可以与天进行对话。谷卵岩湾上部那4个舞蹈状的图像（可以理解成巫师的形象）和带柄法器的图像也似乎暗示我们，这里就是瓯越族人举行宗教祭祀的场所，他们希望自己"登天""通天"的宗教向往通过巫师的祭祀得以实现。

---

① 黄舟松：《先秦瓯族史初探》，《东方博物》22辑，杭州：浙江大学出版社，2007年，第39页。

② 郑琳喆：《从古代袖舞中透视鸟图腾文化》，《大舞台》2010年第2期。

瓯越族也和世界上其他许多民族一样，对太阳非常崇拜。早在新石器时代早期，瓯越族先民就有这种原始宗教意识。2002年，浙江萧山跨湖桥文化遗址出土8000年前的太阳纹彩陶[①]，2013年3月，浙江义乌城西街道桥头村发现上山文化遗址，出土近9000年前的"太阳纹"彩陶[②]，就是明证。仙居的送龙山岩画、东坪岩画、路桥的共和岩画中的太阳纹岩画，也应该是瓯越先民太阳崇拜的体现。

## 第三节　秦汉六朝的文化演进

台州设县，始于西汉昭帝始元二年（前85），县名"回浦"。台州置郡则在三国吴太平二年（257），称临海郡，辖境基本上沿袭两汉回浦县与章安县的范围。晋明帝太宁元年（323），分临海郡南部永宁等四县置永嘉郡，其后的临海郡辖境便相当于唐初设置的台州的范围而基本稳定下来。

秦汉六朝时期是台州历史的早期发展阶段，经历了从瓯越族自治部落联盟向帝国郡县的转变。与这一过程相伴随的是瓯越人的内迁、反抗与杀戮。由于章安港在帝国南进政策中的重要战略地位，行政与军事机构开始设置，台州地区就是在这样的背景下被纳入中央王朝版图并逐步与华夏民族融合的。三国东吴、东晋及后继的宋、齐、梁、陈诸朝代，中央政权都设在距台州一省之隔的建康（今南京）。政令的有效施行、人口的大批南迁及经济与文化的频繁交流，对台州地区的开发起到了积极的促进作用，文化的演进也由此迈开了步伐。

---

① 浙江省文物考古研究所、萧山博物馆编：《跨湖桥》，北京：文物出版社，2004年，彩版一八。

② 蒋乐平：《义乌桥头遗址发现近九千年前"太阳纹"彩陶》，浙江文化信息网，2013年3月29日，wht.zj.gov.cn/dtxx/zjwh/2013—03—29/143。

## 一、丹丘钱谷——台州物质文化的初步繁荣

政区的拓展和汉越的融合为社会经济的发展提供了政治条件，新淤积的土地则为外来移民的定居和开发提供了资源保证。农业、商业、手工业的发展和永嘉南渡后北方士民南移入台，促进了本区域人口的聚集。史籍资料以及近年出土的该时期的古墓葬、建筑构件和残砖图像铭文，成为反映临海郡社会经济或者说物质文化初步繁荣的一个佐证。

台州的经济与其他各地一样，占支配地位的仍然是自然经济，但也出现了有一定地位的商品经济。自然经济主要包括农业和渔业，商品经济则主要指手工业。

台州地处江南，气候温和，雨水充足，自然地理条件优越，政治重心的南移，兼之北人南徙，带来了中原先进的生产技术。东汉以后，台州居民已开始使用铁器牛耕，农业生产发展加快，以水稻为主的粮食作物普遍种植。沈莹《临海水土异物志》中有"丹丘谷，夏冬再熟"的记载，说明当时的粮食生产已经实行一年两熟制。据《宋书·臧质传》载：臧熹"为建威将军、临海太守，郡经兵寇，百不存一，熹绥缉纲纪，招聚流散，归之者千余家，孙季高海道袭广州，路由临海，熹资给发遣，得以无乏。"孙季高由海道袭广州，据《宋书·武帝纪上》记载，在晋义熙六年（410），兵员为三千。上引所谓的"郡经兵寇"，是指元兴元年（402）孙恩率领起义军攻打临海之事。孙季高袭广州经临海，臧熹在临海太守任上最多不过四五年，其招聚流散而归之者亦不过千余家，在这样短的时间里，能够供给孙季高远征广州的三千之众，并"得以无乏"，可见资给的粮食不在少数，据此可以想见，台州当时的粮食生产水平是相当高的。

到南朝时期，临海郡经济作物已经种类繁多，其中以豆最为普及，

以章安的干姜最为突出，唐官修《新修本草》记载"出临海章安者佳"，俨然已成朝廷贡品。《南史·孔琇之传》记载，孔琇之"出为临海太守，在任清约。罢郡还，献干姜二千斤，齐武帝嫌其少，及知琇之清，乃叹息"。意思是时任临海太守的孔琇之十分清廉，返朝时只向齐武帝贡献了一些章安的干姜，齐武帝嫌其太少。后来齐武帝得知孔琇之的清廉，颇为感慨。《南齐书·孔琇之传》作"二十斤"，较符合事实，因为二千斤已经不算是少数，否则就称不上"在任清约"了。陶弘景对章安干姜的制作有很详细的描述："干姜惟临海章安二三村善为之，其法以水淹三日，去皮，置流水中，更六日，又去皮，然后晒干，置瓮瓯中，谓之酿也。"[①]可见当时的干姜是精心加工而成，似不单是为了食用，也可兼作药用，十分珍贵。

穀皮，作为当时造纸和纺织的原料，也具有很高的经济价值[②]。南朝宋刘义庆《幽明录》中记载刘阮遇仙故事，云"剡县刘晨、阮肇共入天台山取穀皮，迷不得返，经十余日，粮食殆尽，饥馁殆死"。

台州的蜜与粟也是当时的特产。《高僧传·支昙兰》记载，支昙兰在寄居天台赤城山期间，曾受到珠欺王的外甥干扰，后者受其感化，前往仙居韦羌山。数年之后，珠欺王的外甥成为韦羌山神，以蜜作为谢礼。《梁书·傅昭传》记载："（傅昭于天监）十七年（518）出为智武将军、临海太守，郡有蜜岩，前后太守皆自封固，专收其利……县令常饷粟，置绢于簿下，昭笑而还之。"此外，据《临海水土异物志》记述，当时临海郡境内所种植的经济类作物还有般肠竹、狗竹、杨梅、关桃子、枸槽子、鸡桔子，等等。

渔业在六朝时期台州的经济中也占一定的比例。台州负山面海，又

---

① 陈耆卿：《嘉定赤城志》卷三六引，上海：上海古籍出版社，2016年影印，第1110页。

② 胡正武：《刘阮遇仙故事与越中传统造纸发微》，胡正武《浙东唐诗之路论集》，杭州：浙江工商大学出版社，2018年，第10—11页。

多溪流江河，渔业资源丰富，张崇根辑校的《临海水土异物志》记述的水产种类就有六七十种之多，如鹿鱼、镊鱼、比目鱼、鲤鱼、牛鱼、石首鱼、槌额鱼、黄灵鱼、伏念鱼、鲨鱼、陶鱼、石斑鱼、乌贼以及蚶、蛎、蛤蜊等。唐道宣《续高僧传·智颉传》载，智颉于陈太建七年（575）"往居临海，民以沪鱼为业，罾网相连四百余里，江沪溪梁六十余所"。这是描述溪流江河中淡水捕鱼的情景，海上捕鱼的规模和数量之大，由此可以想见。

台州的手工业经济自东汉末三国初开始发展起来，至六朝时期已经是相当发达了。当时的手工业主要指陶瓷业。瓷器烧造在东汉后期渐趋成熟，至六朝时期渐趋繁盛。目前，在台州境内发现的六朝时期窑址有二十多处。三国两晋时期的窑场多分布在临海郡治章安附近，主要烧造罍、罐、瓶、壶、钵、洗、炉、鼎、砚、盘等，器物"胎骨粗厚坚实，呈灰白色，火候较高，击之声音铿锵"。[①]尤以临海鲶鱼坑口窑烧制者为最佳，产品大多"釉色滋润光泽，尤以淡青色釉更佳，其色如缥，透明似镜，似在清水中缥洁"。[②]宋、齐、梁、陈时期的器形大多沿袭前一时期，以盘口壶为大宗，还有鱼形瓶、盆、碟，带流把水注、虎子，两系或四系罐等，佳者亦"色泽滋润，光洁鉴人，工艺精湛，素雅古朴"。[③]从台州各地文物部门征藏的器物来看，胎釉、造型、纹饰都相当精美，堪与越窑的上乘产品相媲美，甚或过之，形成了具有独特风格的台州窑系。

"芒屩"也是南朝台州的手工业特产之一。这是一种用络麻编织的草鞋，专供士大夫出行山林。据《南史》卷二二记载："（王筠）寻出为临海太守，在郡侵刻，还资有芒屩两舫，他物称是。"由于当时土特产易

---

① 金祖明：《台州窑新论》，《东南文化》1990年第6期。

② 金祖明：《台州窑新论》，《东南文化》1990年第6期。

③ 金祖明：《台州窑新论》，《东南文化》1990年第6期。

地而售可获巨利，所以时任临海太守的王筠卸任后带回两船芒屩和其他物品。

盐业在六朝时期也开始初步发展。明代诗人胡翰在《东望赤城山送人》一诗中写道："郑虔所临郡，山多少田畴。居民煮海水，海尽民始瘳。"说明盐业是台州海滨人民的重要经济来源。唐宋时，台州设有官方的盐业机构。由于史料匮乏，六朝时台州的盐业发展的具体情况，不得而知。但据推测，当时盐业已经初步发展还是很有可能的。

台州的商业随着政治地理的变化以及农业经济的不断发展，也逐渐繁盛起来。作为临海郡治的章安，逐步成为当时东南地区的一大都会。清代章安诗人叶丰在《赤栏桥怀古》一诗中云："章安古名郡，晋代衣冠扬。东西列街市，高桥跨中央。湾环互轻舸，浦溆会经商。赤栏扶左右，凭眺雄南方。太守成公绥，作赋始擅场。"由此可见，章安在六朝时期已极为繁盛。在晋代，章安还出现了非常著名的建筑赤栏桥。据方志记载，赤栏桥桥栏朱赤，"桥上有亭，东西有楼"，晋代著名文学家成公绥任章安令时，即于"桥上制厅"，写下名作《云赋》。其后，县令亦"常解厅事"于此。大约在汉代，在章安城的北面已形成了一个不小的湖泊——章安湖。起初，可能作为水军屯船之所，后来逐渐演变为游宴之地。据刘宋时孙诜所撰《临海记》描述："郡北四十步有湖山，山甚平正，可容数百人坐，民俗极重九日，每菊酒之辰，宴会于此山者常至三四百人。"章安地处海口，水上交通极为便利，因此，这时的章安，城市繁华，湖山入胜，生活富庶，建筑精美，无怪乎晋代的郗愔在任临海太守时"在郡优游"，"后以疾去职，乃筑宅章安，有终焉之志。"（参见《晋书·郗愔传》）连从未到过章安的做过吴尚书令的汝南人陈化，"年出七十，乃上疏乞骸骨，遂爱居章安。"（参见《三国志·吴主传》注引《吴书》）六朝时期，侨居台州的并不止郗愔和陈化，侨居人士的出现和不断增加，间接反映了当时台州商业的繁华。

20世纪60年代中期"黄岩县曾出土以五铢为主的古钱六箩筐，内有太平百钱和定平一百"①。1984年12月，临海更楼乡下塘园村出土总重量66公斤的汉代窖藏铜钱，②1986年2月，椒江兆桥乡祝昌村发现窖藏古钱币290余斤，"初步鉴定为西汉至南朝"③。这些钱币估计都是六朝时期在台州境内流通中聚藏的，数量巨大，反映了当时商贸经济的繁荣。

关于当时临海郡经济的发展状况，史书很少有直接的反映，但爬梳史料，从间接的记载还是可以勾勒出概貌的。《宋书·王僧达》云："（僧达）兄锡罢临海郡，送故及俸禄百万以上。僧达一夕命奴辇取，无复所余。"所谓"送故"，意即地方官离任时，地方政府送行的官钱，实质上就是俸禄以外从当地百姓身上所出的血汗钱。据《隋书·百官志》记载，六朝时期"郡县官之任代下，有迎新送故之法，饷馈皆百姓出，并以定令"。王僧达离任时带走"百万以上"之钱，数额巨大，显然非一般贫困地区所能达到。

地主豪族的兴起和形成，也标志着六朝时期台州经济进入了一个新阶段。《南史·儒林·王元规传》记载当时临海郡有"郡土豪刘瑱者，资财巨万"，《南齐书》和《南史》将临海另一位土豪吕文显列入专传，吕文显永明元年（483）任为中书省通事舍人，饷遗"岁各数百万，并造大宅，聚山开池"。（《南齐书》卷五六）刘、吕二人属于寒门出身的新兴地主，六朝时期真正称得上高门世族的则是临海任氏家族。据《晋书·任旭传》，任旭的父亲任访曾任海南太守，州郡及朝廷屡次征辟任旭为官，皆以疾固辞。其子任琚则"位至大宗正"。任旭"全无事功"，却屡被荐辟，还受到晋元帝的青睐，授以郡中正、祭酒、给事中等品味清高的官职，其子位居大中正，说明任氏家族在当时属高门大族，也说明

①　徐三见：《临海出土汉代铜钱》，《中国钱币》1986年第3期。

②　徐三见：《临海出土汉代铜钱略议》，《默墨斋集》，北京：中国社会科学出版社，2004年，第287页。

③　徐三见：《六朝时期台州经济状况考述》，《默墨斋集》，第302页。

任氏家族的形成有悠久的历史。封建社会的经济形态主要以地主庄园为基本单位，地主经济的强弱，是该地区经济发达与否的具体反映。上述刘、吕、任氏地主家族的兴起和形成，表明六朝时期的台州地主经济已具有较强的实力，从一个侧面也反映了当时台州物质文化的初步繁荣。

### 二、山水纵歌中的人文初兴

秦汉，江东的开发主要在长江三角洲，其中太湖流域和会稽郡治所的山阴以及东部上虞、余姚等县是经济文化最为发达的地区。而台州大部属于会稽郡南缘的山区，经济文化仍较落后。居住于此者，除部分汉人外，主要是越族后裔，称为"山越"，他们居山谷幽邃之地，不服王化，不向政府服役纳租，历经秦汉四百余年的发展，至孙策据有江东时，人数已仅次于该区域纳入国家编户的汉人。山越的汉化尽管是一个十分漫长的过程（有学者认为山越完全与汉族融合是到了唐代以后的事情了）[1]，但随着开发程度的加深和文化交流的频繁，台州的人文终于自西晋开始得以初兴，到南朝时逐步繁盛。

三国时期，台州出现了真正的高门望族任氏家族，到西晋时期，出现了历史上第一位本土著名文士任旭。任旭，字次龙，章安（今临海涌泉）人。儿童时勤于学，及长，"立操清修，不染流俗，乡曲推而爱之"（《晋书》卷九四），在晋代高层社会以"清贞洁素，学识通博"（《晋书》卷九四）闻名。他年轻时曾出任临海郡功曹，看到郡将蒋秀居官贪暴，屡次正色苦谏无果后弃官而去。朝廷先后召为参军、祭酒、给事中等，任旭皆坚辞不就。其间晋元帝曾"亲书与旭，欲使必到"（《晋书》卷九四），但他始终不为爵禄所动。《晋书·隐逸传》有传，是见于正史的第一位台州人。任旭对推动当地的儒学文化发展，培养优秀士子，做

---

[1]　陈可畏：《东越、山越的来源和发展》，《历史论丛》1964年第1辑。

出了一定的贡献。史志记载他辞去临海郡功曹后，隐居家乡，"闭门讲习"，以此涵养自己的志节。

到南朝宋齐间，台州的儒学文化进一步发展，这得益于著名道教思想家顾欢的积极努力。顾欢（420—483），字景怡，又字平玄，吴郡盐官（今海宁市）人，家世寒贱，而有志于学。尝从东迁邵玄之习五经，从豫章雷次宗咨玄儒诸义。母亡后隐居天台山，开馆授徒，受业者近百人。刘宋末年，萧道成辅政，被征为扬州主簿。萧道成称帝后至京，上表自称"山谷臣"，进《政纲》一卷和《老子道德经义疏》，后辞谢回天台山授徒。中年之后，精研道学，不与人通。今天台山尚有顾儒岭、欢岙、欢溪，是当地士民为纪念顾欢教化之功而命名的。顾欢墓在欢岙顾儒岭，明代诗人张利瑛有《过欢岙》诗云："翠微深处路重重，遥想丰标千载逢。芳草白云人不见，至今野老说高踪。"表达了后人对顾欢的怀念之情。

汉晋时期，台州还以秀美的山水闻名天下，吸引了不少著名文士前往游憩。王羲之、孙绰、许迈、顾恺之、支遁、谢灵运等带有"魏晋风流"的达官贵人和文士雅客纵歌山水，留下瑰丽的诗赋，无形中宣传了台州，对台州的文化开发产生了积极影响。王羲之久居越中，性喜山水，越中的名胜游历殆遍，他曾经为天台山寺僧帛道猷的事迹所感动，《法苑珠林》卷三九载："东晋初，天台山寺者昔有沙门帛道猷，或云竺道猷，统涉山水，穷括奇异，承天台石梁，终古无度。乃慷慨曰：'彼何人斯，独无贞操，故使圣寺密尔，对面千里？'遂揭锡独往，而趣石梁。"帛道猷"至晋太元年，终于山所。形似绿色，端坐如生。王羲之闻之造焉，望崖仰挹。"许迈《与王逸少书》云："自山阴至临海，多有金庭玉堂、仙人芝草。"顾恺之《启蒙记》详尽记载了当时天台山的景观风物："天台山蔚然绮秀，列双岭于青霄。上有琼楼玉阁，天堂碧林、醴泉仙物毕具。晋隐士白道猷得过之，获醴泉、紫芝、灵药。"支遁久居越中，对天台山也情有独钟，写有《天台山铭》。

著名文士中纵歌台州的山水，当以成公绥赤栏桥上作《云赋》、孙绰作《游天台山赋》、谢灵运纵游临海影响最为特出。

成公绥（231—273），西晋初东郡白马人，字子安。少有俊才，博涉经传。雅善音律，词赋甚丽。成公绥曾为章安令。章安经过两汉三国的经营，到南朝时期，已跻身"为政府财政所资"的浙东五郡之列。章安桥就是这一历史时期的见证。这座桥始建于西晋初年，构造精美，中间设有亭阁，两端有楼，因桥栏漆成红色，人称"赤栏桥"。桥北是浩荡的古章安湖，回浦河穿湖而过，与椒江相通。成公绥到任之初，每逢公暇，必临桥登楼，浏览风光，吟诗作赋。著名的《云赋》就是他在赤栏桥上吟作的。后来，成公绥觉得公暇登临还不过瘾，干脆以楼作厅，每日在此料理公务。

孙绰（314—371），太原中都（今山西平遥）人，后迁居会稽，是东晋士族中颇具影响的名士，曾参与王羲之发起的兰亭修禊。孙绰出任章安令时，慕名神游天台山，后根据有关天台山的图志，作《游天台山赋》。"天台山者，盖山岳之神秀者也。涉海则有方丈蓬莱，登陆则有四明天台。皆玄圣之所游化，灵仙之所窟宅。夫其峻极之状，嘉祥之美，穷山海之瑰富，尽人神之壮丽矣。"赋文言真辞切、文情并茂，饱含了对名山胜景的向往和赞美，景色描写和感情抒发浑然一体，极大地宣扬了天台山这一"山水神秀、释道共栖"的宗教圣地。梁太清末年，萧统（昭明太子）避侯景之乱，寓居天台，他编纂的《文选》收入了孙绰的《游天台山赋》，更使天台山闻名于世。这篇赋也被学者认为是中国山水诗的前奏，开了后来谢灵运写作山水诗的先河。[①]随后，一大批著名文士策杖来游。南朝刘宋时，大诗人谢灵运慕名往游。谢灵运（385—

---

① 瞿蜕园：《汉六朝赋选注》，北京：中华书局，1964年，第162页。

433），会稽人，字灵运，以字行于世，小名客儿，世称谢客，袭封"康乐公"，世称"谢康乐"。东晋名将谢玄之孙，中国山水诗派的开创者。谢灵运任永嘉太守期间，用诗人独特的眼光发现了浙江南部山水惊人的秀美，并在讴歌和赞美中开创了中国的山水诗。他因爱慕台州的山水风光，乃率"僮仆数百人"，自上虞，经剡县（今嵊州），渡关岭，过天台，来到临海，以致被临海郡太守王琇疑为"山贼"，《宋书·谢灵运列传》对此有详细的记载：

> 寻山陟岭，必造幽峻，岩嶂千重，莫不备尽。登蹑常著木履，上山则去前齿，下山去其后齿。尝自始宁南山伐木开径，直至临海，从者数百人。临海太守王琇惊骇，谓为山贼，徐知是灵运乃安。

这是台州陆路交通的首次开发。谢灵运开发的自始宁至永嘉的陆路，后来发展成为"官道"，一直保持到近代，才渐渐退化，但时至今日，在一些山麓坡岭间，尚能觅得部分残迹，闲来登览，颇可发思古之幽情。谢灵运当年在游览途中，写下了赞美台州山水的诗作，其中以《登临海峤初发强中作与从弟惠连见羊何共和之》最为著名，其第四章云："攒念攻别心，且发清溪阴。暝投剡中宿，明登天姥岑。高高入云霓，还期那可寻。倘遇浮丘公，长绝子徽音。"表达了对仙家超尘脱俗生活的无限向往。

千百年来，谢灵运纵游临海郡的轶事（即"谢客临海峤"），以及与此轶事相关的"谢公屐"，已经成为一桩美谈，成为文学史上的一个著名典故，更成为文化史上的一个美学符号。如李白在《翰林读书言怀呈集贤诸学士》中有"云天属清朗，林壑忆游眺。或时清风来，闲倚栏下啸。严光桐庐溪，谢客临海峤。功成谢人间，从此一投钓"的诗句，表达了对严光、谢灵运等名士啸傲林泉的羡慕景仰之意。又如李白在《梦游天姥吟留别》中有"脚著谢公屐，身登青云梯"之句，直白地显露了对谢灵运的追随和模仿。刘长卿《题萧郎中开元寺新构幽寂亭》有"康乐爱山水，赏心千载同""独往应未遂，苍生思谢公"之句，则更是明显地表达了他行吟浙东山水时将谢灵运引为千古同调的心情。

孙绰的《游天台山赋》给予天台山以极高的褒扬，其中的"赤城霞起""瀑布飞流"等俨然已成文化地标，而与"谢客临海峤""谢公屐"等风雅胜事紧相关联的台州山水，不但对中国山水诗派的开创做出了重要的贡献，也成为后世文人骚客非常向往的精神家园。六朝文士们的畅游纵歌，"不仅见颂于当时，实际上对唐朝诗人的行为和思想产生了深刻的影响"①。到了唐代，诗人们仰慕谢灵运等高士的风雅和才情，追随他们的足迹来到浙东，行歌不绝，终成浙东唐诗之路。浙东唐诗之路以天台山为指归，其渊源实来自汉晋六朝台州山水纵歌中的文化初兴。

## 三、佛宗道源——台州佛道文化的初盛

汉晋时期，台州开始以秀美幽静的自然山水，吸引诸多方外之士前来栖息修道。他们建寺造观，潜心研究与传道，到南朝陈，台州的佛道文化已初步兴盛，为隋唐五代两宋的繁荣打下坚实的基础。

东汉末年，佛教开始传入台州。《康熙仙居县志》记载："大兴教院（在）县东十里，石牛之北，东汉兴平元年建，初名石头禅院，宋开宝间改今额。"这是迄今文献中所见到的江南最早的寺院。该寺院一直延存于20世纪60年代。1985年台州地区文物部门在该寺遗址发现了东汉时期的泥质红陶花卉图案圆形瓦当、泥质灰陶绳纹和印纹陶碎片，以及晋代"四出"圆钱纹墓砖等，证实了东汉时该地确曾建有寺院。从历史人文背

---

① 胡正武：《魏晋风流对唐诗之路的先导作用简说》，胡正武《浙东唐诗之路论集》，杭州：浙江工商大学出版社，2018年，第31页。

景和地理环境角度看，东汉末年，黄河流域连年战乱，北方人士大批南下，许多高僧也随之"振锡江南"，佛经汉译创始人安息王子安世高在这一时期到江南豫章、会稽等郡弘传小乘佛经。仙居属会稽郡，地处偏僻，清幽宁静，特别是石头禅院一带，三面环山，南临大溪，视野开阔，正是修佛的理想之地。孙吴赤乌年间（238—251），台州已建有广化院、演教院、广孝院、兴福寺（以上在今黄岩区境域）、兴教院、资福院、正德院（以上在今天台县境域）等7所寺院。由于年代久远，这些寺院及创建者均已湮没无闻。西晋时，佛教文化已开始渗透到台州的社会民俗中。20世纪90年代初，临海博物馆征集到一只西晋初年的青瓷魂瓶（又称谷仓），瓶盖下层人物堆塑中，有一佛像，后有头光，手作"法界定印"，结跏趺坐于莲台上。神态凝重，线条流畅，技艺精湛，堪称我国早期佛像制作之精品。①

东晋时，台州有寺院17所。整个南朝至隋朝，台州建有45座寺院。六朝时期，台州佛教最突出的成就莫过于智者大师建立佛教天台宗。陈太建七年（575），一代高僧智𫖮来到天台山，建立了中国佛教本土化的第一个教派天台宗。智𫖮（538—597）是南朝时期陈国的高僧，俗姓陈，字德安，荆州华容（今湖北潜江）人。陈太建七年（575）智𫖮初入天台山创立伽蓝。隋开皇十一年（591）为杨广授菩萨戒，受"智者"称号。开皇十五年九月再到天台，重整山寺。开皇十七年（597）十月入寂。

天台宗之所以发祥于天台山，自有其历史人文背景和地理环境方面的因素。北朝自北魏太武帝首开灭佛之端，后代又屡次灭佛，导致大批僧人流徙南方，如北齐学僧昙迁、靖嵩遁迹江南，得习《摄论》。智者也因北朝毁法南下，栖隐天台。前者开法相宗之先河，后者奠天台宗之基础。北僧南徙，客观上促进了南北佛教的交融。从地理环境看，天台

---

① 任林豪：《临海出土西晋文物》，《东南文化》1990年第6期。

山虽然地处东南海隅，远离政治中心，但很早就已成为海内名山。天台山之成名，首赖神话传说，道书有黄帝受金液神丹于天台山、太清真人彭宗治赤城、右弼真人西周王太子晋、九天仆射伯夷叔齐治桐柏诸说。[①]东晋以降，经葛洪《抱朴子》、支遁《天台山铭序》、孙绰《天台山赋》、顾恺之《启蒙记》、孔灵符《会稽记》、陶弘景《真诰》等宣扬，天台山俨然已成"佛窟仙源"，所以智者"闻天台地记称有仙宫，白道猷所见者信矣；山赋用比蓬莱，孙兴公（即孙绰）之言得矣。若息缘兹岭、啄峰饮涧，展平生之愿也"[②]，把天台山作为理想的栖隐修习之地。

天台宗集合南北各家义学和禅观之说，得到朝野的支持和信奉，对隋唐以后的各宗派多有影响。其教义主要依据《妙法莲华经》，中心思想是一念三千说，即在当下的一念之中，具足三千世间的诸法性相。元明以后，该宗学者往往兼倡净土，形成"教在天台，行归净土"之风。为使佛教天台宗的仪轨符合教义需求，产生了特有的佛教音乐，主要是声乐，包括独唱、领唱和齐唱组合、齐唱、轮唱四种。唱词有赞、偈、文、咒四种格式。曲调又分歌唱型、吟咏型、念诵型三种。配唱乐器有梵鼓、钟、大磬、铛子、铃、钹、木鱼等。声腔抑扬顿挫、庄严平和，给人以"不同凡响"的听觉感受。天台宗佛教音乐形成后还影响了早期民间戏剧并传播海外。

道教传入台州，要早于佛教的传入。[③]据明代释传灯《天台山方外志·神仙考》记载，西汉的高道茅盈成仙后，与西城王君"俱去到赤城玉洞，莅司命之任"。这是道教上清派与天台山结缘。东汉时期，剡县人刘晨、阮肇闻天台山为神仙出入之地，特来天台山采药而遇仙，此事

---

① 释传灯：《天台山方外志》"神仙考"与"方外考"。

② 释灌顶：《隋天台智者大师别传》。

③ 任林豪、马曙明：《台州道教考》，北京：中国社会科学出版社，2009年，第31页。又参见韦彦铎：《天台山道教史略》，《东南文化》1990年第6期。

《搜神记》载之甚详。这个传说吸引了更多的高士前来天台山隐修。

东汉末年，道教宝灵派创始人葛巢甫的祖父葛玄入天台赤城山修炼。葛玄是三国时期吴国丹阳句容人，曾在临海郡长期游历。相传他在天台赤城山从左慈处得到《太清》《九鼎》《金液》等丹经，并于得道后在台州境内传道，产生了重大的影响。葛玄在台州的遗迹颇多：临海盖竹山有"仙翁茶园"、丹邱驿，葛溪山有"葛仙翁炼丹处"，天台桐柏山有葛玄丹灶，华顶有葛玄茶圃，芦峰有葛玄植芦之处，温岭泽国丹崖山则有葛玄炼丹的"丹井"，三门的亭旁丹邱有葛玄炼丹故址，玉环大雷山有葛玄丹室。葛玄还在天台山建有法轮院（即桐柏宫崇道观前身）、天台观（后改福圣观）、妙乐院等道观，[①]建坛授道，开宝灵派之先声。

东汉末，在临海郡传道较有影响的还有东海人王方平。王方平，名远，东汉末举孝廉，除郎中，加中散大夫，学通五经，后弃官入道，苦修数载道成。三国鼎立后，他南下至括苍山修道，留下许多踪迹和传说。如南朝刘宋孙诜所撰的《临海记》记载："黄岩山……俗传仙人王方平居焉，号王公客堂。"《神仙传》载，"初，远欲东入括苍山，过吴，住胥门蔡经家"。蔡经故地，据《嘉定赤城志》记载，在仙居县的隐真观。后来仙居县的县名，即与王方平有关。

东汉时期居台州传道的还有著名道士赵炳。《后汉书》记载他曾东入章安传道，死后当地百姓于白鹤山起"灵康庙"，用以祭祀。隋唐以降，赵炳所化的"白鹤大帝"叠显灵异，两宋时被加以各类封号，极尽显赫。至今台州许多县市尚存"白鹤殿""灵康庙"遗迹，是重要的民俗文化遗存。

西晋时期，魏夫人来天台山修道。据《晋书·魏夫人传》，魏夫人

---

① 朱封鳌：《天台山道教史》，北京：宗教文化出版社，2012年，第13页。但据有关学者的观点，这些道观，应该还不是真正的道馆，而是简单的修道场所，如岩穴、简单房舍，参见魏斌：《"山中"的六朝史》，北京：三联书店，2019年，第150—151页。

（252—334），名华存，任城人，晋司徒魏舒之女。幼好道，慕神仙。后东华帝君降授《黄庭经》及成丹二剂，魏夫人成为上清派第一代宗师。此后上清派创始人之一的东晋天师道士王玄甫，因之也来天台山寻真访道，"于赤城受服青精饭，吞日精丹景之法"[1]。此后上清派高道许迈也慕名"移赤城，遇王世龙，受解束反行之道"[2]，开上清派之先声。

东晋时期，道教理论家、医药学家葛洪也曾至临海郡隐居炼丹。葛洪（284—344），字稚川，号抱朴子，葛玄从孙。他一生著作70多种，650多卷，其代表作《抱朴子》《神仙传》均有临海道士仙踪的记载。史载"葛洪尝入赤城学道"[3]"炼丹于天台山"[4]，后在临海盖竹山葛玄茶圃炼丹功成。《抱朴子》云"此山可合神丹"。其撰写的道书100余卷，藏于天台桐柏山道观。[5]

南朝宋、齐之际的道教思想家顾欢隐于天台山楢溪（后改名欢溪），治儒学的同时，崇奉道教，是上清派的信奉者和重要传人，也是把玄学与道教融合的重要人物。南朝宋泰始三年（467）他在天台山撰写《夷夏论》辩论佛道二教之异同，成为南北朝、隋唐佛道争论的焦点，影响极大。夷夏之争，"对于促进佛教中国化，加速佛道两家教义的发展，以及确立儒释道三教鼎立地位，都具有极其重要的意义"[6]。

根据有关史料，南齐永泰元年（498），天台山又建立了一所新的道观，这就是金庭馆，这座道馆由于沈约撰文的《桐柏山金庭馆碑》而广为人知。根据碑文可知，这是一座敕建的皇家道馆，建馆的目的是为皇

---

[1] 《天台山方外志·神仙考》。

[2] 《天台山方外志·神仙考》。

[3] 《古今图书集成》卷二七七《神异典》。

[4] 《台州府志·方外》。

[5] 朱封鳌：《桐柏山道藏在中国道藏史上的地位》，《东南文化》1990年第6期。

[6] 任林豪、马曙明：《台州道教考》，第67页。

家祈福。

南朝齐梁时期的"山中宰相"、道教上清派第九代宗师陶弘景与临海郡也有很深的渊源。陶弘景（456—536），字通明，自号华阳隐居，谥贞白先生，丹阳秣陵（今江苏南京）人。齐永明九年（491），赴天台桐柏山隐居修道，并从事著述，写成《真诰》《登真隐诀》《药总诀》等近100卷，为天台山道教理论的形成奠定坚实的基础。天台山的赤城、桐柏也因此成为上清派宗师的祖庭。自陶弘景著《真诰》和《登真隐诀》后，上清派的教理也进一步得以弘扬，至唐代，其四传弟子司马承祯，更是把它发扬光大，终成上清派第十二代宗师。据史料记载，陶弘景在台州各地留下不少遗迹。在天台山，陶弘景"谒褚僧标及褚处宿旧道士，并得真人遗迹十余卷，游历山水，二百余日"[①]。在宁海（旧属台州），曾与道士张少霞炼丹。在临海，游历括苍山和灯坛山，并建灯坛观，居观修炼多年。玉环的木榴山（时属永嘉郡），也有陶弘景的旧踪，贾嵩采《登真诀》作别传，云陶弘景"梁天监中，自海道至永嘉，得木榴屿，居之炼丹"。

南朝陈时期，东海郯人徐则居天台桐柏山福圣观隐真修道，绝谷养性，陈宣帝曾召至建康。后晋王杨广召至江都问道，徐则知其为人，不授道法。不久徐则逝于扬州，晋王手书"天台真隐东海徐先生"遣使送还天台安葬，墓桐柏山侧。陈仆射徐陵作《天台山馆徐则法师碑》，刻石赞道："法师萧然道气，卓矣仙才，千仞孤标，万顷无度。"

两晋南北朝时期，在临海郡修道的著名人物还有白云先生、平仲节、王玄甫、邓伯元、任敦、王世龙、赵道元、傅太初、夏馥、许迈、郗愔、许恂、郑玄、萧子云、褚伯玉、诸僧标、刘元祖、周凯、杜京产、

---

① 《南史》卷七六《隐逸传下》。

张少霞等[1]。其中白云先生，即天台紫真，生卒年代及里籍不详，是一位佚名的道士书法家。东晋初隐居于天台山灵墟，王羲之"永"字之法，即为白云先生所授。王羲之曾记其书诀甚详[2]。许迈（生卒年不详），字叔玄，又名映，句容（今江苏句容）人，博学多才，善于文章。他在临海郡的道教活动也很频繁，曾至临海烧山、盖竹洞及天台赤城山修道，在盖竹洞建有栖真观，于天台赤城山得授《洞真太微黄书天帝君石景金阳素经》一卷。许迈又是一位书法家，与王羲之交好，时有书信往还，据孔灵符《会稽记》，许迈曾与王羲之书云："自山阴至临海，多有金台玉室，仙人芝草。"书风清逸雅致，深得晋人风致。

综上所述，两汉六朝时期的台州，已成为佛道双栖的理想之地。特别是天台山，作为在中古时期具有重要地位的海内名山，其神圣性不容忽视。如海内其他的中古时期的山岳一样，天台山的神圣性主要来自"神仙修道者想象的山中神仙洞府，亦即洞天福地体系"[3]。我们知道，唐前期司马承祯编录的《天地宫府图》，是洞天福地最早的体系化记载。从地域分布看，江南特别是浙江台州占据主导地位，十大洞天中台州就占三个，即位于黄岩委羽山的第二洞天委羽山洞，位于天台赤城山的赤城山洞，位于仙居东南三十里括苍山麓的括苍山洞。实际上洞天福地体系在东晋中期即已初步形成，东晋中期出现的《茅君传》记有三十六洞天中前十位的名称，与司马承祯的《天地宫府图》所载十大洞天基本一致。

可以说，六朝时期，台州即已成为中国早期佛道文化较活跃的地区之一，初步奠定了在中国佛教史与道教史上作为佛宗道源的崇高地位。

---

① 任林豪、马曙明：《台州道教考》，第38—48页。

② 《（民国）台州府志》，引陈思永《书苑精华》。

③ 魏斌：《"山中"的六朝史》，北京：三联书店，2019年，第140页。

# 第二章　台州文化的成熟时期

隋文帝杨坚平一海内以后，江南江北分裂分治，各割据军阀互相争斗不休的局面戛然消解，全国形势为之大变。在政治、经济、军事、外交、交通、宗教、文学、科举等多方面都出现了前所未有的崭新气象。李唐兴起，以杨隋覆灭为前车之鉴，采取轻徭薄赋、与民生息的方针，统治集团励精图治，君臣同心，从谏如流，使得大唐帝国的政治清明，下情上达，整个社会呈现罕见的景气，经过唐太宗、唐高宗、武则天、唐玄宗等一个世纪的经营，综合国力达到空前的强大，文化事业臻于空前的繁荣。但安史之乱导致大唐从极盛走向衰落以至于灭亡，经五代短暂的分裂局面，北方处于战乱频仍，动荡不已之中，而台州隶属于吴越国，处于相对平安的环境。吴越国在钱氏家族的治理下，采取安定平稳、不与大宋对抗的政策，社会生产力不断发展，人民生活未受到北方战乱的影响，呈现太平繁荣的景象。到宋朝政权平稳统治全国后，吴越国"纳土归宋"，结束割据局面，实现了政权的平稳交接，进一步保证其境内社会经济的持续发展。到南宋偏安江南一隅，建都临安府（杭州），台州的政治地位有了明显的变化，从一个偏远的海陬之区，成为支持南宋政权重要的后方，也是南宋政权不可忽视的财政税收的基地。在这样的时代背景中，原先尚处于比较后进的台州在这一时期内有了长足的全面的进步，把台州文化推上历史发展的高峰。

从唐朝开始，台州的社会经济文化逐步摆脱原始蛮荒，随着中原文化的南延，较为顺利地吸收北方先进的生产方法与技术，跟上了文明地区的步伐。前贤所谓"仓廪实而知礼节"，成为社会前进的基本规律。特别是宋朝，社会长期安定，文教发达，儒学建设拉开帷幕，台州的州学、县学就是从北宋时期设立，人才培养步入制度化的轨道。陈耆卿说："盖自咸平初始有科目，是时儒先长者剔荒燧暗，以为多士之倡。流风所暨，莫不根柢行义，枝叶艺能，在朝则致君，在州县则阜俗。"[1]台州从教育开始，逐步在语言、文学、艺术、经济、武备等方面，都有快速发展，宋代成为台州历史上群星闪耀、人才辈出、经济繁荣，在国家政治生活中发挥重要作用的时代；也是学者众多、著书立说、学术进步、成果辉煌的时代。《赤城志·人物门二》总结道："接于南渡，文物益振，故其圭衮之炜耀，笔橐之层复，为宰辅者四人，为法从者几十人[2]；其次不为宰辅、法从而为卿监、郎曹，不为卿监、郎曹而为部使[3]、郡守[4]者，又不知其几人矣。"其大意为到南宋时，台州人物担任国家要职者众多，计有宰辅四人，担任跟随皇帝身边的高级官员几十人，其下职位者就更多了。这是对台州在宋朝所涌现的人物所作的概括，以此观照当时台州文化发展水平，可见一斑。

## 第一节　隋唐时期的文化积淀

在中国历史上，隋朝（581—618）是一个承前启后的朝代，虽然为时短促，却为中国扭转分裂局面，重新一统，立下不可抹杀之功；从文帝杨坚励精图治，发展经济，增强国力，到杨广好大喜功，奢华淫佚，

---

[1] 陈耆卿：《赤城志》卷三三《人物门》二，徐三见点校，北京：中国文史出版社，2004年，第449页。

[2] 法从本指跟随皇帝车驾，追随皇帝左右者，即皇帝身边重要大臣。

[3] 郎曹指郎中、郎官。部使指御使，即皇帝命令派往地方巡视的官员，多由各部郎官充任，故名。

[4] 秦设郡县，郡置守、丞、尉各一人。守治民，丞、尉为辅佐，汉唐承袭之。宋后郡改府，知府亦被称为郡守。

穷兵黩武，激起民愤，终于江山易手，为之后的大唐王朝树立一面"其兴也勃焉，其亡也忽焉"的镜子。隋朝创立科举考试制度以选拔人才，开挖大运河，征讨高丽等，都是国史上值得大书特书的重大事件，对台州文化的发展亦带来深远的影响。隋统一江南后，简并郡县，废除临海郡，将原临海郡诸县撤并为临海县。开皇十一年（591）置临海镇（镇是军队戍守单位）于大固山，移县治于此，即县、镇均移到今台州府城内大固山，《民国台州府志·职官表》云"郡治临海始此"，开启"千年台州府"的历程。①隋朝对于台州文化发展而言，最要紧的是奠定台州文化对外辐射之源——宗教。其中以佛教天台宗为代表，就是从南朝开端，隋朝奠定根基。天台宗的实际创始人智顗（智者大师）从陈宣帝太建七年（575）率弟子来天台山开辟道场，筚路蓝缕，以启山林，到隋朝渡江灭陈，统一江南，就受到杨坚的重视。杨坚写信与智顗，要他认清形势，配合隋朝稳定江南，安抚人心，与朝廷保持一致。后来其子杨广（即隋炀帝）在扬州总管任上，多次征召智顗到扬州出席法会，传经说法，直到拜智顗为师，授予智顗"智者"之号，智顗授予杨广"总持"之号，交情日深，联系紧密，书信往来甚多，仅保留在《国清百录》中的书柬就有三十五通。后人称之为"智者开教，数世传承"②。智顗最后一次应杨广征召动身前往扬州，行至剡中石城寺（今新昌大佛寺），已经身患重疾，就给杨广写了一封绝笔信，遗命杨广在天台山建造天台宗根本道场。杨广不负所望，派遣司马王弘监造，开皇十八年开建，初名"天台寺"，后据智顗遗书中"寺若成，国即清"之语而改名"国清寺"，遂成天台宗本寺，也是日本、朝鲜半岛天台宗的祖庭。这是天台宗成立后，首先与皇帝、王子、朝廷联系紧密，取得明显效果，为之后在社会上取得更大的

---

① 临海从县城、郡城、州城、路城到明以后的台州府城，为行文简便计，概称府城。

② 齐召南：《天台山方外志要》原序，《重订天台山方外志要》，北京：国家图书馆出版社，2018年，第1页。

发展作了坚实的铺垫，发挥了良好的作用，产生了深远的影响。

其次是天台山道教。先有汉末葛玄开辟道场的记录，其后有名道士如葛洪、陶弘景等人寻访栖隐天台山及台州境内其他名山的记载，对唐宋道教人士来此修道影响宏深。正如前述佛教受到隋朝皇帝、朝廷的重视一样，在当时亦有著名道士徐则隐居天台山修炼，也受到扬州总管杨广的关注，可见道教在此得到进一步的发展和传播，对社会影响力和上层的辐射力不断加大。徐则是东海郯（今山东临沂郯城）人，梁武帝时诏讲道要，陈朝时又得到朝廷的关注，有"萧然之气，卓矣仙才"[1]之誉，隋炀帝杨广向徐则请教道法，关系密切，保存在《全隋文》中的文献就有《手书召徐则》，又《下书葬徐则》；隋人柳辩有《徐则画像赞》，中有"永思灵迹，曷用摅情。时披素绘，如临赤城"之语。保留于《全隋文》中杨徐书信可为之提供明证。徐则与智颛有一点相同，就是均为应杨广之征召而卒，但徐则与杨广交往所留书信较少，未尝遗命杨广建造道场。也可借以窥见当时天台山道教虽引起当局注意，其地位尚难与佛教天台宗比肩。

文学上，天台山水开始引发文人的兴趣。隋朝李巨仁《天台篇》是十分重要的歌颂天台山名作，其中"台山称地镇，千仞上凌霄"等内容，前承孙绰《游天台山赋》、谢灵运、王籍等浙东山水诗之余绪，下开后来的浙东唐诗之路之先声，值得关注。

唐朝是一个开拓进取、经济繁荣、社会稳定、文化兴旺、高度发达的时代，在安史之乱以前，政治清明，言路通畅，特别是唐太宗、武则天[2]和唐玄宗等君主的治理，把大唐的文治武功推向中国古代历史的极致，以至于中国人向来把唐朝与汉朝相提并论，以"唐人"为荣。"汉

---

[1]　严可均辑：《全上古三代秦汉三国六朝文》，北京：中华书局，1999年，第3466页。

[2]　武氏虽改国号为周，然仍不改大唐制度，最后归政于唐。故并唐而言之，不作分别。

唐"成为强大中国的标志。在国际上，大唐雄风威震四海，周边诸邦（部）无不望风归顺，万国来仪，九译进贡，商旅驼队，横贯西域大漠；遣唐番舶，踏平东洋狂涛。至于西洋南洋，北狄西羌，翘首大唐如望北斗，留学生与学问僧同来，遣唐使共贡唐物齐至，均愿结好中华，并沾大唐仁风。诚如盛唐诗人王维《和贾至舍人早朝大明宫之作》："绛帻鸡人报晓筹，尚衣方进翠云裘。九天阊阖开宫殿，万国衣冠拜冕旒。日色才临仙掌动，香烟欲傍衮龙浮。朝罢须裁五色诏，佩声归到凤池头。"多么形象生动的"万国衣冠拜冕旒"场面，真切地刻划了大唐盛世、万国来朝的宏大气象。盛唐气象成为中国历史上的一面光辉旗帜，成为中国古代文明发达的标志。台州在这一时代有哪些表现呢？

## 一、文学创作崭露头角获得全国性声誉

大唐以前，临海郡的本土人物虽有"偶尔露峥嵘"者，而绝大多数是客籍人士来此地为官或者隐居，于政治文化宗教诸领域立下过人业绩，从而见于青史。此等情形直到唐朝中期以后才有了变化，经过大唐崇文之风两百年的吹拂，台州的本土人士得以沾溉熏染，如饥似渴地吸收中原文化的营养，成长起来，其中具有天赋者开始在文学上崭露头角。其标志是本土文人的崛起，并有出色的创作成果，如项斯、罗虬等人的创作，标志着台州文学创作水平已经到了较高层次，可以进入全国比较发达之列，登上全国文学创作的舞台。尤其是项斯的创作，甫一登场，即引起读者的喝彩，赢得良好的声誉，可谓台州诗人及其诗歌创作的"春雷第一声"。下面分别作简要介绍。

### （一）项斯的诗歌创作及其影响

项斯字子迁，唐江南道台州乐安（今浙江仙居）人。其事迹主要在唐敬宗、文宗、武宗时期，元辛文房《唐才子传》卷五记载较详，然亦

多据其诗所作，与纪实文字有所不同①。

项斯早年隐居家乡读书，科举下第，后来向国子监祭酒杨敬之"行卷"（即献上自己所作诗文），获得杨敬之高度赞赏。清人编《全唐诗录》卷八二："斯……始未为闻人，因以卷谒杨敬之。杨苦爱之，赠诗云：'几度见诗诗尽好，及观标格过于诗。平生不解藏人善，到处逢人说项斯。'未几，诗达长安，明年擢上第。后终丹徒尉。"项斯向杨敬之"行卷"是唐朝进士试前常用套路，经过杨敬之揄扬宣传，项斯便成为"闻人"，名满长安，顺利登第。项斯于唐武宗会昌四年（844）王起下第二人进士及第，官终润州丹徒（今江苏丹徒）尉，卒于任所。其诗现存凡98首，编为一卷，见《全唐诗》卷五五四。其诗清新明丽，状物写景，生动形象，语言洗练，构思巧妙，颇为时人传诵。而尤以《江村夜归》五绝小品为典型，于短短的二十字中，生动洗练地刻画了江南水边人家夜渔归来的情景："月落江路黑，前村人语稀。几家深树里，一火夜渔归。"这首诗向来被视为项斯的代表作，成为选唐诗者所不可忽略的作品。项斯一生经历曲折复杂，足迹遍布全国四面八方，均有其自己所作诗歌为证。同时在其游历各地的过程中，也结识了诗坛名人与诗友，为之揄扬宣传，除了上文所述杨敬之外，还有名诗人张籍作有《赠项斯》，有"端坐吟诗忘忍饥，万人中觅似君稀"之句，项斯亦有《留别张水部籍》诗；台州刺史郑薰对项斯与张籍交情有诗评曰："项斯逢水部，谁道不关情？"项斯与福建诗人欧阳衮交好，诗歌唱和，互相酬答，衮作有《和项斯游头陀寺上方》，项斯有《送欧阳衮归闽中》，等等。

总之，项斯是台州第一位进士，又是台州第一位登上诗坛并产生全国性影响的诗人，为台州本土诗人树立了光辉的榜样。

---

① 或称项斯为江南人，江东人，台州人，都是地名大小不同的缘故，江南指唐朝江南道，江东是江南东道的简称。其乡贯实为今浙江仙居。仙居尚有项斯坑村，即为项斯故乡。

## （二）罗虬《比红儿诗》

晚唐的台州文学，除了项斯，还有罗虬，无论在诗歌的艺术成就上还是在后世的影响上均有值得介绍之处，罗虬与项斯构成唐朝台州诗人的"双星"。罗虬生平，史料记载寥寥数语，语焉不详。《台州府志》卷一一六："罗虬，台州人。有俊才，词藻富赡，与宗人隐、邺齐名，时号'三罗'。乾符（874—879）间为本州刺史，广明庚子（880）乱后，去从鄜州（治今陕西富县）李孝恭。有《比红儿诗》行于时。"《台州地区志·人物》载罗虬为临海县人："曾任台州刺史。唐中和元年（881）九月，杜雄造反，罗虬避乱陕西鄜州（今富县），从鄜州刺史李孝恭。"[①]罗虬流传至今的诗歌主要即此《比红儿》百首，其他作品据《台州府志·艺文略·经籍考》载，罗虬尚有《花九锡》说部作品一卷，收于陶宗仪《说郛》及《唐人说荟》中。就诗的数量而言，与项斯基本相当。

罗虬在晚唐诗人中算得上奇人。他的出奇，在于他的百首《比红儿诗》。这百首诗全是用一种诗体七绝；又全是为一个风尘女子而作，写她品貌之美好。其中瓜葛见于《比红儿诗》自序："《比红》者，为雕阴（故城在今陕西富县北）官妓杜红儿作也。美貌年少，机智慧悟，不与群辈妓女等。余知红者，乃择古之美色灼然于史传三数十辈，优劣于章句间，遂题《比红诗》。"罗虬之所以为此女子写作百首七绝，是因为他在李孝恭手下任从事之职，驻在雕阴。军营中有一善歌者杜红儿，美貌机智，"虬令之歌，赠以彩。孝恭以红儿为副戎所盼，不令受。虬怒，手刃红儿。既而追其冤，作《比红诗》。"《太平广记·妇人四》之"罗虬"条载："罗虬词藻富赡……去从鄜州李孝恭。籍中有红儿者善为音声，常为副戎属意，会副戎聘邻道，虬请红儿歌，而赠之缯彩。孝恭以副戎所盼，不令受之。虬怒，拂衣而起。诘旦，手刃红儿。既而思之，乃作绝句百

---

① 台州地区地方志编委会：《台州地区志》，杭州：浙江人民出版社，1995年，第1200页。

编，号《比红儿诗》，大行于时。"这就是罗虬为手刃杜红儿忏悔而作诗说的蓝本。罗虬在这一组诗序中就明确地说"余知红者也"，自以为是杜红儿的知音，已经很明白地透露了他对杜红儿的钟情。他在诗里极写杜红儿的美貌，流露了自己对杜红儿之死的难言隐痛。下举三首，如：

> 越山重迭越溪斜，西子休怜解浣纱。得似红儿今日貌，肯教将去与夫差。

> 拔得芙蓉出水新，魏家公子信才人。若教瞥见红儿貌，不肯留情付洛神。

> 花落尘中玉堕泥，香魂应上窈娘堤。欲知此恨无穷处，长倩城乌夜夜啼。

最后一首诗尤可以看作罗虬的内心的独白，是他对杜红儿花殒香消的悲鸣。

罗虬的作品除上述百首之外，还有保存于日本的逸诗《过友人故居》：

> 堤草枭空垂露眼，渚蒲穿浪凑烟芽。晴楼谈罢山横黛，夜局棋酣烛坠花。

## （三）张渍与孙郃

台州文人在当时有所影响，留下诗文的还有晚唐张渍。陈耆卿《赤城志》："张渍，天台隐士。喻凫赠诗有'道高天子问，名重四方招'之句。王贞白集亦有《忆台州张处士》诗。"就其交游诗人时代而言，张渍要早于项斯和罗虬。喻凫（字坦之），毗陵（今江苏常州）人，开成五年（840）进士，仕为乌程（治今湖州）令。其诗云："露白覆棋宵，林青读易朝。道高天子问，名重四方招。许鹤归华顶，期僧过石桥。虽然在京国，心迹自逍遥。"与《赤城志》所载相合。王贞白（字有道）《忆张处士》："天台张处士，诗句造玄微。古乐知音少，名言与俗违。山风入松径，海月上岩扉。毕世唯高卧，无人说是非。"晚唐名诗人赵嘏有《喜张濆及第》，则张濆的进士试已取得成果，何以世人以"处士"称之？清末王棻说"张濆曾登上第，旋被驳放。盖自此逍遥京国，终身不复应举，故人以'张处士'称之。《赤城志》入之《遗逸》也宜哉"，其所据为赵嘏《赠张濆榜头被驳落》诗："莫向花前泣酒杯，谪仙依旧是仙才。犹堪与世为祥瑞，曾到蓬山顶上来。"否则台州第一位进士头衔就不是项斯的了。唐末还有一位仙居才子孙郃，字希韩，唐昭宗乾宁四年（897）进士，勤于著述，好荀子、杨朱、孟子之学，仕为校书郎，河南府文学，唐亡归隐。《新唐书·艺文志》载《孙氏文纂》四十卷，然传世只有《孙氏小集》三卷。

## 二、郑虔对台州文教的开辟与影响

在台州历史上涌现过许多杰出人物，为台州的文化事业作出可贵的贡献，他们的业绩如同江河的波涛，前后推动，促进台州社会由蛮荒走向文明，由低级迈向高级，由暗淡步入辉煌。唐朝广文馆博士郑虔无疑如同"喧啾百鸟群，忽见孤凤凰"，"吾台界山海间，自唐以前为灵仙窟宅，文人稀见。迨郑著作虔贬台司户，于是文教兴焉。至宋元明，遂彬彬诗礼之壤，号小邹鲁矣。"[1]他在安史之乱后被贬谪到台州，担任台州司户参军，本是管理户籍、钱粮财物的八品僚佐，教书育人非其本职，而郑虔则自觉地承担起"百年大计，树人为先"的重任，为台州文化教育事业迈上正道发挥了极其可贵的作用，是台州人民牢记不忘的先贤。正是由于像郑虔这样的大才尽心育人，传播文明的火种，台州的文化才

---

[1] 戚学标：《风雅遗闻》卷一，收入《清戚学标台州史事杂著三种》，长春：吉林文史出版社，2017年，第194页。

由星星之火逐渐旺盛。

## （一）贬谪台州与肇兴正学

郑虔原先在台州志乘记载中字若齐，唐郑州荥阳（今河南荥阳）人。其生卒年向无确数，《新唐书·郑虔传》含糊地说，郑虔被贬台州司户参军事，后数年卒。2007年初，河南新安千唐志斋博物馆收到郑虔及其夫人王氏的墓志（以下简称《墓志》），该墓志题为《大唐故著作郎贬台州司户荥阳郑府君并夫人琅琊王氏墓志铭有序》，墓志长、宽各45厘米，志文为楷书，共28行，每行约28字，约凡780余字。对郑虔的世系、官职、品行、子嗣、卒年、丧葬及其夫人王氏的生平等，介绍得都很清楚，弥补史书、方志关于郑虔记载的不足、纠正史书对郑虔记载的错误之处，为研究郑虔生平经历提供关键的史料。据《墓志》载，郑虔"字趋庭"，从小就"精心文艺，克己礼乐"。其科举过程为"弱冠举秀才，进士高第"，那么郑虔二十岁考中秀才，中进士必于二十岁以后。又记载他"工于草隶，善于丹青，明于阴阳，邃于算术，百家诸子，如指掌焉"，与传世记载郑虔博学多才相符。郑虔广文馆博士后所任之职是"著作郎"，陷身叛军之职是"初胁授兵部郎中，次国子司业"，多可补史载之缺。到达台州"经一考，遘疾于台州官舍，终于官舍，享年六十有九，时乾元二年（759）九月廿日也"。按此处"考"为"考宪"之考，古制岁终考成。故郑虔在台州任职的时间是一年光景，即卒于任上。可据以考定郑虔为生于武则天天授二年，其生卒年可定（691—759）。台州三门县郑氏后裔民国年间编纂的《石马郑氏宗谱》将郑虔作为始祖，其《世祖本传》载郑虔"生于唐长寿元年壬辰（692）九月九日"，与《墓志》只差一岁，但称"卒兴元甲子（784）九月九日"[①]，则相差远矣。其他志乘所载大抵

---

① 徐三见：《默墨斋集·郑虔生平杂考》，北京：中国社会科学出版社，2004年，第36—37页。

相类。郑虔生有三子五女。卒后暂厝于金陵，至大历四年（769）才"自江涉淮，逾河达洛，万里扶持，归于故乡"，与夫人王氏合葬。郑虔的家境，从他学习书法时无力买纸而到长安慈恩寺里收集柿叶练习来看，显然属于清贫之家。郑虔秉赋很高，才华出众，博闻强记，是一位学识渊博、才艺高超的文人。他工于草隶，善于丹青，因作画，题诗于上，献给唐玄宗，甚得玄宗赏识，御笔亲署曰"郑虔三绝"，遂名声远扬，传为美谈。《墓志》"朝野谓之三绝"可证。郑虔精通天文、地理、军事、医药、音律等，勤于著述。《新唐书·艺文志》载郑虔编纂过《天宝军防录》《胡本草》《会粹》等书，均已不传。唐玄宗设广文馆，以郑虔为博士（正六品）。《墓志》载郑虔在"狂寇凭陵，二京失守"时，因"奔窜不暇，遂陷身戎虏。初胁授兵部郎中，次国子司业"，而未及正史记载的"水部郎中"。抵台州后其言行举止与俗相左，以至于台俗有"郑广文笑一郡人，一郡人笑郑广文"的传说。台州府城流传着"留贤"的故事：郑虔深感台州风俗古朴，教育落后，因而"收民间子弟教之"。郑虔在尽心教诲的同时，也产生了恨铁不成钢的心情，有一次气得要离开台州回长安去了。其生徒追到城北的留贤，苦留先生，郑虔说，你们要我留下来，那我出个对子考考你们，如果对得好，我就留下，否则我就……其生徒就请先生出对。先生出了上联"石压笋斜出"，此联于普通事物现象中寄寓着深刻的人生哲理，表现决不屈服于压力，决不向困难低头，倔强向上的精神与品格；生徒林元籍以"谷阴花后开"对之。此联亦于寻常的字面中寄寓着丰富的社会内涵，包含着台州虽文教落后，而今先生教育启蒙，就像山谷中背阳的野花一样，享受阳光虽迟，但肯定会开出美丽的花朵，同样包含不甘沉沦落后，誓将奋发有为的信念。先生惊喜之中称叹"何教化之神速若此"，感到十分满意，就留了下来。郡人后来就将此处的村庄命名为"留贤"。由于郑虔的苦心启蒙，引领台州的教育事业迈上正道。北宋郡人礼部侍郎陈公辅称赞郑虔"化被台邦，教以正学，启以民彝，家家礼乐，人人诗书"，为台州文化教育事业立下不朽功勋，明方孝孺尊之为"吾台斯文之祖"。郑虔去世后，台州官民就在其故居立祠纪念，宋朝时犹称为"户曹祠"，陈耆卿《嘉定赤城志》云："郑户曹祠在州东一里户曹巷，祀唐郑虔。巷盖其所居也。"明正统十二年在原址重建郑广文祠。清朝亦多次修缮郑广文祠，20世纪80年代又于祠旁修复扩建为郑广文纪念馆，以志功德。海内名家多有题词吟咏，树碑立传，以垂永远，为台州文教事业之光辉范式。郑虔虽暂厝金陵，但还有墓在临海大田白石金鸡山，《嘉定赤城志》载："唐司户参军郑虔墓，《临海县志》：在金鸡山。""今吾郡人俎豆司户，犹潮人之于昌黎（韩愈）也。"[①]郑虔若地下有知，亦当含笑九泉了。

### （二）"三绝"引领台州

前人对绘画艺术的社会功能有深刻的见解，给以崇高的评价。如唐张彦远说："夫画者成教化，助人伦，穷神变，测幽微，与六籍同功，四时并运。"就把绘画与六经相提并论。台州受郑虔启蒙的恩惠，还不能不提郑虔对台州艺术教育特别是绘画艺术的润泽。据台州地方志等有关史料记载，台州历史上涌现了艺术造诣深湛、成就卓著，即使放在全国也可自树一家的为数可观的绘画艺术家。颇似江流万里，若回溯其渊源，乃是唐朝大名鼎鼎的诗书画"三绝"大才郑虔。

台州绘画历史从郑虔贬谪到台州为开端。中唐以前，台州绘画艺术及其人物虽偶见于史乘，如天台山道教宗师司马承祯，《历代名画记》载承祯于唐玄宗开元十五年从天台山被征召至京，玄宗敕造王屋山阳台观以居之，承祯"尝画于屋壁"，但是他对台州绘画艺术的影响和教育传承并无记载。郑虔本身学识十分渊博，又是心有慧泉、多才多艺的

---

① 戚学标：《风雅遗闻》卷一，第194页。

艺术家，唐朝正史、野史以及杂史笔记多有记载郑虔在绘画上的遗闻逸事，如《新唐书·文苑传·郑虔》载："虔善图山水，好书，常苦无纸。于是慈恩寺贮柿叶数屋，遂往，日取叶肄书，岁久殆遍。尝自写其诗并画以献，帝大署其尾曰'郑虔三绝'。"又载唐军收复两京后郑虔"与张通、王维并囚宣阳里。三人者皆善画，崔圆使绘斋壁。虔等方悸死，即极思，祈解于圆。"此事正史记载过于简练，宋郭若虚《图画闻见志》"崔圆"条载之稍为完整，可见梗概："唐安禄山之陷两京也，王维、郑虔、张通皆处贼庭。洎克复之后，朝廷未决其罪，俱囚于杨国忠之旧第。崔圆相国素好画，因召于私第，令画数壁。当时皆以圆勋贵莫二，望其救解，故运思精深，颇极能事。"唐张彦远《历代名画记》卷九载郑虔："好琴酒篇咏，工山水。"唐朱景玄《唐朝名画录》收录画家一百二十四人，分画家为"神妙能逸"四品，除"逸品"外，每品复分为上中下三等，将郑虔之画列入"能品上"，云"郑虔号广文，能画鱼水、山石，时称奇妙，人所降叹"，与"陈谭、毕宏、刘商、王定、韦銮"同列，在唐朝画家中称得上著名画家。宋《宣和画谱》卷五认为就人物画而言，从三国以来人物画家称得上名手的只有三十三人："其卓然可传者，则吴之曹弗兴……唐之郑虔、周昉……本朝之李公麟。"郑虔《墓志》也是称郑虔"工于草隶，善于丹青"，可见郑虔在绘画领域里的成就相当出众。以至于后世文人常把他与唐朝另一位画家王维并提，作为丹青妙手的代称。如宋陆游《弋阳县江上书触目》诗云："县前奇哉一江水，日暮风吹碧鳞起。客恨征尘忽如洗，不用金篦刮眸子。丹枫岸边雪色芦，下有老翁方捕鱼。欲求妙思貌画图，王维郑虔今世无。"

台州画家王墨（或作默，又称王洽）为郑虔的弟子，他的画被朱景玄《唐朝名画录》列入"逸品"三家之首："王墨者不知何许人，亦不知其名。善泼墨画山水，时人故谓之王墨。多游江湖间，常画山水、松石、杂树，性多疏野。好酒，凡欲画图幛，先饮醺酣，之后即以墨泼。或笑或吟，脚蹙手抹，或挥或扫，或淡或浓，随其形状，为山为石，为云为水，应手随意，倏若造化。图出云霞，染成风雨，宛若神巧。俯观不见其墨污之迹，皆谓奇异也。"据张彦远《历代名画记》，王默"早年授笔法于台州郑广文虔"，"风颠酒狂。画松石山水，虽乏高奇，流俗亦好。醉后以头髻取墨，抵于绢画"。这里的"早年授笔法于台州郑广文虔"是"受笔法"的古今字写法，因为郑虔是前辈，而王墨是后辈。所以《太平广记》卷二一四《杂编》即作"王默早年受笔法于台州郑虔"。《唐朝名画录》称王洽，"有王墨善泼墨山水，故谓之王墨，恐即此王洽也"。《历代名画记》还记载了唐朝安史之乱后来台州的另一位著名文人画家顾况与王墨的逸事："平生大有奇事，顾著作知新亭监时，默请为海中都巡。问其意，云要见海中山水耳。为职半年解去，尔后落笔有奇趣。顾生乃其弟子耳。"顾况是至德二年进士及第，后来到达浙东任盐监，足迹遍及越州、台州和温州，其时间是在台州爆发袁晁起义以后。张彦远《历代名画记》载："顾况字逋翁，吴兴人[1]。不修检操，颇好诗咏，善画山水。初为韩晋公江南判官。"这"初为韩晋公（韩滉封晋国公）江南判官"，就是指担任浙东盐监的一段经历。据考证，顾况在浙东担任盐监是在大历八年（773）以后到唐德宗贞元三年（787）离温赴长安为止。顾况要来新亭任盐监，是在台州临海的新亭，作有《临海所居》诗。顾在温州任盐监，有《仙游记》《莽墟赋》《永嘉》等诗文。王墨要做顾况手下的"海中都巡"，而此时郑虔早已魂归道山。所以说郑虔授笔法于王墨，文理通顺，顾况乃是郑虔的再传弟子。王墨的泼墨山水，开中国画之新路，为后来"米氏云山"画法的形成"导夫先路"。明张丑《清河书画舫》

---

[1] 案：顾况系唐苏州海盐人，即今浙江省海盐县人。吴兴为湖州附郭，天宝改湖州为吴兴郡，此指湖州。

云："王洽泼墨成图，扫尽俗工刻画陋习，足称米、高鼻祖。"明朝大画家董其昌在《画旨》中说："云山不始于米元章，盖自唐时王洽泼墨，便已有其意。"可谓知音之论。

另一位郑虔的弟子是项容，《历代名画记》也颠倒了关系，称"王默师项容"。据张彦远记载"天台项容处士"，《画史会要》卷一"项容处士，天台人"，则项容为台州人（当时尚无天台县）。他的师承关系，《图绘宝鉴》卷二载，项容"当时以处士名称之，善画山水，师事王墨"，《画史会要》卷一也作项容"山水师王默"。所以邑人徐三见先生认为项容是郑虔的再传弟子。项容的画在《唐朝名画录》中列"能品下"，位于其师王墨之前，张彦远评论项容的山水画"顽涩"；朱景玄认为项容等人"皆图山水，曲尽其能"。五代时期的大画家对项容的绘画评价很高，宋韩拙《山水纯全集》引五代著名画家荆浩说："（吴）道子山水有笔而无墨，项容山水有墨而无笔。"这里面的"有笔""无墨"是称赞吴道子的山水画用笔特别好（被誉为"吴带当风"），而"有墨""无笔"则是形容项容的山水画用墨特别好。所以清《御定佩文斋书画谱》卷一三引五代荆浩《笔法记》称赞道："项容山人树石顽涩，棱角无踯。用墨独得玄门，用笔全无其骨。然于放逸，不失真元气象，元大创巧媚。"项容以后，唐朝台州画坛还有项洙、项信，亦善于丹青，工于山水。晚清台州学者黄瑞以为项洙和项信可能是项容的族人。

就书法而论，郑虔也是唐朝名家。唐韦续《墨薮》卷一称郑虔的真行书法为优，"如风送云收，霞催月上"。近年来出土的地下文物为我们了解郑虔书法艺术提供了珍贵材料，河南出土了郑虔书写的墓志铭两方，正书小楷，楷法严谨。郑虔传世的书法作品极少，敦煌出土遗书中有郑虔手迹草书《大人赋》，通过这一幸存天壤间的作品，让我们得以窥见郑虔书法艺术之一斑。只是在台州的史料中尚未发现郑虔带动台州书法家的专门记载，而古代画家通常兼善书法，其绘画弟子即传承其书法衣钵之人。

### 三、浙东唐诗之路形成及其影响

浙东唐诗之路是中国文化史上的奇观、奇迹和奇事。唐诗之路与浙东山水紧密相依，不可分离。唐诗之路因浙东山水而找到了开辟山水诗歌创作的良好题材，开拓诗歌表达的新境界；浙东山水因唐诗之路而得到宣传播扬的载体，进一步提高了知名度和美誉度，并因唐诗的传播而在中国山水文学史上闪耀着更加灿烂的光辉。两者相得益彰，为中国山水文学的发展提供极其新鲜生动而数量可观的珍贵作品，成为中国文学艺术宝库中极有价值的瑰宝！

谚曰"唐诗宋词元曲"，近人王国维称一代有一代之文学，唐之诗、宋之词、元之曲都具有无可替代之性质。可见无论往前古推还是往近古导，谈论古典诗歌首屈一指者自非唐诗莫属，谈论代表唐朝文学成就者亦非唐诗莫属。唐诗不愧是代表大唐气象、展现大唐时代精神的文化结晶。正如陈叔宝诗所云："日月光天德，山河壮帝居。"山河固然可以"壮帝居"，而代表一个时代文化成就，体现其精神风貌的文学作品，更是时代文化"皇冠上的明珠"，更能够为民族争光、为国家添彩，让国威远扬，让声教遐播，岂止"壮帝居"而已？唐朝是我国诗歌发展史上的黄金时代，唐诗是国人喜欢（外国人也喜欢）的文学品种。唐诗研究一直是中国文学研究中经久不衰的课题，是文人学士喜闻乐见的选题。在唐诗研究中，"唐诗之路"是一个具有新鲜感而且具有中国山水文学意义的研究领域，由新昌竺岳兵先生三十多年前提出而得到唐诗学界赞同，指从北方到浙东寻访山水与佛道而来的旅游热线，其主要路线是：文人墨客从杭州渡过钱塘江后从萧山（今属杭州）的渔浦潭、西陵（今萧山西兴街道）沿浙东运河到达越州（今绍兴），复沿水路从曹娥江上溯剡溪，游览剡中（剡县，今嵊州和新昌）到达剡溪发源地与佛教天台宗祖庭天台山迄华顶为止的一段诗歌之路、隐逸之路和求仙拜佛之路，这是浙东唐诗研究中狭义的浙东唐诗之路。

### （一）唐诗之路形成探因

据有关研究人员统计，在《全唐诗》所收2200多名诗人中，到过浙东的诗人就达451人，占了五分之一强；留下诗歌1500首[①]。到过和写过台州天台的唐朝诗人诗作有多少呢？据天台学者统计，有诗人312家，1362首诗[②]。南宋台州学者林师蒇及其子林表民选辑三国东吴到宋前文人吟咏天台（代称台州）之作编为诗集《天台集》，其中收录唐朝到五代诗歌312首（含赋一首），诗人138家，而这些诗人诗作还不是吟咏天台山的全部。笔者从清《全唐诗》、今人陈尚君《全唐诗补编》所收唐诗统计，唐朝诗人到过天台山（台州）和写过天台山的约200家，作品则远不止300多首。其中著名的诗人有骆宾王、王勃、李邕、宋之问、沈佺期、贺知章、张子容、孙逖、崔国辅、孟浩然、綦毋潜、李白、杜甫、李嘉祐、刘长卿、顾况、张祜、李绅、元稹、白居易、曹唐、方干、项斯、任蕃、贾岛、李郢、罗隐、寒山、贯休、齐己、皎然，等等，可以组成一个雄壮豪华的诗人方阵。我们誉之为奇观奇迹，是因为浙东唐诗之路所经之地在全国而言，位置偏僻，远在东海之滨的东南丘陵地带，交通不便，外地游人通常不愿意到此旅游。可这样偏远的浙东山水之乡，竟然成为文人雅士、达官显宦以及方外人士共同的向往胜地，其中必有不可等闲视之的原因。简言之，浙东越州、台州这一带尤其是台州的自然地理位置与自然条件（发展经济的条件）不太好，它既不是政治中心，反而远离全国政治中心长安、洛阳；也不是经济中心，浙东发展自然农耕经济的条件远不如浙西；也不是交通中心，不是文化中心，可是为何还有如此众多的文人流连忘返，乐不思蜀呢？以笔者浅见，这条名声在

---

① 浙东范围以唐李吉甫《元和郡县志》为准，辖越、明、台、温、处、衢、婺七州。竺岳兵《剡溪——唐诗之路》以收入《全唐诗》的人名为准，根据对浙东各地历代方志的统计和《唐诗之路唐代诗人行迹考》，已考出共有451位唐代诗人游弋于浙东，留下了1500首唐诗。

② 安祖朝：《天台山唐诗总集》余云安序、前言，杭州：浙江古籍出版社，2018年。

外的诗歌之路、隐逸之路与求仙拜佛之路形成并兴盛的原因大致有以下几点。

### 1. 道佛信仰的吸引

浙东宗教到唐朝主要是儒释道三教。释道两大宗教都在南朝时期得到长足发展，开宗立派，在隋唐时期其影响力达到高峰。这种影响力对文人墨客来说有两方面：一是务实，想通过天台山宗教领袖人物的关系获得实际利益。道教为唐朝国教，其政治地位与政治影响高于儒佛，故唐朝士人来天台山，每与道士密切交游，就是这种背景下的行为选择。唐太宗《令道士在僧前诏》："至如佛教之兴……终风靡于朝廷。遂使诸华之教，翻居一乘之后……况朕之本系，出于柱史……自今以后，斋供行立。至于称谓，其道士女冠，可在僧尼之前。"天台山有道教宗师司马承祯、吴筠、杜光庭等，皆致身帝师，拥有特殊的话语权。这就为科举考试落第者和无法参加科举考试者寻求进身途径，开了一扇方便之门。二是务虚，欲从方外人士修炼方外之功，获得长生久视之生命力。道教以修炼丹药为关键，以服食丹药实现羽化登仙的目标。浙东天台山是道教典籍中一再推荐的有正神守护、宜于炼丹合药的名山。佛教在中国化的过程中，大量吸收儒教与道教的内涵，像道教追求长生久视对于健身养生的独特途径与方法，为己所用，也重视治病健身与养生的作用，为增强佛教影响力提供有效手段。所以唐诗之路诗人不仅与道士交游，也与和尚来往，儒生读书、行旅、创作、交际等多涉及寺院，加之佛教在民间普及程度高于道教，文人可借寺院为媒介，助推其作品，因之以成名。另据《旧唐书》载：唐朝制度，都督、刺史的职责"每岁一巡属县，观风俗……部内有……才学异能闻于乡间者，举而进之"。像李白出蜀求仕，每到一地就往往给州郡长官上书自荐，其《与韩荆州书》就是自荐的代表作，但因有"王婆卖瓜"之嫌，成功率不高。若得到道佛界长老、方丈给予揄扬举荐，即使未能一举成功，也能获得"提名奖"之效果。

## 2. 曲线入仕的动力

唐朝诗人不远千里，历尽艰辛来此地的直接动力大都是窥见这两大宗教的宗派领袖人物与政治的紧密联系，想走"曲线入仕"的道路。如李白、孟浩然等人即有此"规划"。天台山的高道司马承祯、吴筠、杜光庭等，可以对朝廷决策施加一定影响，由他们推荐的人士可以超越科举的"瓶颈"，法外入仕。以司马承祯为代表的天台山道教宗师深受唐朝皇室的尊重，就成为许多文人追慕的目标，攀附的对象，也自然成为招徕其他隐逸人士的旗帜。即以"诗仙"李白而言，他之所以来浙东天台山，正是因为他出蜀到江陵与司马承祯一见如故的"夙缘"："余昔于江陵见天台司马子微，谓余有仙风道骨，可与神游八极之表。"[1] 他在浙东天台山时所作的《天台晓望》一诗明确地表达了当时那种追求羽化登仙的心愿："天台邻四明，华顶高百越……观奇迹无倪，好道心不歇。攀条摘朱实，服药炼金骨。安得生羽毛，千春卧蓬阙。"

李白在天台山与道教人士来往特别密切。他不仅与司马承祯有"前缘"，而且与当时隐居于浙东的另一位道教宗师吴筠关系紧密。后来吴筠被唐玄宗征召到长安，就携带李白一起入京。《旧唐书·隐逸传》载吴筠"东游天台。筠尤善著述，在剡与越中文士为诗酒之会，所著歌篇传于京师。玄宗闻其名，遣使征之。既至，与语甚悦，令待诏翰林"。唐玄宗召见李白，并破格擢用李白为"翰林供奉"。当时毫无从政经历和资历的李白平步青云直升翰林供奉，除吴筠推荐以外，还有太子宾客贺知章、御妹玉真公主等人的"合力"推荐"有以致之"。《新唐书·李白传》载："天宝初，南入会稽，与吴筠善。筠被召，故白亦至长安。往见贺知章，知章见其文，叹曰：'子谪仙人也！'言于玄宗，召见金銮殿，论当世事，奏颂一篇。帝赐食，亲为调羹，有诏供奉翰林。"李白到天台山来

---

[1]　李白：《大鹏赋》序，清王琦《李太白全集》卷一，北京：中华书局，1977年，第2页。

"寻道"获得"丰硕"的成果，成为后来许多书生纷至沓来天台山的重要动因，他们想步李白后尘，梦想能像李白一样"仰天大笑出门去，我辈岂是蓬蒿人"，一步登天，实现人生的价值。这是李白的入仕道路为后来者构建了一种"李白模式"，令无数欲走李白途径的诗人"悠然心会，妙处难与君说"，跃跃欲试，重走天台道，鲤鱼跳龙门。

孟浩然（689—740），唐山南道襄州襄阳（今湖北省襄阳市）人。早年崇尚佛道，与张子容隐居于家乡鹿门山读书。唐玄宗开元五年（717）孟浩然游洞庭湖，作《岳阳楼》诗献与当朝大臣张说；开元十四年（726）前漫游于襄阳、扬州、宣城等地，结识浪迹江湖寻找入仕机会的李白；开元十五年冬天赴长安应进士考试落第，遂滞留京洛；开元十七年（729）秋，从洛阳经汴水到大运河漫游吴越，于杭州樟亭观潮，泛舟镜湖，探寻禹穴，游若耶溪，上云门寺，礼拜剡县石城寺（今新昌大佛寺），登天台山，宿桐柏观，然后沿始丰溪、灵江、台州湾东下，南游永嘉（今温州），探望任温州乐城（今乐清）尉的张子容，事毕原路北返台州、越州，复沿钱塘江、富春江入新安江返回襄阳。开元二十五年（737）尚书右丞相张九龄被贬为荆州大都督府长史（荆州治所正在襄阳），辟孟浩然为幕僚，署为从事。孟浩然一生未尝科举入仕，美国人斯蒂芬·欧文说得很有趣："孟浩然似乎从未达到严格的正规文体所要求的程度。他在这种正规文体方面的修养极差，而他在进士考试和寻求援引方面的失败，说明了在个人诗歌才能和对于纯熟技巧的功利赏识之间，有着很大的差异。"① 但他在仕途上的想法与多方努力还是不容置疑的。譬如他在长安，王维邀请他入室密谈，碰到唐玄宗微服莅临，以不善于应对而失去机会。他杰出的诗才让他结识了享有盛名的山南道采访使荆州刺史韩朝宗（即李白极想投托的"韩荆州"），韩朝宗带孟浩然到长安，

---

① ［美］斯蒂芬·欧文：《盛唐诗》，贾晋华译，哈尔滨：黑龙江人民出版社，1992年，第77—78页。

想举荐他到朝廷"为国效力",可是到约定的时间,孟浩然还在酒店里与朋友酣饮,说:"业已饮,遑恤他!"求封疆大吏推荐就此失败。至于张九龄到荆州辟孟浩然为从事,孟成为入幕之宾,实在是落魄文人走投无路后的无奈之举。由此也不难窥破披在孟浩然头上"风流天下闻"的面纱,只是科举之路难通时的痛苦选择。正因为此路不通,所以想到了"曲径通幽处,禅房花木深"的"曲线入仕"道路。他在荆州时就与李白等人相互推崇,为后来远赴剡中、天台乃至永嘉寻求曲线途径作了铺垫。只是孟浩然虽在天台山费心交游修炼,与道士太乙子等来往,但最终无果而返。

### 3. 浙东山水的召唤

浙东山水的特色是山不在高有仙则名,水不在深有龙则灵,既有接近人间、与社会沟通的"近世"一面,又有不同于人世间、与社会不相混同超凡出俗的"远世"一面。因此对于文人墨客来说浙东山水既有山水形胜的自然美景作为基础,又有佛道宗教的巨大影响及其宗教领袖与当时政治中枢的紧密联系,是沟通"俗世"与政治的一座桥梁。其吸引诗人的纽带是东晋孙绰《游天台山赋》,把天台山与神话传说中的"海上三仙山"相提并论:"天台山者,盖山岳之神秀者也。涉海则有方丈蓬莱,登陆则有四明天台,皆玄圣之所游化,灵仙之所窟宅。夫其峻极之状,嘉祥之美,穷山海之瑰富,尽人神之壮丽矣。"孙赋后被收入《昭明文选》中,成为读书人的必读教材,所以人人熟悉,成为海内名山,又随着《文选》传播到海外,而成为海外名山。宋陈耆卿《赤城志》卷一九《山水门》云:"台以山名州,自孙绰一赋,光价殆十倍。今以其所登载,质之见闻,秀概神标,炳炳如星日。非若野史浪记,谈河说海,诬诞而不经也。"诗人从小读烂《文选》,对浙东天台山充满向往之情,不言而喻,能够有机会登临,是极其高兴的事情。

### 4. 晋宋名士的引领

唐朝诗人对于晋宋名士的出处行藏，尤其是其崇尚自然、不拘礼法之风度十分欣赏，不少诗人成为追踪晋宋遗风的效仿者。晋宋名士对浙东山水情有独钟，往往爱其山水之优美与宗教之玄奥，不愿移家别住，只愿住在浙东。如谢安隐居上虞东山，高尚不仕，然一出山而安天下；王羲之誓于父母墓前，挂官而去，归隐金庭，遍游东中诸山；东晋王子猷在山阴，大雪夜乘小船访戴安道，造门不前便返。人问其故，王曰："吾本乘兴而行，兴尽而返，何必见戴？"刘宋时谢灵运居官而率性游山，创为山水诗，成为中国山水诗开山鼻祖，等等。这些名人或者清峻通脱，或者高尚放达，或者率性求真。所以赵宋孔延之在《会稽掇英总集》卷四《剡中》中说："道经云：'两火一刀，可以逃。'言多名山可以避灾也。故汉晋以来多隐逸之士，沃洲天姥皆其处也。"

### 5. 遇仙传说的魅力

浙东这块地方，之所以成为隐士向往的"乐土"，前述其山水风光与众不同，固然是招引外来隐士的原因之一，然而不仅于此。浙东丘陵地貌，山重水复，回环映带，风光旖旎，宜于文士探索，逃名归隐，但交通极不方便，信息交流亦很缓慢，民众来往艰难，多有跋涉风险。因此，这块地方产生了许多有名的传说，如刘晨阮肇天台山遇仙、袁相根硕赤城遇仙等"遇仙"传说，王质入山砍樵遇仙弈棋而"烂柯"的传说等。尤其是刘阮遇仙传说是南朝以降文学史中最为文人瞩目的典故。这些传说中的仙女实际上是浙东山水之乡女子的化身，对于中原及其他地方文人自然有耳目一新的审美激情，所以写作了数量很多赞颂"越女"的诗歌。如李白《越女词》："镜湖水如月，耶溪女如雪。""玉面耶溪女……两足白如霜。"《采莲曲》："若耶溪边采莲女，笑隔荷花共人语。日照新妆水底明，风飘香袖空中举。岸上谁家游冶郎，三三五五映垂杨。紫骝嘶入落花去，见此踟蹰空断肠。"杜甫《壮游》："越女天下白，鉴湖五月凉。剡溪蕴秀异，欲罢不能忘。"元稹、白居易、曹唐等均有以刘阮遇仙为题材的诗作。涌现于浙东诗路的天台山遇仙传说令人着迷，对于激发诗人创作的灵感而言，自然具有极大的吸引力，唐朝才子无不闻而欣然欲往。并且唐人还以此打趣，告诫其他诗人到了浙东诗路也不要在山路溪边乱跑，以免被仙女逮去。施肩吾《晚春送王秀才游剡川》就是一个很有趣的例子："越山花老剡藤新，才子风光不厌春。第一莫寻溪上路，可怜仙女爱迷人。"

### 6. 隐逸传统的熏染

唐朝诗人喜欢来浙东，还与浙东唐诗之路有悠久的隐逸文化传统存在密切的关系。远的姑且不说先秦时期范蠡辅佐越王勾践卧薪尝胆、报仇雪耻，而后功成身退，归隐江湖。即以东汉以降，就有严子陵归隐于富春江；梅福归隐于此；东晋南朝则以王谢为代表的隐逸名士高卧东山，隐居剡中，浙东诗路沿线名山多有隐士高栖之迹。如支遁（？—366），字道林，河内林虑（今河南林县）人，隐逸于剡中东山，与谢安所隐相同，后入沃洲小岭建精舍，晚移石城山栖光寺，太和元年（366）终于剡之石城山。与谢安、王羲之、许询等为友，虽栖身方外，而经常参与"方内"雅集，辩论经义，享有清誉。宋施宿《嘉泰会稽志·高僧》载："王羲之在会稽闻遁名，见之乃定交。遁还剡，路由稽山，羲之诣遁，延住灵嘉寺。"《晋书》载："沙门支遁以清谈著名于时，风流胜贵，莫不崇敬，以为造微之功，足参诸正始。"

### （二）浙东唐诗之路的影响

大致上可以分为以下几个方面来看。

一是极大地丰富了我国山水田园诗的创作。唐诗之路的唐诗大多属于山水诗，它与唐朝其他山水文学体裁一起，互相映衬，成为我国山水文学创作上的新高峰。《唐诗之路唐诗选》一书所选诗人177家，作品620首；

竺岳兵《唐诗之路·唐诗总集》则收诗1505首。

二是为宗教与文学结缘作出重要贡献。唐诗之路的形成深受浙东佛道的感染、浸淫，唐朝诗人中宣扬道教、佛教天台宗成为一种常态，并通过他们的作品进一步宣扬佛道教义，引发众生对佛教天台宗的信仰和崇拜，为宣传天台宗、弘扬浙东佛道提供了不可替代的条件，促使文学同浙东宗教结缘。

三是促进台州文化教育的发展。大量的文人墨客络绎来游浙东天台，有些属于至此任职的官吏，如骆宾王、沈佺期、李嘉祐、郑薰、陆淳、吴颛、毛涣等。吟哦风月，逍遥山水，令社会下层心生羡慕，自然会激发学习的动机，对于促进文化教育的普及与提高，会起到"随风潜入夜，润物细无声"的效果。同时，有些官吏采取发展文化教育的有力措施，促进台州文教事业的发展，如广文先生郑虔在台州招收民间子弟教育之。

四是让浙东山水成为文艺创作的常见题材。唐诗之路在充满宗教氛围的浙东形成，并取得辉煌的成就，让浙东的山水风光进入文学审美的视野，为进一步宣传浙东山水，使浙东山水特别是天台山风光成为文学写作、书画创作中常见的题材。

五是进一步提高浙东山水的知名度。唐诗之路因浙东山水而吸引宗教，因宗教而吸引文人墨客，又因文人墨客而更加广泛地传播浙东山水，不断扩大其知名度。其中又以道教、佛教天台宗对来游此地的文人影响显著。来游此地的文人墨客在其纪游诗文中大都写到自己的游历经过，这些都是宣传天台山也是宣传台州的极好材料。

六是加强台州与中原文化交流。浙东唐诗之路的形成、兴盛让台州比较稚嫩的地方文化得到更多接触中原先进文化的机会，吸收营养。一个很好的事实是，中唐以前台州还没有本土出产的诗人，晚唐时期台州涌现了以项斯为代表的诗人，甫登诗坛，便获得高度评价，赢得良好声誉。罗虬在北方国防前线的艳遇逸事，让他的诗歌及其传播也得到助益。加上张濆、孙郃的诗文创作，台州人士开始陆续进入大唐诗人之林，表现不俗，对以后台州文化发展与提高产生积极影响。

七是促进经济发展。浙东历史上是中原先进生产技术的输入区，唐朝这种局面有所改善，但仍然处于学习北方的态势，如农业生产技术、造纸技术、纺织印染技术、酿造技术、建筑技术，等等。李肇《唐国史补》中就记载了唐朝浙东妇女纺织技术不良，后来地方官员命令浙东军人娶北方女子为妻，推动了浙东纺织技术的跃升。

八是对外传播天台山文化。浙东素称山水之乡，山水之美已经在先唐时期即广泛地传诵于文林。到大唐，天台山成为中国新潮思想信仰的策源地，对外文化交流的高地，与海外商贸往来的重要口岸，就进一步令国内外的文士为之神往，天台山的风物在诗人的眼中变成诗歌创作的优良原料，天台山的风景在诗人的眼中变成梦幻般的图画，天台山优美的遇仙传说成为触发诗人创作灵感的源泉。大唐中央派往周边属国的使节与官员，属国的留学生、学问僧、遣唐使、民间交通商人等无不是传递唐诗的邮递员与宣传员。天台山风物如茶叶、茶道，如台州刺史陆淳等为送别日本留学僧最澄等人举行茶会，台州开元寺僧常雅随留学僧圆珍到日本，就携有"天台南山角子茶一，又生黄角子二"奉赠与圆珍[1]，台州之纸、天台宗仪轨、天台山茶叶以及天台山干漆夹纻造像工艺等，也随着这些人物的来往而传到东洋诸国。

## 第二节　五代北宋的文化繁兴

五代时期，台州属于钱镠治下的吴越国，在唐末到宋太祖赵匡胤发

---

[1]　白化文：《叡山新月冷，台峤古风清——读〈风藻馀言集〉》，《东南文化》1994年第2期，第152页。

动陈桥兵变建立大宋的长期动荡中保持了相对的太平，经济社会得到较为稳定的发展，传到吴越国王钱俶时顺应时势、"纳土归宋"，避免战争给人民带来苦难，可谓仁风广被，功德无量，为后来台州文化的进一步发展创造了良好的条件，也积累了丰厚的物质基础。但总体上看，仍然处于较为荒落的状态，就如清末王棻所说："然自东晋以及五季六百余年，英华消歇。岂天运有厚薄而地气有盛衰欤？抑由吾邦之士无志于学，以至斯与？"[①]

到北宋，台州文化发展的环境较之此前有所改善，文化教育事业有了长足的进步，呈现繁兴之势，考中进士的人数远超唐朝，还有一批文人登上国家政坛，在治国理政上有出色的表现。本土文人数量较之前朝更多，其中以杨蟠、陈克尤为知名。

## 一、北宋本贯文人崛起

杨蟠（1017？—1106），字公济，章安人。《赤城志》载宋仁宗庆历六年（1046）进士，做过密州、和州二州的推官。欧阳修称赞其诗作得好；苏轼知杭州，杨蟠通判州事，与苏轼有很多唱酬之作。绍圣二年（1095），以承议郎知温州，立石仪门，刻前郡守刘述《劝民五事》，定城中三十六坊，在任二年，民爱若父母。至有每风月妍丽，老稚必问曰"太守出游否？"离任时，州民攀辕不忍别。在温著有《后永嘉百咏》。后在寿州知州任上卒。平生作诗数千篇，性喜山水，诗多纪事、咏物唱和之作，描摹精细，清新自然，又质朴流畅，意蕴深长，在当时有较高的声誉。尝编有诗集二十卷，见于《宋史·艺文志》，然多佚。而今所存者仅后人辑佚一卷及《钱塘百咏》《西湖百咏》，不到原来的十分之一。杨蟠与苏轼在杭州同僚，唱酬频频，保留于苏轼集中的和杨蟠梅花诗尚

---

① 王棻：《台学统·叙录》，上海：上海古籍出版社，2016年，第2页。

有二十首，如《次韵杨公济奉议梅花十首》之一："梅梢春色弄微和，作意南枝剪刻多。月黑林间逢缟袂，霸陵醉尉误谁何？"《再和杨公济梅花十绝》之一："一枝风物便清和，看尽千林未觉多。结习已空从著袂，不须天女问云何？"欧阳修有《读杨蟠章安诗集》，诗云："苏梅久作黄泉客，我亦今为白发翁。卧读杨蟠一千首，乞渠秋月与春风。"王安石《与杨蟠推官书》云："读足下之文，但知畏之而已，足下固尝得贤人者而师之，愿造请所闻焉。"宋钱塘人强至《祠部集》有《走笔和杨蟠从事庭菊》诗云："杨子门无载酒宾，菊开谁共醉天真？檐前寂寞逢吟客，霜后蹉跎伴主人。钿带缀花疑细蒻，金钱绕屋岂全贫？东家早秀夸桃李，今日空枝不似春。"宋白珽《西湖赋》称赞杨蟠为忠烈之士："罗隐、杨蟠之峻烈，岂工诗而已矣？"民国《台州府志》列为台州见正史者八十人之一，排在任旭、项斯、郭琼、杜谊之后，列第五位。以下选杨蟠诗一首《高邮时燕堂》，以供窥豹：

> 吏隐盂城九十旬，丰年日日是佳辰。赋成席上犹飞雪，歌动梁间已落尘。

> 此地谁为爱酒伴？他时傥忆种花人。五坛芍药齐教放，何处扬州更觅春？

陈克（1081—1137），字子高，自号赤城居士，临海人。《三朝北盟会编》："陈克字子高，有诗名。"出身官宦之家，为陈贻序之子，伯父陈贻范。父亲与伯父均为进士，是台州最早的兄弟进士，做过州县官员。陈贻范字伯模，临海松里人，师从陈襄、胡瑗，治平四年（1067）进士，历宗正丞，通判处州。北宋台州州署双严堂左有集宝斋，治平四年郡守葛闳建，由陈贻范撰《记》。家富藏书，藏书楼名庆善楼庋藏图书，有《颍川庆善楼藏书目录》三卷，是台州历史上最早见于史籍记载的藏书家，所著诗文集曰《庆善集》。陈贻序字叔伦，治平二年进士，性刚介，以诗名，为苏轼、曾巩所知，终奉议郎湖南运判。陈克传见《台州府志》卷一一一，绍兴中为敕令所删定官（陈克《天台集》宋临海李庚跋同），七年（1137）吕祉节制淮西军马，辟克为参谋，克欣然应辟。宋李心传《建炎以来系年要录》卷一一一载：陈克曾官右迪功郎安抚司准备差遣，兵部尚书兼都督府参谋军事吕祉往淮西抚谕诸军，辟都督府准备差遣陈克自随。资政殿学士叶梦得与陈克交厚，说："吕安老非驭将之才，子高诗人，非国士也。淮西诸军正好相互间议论纷纷，军心不齐，此次出行恐怕凶多吉少！"叶梦得赠以诗曰："解谈孙破虏，那厌庚征西。"吕祉、陈克皆留其家，以单骑从军，陈克进献《东南防守利便》三卷，言"先定都邑，以固根本，后定进取，以复境土"，于南北之势，言之详悉。适遇郦琼之变，陈克奋勇出战，兵败被擒，叱令屈膝投降，陈克说："吾为宋臣，学忠信之道，宁为珠碎，不为瓦全。"贼积薪焚之。克骂不绝口，声如震雷，贼惧，罗拜举酒酹曰："公忠臣也，吾辈无知，误公命尔。"军民闻克死，皆号恸如丧所亲。陈克饱读诗书，很早就显露文学才华，其诗写得很好，据《宋史·艺文志》载陈克的作品有《天台集》十卷，又《外集》四卷，原书已佚，惟曾慥《乐府雅词》选录三十六首；据其诗中所写内容多在建康(今南京)。其词也很有大家气象，有《长短句》三卷、《赤城词》一卷。宋藏书家陈振孙评其诗词云："诗多情致，词尤工。"又说《赤城词》一卷"词格颇高丽，晏（殊）周（邦彦）之流亚也"；明杨慎《升庵词品》评："陈子高《赤城词》一卷，甚工致流丽。"《台州府志》评："陈克博学能诗，脱胎于温庭筠、李商隐，才情富艳，文采陆离，烂焉如锦，尤工长短句。"简言之，陈克诗文词句优美，风格近乎李商隐；晚年遭逢国难，金兵入侵，国土沦丧，陈克亲历大恸，爱国忧民，风格大变，感时愤世之情，投笔请缨之志洋溢于字里行间。其词集名《赤城词》，诗集名《天台集》，以示不忘家乡山水。今存词五十六首、诗五十五首、文三卷。以下选录陈克诗词各一，以品其味。《伯时四骑》诗：

> 弱毫寸纸有余地，如见天闲八尺龙。坐想时危真至此，两
> 军旗鼓噪西风。

陈克的词写得意蕴绵邈，富于韵致，当时就享有较高声誉。如《菩萨蛮》：

> 绿芜墙绕青苔院，中庭日淡芭蕉卷。蝴蝶上阶飞，烘帘自
> 在垂。玉钩双语燕，宝甃杨花转。几处簸钱声，绿窗春睡轻。

陈克的词流传于今的虽然为数只有几十首，但其写景状物，抒情言志均有人所不到处。清朝绍兴李慈铭就很欣赏陈克的词作，其《越缦堂读书记》中说："在北宋诸家中可与永叔（欧阳修字永叔）、子野（张先字子野）抗衡一代。虽所传不多，吾浙称此事者，莫之或先矣。"把陈克的词提高到"吾浙之首"。

## 二、北宋官学体系建设

自郑广文先生在台州郡城开设学校招收生徒开启台州文教以来，台州文教事业不断发展，从未设官学到逐步建立州学、县学教育系统。北宋章望之《（重修台州）州学记》说："宋一中国而文教修，学者大盛，未免乎无师。顷岁诏许郡县建学馆，养英才。"意为宋朝统一中国就重视文化教育事业，由于学生激增，就难免出现了师资的短缺。近年皇帝下诏准许各郡县建设学馆培养人才，以适应教育事业发展的需要。这里的"顷岁"指的是宋仁宗皇祐初。洪迈《福州教授壁记》也说："自庆历诏书，郡国大抵悉有学而立官。"据地方志记载，北宋庆历元年（1041）台州知事李防建立台州州学，《嘉定赤城志》卷四载，康定二年（是年改元庆历元年）李防即州孔庙建学。庆元五年（1199）郡守叶籈奉旨兴办

武学。李防还亲自撰写《丹丘州学记》[①]，提倡重视学校教育培养人才的重要作用："学之时义大矣哉！人不学不知道，道者非他道也，安国家治人民之道也。"州学"自仲春十有一日起功，至仲夏十有一日毕力。高门穹崇，峻宇萧洒。靡逾百日，众心乐成"。又"建小楼，以贮群籍"，相当于学校图书馆。更重要的是李防注重寻找堪为州学培养人才的老师，"仍命宿儒，特为主者。诗书礼乐，不得不兴矣；忠信孝弟，不得不增矣。愚者可以智，贱者可以贵，贫者可以富，善者可以显。盖学有所归，俗有所化，自然时习而日益矣"。台州所属各县亦先后兴建县学，其中宁海、临海早于州学。景祐四年（1037）临海县令范师道建立临海县学；治平三年（1066）黄岩县令许懋建县学；皇祐中（1049—1053）天台县令石牧之建县学；皇祐初（1049）仙居县令陈襄建县学；祥符五年（1012）宁海县令苏季成建县学。县学之中特别值得提出的是仙居县知事陈襄，对于仙居县教育的发展有促进之功。宋《方舆胜览》卷八："陈襄号古灵，知仙居县。《和郑闳中》诗十一首，皆以'我爱仙居好'发端。"陈襄还作了《劝学文》劝导县民读书就学："咨汝邑父老：夫人之为善，莫善于读书为学。学然后知礼义孝悌之教。故一子为学，则父母有养；一弟为学，则兄姊有爱；一家为学，则宗族和睦；一乡为学，则闾里康宁；一邑为学，则风俗美厚。虽有恶人，将变而为善矣。"他的学生较为著名的有吕逢时。吕逢时字原道，从小受经传于县令陈襄，可以说仙居人知道进学读书是从吕逢时开始的。吕逢时成绩出众，考入太学，与著名文人郑獬为友。驸马都尉钱景臻很佩服他，拜他为师，想上奏皇帝赏给他官做，逢时推辞不就。后来归隐于白岩山。台州乡贤罗适举荐他为孝廉，他也不要这个名誉。最迟迄宋英宗时期台州五县均已建立县学，与州学一起构成官学体系。加上民间的私塾和一些早期的书院（如

---

① 林表民：《赤城集》卷五，北京：中国文史出版社，2007年，第64页。

著名的上蔡书院），为台州文教的兴盛提供了必要的条件。从此台州通过
科举考试跻身仕途的文士越来越多，为台州文化的繁荣打下了坚实的基
础。这从下文历代台州科举成绩比较，可一目了然看到宋朝官学建立对
台州教育事业的重大贡献。

　　下面通过历代进士人数的比较，来管窥台州两宋教育的成效。台州
建立官学体系即州学县学，公办教育迈上新台阶以后，辅以私塾、官私书
院，其带动作用日益明显。台州书院建立的时间到南宋才开始见诸史志，
其中著名书院有知州王华甫所建上蔡书院，建于南宋景定三年（1262），
为台州教育基础建设拉开新的帷幕，嗣后如临海溪山、观澜，黄岩柔川、
樊川，天台竹溪、龙溪，仙居上蔡、桐林，宁海五峰等书院陆续建立，办
学水平明显提高，台州的文化教育面貌发生重大变化。以"学而优则仕"
作为古代书生读书治学的最主要道路的科举而言，唐宋两朝就成为极其鲜
明的对照：唐朝台州进士及第者只有两三人，宋朝台州士人在科举中考中
进士者达到空前隆盛之程度；其中北宋台州科举成绩开始大进，考中进士
38人；南宋则达到台州科举史上空前绝后的纪录，而且在陈公辅之后，台
州文人进入中央政权班子，发挥重要作用，仅南宋后期，共有6位台州籍
人士出任丞相，即临海谢深甫、钱象祖，黄岩杜范，宁海叶梦鼎，天台贾
似道，仙居吴坚。《宋史》列传的台州籍人士即达21人。据《台州府志》
等史志材料统计，台州自有科举制度建立以来，共有进士1091人，其中
文进士907人，武进士184人；共考中状元6人，3名文状元、3名武状元，
分别为：宋宝庆二年（1226）临海王会龙，元至治元年（1321）临海泰不
华，明嘉靖二十三年（1544）临海秦鸣雷；宋嘉泰二年（1202）临海叶崇，
宋嘉定十三年（1220）仙居陈正大，清同治七年（1868）天台陈桂芬；共
中榜眼3人：宋咸淳七年（1271）临海杜文甫，明宣德二年（1427）天台
杜宁，清光绪二十一年（1895）黄岩喻长霖；共中探花3人：宋开禧元年
（1205）天台裘淳，明洪武二十一年（1388）宁海卢原质，明嘉靖二十三

年（1544）临海张鈇（武探花）。以朝代分，则宋朝中进士者最多，达到578人。尤其是南宋152年间，举行科举考试50次，台州中进士550名，每科平均达11人，而咸淳元年（1265）台州一榜中进士51人，达到台州科举考试的顶峰。

### 三、政治人物群体雏形与陈公辅

历史进入宋朝，与大唐雄风给人的印象迥然不同。大唐时代令人扬眉吐气，精神振奋，气象雄阔，豪情万丈。而宋朝则缩手缩脚，缺乏气吞万里如虎的壮举，令人压抑伤感，尤其是南宋偏安于江南半壁，委曲求全，苟且偷生，令人丧气。这种历史印象的形成，不仅是大唐的国力强大、文化兴旺有以致之，而且是国家和时代的精神潮流有以致之。

就台州人物而言，大唐时代台州本土人物正在初露头角，如前文所述项斯、罗虬等均呈现为"小荷才露尖尖角"的那么一种状态，论职位不过县邑官员，论功业又无重大建树，论文学亦非一流诗人，总体上其一生作为与影响均较有限，在台州和从台州走出的主要人物是客籍人士。到宋朝情况有了很大的变化，台州本土人物开始以更高的层次、更大的影响、更雄厚的实力，以群体的形象登上国家的舞台，展示了台州人物奋发有为的崭新风貌。

两宋时期台州人士大显身手、挥洒才情的群体之形成，要从北宋的陈公辅说起。

陈公辅（1076—1141），字国佐，号定庵居士，临海人。政和三年（1113）上舍考试第一，历任平江府教授，迁越州，改权应天府少尹，除校书郎。宋钦宗时擢任右司谏，不久即以主和派指摘陈公辅为主战派李纲同党而被谪迁台州监税。及朝廷南迁，赵构（宋高宗）即位，李纲执政，又召除尚书左司员外郎，可是尚未上任便逢李纲被罢职，于是改任南剑州。绍兴六年（1136）召还，官吏部员外郎。及张浚入相，授右司谏，迁尚书礼部侍郎。复因议论与时宰不合，迁集英殿修撰提举江州太平观，改知处州。官终徽猷阁待制，卒年六十六。有文集《骨鲠集》二十卷、奏议十二卷行于世。陈公辅为人正直忠鲠，相尚以道，立朝以国家大局为重，不计个人进退穷通，不愿屈节事人，更不愿阿谀奉承以邀高官厚禄。陈公辅做应天府少尹时，针对宋朝奸佞之臣蔡京、王黼等长期把持朝政，堵塞言路，任人唯亲，结党营私，特别是唐重、师骥阿附太宰李邦彦，谢克家、孙觌阿附纂修蔡攸，待李邦彦为相，唐、师、谢、孙四人提拔为台谏之职，上奏这些人决不可能揭发宰相大臣的过失，只会起遮掩真相的作用。建议朝廷要选择那些"朴茂纯直，能安贫守节，不附权幸，慷慨论事者"授予台谏之任，使朝廷正气伸张，邪气退缩，"礼义廉耻稍稍振起，敌国闻之，岂不畏服哉？"

北宋末年的靖康年间，宋钦宗初临天下，国家处于外敌入侵生死存亡的危急关头，而宰相吴敏、李纲二人常常意见相左，陈公辅上奏说，陛下初临万机，正要依赖宰相同心合谋，希望陛下开导说服他们，让他们务必一心一意致力于保卫国家安全。李纲曾经提拔陈公辅，但陈公辅以国家安危为立朝处世的唯一标准。又上奏论蔡京父子怀奸误国，迄未受到谴责惩处，是与朝廷公卿半出其门、有人包庇遮掩相为因果的。蔡京因此被谪崇信军节度副使、德安府安置。陈公辅又上奏揭发朱勔罪恶，"乞勿许其子姓随上皇入京"。绍兴六年上疏分析靖康之祸难，"实由公卿大夫无气节忠义，不能维持天下国家。平时既无忠言直道，缓急讵肯仗节死义？"批评王安石思想学说之非，危害人心，致正气不振，气节忠义难求。他担任左司谏后，又提议："中兴之治，在得天得人。以孝感天，以诚得民。"宋高宗赵构很赞赏他"深得谏臣体"，赐之五品服，令尚书省写图进献，以便观览。陈公辅感激高宗知遇之恩，益发竭尽忠诚，为皇帝拾遗补阙，献言："正心在务学，治国在用人，朝廷之祸在朋党。"南宋英儒陈耆卿在《嘉定赤城志》中评论道，台州文人以考中高科，官位至法从而且有鲠直敢言不畏权贵名声者是从陈公辅开始的。可以说陈公辅开启了台州人士敢作敢为，正直不阿，忠君事国，与怀奸误国之徒作斗争的优良传统，也书写了"台州式硬气"在国家政治舞台上发挥作用的风范。《宋史》评论陈公辅"论事剀切，疾恶如仇"，可谓正搔着痒处。事迹见《宋史》本传以及陈耆卿所作《墓志铭》。

## 第三节  南宋时期的文化鼎盛

南宋定都临安府（今杭州），台州成为辅郡，这是台州历史上距离国家政治中心最近的时期，也是接受政治辐射最大的时期。台州成为南宋王朝重要的后方基地与避难逃灾的场所，许多达官显宦、贵族富豪纷纷迁到台州居住，台州太守中有多位皇室成员，当然还有更多的北方难民和普通中原文人逃难到台州落户，《嘉定赤城志》说："至有不生长是邦而居焉者，渡江后为尤盛，且多名人。"就很真实地反映了这一历史变迁。随着土地的开辟，蚕桑业、种茶业的兴盛，加上台州盐场生产的增加，供应量也相应增加，都有力地提振台州经济的发展。如此种种，都促进了台州文化土壤的改良。在南宋存在的152年间，台州文人群体形成。台州人士进入政界位至宰相者有六人，即《嘉定赤城志》所载的四人，加上在此书"问世"之后登上宰相之位的贾似道和末代宰相吴坚。可谓台州历史上杰出人才进入国家政权最为集中的时期。加之以出身台州临海谢氏家族的皇后（后来为皇太后）谢道清，出身天台贾氏的贾皇后（贾似道之女），一时蔚为大观。台州本土文人的创作呈现更加喜人的成绩，不但可以跻身全国作者行列，而且能够标新立异，独领风骚，俨然文坛领袖、诗派班头，如南宋江湖诗派的代表人物戴复古。

## 一、教育发达与人才辈出

到南宋，台州的教育状况已经有了很大的变化，整个教育规模、教育业绩已经相当可观，成为历史上台州人才培养的鼎盛时期。这除了源于前朝广文先生星星之火相传因素外，与宋朝重视发展文化教育的政策导向有密切的关系。台州的州学、县学已经有了良好的开端，复加数位大文人、大学者的来临，给台州文化教育事业带来了空前的机遇，如朱熹、陆九渊、叶适、洪适等都曾来台州担任行政或教职，兴办教育，招收生徒，指导学术研究或者带动台州学子深造，发展了台州的文教事业。与此同时，随着台州本土人士的成长，台州文人对台州教育的普及与提高发挥了骨干队伍的作用，在更大的范围、更广的领域和更基础的教育机构中以自己的立身行事、道德文章教育学生，为台州教育的全面兴起，作出重要贡献，同样值得铭记，值得表彰。

### （一）客籍名人对台州教育事业的促进

宋朝以前台州文化的主要人物多为客籍人士，他们大多数是来此地为官，有些便在此隐居终老，如前文所述之孙绰、郑虔。从宋朝起台州本土文人开始逐渐成为台州文化的主角，这一转换的内在动力即台州教育事业的进步。推动进步的人物还要从客籍人士说起。

朱熹（1130—1200），字元晦，生于福建尤溪，晚迁建阳之考亭，世遂以"考亭"称之。朱熹讲明伊洛之学，卒谥文，故世称朱文公。朱熹曾两次主管台州崇道观（第一次在宋乾道九年五月。宋孝宗下诏曰："朱某安贫守道，廉退可嘉。特与改合入官，主管台州崇道观，任便居住。"第二次在淳熙十年正月，差主管台州崇道观），一次提举浙东。朱熹对台州教育的推动主要是在宋淳熙八年（1181）提举浙东时期，他向朝廷建议减轻百姓负担，按劾知台州唐仲友不公不法事件，成为南宋历史上有名的"朱唐交恶"事件。还着力提倡程朱理学，崇尚教育，台州重教尊师的风气进一步改善，至于"家有诗书"，人人向学归化，成为"道义之乡"。还在台州培养人才，不仅与台州的学者交游，切磋学问，讨论问题，共"进于道"，如临海石䘒；而且带出一批及门高弟，如临海林恪（字叔恭），黄岩赵师渊、杜知仁，仙居郭磊卿（字子奇）、吴梅卿，天台潘时举、赵师琼等人。其中林恪、潘时举与朱子的问答屡见于《朱子语类》。赵师渊与朱熹合编《资治通鉴纲目》，成为传世之作。淳熙九年八月朱熹由台州入处州缙云县，途经仙居，为方氏桐江书院题"鼎山堂"匾。《赤城新志》载："仙居县西有桐江书院，宋方斲本唐方干之裔，朱熹因行部过此，为书鼎山堂扁。"朱熹学承孔孟，德耀天地，被尊称为"朱子"。民国喻长霖等《台州府志》称誉道："至考亭使节南来，台士闻风兴起，著籍者众，俊乂如林。宋景濂（宋濂字景濂）所谓晦翁传道江南，而台特盛，世称小邹鲁者是也！"

叶适（1150—1223），字正则，永嘉（今温州）人。淳熙五年（1178）进士，累进宝文阁学士，学者称水心先生。叶适早年曾寓居台州黄岩，传授弟子为生，成名后，四方学生络绎从之，而台州陈耆卿称最。清万斯同《儒林宗派》卷一一载叶氏学派门人，陈耆卿居于首位。同列于叶氏门墙者还有临海王象祖（字德父）。陈耆卿少时即才华出众，因敬佩水心先生之学，遂负笈永嘉，投叶适门下。叶适十分赏识陈氏之文章，遂悉心传授，陈亦虚心请益，尽得其秘，以至于人有永嘉之学移至台州之叹。王象祖（1164—1239），字德父，又作德甫，临海人，《台州府志》载其"负异质，学于叶水心而与陈筼窗为友。朴厚严重，学邃行高"。陈耆卿受到南宋知名文人真德秀（谥文忠）很高的评价。此外，从师叶适学有成就者还有临海吴子良和黄岩车若水。

陆九渊（1139—1193），字子静，抚州金溪人。乾道八年（1172）进士。主管台州崇道观。每开讲席，户外屡满，耆老扶杖观听。自号象山翁，学者称象山先生。万斯同《儒林宗派》卷一一载，台州黄岩赵师雍、赵师葳昆仲均名列陆氏门墙，为陆氏门人。

王柏（1197—1274），是浙东学派中的重要流派金华学派的台柱，《宋史》本传载："王柏字会之，婺州金华人。"王柏益进于朱、吕之学，赵景纬任台州太守，礼聘为丽泽、上蔡两书院师，乡之耆德皆执弟子礼。

洪适（1117—1184），字景伯，鄱阳人。曾任两浙提举茶盐司，资政殿学士，官至丞相。编有《唐登科记》《大宋登科记》《隶释》《隶续》等，文集曰《盘洲集》。绍兴十六年（1146）通判台州，建清闷堂，《赤城志》载"在添差通判厅，通判洪适建于分绣阁之下"，其弟洪迈有《寄题清闷堂》诗。又建分绣阁，《方舆胜览》载"在添倅厅，通判洪适建"，洪适自己作有《分绣阁记》。

南宋浙东学派异军突起，人物丛蔚，峥嵘而立，思想活跃，星光灿烂，在中国学术史、中国思想史上辉映千秋。近人何炳松在其名著《浙东学派溯源》中明确指出："初辟浙东史学之蚕丛者，实以程颐为先导……传其学者多为浙东人。故程氏虽非浙人，而浙学实渊源于程氏。"[1]浙东学派声名卓著者有金华之吕祖谦、陈亮，明州（今宁波）有王应麟、胡三省（胡实为台州宁海人），而永嘉理学家薛季宣、陈傅良、戴溪等于浙东学派中独树一帜，称永嘉学派，以叶适为旗帜。

### （二）本土名人对教育事业的浸润与带动

由唐入宋，台州文化教育状况大有改变，两宋时期，除了客籍人士不断输送文化，开启民智，为台州文教事业指引方向外，台州教育事业的长足发展还有赖于本土人士的崛起与担当，涌现出一批学问渊博、德行高超，文章风范足为士则的文人。他们言传身教，带领子弟刻苦学习，知难而进，辛勤培育，提携后进，终于在阴谷之地，开放出美丽的鲜花。

---

[1]　何炳松：《浙东学派溯源》自序，桂林：广西师范大学出版社，2004年，第3页。

这些本土的足称师范者，以陈贻范、徐中行、罗适等人事迹为著，邑人蒋至名虽未如陈、徐、罗诸人，而实开启台州本土文教和学术之先河。

蒋至，字造之，临海人。素有德行，施惠乡里，居家设帐授徒，从学者甚众，成为学子景慕之师范。这是台州历史上于州学县学建立之前担负教书育人之责的先行人物。大中祥符六年（1013）诏举德行遗逸，郡守章得象及部使者把蒋至名字上报，诏索所著《经解》而上送京师，授其职为"将仕郎，本州助教"。咸平初主持州学。

陈贻范，字伯模，临海人。治平四年（1067）登进士第，历宗正丞，终朝奉郎、处州通判。陈贻范游胡瑗之门，又师事陈襄，学有渊源，与徐中行、罗适为台学源流之首。据清万斯同《儒林宗派》所立学派，陈贻范与徐中行、罗适均为安定胡瑗的胡氏学派门人。陈贻范还捐献学田数十亩。陈贻范家富藏书，起庆善楼储之，是台州史上第一位藏书家。

徐中行（？—1123），字德臣，临海人，事迹见《宋史·隐逸传》。徐中行少闻安定胡瑗道学之名，准备到胡瑗的弟子处学习。至京师，首先拜访范纯仁，范十分赏识徐中行，就推荐给司马光。司马光很器重徐中行，称赞道："这个青年人神清气和，可与进道。"适逢刘彝带来胡瑗教给他的经书，徐中行借来精心苦读，饮食粗淡，夜不安枕者逾年，才回家乡。回乡后搭建一间小室，终日正襟危坐，修习不已。晚年教授学生。崇宁（1102—1107）中，郡守李谔以八行荐（八行者，孝、友、睦、姻、任、恤、忠、和也。凡有此八行者，即免试补太学上舍）。李谔还亲率僚吏安车造庐敦请，徐中行终未就征，避居于黄岩，会集亲友，尽毁以前写作的文章。幅巾藜杖，往来委羽山中。陈瓘到台州，闻名纳交，谓其学行德业可与山阳徐积齐名，呼为"八行先生"。

徐庭筠（1095—1179），字季节，徐中行幼子，胸有大志。秦桧当权时，科举考试题目盛行谀颂大宋"中兴"，庭筠慨叹道："今日国势如此，难道是歌颂的时候吗？"就上疏其未足为中兴者五条。知情者都为他捏一把汗。徐庭筠说道："我不想虚妄乱语，而敢欺骗国君吗？"黄岩县尉郑伯熊在调任时向徐庭筠请教。徐庭筠说："富贵易得，名节难守。愿安时处顺，主张世道。"郑伯熊牢记赠言，终为名臣。徐庭筠治学以诚敬为主，居无惰容，喜无戏言。不事缘饰，不苟臧否。其《咏竹》诗云："未出土时先有节，便凌云去也无心。"名为写竹，实表心志。南宋著名诗人尤袤来任台州太守，闻其名，专门派人送书信表示尊敬。郡县请他主讲郡学县学，后辈以师尊之。乡人以其父子都栖隐遁世，尊称为"二徐先生"。清人万斯同《儒林宗派》在卷一二《宋诸儒博考》中将他与范仲淹、欧阳修、刘敞、刘攽、陈襄、苏轼、苏辙、司马光、王十朋、胡三省等同列。卒后与乃父葬于临海城东白岩山麓（今红光白岩村）。淳熙间朱熹行部到台州，仰慕风采，瞻拜于墓下，并为"二徐"题诗，有"道学传千古，东瓯说二徐"之句，且大书以表之，曰"有宋高士二徐先生之墓"。

罗适（1029—1101），字正之，宁海（其乡里今隶三门县）人。治平进士，官至京西北路提点刑狱，终朝散大夫，勋至上护军，服五品致仕归。为政简肃，慷慨建白，务恤民隐，尝与苏轼论水利，凡兴复者五十有五。于治水兴利特别突出，所到之处，实心任事，都有好名声，当秩满去，民众为他建造生祠。著有《赤城先生文集》十卷。罗适为学从安定胡瑗，与徐中行同列于胡氏门人。台州之学人如举前辈大雅，以适为首。有《易说》《赤城集》行于世。太守尤袤为立祠于州学中，又入祀于乡贤祠。

## （三）南宋台州杰出政治人物群体的涌现

自陈公辅之后，台州杰出人士入朝为官者日多，且多秉公断事，持重有守，公而忘私，不计个人得失，形成台州文人入仕良好的群体形象。

吴芾（1104—1183），仙居人。绍兴二年（1132）举进士，累官侍御史，有直声，迁礼部侍郎，以龙图阁直学士致仕。蒂前后守六郡，各因其俗为宽猛，吏莫容奸，民众怀念他的恩惠实利。他曾经说："视官物当如己物，视公事当如私事。与其得罪于百姓，宁可得罪于上官。"为文豪杰峻整，有《湖山集》十卷。

陈良翰（1108—1172），字邦彦，临海人。绍兴五年（1135）举进士，官右谏议大夫，召除太子詹事，后除敷文阁直学士。陈良翰立朝为官为人风格节操，实与陈公辅相承。《宋史》本传载陈良翰"资庄重，为文恢博有气"。陈良翰治理地方讲究处事公正公平，不为物议所左右，自然顺应民情，断案听讼不致枉曲。陈良翰立朝有大臣体，奏言处事均从国家安危出发，不以一己之私掩公家之利。在南宋与金国的交锋中，陈良翰屡次据理力争，为朝廷陈说利害。陈良翰上疏建白，从国家出发，不避权豪。直到晚年，陈良翰被召为太子詹事，孝宗嘱咐他要尽心教导培养太子，并特地召到选德殿，让他尽情陈述治国的"仁德功利"之说，孝宗为之嘉叹，诏令兼任侍讲。不久以疾告老，卒年六十五。宋光宗立，特赐谥"献肃"。

陈骙（1128—1203），字叔进，临海人。绍兴二十四年（1154）试春官第一。绍熙二年（1191），诏陈时政得失，骙疏三十条，皆切时病。光宗以疾不朝重华宫，骙三入奏，光宗终于感悟。宁宗即位，知枢密院事兼参知政事，后知婺州卒，赠少傅，谥"文简"。学殖深厚，著作多种，其中《文则》是陈骙传世作品中最受好评的著作，被誉为中国第一部文法修辞专著。

王卿月（1138—1192），临海人。乾道五年（1169）进士，敏悟多艺能，自号醒庵居士，官至朝请大夫，曾经权中书舍人，直学士院。草胡铨制云："吾宁身蹈东海，独仲连不肯帝秦；至今名重泰山，微相如何以强赵？"获得当时舆论的好评。

谢深甫（1139—1204），临海人。刻志为学，乾道二年（1166）登进士。累官端明殿学士，签书枢密院事，后拜右丞相，封鲁国公。深甫为丞相，遵守法度，爱惜名器，能扶持朱熹、蔡元定正学。其后孙女谢道清为理宗王后，追封信王，谥"惠正"。

杜范（1182—1245），黄岩人。从祖烨，受学于大儒朱熹，至杜范时更以传承朱学著称。嘉定元年（1208）进士，调金坛尉，累迁监察御史，知无不言，端平二年尝上奏言："致弊必有原，救弊必有本。积三四十年之蠹习，日深月腐，有不可胜救者，其原不过私之一字耳。君相之私未去，则条教徒为虚文。"后拜右丞相，上五事，曰正治本、肃宫闱、择人才、惜名器、节财用。频有建白，尽革旧弊。惜"得政未及大施而殁，识与不识莫不痛伤"，卒赠少傅，谥"清献"。平生所学以"实"为主："盈天地间皆实理也，理不实则坠，事不实则坏，人不实则危。"[①]遗著有《清献集》二十卷。

叶梦鼎（1200—1279），字镇之，宁海人。以上舍释褐，授信州推官，历知袁、吉、赣三州，隆兴、建宁府，皆有善政。累迁至兵部尚书，签书枢密院事，封临海郡公。咸淳中拜少傅，右丞相兼枢密使。论政与贾似道不合，引疾辞去。使者来追，叶对他说："廉耻事大，死生事小。万无可回之理。"[②]

吴坚（1213—1276），字彦恺，号实堂，仙居人。淳祐四年（1244）进士，后平步青云，理宗时为朝廷重臣。德祐元年（1275），元军兵临杭州城下，对宋迫降。十二月，吴坚受任签书枢密院事，二度出使元军营求和。德祐二年正月，升任左丞相兼枢密使，受谢太后命，与贾余庆等先赴元营议降，后为祈请使，赴元大都呈降表，交宋玺。后被羁留大都，当年病故。

---

① 以上所引均出自喻长霖等：《民国台州府志》卷一〇〇《杜范传》，第八册，胡正武等点校本，上海：上海古籍出版社，2015年，第4442—4446页。

② 《民国台州府志》卷一〇〇《叶梦鼎传》，第4448—4451页。

台州涌现众多的达官显宦、进士文人，与宋朝廷将众多皇室后裔、皇亲国戚安排到台州居住有密切关系，如赵师渊、赵师蒇、赵汝适等，均是学问优洽，著述传于士林，载于史志；外戚钱家，在台州植根深厚，人才辈出，成为钱氏极有声望的一脉。如钱端礼（1109—1177），历官观文殿学士、资政殿大学士、参知政事兼权知枢密院事。钱景臻（1055—1126），字道邃，娶秦鲁国大长公主，封太傅，会稽郡王。钱象祖（1145—1211），字伯同，钱忱曾孙，嘉定元年（1208）官至左丞相兼枢密使、太子太傅。钱氏家族有长期管理台州的历史，留下相当不错的政绩与恩德。如钱俶任台州刺史，后继位为吴越国王。钱暄任台州郡守，在任期间开凿东湖，徙筑台州城东城墙于东湖内侧，就让州城东城墙从此坚固不倒，促成固若金汤的著名州城。这些举措，都是台州历史上称颂已久的"德政"。

总之，台州文教之兴盛，发轫于北宋，鼎盛于南宋，不仅进士数量为历代之冠，而且杰出人物出任国家重要职务，成为空前绝后的历史记录，其影响深刻而久远。

## 二、南宋台州文化成就掇英

台州至宋朝而兴盛，到南宋而为辅郡，人文蔚起，名家辈出，从州城到乡村，家家诗书，户户弦歌，士风重教，有"小邹鲁"之誉。台州文士在朝在野，勤奋耕耘，以其聪明才智书写灿烂的人生篇章，为后世留下许多值得深入研究的文化遗产。

### （一）历史学成绩斐然

唐朝台州史学尚处于以客籍人士为主的记载台州山水、宗教及其人物的阶段，到宋朝台州史学进步显著，尤其是南宋时期台州史学发达，名家辈出，被评为台州史学的"全盛时期"[①]。这种进步固然是台州文化发展的表现，也是浙东学派繁荣带动的结果。南宋浙东学派全面兴盛，其中足以代表其成绩者首推史学。近人何炳松以为"南宋以来的浙东学者多专究史学"[②]，代表台州史学的人物便是胡三省。何进一步阐述浙东学派的发展说："自从郑伯熊和薛季宣中兴永嘉的学派之后，在永嘉方面有陈傅良和叶适诸人的继起，同时在金华方面又有吕祖谦、陈亮和唐仲友三大头的出现。于是浙东的学派乃达到一个黄金时代，而程氏的学说亦发挥而成为我国文化史上一朵最灿烂的花——浙东的史学。"[③]从台州文化本土化的源流来看，南宋时期台州史学的繁荣，则不仅源自永嘉学派的嫡传，而且也是金华学派的血脉。永嘉学派叶适传学于台州的弟子有陈耆卿等；金华学派以上述吕、陈、唐为代表，唐仲友在台州任职多年，当时影响较大，而后来则以王柏所带弟子为多。台州史学的兼收并蓄，转益多师，表明当时社会整体的进步，而不仅限于某一狭隘领域。

## 1. 赵师渊《资治通鉴纲目》

赵师渊（约1150—1210），字几道，号讷斋，黄岩人。卒年61岁，然生卒年无确考。乾道八年（1172）进士，尝任国史院编修。从朱熹游，为朱所重。自从司马光等纂成编年体通史《资治通鉴》以来，常人以其卷帙浩繁，读史烦难。故朱熹思欲简编其书以便学者，起草大纲，"纲欲谨严而无脱略，目欲详备而不烦冗"，规划条例，主要编纂工作均由赵师渊承担，即使大纲起草亦主要委托赵氏成之。《资治通鉴纲目》全书共分五十九卷，十九门一百三十三条，"纲下有目，目下有类，至详且悉"，不但提纲挈领地提炼《资治通鉴》的历史内容，方便一般读者学习中国

---

[①]　徐三见：《台州古代史学述略》，载《默墨斋续集》乙编，北京：中国社会科学出版社，2006年，第146页。

[②]　何炳松：《浙东学派溯源》，桂林：广西师范大学出版社，2004年，第148页。

[③]　《浙东学派溯源》，第153页。

古代历史，而且开创史书"通鉴纲目体"。在纂辑《纲目》的过程中，赵师渊对《资治通鉴》原著内容作了系列考证，正误补缺，保证内容的完整周圆，减少纰漏，是一部纲举目张的史学著作。《资治通鉴纲目》一书的编纂者由于未题赵师渊之名，以至于书中的成绩与不足均归之于朱熹，而实际上这部书的谋划与编纂过程，在赵师渊的集子中记载他和朱熹商榷《纲目》的书信很详细，朱熹的集子中也记载两人往来书信商讨《纲目》编纂事宜，并无忌讳。《四库全书总目提要》在清人芮长恤《纲目分注拾遗》的提要中说："初，朱子因司马光《通鉴》作《纲目》，以分注浩繁，属其事于天台赵师渊。师渊《讷斋集》中载其往来书牍甚详，即朱子集中亦载与师渊论《纲目》书。盖分注属之师渊，犹《通鉴》之佐以刘、范，在朱子原不讳言。因流传刊板未题师渊之名，后人遂误以为分注亦出朱子，间有舛漏，皆委曲强为之词。"《四库全书总目提要》在明张自勋《纲目续麟》的提要中又说："《纲目》一书非惟分注非朱子手定，即正纲亦多出赵师渊手。"明初宋濂《通鉴纲目附释》说："朱子……亲为《通鉴》提要，以授弟子天台赵师渊几道，使著其目、凡例……师渊遂据提要为《纲目》五十九卷，朱子重为之审定，故其中亦颇与凡例弗合。"《黄岩县志》记载朱熹与赵师渊编纂《纲目》的地点即在黄岩："樊川，朱子与门人赵师渊成《纲目》之地。"

2. 赵汝适《诸蕃志》

南宋赵汝适（1170—1231），字伯可，宋宗室，《宋史》无传，台州、临海府县志亦无传。1983年临海文物普查中征集到《赵汝适圹志》，为考察赵氏生平身世提供了十分珍贵的史料。据赵氏圹志载：赵汝适生于宋孝宗乾道庚寅三月乙亥，绍熙元年开始登上仕途，以父赵善待荫补将仕郎，次年赴铨闱试第一。庆元二年（1196）进士及第，嘉定十七年（1224）九月除福建路市舶提举，宝庆元年（1225）七月兼权泉州市舶。绍定四年七月乞致仕，辞官归临海故居，是月病逝。赵氏任职于福建路市舶司提举兼权泉州市舶前后约四年，这是撰写《诸蕃志》的生活基础。据《宋史》所载，市舶职掌为：贡使之接待与蕃商之招徕；蕃舶出入港之检查；舶货之抽解及博买；舶货贩易之管理；本朝商人泛海贸易之管制；蕃巷之监督与管理；为往来商舶祈风；遇难海舶之拯救，等等。赵汝适在任时以其工作之便，"暇日阅诸蕃图，有所谓石床、长沙之险，交洋、竺屿之限，问其志则无有焉。乃询诸贾胡，俾列其国名，道其风土，与夫道里之联属，山泽之蓄产。译以华言，芟其秽渫，存其事实，名曰《诸蕃志》"。

　　这是我国现存较早的一部记叙海上中外交通贸易与海外物产风土的地理志书。共二卷，卷上志国，卷下志物。当时即已刊刻行世，宋陈振孙《直斋书录解题》云："福建提举市舶赵汝适记诸蕃国及物货所出。"《四库全书总目提要》评曰："叙述详核，为史家所据。"只是"始末无考"。赵汝适说此书所载，"海外环水而国者以万数，南金象犀珠香玳瑁珍异之产，市于中国者，大略见于此矣。噫，山海有《经》，博物有《志》，一物不知，君子所耻。是志之作，良有以夫"。《诸蕃志》所志与南宋有海上贸易往来的共58个国家，从日本、菲律宾向南到印度尼西亚群岛各国；西达非洲及意大利西西里岛；北至中亚与小亚细亚。其范围之广，为同时期同类著作所不及。志中所载各国物产有香料、没药、波罗蜜、没石子、苏木、猫眼、砗磲、龙涎等四十七种之多。另附记我国海南岛地理货物。记叙详细，种类丰富，明显领先于同时同类著作。此书一出，即见重士林，征引甚夥，如赵汝适稍后之临海人谢采伯（1172—1251）《密斋笔记》卷四、《宋史》外国列传等均曾频繁引用赵书。

　　3. 陈骙《南宋馆阁录》

　　南宋陈骙《南宋馆阁录》十卷，是中国目录学史上著名的经典，宋陈振孙《直斋书录解题》称是书为淳熙中骙长蓬山（即主管皇家图书馆），与同僚记录建炎以来事为此书，李焘为之序。《续录》者，后人因旧文而增附之。《四库提要》云："今考是《录》所载，自建炎元年至淳熙四年。《续录》所载，自淳熙五年至咸淳五年。皆分《沿革》《省舍》《储藏》《修纂》《撰述》《故实》《官秩》《廪禄》《职掌》九门。典故条格，纤悉毕备，亦一代文献之薮也。世所传本，讹阙殆不可读。惟《永乐大典》所载，差为完具。今互相考订，补其脱漏者三十一条，正其舛错者一十六条。而其纪载诸人爵里有与《宋史》互异者，并为胪注，以资参考。惟前录中《沿革》一门，续录中《廪禄》一门，《永乐大典》所载亦全卷皆佚，无从补葺。盖是书残阙已在明以前矣。今亦姑仍其旧焉。"①今本乃是四库馆臣从《永乐大典》中辑出，加以整理而成。

## 4. 桑世昌《兰亭考》

宋桑世昌《兰亭考》十二卷。据《台州府志》本传：桑世昌，字泽卿，号莫庵，其先高邮（今江苏高邮）人。其父庄，绍兴初寓天台，居近石桥，著有《茹芝广览》三百卷。世昌为陆游外甥，博雅工诗，喜集古今名人书籍及遗闻逸事，晚号天台老樵。年七十余，著《兰亭博议》十五卷，于宋人题识，援据甚详。《四库全书》入史部目录类。《四库全书总目提要》云："《兰亭考》十二卷，旧本题宋桑世昌撰。世昌淮海人，世居天台，陆游之甥也。案陈振孙《书录解题》载《兰亭博议》十五卷，注曰：'桑世昌撰。'叶适《水心集》亦有《兰亭博议跋》曰：'字书自《兰亭》出，上下数千载，无复伦拟，而定武石遂为今世大议论。桑君此书，信足以垂名矣。'……《书录解题》又载《兰亭考》十二卷，注曰：'即前书，浙东庾司所刻，视初本颇有删改。初十五篇，今存十三篇。去其《集字篇》后人集兰亭字作书帖诗铭之类者。又《附见篇》兼及右军他书迹，于《乐毅论》尤详。其书始成，本名《博议》，高

---

①　四库全书研究所：《四库全书总目》上册卷七九《南宋馆阁录提要》，北京：中华书局，1997年，第1061页。

内翰文虎炳如为之序。及其刊也，其子似孙主为删改，去此二篇固当，而其他务从省文，多失事实，或戾本意。其最甚者，序文本亦条达可观，亦窜改无完篇。首末阙漏，文理断续，于其父犹然，深可怪也'云云。"文长不备引。据此可知，桑世昌此书初名《兰亭博议》十五卷，后来将刊刻时由高似孙删改为《兰亭考》十二卷，"存此一编，尚足以见《禊帖》之源流"，即有助于了解研究《兰亭序》的来龙去脉。

### 5. 陈耆卿《嘉定赤城志》

南宋陈耆卿《赤城志》是收入《四库全书》的宋以前著名地方志之一，是现存最早最完整的台州州志，全书共有地理、公廨、秩官、版籍、财赋、吏役、军防、山水、寺观、祠庙、人物、风土、冢墓、纪遗、辨误十五门，四十卷。此书广获赞誉，有学者认为，台州历代众多方志中"价值最高的无疑是陈耆卿的《嘉定赤城志》①。《赤城志》之前没有一部完整的州郡志，陈耆卿编纂此志在台州方志编纂史上有填补空白之功，可谓"积数十年参考之功，创千载遗缺之迹，以所属作，条分件系，台郡始有志焉"②。《嘉定赤城志》编定于宋宁宗嘉定十六年（1223），当时硕儒王象祖评论道："（此志）凡例严辨，去取精确，诸小序凛凛乎马、班书志之遗笔，莫可尚焉。"《四库全书总目提要》曰："耆卿受学于叶适，文章法度，俱有师承，故叙述咸中体裁。"清末台州知名学者王棻评论道："陈《志》……词旨博赡，笔法精严，繁而不芜，简而不陋，洵杰作已。"③

### 6. 胡三省《资治通鉴音注》

宋末胡三省的《资治通鉴音注》是一部影响深远的史学巨著，经过

---

① 徐三见：《台州古代史学述略》，《默墨斋续集》乙篇，北京：中国社会科学出版社，2006年，第148页。

② 宋世荦：《赤城志序》，《嘉定赤城志》，第1页。

③ 徐三见：《台州古代史学述略》，《默墨斋续集》乙篇，第148页。

七百年的检验，此书已经成为阅读研究《资治通鉴》必不可少的材料，史学家誉胡三省为"司马氏功臣""《通鉴》学功臣"等，《通鉴胡注》已与《通鉴》并行而不朽。

胡三省（1230—1302），字身之，号梅磵，台州宁海（今隶宁波）人。宋宝祐四年（1256）进士，宋亡不仕，隐四明袁桷家为塾师，日以教书、注书为业。袁桷《清容居士集·师友渊源录》记叙胡三省生平梗概。胡三省自登第以后，即以注释《资治通鉴》为职志，仿唐陆德明《经典释文》体例，先写成《资治通鉴广注》九十七卷，另复著论十篇，其事大体完成。适逢宋末乱世，兵荒马乱，逃命不暇，书稿尽失。复购他本重新作注。乙酉岁（元世祖至元二十二年，1285）留袁桷家里任塾师，每日作注，寒暑无间。己丑岁（至元二十六年，1289）寇乱，胡三省将书稿藏匿于袁家东轩石窖中，方才逃过一劫，这就是后来流行于世的《资治通鉴音注》。这个藏书稿的石窖就被称作"胡梅磵藏书窖"，清人全祖望还写了《胡梅磵藏书窖记》以记其事。胡三省《资治通鉴音注》一书，对《通鉴》记载的中国古代历史中有关典章制度、名物、地理、职官等都有详细注释，特别是对音训、地理诸项，考证尤为精详，订正前人不正确的注解很多，而自身失误极鲜见，是以受到后世学者由衷的感佩。在胡三省之前，已有学者为《通鉴》作注；胡三省之后，也有学者继续作注，但迄今未有一种超越胡注者。故学界评论历来以此书声价最高，可谓研究《通鉴》学最重要的著作。

胡三省作《通鉴音注》，实际上将注史与家国命运紧密地联系起来，在注解中寄寓深刻的国家与民族立场，于微言大义中融合自己的正统史观，表达自己在鼎革之际的取舍，体现台州文人的操守。如唐高祖武德元年，《资治通鉴》记载张玄素的出处行藏："先是窦建德陷景城，执户曹河东张玄素以为治书侍御史，固辞。及江都败，复以为黄门侍郎，玄素乃起。"胡三省作注："史言隋之故官，渐就任于他姓。"现代著名历史学家陈垣在北平沦陷时作《通鉴胡注表微》，对胡三省此处似乎平淡无奇的注文作评："张玄素先辞后起，以江都之败否为衡，所谓投机耳。崖山既覆，宋遗民渐有出为告籴之谋者，如月泉吟社中之仇远、白珽、梁相皆是也。万季野之《书元史陈栎传后》云：元初南土既附，科目犹未设，一时士人无后进之路，相率而就有司之辟召，或庠序学官，或州县冗秩，亦屈节为之，如戴表元、牟应龙、熊朋来、马端临之属，以文学名儒，或俯首以丐升斗之禄，而生平之名节不顾矣。仇、白、戴、牟之就微禄，则身之所亲睹也。《易》曰：'履霜坚冰，所由来者渐'，故身之唏嘘言之。"胡三省堪称司马光的知音，而陈垣则又是胡三省的知音，所言胡注之所以然，皆有家国存亡之悲怆，感同身受之所致耳。

### （二）语文学的突破

南宋之时，台州文人在语文领域的探索也取得空前的业绩，在文法修辞、文章学和辞书编纂上均有骄人的成果。

### 1. 陈骙《文则》

陈骙博学强记，文章法度，深造有得，著述丰富，在文法修辞上具有开创性的贡献，《文则》共两卷，是我国历史上第一部研究文章写作与欣赏批评的文法修辞专著。《四库全书》收入集部诗文评类。此书就"《诗》《书》《二礼》《易》《春秋》所载，（左）丘明、（公羊）高、（穀梁）赤所传，老、庄、孟、荀之徒所著，皆学者所朝夕讽诵之文"，钩稽归纳，厘为条目，分属甲乙丙丁到壬癸十篇，每篇若干条，最多者十条（戊），最少者一条（癸）。其论文章的历史发展，颇具时代感，如谈到文章古质今妍的风格时说："夫乐奏而不和，乐不可闻；文作而不协，文不可诵，文协尚矣。是以古人之文，发于自然，其协也亦自然；后世之文，出于有意，其协也亦有意。"其论文章的简练与繁缛，则继承《易经》以来的传统，主张文章以简要为上，但不能一味地求简而导致读起来好像脱落了文字似的。他说："事以简为上，言以简为当。言以载事，文以著言，则文贵其简也。文简而理周，斯得其简也。读之疑有阙焉，非简也，疏也。《春秋》书曰：'陨石于宋五。'《公羊传》曰：'闻其填然，视之则石，察之则五。'《公羊》之义，《经》以五字尽之，是简之难者也。"就全书看，虽以事出草创，不够周密，但正是陈骙的草创，为后代研究文法修辞导夫先路。《四库全书总目提要》评论曰："其所标举，神而明之，存乎其人，固不必以定法泥此书，亦不必以定法病此书。"清朝章学诚评论《文则》说："其论文皆推本经传，篇章字句，甚有发明。学者不必拘其成说，但师仿其意，而遍观乎九经三史，以己意推而例之，自能神明变化，得其精要。"（《丙辰札记》）其论语言文章具有历史发展眼光，如"古人之文，用古人之言也"，后人"强学焉，搜摘古语，撰叙今事"，每如"婢学夫人，举止羞涩，终不似真"，就是典型之例。

2. 陈景沂《全芳备祖》

陈咏，字景沂，号江淮肥遯愚一子。清末喻长霖《台州府志》卷七三《艺文略》一〇记载是书为《全芳备祖》前集二十七卷、后集三十一卷（原注：《千顷堂书目》作《花木果卉全芳备祖》），云："宋陈咏撰。咏，黄岩人，今隶太平，事迹具《文苑传》。是书大旨详《四库提要》，有宝祐丙辰自序，署江淮肥遯愚一子，故《绛云楼书目》注误为淮�淝人；《四库提要》以为号肥遯，天台人，皆未的。《千顷堂》《篆竹堂书目》俱著录。今有钞本。"《嘉庆太平县志》卷一二之人物志三有陈咏，云："字景沂，号肥遯，泾呑人。学博文赡，为时所称。理宗时，上书论复仇，词意激切，不报。咏遂专意著述，撰《全芳备祖》五十八卷。"据此，其籍贯为宋台州黄岩（今属温岭市）人。南宋理宗（1224—1264年在位）时曾经上呈御览，主张收复失地，以报国仇，洗雪民族大耻。其生卒年无可详考（1193？—1256？）<sup>①</sup>。《全芳备祖》本来是为文人写作诗文时便于检索各种花卉的前贤诗文，以供采撷剪裁的类似于现代"写作辞典""写作辞林"一类的工具书。没有想到这样一种专门收集古代（主要是南宋以前）文人歌咏花卉诗文词句的工具书，竟然被现代辞典学界赞誉为"世界上最早的植物学辞典"，获得极高的声誉，是编纂者生前所未尝料到的。

《全芳备祖》分前后两集，前集为《花部》，二十七卷，所记者皆花，共收128种（其中附录10种）；后集第一卷至八卷为《果部》、九卷至十二卷为《卉部》、十三卷为《草部》、十四卷至十九卷为《木部》、二十卷至二十二卷为《农桑部》、二十三卷至二十七卷为《蔬部》、二十八卷至三十一卷为《药部》，共收植物183种（其中附录38种），除去重复及非植物的条目，实收179种。全书共收307种植物，60余万字。其编撰体例是：每一物分事实祖、赋咏祖二类，盖仿《艺文类聚》之体。事实祖中，分碎录、纪要、杂著三子目；赋咏祖中，分五言散句、七言散句，五言散联、七言散联，五言古诗、七言古诗，五言八句、七言八句，五言绝句、七言绝句十子目。其编撰体例完备，条理井然。如第一卷专记梅花，在赋咏祖五言绝句中引用晋人陆凯名诗："折梅逢驿使，寄与陇头人。江南无所有，聊赠一枝春。"在七言八句中引用了北宋林和靖（逋）的名诗："众芳摇落独鲜妍，占尽风情向小园。疏影横斜水清浅，暗香浮动月黄昏。霜禽欲下先偷眼，粉蝶如知合断魂。幸有微吟可相狎，不须檀板共金尊。"其他的事实、散句及词作还有很多，查找起来，材料很集中，很方便。

---

① 见吴茂云辑校《陈咏集》点校说明，《温岭丛书》甲集第二册，杭州：浙江大学出版社，2016年，第341页。

### （三）生物学研究有新意

宋朝多有研究生物的著作，如某录、某谱、某经之类，台州文人在这方面亦有独特贡献。

**1. 陈仁玉《菌谱》**

南宋仙居陈仁玉（1212—? ）《菌谱》，作于宋理宗淳祐五年（1245），是我国和世界上最早的食用菌专著。

《四库全书总目》云："《菌谱》一卷，宋陈仁玉撰。仁玉字碧栖，台州仙居人。擢进士第，开庆中官礼部郎中、浙东提刑，入值敷文阁。嘉定中重刊《赵清献集》，其序即仁玉所作。其事迹则无考矣。"《台州府志·王珏传》云："德祐丙子，权知本州事。伯颜南下，珏与兵部侍郎仙居陈仁玉集义民坚壁以守，亦忠义之士也。"陈仁玉《菌谱》自序云："仙居介台、括，丛山入天，仙灵所宫，爰产异菌。林居岩栖者，左右苾之，固黎苋之至腴，莼葵之上瑞。比或以羞王公，登玉食。自有此山，即有此菌，未有此遇也。遇不遇，无预菌事，繄欲尽菌之性，而究其用，第其品，作《菌谱》。淳祐乙巳秋九月，山人陈仁玉序。"陈仁玉尚著有《淳祐临安志》，是一部有名的地方志。

**2. 贾似道《促织经》**

南宋天台贾似道的《促织经》，是世界上第一部有关蟋蟀研究的专著。明朝《千顷堂书目》、倪粲《宋史艺文志补》有著录。贾似道（1213—1275），字师宪，号秋壑，天台人。为制置使贾涉次子，以父荫补嘉兴司仓。后来贾涉之女为宋理宗贵妃，贾似道遂得以飞黄腾达，直到宰相。开庆元年（1259）以右丞相领兵援鄂州（今湖北武昌），私自向忽必烈请和，纳币称臣，兵退诈称大捷。宋度宗（1265—1274在位）立，封太师、平章军国重事，朝政悉决于贾似道。德祐元年（1275）元军沿江东下，贾似道率军迎敌，于鲁港（今安徽芜湖西南）败绩。因遭革职流放，行到漳州木绵庵时，为解押官郑虎臣所杀。

《促织经》分为上下两卷，共一万四千余言，全书由论赋、论形、论色、决胜、论养、论斗、论病七个部分构成，每部分又分若干子目，条理较为清楚，系统性较强。内容主要重在促织选择、决斗、饲养三点上。选择优良的促织要从其生存环境和形体颜色上把握，促织决斗要注意"比头比项比身材，若大分毫便拆开"，还总结为"八不斗法"：长不斗阔，黑不斗黄，薄不斗厚，嫩不斗苍，好不斗异，弱不斗强，小不斗大，有病不斗寻常。促织饲养主要注意节候的变化，还要精心调理。贾似道编写《促织经》是因为他认识到促织具有值得君子喜爱的品质，他说："况促织之为物也，暖则在郊，寒则附人，若有识其时者。拂其首则尾应之，拂其尾则首应之，似有解人意者。甚至合类颉颃，以决胜负，而英猛之态甚可观也。岂常物之微者若是班乎？此君子之所以取而爱之者，不为诬也。"又说促织"一物之微而能察乎阴阳之道，动静之宜，备乎战斗攻取之义"，因而把它提升到文化的高度："君子之所于爱物也知所爱，知所爱则知所养也，知所养则何患乎物之不善哉？"《促织经》从促织悟出许多人生道理，把它总结为经验予以记录，给世界上留下了一部"见微知著"的昆虫学"专著"，无意中成为后世十分兴旺的促织研究著作的鼻祖。

### （四）台州造纸与出版

台州与越州俱处浙东沿海，其山区向来多古藤，其中所产藤纸早在东晋时期即成为书法家喜爱的物品，到唐朝益发制作精良，成为进献于朝廷的贡品，成为文人墨客馈赠的礼品。由于造纸必须以树皮为原料，历代大量砍伐，造成剡藤资源的匮乏，以至于唐舒元舆作《悲剡溪古藤文》，呼吁砍伐者手下留情，文人墨客笔下留情，为后世留下"可持续发展"的余地。台州山区盛产造纸的优良原料楮（学名曰小构树），属于桑科植物，是以台州生产品质优良的纸张是非常自然之事。毗邻天台的剡中同样出产这种植物，古代造纸发达，出产当时畅销海内的名纸剡藤（小构树为灌木，藤生），成为达官贵人、文人墨客喜爱的文玩。

天台（台州）玉版纸在北宋时更跃居全国名纸之首，质地远胜"澄心堂纸"。《嘉定赤城志》卷三十六载："苏文忠轼《杂志》云：'吕献可遗余天台玉版，过于澄心堂。'又米元章用黄岩藤纸硾熟，揭其半用之，有滑净软熟之称。今出临海者曰黄檀，曰东陈；出天台者曰大淡；出宁海者曰黄公；而出黄岩者以竹穰为之，即所谓玉版也。"

同时，台州出版的书籍成为质量优良的图书。宋朝雕版印书业发达，全国刻书质量好的如浙版、蜀版书，建版（福建本）要差一些。清末著名藏书家和学者叶德辉《书林余话》引叶少蕴云："天下印书，以杭为上，蜀次之，闽最下。"浙版主产地在杭州，而浙东台州的刻本质量上乘，属于宋本中的精品。现在存世的宋台州刻本还有好几种，都已成为国宝级文物，如宋台州公使库刻本《荀子》二十卷，半页八行，行大字十六，小字双行各二十四，字体精美，印制俱佳。清末著名学者杨守敬作为随员出使日本，搜罗中国古籍，尤其是中国本土已经失传的珍本孤本，共搜得古籍二百三十七种，三万余卷携回国内，与驻日公使黎庶昌合力汇刻为《古逸丛书》，称得上清末海外访古的重大收获。此种宋本《荀子》便是其中之一。叶德辉称赞此本《荀子》说："今黎庶昌刻台州大字本《荀子》，板心有蒋辉（是宋台州知州唐仲友雇佣的刻工）等名十八人。字仿欧体，想见当时雕镂之精，不在北宋蜀刻之下。"[1]除《荀子》外，宋朝台州郡斋、郡库、茶盐司、漕司、郡学等，都曾经刻过书，现在尚有据可查者还有：绍兴十六年（1146）刻《曾竑父诗集》，绍兴二十六年（1156）刻《曾几诗集》，淳熙七年（1180）刻《颜氏家训》，

---

[1] 叶德辉：《书林清话·宋朱子劾唐仲友刻书公案》，上海：上海古籍出版社，2012年，第227页。

淳熙十二年（1185）刻章冲《春秋左氏事类始末》，开禧二年（1206）刻
《石林奏议》，嘉定元年（1208）刻《天台前集》等书。幸赖东传日本的
台州宋刻本《荀子》存世，为台州古代出版业辉煌的成就与高超的技艺
留下生动的见证。

### 三、南宋诗坛江湖派领袖戴复古

　　南宋时期浙东文学创作相当活跃，除这里所讲的江湖派以外，如诗
歌创作上声誉鹊起的"永嘉四灵"也是一个有影响的地域文学流派。"江
湖派"在文坛上的产生，是浙东文学创作不断觉醒的结果，也是浙东文
化发达的一种自然流露。"江湖派"本来并无诗歌创作流派的含义，而是
事后产生的一个名称。它本是钱塘（今杭州）书商陈起衰辑六十二家布
衣诗人的作品[①]，都是江湖上的"自由职业"诗人，故总名之曰《江湖小
集》印行发售，因而后人便把这些诗人叫作"江湖派"诗人。它不是一
个有组织的群体，在《江湖小集》出版之前，诗人创作完全是"山花野
果开烂漫、花开花落两由之"的状态，各家人品、诗风不尽相同。这些
诗人大多没有出仕，浪迹江湖，或以诗文干谒公卿，获取衣食之资；或
议论朝政，形成清议舆论。达官贵人亦有曲意与之交往者，如宋谦父投
诗权臣贾似道，一次就得钱几十万缗，建起一座豪宅。戴复古没有这样，
前人称他"有忠益而无诮求，有谦和而无诞傲"，颇受时人的称誉和尊
重，就在这一群体中卓然独立，高出一头。戴复古是江湖派里成就非常
突出的一家，《四库提要》评曰："复古诗笔俊爽，极为作者所推。姚镛

---

① 陈起字宗之，号芸居，自称陈道人，钱塘人，擅长诗文，与当时江湖诗人相唱和，编刻《江湖集》
行世。其子陈解元，名续芸，承继父业。陈氏刻书以唐宋人集为主。《江湖后集》中周端臣《挽芸居》
云："字画堪追晋，诗刊欲遍唐。"传世有《周贺诗集》《王建诗集》《朱庆馀诗集》《唐女郎鱼玄机诗》
等。陈氏刻书卷末刊刻条记题"临安府棚北睦亲坊南陈宅书籍铺"或"临安府棚北大街陈解元书籍铺"，
世称"书棚本"。

跋其诗，称其'天然不费斧凿处，大似高三十五（适）辈，晚唐诸子当让一面'。方回跋其诗，亦称其清健轻快，自成一家。虽皆不免稍过其实，要其精思研刻，实自能独辟町畦。"

戴复古（1167—1247），字式之[①]，自号石屏，黄岩南塘（今属温岭）人。所居有石屏山，因以为号，并以名其诗集。戴复古的创作受到"永嘉四灵"提倡的晚唐诗风的影响，后来又掺杂了江西诗派的风格。他在一首《望江南》"自嘲"的词中说道："贾岛形模元自瘦，杜陵言语不妨村"，贾岛是江湖派所谓"二妙"中的一妙；杜甫是江西诗派所谓"一祖三宗"的一祖，这就表现了戴复古想调停两人流派的主张[②]。以下遴选戴诗与词若干，以见一斑：

### 织妇叹

春蚕成丝复成绢，养得夏蚕重剥茧。绢未脱轴拟输官，丝未落车图赎典。

一春一夏为蚕忙，织妇布衣仍布裳。有布得著犹自可，今年无麻愁杀我！

### 江村晚眺二首

数点归鸦过别村，隔滩渔笛远相闻。菰蒲断岸潮痕湿，日落空江生白云。

江头落日照平沙，潮退渔舠阁岸斜。白鸟一双临水立，见人惊起入芦花。

---

① 戴氏生卒年采用吴茂云《新发现〈戴氏家乘〉中戴复古家世和生卒年》之说，见《台州学院学报》2013年第2期。

② 用钱锺书《宋诗选注》说，北京：人民文学出版社，1982年，第261页。

### 沁园春·自述

一曲狂歌，有百余言，说尽平生。费十年灯火，读书读史，四方奔走，求利求名。蹭蹬归来，闭门独坐，赢得穷吟诗句清。夫诗者，皆吾侬平日愁叹之声。

空余豪气峥嵘，安得良田二顷耕。向临邛涤器，可怜司马，成都卖卜，谁识君平？分则宜然，吾何敢怨？蝼蚁逍遥戴粒行。开怀抱，有青梅荐酒，绿树啼莺。

### 满庭芳·楚州上巳万柳池应监丞饮客

三月春光，群贤胜饯，山阴何似山阳？鹅池墨妙，曲水记流觞。自许风流丘壑，何人共、击楫长江！新亭上，山河有异，举目恨堂堂。

使君经世志，十年边上，两鬓风霜。问池边杨柳，因甚凄凉？万树重新种了，株株在桃李花旁。仍须待、剩栽兰芷，为国洗河湟。

戴复古一生大半在外游方，到老方才回到故乡，在某年秋天归来，当时台州太平乐土，江淮正在动乱，百姓流离失所。其诗其词都反映社会底层人民的艰难生活，反映收复失地、规复旧时版图的情怀，其赤子之心，到老未衰。戴虽然标榜"言语不妨村"（村是粗丑之意），实际上是很注意雕章琢句，看重锤炼，瞿佑《归田诗话》云："戴式之尝见夕照映山，得句云'夕阳山外山'，自以为奇，欲以'尘世梦中梦'对之，而不惬意。后行村中，春雨方霁，行潦纵横，得'春水渡傍渡'句以对，上下始称。然须实历此境，方见其妙。"

# 第三章　台州文化的嬗变时期

## 第一节　元朝时期的文化低潮

随着南宋王朝的覆灭，杭州和浙江在全国的政治地位一落千丈，从一代京都降为东南名城，从王畿之地回归远离京城的边缘省城。台州也随之从声名远播的辅郡地位上跌落下来，不但台州的地方势力不再成为王朝政治的重要支柱，而且因为台州曾经是南宋末代太后谢道清的故里，元初台州又处于激烈的抗元斗争的前沿，台州自然成了元人防范与打击的重点。军事上的钳制，政治上的严控，台州士人难有出头之日，导致他们兴趣点的转移，使得台州文化一方面沦落到灰暗的低谷，而另一方面也出现了某些异军突起的现象。

### 一、士人政治的失落与社会民众的怨气

南宋末期还是台州人的天下，有两位台州人对全国政局产生重大影响。一位是权臣贾似道（天台人），另一位是末代太后谢道清（临海人）。贾似道虽独揽朝纲，统领三军，但已无力抵抗元军的进攻，于德祐元年（1275）二月兵败芜湖（今属安徽），导致元军分三路大举南下进攻南宋都城临安（今杭州），并于次年（1276）正月全面占领临安。谢太后迫于无奈，考虑"庶几生民免遭荼毒"，于二月初四诏谕未下州郡归降[1]。其

---

[1]　《钱塘遗事》卷八《京城归附》。

中就有台州方面的反应，台州知州梁必大奉表降元。

　　但是，在台州的民间却掀起了抗元复宋的浪潮。德祐二年（1276）二月，元兵进入台州，天台人徐副尉（佚其名）率乡兵拒险于关岭。元兵不能越，乃从别道潜抵天台，杀徐副尉全家。同月，文天祥在部下杜浒（黄岩人）的帮助下，从押赴元营途中，至镇江得以逃脱。后乘船从桃渚入台州，过章安金鳌山时，拜谒宋高宗御座。再沿椒江至黄岩县城，改陆行前往温州，于四月初八抵达瑞安，组织抗元，"永嘉及台、处豪杰皆来自献，愿从海道作战守规模"[1]。同年十一月，权知台州事王珏和致仕居家的原兵部侍郎陈仁玉等，在临海率军民筑城坚守，直至城破，王珏死难，陈仁玉脱险后隐居石塘（今属温岭市）。十二月，元军进逼黄岩。茅畬（今属黄岩区）人牟大昌、牟天与率数百乡民扼守黄土岭，奋勇抗击元兵，陷入重围，除牟天与等少数人冲出外，其余全部阵亡。

　　至元朝建立的数年后，台州各地的抗元活动仍然此起彼伏。如至元十四年（1277），怀都"授镇国上将军、浙东宣慰使，讨台、庆叛者，战于黄奢岭（今属临海市双港），又战于温州白塔屯寨，转战至漳、泉、兴化，平之。"[2]至元二十一年（1284），仙居县爆发了王仙人起义，在黄都立寨抗元，失败后自焚而死。至元二十六年（1289），宁海县爆发了杨镇龙起义，以婺州路东阳县玉山为根据地，建立"大兴国"，改元"安定"，拥兵12万，先后攻克宁海、象山、天台等地（天台县有很多人参加了这次起义），威震浙东。失败后，杨镇龙族人潜至亭旁（今属三门县）隐居。

　　鉴于台州动荡的社会局势，元政府采取了一系列强制性的措施。一是迁移人口，解散民众。如，至元十四年平台后，俘掠"温、台民男女

---

① 文天祥:《集杜诗·南剑州督第六十四》,《文天祥全集》卷一六。

② 《元史·怀都传》。

数千口"①。至元二十六年镇压杨镇龙起义后，元军又大肆浮掠，据《元史·世祖纪》载，事后派御史进行分拣，"凡为民者一千六百九十五人"，这还不包括起义者和已经死亡的人数，实际人数一定会更多。元至元十四年统计，台州的总人口是19.64万户、100.38万人。但是，至元末明初（1368），台州人口总数为19.75万户、78.01万人，减少了约22万人，这里有一个重要的原因就是战争。二是设万户府，重兵镇守。元朝推行的是行省制度，即以行中书省（简称行省）为一级政区，统辖路、府、州、县。元朝初年，改台州为台州路，隶江浙行中书省浙东道，治所设临海，下辖1州（黄岩州）4县（临海、仙居、宁海、天台）1司（录事司）。至元二十七年（1290），也就是在宁海人杨镇龙起义被镇压后的次年，元朝政府以蒙古军三万户分成浙东。江淮行省平章卜怜吉带奏言："今福建盗贼已平，唯浙东一道，地极边恶，贼所巢穴，请复还三万户以镇守之。合剌带一军戍沿海、明、台，亦怯烈一军戍温、处，札忽带一军戍绍兴、婺州。"②三万户戍守浙东地区的目的很明显，就是随时镇压这一地区可能发生的反抗活动。三是打压人才，举而不用。元朝统一后，实行严重的民族歧视政策，将全国居民分为蒙古人、色目人、汉人、南人四等，台州人属于地位低下的第四等人——南人，而且被看成是"南人"中的"南人"，因此，要想走当时普遍流行的选官任用捷径，就根本没有可能。加上元朝政府长期废除科举制，这让原本依靠科举途径出仕的台州人，处于晋升无门的压抑之中。即便是到了元仁宗延祐二年（1315），恢复科举取士，但由于三年一举，每举的人数极其有限，分配给南人的录取名额又少得可怜（当年仅25人）。因此，台州人想通过科举而入仕就显得非常困难。纵观元朝92年间，台州中进士者只有9人③。这与南宋152年间，

---

① 《元史·怀都传》。

② 《元史》卷九九《兵志二·镇戍》。

③ 见台州市地方志编纂委员会编：《台州市志》表28—2，北京：中华书局，2010年，第1678—1679页。

台州中进士550人相比，反差是何等的强烈。再说，即便是有了出仕的机会，但"入仕格例，无不阶县学官而升"①。也就是说，一般只能从闲职的"学官"做起，且顶多熬到"转注流官"（指品秩很低的官）的份上，最后能仕至通显者，寥寥无几。所以，元朝台州士子的出路极其狭窄。

其实，元朝台州百姓的日子也不好过。首先，战争和灾荒不仅造成了台州人口减少，也极大地破坏了当地的生产力，人民失业，田地荒芜，成为常态。元朝初年，台州百姓基本上生活在战争的阴云下。元朝统治台州仅20年后，也就是杨镇龙起义被镇压后没几年，台州一带就开始接连不断地闹天灾、饥荒和疫疫。据记载，直到元末方国珍开始割据台州的至正十四年（1354），共58年间，台州先后发生了18次灾荒，其中有10次是水、旱灾，其余8次，在文献记载中看到的是不明原因的"饥"或"又饥"。而且，令人诧异的是，在台州发生的每次灾情似乎都特别严重，以至于在许多文献中都出现了"岁凶民流，东南愈甚"和"死者相枕"等记载，有2次还出现了"人相食"的记录。如大德十一年（1307）四月至八月，连续四个月无雨，"大饥，民相食"；至正十四年（1354）春，"大饥，人相食"②。其次，元朝台州虽然组织过几次海塘围垦，黄岩南部（今属温岭市）的松门、大闾、坞根和楚门湾一带的土地得以拓展，而且，在浙东提举司的负责下，专门推广种植棉花，台州的纺织业、制盐业逐渐发达起来，加上传统农业、柑橘种植业、造船业等的进一步发展，南宋时开始在松门设立的市舶务，在元朝依然存在，负责对外贸易，致使台州经济在元朝中后期有了较大的恢复和发展。但是，沉重的赋税和各种名目繁多的徭役，让台州的百姓喘不过气来。按照当时的规定，台州的农民除了要向地主缴纳五至八成的地租外，还要向政府交纳一年

---

① 吴澄：《送周德衡赴新城教谕序》，《吴文正集》卷三〇。

② 参见李一、周琦主编：《台州文化概论》，北京：中国文联出版社，2002年，第46—47页。

两度的夏税钞（代输棉、布、绢）和秋租粮（谷），还要按田亩交纳丝及鸡鸭之类的实物。有鉴于农民不堪重负，大德八年（1304）元朝政府颁布了诏书："江南佃户承种诸人田土，私租太重，以致小民穷困。自大德八年，以十分为率，普减二分。"[①]除了交纳租赋外，台州的农民还要承担"诸色课程"，包括盐税、茶税、酒醋税、商税、市舶抽分以及金银铜铁等课。另外，还要被强征服各种劳役（或称"杂泛差役"），主要有两类：一类是政府为兴役造作、治河、运输等需要而征发的力役；另一类是为担任基层职事人员提供服务（或称"职役"）。按照当时的规定，大德以后，除军户、站户以及僧道部分土地可以免役外，其余"不以是何户计，都交随产一体均当"[②]。因此，元朝台州的居民不但贫穷，而且地位低下，生活境遇堪忧，导致台州民间造反的暗流涌动。当时台州、温州、处州一带流传着一首民谣："天高皇帝远，民少相公多。一日三遍打，不反待如何？"就典型地反映了当时民众的心声。元末台州方国珍起义，标志着台州百姓对政府的不满情绪明朗化，把反元运动推向高潮。元至正八年（1348），方国珍与兄国璋及弟国瑛、国珉一起，在海上起义，聚众数千人，劫运粮，梗海道，实际上是对元末农民反元运动的响应。从至正十四年（1354）九月攻下台州城，直到至正二十七年（1367）十二月率部归顺朱元璋的十余年里，方国珍采取"保境安民"的政策，兴水利，减赋税，实际上是出于当时调和社会矛盾、纾解百姓怨气的现实需要，因而得到台州当地民众的拥护。

## 二、反抗与逆反心理的特殊文化表现

在元朝，台州的士子难以在仕途上立足，更不可能在官场上有所作

---

① 《元典章》卷二《圣政二·减私租》。
② 《元典章》卷三《圣政二·均赋役》。

为。他们一方面表现了对朝廷的反抗。要么直接参加反元活动，如元末黄岩人刘仁本为方国珍所聘，任其幕僚，辅助方国珍创立基业；要么退隐田园，终老林泉，采取与朝廷完全不合作的态度，或嬉笑怒骂，写下富于反抗精神的文章，或以诗画为武器，表现自己的叛逆性格和对气节的崇尚。这样的人比比皆是，他们创下了有元一代非常富于特色的隐逸文化。另一方面，当他们充分体验了南宋以来政治上繁华逝尽的悲凉后，不得不开始寻找别的人生出路。他们或从事教育，以耕读传家；或著书立说，希望扬名天下；或专心创作，怡情遣性。好在与严格的武力防范与苛重的经济盘剥相比，元朝的思想控制显得宽松许多，并没有太多的限制，这就导致台州士人把更多的聪明才智倾注到文化活动上，从而产生了一批有重大影响的文化成果。

　　元朝政府在以武力统治天下的同时，也强调通过传统的儒学教育来驯良社会、教化民众。于是，在当时出现了大力兴办学校的盛况。在各行省均设有儒学提举司（主要任务是推崇儒学，当然也负有推广蒙古字学、医学、阴阳学等使命），设正副提举主管地方学校事宜，隶属于国子监。地方各路、府、州、县则分别设立路学、府学、州学、县学。路儒学设教授、学正、学录各一员。当时的台州路，就有台州路儒学、临海县儒学、仙居县儒学、宁海县儒学、天台县儒学和黄岩州儒学，形成了完备的地方儒学教育系统。此外，"县邑所属村疃，凡五十家立一社，择高年晓农事者一人为之长。增至百家者，另设长一员。不及五十家者，与近村合为一社"①，"每社设学校一，择通晓经书者为学师，农隙使子弟入学，如学有成者，申复官司照验"②。社学，作为元朝社会最基层的教育机构，承担着业余的普及性教育的任务，是元朝教育的一大创举。它把

---

① 《元史》卷九三《食货志一》。

② 《新元史》卷六九《食货志二》。

元朝的学校推广到山区及边远地区，为以前各朝所没有。另外，书院教育在台州也取得了进一步的发展，在保持前代旧书院的基础上，创设了许多新书院。当时台州路的上蔡书院，从临海东湖迁至玄妙观右，为全国著名的41所书院之一。黄岩文献书院为枢密副使刘仁本所建，址设委羽山，以文公（朱熹）曾授学于台州，而清献公杜范（黄岩人，官至南宋宰相）得其传，因以名书院。这些书院有一个特点，要么由官府兴建，要么由任职官员举办，因此官学化的倾向很浓。但是，也不乏在著名学者主持或主讲下，继续保持旧书院一贯的教学传统，我行我素，不染官气，培养了不少学术和文学人才。如仙居安洲书院，由著名学者、诗人翁森所建，以儒术教化乡里，从学者先后800余人，盛况空前。

有元一代，浙江的学术思想亦有可观，亦有名家。最著名的有金华朱学（为"北山四先生"所创）和宁波深宁（王应麟）学。台州虽然没有形成一定规模的学术流派，但个体研究所取得的成就却也不同凡响。其中，最有代表性的是胡三省和陶宗仪。胡三省（1230—1302），字身之，台州宁海（今浙江宁海）人。南宋理宗宝佑四年（1256）进士，历任县令、府学教授等职。应贾似道召，从军至芜湖。芜湖兵败，宋军崩溃，胡三省"间道归乡里"。从此隐居山乡，专力注史，直至去世。他陆续用30年的时间，精心编撰了《资治通鉴音注》，共294卷，对《通鉴》记载的有关典章制度、音韵训诂作详细注释，特别是对音训、地理等考证尤为精详，订谬殊多，成为后世研究"通鉴学"最完整、也最有权威性的学术成果。陶宗仪（1329—约1412），字九成，号南村，元末明初台州黄岩（今属路桥区）人。自幼爱好文史，后出外游历，深究古学，精通诗文，涉猎广泛。元末隐居松江（今上海市松江县）南村，以耕读授徒为生，积叶成书，最后由其门生整理汇编成《南村辍耕录》，共30卷，对元代掌故、典章制度和东南地区的民风民俗以及农民起义等多所记述，是研究元代政治、经济、思想、文化、风俗的重要典籍。此外，他还著有《南村诗集》《国风尊经》《沧浪棹歌》《草莽私乘》《书史会要》《游志续编》《说郛》《古刻丛钞》等著作。十分难得的是，上述9部著作竟全部入选《四库全书》，成为台州人著作被收入《四库全书》中最多的一位学问家。

与浙江其他地方的文人相似，元朝的台州士子在科举无望的情况下，把注意力转向了文艺创作。或从事传统诗词创作、绘画创作，或承应当时的社会风气进行戏曲创作、文言小说创作，从而形成了一股强劲的力量，引导和影响着社会的进步。隐逸诗人群体的诞生，构成了元朝台州文艺创作的一道风景线。他们的诗以宗唐和复古为特征，于清新圆润的语言中表现了对人事变迁的感慨和凄楚郁结的心情。他们多为写景咏物之作，描写田园风光，寄寓故国之思；或表现游冶闲情，展露自己落拓不羁的性格；也有关心现实，体察民情，抒发家国之悲等。天台人曹文晦，好吟咏，大有情致，被誉为"元季台人最能诗者"[1]。临海人陈孚（曾任国史院编修、礼部郎中等职），天赋过人，性任侠不羁，其为诗文，任意即成，不事雕琢。还有太平（今温岭）淋头人潘伯修，作诗为文，皆寓微意，都是值得称道的。台州的戏剧活动是相当活跃的，这在陶宗仪的《南村辍耕录》中有鲜明的反映。陶宗仪不仅详细记录了台州"倡优"活动盛况，保留了大量的台州戏曲资料，还在历史上第一次使用"戏曲"之名。由他整理发掘的台州词调，在黄岩演出尤盛。《南村辍耕录》还讲述了许多情节生动的人物故事，不仅对后世志人小说的发展产生了广泛影响，也为后来的传奇和戏曲创作提供了素材。如《妻贤致贵》，被明代冯梦龙据为"本事"，写成《白玉娘忍苦成夫》，编入《醒世恒言》中；《雁书》则被清代许鸿磐演绎为《雁帛书》杂剧。台州的书画

---

[1] 中共台州市委宣传部、台州市社会科学界联合会主编，郑鸣谦编选：《品读台州丛书》卷五之《台州风雅》，上海：上海教育出版社，2019年，第134页。

艺术有着良好的传统，至元朝涌现了一大批知名的书画家。书法方面有周仁荣、张明卿、周润祖、泰不华、刘仁本、陈基等；绘画方面有陶复初、卫九鼎、陈立善、叶可观，等等。最为人称道的是，还出现了一位集大成式的人物柯九思，在全国都有广泛影响。柯九思（1290—1343），字敬仲，号丹丘生、五云阁吏，台州仙居李宅（今柯思岙）人。文宗朝，担任奎章阁鉴书博士，是鉴赏宫廷所藏书画及钟鼎器物的权威。他博学多能，在诗、书、画等方面都有造诣，尤擅长画竹，被王冕誉为"奎章学士丹丘生，力能与文相抗衡"[1]。

## 三、僧一宁为佛教海外交流所做的贡献

"佛教在中国一直有民间外交的传统，从东汉末年到唐、宋，佛教始终在中外文化交流史上占据主要地位……元朝中国佛教不仅在日本传教取得成功，而且还把这一事业做大，开启了日本佛教的新时期。"[2]在这里，就有台州人的独特贡献，在中外文化交流史上留下了光辉的一页。

一宁（1247—1317），号一山，故有人称他一山一宁，俗姓胡，元朝台州临海人。自幼出家天台山为僧，受天台教义。后来，又修禅宗临济宗，精研佛典，兼通儒、道、诸子百家，善书画。元至元三十一年（1294），担任普陀寺（今属浙江舟山普陀山）住持，因其廉谨自持，为当时道俗大众所敬仰。

元朝初，元世祖忽必烈当政时期，朝廷就有意与日本修好，曾下诏"诏沿海官司命通商日本"[3]。考虑到日本是一个佛教国家，朝廷决定派遣僧侣担任外交使节出使日本。这在以前的各个朝代是从来没有过的，称

① 王冕：《柯博士画竹》，《竹斋集》卷二。

② 黄夏年：《从一山一宁到一国一宁——读〈赴日元使：一山一宁禅师及其禅法〉》，《世界宗教研究》2014年第2期。

③ 《元史·本纪第十·世祖七》。

得上是元朝的一个创举。但虽有数次行动，均因各种原因未能成功。至成宗大德三年（1299），元成宗铁木耳敕宣慰使阿达剌等五十余人至普陀寺，宣读宣慰使手书及僧录司官书，赐普陀寺住持僧一宁金襕袈裟及"妙慈弘济大师"称号，并以"江浙释教总统"的身份奉命赴日。当一宁大师接受诏命后，即率领使团从庆元府（今宁波）出发，搭乘日本商船前往日本。

使团到达日本后，镰仓幕府的掌权者北条贞时认为，他携带元朝使命，颇有间谍之嫌，于是，就把他流放到偏远的伊豆（今静冈县）修禅寺。后来，经人劝说，北条将其释放，并请他主持关东最大的佛院建长寺，还亲自向他行弟子礼。不久，宇多天皇听闻一宁的才学，就下诏至关东，请一宁入京都，主持瑞龙山南禅寺。还数次亲临禅寺，询问佛法精要。自此，朝廷官员、贵族及僧俗信徒等，皆慕名前来与一宁参禅问道。

一宁留居日本，广泛游历寺院，大力弘扬禅学法系，开创了日本禅宗24个流派之一的"一山派"；同时，也一并将中国的理学、文学、书画、史学等在日本弘扬开来，由此开启了日本"程朱理学"与"五山文学"的先河。

元延祐四年（1317），一宁圆寂。宇多天皇为其追赐"一山国师妙慈弘济大师"谥号，并敕建塔纪功，又赐"法雨"匾额，还亲撰"宋地万人杰，本朝一国师"的像赞，以表达深切的怀念之情。

## 第二节　明朝时期的文化重光

明朝时期的台州，政治边缘化的趋势进一步明确。但是，由于明初实行"安养生息"政策和明中后期资本主义萌芽，台州的经济与社会发展较元代有了大幅回升。然而，步履十分艰难，加上长期处于抗击倭寇斗争的前沿，台州的发展已经不可能恢复到南宋巅峰时期的水平。不过，这并没有削减或影响明代台州人的发展和文化创造力，在某些方面甚至还促进与强化了这种发展和创造力，使得明代台州的社会经济、思想学术和文化艺术等诸多领域所创造的成就，不仅直追南宋时的辉煌，有的领域甚至后来居上，从而出现了台州文化史上的新一轮勃起。

## 一、台州式的硬气：为台州文化树立"标签"

为了一统天下，朱元璋礼贤下士，广泛启用浙江士子，使他们大显身手。明朝立国后，朱元璋仍然重用这些儒家名士，让他们参与制定重大的典章制度、王国礼乐，以至于"焕乎成一代之宏规"[①]。同时，还发起了一场官方意识形态的纠偏运动，尊经崇儒，表彰程朱理学，设立科举，以八股取士，立学校、兴教化，推行《御制大诰》、"四书"、"五经"和《性理大全》教育，以期重新恢复在元朝时期遭到破坏的中华固有传统。在这一过程中，留下了台州士人的身影，最有代表性的是陶凯和朱右。

陶凯（？—1375），字中立，号耐久道人，元末明初临海人。元至正间中乡试，任江西永丰县教谕。尝主杭州施氏家塾，朱元璋闻名造访，求筹进取策，对他极为赏识。洪武元年（1368），被朝廷征召，令其修《元史》。成书后，授以翰林应奉。后负责纂编《大明集礼》，做了大本堂教师，教授王子楚王。洪武三年（1370），任礼部尚书，参与制订明代乐章礼仪、典章制度。洪武四年开科取士时，充主考官，定科举式。所以，他对明王朝的建立和巩固都做出了重要的贡献。朱右（1314—1376），字伯贤，元末明初临海章安（今属台州市椒江区）人。元末，任庆元路慈溪县儒学教谕，后调萧山，擢主簿。明洪武三年（1370），被宋濂荐修

① 《明史》卷二八二《儒林》，第7221页。

《元史》，书成后，授翰林编修。其间，还负责修日历，与诸儒考正韵书，选唐宋《六先生文集》（"三苏"合为一家），还考古丧礼，考历代后妃仪卫车从、时礼等。每以辞章献，奏对精密，且因体貌端雅，顾盼有威仪，深得朱元璋的喜欢，每以"老朱"相称；后来他为皇子晋王朱枫讲书，同宋濂定议王国礼乐等。因此，他也成了明朝立国的有功之臣。

因为有了这个基础，后来在明朝廷担任重臣和要职的台州人不计其数。如建文时（1399—1402）的天台人徐善述，国子博士，曾任两届会试主考官；宁海（今浙江宁海）人方孝孺，翰林侍讲、侍讲学士，是建文帝朱允炆最倚重的政治、军事和文学高参。英宗时（1436—1449）的临海人陈选，授御史，巡按江西，还曾督学南畿。弘治时（1488—1505）的太平县桃溪（今温岭大溪）人谢铎，曾任侍讲，还两任国子祭酒。嘉靖时（1522—1566）的太平县洞黄（今温岭峤环）人黄绾，曾任南京礼部尚书兼翰林学士；太平县冠屿（今温岭大溪）人赵大佑，曾任广东道监察御史、刑部尚书、兵部尚书等职。

与元朝相比，明朝的台州士人可谓扬眉吐气。从洪武四年（1371）重新开科取士起，明朝政府废除了元代的族属和户别的限制，差不多任何身份的人都可以参加考试；而且，明朝的科举制度较为健全，一般分三级，从"院试"到"乡试"再到"会试"，这为士子的晋升提供了便捷的通道。加上明朝君主专制的官僚体制的逐步建立和社会"官本位"思想的不断明确，极大地鼓励和推动了读书人走科举应试之路，从而形成了一个与以往门阀士族相区别的新的社会特权阶层——即由广大士人组成的官僚阶层①。这个阶层居于社会上层，享有政治、经济、司法和礼仪等种种特权。如在司法上，明代法律规定，朝官和地方官凡五品以上，

---

① 明中期以后，社会阶层开始分化出现5个等级，即官僚绅衿（士大夫）、农民、工匠、商人、奴仆贱民等。

如有犯法的，执法部门不得擅自逮捕审问，必须事先向皇帝或吏部奏闻请旨，并经皇帝或朝廷批示将犯法者革职以后，才能对他们进行审问。这些都极大地刺激了读书人的欲望，他们纷纷希望通过走读书做官的路子，改变命运，进入上层社会。尤其是对于那些身处贫民阶层的子弟来说，科举应试、读书做官成了他们唯一的出路。因此，在明代台州的读书人越来越多，台州的文教事业也越来越发达。

有人做过统计，在明代统治的279年间，台州考中进士的有271人，这个数字虽低于宋代，而比元代和清代要高得多，而且，有许多是"扎堆"式涌现，即一门有多人高中进士。另外，从台州府志和台州各县县志的立传人物来看，明代以宦业、名宦立传的有718人，占秦汉至清代总数的一半还要多；就正史立传的人物来看，从晋代到明代，正史有传的台州人有87人，加上《清史稿》中的9人，共96人，其中晋、南齐、唐各1人，宋代20人，元代8人，明代56人，清代9人。可见，明代台州人才蔚起。这一方面，固然与明朝八股取士的科举制度有关；但另一方面，也与台州学校教育的兴盛有关。当时的台州，共有7所官学和6所府属社学。此外，还有大量私人举办的私塾（包括家塾、义学和专馆），由这些私塾共同承担起社会启蒙教育的任务。另外，就是一些由士大夫们举办的书院，它们"授徒讲学，组织社团，讲论学问，探讨性命道德；纵谈国事，臧否人物，抨击时政，师范风雅，引导舆论"[1]。

以上就是明代台州士子的基本情况，显然要比元朝好得多。不过，值得一提的是，明代台州的士子普遍推崇理学，崇尚气节，并强调把这种价值取向付诸实践。于是，在台州的历史上出现了一道绚烂的文化奇观——台州士子以"台州式的硬气"彪炳史册，为后世台州烙下了一个鲜明的文化"印记"。

---

[1] 金普森、陈剩勇主编，陈剩勇著：《浙江通史·明代卷》，第300页。

　　明朝初，朱元璋为了加强皇权统治，采取了一系列的措施，包括废除丞相和中书省制度，设立内阁大学士、通政使司，制成《大明律》等，还有一个重要的举措就是进行"分封"，企图用自己的骨肉子孙来捍卫中央皇权。为此，洪武九年（1376），宁海人、时任平遥县训导的叶伯巨，借朱元璋因天象出现异常（旧称"星变"）下诏求言的机会，起草了《奉诏陈言疏》，对朝廷进行"仗义执言"。他说，当今之事太过者三："分封太奢，用刑太繁，求治太急。"其中，对"分封太奢"之害论述尤详，建议对分封的诸王"减其兵卫，限其疆里"，语气颇为恳切。但这无形中激怒了朱元璋，以为他是在"间吾骨肉"。不久，叶伯巨被逮至京城，死于狱中。其实，后来发生的"靖难之役"，恰好证明了叶伯巨的话是具有政治远见的。

　　把"台州式的硬气"表现得最为淋漓尽致的，是明初著名文学家、思想家方孝孺。方孝孺（1357—1402），字希直，一字希古，号逊志，台州宁海缑城里（今浙江宁海）人。洪武年间，被朝廷征召，任汉中教授之职。建文帝（即朱允炆）即位后，改任翰林侍讲，次年又升任侍讲学士，成为朱允炆最倚重的政治、军事和文学高参。建文四年（1402）五月，朱棣发动"靖难之役"，率军从北平攻入南京。朱棣令方孝孺起草即位诏书，方孝孺掷笔于地，拒不应承，还大骂朱棣"燕贼篡位"。遭磔杀，株连灭十族，死者873人，入狱及充军流放者数千人。这便是中国历史上著名的"方孝孺案"。正如清乾隆年间重臣张廷玉所说，方孝孺"抱谋国之忠"，敢于舍生取义，虽"百世而下"，依然"凛凛犹有生气"。①

　　明中期以后，官僚阶层的贪婪和腐朽越来越严重。做官的，尽量利用职权为自己聚敛财富，贪赃枉法变成常事；地方豪强，则倚仗权势，

---

① 《明史·列传第二十九》。

称霸一方，危害乡曲。此时，一批出身台州的官员，却能做到清廉为官，一身正气，名留青史。赵大佑（1510—1569），字世胤，号方崖，太平冠屿（今温岭大溪）人。嘉靖十四年（1535）进士，授凤阳推官。调任广东道监察御史巡按贵州时，宣慰使安万铨之侄安国亨行为不法，先捕杀其同党张仁、李木。巡抚刘某受安贿赂，威逼大佑。大佑说了一句著名的话："人臣苟利社稷，死生以之，吾何爱一身哉！"安国亨知不可逃脱，只好穿囚衣伏罪。后赵大佑任刑部侍郎，奉命审查尹庶人。内阁首辅严嵩吩咐要宽大对待，但赵大佑坚决不从，历数尹之罪过。触犯了严嵩，激怒了世宗，被贬官二秩。后复起用为刑部尚书时，有太监马广犯法当处死，有人行重贿求缓办，大佑不肯，立奏朝廷杀之。这些行为，都充分地体现了赵大佑作为一个台州人的刚直、正义、硬气。

## 二、"尚实"风气：台州市民文化的崛起

总的来说，明朝台州的经济处于良性发展的时期。元末方国珍起义，割据浙东十余年，由于实施"保境安民"策略，致使台州没有受到大的破坏，反而为明初台州经济社会的稳定和发展打下良好的基础。进入明朝以后，政府采取"安养生息"政策。一方面，大力兴修水利，疏浚河道；在种植双季稻和小麦的基础上，开始引种玉米和番薯；并出台政策，鼓励种植桑、麻、棉等经济作物；另一方面，着手整顿赋税和徭役制度，通过编制赋役黄册、鱼鳞册，建立都保和里甲制度，减轻自耕农的负担，致使台州的农业经济迅速恢复，台州社会进入了一个男耕女织、安居乐业、发展较好的时代。

至明中期，台州的经济社会有了较大发展。其显著标志就是户口剧增、市镇形成。当时，台州虽然没有准确的人口统计，但台州南部得到较快发展，致使在成化五年（1469）从黄岩县分设太平县（今温岭市），

就是一个极好的证明。从此，台州便有了后来人们常说的"台州六县"的概念，即台州府辖临海、黄岩、太平、仙居、天台、宁海六县，这一格局一直被保留，到清朝末年乃至于民国时期，都没有发生太大的改变。市，指集市，在唐代以前就有，是设在城市里的商品交易市场。镇，最初是县城之外的军事要塞的专称。宋代以后，一些镇位于交通要道或人口集中之地，随着工商业的发达，逐渐向经济性的市镇演化。直至明朝中期，市与镇的分野荡然消失，成了县城以下乡村工商业集镇的统称。在台州的山区和沿海一带，都相继出现了一大批市镇雏形。如仙居横溪、白塔、下各，天台白鹤、平桥、街头、坦头，宁海珠岙、亭旁、花桥，黄岩宁溪、院桥，太平石粘、潘郎、横峰等，逐渐形成市镇；此外，因设卫置所而设立的驻军防守之地（包括卫、所、巡检司等机构），如海门（今椒江）、前所、健跳、新河、大陈、松门、石桥头、隘顽（今玿环）、楚门等地，也相继形成了市镇，这表明台州的经济发展正处于平稳回升的阶段。

从明中后期开始，台州的经济社会进入了一个新的发展时期。一方面，随着农业的发展和市镇的兴起，对土地的需要日趋迫切，导致了台州恢复从宋代开始被元朝中止的大规模围垦活动。据记载，弘治年间（1488—1505），黄岩县在横街到海门（今椒江）一线古沙堤附近筑丁进塘，长30千米。正德时（1506—1521），又筑洪辅塘，北起海门，南至太平县（今温岭）松门，并筑四府塘，海岸线整整外移了3000米。此后，嘉靖十五年（1536），太平县筑牌下塘。崇祯十五年（1642），太平县又筑薛家浦、沙角浦和中扇浦三塘。另外，楚门（今玉环楚门）一带和三门湾的南北岸，也相继得以围垦。台州的海岸线接连不断地外移，土地大面积拓展，为台州经济社会的进一步发展创造了必要的条件。另一方面，随着手工业、商业的发达，台州社会阶层开始出现进一步分化。从手工业看，当时台州基本上以造纸业、石矿开采业、白银冶炼、造船业、水产品加工等为主；也出现了雇佣工人的现象，但基本上都是一些小作坊。商业虽然也有一定程度的发展，但尚未形成规模。当时，贩盐是最赚钱的。此外，"或货米谷，毋敢越境。或货材木，率于黄岩西乡诸山，近年有至温州、闽中者。或货海鱼者，率用海舶在附近海洋网取黄鱼为鲞，散鬻于各处，颇有羡利"[1]。直至明晚期，台州境内才出现大宗海洋远途贸易，"或商于广，或商于闽，或商于苏、杭，或商于留都（南京）"[2]。可见，在明朝中晚期，虽然资本主义在中国开始萌芽，但在台州却不是很明显。以太平县为例，当时"太平无富商巨贾巧工，民不越乎以农桑为业"[3]。

随着众多城镇的崛起、手工业的分化和商品经济的繁荣，以商人、百工、城市平民为主体的一个新的社会阶层——即市民阶级逐渐登上历史舞台，导致台州原有的社会结构发生了巨大的分裂和重组。原来以宗族作为封建农村的基本组织形式，以宗族制作为维系农村社会重要纽带的封建传统体系，与市民阶层所要求的商业社会的原则产生尖锐冲突。这既有经济基础的矛盾，又表现在上层建筑方面，从而影响到晚明社会的整体风貌。

首先，市民阶层的兴起，对人的价值观念和社会风俗带来了极大的改变。在价值观念上，不再以士大夫阶层苦心孤诣建立起来的文章政事、行谊气节的道德目标为要求，而是把"金钱"作为衡量一切的标准。只要有了钱，什么事情都能办到，可以置田买宅、建造豪华园林、任意使唤佣人，可以穿金戴银、享受山珍海味、把玩奇珍异宝；在景泰年间（1450—1456）开始实行卖官鬻爵的政策后，甚至还可以通过挥金使银达到"捐监""纳官"的目的。这就对明朝前期朝廷制定的礼法制度造成了

---

① 嘉靖《太平县志·食货志》。

② 嘉靖《太平县志·食货志》。

③ 嘉靖《太平县志·食货志》。

根本性的破坏，社会开始竞相追求高消费的奢靡生活。"服饰以绮绣相尚，燕（宴）会以珍馐相竞"①；倡优盈市，酒肆森立；市井多游手好闲之徒，每日以博戏、纵饮为乐，致使明初以来崇尚俭朴、礼仪相让的社会风气荡然无存。不过，与浙江的其他地方相比，由于台州的百姓"居奢俭之半"，因此，台州的风气自然要好得多，"其俗犹朴茂近古"②。

其次，市民阶层的兴起，对晚明学术产生了重要的影响。明初，以方孝孺为代表的传统儒学学派，以"尚气"和"重道"为根本特征，把台州的思想研究推向了一个高峰。明朝中后期，与市民阶层特有的对经济权利的强烈要求和喜欢言"私"言"利"的社会思潮相一致，在台州出现了既与宋代"存天理，灭人欲"的理学教条相悖，又与明中期王阳明"心学"不关"民命时务"的空谈截然不同的新儒学学派——即黄绾的"尚实"儒学，它以反对空谈性理、主张经世致用为特点。黄绾（1480—1554），字宗贤，号久庵，又号久翁、石龙，太平县洞黄（今温岭呑环）人。一方面，他直接继承了方孝孺的传统儒学精神，强调研究国计民生，以"天下急务"为第一目标，"思澄其本而惟务更变"③；认为对"利"的追求要适可而止，要合乎"义"的原则，求利要"视其分所当为，义所当得，力所当勤，用所当俭者，尽其心而已"④。另一方面，在哲学上抓住了王阳明心学"空谈心性"的弊端，对王学"致良知说"的禅学倾向和"知行合一"的观点进行系统的批判，从而创立了将"经世之学"与"心性之学"兼容的新的一套"艮止"心学，为后世"明清实学"的崛起做出了贡献。

---

① 万历：《崇德县志》卷一一《纪事·风俗》，转引自金普森、陈剩勇主编，陈剩勇著《浙江通史·明代卷》，第184页。

② 王士性《广志绎》。

③ 黄绾《明道篇》卷四。

④ 黄绾《明道篇》卷三。

再次，市民阶层的兴起，促进了俗文学的发展。就浙江来看，俗文学的创作主要表现在拟话本类白话小说方面。如杭州作家瞿佑的《剪灯新话》和乌程作家凌濛初的"两拍"，都是非常有影响的俗文学作品。它们极力展现市井风情，通过反映市民的观念形态、生活方式和精神追求，以达到文学启蒙的目的。而就台州来看，俗文学的发展主要表现在戏曲上。据记载，明成化年间，黄岩等地的戏剧活动频繁，"皆有习为倡优者，名曰戏文子弟，虽良家子不耻为之"[1]。至嘉靖时，"南戏"声腔之一的海盐腔，在台州普遍流行[2]。对当时驻守台州抗倭的名将谭纶也产生了影响，以至于当他回到老家江西宜黄省亲时，带了台州戏回去。后来经过融合改造，诞生了富于宜黄特色的"二黄腔"。当时，台州不仅有全国闻名的"知音善歌之士"冯彦皋[3]，而且，还涌现了一批知名剧作家，如临海秦鸣雷，黄岩黄维楫，天台文九玄、叶倬等。其中，秦鸣雷（1518—1593）字子豫，号华峰，嘉靖二十三年（1544）状元，授翰林院修撰，后官至礼部尚书。他写的传奇《清风亭》（又名《合钗记》），反映了做人不可忘恩负义的主题，具有震撼人心的悲剧力量，在群众中影响较大。

## 三、海防文化：台州历史上浓墨重彩的一页

海防，是人们对海疆及沿海地区进行防卫和管理的活动，是人们对海洋重要性的认识升华的结果。我国是世界上最早经略海洋的国家之一，人们很早就开始了海洋生产与海上交流、贸易等活动，逐渐形成了海防的意识，并开展了相应的海防活动。但是，从严格意义上说，我国海防思想与海防体系的确立是从明代开始的。正是由于明代经济的繁荣、海

---

① 陆容《菽园杂记》。

② "南戏"声腔共有4种，即弋阳腔、青阳腔、海盐腔、昆山腔，与"北曲"西秦腔构成了截然不同的两种声腔。

③ 明《太和正音谱》卷三中，冯彦皋名列"知音善歌者三十六人"之第25人，具体事迹不详。

洋贸易的发达，出现了来自海上的掠夺性战争，迫使明朝统治者对沿海地区采取"御海洋""固海岸""严城守"等策略，并最终形成了较为完整的海疆防御体系。

明朝台州海防的兴起，大致有两方面的原因。一是受元末台州方国珍起义的影响。进入明朝后，政府出于稳定时局考虑，曾将方国珍部属2.4万人和旧部官吏200人相继迁往濠州（今安徽凤阳）和江淮等地，使得方氏的核心力量得以瓦解。但是，还有不少的方氏余部并没有归顺朝廷，而是入海干起了"剽掠"的营生，还往往"勾倭为寇"，这就为明代台州"倭乱"埋下了祸根。二是为明初日益猖獗的倭寇活动所逼迫。早在元末，就已有倭寇在台州的宁海一带骚扰。至明初，倭寇还进一步侵扰台州各地。洪武三年（1370），明太祖朱元璋下令，派遣使者到日本交涉，日本送还从台州、明州（今宁波）掠去的居民70余人。

事实上，在戚继光进驻台州抗倭前，明王朝为了加强台州一带的海防，曾采取一系列的措施。一是进一步收编方国珍余部。明洪武四年（1371），靖海侯吴祯奉命征方国珍旧部，结果，在明、台、温三府共收编了11万多人，隶各卫、所为兵。二是实施"海禁"和部分海岛"徙民"政策。就在吴祯奉命收编方国珍余部期间，朝廷颁发了"禁沿海民众私自出海"令，"若将人口、军器出境及下海者，绞"。同时规定，凡民间与海外发生的一切贸易活动（即"私出外境货卖者"），也统统在禁止之列[1]。至洪武十七年（1384），甚至还颁布了更加严厉的禁海令，"禁民入海捕鱼"。另外，为了防止沿海防线外的岛屿居民与倭寇相勾结，洪武二十一年（1388），朱元璋下令将浙江昌国县（今舟山）废县徙民，不久又下令将徙民的范围进一步扩大到台、温一带，包括凤凰（今大陈）、

---

[1] 《大明律》卷一五《关津》，《四库全书存目丛书·史部》本，济南：齐鲁书社，1996年，第628—629页。

南田、玉环、高丞、南麂、东洛诸岛都被废弃。这与清代的"迁海令"相比，虽然破坏性没有那么严重，但它们所表现出来的"闭关锁国"的特点却是一致的。三是加强卫、所建设。从洪武十六年（1383）下半年开始，朱元璋命信国公汤和、江夏侯周德兴等大臣巡视东海沿岸数千里，寻求防倭良策。次年正月，当汤和巡视到台州时，接受了方国珍侄子方鸣谦的建议，"量地远近，置卫所"。同时，增加兵勇，充实海防，规定"民户四丁以上者，以一丁为戍卒"。遂命方鸣谦在台州沿海修筑海门、松门、台州等卫城和前所、桃渚、健跳、新河、隘顽、楚门等所城及越溪、长亭、曼岙、铁场、沙角等处巡检司城以抵御倭寇。

但是，这些措施并没有从根本上消除倭寇的祸害，反而惹恼了在东南海上从事武装走私和劫掠的海盗商人集团，他们不惜与日本的海盗相勾结，或煽动、唆使和招引倭寇进入内地，或假借倭寇之名以壮声势，烧杀抢掠，与朝廷相对抗。加上表面强大的明军组织实际上已经因为腐败而虚弱到不堪一击的程度，致使台州的倭患屡禁不止，越演越烈。从洪武三十一年（1398）开始，直到嘉靖三十八年（1559）戚继光进驻台州剿倭的160年间，倭寇袭扰台州事件频频发生。最多时，倭寇万余人、战船数百艘进犯台州，对台州造成极大的破坏。

从嘉靖三十八年（1559）戚继光以参将身份进驻台州算起，一直到嘉靖四十一年（1562）被调往福建抗倭，戚继光在台州的抗倭时间共有4年之久。在这4年里，戚继光屯军海门卫，招募并训练组建了举世闻名的"戚家军"；加强防卫设施建设，督修台州卫、桃渚所等地的长城，改造增设了"敌台"。在台州知府谭纶、临海知县赵士河等当地官员的配合下，同时也在台州广大民众的积极支持下，戚家军经过桃渚、海门、新河之战和龙山、花街、白水洋、长沙之战等大小十余战，以每战皆胜的辉煌战绩，彻底扫除了台州的倭患，为可歌可泣的台州海防史写下了光辉的一页。

在戚继光抗倭的斗争中，培养出了几位台州籍的著名将领，如临海章安（今属椒江）人杨文、太平（今温岭）新河人张元勋等，他们以其英勇抗倭的事迹闻名于世，永载史册。戚继光写下了两部军事学术著作——《纪效新书》和《练兵实纪》，被后代兵家奉为必读经典，在我国军事学史上占有重要地位。另外，在这期间还留下了许多回肠荡气的抗倭传奇故事，永远激励着后人高扬民族旗帜，不怕牺牲，敢于抵御外侮。因此，戚继光抗倭斗争的胜利，是戚继光杰出的军事思想在台州海防实践中的胜利，是台州人惯有的"硬气"精神在明代抗倭历史上一次伟大的展现。

## 四、王士性：台州文化史上的一座丰碑

我国的人文地理研究有着久远的传统，《史记·货殖列传》与《汉书·地理志》开启研究的先河。其后若断若续的研究，均未能超出《史记》《汉书》的水平。可以说，直到明中后期王士性的三部地理学专著《五岳游草》《广游志》和《广志绎》的问世，才算跃上了一个新台阶。王士性被后人誉为中国人文地理学的开山鼻祖，是一位可与徐霞客并肩的古代地理学家。

王士性（1547—1598），字恒叔，号太初，又号元白道人，台州府临海县东南乡兰道村人。得族叔王宗沐关照，王士性自小在台州府城生活，和王宗沐的几个儿子一起读书。王宗沐官至刑部侍郎，有著述多种。他的几个亲生儿子也都有功名。王士性和王宗沐及从弟士崧、士琦、士昌，都是进士、名流，《明史》里皆有传。民国时期的《台州府志》，也为王家五人立传，在同一条目里记了4500多字，这在志书中非常少见。

万历五年（1577），王士性中进士，领到的第一个官职是确山知县。之后，历任礼科给事中、广西参议、河南提学、山东参政、右佥都御史、

南京鸿胪寺正卿，不久致仕归里。21年"宦辙所至"，遍游五岳兼及各地名山大川。除福建外，其余两京十二省均留下他的足迹。四十年后，徐霞客在游记中称王士性为"王十岳"，可见对他的推崇。

在王士性的地理学著作中，最精彩的部分就是他关于社会文化地理方面的记载和研究。他以实地考察为基础，为我们描绘了明朝晚期全国各地民情风俗的生动画卷。"据不完全统计，王士性书中记载的各地民风特征和差异，多达7省22个州、县，完全可以据此编绘出一幅民俗民风分布图来。"[①]王士性对各地的宗教状况、婚丧习俗、衣食住行都有准确的记载，对各地的自然资源、特色产品、经济水平、商业情况等也都有翔实的描述。更主要的是，他把这种考察上升到文化层面上的比较，从而概括和揭示了不同区域的文化特点和文化差异；并进而提出了他全新的"人地关系"理论。在王士性看来，人与地的关系是一种互为因果的关系、一种动态发展的关系；地理环境对文化的影响有两种机制，一种是地理——经济——文化的间接影响机制，另一种是地理——文化的直接影响机制。这比德国著名哲学家黑格尔提出的"历史的地理基础"的概念要早200多年，而且，王士性的理论显得更加全面，也更加具体生动。譬如，他对浙江不同地域文化的考察，认为："杭、嘉、湖平原水乡，是为泽国之民；金、衢、严、处丘陵险阻，是为山谷之民；宁、绍、台、温连山大海，是为海滨之民。三民各自为俗：泽国之民，舟楫为居，百货所聚，间阎易于富贵，俗尚奢侈，缙绅气势大而众庶小；山谷之民，石气所钟，猛烈鸷愎，轻犯刑法，喜习俭素，然豪民颇负气，聚党与而傲缙绅；海滨之民，餐风宿水，百死一生，以有海利为生，不甚穷，以不通商贩，不甚富，间阎与缙绅相安，官民得贵贱之中，俗尚居奢俭之半。"就非常详尽地阐述了地理环境与人的生产方式、生活方式、风俗习

---

① 丁式贤：《丹丘论稿》，北京：作家出版社，2010年，第282页。

惯、价值观念乃至于庶民与缙绅关系。

人们往往把王士性与徐霞客进行比较，认为徐霞客是一个自然地理学家，而王士性是一个人文地理学家。其实，在自然地理方面，王士性通过对气候、喀斯特地形等的研究，提出了完善的"三大龙"学说，具有重要的开拓价值。另外，王士性对潮汐的成因、地质的演变等都有精彩的记载，并且在地名学、民族学、民俗学乃至于金石学、语言学等方面也有独特的贡献。可以说，王士性的研究几乎涉及了地理学的所有门类，尤其是对经济地理、社会文化地理、聚落地理、旅游地理、兵要地理、历史地理等的研究和记录，可能是徐霞客无法企及的。

王士性还是一位杰出的游记作家。他生前就以诗文名天下，又性喜游历，无地不游，每游必记。有学者指出："捧读王士性当年写下的一篇篇纪游诗和山水游记，犹如在欣赏一幅幅极优美的山水画，从中可以领略到祖国的锦绣原野、壮丽河山和各族人民改造自然的英雄业绩，领略到晚明中国各地多姿多彩的风土人情、社会生活。不仅给人以美的享受，而且还能激发起一种崇高的爱国主义热情。"①

## 第三节　清朝前中期的文化浮沉

清朝的建立，标志着中国社会进入了最后一个封建王朝统治时期。在这一时期，既可以看到清王朝从艰难中崛起，到不断加强统治并逐渐达到鼎盛的过程；也可以看到它如何走下坡路，并最终在国内民众反抗浪潮和外国殖民主义枪炮的夹击下轰然倒塌的过程。这就好比上演的一幕大剧，上半场是热闹的喜剧，后半场是令人黯然神伤的悲剧。殊不知，后半场的悲剧是上半场喜剧种下的恶果。上半场的喜剧虽然是清王朝由

---

① 金普森、陈剩勇主编，陈剩勇著：《浙江通史·明代卷》，第315页。

弱变强的阶段，但台州的文化却并非一路走红，而是经历了非常曲折的道路，用"浮沉"一词来形容，是最恰当不过的了。

## 一、反清旗帜下台州式"硬气"的再次彰显

与宋末元初的抗元斗争情况相似，明末清初在台州同样掀起了一场轰轰烈烈的反抗异族统治的斗争，其激烈程度、持续时间之长久和影响之广泛，远远超过了前者。如果说，前者带有一定的爱国情感与忠君思想；那么，此次斗争更多的是具有反抗异族野蛮统治的色彩，再次彰显了台州人血管里流淌着的"硬汉"精神。

清兵征服和统一全国，充满了武力镇压的血腥味，所到之处，烧杀掳掠，无不激起民愤；更为恶劣的是，竟然强迫被统治地区人民统统剃发梳辫，改穿满人的服饰，这就大大地伤害了汉民族的思想感情，致使民众反抗的浪潮不断。台州表现得尤其强烈。在清朝初期的二三十年里，先有南明鲁王朱以海监国于台州，张煌言、陈函辉等南明官军拼死襄助抗清，台州一度成为浙东抗清势力的政治中心；后有台州民众接二连三地自发组织抗清斗争，使台州成为全国抗清活动最为剧烈的地区之一。据《台州历史大事记》载，清顺治二年（1645），即清军占领北京后的第二年，明弘光帝朱由崧在南京建立南明王朝，命鲁王朱以海驻守台州。同年六月，清军占领杭州，派使者到台州招降，临海知县吴廷猷杀了使者，与临海人陈函辉（明崇祯七年进士）等拥鲁王监国。不久，正在家办理父亲丧事的刑部员外郎钱肃乐遣举人张煌言奉表自宁波府来台州，在萧山驻守江防的兵部尚书张国维等人，也纷纷前来台州拥立鲁王。十月，鲁王移驻绍兴，但台州仍是输送粮饷和兵源的重要基地。次年即顺治三年（1646）六月，清军渡过钱塘江，鲁王兵败退回台州，仓促自临海转海门去舟山，入海去福建。张国维见大势已去，投水自尽。陈函

辉入临海县云峰山中，赋绝命词10首，自缢身亡，表现了"生为大明之人，死作大明之鬼"的气节。顺治六年（1649）六月，鲁王部将张名振攻占健跳所（今属三门县），七月，迎鲁王自福建来健跳。十月，鲁王移驻舟山，仍以健跳为抗清据点。第二年，健跳所被台州府提督田雄攻破，"尽迁居民，虚其地"。又隔一年，舟山亦沦陷，鲁王只得赴厦门投靠郑成功。直至顺治十年（1653），鲁王放弃"监国"称号，在郑成功那里做了寓公。而官至南明兵部尚书的张煌言，一直坚持在浙东抗清。曾数次配合郑成功的部队，攻占海门关（今椒江），进逼台州府城。顺治十六年（1659），还与郑成功的部队在台州会师，联军北伐，一直打到金陵（今南京市）城下。直至康熙三年（1664），张煌言被清军密探侦知而被捕，英勇就义。

随着浙东鲁王官军的抗清斗争蓬勃开展，台州民间的抗清活动也如火如荼地进行。顺治三年（1646），清廷颁布了剃发令和改衣冠制。为表示反对，次年台州多地爆发了民众起义。如天台县人金汤、仙居县人徐守平、黄岩县人陈君鉴、临海县人谢以亮等，相继率众起事。他们以白布裹头，号"白头军"，结寨自守，并主动出击，进攻仙居、宁海、天台等县城。数年后，陆续失败，有不少人陆续加入了张煌言的抗清部队。顺治十三年（1656），台州人的抗清活动仍然十分高涨。临海县人王廷栋组织义军，从海上率部进入仙居县景星岩一带的山中，结寨抗清，后来投奔郑成功部。

台州民众的抗清斗争，换来的结果是清朝政府更严厉的高压措施——"毁城迁民，立界禁海"。顺治十八年（1661）十月，朝廷以沿海居民接济郑成功和张煌言为理由，派户部尚书苏纳海坐镇台州，强迫临海、黄岩、太平、宁海4县沿海30里之内的居民（计53563丁口）全部迁到内地，设桩作遣界，拆民房作木城，并驻兵防守，史称"迁海"。台州府共弃田78.58万亩，弃地33.21万亩，弃山23.83万亩。玉环岛的居民再次全部内迁，"限两月止，不迁者杀"①。如果有人越界，格杀勿论，还要悬尸于木桩上示众。所有沿海船只全部烧毁，"片板不许下水，粒货不许越疆"②。台州沿海居民遭受了空前沉重的大灾难，人民流离失所，背井离乡，病疾死亡和沦为乞丐者众多；沿海一带大片膏腴田地被迫荒废，耕地减少，盐业、渔业、手工业受到重创，对外贸易更是无从谈起。至康熙八年（1669），由于浙江沿海一带的反清武装相继失败，清廷逐渐放宽海禁，陆续拆去木城，展界十里。康熙二十二年（1683），清军一举攻克台湾，郑克塽投诚，台州才得以全面解除海禁，于是，"迁界尽复，许民出海网鱼"。可是，这时离清初"迁海令"的实施已经有23年了。至于玉环岛的展复更迟，要到雍正五年（1727），才招募外县农民来岛复垦。

## 二、康乾"盛世"中台州文人的无奈悲歌

清朝文化教育的主流是尊孔崇儒、标榜正统，并将学校教育与社会教化结合起来③。早在顺治十二年（1655），即制定了"兴文教，崇儒术，以开太平"的基本国策。康熙帝更是重视发展教育，他曾发布过一系列的谕文，详细论述了学校教育与社会教化的关系及其对于治国安民、"正人心，厚风俗"的作用④，还进一步强调"国家建立学校，原以兴行教化，作育人才"⑤。此后的雍、乾、嘉、道各代皇帝，也都纷纷予以仿效。一方面，大力举办学校，并在教育的内容上不断改革，逐步建立了以"四书""五经"和八股制艺等为主要内容的课程体系；另一方面，进一步健全科举取士制度，将明代"院试""乡试""会试"的三级考试，改

---

① 《民国台州府志·大事记》。

② 《民国台州府志·大事记》。

③ 金普森、陈剩勇主编，叶建华著：《浙江通史·清代卷上》，第288页。

④ 详见康熙《学校论》和《训饬士子文》。

⑤ 详见康熙《学校论》和《训饬士子文》。

为"童试""乡试""会试""殿试"四级考试。于是，在全国各地尤其是江浙一带出现了"文风振起"的局面。但是，在台州却无疑是一个例外。

一是受"白榜银案"的影响，台州爆发了"两庠退学案"，结果台州被勒令停止"乡试""会试"25年。清顺治十八年（1661），清世祖福临归天，索尼、苏克萨哈、遏必隆、鳌拜四人辅政。他们为了巩固建立不太久的清政府的统治，进一步采取了专制和民族高压政策，疯狂地在全国索租征赋，通令限期上交，不许宽贷，不管绅士百姓，无论书生士子，凡欠交违限者一概解京流配，有司可以直接杖责。当时临海生员赵齐隆和他弟弟赵齐芳，旧欠顺治九年（1652）"白榜银"三两（而事实上，这钱已被临海粮役蔡寰贪入私囊）。台州知府郭曰燧认为各县催征不力，便派衙役将未交的逋户尽行逮获，赵齐芳也在被抓之列。郭为了杀一儆百，便不顾赵的申辩，首先拿赵开刀，对之严刑毒打，结果把赵活活打死。

按封建社会的旧制，生员是不能直接杖责的，因为中国的封建统治阶级大多产生于"士"这一阶层，而生员便是士这一阶层的基础。再则，封建统治阶级虽然残忍，但总得披一张"仁慈"的外衣，所以，若要杖责生员，必须先革去"生员"这一名分。赵齐芳被活活打死后，台州府学和临海县学的"两庠"诸生并不知朝廷所颁新例，认为这是"凌辱斯文"，一时群情激愤，"不愿为士"，要求退学，并联名署状，至宁、绍、台兵备道杨三辰处申诉。谁知郭、杨上下其手，硬说两庠诸生"挟制官长"，聚众闹事，并以"诸生近海，谋且叵测"，转呈浙江总督赵国祚，赵得贿，便罗织成狱，将为首的周炽、水有澜二人处以绞刑，将赵齐芳之子赵鼎臣和应鸿渐、李时璐、张人纲等65人分别充军到东北上阳堡、开元堡、仁寿堡（在今辽宁、黑龙江境内），并同时责令台州停试三科，导致"一时台州读书有志士子顿尽，临海乡科自丁酉至辛酉绝榜二十五年"[1]。其他各县也无不受其影响。虽偶有一二人得中进士，一任知县即罢官。这就是台州历史上著名的"青衿之厄"。一方面，它暴露了封建统治阶级赤裸裸的残酷嘴脸；另一方面，也反映了台州读书人的团结精神和骨子里深蕴的"硬气"。

二是受"文字狱"的打击，台州士子进一步在思想上被控制，言论上被禁锢，已不大可能有政治上的作为和学术文化上的创新。一个最典型的例子，就是齐周华冤案。齐周华（1698—1768），字漆若，号巨山，天台县人。雍正八年（1730），主张严"华夷之别"的石门已故学者吕留良被剖棺戮尸，焚毁著作，齐周华向刑部上奏了一份《救吕晚村（留良）先生悖逆凶悍疏》，"秉公独抒己见"，指出吕留良的著作"从未尝教唆叛逆也"。结果被投入监狱，备受酷刑，但他拒不认罪。乾隆元年（1736），雍正死去，乾隆即位，大赦天下，齐周华得以出狱。但是，出狱后的齐周华坚持为吕留良鸣不平，一有机会就要翻案。至乾隆三十二年（1767）十月，齐周华再次被拘押，并按大逆律凌迟处死，所著书籍全部追版烧毁，其兄弟、妻子均获罪。齐周华的堂兄齐召南（官至礼部右侍郎），此时虽已致仕在家，但同样受到追责，后惊惧而死。

正是基于上述原因，台州士子虽然生活在局势相对稳定、农业和商业重趋兴旺、对外贸易有所恢复的康乾"盛世"，但在根本上已丧失了像宋代、明代那样发达与发展的机会。据统计，在清朝统治台州的266年间，台州各县中进士的只有38人，不到明代的七分之一；而且，在这38名进士中，有17名是在清末光绪年间考中的[2]。可以说，从康熙二十三年（1684）算起至乾隆末年（1795）的一百多年间，正是台州历史上人才大滑坡的时代。在这样的时代，台州文化只能面临着大倒退。在台州的土

---

① 《民国台州府志·大事记》。

② 李一、周琦主编：《台州文化概论》，第66页。

地上，已经无法演奏出华丽的乐章。

### 三、"汉学思潮"的兴起与台州文化的微光

汉学，是经学的重要派别，主张追溯汉儒古训，以彰明孔孟学说。它兴起于明朝后期，其时，理学已成强弩之末，"以经学济理学之穷"的学术潮流方兴未艾。归有光首倡于前，试图以"讲经"取代"讲道"。钱谦益继起，于是"以汉人为宗主"的经学主张便不胫而走。至清朝初期，在顾炎武、黄宗羲、王夫之、李颙、费密等学者的倡导下，进一步掀起了向传统经学回归的潮流。不过，当时的主张还是强调"通经以致用"。然而，在清廷的文化高压政策下，日渐失去了积极的经世内容，逐渐向博稽经史的道路走去。先有康熙年间的毛奇龄、阎若璩、胡渭等人，对宋儒经说进行系统的清理，为汉儒训诂的复兴扬起了经幡；后有乾隆时期的惠栋、戴震等人，对汉代经学的源流加以精心梳理，终于开启了"唯汉是尊，唯古是信"的乾嘉汉学风气。正如清代著名学者钱大昕在评价惠栋时所说的那样："汉学之绝者千有五百余年，至是而粲然复章矣。"①

台州"汉学"之风的形成，一方面受当时国内学术思潮的影响，另一方面也与清朝政府对台州士子所采取的高压政策有关。由于政治上的歧视和思想上的禁锢，台州士子纷纷选择经学研究之路，从而做起了训诂考证的学问。其中，最有代表性的人物和著作有：天台县人齐召南的《水道提纲》《礼记注疏考证》，黄岩县人李诚的《万山纲目》《水道提纲补订》，太平县（今温岭市）人戚学标的《汉学谐声》《毛诗证读》和临海县人洪颐煊的《台州札记》《读书丛录》《管子义证》《诸史考异》等。

《水道提纲》共28卷，成书于乾隆二十六年（1761），是齐召南的

---

① 钱大昕：《潜研堂文集》卷三九《惠先生栋传》。

精心之作。由于齐召南曾在乾隆初参与《大清一统志》的纂修，能参考内府秘藏的《皇舆全图》及各省图籍，因此，对水道状况的记述较为准确。全书以巨川为纲，以所会众流为目。先叙海水，次记各省诸水，再介绍西藏、漠北诸水和西域诸水，脉络清晰，源委详明，是了解全国水系情况的重要典籍。它最早用经纬度定位，开启了中国地理著作中的一个先例。《万山纲目》共60卷，是李诚的一部极有开创性意义的史地著作。他发现"记水之书自郦道元而下代不乏人，而言山者无"，于是广泛搜集资料，参互考订，寻其脉络，正其伪缺，作《万山纲目》以补古今之缺典，被后世学者誉为独树一帜的"舆地有用之书"。《汉学谐声》共24卷，是戚学标集30年心血而成。此书上溯《说文》，引证古读，末附《说文考补》3卷，著名学者李慈铭曾评此书"辨正二徐（徐铉、徐锴）及孙缅《唐韵》之误，征引经籍传注，精确为多"。《台州札记》共12卷，由洪颐煊作，是一部考证台州地方史事的著作，材料搜罗广泛，且取材审慎，考证精确，不失为研究台州地方历史文化的重要参考书。

与训诂考证同时发展起来的学术"热点"，就是台州方志的编纂。南宋陈耆卿编纂的《嘉定赤城志》，是台州第一部地方志。元代有章嘉的《天台郡志》，杨敬德的《赤城元统志》和杨大中的《赤城志》等，可惜这几部台州方志皆散失不传。明代太平（今温岭）人谢铎主纂的《赤城新志》，是《嘉定赤城志》的续补之作，上接宋嘉定十七年（1224），下迄明弘治九年（1496）。至康熙二十二年（1683），由鲍复泰修、冯甦纂的《台州府志》18卷成书。此书的原创作者是临海人洪若皋（1624—1695），由他基本形成初稿。该书的优点是十分注重征文考信，对当朝发生的事情也能给予大胆的披露和反映。该书对前述方志拾遗补阙，为保存乡邦文献，做出了贡献。后于康熙六十一年（1722），由张联元、方景濂重新组织刻本，在内容上略有增损，如于城寨后增海防一目，足弥前志之不足。后世由喻长霖主编的民国版《台州府志》140卷，就是在它的基础上编纂而成的。因此，康熙二十二年版《台州府志》，可以说是台州方志的一个重要源头。

　　这期间的台州文化，值得一提的还有台州乱弹的兴起和临海词调的流行。台州乱弹原本叫黄岩乱弹，它形成于明末清初，与绍剧、婺剧和瓯剧名列浙江四大乱弹。它的唱腔十分丰富，以乱弹为主，兼唱昆曲、高腔、徽调、词调、滩簧等，是全国少有的多声腔乱弹剧种之一。其舞台语言以中原音韵结合台州官话，充满民语乡韵，通俗易懂，别具特色。清乾隆年间，乱弹腔在台州黄岩一带兴起，它以紧乱弹、慢乱弹、二唤为主干唱调，兼唱昆腔、高腔，形成了以三腔合唱为主的台州式"黄岩乱弹"。以后数度崛起，又数度衰落，至今仍在传承。[①]临海词调源于明代的"海盐腔"，是吸收了南戏、昆曲和临海的民间小曲，再结合地方语言而形成的一种"坐唱"艺术（后来逐渐发展成为舞台戏剧）。它的特点是讲究词藻、华丽文雅，声腔"字清腔圆"。至清乾隆年间，临海词调日趋成熟，道、咸间出现了林心培、董林、洪珍薮等一批著名艺人。[②]

---

① 　胡来宾编著：《台州乱弹》，杭州：浙江摄影出版社，2009年。

② 　李一、周琦主编：《台州文化概论》，第330页。

# 第四章　台州文化的复兴时期

## 第一节　晚清时期的文化回暖

人们习惯于把清道光二十年（1840）鸦片战争爆发至1911年辛亥革命推翻清王朝统治称为"晚清时期"。在这一时期，清朝统治的颓势日益明显，腐败积重难返，各种社会矛盾逐步尖锐化，加上殖民主义者的入侵，国家已经不可逆转地开始走下坡路。此时的台州，也进入了混乱不堪的时期。邪教惑众，百姓吸食鸦片成风，天灾不断，"盗匪"四起。不过，也正是在这一时期，随着"两禁"（即"文禁"和"海禁"）的逐渐放开，文教一度得以振兴，海外文化逐步渗透，在台州形成了一种"寒潮返暖"的小气候。

### 一、在"乱世"中掀起的反抗浪潮

"不平则鸣"，这是台州文化的一大特点，是台州人一以贯之的"硬气"精神在动荡历史时期的鲜明表现。在太平盛世，台州人的"硬气"精神往往表现为埋头苦干、积极进取、开拓前进，想着把自己的日子过得越来越好；而在国家离乱、政局腐败的年月里，台州人的"硬气"精神则往往表现为绝不屈服、不惜牺牲、勇于反抗。晚清正是国家内外交困、百姓多灾多难的时期，台州人的"硬气"精神又一次被激发出来，在不断掀起的反抗浪潮中得到淋漓尽致的发挥。

台州多海盗，这是历史事实。不过，台州海盗最初不是台州人所为，而是源自东晋时代一个名叫"孙恩"的人，他是琅琊（今属山东）人，以台州外海为据点，揭起了反抗晋朝统治的大旗，为后世海盗活动提供了经验。于是，后人便常称海盗为孙恩，孙恩成了海盗的代名词①。至元末明初，台州本土也出了一名海盗"英雄"，就是赫赫有名的方国珍，他把反抗的矛头直接对准了朝廷，而对台州当地采取"保境安民"的政策。明朝中后期，台州也出现了一批海盗，他们主要是勾结倭寇袭扰台州，制造了骇人听闻的台州"倭乱"，经戚继光平定后，台州的海盗活动得以销声匿迹。但是，至1840年鸦片战争爆发前，台州的海盗活动又一次卷土重来，而且，这一次海盗活动的频繁程度以及与官军斗争的激烈程度，与历史上任何一次海盗活动相比都有过之而无不及。据史书记载，从嘉庆五年（1800）至嘉庆十四年（1809）的10年间，台州征剿海盗活动不下10次，其中规模较大的有2次。一次是嘉庆五年（1800）六月，歼灭安南（今越南）"夷艇"活动。安南盗船和凤尾帮、水澳帮的盗船一起，约150艘、六七千人，从福建进入浙江，迫近台州松门、海门（今椒江）。清军水师提督李长庚率水师和黄岩镇水军协同策应，在海门与盗船夹江对峙。夜间突发飓风，盗船大多倾覆，其余被清军歼灭。另一次是嘉庆十四年（1809）九月，围剿海盗蔡牵活动。蔡牵，福建同安人。他于嘉庆六年（1801）组建了一支武装走私船队，贩运安南和南洋各地土产到三门湾一带销售，受到当地商人载货接济，但被清军所拒。结果在嘉庆九年、十年，先后两次分别在三门湾口和台州斗米洋发动与清军的大战，各有胜负。至嘉庆十四年九月，定海、黄岩、温州三镇水师合计于渔山外洋围剿，在浙、闽两省提督的驰援下，"牵知无救，乃首

---

① 王康艺编著：《品读台州丛书》卷二之《台州风云》，上海：上海教育出版社，2019年，第51页。

尾举炮，自裂其船，沉于海"①。

1840年鸦片战争爆发后，台州海盗活动更加猖獗，而且在性质上发生了改变，从原来从事海上贸易改为直接从海上劫掠，从而给台州沿海造成了极大的破坏。咸丰元年（1851）九月，定海、黄岩、温州三镇总兵护送粮饷自海道去天津，行至螺头门洋面，遇到广东布良带、布兴友船帮袭击，仓皇退入黄岩王林港。布部船队追入海门，大肆劫掠，焚烧粮厅、衙署和民房千余间，后盘踞十余日始退。由于广匪盗船形如蚱蜢，外髹绿色，号"蚱蜢舟"，因此，台州沿海百姓便称之为"绿壳"。这就是台州历史上著名的"绿壳乱"的由来，它不仅给人民的生命财产安全造成了严重破坏，而且也给人们的心理带来了极大恐惧，台州人一度到了谈"绿壳"而色变的地步。

随着海上"绿壳乱"的兴起，陆地上的"绿壳乱"也接连不断。原因是当时农业生产严重停滞，农民的收入锐减；加上鸦片战争后巨额战争赔款和不平等贸易造成白银大量外流，导致银贵钱贱，货币严重贬值；更由于政府想摆脱沉重的债务，对百姓横征暴敛，加重赋税，以至于民不聊生。于是，老百姓要想有活路，就只能铤而走险，群起为盗，或者啸聚山林，揭竿而起。正如光绪二年（1876）给事中楼誉普在奏书上所说的，台州"盗匪"四起之因，乃"厘捐重征，税契苛索"②。厘局是清代征收厘金的管理机关，局下设卡，卡下又有分卡、巡卡。当时的农民搞短途贩运，都得抽税，甚至还要被重复征收、额外勒索，因此激起了极大的民愤。在台州各地首先爆发了盐民造反。咸丰四年（1854）三月，椒北海乡盐民失业为盗，遭杜渎盐场大使傅恒拘捕，盐民怒杀傅恒。同治五年（1866）初，黄岩场爆发了盐民抗税斗争，杀死黄岩场知事郑煜，

---

① 李一、周琦主编：《台州文化概论》，北京：中国文史出版社，2002年，第65页。

② 林明达、王永献主编：《台州历史大事记》，北京：中华书局，2012年，第48页。

结果遭台州知府刘璈派兵捕杀。同年十一月，太平知县戴恩俊去松门强令抽厘抵课，数千盐民哄闹不服，台州知府刘璈又派兵剿捕，焚烧民房，杀伤平民300余人。次年十一月，太平县开征盐税，数百盐民进城要求免税，因未获允而捣毁盐董房屋，台州知府刘璈再次派兵镇压，至乃演等村焚烧民房，滥杀200余人。直到清末宣统年间（1909—1911），台州仙居的上张乡、太平县的淋川等地，仍陆续有盐民起事，以暴力反抗食盐专卖，遭官兵弹压。

其次，在台州各地相继爆发了农民反抗征粮加税的斗争。其中，规模较大的有4次。一是咸丰七年（1857），临海县王彝河、林大广在铜坑起义。聚众数千，分置五军，一度袭破宁海县城，强攻台州府城。二是咸丰十一年（1861），黄岩县沙埠岐田寨农民为了减税免捐而发动起义，留下了"台州六县打岐田"的故事。三是同治十三年（1874），天台县爆发"西乡反"。也是因为官府加征钱粮，百姓起来造反。四是光绪五年（1879），临海县爆发了清末台州规模最大的一次农民起义——金满起义。金满，临海涂下桥穿山人。他以临海桐坑山为根据地，四面出击，先后劫临海监狱、宁海西店和黄岩金清厘局、小雄（今属三门县）粮仓，还焚烧花桥（今属三门县）临海县丞衙署，并杀死县丞邱洪源，还屡败清军水陆搜剿兵丁，击毙都司叶富，导致台州知府成邦干被撤职。至光绪九年（1883），金满被招抚，这场起义才得以平息。

晚清，随着鸦片战争的枪炮打开了国门，外国殖民势力不断入侵，于是在台州又掀起了反对殖民主义的斗争浪潮。主要表现在两个方面。

一是清政府成功拒绝意大利政府"租借"三门湾。清光绪二十五年（1899）二月，意大利政府公然派军舰3艘驶入三门湾，进行武力恐吓，并通过驻华公使马丁诺向清政府总理衙门提出要"租借"三门湾及其沿岸土地的要求。当时，清政府总理衙门严词拒绝，加上意大利并未真正做好战争的准备，因此，意大利政府最终放弃了"租借"三门湾的企图。

而清政府在这一事件中所表现出来的强硬态度，在鸦片战争以后的中外交涉中成了难得一见的例子。

二是在民间兴起了激烈的反洋教运动。光绪二十五年（1899）五月，海门镇（今椒江）因天主教徒管小本强占寡妇田产，激起民愤，导致民众包围海门天主教堂，强烈要求严惩恶教徒，并相继拆毁了洋屿、栅桥等地的天主教堂。此事犹如干柴堆上点火，很快蔓延到台州各地。黄岩、太平等地民众纷纷响应，起来捣毁或焚烧教堂12座。这便是台州第一起大"教案"。光绪二十六年至二十九年（1900—1903），宁海县爆发了王锡桐反教会运动。本来是一起小小的家庭纠纷（王定锡因侄子王品松清明节不肯祀田而责打了侄子），因王品松是天主教徒，受官府的保护，弄得王定锡下狱死。此事激起了学塾教师、秀才王锡桐等人的愤愤不平，于是爆发了伏虎山起义，杀死恶教徒王品松，火烧宁海县教堂，斩天主教神父朱光及教士1人，慌得法国政府出动军舰驶入宁波甬江相威胁。官府出于压力，派兵镇压，先后捕杀民众近百人、焚毁民房30余间、烧死百余人，王锡桐下落不明。这便是台州最大的"教案"。民国三年（1914），海门镇又爆发了收回轮埠事件。原海门印山浙江商业学堂监督屈映光，时任浙江省巡按使，在收到台州绅商黄楚卿、杨晨、陶寿农等八人联名上诉后，即勤于奔走，并呈准北洋政府，援照收回被法籍教士李思聪霸占之印山书院为例，筹款10万元，向李思聪赎回被侵占之海门码头基地200亩。因为有中国政府的撑腰，李思聪也不得不同意由海门商人集资赎回港区土地。这块被李思聪侵占了20多年的土地，终于回到了中国人的怀抱，"天主教堂之管理台州海岸自此终"[①]。

---

① 屈映光《收回海门轮埠碑记》。

## 二、"文禁"的解除和台州文教的振兴

在清朝前中期，台州一直是"文禁"的重地。不但士子的言论受到禁锢，而且连续两次被朝廷下令停止科举考试，其中，一次是顺治十八年（1661）临海县发生"白榜银事件"后，被责令"台州停试三科"，而且一停就是25年；雍正四年至十年（1726—1732），朝廷以浙江学子"风俗浇漓、人怀不逞"，停止了浙江的乡试和会试，台州又再次被停考，这就极大地扼杀了台州士子的成长，造成台州人才一度"空仓"，也让台州文教面临凋敝。

直到清咸丰元年至同治三年（1851—1864）太平天国运动爆发，波及了台州各地。就在平定这场战事中，当时台州的地方乡绅和民团发挥了积极的作用，导致统治者对台州士子的观念有所改变，并逐步放宽了针对他们的限制政策。加上台州知府刘璈极力推动，于是，在清同治三年至十一年（1864—1872）刘璈任台州知府期间，台州出现了广建书院、大兴文教的局面。正如清代经史学家、教育家、黄岩举人王棻在《前台州知府刘公祠堂记》中所说："入国朝二百四十余年，守台者五六十人，以刘公治绩为最。"民国《台州府志》也认为，台州文教因受清初"两庠退学案"之摧残，一蹶不振，至刘璈后"乃大振复"。

刘璈（1828—1887），字兰洲，湖南岳阳人，秀才出身。同治三年（1864）十月，受左宗棠的保荐，赏戴花翎，保道员衔，署任台州知府。至同治十一年（1872）九月离任，刘璈在台州的时间近8年。他曾以严刑重典对付当地百姓，留下了许多起血案，有诗讽刺他"可怜六邑苍生血，染得鳌（音璈）头一点红"。且不论刘璈在为官任上的功过是非，他重视教育的主张还是值得一提的。他说："欲图长治之策，则隆学校，兴礼让其要也。溯查卑郡自唐郑司户虔（即郑虔）立教以来，宋朱文公（即朱熹）行部于台，建里社设乡校……其间门庭邹鲁，雅颂同声。"因此，

他也下决心"首重文教"，把心思放在振兴文教上。

一是广建书院，大兴文教。在府城临海，刘璈筹款修复府学、县学，设立校士馆，修复正学、东湖两个书院，又于北固山麓创建广文书院（即后来的三台书院，也就是现在台州中学的前身）。督促临海县新建东山书院（海门）、印山书院（海门）、旦华书院（涂下桥）、尊儒书院（小芝）、椒江书院（葭芷），重建鹤峤书院（桃渚），扩建南屏书院（涌泉），增拨宾贤书院（大汾）经费。据统计，刘璈在任上，督促台州各县新建、重建、扩建或整顿书院共32所。至清末，台州共有书院144所，占当时浙江省11个府书院总数的14%，名列前茅。

二是设义塾。为了使贫寒子弟能入学读书，刘璈广设义塾（达100多所），遍及台州各地。仅临海城关，就有东城、南城、中城、西城、北城和中津等6所义塾；在临海乡村，较著名的有小芝、仓山、栖凤、芙蓉、桃渚、务实、启蒙、留贤等义塾。为保证教学效果，还定期派人巡回督导，奖勉优秀学子。正如他在《台学源流·跋》中所说："余守台七年，吏事外，日以兴文教为己责，月取士之能文者，校其艺而奖掖之，前两科获隽二十余人，心窃慰焉。"

三是筹足办学经费。台州土地贫瘠，向来不重商贾，战乱之后，财政尤其匮乏。为彻底解决书院、义塾的后顾之忧，同治七年（1868），刘璈拟定章程，抽海门盐捐为书院和公车经费之用，约每年3000串铜钱，分六成派拨——以四成拨充郡城书院和六邑义塾经费；一成拨充生员乡试川资；一成拨作举人文闱会试川资。同时，刘璈还发布告示，申饬各县将寺庙道观废产充公，分拨于各书院和义塾。设立"培元局"，为教育等一切公益事业机构，划拨府城东南两乡20里范围内田租给培元局，多方筹措，共累计储款二十余万钱，规定专款专用，地方官员一律不得挪作他用。另外，他拨出专款，在北京城购置"台州会馆"，方便台州籍考生和在外人士寄宿。

经刘璈同治年间对文教事业的修举之后，终于在光绪朝结出了硕果，台州竟有17人中进士（其中临海县8人）。而在整个清代，台州中进士38人，光绪年间就占了近一半。事实说明，刘璈大兴文教的政绩还是值得肯定的。

在这里，还必须提及为晚清台州文教事业发展做出过重要贡献的几位名人。

宋世荦（1765—1821），字卣勋，号确山，临海人。乾隆五十三年（1788）举人，补咸宁宫教习，曾任福建大田、陕西扶风县知县，以廉洁著称。颇受朱珪赏识，引为幕僚，道光六年（1826）因病回乡，在引退之时，"惟藏书万余卷，金石彝鼎而已"。建藏书楼，名"古铜爵书屋"，又名"确山楼""红杏轩"。广搜乡邦文献，最为留心。同时，辑《台诗三录》《临海补志料》等。最有价值的是，于嘉庆二十三年（1818），刻印《台州丛书》（一名《名山堂丛书》），其中《嘉定赤城志》乃依据宋刻本刊印，首开浙江刊刻地方丛书之先河。另外，他沿袭了清前中期以来的学术传统，致力于训诂、考据之学，著有《周礼故书疏证》《仪礼古今文疏证》《诂经文字古义通释》等。

黄濬（1779—1859），字睿人，号壶舟，晚号四素老人，太平凤山（今温岭市石桥头镇下黄村）人。清道光二年（1822）二甲进士，以知县用签分江西，历任雩都、萍乡、临川、赣县、彭泽知县及南安府同知。道光十八年（1838），因故遣戍新疆乌鲁木齐，七年后始返。归里后，主讲黄岩萃华书院，后任太平宗文书院、鹤鸣书院山长。他长于诗文，兼通释老，并擅史志。他写诗3000余首，结成集子《壶舟诗存》，是清代台州诗人写诗最多的一位，林则徐为之作序，评价他的诗汪洋恣肆，"若长江之放乎渤澥"。另著有《周穆纪传》《东征纪程》等，还主编了《雩都县志》《萍乡县志》。

王棻（1828—1899），字子庄，号耘轩，黄岩柔桥（今黄岩城东）人。

清同治元年（1862）优贡生，同治六年举人。后因两次应试不第，便改变了主意，立下了终生从事讲学论著的志向。先后在黄岩九峰、清献和文达，太平宗文，临海正学等书院担任山长。他博学通经，崇尚宋明理学，赞颂民族气节，常以抗清志士吕留良等人的事迹教育学生。提倡读书应明理义，不是为做官。以"左交许郑右程朱，要使滨海变邹鲁"为教育宗旨，台州近代学者喻长霖、王舟瑶、章梫、朱谦、管世骏、黄方庆等均出于门下。他一生著书734卷，为台州近代第一人。他是清代后期方志理论的集大成者之一，丰富和发展了方志学术思想。他所编纂的志书，历来备受推崇，被梁启超称为清代方志佳构。他用近20年时间编纂的《台学统》共100卷，辑录了台州自晋代至清代名人337人。他编著的《柔桥文钞》，对自己一生的学术思想作了总结，颇受清末以来学者赞誉。

王咏霓(1839—1916)，原名王仙骥，字子裳，号六潭，黄岩兆桥(今椒江区兆桥)人。光绪六年（1880）登进士第，授刑部主事，签分河南司行走。后任许景澄的公使随员，出使法国、德国、意大利、荷兰、奥地利、比利时等国，成为我国近代第一代外交官。后又相继担任过安徽凤阳府知府、太平州知府、池州知府，筹建池州府中学堂，出任安徽大学堂总教习，高等学堂、法政学堂编纂，皖政辑要局、存古学堂提调等。年轻时，曾执教东瓯书院（海门）、玉环环山书院、黄岩九峰书院、宁海缑城书院。其教育思想，前期重视仁德教化，晚年注重实业教育。著有《函雅堂全集》《台州大事记》，续纂《光绪黄岩县志》等。

此外，应提及一位女士王郁兰。王郁兰（1794—1862），字宪芝，号香谷，临海义城（今临海市城南）人。晚年（咸丰年间）在章安梓林某富孀家，设帐课徒，始创台州女塾。著有诗集《吟秋阁诗稿》1卷。

晚清台州文教事业的勃兴，培养了一批文化人，他们成为推动近代台州文化发展的中坚力量。但是，必须指出的是，在一个千疮百孔的时代，想要依靠振兴教育、多出人才来挽救国家危局已经做不到了。摇摇欲坠的清王朝逃脱不了覆灭的命运，最终于宣统三年（1911）在国内民众此起彼伏的反抗浪潮和外国殖民主义猛烈枪炮的夹击下被彻底推翻。

### 三、"西风"渐入下的台州文化嬗变

1840年鸦片战争前，中国是一个独立的封建国家，农业和家庭手工业相结合的自给自足的自然经济在社会经济中占主导地位，从明朝中期开始萌芽的资本主义正在缓慢发展。1840年鸦片战争爆发，西方列强用坚船利炮轰开了清朝闭关自守长达数百年的国门，在把西方工业文明和教会（主要指基督教和天主教）文化输入中国的同时，也把中国社会变为半殖民地半封建国家。此时的台州，处于国门洞开、泥沙俱下的状态。一方面，鸦片泛滥成灾，社会乌烟瘴气，百姓深受其害；另一方面，随着宁波通商口岸的开通，作为与宁波口岸相对接的海门（今椒江）港逐渐兴起，极大地促进了台州与外地社会的交流和经济贸易，也极大地缩短了台州与当代西方文化接触的距离。

当时，浙江巡抚刘韵珂向时任钦差大臣、中英《南京条约》谈判代表耆英报告，称台州遍种罂粟，民间盛行吸食鸦片，以至于到了"黄岩一县，无不吸烟，昼眠夜起，呆呆白日，阒其无人，月白灯红，乃开鬼市，烟禁大开，鬼世将成"的地步[1]。鸦片不仅严重摧残了吸食者的身心健康，破坏了社会生产力，卷走了大量的白银，也使台州社会的吏治更加腐败，百姓的生活每况愈下。

海门是台州得风气之先的一个"窗口"。同治六年（1867），宁波天主教徒张阿九到栅桥（今属椒江），以儿科医生的身份行医传教，开启了台州天主教活动的先河。同年，天主教神父傅道安来台州，先在海门、

---

[1]　刘韵珂《致耆英等书》。

栅桥一带开教，并在栅桥建立了台州第一座天主教堂，于是，天主教的活动得以在台州逐渐兴盛。光绪元年（1875），海门港的主要港埠从葭沚外移到海门，并设渔团局管理船舶出入，大量的洋货（如洋纱、洋布、洋火、洋油、洋靛、洋铁、洋钉）开始由海门进入台州。继而，各种商业活动频繁出现，近代科技产业（包括航运业、邮电业等）也相继崛起。光绪五年（1879），在海门成立了美孚、鸿泰祥、衡孚、鸿祥4家商行，主要经营进口洋油。光绪二十三年（1897），海门港轮埠创立，开通台甬航线，由宁波外海商轮局开辟，有"海门"号轮定期运载客货，往返于海门和宁波之间。次年，路桥人杨晨创办越东公司，购置"永宁"号轮，航行于台甬线，改变了由洋人控制的局面。光绪三十年（1904），日商置"载阳丸"号轮，开辟台申航线，航行于海门与上海之间。为争国权，杨晨又于次年购置了"永江"号轮，也参与台申航线，经营客货运输，而且，在光绪三十四年（1908），"永江"号轮还兼航台（州）温（州）航线。至宣统末年（1911），海门港总计有3条外海航线，10艘航轮。如此发达的航运业，为台州的经济社会发展发挥了应有的作用。

随着台州港埠的开通、近代科技产业的兴起和西方文明的不断涌入，台州百姓的物质生活条件得以改善，人们在生活方式、思想理念、价值观乃至于民族心理等方面也都发生了改变。台州社会开始进入一个大变化的时代。

废科举、办学堂成为一种时尚。光绪二十四年（1898），朝廷颁发《定国是诏》，宣布变法维新（史称"戊戌变法"）。其中有一项重要改革，就是废止"八股"，"向用四书文者，一律改试策论"；同时，上谕"即将各省府厅州县现有之大小书院，一律改为兼习中学西学之学校"。但事实上有一个过程。至光绪三十一年（1905），朝廷正式下诏，自丙午科始，"所有乡会试一律停止，各省岁科考试亦即停止"。自此，从隋唐开始的封建科举制度宣告终结。而将书院改办为学堂，则从光绪二十八年（1902）开始。是年，朝廷颁布了《钦定学堂章程》，令各地官学改办为学堂。台州知府徐承礼遵诏令改三台书院为三台中学堂，从此揭开了台州书院改办学堂的序幕。不久，临海县章安金鳌书院改名为金鳌初等小学堂。而台州新办中学堂，是从光绪三十一年（1905）开始的。是年，天台人王性山、王文柱准备以天台旧校士馆为校址筹办天台中学堂，却遭到生童们的激烈反对，事情闹到了省城。后经王文柱7次上京，诉诸学部，才获得批准。光绪三十三年（1907），葭沚开办椒江中学堂，是台州第一所府属官办学堂。学堂与书院的最大区别，就是在教育内容上有了很大改变。书院以"八股、经学、史学、治术、声律、对偶"等为"学"；而学堂则主要以"经学、法政、文学、格致、农学、工学、商学、医学"等为"学"，后来又发展出培养擅长西学专门学科人才的专门学堂。光绪三十二年（1906），太平县横湖官学堂改称太平中学堂，附设初级师范简易科；又在横峰宗文高等小学堂附设初级师范完全科，开启了台州师范科的先例。光绪三十三年（1907），海门印山学堂改为印山初等商业学堂，是台州最早的实业学校。

　　学习西方先进的科学技术，或者选择出国留洋，也逐渐成为一种风气。许多原本沉迷于故纸堆中的读书人，转而接受"西学"，通过潜心研究，最终成为一代科学精英。周郇便是他们的杰出代表。周郇（1850—1882），葭沚（今属椒江）人，字叔篯，一字黍香，号郇雨。年青时，初习训诂、音韵之学，继习词章、校勘目录之学，有文名。曾馆于四明蔡氏（宁波人蔡鸿鉴）墨渊楼，得以博览其家中的大量藏书。后习天文算数，转而又精研西学，对物理、化学、医药、机电、矿冶、火器制造等无所不通。光绪五年（1879），应聘于江南广方言馆，负责翻译科学书籍，译有《电学纲目》《电气镀金法》《制造巴德兰水泥理法书》等，并著有《作宝石砂轮法》。其间，又究心于洋务。他认为，办洋务"必先知中国理法人情，必周知外国政教风气，又必兼知中外交涉时势情形，然后可以从事"。他还认为，学习知识的目的在于富国强兵，为此专门作《治原策》与《富强策》。又考察海防，作《新法炮台议》一书，详细阐述"设炮之法"和如何保证实弹误差"不出二丈以外"，深得提督周廷珪的赞赏。学政黄体芳称其"以博物之才，抱经世之志，算术甄明，究心化学，士林中罕与等论。又熟悉中外交涉事宜，足供器使"。可惜英年早逝，不能尽展其抱负。

出国留学的风气，是在光绪二十八年（1902）开始的。是年，台州知府徐承礼首次组织优秀学子赴海外留学[①]。此后便络绎不绝，先后有数批次、近30人，分抵日本、英国、美国、法国、德国等国留学。如王文庆、祁文豹、章亮元、王吉人、许轵民等留学日本，柯召、柯俊、冯培德、陈芳允等留学英国，王琎、冯德培、陈祖荣、张作干等留学美国，去过法国的有陈荩民、闻诗、王启东等，去过德国的有林渭访、颜守民、王雪莹等。这些学者学成后归国，为近代中国的科学发展和文化教育事业进步做出了巨大贡献。

这时期，也出现了一批"睁开眼睛看世界"的台州人。王咏霓随许景澄出使西欧各国归来后，提出了革故鼎新的思想，主张引进西方的先进科学技术，致力中华振兴。有感于"开矿产而无精通矿学之才，造机器而无能为机母之厂"，主张"立学堂以造士，广科目以抡英"[②]。王彦威（1842—1904），字弢夫，号蓺庵，黄岩人，历任工部衡司主事、营缮司员外郎、军机章京、江南道监察御史、太常少卿等职。利用接触机密文件的机会，从"大库"中抄录道光、咸丰、同治三朝钦定未刊之外交案卷，编成《筹办洋务始末记》（后由其侄子王亮增补并改名为《清季外交史料》，共243卷），成为研究清代外交史的重要著作。杨晨、喻长霖、

---

① 李一、周琦主编：《台州文化概论》，第353页。
② 王咏霓《致杨晨书》。

朱文劭、黄崇威、屈映光等前清子遗和民国元勋，致力于发展家乡轮埠、公路、电力、纺织、碾米、酿造等交通和民族工业，促进了台州当地科学与技术的发展。

## 第二节 民国时期的文化发展

宣统三年（1911）爆发的辛亥革命，推翻了腐败的清政府，建立了中华民国，在政治上推行"民族、民权、民生"的三民主义，使广大百姓看到了国家独立和民族振兴的新希望。但是，由于辛亥革命的不彻底性，导致封建势力在一个相当长的时期内仍然顽强地存在着；加上反封建、反军阀、反殖民地斗争的任务十分艰巨，中国社会的文明进程遭受严重干扰。从1911年辛亥革命至1949年中华人民共和国成立的38年间，正是台州经济社会缓慢发展、政治思想处于大变动的时期，也是台州民众反帝反封建反军阀统治的光辉时期。

### 一、经学派：台州历史上的最后一个学派

清末民初，台州的知识分子阶层出现了分裂。一部分积极从政，踊跃投身革命活动，成为推翻清政府、反对军阀统治的中坚力量。如临海王文庆追随孙中山，参加民主革命；杨哲商参加光复会，为辛亥革命付出了年轻的生命；天台周永广曾担任浙东讨袁军总司令，参加由黄兴组织的讨伐袁世凯活动。一部分致力于办学，以培养当代人才为务。如临海项士元创办私立临海县高等小学校；葭沚周载熙从日本留学归国后，先后担任浙江省立六中、八中校长。一部分致力于创办实业，走科学救国之路。如海门（今椒江）黄楚卿和临海屈映光、周继漾及路桥杨晨等一起，在海门创办振市公司，发展港埠商业；黄楚卿还在葭沚创办恒利

电气公司，在海门创办电厂等。还有一部分则投身于杭州诂经精舍主讲俞樾的门下，受其影响，潜心于学术，最终形成了清末民初时期台州的一个最重要的学派——台州经学派（或称俞樾台州学派）。

俞樾（1821—1907），浙江德清人，字荫甫，号曲园。清道光三十年（1850）进士，授翰林院编修。咸丰五年（1855），任河南学政，二年后被御史弹劾"试题割裂"革职，遣回原籍永不叙用。同治四年（1865）秋，经两江总督李鸿章推荐，任苏州紫阳书院主讲。同治六年（1867）冬开始，任杭州诂经精舍主讲，掌教长达31年。俞樾重视经学研究，其主要研究成果大致有三方面：一是校正经传中的衍脱伪谬和重文讹错；二是考证经传中的人名、地名、国邑和器物；三是补充先儒诠释之义。所著《群经平议》《诸子平议》和《古书疑义例举》，为其影响最大的经学代表著作。在他的门下，培养了一批全国知名学者，如戴望、朱一新、黄以周、章太炎、吴昌硕、施新华等。来自台州的高徒，则主要有王舟瑶、章梫、王彦威等十余人。

王舟瑶（1858—1925），号默庵，黄岩县城人。少时师从黄岩王棻，就读九峰书院，攻读汉史、古文辞、训诂、经史、义理之学，撰有《说文玉篇分部考异》《读说文札记》等。光绪十一年（1885），被浙江学政调入杭州诂经精舍学习，其著述得到俞樾称赞，受到指导。光绪十五年（1889）中举，被福建、江苏督学聘请。光绪二十一年（1895），参与喻长霖主修的《台州府志》编纂工作。后任京师大学堂经史教习，编《经史讲义》《中国通史讲义》。光绪二十九年（1903），任职两广学务处，监督两广师范学堂。著有《群经大义述》《中国学术史》《读经札记》《台州文征》《默庵集》等①。

章梫（1861—1949），号一山，三门海游小蒲村人。光绪四年（1878）

---

① 《台州市志》卷二八《人物》。

中秀才，同年至诂经精舍研学经史。住书院十余年，得俞樾面授，学习日精。除了研读经史外，兼学数学、天文、地理，皆有成就。光绪二十八年（1902），考中举人。光绪三十年（1904），获甲辰科（科举史的最后一科）进士，授翰林院检讨。此后，历任京师大学堂译学馆提调、监督，国史馆协修、纂修，功臣馆总纂，德宗（光绪）实录馆纂修，京师大学堂经科、文科提调，邮传部、交通部传司所监督，为民国初期教育做出贡献。译作有《教育管理法纲要》；著有《康熙政要》《一山文存》《一山骈文》《王（舟瑶）章（一山）诗存合刻》《一山息吟诗集》；并参与续修《浙江通志》，校订明初方孝孺《逊志斋集》。[①]

　　王舟瑶与章梫同是俞樾门下优秀学人，为台州晚清至民初的学术大家。辛亥革命后，两人均辞官赋闲，不愿为新政权效力，但对时政有不同见解。民国六年（1917）张勋复辟前，有人举荐王舟瑶出山相助，却为他所拒。晚年改穿道士装束，专心编纂乡邦文献以终。而章梫则不同，辛亥革命后他痛不欲生，有殉难之意，坚拒袁世凯、徐世昌函电相邀，而当张勋领兵北上与遗老策划复辟，章梫参与其中。民国十九年（1930），章梫从上海至天津入觐宣统帝，后定居天津以终。

　　此外，临海尤莹，葭沚（今属椒江）周郇，黄岩王彦威、王维翰、张濬、管世骏、孙洞、王士骏，太平陈殿英，宁海徐履等，也都出于诂经精舍门下，深受俞樾的熏陶。他们为南宋以来台州最大的学派——清代台州经学派，作了最后的传承。自南宋台州创立南湖学派至民国初年的台州经学派，近千年的台州学术圆满收官。民国以后，台州再也没有学派传承。

　　喻长霖虽然不属于俞樾台州学派，但他在经史研究领域取得的成就不容忽视。喻长霖（1857—1940），字志韶，黄岩焦坑仙浦喻人。少时，

---

① 《台州市志》卷二八《人物》。

在母舅王棻执教的九峰书院学习。光绪二十一年（1895）中榜眼，授翰林院编修。历任国史馆协修、武英殿和功臣馆纂修、清宗室觉罗八旗第三学堂提调、八旗高等师范学堂国文教习、译学馆伦理教习、两级师范学堂监督。光绪三十三年（1907）十二月，受翰林院派遣，去日本考察学务，次年五月返。宣统元年（1909），任实录馆纂修。次年六月，任京师女子师范学校总理。资政院成立后，选为硕学通儒议员，授四品衔，任资政院宪政会咨询。辛亥革命后，不为袁世凯所请，谢绝归里。民国三年（1914），受聘任浙江通志局提调，参与通志编修。民国十五年（1926），主修《台州府志》，用了5年时间编纂完成，全书140卷，是研究台州历史最重要的典籍。晚年客寓上海，以卖文鬻字为生。一生著作颇丰，有《清儒学案》《古今中外交涉考》《清大事记》《九通会纂》《经义骈枝》《两浙文徵》等18部经史著作，并整理王棻《台学统》，选辑《柔桥文钞》。

## 二、社会转型时期的新变化和新气象

1911年辛亥革命爆发，推翻了清王朝统治，结束了延续两千多年的封建君主专制，可谓是一件轰轰烈烈的大事，但是，在台州的局势相对平静。新政权平稳过渡，先是成立军政分府，不久即废府、州、厅制，各县（设知事）直属省都督府。之后，各县着手禁烟，铲除烟苗；派兵巡察城乡，强制剪辫；还明令禁止妇女缠足等。台州社会开始出现新变化，也渐渐展露新气象。

一是行政建置发生变化。民国元年（1912）二月，因撤销军政分府，不再设立府一级政区建置，玉环厅改为县[①]。民国三年（1914）一月，北

---

① 玉环厅设立于雍正六年（1728），属温州分府。1912年改为玉环县后，仍属温处道。直到1949年10月1日后，改属台州专区。后来，玉环县于1953年5月划出洞头、大门2区设置洞头县，属温州专区。

洋政府改定各省重复县名，将太平县改名温岭县，以县西温峤的别称温岭而得名。民国二十九年（1940）七月，以宁海县东南部18乡镇、临海县东北部5乡镇及南田县全境建立三门县，以地临三门湾而得名。至此，台州辖区由原来6县变成了临海、黄岩、温岭（太平）、天台、仙居、三门、宁海7县[①]。

二是社会建设事业有所实施。主要表现在海门港迅速崛起。自从1914年黄楚卿、屈映光等人赎回天主堂所占的涂地建造码头、开辟新街后，杨晨等人大力发展航运业，加上一批像恒利电气公司、同康酱园酒厂和天主堂刺绣等企业的兴起，海门港得以迅速发展，一跃成为台州最重要的商埠。至民国后期，有"小上海"之称。三门湾被政府划为"模范自治农垦区域"。1916年8月，孙中山偕胡汉民等人视察三门湾，称三门湾为"实业之要港"，并把建设三门湾的计划列入《建国方略》中。之后，吸引了数批华侨回国到三门湾踏勘和经营实业。另外一件比较大的事情，就是发展公路交通。1930年，温岭、黄岩两县绅商集股在路桥组建黄泽路椒汽车股份有限公司，对境内公路实施改造建设。1932年4月，路（桥）椒（海门）公路建成通车；1933年10月，黄（岩）泽（国）公路建成通车；1934年，黄泽路北延的临（海）黄（岩）段、天（台）临（海）段、新（昌）天（台）段，包括天台县城至国清寺支线、临海穿城线建成通车。自此，第一条纵贯台州境内的公路干线全线通车。

三是新民主主义思想开始传播。一个最重要的标志，就是各种报刊和文艺团体如春潮般涌现。它们宣传科学、民主，主张团结和教育民众，宣传马列主义新思想，鼓动反帝反封建，从而使各种新思想逐渐深入人心，也诞生了一批知名的作家、文艺家、宣传家。1912年8月在海门创刊的《赤霞报》，是台州第一张本地报纸。接着，大批进步报刊在台州各

---

① 宁海县于1952年10月改属宁波专区。

地创办，大批有着先进思想的报刊如《新青年》《湘江评论》《创造日》《语丝》《东方杂志》《向导》等，源源不断地进入学校、田头、街角。台州成为传播新思想、鼓吹新文化的一个重地。项士元（1887—1959），临海人，先是临海《时事日刊》的主笔，后来主办过《救国旬刊》（后改为《赤城丛刊》）、《青年周刊》。许杰（1901—1993），天台人，在临海霞城小学教书时，与好友王以仁发起组织"星星社"，提倡以教育改革推动社会改革。林淡秋（1906—1981），三门浦西人，他与宁海柔石相友好，于1925年在上海发起建立"宁海旅沪学会"，创办会刊，传播进步思想。许杰、林克多（原名李文益）、柔石（原名赵平复）、陆蠡、仇重（曾用名刘重），是这一时期台州籍重要作家，他们的代表作《惨雾》《苏联闻见录》《为奴隶的母亲》《囚绿记》《稻田里的故事》等，在全国都有影响。

四是共产党领导的武装革命不断兴起。中国共产党成立于1921年7月。1924年1月，以宣侠父（诸暨人）为领导的台州第一个中国共产党小组在省立甲种水产学校（今椒江葭沚）诞生，当时只有5人。后不断发展壮大，至1928年初台州已有党员2800名。1928年5月，著名的亭旁（今属三门县）暴动爆发，建立了浙江第一个苏维埃政权，包定任苏维埃革命委员会主席兼红军总指挥。此后，台州各县相继建立了农民革命武装，密集地发动武装斗争。至1930年5月，中国工农红军第十三军成立（军长胡公冕），台州各县游击武装编为红十三军第一、第二团，不久扩编为师。后在国民党军队的合力围剿下，红十三军在台州各地的武装斗争先后失败。中共党组织也遭到严重破坏，至1935年6月，全区党员仅存28名。以至于1935年秋天，由中央红军北上抗日先遣队改编的挺进师第一纵队进入台州，由于没有当地党组织的接应，无法立足，在次年7月便撤离台州。直到1938年5月，中共台属特委成立，台州地方党组织才又慢慢地发展起来，领导人民参加抗日战争、解放战争，最后夺取全面胜利，迎接1949年10月1日中华人民共和国成立。

### 三、"台州式硬气"在民族救亡斗争中的弘扬

1919年"五四"前夕，一群台州籍在京学生陈宏勋（陈荩民）、牟正非、孙德忠、周炳麟、王恭睦、牟谟、项士襄、沈敦五等，积极参加反对丧权辱国的"二十一条"抗议活动。陈宏勋等人还首先冲入曹汝霖住宅，痛打卖国贼章宗祥，火烧曹宅，揭开了反帝反封建的"五四运动"的序幕。消息很快传到台州，全省各县中学师生代表和各界人士千余人在台州集会，呼吁抵制日货，敦促留日学生全体归国，以此声援北京。临海、海门商界相继罢市，要求北洋政府惩办卖国贼，释放被捕学生。台州救国协会成立（会长先是毛芷沅，后是项士元），发动并组织各县开展反帝爱国宣传、游行示威及查禁日货等活动。

1931年"九一八"事变至1945年8月15日日本宣布无条件投降，是中国全民动员抗击日本侵略的时期。在这一时期，台州虽然是浙江沿海唯一未被日军长期占领的地区，但日军对台州所造成的破坏同样令人发指。台州人民积极行动支持抗战，为中华民族的救亡斗争做出了重要贡献，也付出了巨大牺牲；台州人民面对侵略，同仇敌忾，奋起反抗的精神，更是彪炳史册，永不磨灭。

积极声援，大力宣传抗日。民国二十年（1931）"九一八"事变发生后的第二个月，临海、海门、黄岩、温岭等地的学界便发起了抵制日货运动，焚烧查获日货。温岭县还率先成立了"抗日救国会"。次年2月，天台县也发起组织"青年救国会"，宣传抗日，抵制日货，募捐支援上海难民。1935年，中共中央发表"八一宣言"，呼吁停止内战一致抗日，台州的中共党员与进步人士再次掀起抗日宣传高潮，组织宣传队，编印报刊，深入宣传抗日。如陈叔亮在黄岩新桥扶雅中学发起组织"怒吼化

装宣传队"，在黄岩新桥、温岭泽国等地演出抗日爱国戏剧。民国二十六年（1937）"七七卢沟桥事变"后，台州各地的抗日宣传活动进一步高涨。天台、黄岩相继成立了"民众抗日救国团""救亡会"，温岭、玉环成立了"青年战时服务团"。玉环县城里还出现了油印《快报》（日报），开展抗日救亡宣传，影响很大。海门爱国青年自筹经费，组织"春野"救亡剧社，在海门、临海、黄岩、温岭巡回演出《放下你的鞭子》《最后一课》《中国的母亲》等戏剧。此后，台州各县的民众抗日文艺团体如雨后春笋般发展起来，仙居有抗日救亡歌剧团、暑期话剧团，黄岩有黄钟剧社、黄岩场京剧团，温岭有鸣戈剧社、民众抗日话剧团、台风剧团，玉环有楚门抗日剧团、东方剧团，海门有东山中学救亡化装宣传队、东山剧团等。据不完全统计，在整个抗日战争期间，台州各地创办的报纸共有22种、刊物62种[①]，各种战时政治工作队、青年战时服务团和抗日救国剧团、歌咏队、演讲队更是不计其数。

直接参军，以身报国，或者组织青年志愿兵，奔赴前线。为了支援抗日前线，补充兵力，台州曾有两次大的发动。一次是1932年1月，温岭县石桥头蒋烈泉发动3000多人组建"中华民众抗日救国军"，准备开赴上海，支援淞沪抗战。由于当局派兵镇压，使得这起活动没有成功。另一次是1939年10月，在中共台属特委的组织下，天台县竟有1714名青年自愿报名参军，经挑选，共有1353名青年被接收，然后组成志愿兵团开赴前线。天台县被评为"抗日模范县"。温岭、黄岩等县也相继动员了186名青年参军。至于投身军旅，为国捐躯的台州抗日英烈不乏其人。著名的有：王苏香（1896—1932），女，海门镇（今属椒江）人，中国红十字会第21伤兵医院院长，少校医官，参加淞沪会战，先后救护伤员500余人，难民数千人，因染伤寒去世，时任国民党中央执行委员会

---

① 李一、周琦主编：《台州文化概论》，第81页。

妇女部部长何香凝，为其墓碑题写了"女中楷模"四字。包志秀（1910—1937），海门人，陆军营长，在上海"八一三"保卫战中英勇阵亡，年仅28岁，遗体运回海门，举行公祭。王天祥（1906—1937），黄岩宁溪人，空军航空第4大队上尉大队长，在上海驾机参战，英勇牺牲。此外，在抗日前线牺牲的台州籍爱国军人，将级以上的有：谢升标（1903—1938），临海人，国民革命军苏、浙、皖少将游击司令，在江苏溧阳的一场战斗中牺牲（牺牲后追晋为中将）；王禹九（1902—1939），黄岩宁溪人，国民革命军陆军第79军参谋处处长、少将，在南昌突围时牺牲（牺牲后追晋为陆军中将）；陈安宝（1891—1939），黄岩横街（今属路桥）人，国民革命军陆军第29军军长兼第79师师长，在收复南昌战役中牺牲（牺牲后追晋为陆军上将）。这些都是值得我们敬仰的英雄。还有一位牺牲在文化战场的英烈同样值得敬仰，他就是陆蠡。陆蠡（1908—1942），字圣泉，天台平镇岩头下村人。著有散文集《海星》《竹刀》《囚绿记》等，还翻译了俄国屠格涅夫《罗亭》、英国笛福《鲁宾逊漂流记》、法国拉·封丹《寓言诗》和法国拉马丁《希腊神话》等作品，被巴金称为是一位真诚、勇敢、文如其人的作家。他以上海文化生活出版社负责人的身份为掩护，积极支持并参与各种抗日活动。1942年4月被日军宪兵逮捕，受酷刑折磨后牺牲。

在台州的地面上组织战斗，直接打击或消灭日寇。1937年上海"八一三事变"后，日军开始把魔爪伸向台州。或封锁港口，或频繁袭扰沿海，或对城乡实施狂轰滥炸，给台州人民造成了极大的破坏。据不完全统计，日军飞机侵袭台州上空142批394架次，投弹1700多枚，被炸死、杀死民众3100多人、伤2200多人，炸毁烧毁房屋9700多间，毁坏渔船、商船520多艘。无数民众家破人亡、流离失所。此外，还有两次大规模入侵，虽然时间都不长，但危害特别严重。一次是在1941年4月19日凌晨，在连日狂轰滥炸后，日军约2000人在海门登陆，侵占市区，然后分兵侵犯黄岩、临海县城，到处烧杀抢掠。海门镇被烧毁房屋1000多间，居民200多人被杀。日军在临海县城劫走大量物资，于4月25日撤回海门，5月1日撤离黄岩县城，5月3日撤回海上。另一次是在1945年6月21日，从福建溃退的日军1万多人，从温岭县入境，经黄岩、临海、天台、三门等地，于7月5日从天台、三门分头北去。沿途烧掠奸杀，无恶不作，所过村镇一片狼藉。为此，台州人民绝不屈服，自发地或者有组织地开展抵抗，给日寇以沉重打击，谱写了反抗外来侵略的英雄诗篇。

1938年5月，在中共台属特委的领导下，建立了中华民族解放先锋队台州总队及各县民先队。同年6月，又在黄岩、乐清、永嘉3县边区改造土著武装500多人，组建"黄乐边游击队"，将1932年4月建成并通车的纵贯台州境内的公路干线路（桥）椒（海门）公路全线掘毁，以阻止日军入侵。1940年10月，海门各界民众在市中心城门头集会，声讨日寇罪行，并制作了汉奸汪精卫、陈璧君的石跪像，置放在抗日阵亡将士纪念碑前，以表达民众的仇恨。1941年4月19日，日本黑田联队入侵台州，在海门、黄岩等地，先后受到国民自卫队的顽强抵抗。1943年8月，日伪军共460余人从三门鹤浦登陆，进犯南田，遭到三门县国民自卫队的反击，被击毙74人、伤24人。同年10月，大陈岛土著武装王仙金部与日寇在海上周旋，经多次激烈交战，最终收复大陈岛。1944年12月，日军百余人乘坐数艘汽艇，在温岭沙山塘东门登陆，扫荡坞根盐场，遭到盐警奋力抵抗，被击毙1人。1945年3月，日军南支第4舰队司令、海军中将（死后追晋为大将）山县正乡乘座机误入椒江水域，遭到驻海门护航中队和当地水警的围歼，毙命于椒江。台州人民取得了一次意想不到的重大胜利。山县正乡成为中国抗日战争中最后一个被中国军民击毙的日军大将（一共有6位），也成了在浙江战场上毙命的日军将领中军衔最高的一位（其余还有3位中将）。同年6月，当日军第二次大规模入侵台州时，台州各地民众纷纷起来抵抗。如临海东塍乡屈家村组织自卫队，拿起武器狙击日军，因敌我力量悬殊，屈彦灶、屈仁文等12人英勇牺牲；黄岩县蓬街镇（今属路桥区）民众自发成立乡保队，以土枪土炮抗击日军，有7人阵亡。

## 第三节　一九四九年以来的文化复兴

1949年10月1日中华人民共和国成立，开辟了中国历史的新纪元。一方面，中华民族结束了自1840年鸦片战争以来被侵略被奴役的历史，宣告从"东亚病夫"的屈辱中站立起来；另一方面，中国人民在中国共产党的领导下迈出了社会主义革命与建设的雄健步伐，朝着社会主义现代化和中华民族复兴的伟大目标披荆斩棘，奋勇向前。但是，前途虽然光明，而道路却不平坦。经过70多年的风雨历程，一个初步繁荣昌盛的中国呈现在世界面前，一个欣欣向荣的新台州也正以昂扬的姿态崛起于东海之滨。

### 一、社会主义新文化在台州的探索

中华人民共和国建立初期，台州同全国其他地方一样，进入了新生政权巩固和国民经济恢复时期。国民经济恢复是总目标、总路线，而社会主义改造和社会主义思想启蒙是两个最重要的举措。

社会主义改造包括社会主义土地改革和社会主义工商业改造，被纳入国家建设与发展的战略决策中。台州的土地改革是从1950年3月台州地委土改工作队进驻临海县大田区开石乡、大固乡等地进行土改试点开始的。1951年1月，台州地委发布"土字第一号"通知，对土改中各级需要请示批准的问题作出规定。至同年12月，全面完成土改任务，全地区共709乡，已有688乡进行土改，涉及农民约239万人。而台州的工商业改造，是从最初没收官僚资本组建国营企业开始的，后来逐渐走公私合营道路。台州第一家被军管会派员接管的企业，是海门恒利电气股份有限公司。1950年5月开始进驻并进行资产清理，1952年6月成功改组为国营海门发电厂。台州第一家公私合营企业，是成立于1950年10月的天台电厂。至1952年8月，台州全地区国营和公私合营工厂达24家，工人达864人。

在实行社会主义改造的过程中，遇到了一个必须首先解决的问题和一个突发性事件。这个必须首先解决的问题就是剿匪反特。解放初期，盘踞在台州山区和海岛的土匪达8500人；加上国民党军退守大陈岛，在岛上建立了"浙江人民反共突击军"，经常对浙东南沿海地区进行骚扰。因此，与其他地方相比，台州面临着一个艰巨的任务就是剿匪反特。从1949年10月11日台州地委统一部署剿匪开始，每一年都会有数起匪特案件被破获，有多次激烈的战斗发生。直到1955年1月18日，著名的一江山岛战役爆发，随后国民党军队仓皇撤离大陈岛，浙东南沿海（包括台州）才逐渐恢复平静。虽然，台湾当局后来也曾派特务潜入大陆，或者派飞机飞临台州上空投掷传单，但已是强弩之末。

一个突发性事件，是指抗美援朝。1950年6月，朝鲜战争爆发。7月，国内进入了抗美援朝总动员。10月，台州掀起了宣传发动的高潮，纷纷组织和平签约、报名参军、捐献武器等活动。至该年12月，全地区共有12325名团员、青年参军。至次年10月，又有三批次共16104人参军，先后奔赴朝鲜战场。这里出现了父母送子女、妻子送丈夫、姐姐送兄弟，青年争相参军的热潮。而在朝鲜战场上，也涌现了不少台州籍战斗英雄，杨阿如便是一个杰出的代表。杨阿如，黄岩临古乡下洋灰村人，1952年参加中国人民志愿军，任坦克排排长。他作战英勇，战绩辉煌，荣立一等功，被授予朝鲜二级坦克英雄称号，金日成首相授予他一级国旗勋章。

　　社会主义思想启蒙是这一时期的另一项重要任务。它的主要方式，就是广泛发动群众参与活动，因而体现了鲜明的群众性和强烈的时代感。一是积极教唱革命歌曲，广泛传播解放区文艺。在大批南下干部的带动和当地文化馆专业人员的辅导下，台州各地广泛开展了教唱革命歌曲活动。一大批像《没有共产党就没有新中国》《解放区的天是明朗的天》《东方红》《翻身道情》《咱们工人有力量》《抗美援朝主题歌》等革命歌曲，迅速在台州普及。陕北的秧歌舞、腰鼓、赶旱船（闹湖船）等，也在台州的城乡各地广泛地开展起来，且逐渐成为一种时尚。二是村村办夜校，大面积开展扫盲运动。针对旧中国90%以上的人口是文盲的现状和当时社会急需有文化的人担任会计、出纳等初级管理人才的情况，当时台州出现了大办夜校的盛况。夜校以识字教育为主，还开展普及科学知识、教唱革命歌曲、学习有关国家政策法规等活动，使广大人民群众初步接受了社会主义的政治、思想和文化教育。三是组织业余剧团，丰富群众生活。特别是在土地改革时期，各地业余剧团风起云涌。一方面，演出一些传统的越剧、京剧剧目和其他地方戏，以满足广大翻身农民对文化生活的要求；另一方面，有条件的业余剧团为了配合各项政治运动，自发地排演了一些革命小歌剧、革命戏剧节目，如《白毛女》《血泪仇》《刘胡兰》《赤叶河》《兄妹开荒》《夫妻识字》等，对广大农民开展忆苦思甜，歌颂新社会歌颂共产党，支持土地改革、镇压反革命和鼓舞抗美援朝等教育，产生了巨大的影响。[①]

　　1956年至1966年的"十年"，是在文艺思想上提倡"百花齐放，百家争鸣"和在经济发展上主张"多快好省地建设社会主义"的时期。应当说，这在总的方向上，符合广大人民群众迫切要求尽快改变我国科学文化落后和经济社会不发达状况的普遍愿望，而且有效地调动了人们的

---

① 参见张伟编著：《椒江群众文化史》，北京：中国文史出版社，2013年，第147—151页。

主观能动性。但是，由于在1957年下半年就开始了"反右"运动，而且存在严重扩大化（当时，在台州被划为右派分子的有920人，直到1978年后才陆续改正）；加上1958年"大跃进"，以高指标、瞎指挥、浮夸风和"共产"风为主要标志的"左倾"错误泛滥，导致刚刚进入轨道的社会主义经济建设蒙受巨大损失，也使社会主义群众文化畸形发展。1956年，各县县报创刊。1958年，各种脱产的文工团、文宣队应运而生；各种配合中心任务的文艺宣传活动（如墙头画、黑板报、展览等）层出不穷；许多新学校如同"放卫星"，一夜之间纷纷成立[①]。这期间台州也发生了一些对后世有影响的事情。其中，以"大陈岛垦荒"最为著名。为了响应团中央的号召，由温州市227名青年组成"大陈岛志愿垦荒队"，于1956年1月29日登上大陈岛，开启艰难的垦荒历程。后来又有来自温州、乐清、黄岩等地的200多名青年，先后分3批次登上大陈岛参与开发建设。至1960年7月宣布完成历史使命，大陈岛垦荒历时近5年。虽然时间不长，但是，从那时起到当下，大陈岛垦荒精神却引领着一代又一代人，肩负起新时代新使命。大陈岛被誉为浙江"南泥湾"，大陈岛垦荒精神被视为"台州城市精神"的象征。其次，就是长潭水库建设。长潭水库位于黄岩西部，于1958年10月开始动工兴建，直到1964年底竣工。建成后的长潭水库被誉为台州人民的"大水缸"。在正常水位下，该水库库容为4.57亿立方米，水电站总装机9995千瓦。

1959年至1961年，史称"三年困难时期"，自然灾害频发，瘟疫肆虐，粮食严重不足，台州各地普遍出现"饿、病、流、荒"现象，人民群众生活出现了严重困难，文化事业更是无从谈起。1962—1966年，随着国民经济的恢复和发展，社会文化事业也得到了相应的恢复和发展。

---

① 据1957年统计，台州全地区有中等学校45所，小学2747所，教职员工8434人。1958年，台州地委决定，先后又创办了台州工专（设在海门）、黄岩农专、临海师专各1所，还开办了林业（设在仙居县）、卫生（设在临海县）、水产（设在温岭松门镇）3所中等技术学校。这些学校，1959年7月以后陆续停办。

如1962年创立台州医院；1963年开始发动举办农村俱乐部，各县成立剧团；1964年以生产大队为单位，大面积举办简易小学（全地区达2104所）。但是，从总的来看，这一时期由于在政治、思想、文化方面出现"左"的错误，导致在群众文化中"左"的思想也越来越明显。从1963年3月开始部署的农村社会主义教育运动，先是搞试点，再分期分批向群众宣传"双十条"（即中共中央关于农村社会主义教育问题的两个文件），后来逐步深入到机关和农村，全面开展以清政治、清经济、清思想、清组织为主要内容的"四清"运动。

这种"左"的错误，在"文化大革命"时期（1966年5月—1976年10月）发展到了极点。这一时期，对台州来说最值得称道的是：台州第一所高校——台州师范专科学校于1970年7月创办；同年，黄岩乱弹剧团改组为台州地区文工团；台州卫生学校于1972年9月复办；至1976年底，农村基本普及合作医疗，村村都配有赤脚医生；随着宣传工作的开展，活报剧演出和各种口头文学（如打油诗、民间歌谣、民间故事）创作兴起。

## 二、改革开放中"台州精神"的再现

豪爽负气、喜欢独立、敢冒风险，是台州区域文化的重要特征。[①]早在1957年，仙居、临海等县发生农业合作社退社事件，社员将入社的耕牛牵回家，把种子粮私分到户。1962年，鉴于集体生产没有搞好，经营管理不善，台州全地区出现了不同程度的"包产到户"（占农户总数的6.23%）。从现在来看，这些行为符合绝大多数人的利益，并没有什么错。但是，在当年大搞合作社、人民公社化的时代，这是绝对不允许

---

① 陈剑、戴星翼主编：《台州，后来居上——浙江台州发展道路研究》，北京：经济日报出版社，1996年，第23页。

的，因而受到严肃的批判与阻止。自1978年12月中共十一届三中全会召开后，中国社会开始走上改革开放的正途。台州人头脑灵活、善于经营的文化特质，加上勇于闯荡、不怕吃苦、顽强拼搏的性格，与商品意识、市场意识相融合，终于在商品经济的大潮中，绘制出了一幅幅多姿多彩、雄伟壮丽的图景。

改革开放初期，台州还是一个人多、交通闭塞、经济落后的地区。以1978年为例，台州人口452万人，农村劳动力达154万人。台州工农业总产值13.42亿元，农民人均纯收入120元，财政收入1.19亿元，在浙江11个地、市中居倒数第二、三位。多年来，国家投入极其有限，几乎没有国家投入的大中型项目，国有工业企业也很少。境内高山阻隔，陆路交通极为不便。自然性经济资源相对贫乏，缺煤、缺铁、缺原材料。台州人民正是在这样艰难的处境中起步，凭着不服输的硬汉精神，负重拼搏，白手起家，完成资本积累的"第一桶金"；同时，坚持"奋力争先，向前移位"，积极探索有效载体，引入竞争机制，实现台州经济的超常规快速发展。至1995年，台州工农业总产值993.3亿元，农民人均纯收入3253元，财政收入20.37亿元，一跃成为浙江乃至全国经济发展特别快的地区之一，"古老的台州实现了从纯农业区向初步工业化地区、从传统封闭的计划经济体制向开放的市场经济体制、从农村小集镇为主体的城乡结构向以中心城市为'龙头'的城市化格局的转变"[1]。

有人对改革开放后至1994年台州撤地设市这期间的台州发展历史进行总结，大致划分为三个阶段。[2]

第一个阶段（1978—1983），台州农村工业化原始积累阶段。这一阶

---

[1] 陈广建、屈彦皆主编：《改革在台州系列丛书·走向辉煌》，天津：南开大学出版社，1997年，第12页。

[2] 陈广建、屈彦皆主编：《改革在台州系列丛书·走向辉煌》，第6—12页。同时参见胡斯求主编：《台州改革开放30年》，杭州：浙江人民出版社，2008年，第1—3页。

段，台州人主要靠发展"两水一加"为主体的一、二产业，劳务输出以及兴办废旧市场崛起。"两水一加"，指通过大力发展水产、水果和农产品加工业，为台州农村经济的发展积累了资本，也培育了最初的一批经商、办厂人才。随后，台州又有大批富余劳动力走出家门走南闯北，从事"两建"（即建筑业、建材经营）以及各种生意，台州上下形成了无农不稳、无工不富、无商不活的共识。另外，有一批台州人在走南闯北的过程中，发现许多废旧物资可以利用，于是在路桥一带建起了几十个废旧市场，包括废旧钢铁市场、废旧橡胶综合市场、旧机械设备市场、旧机动车市场、废旧电气市场、闲置设备市场，等等，为起步阶段的民营企业提供了成本低廉的旧设备，也涌现了一批令人羡慕的"万元户"。

第二个阶段（1984—1990），台州农村工业化蓬勃兴起阶段。这一阶段，台州人主要靠发展"股份合作制"和专业市场实现二次腾飞。"股份合作制"是台州人的创举。台州农民从最初的"打硬股"得到启迪，采取集资、带资与带劳相结合的形式，兴办股份合作企业。1984年初，温岭工商局正式给予股份企业工商登记，并确认股份合作企业为集体经济，标志着股份合作企业从此以平等的身份参与市场竞争。1986年10月，黄岩县下发了《关于合股企业的若干政策意见》，这是全国县级政府关于股份合作企业的第一个政策性文件。至1988年底，台州股份制企业发展到9000多家，产值37.7亿元。至1990年，台州年产值百万元以上的股份合作企业发展到1078家、千万元以上的有28家。活跃的市场也是这阶段台州经济发展的一大特点。在传统农村集市的基础上发展起来的各类集贸市场和专业市场，以及由此带动的生产资料市场、劳务市场、科技市场、金融市场等各类生产要素市场蓬勃兴起，有效地服务于工业经济和人民的生活。至1990年，台州城乡集市贸易成交额达18.73亿元，占全省比重17.74%，列全省第一位。浙江路桥小商品批发市场、临海市杜桥眼镜批发市场、浙江松门水产品批发市场、温岭横峰鞋类批发市场等一些规模较大的市场，不仅在浙江有较高知名度，在全国也有一定影响。

第三个阶段（1991—1995），台州农村工业化加速发展阶段。这一阶段，台州大力发展市场经济，实现工业化与市场化的相互促进，并有效地发展民主政治。1992年，邓小平南方谈话后，台州兴起了新一轮的解放思想活动，大力推进市场化改革。以企业产权制度改革为重点，对企业进行股份制改造，既焕发了国有企业的生机和活力，又使一大批股份合作企业跃升为现代股份制企业。着力调整经济结构，培植骨干企业、优势产品，提高经济运行质量。把经济工作的立足点、着力点放到农村，掀起了乡村经济大发展、大提高的热潮。同时发展民主政治，为广大人民群众参与公共事务管理提供广阔的空间；走多渠道兴办文化事业的新路，积极发展集镇文化，开拓文化市场，台州的各项文化事业有了长足的发展，台州文化的面貌得到改变。

这时期，台州的地方文化研究和建设形成了高潮。先后成立了天台山文化研究会、郑虔研究会、寒山子研究会等机构，定期组织研讨，结集出版研究成果。依靠当地政府，动员社会力量，修复临海这一国家级历史文化名城，并予以开发利用，使之发挥历史文化古迹的旅游和教育作用。在大力开发国家级风景名胜区天台山旅游文化资源的同时，积极开发温岭长屿硐天、玉环大鹿岛、仙居西罨寺（又名神仙居）、临海连盘珊瑚岩、临海桃渚武坑、椒江大陈岛等地方风景名胜区，积极挖掘名胜文化，把文化与旅游结合起来，使之相得益彰。①

这时期，具有台州地方特色的文化活动异彩纷呈。先后开展了以弘扬柑橘文化为中心的系列文化活动，创作了一批具有较高艺术水准和鲜明橘乡特色的文艺作品，如二胡独奏曲《桔乡抒怀》获1995年度全国

---

① 台州市文化局：《欣欣向荣的台州文化事业》，见陈广建、屈彦皆主编《改革在台州系列丛书·走向辉煌》，天津：南开大学出版社，1997年，第364—366页。

第五届"群星奖"银奖,舞蹈节目《桔花吟》获全国第二届企业舞蹈比赛金奖。开展了以"海"为主题的系列文化活动,郭修琳出版了美术作品集《海之魂》,林月辉等编导的舞蹈《台州湾渔鼓》获全国"龙潭杯"民间花会表演优胜奖。开展了以"台州之歌"为主题的系列艺术创作活动,华友国创作的歌词《杨柳青青》获文化部"群星奖"铜奖,浩音创作的歌曲《田野的风》获全国农村广播征歌金奖,王宗元等创作的表演唱《姜汤面》获全国表演唱大赛一等奖。同时,戏剧创作也取得了丰硕成果。根据传统剧目整理改编的地方戏台州乱弹《拾儿记》,新创作的现代戏《风流姑娘》《鸡公山风情》等,都在全省获得好评。[①]

## 三、多元文化在新台州发展中的倡导

一定的文化是由一定的经济、政治所决定的。文化与经济、政治之间既相互影响又相互交融。这种相互交融的特点在当下日益明显。因此,从某种意义上说,当代台州社会发展的历史,就是当代台州文化发展的历史。

1994年8月台州撤地设市,这是台州历史上的一件大事。将台州的行政中心从临海迁移至椒江,有利于依托海门港和台州湾,建立外向型经济;也有利于在台州经济最为活跃的"金三角"——即椒江、黄岩、路桥三地之间,形成一个开放发达的组合式大都市。经过近20年持续不断的开拓和努力,台州市本级的城市建设日新月异,以公路为主、海陆空立体交通体系业已建立,邮电、通讯事业与经济建设同步发展,丰富的电力、水利资源得到有效开发,社会主义精神文明建设不断推进,台州中心城市的"龙头"地位逐步确立,"中心城市——次中心城市——县

---

① 台州市文化局:《欣欣向荣的台州文化事业》,见陈广建、屈彦皆主编《改革在台州系列丛书·走向辉煌》,天津:南开大学出版社,1997年,第364—366页。

域城镇——重点镇——一般镇"的现代化城镇体系日益完善。

融入"长三角"，是21世纪初提出的一个口号。早在2003年8月15日召开的长江三角洲城市协调会上传出消息，台州市被接纳为最新成员，成了"长三角"经济圈第16个城市。从此，台州迈开了建设"长三角地区先进制造业基地、东南沿海现代化港口大城市、中国民营经济创新示范区"的新步伐。在强调进一步扩大对外开放，加强与"长三角"地区经济交流的同时，提出了构建文化"软实力"的目标，试图通过深化文化体制改革，发展文化事业和文化产业，推进文化大发展大繁荣，从而对区域发展起到支撑的作用。自此，台州的社会、文化建设步入了系统化、正规化、科学化的发展阶段①。2004年，在全国双拥工作会议上，台州市被全国双拥领导小组命名为"全国双拥模范城"称号；"中国台州风光摄影展"在日本敦贺市展出；首届中国海岛文化节在玉环县开幕；三门县被命名为"中国青蟹之乡"。2005年，在京台州籍人才联谊会在北京举行；台州市有20个镇在全国"小城镇综合发展指数测评"中被评为千强镇；首届中国（台州）网络节在椒江举行；台州市被评为中国十二大品牌经济城市；台州市进入"2005年中国十佳宜居城市排行榜"第五位……在很大程度上提高了台州的知名度，打响了台州品牌。

2008年3月，台州港临海港区建设管理委员会成立。4月，国务院批复浙江省人民政府，同意浙江海门港口岸更名为台州港口岸及大麦屿港区扩大开放，大麦屿港区升级为一类口岸。自此，台州进入了建设"东方大港"的时代。直到2011年2月25日，国务院正式批复《浙江海洋经济发展示范区规划》。浙江海洋经济发展示范区上升为国家战略，头门岛作为全省"一核两翼三圈九区多岛"海洋布局中"两翼"之"南翼"的

---

① 胡斯球主编：《台州改革开放30年》，杭州：浙江人民出版社，2008年，第17页。

关键节点，列入港口物流岛和重要能源资源储运基地规划。从此，头门港区成为浙江省"重点建设的深水港区"。同时，以"一港"（指台州港区，包括头门港、大陈岛港、海门港、龙门港等多个作业区）为依托，在台州拉开了建设台州湾循环经济产业集聚区的帷幕。如今，头门港正在紧锣密鼓建设之中，作为集聚区核心区块的椒江东部新区已初具规模，临海东部片区、台州石化片区和温岭东部片区正在发展与融合之中。

2017年2月，中共台州市委召开了五届一次党代会，明确提出台州城市发展的新定位，即立足台州深厚的历史文化积淀，打造产业和兴、生态和美、社会和睦、身心和谐的城市特质，努力把台州建设成为独具魅力的"山海水城、和合圣地、制造之都"，为中国道路的浙江鲜活样板提供台州经验。建设"山海水城"，就是要立足台州独特的自然禀赋，以生态宜居为特色，打造山海相依、城水相宜、人水相亲的城市品质。建设"制造之都"，就是要立足台州扎实的产业基础，以先进制造为方向，打造高新高端、智能智慧、集聚集群的产业高地。建设"和合圣地"，就是要立足台州深厚的历史积淀，以和合文化为精髓，打造底蕴深厚、古今交融、包容大气的城市人文。从此，"和合文化"成为新台州发展的一张金名片。

2020年，是高水平全面建成小康社会的收官之年。开年后，遭遇了突如其来的新冠肺炎疫情。面对严峻的疫情防控形势和经济社会发展的巨大压力，台州市委、市政府明确提出要"大力弘扬大陈岛垦荒精神，迎难而上、敢于担当，不辱使命、砥砺前行"，按照"三立三进三突围"的新时代发展路径，持续稳企业、增动能、补短板、保平安，全面推进市域治理现代化，确保"十三五"规划圆满收官，奋力推进新时代民营经济高质量发展强市建设。关于文化建设，提出了要做好6件事：深化群众性精神文明创建，推进移风易俗，确保通过全国文明城市复评；推行基本公共文化服务标准化，提升"台州文化年"品牌，让城乡百姓共享文化盛宴；新建农村文化礼堂400家，全市域开展新时代文明实践中心建设；推动文化产业发展，加强文艺精品创作；推动文旅融合，加快天台、仙居国家全域旅游示范区创建，打造"浙东唐诗之路"目的地和佛道名山旅游带；挖掘和合文化内涵，繁荣特色乡土文化，加强章安古镇、下汤文化遗址等修复保护，做好台州乱弹等非物质文化遗产保护传承。

可以相信，在不久的将来，台州这个浙江中部沿海重要的外贸口岸和文化积淀深厚、工业发达的城市，必将创造新的荣光，台州的文化事业也必将揭开新的篇章。

中　编

文华新观

# 第五章　史学哲学的辉煌成就

## 第一节　台州史学的不凡业绩

据统计，到清末为止，台州史学著述不下570种[1]，其中方志约在150部以上[2]。史学方志是台州灿烂文化的重要组成部分，其中涌现出一批享誉华夏的史家和史籍，成就非凡。

### 一、史家辈出，杰作纷呈

#### （一）汉唐为台州史学的发轫期，方志先行

汉昭帝始元二年（前85），设回浦县，台州地区开始作为独立的行政区划；唐高祖武德五年（622），设台州府，台州之名由此开始。汉唐时期，台州远离中原，交通闭塞，文教启蒙较晚，人才"自后汉泊五代，虽间有表见，然无派别统系之可言"[3]。史籍撰者多为客籍人士，如徐灵府、郑虔等，他们或贬谪宦游，或学佛修道，来到台州。甚至在台州史籍撰者中有几乎没有到过台州的人，如沈莹。此时期台州史学和著述集中在方志方面，又主要分为两类：一类是有关台州地方物产、风土社会

---

[1] 李一、周琦主编：《台州文化概论》，北京：中国文联出版社，2002年，第67页。

[2] 台州地区地方志办公室、临海市博物馆编：《台州方志述略》，出版时间出版社不详，第1页。

[3] 王舟瑶：《台学统序》，见王棻《台学统》卷首，《续修四库全书》本，第545册，上海：上海古籍出版社，1995年，第1页。

的地志，有《临海水土异物志》《临海记》（已佚）；另一类是有关天台山等名山的山志，有灌顶《国清百录》《南岳记》，徐灵府《天台山记》，神邕《天台山记》（已佚）等。

《临海水土异物志》有《临海志》《临海水土记》《临海风土记》等异名达十余种，作者一般认为是吴兴武康人沈莹，该书是记录三国时期吴国临海郡的地志，所记区域包括浙南、闽北沿海和台湾，内容包括风土、海产、竹木、果谷、虫禽，兼及神异传说。原书在宋代已佚，有清人王谟辑本、洪颐煊辑本，今人张崇根辑校本较全。《临海水土异物志》是中国古代第一部介绍台湾自然环境、社会状况和风土人情的珍贵文献，也是研究台湾高山族和古越族史较为完整的最早文献之一，文献价值珍贵。《国清百录》是一部文献汇编，全书汇集了智颉等人与陈、隋王朝往来的官方文书104件，实际件数是133件，皆为早期天台宗的第一手史料，具有重要的文献价值。台州因天台山得名，徐灵府《天台山记》是较早的一部天台山山志，是著者修真之暇，实地考察并结合文献所载、费十年之功而成，记载了天台山胜景、寺观、传说、典故、史籍、路线，成为后世认识天台山的重要根据。

### （二）宋元为台州史学的兴盛期，奠基后代

南宋时期，由于中国政治中心南移到东南地区，台州成为南宋政权畿辅之区以后，台州经济文化以前所未有的速度发展起来，具体表现有：其一，好学之士、饱学之士彬彬大盛。据《嘉定赤城志》记载，嘉定年间，台州一次参加郡试的士子近万人。南宋152年，台州进士人数达550人，而北宋168年，台州进士人数仅有37人。[1]当时台州"一时群贤蔚起，称'小邹鲁'"[2]。士子的迅速增长是文化快速发展的表征，文化的快

---

[1]　丁伋：《台州历代科举概况》，《台州日报》2015年7月20日，第4版。

[2]　张林川、周春健：《中国学术史著作序跋辑录》，武汉：崇文书局，2005年，第212页。

速发展又为史学等学术发展创造了主客观条件。其二，学术流派形成，核心思想衣被后世。对南宋台州史学影响最大的一是理学，二是浙东学派。从学术统系上看，宋代台州理学由两宋之交的徐中行、徐庭筠父子倡导乎先，南宋中期的朱熹昌明乎后。淳熙九年（1182），朱熹提举浙东茶盐公事，曾先后在樊川、桐江、东屿等书院讲学，"邑士从游者彬彬最盛，师友渊源有自来矣"①。形成宋濂所说"晦翁传道江南，而台特盛"②的学术局面，一时儒术，号称邹鲁。南宋台州史家赵师渊、郑雄飞等都是理学传人，理学对台州史学的显著影响是史家经史兼善、关注道德伦理与社会治乱的关系。朱、陆理学之外，南宋学术还有浙东学派，该派反对空谈性命的理学，主张经世致用，代表人物有吕祖谦、陈傅良、叶适、陈亮等。浙东学派"主要成员皆注重史学，其主要贡献亦以史学著称，所以浙东学派实质上是一个史学派别"③。南宋台州史家陈耆卿即为浙东学派三大分支之一——永嘉学派集大成者叶适的弟子。浙东学派对台州史学的影响集中体现在经世致用的治史追求上，经世致用也是台州史学一以贯之的学术追求。降及元代，台州文化因朝代更替、废弃科举等原因有所跌落，有元一代，台州进士仅有9人。但台州史学人才之众，仍处于浙江各府前列。据统计，元代浙东史家，金华10人，台州5人，绍兴5人，宁波3人，温州3人，处州3人。④

宋代台州史学著作约70部，元代约30部。⑤其中的杰作代表是陈耆卿《嘉定赤城志》和胡三省《资治通鉴音注》《通鉴释文辨误》。陈耆卿（1180—1236）是台州临海人，《嘉定赤城志》是台州现存最早的一部定

---

①　陈钟英等修，王咏霓撰：《（光绪）黄岩县志》卷八，光绪三年刻本。

②　《中国学术史著作序跋辑录》，第209页。

③　钱茂伟：《浙东史学研究述评》，北京：海洋出版社，2009年，第21页。

④　宋仲玉：《元代浙东史学述略》，《宁波大学学报》（人文科学版）1988年第2期。

⑤　《台州文化概论》，第334页。

型方志，40卷，分地理、公廨、秩官、版籍、财赋等15门，全面地记载了南宋中期台州山川地理、版籍物产、人物赋税、吏役军防、道观寺院、岁时风俗等，体例完备、思虑精深、词章谨严，为一代名志，"嘉定《赤城志》完备的体例、辨核的史实、精严的笔法和强烈的资鉴意识，完全可以为当下的志书编纂提供借鉴"①。胡三省（1230—1302）是宋元之交台州宁海人，自署"天台胡三省"。《资治通鉴音注》乃其毕生力作，是"《通鉴》学"的扛鼎之作。该书对《资治通鉴》涉及的名物制度、地理职官以及记事，予以注解、诠释音义、考订异同，校勘讹脱、辨明史实，所引资料注明来源，考证详备，"时至今日仍是研读《资治通鉴》须臾不可离开的"②。《通鉴释文辨误》是胡三省对南宋史炤所著《资治通鉴释文》错误一一辨证之作，《四库全书提要》评曰："其书援据精核，多足为读史者启发之助。"③洵为的评。

### （三）明清为台州史学的拓展期，积淀出新

明初台州史学起点较高，史学人才众多。据统计，明初浙东史家，金华有宋濂、王祎、胡应麟等12人；台州有陈基、范理等10人；绍兴有宋禧、胡粹中、黄尊素等8人；宁波有陈楷、黄润玉、张时彻等8人；温州、处州也被提及3人。④"文变染乎世情，兴废系乎时序"，重大的政治变革和统治者的偏好常常给区域文化发展带来直接影响，明清两朝台州文化数次遭受政治事件或朝代鼎革之重创。1402年的靖难之变，方孝孺被诛灭十族，罪及亲友学生873人，"明初，台贤一时称盛。值方正学

---

① 李建军：《宋代名志嘉定〈赤城志〉的历史价值》，《中国地方志》2010年第7期。
② 张金龙：《魏晋南北朝文献丛稿》，兰州：甘肃教育出版社，2017年，第224页。
③ 永瑢等撰：《四库全书总目提要》，上海：商务印书馆，1930年，第60页。
④ 朱仲玉：《明代浙东史学述论》，《浙江学刊》1990年第5期。

之难，台士歼焉"①，"于是台学凌替垂三百年"②。明末清初，台州历经兵燹数十年，文化摧残殆尽，1661年的"两庠退学案"，致使台州科举绝榜28年、临海进士绝榜百年，"造成台州文教中断，传承无人"③。明清时期，尽管台州史学未能如周边绍兴、宁波等地形成学派，出现硕学大儒，但涌现了陶宗仪、徐一夔、谢铎、王宗沐、王士性、齐召南、黄濬、王棻等一批史学名家，他们在不同的史学领域开拓创新。人文地理学方面，王士性被誉为中国人文地理学之祖；水文地理方面，齐召南《水道提纲》几乎写遍了中国的重要水道，有"清代水经"之称；④山文地理方面，李诚鉴于前人对中国山川研究甚少，"言山者无成编，乃作《万山纲目》六十卷"⑤。《万山纲目》是中国历史上专门记述山脉的一部总结性的著作，"在我国地质学还欠发达的时代，做出了富有积极意义的学术贡献"⑥。山志方面，无尽坚持"发前人之所不发，书前人之所未书，述而不作以成一家之书"⑦的理念撰述《天台山方外志》，该书详细记载了天台山释、道、儒三教的源流和发展演变，是研究天台山人文历史和天台宗的重要文献。方志学方面，王棻集清代后期方志理论之大成，所修府县志被称为"清代方志之佳构"⑧。明清两代是中国古代文明集大成时期，在对古代史学丰厚遗产进行吸收、消化的基础上，台州史学家表现出戞戞独造的进取精神，为丰富中国史学理论和著述做出了重要贡献。

---

① 《中国学术史著作序跋辑录》，第212页。

② 《中国学术史著作序跋辑录》，第214页。

③ 《台州文化概论》，第67页。

④ 梁二平编：《中国古代海洋文献导读》，北京：海洋出版社，2012年，第208页。

⑤ 赵尔巽等撰：《清史稿》，长春：吉林人民出版社，1998年，第10055页。

⑥ 孙冬虎、李汝雯：《中国山名论稿》，北京：地质出版社，1999年，第22—23页。

⑦ 湖镇镇志编纂委员会编：《湖镇镇志》，北京：方志出版社，2015年，第471页。

⑧ 黄德馨、傅登舟主编：《中国方志学家研究》，武汉：武汉出版社，1989年，第182页。

## 二、史学思想，百世可法

在修史和治学的过程中，台州史家探索和积累了许多优秀的史学思想，这些史学思想有的属于中国古代史学思想之支流，有的具有一定的区域特色，值得总结、继承和发扬。

### （一）经世致用的学术追求

南宋时期，台州史学受浙东学派经世致用的主张沾溉甚深，经世致用是浙东史学也是台州史学最鲜明的区域特色。陈耆卿继承了浙东学派强调事功、义利并重的史学思想，认为史学著作要总结历史经验，为当下的地方经济和社会发展提供镜鉴，"有司之所不急，固君子之所急"[①]。胡三省注重从政治、经济、军事等方面探讨历史兴衰的经验教训，目的就是为执政者梳理经验教训、提供借鉴、古为今用，他说："为人君而不知《通鉴》，则欲治而不知自治之源，恶乱而不知防乱之术。为人臣而不知《通鉴》，则上无以事君，下无以治民。为人子而不知《通鉴》，则谋身必至于辱先，作事不足以垂后。乃如用兵行师，创法立制，而不知迹古人之所以得，鉴古人之所以失，则求胜而败，图利而害，此必然者也。"[②]明代临海史家王宗沐极力强调志书资政功用，要求志书能够让官斯土者知一方之故实、物力之拙盈[③]。为了解决当时运河航运功能低下的问题，王宗沐在任漕运总督期间，首倡海运，撰写了《海运详考》《海运志》，这两本书是研究古代海运不可或缺的重要史籍。王棻继承了经世致用思想，认为修志目的是为地方治理提供借鉴，他修志时特别注重对区域水利状况的搜集和清理，认为"国以养民为经，而农田以水利为重，

---

① 陈耆卿：《嘉定赤城志·自序》，徐三见点校，北京：中国文史出版社，2004年，第2页。

② 司马光著，胡三省音注：《资治通鉴》，北京：中华书局，1956年，第24页。

③ 江西省省志编辑室编：《江西地方志序跋凡例选录》，南昌：江西省省志编辑室，1986年，第98页。

河渠沟洫之所以志也"①。他创设校图法，主张设置图录的目的是为管理提供借鉴，"俾使后人得以按图管理"②。台州史家经世致用的学术追求启示后人，学问之道要面向实际，有益国事，有益民生。

### （二）实事求是的求真精神

"实录"和"信史"既是史家修史的基本原则，也是衡量史籍优劣的基本标准。台州史家坚持实事求是的治史原则和精神并留下了丰富的史学遗产。陈耆卿修《赤城志》时，坚持求真原则："凡意所未解者，恃故老；故老所不能言者，恃碑刻；碑刻所不能判者，恃载籍；载籍之内有漫漶不白者，则断之以理而折之于人情。"③求真求实精神是胡三省鲜明的治史方法和学术追求，广征博引、深入调研、详加考订是其史学成就的基石。以地理注为例，他对《资治通鉴》记载地名一一加以考证或调研，纠正了《资治通鉴》中大量错误，学者指出"地理注是胡注用力最勤、价值最大的部分"④。明代临海史家冯甦所撰《滇考》，在真实可信方面得到了四库馆臣的充分肯定："每事皆首尾完具，端绪分明，非采缀琐闻、条理不相统贯者比。"⑤作为清代后期方志学的集大成者之一，王棻对修志坚持实事求是原则多有论述，他认为实事求是修志的基本原则："修志之法，不必过于求异，惟在广征文献，实事求是，不至任意刊改，向壁虚造而已矣。"⑥哪怕是一字一句也不可虚构，"修志之法与修史同，

---

① 　王棻：《光绪黄岩县志》，见《中国地方志集成·浙江府县志辑》（51），上海：上海书店，1993年，第76页。

② 　《中国地方志集成·浙江府县志辑》（50），第484页。

③ 　《嘉定赤城志》，第2页。

④ 　方如金：《论胡三省的治史态度和人格精神》，《安徽师范大学学报》（人文社会科学版）2006年第2期。

⑤ 　永瑢等撰：《四库全书总目提要》，第15页。

⑥ 　王晓岩编：《分类选注历代名人论方志》，沈阳：辽宁大学出版社，1986年，第162页。

据旧本，摭群书，凭采访，一字一句不能虚造，亦不可虚造"[①]。广征文献，绝不是照搬前人所载，要考证是否准确，方可采用，认为"旧志所取，考之正史而足征，考之群书而可信，则补为之传列于正编"，修史不能掺杂个人私念，要"无一毫私意参乎其间"[②]。台州史家实事求是的求真精神，是台州人民研究台州、建设台州的宝贵遗产，值得继承和发扬。

### （三）热爱乡邦的家国情怀

家国情怀也是台州史家重要的精神追求，主要表现在两个方面：其一，爱国情怀，向往一统。台州史学兴盛的南宋时期，恰逢丧权辱国、国势羸弱的特殊时期，台州史学从兴盛之始，就打下了爱国主义和向往统一的精神烙印。宋元时期，台州爱国史家的突出代表是胡三省。生活于宋末元初的胡三省，目睹了宋朝政治腐败、异族压迫，又亲历南宋倾覆、元朝横暴，他借注释《通鉴》来表现民族气节和爱国情怀，这些情感和意志流露在胡注的字里行间，故国之情、故国之思没齿不忘，他遇见国破家亡的史事，常触景生情，扼腕叹息，他在卷二八五，即开运三年（946）契丹入后晋都城汴京，皇帝、太后给契丹上降表，自称臣、妾，胡三省注曰："臣妾之辱，惟晋宋为然，呜呼痛哉！""亡国之耻，言之者为之痛心，矧见之者乎！此程正叔所谓真知者也，天乎，人乎！"[③]亡国的悲愤惨痛之情溢于言表，直言不讳。其二，热爱家乡，奉献家乡。从数量上，台州历代方志超过150部。从史籍分类上看，汉唐时期台州史学发轫于方志，清末民初台州史学集大成于方志。台州史学的乡邦传统深厚，自陈耆卿《嘉定赤城志》以降，台州史家注重乡邦史学，成绩突出。他们孜孜以求的目的，用王棻的话概括之，就是要振兴台州，

---

① 王棻：《青田县志·凡例》，台北：成文出版社，1975年，第27页。

② 谭其骧主编：《清人文集地理类汇编》（第2册），杭州：浙江人民出版社，1990年，第617页。

③ 陈垣：《通鉴胡注表微》，北京：科学出版社，1958年，第177页。

让台州成为经济文化先进之区，"尤有志于振兴台学"，"要使海滨变邹鲁"①。爱国、爱乡，奉献祖国、奉献家乡，是台州史家留给后人的宝贵精神财富。

### （四）博约汇通的治史方法

在治学方法上，博约汇通是台州史家的共同特征。博约汇通即广求学问，融会贯通，讲求法度。台州历代史家如陈耆卿、胡三省、陶宗仪、王宗沐、王士性、谢铎、齐召南、李诚、王棻等，都是经、史、子以及天文、地理兼善的学问大家。台州史家这种汇通精神受到浙东学术传统的影响，章学诚在《文史通义》之《浙东学术》中说："浙东之学，言性命者必究于史，此其所以卓也。"②说的就是因为浙东学术强调把经史文献等学问贯通，所以成就突出。陈耆卿史学、文学兼善，《四库全书总目》称其文章法度，具有师承，"故叙述咸中体裁"③，为一代文章大家，"岿然为世宗"④。齐召南淹通经史、地理、文学，学问广博，乾隆对其有"不愧是博学鸿词矣"⑤之赞；洪颐煊博学多闻，出入经史子集，长于天文历算，阮元称赞他"精研经训，熟习天算，贯串子史，有过于齐召南处"⑥。李诚的治学范围涉及经学、舆地、方志、医学等领域，史学、地理、方志著述之外，还著有《医家指迷》。台州史家在积累渊博知识的基础上，治史讲求法度谨严。宋世荦赞誉陈耆卿《嘉定赤城志》"词旨博

---

① 《中国学术史著作序跋辑录》，第214页。

② 章学诚：《章学诚遗书》，北京：文物出版社，1985年，第15页。

③ 浙江省地方志编纂委员会编著：《宋元浙江方志集成》（第11册），杭州：杭州出版社，2009年，第5552页。

④ 杨镜如编著：《苏州府学志》（上），苏州：苏州大学出版社，2013年，第731页

⑤ 邹博主编：《二十四史》（第12卷），北京：线装书局，2010年，第4946页。

⑥ 喻长霖等：《台州府志》，台北：成文出版社，1970年，第1467页。

赡，笔法精严"①，对其渊博学问和谨严法度充分肯定。王棻赞赏陈耆卿法度严谨："事立之凡，卷授之引，词旨博赡，笔法精严，繁而不芜，简而不陋，洵杰作已。"②剪裁得宜、取舍有度、体例划一也是王棻修志的基本要求。王棻所修诸志，也得到了后人"体裁繁简得宜"③的赞誉。台州史家博约汇通的治学方法，启示我们，为学之道，既要广博，又要有法度。

## 第二节 台州哲学的精神特质

台州位于浙江东部，西南括苍、雁荡连绵如涛，西北天台耸峙似莲，山水驰名寰宇，人文鼎盛东南，诚为负山表海、大风泱泱之雄州。其间哲学思想之光辉夺目，尤为古今学者所礼敬。佛道源泉，渊懿浑浑；儒学宗脉，繁茂烨烨，而唐宋以来，景教回教又自海陆而来，潜滋暗长，影响日隆。延至近代，则东学西学，激荡生姿；声光电气，炫巧争异，洵为传统士大夫所侧目。清儒阮元有言："学术盛衰，当于百年前后论升降焉。"④百年学术之盛衰尚需评骘，遑论汉唐以来台州近二千年学术耶！此乃同仁草创《台州文化新论》之缘由也，而哲学乃其中之精魄者。西哲曰哲学者，爱智之道也。所谓纲举目张，钩玄提要，倘能探骊得珠，抉先贤之潜德，发睿智之幽光，则斯文或可免于覆瓿之讥焉。

余以为台州哲学之精神，乃在尚和合、善创新、笃劲节之三端，以下举其荦荦大者论之。

---

① 《嘉定赤城志》，第1页。

② 谭其骧主编：《清人文集·地理类汇编》第2册，杭州：浙江人民出版社，1986年，第624页。

③ 陈光贻：《中国方志学史》，福州：福建人民出版社，1998年，第187页。

④ 阮元：《十驾斋养新录序》，陈文和编《钱大昕全集》第7册，南京：江苏古籍出版社，1997年，第1页。

## 一、尚和合

和合既为世间万物产生之途径，亦为万物存在之理想状态，盖国人视和谐为和合之佳境也。《周易》曰："一阴一阳谓之道。"[①]《老子》曰："万物负阴而抱阳，冲气以为和。"[②] 此乃万物产生及存在之描述，正大光明，笼罩群言，诚为唯物论之典范。而西周史伯亦曰："夫和实生物，同则不继。以他平他谓之和，故能丰长而物归之；若以同裨同，尽乃弃矣。故先王以土与金、木、水、火杂，以成百物。"[③] 故和合非同质事物之数量叠加，而为异质事物之融汇生新。

台州先哲深谙和合之道，在其著作中多维度阐释之，兹以唐代高道司马承祯相关表述作一简论。其《服气精义论序》曰："夫一者，道之冲凝也。冲而化之，凝而造之，乃生二焉。故天地分乎太极。是以形体立焉，万物与之同禀；精神著焉，万物与之齐受。在物之形，唯人为正；在象之精，唯人为灵。并乾坤居三才之位，合阴阳当五行之秀，故能通玄降圣，炼质登仙。"[④] 冲为分化，凝为创造，此即一分为二，天地分太极之理，而人与万物皆生其中，人之形体、精神与万物皆秉受自天地自然。然正如西哲所言，人乃万物之灵长，宇宙之精华，而能与天地构成"天地人"之三才，为阴阳五行亿万年演化之结晶。人来自自然，为自然之子，又高于自然，为自然之秀，所谓天赋异禀，故能"通玄降圣，炼质登仙"，成仁成德，铸就非凡人生。此就人与自然之和合立论，而盛赞人之先天禀赋。

---

① 陈鼓应、赵建伟：《周易今注今译》，北京：中华书局，2005年，第598页。

② 陈鼓应：《老子今注今译》，北京：中华书局，1984年，第232页。

③ 《国语》，上海：上海古籍出版社，1998年，第515页。

④ 吴受琚整理：《司马承祯集》，北京：中国社会科学文献出版社，2013年，第64—65页。

《服气精义论序》又曰："夫形之所全者，本于脏腑也；神之所安者，质于精气也。虽禀形于五神，已具其象，而体衰气耗，乃致凋败。故须纳云牙而溉液，吸霞景以孕灵，荣卫保其贞和，容貌驻其朽谢。"[①]形、神即为身、心，形体之完健源于五脏肺腑等身体器官之运转正常，精神之安宁生于体内精气之调理平顺，身心一体，不可偏废，有道之士可运"五牙气法"，以达安神清心、疗救疾病之功效。此就人之身心和合立论，而推举道家之服气法。

《新唐书》载唐睿宗问司马承祯养身（理身）与治国（理国）之关系，承祯答曰："国犹身也，故游心于淡，合气于漠，与物自然而无私焉，而天下治。"[②]承祯以为身、国同质，养身须顺应自然规律，不作践身体、自行其事，须克服种种伤身之念；治国亦然，当政者须相信民智民德，顺应民心，听其自便，而非横征暴敛，或行名为爱民、实为害民之举。睿宗之子玄宗汲取承祯治国智慧，其《道德真经注疏》释"能知古始，是谓道纪"曰："帝王能知古始，无为而理，当抱守淳朴，爱清爱静者，是知无为之理，是道之纲纪也。"[③]以无为而治作为治国纲纪。又曰："圣人治国理身，以为教本。夫理国者，复何为乎？但理身尔。故虚心实腹，绝欲忘知，于为无为，则无不理矣""是以理天下之圣人，睹行随之不常，知矜执之必失，故约己检身，割贪制欲，去造作之甚者，去服玩之奢者，去情欲之泰者。"此处"三去"，即为承祯所言之"损之又损，以至于无为"；而其所谓"我谓圣人也，夫圣人之德，不尚伎巧，

① 吴受琚整理：《司马承祯集》，北京：中国社会科学文献出版社，2013年，第66页。

② 欧阳修、宋祁：《新唐书》，北京：中华书局，1978年，第18册，第605页。《旧唐书》司马承祯本传载其答曰："国犹身也。《老子》曰：'游心于淡，合气于漠，顺物自然而无私焉，而天下理。'《易》曰：'圣人者，与天地合其德。'是知天不言而信，不为而成。无为之旨，理国之道也。"见刘昫：《旧唐书》，北京：中华书局，1975年，第16册，第5128页。

③ 唐玄宗：《唐玄宗御注道德真经》，《正统道藏》，第19册，台北：台湾新文丰出版公司，1977年。本文出自该注者皆出此版本。

体道之主，所贵无为，无为之为，无所禁忌，下化上之无为，故云而民自化"，即告诫统治者须守拙克己，贵于无为，勿扰民滋事，则百姓自然为其所化，以至自我教化，迸发无穷智慧，从而自淳自富。玄宗开元时期举贤任能，与民休息，使民自化，故民富国强，天下太平，诚如杜甫《忆昔》所云："忆昔开元全盛日，小邑犹藏万家室。稻米流脂粟米白，公私仓廪俱丰实。九州道路无豺虎，远行不劳吉日出。齐纨鲁缟车班班，男耕女桑不相失。"① 身为心之本，民为国之本，养身治国皆须"顺物自然而心无所私"，司马承祯将道教之养身哲学与治国之政治哲学打通，为开元盛世奠定理论基础，善莫大焉。此乃身心和合之理论移用于治国，实为台州道教哲学之光辉一幕。

　　台州道教哲学和合儒释道三教，而自成体系之杰出代表，为北宋张伯端。五代之前，三教合一不少乃形势所迫、被动进行，如葛洪《抱朴子》以儒入道，魏晋玄学援道济儒，佛学初来为落地生根而比附老庄，道教受佛教刺激而大肆造经，此等史实皆被动吸收之先例也。张伯端则不然，其于三教为主动和合。其《悟真篇》继承《周易参同契》，将"先天"观念引入丹道，以人体作"炉鼎"，以体内"精、气、神"为药，以神意为火候，经由"炼精化炁，炼炁化神"，"炼神化虚，炼虚合道"，"形神具妙，与道合真"等阶段，成就金丹大道。张伯端曰："教虽分三，道乃归一，奈何后世黄缁之流各自专门，互相非是，致使三家宗要迷没邪歧，不能混一而同归矣。"② 其将儒家"穷理尽性"、佛教"明心见性"引入道教内丹炼养，而最终形成"性命双修"（先命后性、以性为宗）之南宗丹法。《悟真篇》为宋前内丹理论及方法之集大成者，融儒佛心性修养于一炉，被誉为"千古丹经之祖"，诚有以也。

---

① 萧涤非主编：《杜甫全集校注》，北京：人民文学出版社，2014年，第6册，3240页。

② 《道藏》，北京·上海·天津：文物出版社·上海书店·天津古籍出版社，1988年，第2册，第973页。

## 二、善创新

台州素有"佛宗道源"之美誉，然就宗教哲学而言，实不止佛道二教，唐代景教在台州亦有重要影响，而明清以来多种西学潮涌而来，亦应引起治史者重视。以下以天台宗智颛之"一念三千"说为主，以"朝议郎、前行台州司士参军"吕秀岩所书《大秦景教流行中国碑》为辅，对台州哲学之善创新特色作一略说。

"一念三千"为"一念心具三千世界"之略称，"一念"即"一念心"，"心足具一念"，"三千"即"三千世界"，总括宇宙万物。此说由《法华经》"十如"实相说、《华严经》"十法界"说、《大智度论》"三种世间"说发展而来，乃智颛"性具实相"说之核心，为其"观心"学说之逻辑终点，亦为天台哲学之最高成就。《华严经》等大乘经典认为"心生一切法""心造一切法"，二者非同一关系，而魏晋以来中国佛教诸种学说亦多以缘起论解释心与万物之关系，如地师以为"心具一切法"，摄师以为"缘具一切法"，智颛则以为"心是一切法，一切法是心"，打破二者隔阂，实现心与法之圆融。其《摩诃止观》卷五上云："若从心生一切法者，此则是纵；若心一时合一切法，此即是横。纵亦不可，横亦不可。只心是一切法，一切法是心故。非纵非横，非一非异，玄妙深绝，非识所识，非言说言，所以称为不可思议境。"又云"一心一切心，一切心一心，非一非一切……一相一切相，一切相一相，非一非一切；乃至一究竟一切究竟，一切究竟一究竟，非一非一切。遍历一切，皆是不可思议境。"[1]此与大小乘之或说有说无，说假说空说中道，万物相别不相即之"因果法"之思议之境不同。依智颛之说，宇宙万物具足于一心，心外别无本源；宇宙万物亦等同于一心，二者实一物二名也。

---

① 智颛:《摩诃止观》,《大正藏》, 第36册, 第578页。

　　《法华经·方便品》云："佛所成就第一希有难解之法，唯佛与佛乃能究尽诸法实相。所谓诸法：如是相（表象），如是性（性质），如是体（实体），如是力（功能），如是作（运行），如是因（主因），如是缘（辅因），如是果（直接结果），如是报（间接结果），如是本末究竟（实相）等。"①此所谓"十如是"，皆从不同角度解释实相。"十如"为众生万物之普遍法则，为"十法界"所遵循。《华严经》将佛与众生分为十法界：地狱法界、饿鬼法界、畜生法界、阿修罗法界、人法界、天法界、声闻法界、缘觉法界、菩萨法界和佛法界，前六者合称六凡，后四者合称四圣，总称六凡四圣。智顗《法华文句》卷三下云："法虽无量，数不出十。一一界中，虽复多派，不出十如。"②低如地狱界，高如佛法界，皆具相、性、本末。传统佛教以为十界隔绝，性相独具，而智顗以为"十界互具""一念十界"。其《法华玄义》卷二上云："一法界具九法界，名体广；九法界即佛法界，名位高；十法界即空、即假、即中，名用长。即一而论三，即三而论一，非各异，亦非横亦非一，故称妙也。""于一法界通达十法界。六即法者，亦是体广，亦是位高，亦是用长。"③十法界众生皆循"十如是"法，"十如是"又皆归于中道实相这一本体。《法华玄义》卷二上又云："实相之境，非佛、天、人所作，本自有之，非适今也，故最居初。迷理故起惑，解理故生智。"④亦即地狱界、佛法界等无本质之别，只有对于理体之谜、开解之异，十法界万物皆统一于中道之理体，即"当体即理，更无所依"。此所谓"十界互具"之理论。智顗又引入《大智度论》三种世界之说：众生世间（有情世间）、国土世间（依报世间、器世间）、五阴世间（五蕴世间），于《摩诃止观》卷五上认为："夫

---

① 《法华经》，《大正藏》，第9册，第5页。
② 智顗：《法华文句》，《大正藏》，第34册，第43页。
③ 智顗：《法华玄义》，《大正藏》，第33册，第693页。
④ 智顗：《法华玄义》，《大正藏》，第34册，第883页。

一心具十法界，一法界又具十法界、百法界。一界具三十种世间，百法界即具三千种世间。此三千在一念心，若无而已，介尔有心，即具三千。亦不言一心在前，一切法在后；亦不言一切法在前，一心在后。"① 此 "一念三千" 之说，将世界万物皆归于实相，三千诸法之间只有存在状态之别，而无本质之异，如此则揭示世界万物平等互通，皆同一于一心之真相。该说从哲学高度揭示万物平等之根源，万物之差别乃源于后天修习之深浅，如此则示人以积极向上之正道，不惟赋予社会底层以尊严与勇气，亦给予其改变现状之理论与动力，而众生平等之义在环境污染，人类狂妄自大、胡作非为之今日，亦具警醒之意：自作孽者完全可能自佛法界堕入地狱界。美国《独立宣言》曰："人人生而平等。"（All men are created equal.）该说根源于基督教创造万物之说，而此说并无万物平等之义，不及 "一念三千" 之博大融通。"一念三千" 之说极具革命精神，其创新意义诚为其他宗教、宗派所难及。②

《大秦景教流行中国碑》素有 "世界第一石刻碑" 之称，其书者吕秀岩虽非作者，但碑中内容应为其所熟知以至信仰，故在此将碑文视为唐代台州景教材料而探讨之。据聂志军《景教碑书写者吕秀岩官衔中的 "前行" 辨正》之考证，吕秀岩身份为 "朝议郎、前行台州司士参军"，其 "朝议郎" 为散官，官阶为正六品上；"司士参军" 为职官，官阶为从七品下；"行" 为散官官阶之高者署理职官官阶之低者，"前" 则表示此署理非当下，而是以前。③ 景教为唐代西域传于东土之基督教聂斯脱利派（Nestorian）之简称，据《唐会要》卷四九 "大秦寺"，贞观十二年七月大秦寺僧阿罗本来唐传教，太宗敕于义宁坊建寺一所，度僧二十一人；

---

① 智颛：《摩诃止观》，《大正藏》，第46册，第54页。
② 以上部分观点参考潘桂明、吴忠伟《中国天台宗通史》之论述，特此致谢！
③ 聂志军：《景教碑书写者吕秀岩官衔中的 "前行" 辨正》，《史学月刊》2010年11月。

高宗时除长安外，"而于诸州各置景寺……法疏十道……寺满百城"①。如此，则位列上州之台州或许亦建有景寺。

正如佛教初入中土而附会道教，唐代景教亦借鉴儒释道三教而阐释其宗教思想，此为方便法门，创新之举，开启晚明利玛窦传教方式之先河。如其称景教教徒为大德、上德，教堂为寺，此为表层易见者，而深层借鉴则为三教义理。如其开首曰："粤若常然真寂，先先而无元；宿然灵虚，后后而妙有。""常然"即自然，出自《庄子·骈拇》："天下有常然。常然者，曲者不以钩，直者不以绳，圆者不以规，方者不以矩。"②"寂"为佛教用语，表涅槃之意，"真寂"出自南朝梁萧统《令旨解二谛义》："真寂之体，本自不流，凡夫见流，不离真体。"③"妙有"，出自魏玄学家王弼之释《老子》"道生一"："一，数之始而物之极也。谓之为妙有者，欲言有，不见其形，则非有，故谓之妙；欲言其无，物由之以生，则非无，故谓之有也。斯乃无中之有，谓之妙有也。"④碑文借用佛道二教观念，以描述本教之造物主，无所不能之上帝，易为唐人所接受。

又如碑文曰："圆廿四圣有说之旧法，理家国于大猷。""圆"为应验之意，出自《易·系辞上》："蓍之德圆而神，卦之德方以智。"⑤"家国"出自《礼记·大学》之"家齐而后国治"，⑥"大猷"即大道，《诗·小雅·巧言》云："奕奕寝庙，君子作之；秩秩大猷，圣人莫之。"

---

① 王溥：《唐会要》卷四九，京都：中文出版社株式会社，1978年，第864页。

② 陈鼓应：《庄子今注今译》，北京：中华书局，2001年，第2册，第238页。

③ 道宣：《广弘明集》，《大正藏》第52册，台北：财团法人佛陀教育基金会，1990年，第30页。

④ 《日本足利学校藏宋刊明刻本文选》，北京：人民文学出版社，2008年，第175页。

⑤ 陈鼓应、赵建伟：《周易今注今译》，北京：中华书局，2005年，第598页。

⑥ 朱熹：《四书章句》，北京：中华书局，1983年，第4页。

郑玄笺曰："猷，道也。大道，治国之礼法。"[①] 中国基督教三自爱国运动委员会副主席、秘书长徐晓鸿将该句译为"应验了二十四位先知在《旧约》中的预言，成为治理民族和国家的大道。"[②] 此处碑文自如运用儒家经典作为言说之舟筏，毫无违和之感，而其所申说道理，亦与中华相通。

从上可知，《大秦景教流行中国碑》之制作者能充分利用中国儒释道本土资源，为其宣传本教思想服务，且其言说亦为当政者及民众所接受。若后世罗马教廷能汲取前人智慧，尊重中国传统，不将己意凌驾其上，则其传教事业当不会受清廷之阻，取得双赢。碑文制作者之中西调和，既应时代之需，又显传教之智，堪为后世取法焉。

## 三、笃劲节

台州哲学之精神特质，既表现于理论体系之建构创新，亦闪耀于现实生活之身体力行，其信仰之诚笃，践行之勇毅，于儒释道三教中皆有劲烈显例。如智者大师忠于南朝陈政权，在陈覆灭前登坛讲授护国经典《仁王般若经》，开展救国消灾活动；不欲与杨隋合作，多次拒绝当朝出山请求，终在被迫应征途中坐化。本节拟以儒学为中心，阐释台州儒学笃于劲节之精神。

喻长霖《台州府志》弁言曰："吾台风俗近于刚劲，其失也粗犷；长于勤俭，其失也鄙啬。粗犷之积，乃成野蛮；鄙啬不已，乃觊非分，于是乎牙孽患气，而萑苻不靖。夫苟保其刚劲勤俭之美质，而去其粗犷鄙啬之陋习，则吾台小邹鲁之风虽至今存可也。"[③] 由此可见儒学以文化人之功效。台州本土儒学，始于汉魏而盛于两宋。北宋时，胡瑗"明体

---

① 阮元：《十三经注疏》，北京：中华书局，1980年，上册第454页。

② 徐晓鸿：《〈大秦景教流行中国碑颂并序〉新释》，《天风》2016年6月。

③ 喻长霖主编：《民国台州府志》，上海：上海古籍出版社，2015年，第1册，第17页。

达用"之学已行于台州，"二徐"即徐中行、徐庭筠父子，陈贻范、罗适为其代表。庭筠咏竹诗云："未出土时先有节，便凌云去也无心。"其风致气节可以想见，而立身不苟，勇于鞭挞丑类，更为儒林所重。时秦桧当国，科场试题为《中兴歌颂》，庭筠讽曰："今日岂歌颂时耶？"乃条陈未足为中兴者五则，见者非之，则答曰："吾欲不妄语，而敢欺君乎？"终以不媚时而遭黜落。淳熙年间朱熹临台，特拜二徐墓下，大书以表"有宋高士二徐先生之墓"，且挽以诗曰："道学传千古，东瓯说二徐。"[1]非气节凛然，何能至此？南宋时，朱熹至台，儒学人才辈出，以至有"小邹鲁"之称。如临海石憝与朱熹交好笃厚，朱熹亲志其墓，称其"外和内刚，平居恂恂，若不能言者，而遇事立断，毅然有不可犯之色"。吴子良作《六贤祠》，赞其"沉于州县也，宁忤郡将，不肯以旱租困饥氓；宁弃官去，不肯以非议媚贵客；宁身与狱吏对，不肯使赤子死无辜也"。其中原因，正如车若水所云："克斋石公，所谓大人为己之学，深造而自得者也。"[2]孟子曾描述浩然之气曰："其为气也，至大至刚，以直养而无害，则塞于天地之间。其为气也，配义与道；无是，馁也，是集义所生者，非义袭而取之也。"[3]石憝为官清正爱民，是其平日治学修身之结果，并非偶然为之，其为己而学，不为人而学，却又止于至善，为民谋利，可见儒学乃治心、治学、治民合一之学。愚以为台州儒学之可贵，乃在一"实"字。南宋贤相，黄岩杜范闻韩仲和"得'实'之一字，为终身受用"之言，而肃容起敬，终身躬行。其为相八十日而病逝，然终前孜孜忧国，知无不为，多出善政，故其逝也，天子震悼，御札亲

---

[1]　金贲亨：《台学源流》，宋世荦《台州丛书乙集》第5册，上海：上海古籍出版社，2013年，第6—7页。

[2]　金贲亨：《台学源流》，宋世荦《台州丛书乙集》第5册，上海：上海古籍出版社，2013年，第9—10页。

[3]　朱熹：《四书章句》，北京：中华书局，1983年，第231—232页

赐谥号"清献先生"。杜范一生清正，献于国家，"清献"之谥，不亦宜乎！

秉气节，笃践行，临大节而不辱，灭十族而不迁，此千古一人方孝孺也。宋孝宗赵昚《东坡全集序》释"气节"曰："盖存之于身，谓之气；见之于事，谓之节。节也，气也，合而言之，道也。"[①]方孝孺可谓殉道之士，其所殉之道，乃程朱理学，其核心为君臣之义。中国史上改朝换代如走马灯，于百姓无非一个"苦"字，于士人则涉及正统出处问题。方孝孺曾作《释统》文，将历代王朝分为"正统""变统"，以为"周也，汉也，唐也，宋也，如朱子之意则可也；晋也，秦也，隋也，女后也，夷狄也，不谓之'变'何可哉？"又以为"守之不以仁义，戕虐乎生民，如秦与隋，使传数百年，亦不可谓正矣。"其评论正统、变统之标准为是否实行仁政。赵翼《廿二史札记》评明太祖朱元璋曰："及天下既定，即尽举取天下之人而尽杀之，其残忍实千古所未有。"[②]太祖治国以暴虐，建文则易之以宽仁，深得群臣百姓爱戴。孝孺于建文亦师亦臣，倾力辅佐，而朱棣则以"靖难"之名，一路残杀，其手段之恶毒，远胜其父，事迹载于《明史》《明史纪事本末》者多矣，令人目不忍视。方孝孺以为朱棣篡位夺权，施行暴政，与正道不符，而己为之草继位诏书，乃助纣为虐之举，故严词拒绝。资中筠作《方孝孺与布鲁诺》一文，将方孝孺与为科学殉道之布鲁诺作对比而责问道："那方孝孺维护的是什么呢？是朱元璋的孙子还是儿子当皇帝，这里面有什么颠扑不破的真理吗？"[③]中国文化缺乏探求宇宙奥秘之科学精神，诚为一大缺点，然此缺点不能由方孝孺一人承担。今人亦不能脱离历史环境苛论古人，此犹不能扯人发而使之离地球也。方孝孺宁灭十族而不恤，其中自有真理存焉，

---

① 杨慎：《全蜀艺文志》，北京：线装书局，2003年，第1348页。

② 赵翼著，王树民校证：《廿二史札记校证》，北京：中华书局，1984年，第742页。

③ 资中筠：《方孝孺与布鲁诺》，《杂文月刊》2008年11月。

此真理即为儒家之仁政，士人之气节。陈寅恪为王国维撰碑铭曰："思想而不自由，毋宁死耳。斯古今仁圣所同殉之精义，夫岂庸鄙之敢望？先生以一死见其独立自由之意志，非所论于一人之恩怨，一姓之兴亡。"[①] 呜呼，方孝孺之死，非死于朱明也，建文也，乃死于其信仰之大道也。其以十族代价而显独立自由之意志，可谓至惨，可谓至烈！孝孺之举，或以为愚忠，或以为迂阔，甚或以为以十族性命换取千古美名，如此种种，皆不足以论方孝孺矣。鲁迅称方孝孺之气节为"台州式硬气"，亦以之许左联烈士之宁海柔石。方孝孺有知，当颔首九泉，欣慰台州后继有人。

台州哲学，儒释道三足鼎立，而佛宗道源，早已驰名宇内，东南邹鲁，至今令名不彰，此诚台州学术之一大憾事。本章借探析台州哲学精神特质之良机，不揣浅陋，略陈数端，以申鄙见，表彰台州哲学尚和合、善创新、笃劲节之独特气质，愿海内博雅君子垂鉴赐正。

## 第三节　佛宗道源的独特贡献

台州之被称为"佛宗道源"，就如"台州"之名所由来，都是因为有天台山。有佛教天台宗在此创立，有道教南宗在此形成，天台山遂成为一座文化圣山。中国原生的道教、印度传入的佛教，都于汉末晋初进入台州，其历史可谓早；经过数代僧道不懈的传承与发展，逐渐形成自己的理论体系，其发展可谓深；由一座山之不同凡响，源远流长，声望影响波及海内外，其传播可谓广；其由佛道之宗教和合宗族文化，甚至遍涉心理、生理、文学、艺术、民俗、宗族之各个文化层面，其覆盖可谓广；特别是为儒家之吸收与看重，演成和合文化，其地位可谓高。因

---

① 陈寅恪：《金明馆丛稿二编》，北京：三联书店，2001年，第246页。

此，我们论及台州的文化，就不能绕过天台山，更不能绕过此"佛宗道源"。鉴于本书其他有关章节已有涉及，本节仅就"佛宗道源"的独特贡献，作简要的论述。①

## 一、传承创新，思想独树一帜

佛教自印度经西域传至中原后，很快就在全国各地传播开来。对于天台山乃至台州而言，东汉兴平元年（194），始建石头禅院，是江南地区最早的古寺院，人们习惯上称其为"江南第一古寺"。至三国赤乌年间，寺院增多，至两晋南朝，名僧来游。至隋唐五代，佛教鼎盛，高僧辈出，天台宗创立，其代表性人物为智者大师、章安大师，并有禅宗、净土宗等盛行。

### （一）"佛宗"的思想特点

天台宗是佛教流传到中国后，最早创立的一个本土化宗派。因其实际创始人智颛（智者大师）栖止浙江天台山，创立伽蓝为终身道场，开拓鸿业，倡立一宗之教观，故所立之宗称为"天台宗"。其经典为《妙法莲华经》，故亦称"法华宗"。天台宗以《妙法莲华经》为正依的经典，并以《涅槃经》为扶疏，以《大品般若经》为观法，以《大智度论》为指南，更引《维摩》《仁王》等经以坤信，引《佛性》《它性》等论以助成。《妙法莲华经》是释尊成道以后四十余年间，以种种方便教化，根机垂渐调熟，在入涅槃前三月于清净众中之演说，畅谈出世之本怀，示一

---

① 本节参考了叶哲明《台州文化发展史》（昆明：云南民族出版社，2006年），李一、周琦《台州文化概论》（北京：中国文联出版社，2002年），周琦《天台山释道文化与宋明理学》（《东南文化》2004年增刊之天台山文化专号第四辑），曾其海《朱熹理学与天台佛学》（《台州学院学报》1996年第1期），曾其海《天台佛学》（上海：学林出版社，1999年），丁式贤《略论儒释道与天台山文化》（《台州学院学报》2002年第4期），张艳清《程朱理学与道家、道教关系研究概述》（《哲学动态》1999年第9期），胡正武《天台山文化简明读本》（杭州：浙江工商大学出版社，2019年）等专著和论文。

切众生皆可成佛之旨，以明十界皆成之法，令诸弟子尽成一佛乘之人，故智者大师宗之，为根本所依。

在此基础上，智者大师采取"六经注我""随义立名"等方法，从当时中国的实际需要出发，对印度佛教进行了取舍、发挥和再创造；又把中国哲学中有关人的心理活动、精神修养、人性等理论吸收到天台佛学中，提出"会三归一"等命题，用一系列的范畴进行思辨论证，一方面把天台宗的教义看成是至上的"一乘"，另一方面也为它调和融合其他学说打开了方便之门。在"方便"法门的旗号下，进一步集合南北各家义学和禅观之说，对佛教各种经典和学说以及道家、儒家的诸多不同思想进行融会贯通，并有选择地把它们"会归"，从而在调和圆融的基点上成就一家之言，建构了天台宗完整的佛学思想体系，也表现出中国第一个佛教宗派融会众长、创宗立派的重要特点。

天台宗的主要思想、主要学说有：一念三千、十如实相、性具善恶、无情有性、一心三观、圆顿止观、三谛圆融、五时八教，等等。

"一念三千"是智𫖯依据《法华经》而发展出的观法。所谓"一念"是指当下日常生活的一念心。"三千"是《华严经》十法界（地狱、畜生、饿鬼、阿修罗、人、天、二乘、菩萨、佛），《法华经》十如是（相、性、体、力、作、因、缘、果、报、本末究竟等），及《大智度论》的三世间（众生、国土、五阴）相乘所得的结果，指代一切法，也即天台宗对宇宙的总称。"一念三千"指由于一念心起的缘起，总体即为空、假、中的中道实相，因此三千中任举一法，必然同时具备三千的全部。

"三谛圆融"是贯穿天台宗思想始终的方法论原则。三谛即空、假、中，空谛谓诸法空无自性，体不可得。假谛谓诸法宛然而有，施设假立。中谛谓诸法其体绝待，不可思议，全绝言思。三谛是天台宗的中心思想，用以表达体用相即、圆融无碍。智𫖯认为，三谛并不是认识上的先后次第关系，而是"虽三而一，虽一而三"，于一心中同时存在，相连相即，互不妨碍。也就是说，讲空，假、中即在其中，讲假、中亦如是。

"十如实相"是天台宗的世界观。《法华经·方便品》中说："佛所成就第一稀有难解之法，唯佛与佛乃能究尽诸法实相，所谓诸法如是相，如是性，如是体，如是力，如是作，如是因，如是缘，如是果，如是报，如是本末究竟等。"慧思将此文加以转读并赋予自己的理解，一云是相如、是性如，乃至是报如，如名不异，即空之义；二云如是相、如是性，乃至如是报，名字施设，各各不同，即假之义；三云相如是、性如是，乃至报如是，如于中道实相之是，即中之义。对十如的第十种本末究竟等，慧思解释为佛与凡夫同样具足十法，所以说成究竟平等。

"性具善恶"是天台宗性具圆义的不共法门。所谓"性具"，就是一切法都是自然存在，既非自生，也非他生。而且这种存在，不是单一的存在，是互相联系作为全体而存在的。"性具善恶"是"三谛圆融""一念三千"的题中应有之义，既然十界互具，则众生界必具佛法界性德之善，而佛法界亦必具众生界性德之恶。自竺道生倡"一切众生悉有佛性"以来，"具善"一说还能为佛教界普遍接受，虽然"善"之一义与通常所谓的"心净"说，已经有了一定的距离。但说众生界特别是佛法界具性德之恶，这确为天台宗一家所独创。

"无情有性"是唐代天台宗荆溪湛然所提出的佛性理论。所谓"无情有性"，意谓不仅一切众生悉有佛性，就连墙壁瓦石等无情物也都有佛性。湛然借助于《大乘起信论》中真如的不变随缘义，以及"依正不二""凡圣一如"的义理，认为佛性遍法界，不隔有情、无情。湛然的无情有性说达到了中土性觉理论的极致。

"一心三观"是天台宗的观心法门。据载，慧文曾依《大智度论》修观心法门，悟"一心三智"之旨而立"一心三观"之说以传慧思，此为天台理论之滥觞。其后历代辗转相承，观心法门一直处于天台理论的枢机地位。"三智"是一切智（声闻缘觉之智，知一切法空）、道种智（菩萨之智，知种种法差别）、一切种智（佛智圆明）。"三观"是从《中论》的"三是偈"推演出的空观、假观、中观，于一念心中圆修空、假、中三谛者，即是"一心三观"。

"圆顿止观"是天台宗修行方法的核心。天台宗止观法门之心要，即为与三谛相应之三止三观。智顗认为，止观二法是转迷开悟、成菩萨作佛两种最基本的修行方式，佛法虽广，但"论其急要，不出止观二法"，而圆顿止观与另两种渐次止观和不定止观相比，是三种止观法门中最殊胜者。圆顿止观指不经过由浅入深的阶段，一开始即缘纯一实相，以体证"实相外更无别法"境界的止观。

"五时八教"是天台宗的判教理论。"五时"是就根据时间的先后分出华严时、鹿苑时、方等时、般若时、法华涅槃时。"八教"是就法的性质分判的，即化法四教与化仪四教，化法是教化众生的法门，即三藏教、通教、别教、圆教；化仪是教化众生的仪式，即顿教、渐教、秘密教、不定教。通过"五时八教"的判释，天台宗对全部佛教经典作了一个安排，使其各自居于合适的位置，既调和了佛教内部的矛盾，又突出了本宗所依的《法华经》的崇高地位。

概而言之，天台宗的主要思想是实相和止观，以实相阐明理论，用止观指导实修。而实相之"性相三千"与"百界千如"，作为天台宗的重要法相，其中作为法华正体、天台宗宗旨的"十界十如"，就是依此而推演的；而最后的归结点，乃在于"一念心中"，也就是其"一念三千"的核心思想。"一念"之心能理具"三千"诸法，更能事造"三千"诸法，因此天台宗修观的下手处，即观一念之心的三千性相，即假、即空、即中，圆融无碍。如果不明了"性相三千""百界千如"的意义，即不能入圆顿止观，也不能正确地分判天台宗法相。

那么天台宗的具体修习法门又是怎样的呢？

修习佛法的一切具体行为，都可以归入天台思想理论之内，可谓

"荡荡乎，莫知其高厚"！天台禅修的方法，用我们现在的话，可以用如下几点来概括。

第一，天台宗的佛学理论发展到极致，在近三千年的佛法史上始终保持着很高的水平，禅修方法臻至圆熟。其理论与实践完美结合的事实，这种历史现象，可以说是佛教其他各宗难以企及的。

第二，在整个天台禅修的方法中，除了以如来禅为脉络的止观法门外，天台宗之历史还告诉我们，可以接纳棒喝直指，乃至参公案、看话头等禅宗的修行方式；也可以奉行净土宗的观想念佛、持名念佛，以及众人共结莲社，集体求生西方净土；亦可以修习适合于社会大众的经忏佛事，进行自忏和忏他，普及佛法，利乐有情；更可以接纳密教等秘密大乘的一切行持。可谓"圆人受法，无法不圆""举手低头，皆成佛道"。

第三，在诸法实相论为依据的融摄下，天台禅修方法也就随着各个时代的不同机宜与需要，而产生了沿袭和革新并进的弘法方式，这在历代有大成就的祖师大德那里表现得尤其突出。凡是不能与时俱进，不会契理契机地弘扬佛法，没有发展思想理论和修行方法的年代，都是佛教灰暗停滞的时代。这除了特殊的社会原因外，与弘扬佛法之人的眼光胆识，乃至对圆教思想的如实把握和运用，都是分不开的。

### （二）"道源"的思想特点

道教是中国固有的宗教，其思想渊源于西汉时的黄老道。东汉顺帝年间（126—144），张道陵创立天师教（俗称五斗米道），可以说从那时开始就形成了真正意义上的道教。道教尊老子为教主，奉《道德经》为主要经典，依托道家思想，讲究道统万物、尊道循道的理性精神，推崇返璞归真、崇尚自然的价值观念，在无为、自然、柔弱、处下、不争、逍遥等思想基础上创立。千百年来，道教以其鲜明的民族性、广博的包容性和历史的传统性等特点，对中华民族的民族性格、民族心理形成，都有着重要的影响。

在道教的发展史上，随着时代与地域发展的变化，产生了诸多流派。12世纪以后（宋代），道教逐渐分为全真道与正一道两大派系。两大派系的区别是全真派的道士出家，在宫观内过丛林生活，不食荤，重内丹修炼，不尚符箓，主张"性命双修"，以修身养性为正道；正一派道士一般有家室，不忌荤，以行符箓为主要特征（画符念咒、驱鬼降妖、祈福消灾）。桐柏宫属全真教，所谓的南宗就是全真教在地域上分南北两宗，就像佛教禅宗也分南北两宗一样，总的修行宗旨一致，但具体的修炼方式、理论参习有所不同。

道教南宗，始于南宋张伯端。南宗"其学先命而后性"，倡导"性命双修""道禅合流"，其基本思想源于唐时的吕洞宾，后经刘海蟾至张伯端而趋于成熟。

吕洞宾，姓吕名岩，号纯阳子，唐河中府人，武后时曾两举进士不第。虽然有人认为历史上有无吕洞宾还很难断定，还怀疑《道藏》洞真部所收录的《钟吕传道集》《破迷正道歌》和《道藏辑要》收录的《三宝心灯》《云巢语录》《金丹心法》及《观心篇》《敲爻歌》等著作，不少为后人假托之作，但这些著作，都符合和体现了吕洞宾强调修心、不主外丹、倡导内丹的理念，并给当时的道教内部带来了新气象，使之出现了与当时趋向有别的新动向，即向老庄归复、与禅宗融合，从而巩固了其以内丹炼养为主旨的理论。

刘海蟾，名操，字昭远，又字宗成，生活于五代至北宋，后梁燕山（今北京宛平）人，曾事燕主刘守光为丞相。刘海蟾好谈性命，崇黄老之学，初遇道人正阳子，得金液还丹之旨。随之即弃官隐于华山及终南山，潜心修道。后得吕洞宾授以内丹之要，乃改名玄英，号海蟾子。刘海蟾丹成以后，云游传道，并著《还金篇》行于世。刘海蟾继承吕洞宾的大统而加以发挥，其思想为张伯端最终形成性命双修的南宗炼养思想奠定了坚实的基础。

其实，即使在天台山，就在张伯端身边，之前也还有更早的高道——汉晋、南北朝的葛玄、葛洪、陶弘景，唐朝的司马承祯、徐灵府、杜光庭，以及宋朝的张无梦，等等。他们也都有自己的炼养思想，也都有许多被张伯端学习与吸收的内容。无疑，张伯端继承传统隐逸仙学，隐居山林清修，以自己多年的内丹炼养思想为基础，加上浪迹云水、访求大道，融摄了儒、释、道三教理论精华，才总成了代表作《悟真篇》，才创立了南宗。

南宗道教以修炼金丹作为基本法门。所谓"金丹"有内外之分。"外丹"就是采用丹砂等矿物石为原料炼制而成的一种药物；"内丹"则是冶炼自身体内精气神而成的内药。张伯端在《悟真篇》中力主内丹，视外丹黄白为旁门邪术，主张按照万物化生的法则，反其道而修炼自己的精、气、神。书中不但吸取了老子的一些哲学思想，利用它来说明内丹的修炼方术，并加以深化和发展，使之成为自己内丹学说的理论基础，他还顺应当时儒、释、道三教合一的思想潮流，公开标揭道禅合流的旗帜，以修炼性命之说来融贯诸家学说。

《悟真篇》宣扬内丹修炼，还从传统的"人身一小天地"的天人合一哲学观出发，将人的自身比作修炼的鼎炉，以精气为药物，以神为运用火候，循行一定经络，经过一定步骤，使精、气、神在体内凝聚不散，结成内丹。内丹以去疾健身为初效，以延年永寿为中效，以"阳神飞升"为最高目标。具体修炼三个过程为收心敛性、养炁（炁音qì，略同于"气"）守神、无欲无念。这三个过程是"道生一、一生二、二生三、三生万物"的逆行，即重新由三而二、由二而一、守一而归无，最后归于万物之初的"道"。亦即所谓的命功（收心敛性、养炁守神）和性功（无欲无念）。

有人说，这实际上就是积精累气之学，在修身养性方面，具有很高的科学价值。而实际上，内丹之修，有更加丰富与完整的内涵。

具体地说，南宗内丹功法之"性命双修、先命后性"的内涵为：所谓"性"指的是人的心性、思想、秉性、性格、精神等；"命"指人的身体、生命、能量、命运、物质等。所谓"性命双修"也就是指"神形兼修"、心身全面修炼。所谓"先命后性"指的是以身体器质为修炼的入门功夫，而以"心性"等先天禀赋的修炼相伴，且必不可少。或者说，修性最重要、最基础的是道德反省，积善行德。南宗道教认为，一个人要成仙，善功是非常重要的，故而有"道德神仙"之说。同时还要在心性、思想、秉性、性格、精神等方面进行持续不断的修炼。就修命方面来讲，南宗道教的丹道步骤是：筑基炼己、炼精化气、炼气还神，炼神还虚，等等。修炼的要领是：颠倒复归。南宗道教认为，人降生世界，由少年、青年、壮年、老年，最终要走向死亡。丹道修炼则逆而行之，返璞归真，以婴儿的纯朴为理想，认为通过一定程序的修炼，能够返老还童。

我国近现代道教领袖、仙学创始人陈撄宁，在《张紫阳仙师略传》之按语中，把张伯端比为"圣哲"，明言丹道性命双修的思想和修法至张伯端而集大成。认为张祖的影响，放眼一千年道教史，无人能比，故言其"后无来者"。至于"前无古人"，绝非虚言，即使对比《悟真篇》问世前出现的丹道经典，《悟真篇》的思想、格局、境界都已经超越，其最大的特点是不断吸收儒佛文化精华，以完善丹道修持的法门，升华丹道修持的境界。

著名学者方克立教授主编的《中国哲学大辞典·张伯端》条，如是评价张伯端："其思想认为道、释、儒'教虽分三，道乃归一'。为道主内丹，斥外丹，认为'人人本有长生药''何须寻草学烧茅'。主张'性命双修''察心观性'，以归'究竟空寂之源'，而无须离家修道。其主张与传统道教不同，对后世道教思想影响甚大，被奉为南宗五祖之首，世称紫阳真人。"上海社会科学院出版的《中国文化辞典·悟真篇》讲到，《悟真篇》内篇讲丹道的修炼，外篇讲"修命后进一步修性的内容，反映了他'三教一理'的思想"，把张伯端看作哲学家，把《悟真篇》视为思想名著。

毫无疑问，张伯端作为哲学家的贡献，就在于明确提出"教虽分三，道乃归一"的三教合一的思想，并著书立说，身体力行。其"性命双修"的丹道体系，影响了中国一千余年的道教史，丰富和发展了道教文化，使丹道文化在中华文化中成为光彩夺目的明珠。道教文化是中华民族优秀文化遗产的重要组成部分，而张伯端的《悟真篇》已经影响道教一千年，已经成为一部影响千古的文化名著。

## 二、援入儒学，催生理学心学

儒学到了宋代、明代出现了我们平时所称的"宋明理学"，如果按时间先后分划一下，前一阶段是"程朱理学"，后一阶段为"陆王心学"。"程朱理学"与"陆王心学"的相继出现与兴盛，标志着我国古代哲学进入新的阶段。而包括佛教天台宗与道教南宗在内的天台山佛道两教有关思想，不仅直接影响了其后的佛道各宗，而且对儒学的这两个阶段都产生了深远的影响。下面，我们作简单论述。

### （一）从"佛宗道源"到"程朱理学"

首先，我们探讨宋明理学为什么要吸收佛道思想呢？那是因为，唐代中叶以后，随着社会的动荡，佛、道两家在社会生活中的影响日盛，并在形而上的哲理思辨方面，对儒家经典的神圣性与先贤解经的权威性形成了挑战。对此，宋明时代的儒者不得不放弃经学传注而代之以直探经文本义的研究方法，有意识地从其他学派汲取思想营养，以重振儒学。宋明理学之所以成为中国哲学发展的一个高峰，就在于它站在儒学的立场上吸收道家、道教与佛教思想来充实和发展了自己。

从道教方面来说，由于儒、道两家具有共同的思想文化渊源，两者都产生于春秋时期，并由于秉持共同的民族心理和民族思维方式，在此后的发展过程中，一直相互吸收、相互影响。同时，儒、道两家同为即世的学说，儒家是完全入世的，道家虽然是站在出世与入世的边缘，但倾向于入世，两者具有更多共同或相近的语言。加上北宋和南宋都受外族入侵，士子大都具有捍卫中原文化的意识，宋代理学诸家大多遵承大一统和尊王攘夷的宗旨，儒、道两家同为中国土生土长的学派，而佛教则是外来的。浙江大学哲学系孔令宏教授在《宋明理学的纳道入儒与儒学的新发展》（《河北学刊》2008年第1期）一文中认为，宋明理学从道家、道教中吸收的东西，远比从佛教中所吸收的东西要多。

从佛教方面来说，唐高僧宗密《原人论》中曾提到这个问题，他的看法是："推万法，穷理尽性，至于本源，则佛教方为决了。"这是说，在"穷理尽性"、探究宇宙本原等哲学理论方面，佛学是最高明的。儒家在这方面是不入门径，大为逊色的。北魏李士谦在论三教时也说，"佛日也""儒五星也"。而对于这种贬责，不少儒家人物是默认的，而一些想重振儒学的学者更是自觉地意识到这一点。一方面，他们力求从儒家固有的经典中搜求有关思想，如涉及心性修养的《孟子》《大学》，讲天道天命的《中庸》等。另一方面，就是援佛入儒。把佛教思辨的本体理论、精致的心性理论和直觉的修持方式等加以改造、吸收，以充儒学之不足。台州学院曾其海教授在《朱熹理学与天台佛学》一文中认为，在佛教方面，包括禅宗和华严宗在内，给朱熹思想更大、更深影响这一点来说，则无疑还是天台宗。

清代浙东学派的重要代表人物全祖望说："两宋诸儒，门庭径路半出于佛老。"以其先导周敦颐为例，他通过对得自于道教陈抟的《太极图》进行儒学化的义理解释，为儒学凝铸了一个形而上与形而下大体统一的简约的哲理范型；明清之际黄宗羲创作的思想史《宋元学案》中说："又谓周子（周敦颐）与胡文恭同师僧寿涯，是周学又出于释氏矣。"又如程颢，《宋元学案》中说："明道不废佛老书，与学者言，有时偶举示佛语。"程颢自称"泛滥诸家出入于老释者几十年，返求诸六经而后得之。"又如辟佛最有力的张载，《宋史》中说："载读其书，犹以为未足。又访诸释老，累年究极其说。"（《宋史·道学传》）清代"性灵派"三大家之一袁枚说得更为明白，他说，宋儒"目击佛老诪张幽渺，而圣人之精旨微言，反有所闷而未宣；于是入虎穴，探虎子，闯二氏之室，仪神仪貌而心性之学出焉"。（《小仓山房文集》卷二一）因此，不论向谁学习得更多，不论谁的影响更大，是佛与道一起催生了"宋明理学"当为无疑，而我们这里要讨论的，则是"佛宗道源"对"宋明理学"的贡献。

其次，我们探讨"佛宗道源"如何影响"程朱理学"。

"程朱理学"，作为宋明哲学断代史的特定名词，始于北宋周敦颐。从他开始，讲学的方式已一变孔孟的性与天命之风格，而以宇宙观、道体论为依据，建立起人生哲学新体系。以后哲学家皆以"理气"等新范畴，用以心性之理的整体发挥，所以后世把这一代儒学称为理学。至程颐、程颢，则进一步把"理"作为哲学体系的最高范畴，并赋予它独立的客体精神本体的含义，所谓"万物皆然，都自在这里（理）出去。"故"理"又称"天理。"（《二程遗书》卷一八）再至南宋朱熹继承了"二程"的哲学观点，并集理学之大成，也把"理"作为自己哲学体系的最高范畴和本体，将理学推向了最高峰。

李一、周琦先生主编的《台州文化概论》，对天台山文化如何影响"宋明理学"，进行了全面的论述。其中包括顾欢、司马承祯对周敦颐"濂学"与程颢、程颐"洛学"，以及张载"关学"的影响等。这里，我们摘录引用如下：

周敦颐（1017—1073），字茂叔，号濂溪，北宋道州营道（今湖南道县）人，为宋明理学的开山。其主要成就是吸收了道教宇宙发生论，与《易传》的宇宙理论相结合，建构了儒学哲学的基本宇宙生成模式。其学说主要体现在《太极图说》和《通书》中。周敦颐的儒家宇宙生成论主要采自道教华山陈抟的《无极图》，只是"颠倒其序，更易其名，附以大易，以为儒者之秘传。盖方士之诀，在逆而成丹，故从下而上；周子之意，以顺生人，故从上而下"（黄宗炎《太极图辨》）。以儒家名词代替了道教的术语。

周敦颐认为：圣人之所以成为"圣"，是因为圣人能"以诚为本"，"圣人之道，仁义中正而已矣"。（《太极图说》）"诚者，圣人之本"，"圣，诚而已也；诚，五常（仁义礼智信）之本，百行之源也"。（《通书》）如何臻于"诚"的境界呢？那就是"主静"的修养实践论："一为要，一者，无欲也；无欲则静虚动直，静虚则明，明则通；动直则公，公则溥。"（同上）"圣人定以中正仁义而主静，立人极焉。"（《太极图说》）因而明代黄宗羲在《宋元学案》中也认为："周子之学，以诚为本。从寂然不动处握诚之本，故曰'主静立极'。"其实，这"主静立极"学说，分别受到南朝天台顾欢"无欲即圣"思想和唐代天台司马承祯"主静去欲"论的影响。

顾欢（420—483），字景怡，一字元平，吴郡盐官（今浙江海宁）人，南朝齐大臣，著名上清派道士。他的"无欲即圣"思想，见于他解释儒家经典《论语》之中。他在解释《论语·先进》中"回也其庶乎，屡空"一语时说："夫无欲于无欲者，圣人之常也；有欲于无欲者，贤人之分也；二欲同之，故全空以目圣；一有一无，故每虚以称贤。贤人自有观之，则无欲于有欲；自无观之，则有欲于无欲。"（皇侃《论语义疏》引）司马承祯发展了顾欢"无欲即圣"的思想，其道教哲学的核心是"主静去欲，坐忘得道"。他认为："心者，一身之主，百神之帅也。静而生慧矣，动则生昏也。"因而他要求主静：一要简缘，"简缘者，择要去烦也"；二要无欲，"无欲者，断贪求也"；三要静心，"静心者，止浪游也"。这三者为"主静去欲"之枢要。

顾欢提倡"无欲即圣"，司马承祯强调"主静去欲"，目的是"得道"；周敦颐主张"主静去欲"，目的是"成圣"；虽前者属道教，后者为儒教，但均通过"主静去欲"的修养实践，以追求其最高精神境界的自我超越，二者可谓"如出一辙"。司马承祯的"主静去欲、坐忘得道"思想不仅与周敦颐的"主静去欲、以诚成圣"理论"如出一辙"，而且还对程朱理学创始人、北宋洛学代表人物程颢的"内外两忘、心与理一"的"定性"学说深有影响。

程颢（1032—1085），字伯淳，人称明道先生，与其弟程颐（1033—1107）并称为"二程"。河南洛阳人，故称其学名"洛学"。程颢青少年就学于周敦颐。其弟程颐称其"自十五六时，闻汝南周茂叔（即周敦颐）论道，遂厌科举之业，慨然有求道之志，未知其要，泛滥于诸家，出入老、释者几十年，返求之经而后得之"（《二程集·明道先生行状》）。这说明程颢与其他理学家一样，受到释道文化的熏陶。程氏兄弟俩创立了"天理"学说，以既是自然法则又是社会准则的"理"，代替了宋代以前中国哲学中"天"的本体地位，成为宋代以降儒家哲学中的核心概念，"宋明理学"亦由此而得名。此为"二程"对中国哲学的一大贡献。在修养实践理论上，程颢在周敦颐"主静无欲、以诚成圣"思想基础上，进一步提出了"内外两忘、心与理一"的"定性"理论。

所谓"定性"，即是"定心"。就是认识和体验自己的本心和本性。"所谓定者，动亦定，静亦定，无将迎，无内外"，"定性"不"以外物为外"，不"以己性有内外"，"与其非外而是内，不若内外之两忘也，两忘则澄然无事矣。无事则定，定则明，明则尚，何应物为之累哉"（《二程集·答横渠张子原先生书》）。"内外两忘"就是"与物浑然一体""心与理一"，将"己"融于"万物"之中，达到"万物一体"的境界。为达到这种境界，程颢提出了"主敬"的修养方法："所谓敬者，主一谓之敬；所谓一者，无适谓之一。"（《二程遗书》卷一五）"敬"为存养天理："中者，天下之大本也；天地之间，亭亭当当，直上直下之正理，出则不是，唯敬而无失最尽。"（《二程遗书》卷一一），存养天理要做到"主一"，"主一"就是固其心志："一者，天也，只是整齐严肃，则心使一。"程颢易周敦颐"主静"为"主敬"，是因为"虚静"为道教名词之故。尽管如此，程颢的"定性"学说与司马承祯的"主静坐忘"理论相较，仍"透出"渊源非常密切的"天机"。

司马承祯（647—735），唐代河内郡温县（今河南温县）人，晋宣帝司马懿之弟司马馗之后，道教上清派茅山宗第十二代宗师。曾隐居在天台山玉霄峰，自号"天台白云子"。他认为"坐忘"是"内不觉其一身，外不知乎宇宙"；程颢则言"与其非外而是内，不若内外之两忘"。司马承祯说，"以无事为真定，以有事为应迹，若水镜之为鉴，则遇物而见形"；程颢则说，"无事则定，定则明，明则尚，何应物之为累哉"。司马承祯将"敬信"作为"修身得道"的前提，程颢则把"主敬"作为"修身定性"的入门。司马承祯主张"道与心通、心与道一"，"散一身为万法，混万法于一身"；程颢则提倡"心与理一，万物一体"。由此可见，司马承祯的"主静坐忘"理论确为程颢"定性"学说之先驱。

张载（1020—1077），字子厚，祖籍大梁（河南开封），后占籍凤翔郿县（今陕西眉县）横渠镇，因长期在该镇讲学，人称横渠先生，为北宋著名儒学家，"关学"创始人。他亦曾广涉释道及诸子百家之学，再反求于儒经，创立了理学"气本体论"的哲学体系，是中国古代朴素唯物论哲学发展的一个里程碑。

张载从儒学"气本体论"视角，首先提出了"天地之性"与"气质之性"这对理学心性论中表示绝对和相对、普通与特殊的范畴。这是对古代人性论的一次总结，后被理学家普遍接受。张载在《正蒙·诚明》

中指出："（天）性者，万物之一源……天性在人，正犹水性在冰，凝释虽异，为物一也；受光有小大昏明，其照纳不二。""天地之性"至高无上，实际上就是"天理""天性"。而"气质之性"则为"形而后有气质之性，善返之，则天地之性存焉。故气质之性，君子有弗性焉"，"气质之性"是人的"后天之性""习俗之性"。"人之初，性本善，性相近，习相远"，正是对"天人之性"的总概括。

张载在人性论上提出"天地之性"与"气质之性"的范畴，二者虽同出于气，但以天地之性为本，应通过"穷理而尽性"，使善恶不齐的"气质之性"向纯善的"天地之性"转化。张载"天人之性"的人性论是对孟子的"性善说"、荀子的"性恶论"、扬雄的"性善恶论"、韩愈的"性善恶上中下三品说"的总结，《宋元学案·横渠学案》评道："及至横渠（张载），分为天地之性，气质之性，然后诸子之说始定。"实际上，张载的"天地之性"与"气质之性"的区分，可能系据中国道教南宗创始人张伯端的《青华秘文》演绎而成。

张伯端《青华秘文·神为主论》详尽论述了"先天之性"与"气质之性"：

> 圣人以无为治天下，则天下安肃；庸人以有为治天下，则天下扰乱。盖心者，君之位也；以无为临之，则其所以动者，元神之性耳；以有为临之，则其所以动者，欲念之性耳。有为者，日用之心；无为者，金丹（修道）之用心也……夫神者，有元神焉，有欲神焉。元神者，乃先天以来一点灵光也；欲神者，气质之性也。元神者，先天之性也；形而后有气质之性，善反之，则天地之性存焉。自为气质之性所蔽之后，如云遮月，气质之性虽定，先天之性则无有。然元性微，而质性彰，如人君之不明，而小人用事以蠹国也。且父母媾形，而气质之性具

于我矣，将生之际而元性始入。父母以情而育我体，故气质之性每遇物而生情焉。今则徐徐铲除，主于气质尽，而本元始见。本元见而后可以用事。无他，百姓日用，乃气质之性，胜本元之性；善反之，则本元之性，胜气质之性。以气质之性而用之，则气亦后天之气也。以本元之性而用之，则气乃先天之气也。气质之性本微，自生以来，日长日盛，则日用常行无非气质。一旦反之矣，自今以往，先天之气纯熟，日用常行，无非本体矣。此得先天制后天无为之用也。

对于这个问题，中国人民大学张立文教授解释说："张、程的天命之性，无疑直接沿袭《中庸》天命之谓性的说法。气质之性，则与张、程同时的著名道士张伯端便已明确提出，并论证了气质之性与本元之性（天地之性）的关系。"上海师范大学李申教授还详细地论证了张载的气质之性源于张伯端，又为程、朱消化吸收，发展为完善的理学人性论。[①]因此，如果我们将两者作一比较，张伯端的道教哲学心性论，比张载的理学心性论要详尽精致得多。所不同的是，张伯端要"发天道、明自然"，张载则要"建人伦、明教化"；前者重在"返朴而归真"，后者重在"存天理而去人欲"；但张载的理学人性论从张伯端的道教哲学心性论演绎而成，却毋庸置疑。

如果说周敦颐的"濂溪学"、程颢的"洛学"、张载的"关学"所受台州释道文化的影响主要侧重于台州道教文化，那么朱熹的"闽学"、王阳明的"心学"所受台州释道文化的影响则"兼而有之"。

朱熹为宋代理学集大成者，南宋"闽学"创始人。他学识渊博，儒释道三教典籍及诸子百家之学均有很高的造诣，故台州释道文化亦在融摄之中。朱熹亦自称"盖出入释老者十余年，近岁以来，获亲有道，始

---

①　参见张艳清：《程朱理学与道家、道教关系研究概述》，《哲学动态》1999年第9期。

知所向。"（《答江元适书》，《朱熹集》卷五五）笔者认为，由于朱熹与台州关系十分密切，两主台州桐柏崇道观，又曾在浙东任职、在台州讲学，在台州有众多的朋友与学生，深谙佛教天台宗与道教南宗之内理精髓，对两者之研究与吸收无疑都会不少。正是由于援佛道入儒，采佛道之长以补自己之短，理学才突破了儒学规范化以后导致的停滞、僵化局面，使儒学得到改造和发展，把我国古代哲学推向一个新的境界。

台州学院曾其海教授曾对朱熹理学深受佛教天台宗教义影响作过专门研究，他在《天台宗的佛教哲学思想》[①]中认为：

第一，在本体和现象、抽象与具体的统一性上，朱熹提出"体用一源、显微无间"的体用观。他说"则一理之实而万物分之以为体，故万物之中各有一太极"，"人人有一太极，物物有一太极"（《通书·理性命章注》）。万物分离的太极，并不是万物从太极中分取了一部分，而是说万物分离的太极同样是"众理之全"。朱熹认为，部分与全体只是对于具体的分类方法，对精神的本体、理的全体太极，则是不适用的。朱熹这种体用观，与天台宗"万法是真如""真如是万法"，"无相不相""一切诸法，皆是佛法"，草木瓦壁都是真如的体现如出一辙。

第二，在"一理"和"万理"的关系上，朱熹提出"理一分殊"的理论。这种分殊关系，既非全体与部分的关系，也不是一般和个别的关系，是"一月普现一切月，一切水月一月摄"的关系。（《朱子语类》卷一八）他说"万个是一个，一个是万个""与理为一""一心具万理"，这是天台宗"心是一切法""一切法是心""介尔有心，即具三千"（智者《摩诃止观》卷五上）在理学中的移植。

第三，在认识论上，朱熹主张"格物致和"说。他说，"格物，是物物上穷其理"。（《朱子语类》卷一五）今日格一物，明日格一物，都

---

① 曾其海：《天台宗的佛教哲学思想》，《东南文化》1990年第6期。

是认识的初级阶段。在这个阶段中，格具体的物，是不能认识真理的全体。到了认识的最后阶段，由部分理的认识到全体理的认识，这不是常规的理性认识所能达到的，必须赖于神秘的顿悟，即"一旦豁然贯通焉"，得到了全体的全能的知识。朱熹"格物致知"的两阶段认识方法，与天台宗"一心三观"认识论中的"次第三观"和"不次第观"的两阶段认识方法如出一辙。在认识的第一阶段，两者还都有合理性，到第二阶段，两者都主张超越理性的直觉方法。

第四，在人性论上，朱熹主张"二心"说。人的本性中有一个先天的至善的"道心"，与此同时，又有一个与生命俱来的先天的受形气影响的恶的"人心"。道心是纯粹的天命之性发出来的，是至善的，即使凡人也具有天命之性，所以也有道心。人心与生命俱来，是从具体的气质之性发出来的，是恶的，即使上智的圣人也不无人心。人心虽恶，但可以通过主体修养而变善。故"超凡入圣"的方法并不是消灭人心，而是使人心服从道心。很明显，朱熹的"二心"说就是天台宗"真妄二心"说，两者是一脉相承的。

作为宋代理学集大成者朱熹，既融集天台宗之佛学，又融摄道教南宗的内丹学。他曾化名"崆峒山道士邹欣"撰《周易参同契考异》。并自言："异时每欲学之，而不得其传，无下手处，不敢轻议。"元人袁桷《清容居士集·易三图序》谓朱熹曾命弟子蔡元定入峡，访得象数学秘传三图，其后上饶谢枋得遁于建安，鄱阳吴蟾往受《易》，出其图，曰："建安之学为彭翁，彭翁之传为武夷君……季通（蔡元定）家武夷，今彭翁所图疑出蔡氏。"此彭翁即道教南宗第五祖白玉蟾弟子彭耜，武夷君即号武夷翁的道教南宗第五祖白玉蟾。蔡元定所得象数学三图，溯其渊源亦出自道教南宗的内丹学。

此外，朱熹还据张伯端道教哲学"先天之性"与"气质之性"的心性论，提出"心统性情"理论，进一步发展了张载的理学人性论思想。

朱熹认为，性是心之体，情是心之用，心是包括体用的总体。对"性"的概念，朱熹又赋予张载所区分的"天地之性"和"气质之性"以新的内涵。"论天地之性，则专指理言；论气质之性，则以理与气杂而言之"（《朱熹集》卷五六《答郑子上》）。前者指禀理而生、专以理而言、纯粹至善的"性"，后者指人禀气而有形的，有清浊、偏正、善恶的"性"。在此基础上，朱熹进一步提出了"道心"与"人心"的理学范畴，认为"道心"即"天理"，而浊、偏、恶的"人心"就是"人欲"。因而他主张"变化气质"以"复其性"，这种抽象本体论的论证，一方面抑制了人的个性发展，另一方面又体现了对人生理想人格的追求。因此，朱熹的"心统性情"理论亦可溯源至张伯端《青华秘文》中的心性论。

不仅如此，从佛教天台宗来说，天台佛学还从反面给唯物主义思想家提供了思想资料。如张载与王夫子在反对唯心主义的体系"太极"或"理"的斗争中，强调了"道"或"理"不能脱离"物"或"器"，主张"道"只能寓于万物之中而不在万物之外、之上。他们批判地吸收、改造了天台宗的泛神论思想，建立了更加完整的唯物主义体系。张载、王夫之都是从本体这个要害上批判佛教的，指出佛教理论的根本错误是不知道世界是物质的，"而以心法起灭天地"。在批判的前提下，他们认为天台宗的湛然"无情有性"的泛神论思想有合理的地方，即把佛法看成是寓于万物之中而不是万物之外、之上的。因此，他们把天台宗的泛神论改造为"道"或"理"寓于具体的"物"或"器"中的唯物论，以此为思想武器，批判了唯心主义理学把"太极"或"理"作为脱离具体物、器的精神实体的世界观。

台州学院曾其海教授在《朱熹理学与天台佛学的关系》[①]一文中认为，朱熹的"理"是对天台宗"实相"的承袭。因为天台宗的"实相"，

---

① 曾其海：《朱熹理学与天台佛学的关系》，《台州师范专科学校学报》1996年第1期。

既非指心，也非指法，而是指宇宙万物自身一切具足的属性，天台宗认为这便是宇宙的本来面目、真实相状，故曰"实相"。朱熹既不主张心生万物，也不承认万物自在，在逻辑上虚构出一个衍生万物的"理"（天理），作为宇宙生成的本来面目。他说："有此理便有此天地。若无此理，便亦无天地，无人无物，都无该载了。有理便有气，流行发育万物。"（《朱子语类》卷一）并且认为"理"是世间万物本具的，从人到一草一木皆然。他说："近而一身之中，远而八荒之外，微而一草一木之众，莫不各具此理。""圣人有此理，天亦有此理，故其妙处独与之契合。释氏亦云：'惟佛与佛乃能知之'，正此意也。"（《朱子语类》卷二三）朱熹在这里以天台宗的宗经——《法华经》为自己作注，表明他的"理"相当于天台宗的"实相"，如他自己说的"正此意也"。

在和"理一分殊"直接相关的宇宙发生说上，朱熹的逻辑思维也借鉴天台宗的一套。在天台宗的宇宙发生说中，智颛提出了"一多相摄"的"性具实相"理论：认为宇宙间一切都自然存在，完全具足，既非自生，也非他生；现象不仅自然存在，完全具足，既非自生，也非他生；现象不仅自然存在，而且不是单一的、孤立的存在，而是作为互相联系的整体而存在；一切现象虽千差万别，但都显示真如的"实相"。朱熹自称十五六开始，就留心于佛（《朱子语类》卷一〇四）。他在著作中常常引注《法华经》，对天台宗这套方法心领神会，其"理气不能相离"思想就是最好的例证。

此外，天台宗说一切有情，一切无情，包括草木瓦石，均沾佛雨，都有本觉真心，悉有佛性；在朱熹的思想中表现为人人有善性，禽兽也有善性，草木亦同。天台宗讲性善用恶（虽然智颛讲性"具恶"，但他在具体论述中仍指"用恶"，后来的湛然亦如此）；朱熹也把心区分为体用，本体的心叫道心，道心是纯粹的天命之性发出来，是至善的，把心的作用叫人心，人心是从具体的气质之性发出来的，是恶的。天台宗讲"阐提不断性善，如来不断性恶"；朱熹讲下愚的小人也有道心，上智的圣人不无人心。天台宗讲"一阐提也能成佛"；朱熹讲"人性无不善，虽桀纣之为穷凶极恶，也知此事是恶"。天台宗讲真如受熏染，无明聚起，但佛性仍在；朱熹讲人性本善而已，才堕入气质中，但熏染得不好了，虽熏染得不好，然本性依旧存在。天台宗讲超凡入圣需采取"不次第三观"的言断语寂，如桶脱底的大彻大悟的神秘主义直觉方法；朱熹为了使人心服从道心，讲需采用"非见闻思虑可及"和"非文字言语之所及"的"豁然有个悟处"的"敬"的修养方法。总之，天台宗的泛神论思想，不仅为张载所援，而且为朱熹所援，泛神论成了"程朱理学"的一个特点。

朱熹的"理"、"理一分殊"、心性理论，等等，虽然都明显地保留了天台宗佛学的思想痕迹，然而，朱熹也说，"释氏只见得个皮壳，里面有许多道理，他却不见"。这句话用在朱熹理学思想与天台佛学思想的关系上，倒也道出了一些内情。朱熹说的"皮壳"，即承认吸收了天台佛学的范畴、命题、思辨方法，而"里面有许多道理，他却不见"，因为佛学是虚的，儒学是实的，一个出世，一个入世，自然不能完全等同。

## （二）从"佛宗道源"到"陆王心学"

"陆王心学"，是由南宋江西金溪人陆九渊开创，由明代王阳明集大成的一个理学支派。相对于"程朱理学"的观点，"陆王心学"认为"理"只在于人的心中，"心"与"理"相合而为一，"心外无物""心外无理""宇宙即吾心、吾心即宇宙"。在人身修养的途径上，"陆王心学"倡导"明心"，变"格物致知"为"致知格物"，不是由"格物"而"致知"，而是由"致知"而"格物"，是先"发明本心"，致其良知，而后将心中的良知赋予外物，使得万事万物均蒙上本心之善的色彩，也就达到了人格修养上的完善状态，并不需要多去读书和穷究义理。

陆九渊（1139—1193），字子静，号存斋，南宋金溪县人。理学家、教育家，曾讲学于贵溪县象山书院，人称"象山先生"。陆九渊于南宋乾道八年（1172）中进士，历任靖安县主簿、崇安县主簿、荆门军知军等职。在哲学上，他提出"心即理"的命题，断言天理、人理、物理只在吾心中，心是唯一实在："宇宙是吾心，吾心便是宇宙。"认为心即理是永恒不变的："千万世之前，有圣人出焉，同此心同此理也，千万世之后，有圣人出焉，同此心同此理也。"这就把心和理、心和封建伦理纲常等同起来。1176年，陆九渊在铅山鹅湖寺，对认识论问题与朱熹展开了一场辩论，史称"鹅湖之会"，进一步阐发了他"尊德性"和"发明本心"的"心即理"先验论。但是，由于陆九渊没有再深入研究，只有立论而无方法论，未形成一个完整的思想体系。直到明代，王阳明发扬了陆九渊的学说，使得陆九渊的"心学"成为"宋明理学"的一个重要派别，而且影响极大，波及整个中国乃至东南亚。不过也正因此，后人也多有将"陆王心学"直接称为"阳明心学"的。

王阳明（1472—1529），名守仁，字伯安，浙江余姚人，"宋明理学"中"心学"的集大成者。王阳明跟绝大多数中国文人一样，一出生接受的就是儒家正统教育。而当时的主流文化，其实就是一家独大的、把儒学哲学化的"程朱理学"。他与多位宋代理学家一样，先是苦研理学，后又参研佛、道，"出入佛老二十年"，均不能完全释他心中疑惑，后来经过漫长的探索、淬炼，最后被贬贵州，缘"龙场之悟"，终究"打通任督二脉"，方"笃志圣学"，创立了属于自己的伟大思想——阳明心学，成为明代心学的代表人物。所以说他的心学，与理学、佛道之学有着一个比较尴尬而微妙的关系，若即若离，不一不异。既是对理学与佛道之学的否定、批判、突破，却又以其为基石、助力、土壤、源泉。当然，其心学的建立，不可否认地，从佛、道中也汲取了大量的养分，其思想同样受到台州释道文化的熏陶。

曾其海教授在《天台佛学》一书中认为王阳明的"心学"亦受到天

台宗教义的影响，他指出，如果说朱熹是从客观视角去接受天台宗的佛教哲学思想，那么王阳明则从主观视角去吸收天台宗的佛教哲学思想。以下摘录其部分论述。

"阳明心学"的基本命题是"心即是理""宇宙便是吾心""吾心即是宇宙"，天下无心外之物。王阳明的"心"，也叫"良知"，又称"天理"，即先天的"道德观念"。他认为，良知是先天的、人人皆有的道德品质。这种良知是天地万物发生的源泉，是社会赖以存在的原则，也是自然界天地万物赖以存在的根据。他说："人的良知就是草木瓦石的良知，若草木瓦石无人的良知，不可以为草木瓦石矣。岂惟草木瓦石为然？天地无人的良知亦不可为天地矣。盖天地万物与人原是一体。其发窍之最精处，是人心一点灵明。风雨露雷，日月星辰，禽兽草木，山川土石，与人原是一体。"（《传习录》下）正如任继愈先生所指出的，这是对天台宗"无情有性"佛性说的直接继承（《汉唐佛教思想论集》）。

王阳明的"致良知"思想也受到台州道教南宗思想的影响。

王阳明认为"致良知"的途径是"致知格物"，这种格物致知，乃是一种摒除客观、排斥实践、静坐冥想的反理性的直觉的自我参悟方法。王阳明说，"圣人之学，惟是致此良知而已"，它"不假外求"，"格物之功，在身上做，决然以圣人为人人可到，便自有担当了。"（《书魏师孟卷》）王阳明这种致良知的参悟方法与天台宗的返观心源、把握真心、返本还原的顿悟方法，可以说相差无几了。无怪其后的李贽在《答耿司寇》中，一语道破了王阳明哲学的思想渊源，"故阳明先生曰：'满街皆圣人'"，佛众都是一样的，故"佛氏亦曰：'即心即佛，人人是佛。'"

道家学问的宗旨是"性命双修"。性就是形而上的精神，命就是形而下的身体。其北宗强调先性后命，也就是以精神为主导，身体服从精神。通过精神的清净顿悟，脱离躯壳的束缚，以达到飞升。其南宗的修炼法门是"先命后性"，也就是以身体作为炉鼎，以精神作为原料。从身体开始修炼，渐进式地完成精神的修炼，最后达到飞升的目的。王阳明《传习录》卷上论精气神，谓良知"以其妙用谓之神，以其流行谓之气，以其凝聚谓之精"，即是略变道教南宗之说，来阐发"致良知"思想。

王阳明还从"心学"的主观视角发展了张载的"天人二性论"和朱熹"心统性情"论，提出了"性即气"说。王阳明作为心身、主客体统一论者，强调性与气的统一，即性不离物质实体而存在，"天地之性"就是"气质之性"，"气质"外别无性。他指出："生之谓之气，生字即是气字，犹言气即是性也……（天地之）性善之端须在气（质之性）上始见得，若无气亦不可见也……若得百姓明白时，气即是性，性即是气，原无性气之可分也。"（《传习录》中）

王阳明"性即气"说，虽源于张伯端的心性论，张载的"天人二性论"和朱熹的"心统性情论"，但也区别于他们的观点，这就是王阳明扩容了"性即气"的主观性。这与道教南宗第五祖白玉蟾"以神驭气"学说如出一辙。白玉蟾所处南宋时期，"程朱理学"还未取得"官学"地位，而他却用"天理""人欲""克己复礼"等理学重要范畴来阐明内丹之学。白玉蟾指出："命者因形而有，性则寓于有形之后。五脏之神为命，七情之所系也，莫不害乎吾之公道，命与人同欲。"（《性命明论》）理学中以"天地之性"驾驭"气质之性"的思想，在白玉蟾看来即是"以神驭气"："道心者气之主，气者形之根，形者气之宅，神者形之具。神即性，气即命也。"（《东楼小参》）"以神驭气"的最高精神境界是"心于道，与道合真，抑不知孰为道、孰为我，但觉其道即我，我即道"。（《天尊玉枢宝经集注》卷上）白玉蟾"命者因形而有，性则寓于有形之后"，以及"神即性，命即气"的观点，正是王阳明"性善之端须在气上始见得"与"性即气，气即性"的理论依据。白玉蟾"道即我、我即道"的"心外无道"思想，正是王阳明"气外无性""心外无理"的心学源泉。

王阳明的"心外无物"是智颛"一念三千"的儒化。

王阳明最著名的哲学命题是"心外无物"，并非主张"心生万物"，而是主张心、物有则俱有，无则俱无，无前无后、相即不二的"心物同一"，也就是良知与万物同一。王阳明认为，天地万物没有良知，就不成其为天地万物。同样，没有天地万物，良知也就不能存在。在王阳明的认识中，心物关系是心不离物、物不离心，一气相通的同一。而且，不仅心与天地万物同一，心与身同样如此，无心同无身，无身则无心。乃至太极、阴阳、理气、万物都是同一的，只是作用不同，对象不同，因而名称不同而已。也就是说其本体并非指心，而是心物同一的"存在"。

智颛在解决心物关系上本论命题是"一念三千"。他说："此三千在一念心。若无心而已，介尔有心，即具三千，亦不言一心在前，一心在后……若从一心生一切法者，此则是纵；若心一时念一切法者，此则是纵；若心一时念一切法者，此即是横，纵亦不可，横亦不可，只心是一切法，一切法是心故。"（智颛《摩诃止观》卷九）智颛认为，既不可把一切法归结为心，也不可把心归结为一切法，而主张心即是法，法即是心，心法同一。智颛这种企图消除心法对立、主张心法圆融同一，超越于唯心、唯物的折衷主义本体论，是独具天台佛学特色的。天台佛学理论的真实意义，就在于天国人间并重，既是精细的心性之学，又可入世致用，而这正是王阳明所需要的。因此，王阳明契入天台宗并非偶然的巧合。

王阳明的泛神论是湛然的无情有性说的升华。

泛神论的基本哲学特征是强调物质和精神或心和物的同一，调和物质和精神对立。从哲学形态看，泛神论属于折衷主义，它企图超越唯物主义和唯心主义，消除思维和存在的对立。湛然发挥了智颛的"心即是法，法即是心、心法不二"的观点，提出了"无情有性"的泛神论思想。他认为，"万法是真如、真如是万法"，一切事物都是佛性的表现，佛性包括一切的存在。显然，湛然的理论是把佛性自然化，强调思维（真如）和存在（万法）的同一，不知不觉地走向了泛神论。

王阳明把湛然的"泛神论"思想引入儒学，强调心物同一，把良知（心）自然化。他认为，人的良知就是草木瓦石的良知，若草木瓦石无人的良知，不可以为草木瓦石矣。同样，没有良知，自然界的万事万物亦不可为万事万物。王阳明的这种说法与湛然的"万法是真如、真如是万法"，不仅思想上一脉相承，而且说法上也极其相仿，其云："盖大地万物，与人原是一体，其发窍之最精处，是人心一点灵明。风雨、露雷、日月、星辰、禽兽、草木、山川、土石，与人原是一体。故五谷禽兽之类，皆可以养人，药石之类，皆可以疗疾，只为同此一气，故能相能耳。"

在王阳明看来，自然界的五谷禽兽之所以能养人，药石之所以能治病，都是因为人与天地万物原为一体。在这里，王阳明把自然万物看成是人生存的基础，由泛神论而表现出唯物主义的倾向。最后，王阳明得出结论："目无体，以万物之色为体；耳无体，以万物之声为体；鼻无体，以万物之臭为体；口无体，以万物之味为体；心无体，以天地万物感应是非为体。"这就是说，除却自然界的万事万物，心也就无所谓本体了，这里他更明确地表现出良知自然化的泛神论色彩。

当然，王阳明的泛神论思想比天台宗湛然的泛神论思想，迈进了一步，他去掉了湛然泛神论的宗教外衣，把佛教的心贵身贱发展为心身并重，成为儒家致用的学问。

王阳明"知行合一"学说，以天台宗"止观并重"学说为蓝本。

知、行，是中国哲学史上一对重要的范畴，它类似于今天的认识和实践。王阳明不同意朱熹的"知先行后"的知行观，提出了"知行合一"的知行观。

那么，王阳明"知行合一"的含义究竟是什么？"知"指良知，王阳明说，"良知之外，别无知矣"，"外良知以求知者，邪妄之知矣"。"行"指良知的发用流行，也就是良知之用。"知行"指良知之体与良知之用的关系。他说："体即良知之体，用即良知之用，宁复有超然于体用之外者乎？""合"有两层意思：第一层指"同一"，良知之用应该同一于良知之体；第二层意思是指"契"，有符合的意思。"知行合一"的"一"，不仅具有量词性，更多的还具有名词性，也就是指"与物无对"的本体。

王阳明的"知行合一"论，实际上是要探讨体用的关系。在王阳明看来，体用应是同一的，相合一致的。体用一源，它们是一而二，二而一，只是它们在不同的方面起作用，就可以从不同的方面描述，因而有不同的名称。他说："在物为理，处物为义，在性为善，因所指而异其名，实皆吾之心也。"本体发用在事父上便是孝，发用在事君上便是忠，发用在交友、治民上便是信与仁，不可以体外求用。

王阳明的"知行合一"论，是他"心物同一"本体论在认识论上的必然表现，因为认识论属哲学基本问题的第二方面，第二方面是由第一方面决定的。如前所述，王阳明主张心物的关系是"有则俱有，无则俱无，无前无后，相即不二"的完全同一。所以他把知行关系看成是体用关系，既然"心物同一"，那么必然体用一源、同一相契。他说："知是行之始，行是知之成。若会得时，只说一个知，已自有行在；只说一个行，已有知自在。"又说："知之真切笃实处即是行，行之明觉精察处便是知。知行工夫，本不可离，只为后世学者分作两截用功，失却知行本体，故有合一并进之说。"

王阳明的"知行合一"，与天台宗的"止观并重"极其相似。天台宗的"止观并重"是其"心法不二"在认识论上的必然表现。"止观并重"是天台宗之理论特色之一，它从心法不二的观点出发，一反常态将传统的佛教修行方法"止观法门"，发展为"止观并重"，并把行"止观"的义理之学，发挥出"三止""三观"的理论。天台宗虽然讲"止观并重，不可偏废；如鸟之双翼、车之双轮"，看起来似乎分为两截，其实它是落脚于"止观"融合的"中"，"无二无别"。"止观"对一般的人是把它发开，次第渐进的，一旦进入圆融境界，便"无二无别"了。通过以上可以看出，天台佛学的"止观并重"学说可谓王阳明"知行合一"学说的蓝本。

王阳明的"四句教"与传灯的"性善恶论"亦有共通之处。

王阳明的哲学思想，不管在本体论、认识论、方法论、泛神论诸方面可能都深受天台佛学思想的影响，这里我们再把天台宗传灯的"性善恶论"与王阳明的"四句教"作一比较，作为王阳明思想与天台宗思想关系的一个小小佐证。

"四句教"又称"四句宗旨"，是王阳明对自己晚年思想的概括，即："无善无恶心之体，有善有恶意之动；知善知恶是良知，为善去恶是格物。"王阳明为后人立教，告诫门人以后讲学务必按其四句宗旨讲，不可更改此四句宗旨；只要能依此四句宗旨自修，不管中人、下人、上人都能直跻圣位。

性恶说是天台宗的"独家法门"，智𫖮主张"阐提不断性善、诸佛不断性恶"，但到湛然，他把《大乘起信论》引入天台宗，把智𫖮的"性具恶"修正为"用恶"，即把天台法门的"体具恶"发展为"体善用恶"。到了明万历年间的传灯，则把佛教儒化，把天台宗的性恶说变成了"性善恶论"，他著有六卷本的《性善恶论》，对天台宗佛学思想有所发展，因而被后人称为天台宗的中兴人物。

综上所述，"阳明心学"也是理学、佛学、道学三种不同流派思想精髓的融会贯通。曾其海教授指出：王阳明心学思想受到台州释道文化的熏陶，受到天台宗教义的影响。王阳明的哲学思想骨子里装的是天台佛学，其思想体系是天台佛学思想体系的儒化、世俗化。如果说朱熹是从客观视角去接受天台宗的佛教哲学思想，那么王阳明则从主观视角去吸收天台宗的佛教哲学思想。可以说，天台宗对王阳明的影响比其他宗都要深刻，是决定性的、本质的。相对来说，禅宗与华严宗等对其影响则是表面的、形式的，因而也是次要的。当然，他本来自浙东，也是自宋至清浙东学派的重要代表人物，其心学，也从道家那里得到了对自我生命的重视，用道家重视自我生命价值和佛教天台宗、禅宗的心性自足，把"程朱理学"的纯客观天理，嵌回到人的生命价值和心灵的开悟之中，使天理从冰冷的客观研究，转变为充满温度的主观心灵体验和个体生命实践过程。

"阳明心学"创立数百年来，起伏盛衰，几经辉煌与黯淡，不论是"满城尽带黄金甲"，铺天盖地来，还是"风刀霜剑严相逼"，凌寒独自开，它一直具有顽强的生命力。尤其近年来国人又掀起了一股心学热潮，细究起来，自有其理。"致良知""知行合一""事上练""人人皆可成圣""吾性自足，不假外求"等心学精髓，在唤醒人们的良知、解放思想、求真务实、追求民主、张扬个性、增强自信等方面，有着不可磨灭的功用。

# 第六章　文学艺术的璀璨多姿

文学艺术，是人们以一定的媒介与方法进行创作、用以表情达意的一种文化现象，文艺作品是人类重要的文明成果之一。从形式上看，狭义的文学，主要包括小说、散文、诗歌（含词曲赋）、戏剧（剧本）等，广义的文学则还包括神话、传说、寓言、故事以及儿歌、民谣等，指一切以语言文字为媒介、具有审美属性的作品。狭义的艺术，主要包括书画、篆刻、雕塑、建筑等静态艺术，以及音乐歌舞、戏剧戏曲、电影电视等表演艺术，广义的艺术则还包括曲艺、杂技、摄影、设计、包装、园林，等等。

台州的文艺，从时间上看，最早的艺术当是仙居古越先民的岩画；最早的文学，当是千百年流传的神话传说，比如黄帝在天台山受金浆玉液，刘晨阮肇在桃源洞遇仙成亲等。从区域分布上看，传统上多在天台、临海、黄岩等地，以点为主，以点带面，或出自秀丽山川，或附于历史人物，尤关乎佛道典故。这是因为秀丽的山川、神秘的传说、得道的修行与理论，吸引了人们关注与造访，激发了文艺创作的灵感。其中天台山便是一个突出代表，还有临海的巾子山与北固山、黄岩的委羽山与九峰山、椒江的金鳌山与白枫山、温岭的方山与南嵩岩、仙居的括苍洞与韦羌山之类名山胜景。

台州文艺从题材内容来看，不管是诗歌、散文还是故事之类，或者是书法、绘画以及各类民间艺术，或为描述山川田园风景，或为言志抒情明理，或为赞人物、叙故事、记风物，大多具有浓郁的乡土气息。从作者之所由来看，或为当地百姓代代相传，或为本地贤士刻意创作，或为外地名人仕宦客居修行、从游行走所作，尤其是后者，他们居游台州，留下了大量至今为人熟知的佳作。从体裁形式上看，文学则以诗歌为主，其次是包括神话传说与民间故事在内的散文等；艺术则除了书画摩崖、雕塑造像、建筑陶瓷等较多以外，更有大量的歌舞说唱、剪纸手工等民间艺术，特别是这当中的许多内容，已被列为国家级或省级的文物保护单位、非遗保护项目，更值得细细品鉴。①

## 第一节　台州文学的丰富多彩

### 一、唐朝以前的台州文学

台州处于边疆海隅，虽然早在汉代就先后有回浦县、章安县之设立，县治章安也曾一时繁华，但总体来说，直到唐朝，还属于荒蛮的贬谪之地。好在有道教与佛教先后进入台州，结合雄奇秀丽的山水，有关地方民间传说、佛道传说，以及诗文作品便开始出现。比如黄帝在琼台受金浆玉液、王子乔主管桐柏山、刘阮采药桃源洞遇仙、昙猷遇五百罗汉应真等传说陆续产生。而相关的文学作品，唐代以前，从作品的形式体裁来看，主要是赋与诗。从作品的内容来看，包括外地人写台州或涉及台州的作品，和台州人自己写的作品，遗留下来的虽不是很多，而且主要还基本上都是有关天台山的，但这一部分的作品，就其对以后台州的影响来说，却是极其巨大的。

---

① 本章参考了叶哲明《台州文化发展史》（昆明：云南民族出版社，2006 年），李一、周琦《台州文化概论》（北京：中国文联出版社，2002 年），安祖朝《天台山唐诗总集》（杭州：浙江古籍出版社，2018 年），台州市文学艺术联合会《名人笔下的台州》（杭州：浙江文艺出版社，2008 年），王及《台州历代书画篆刻家传略》（陕西：陕西旅游出版社，1997 年），范正来编著《台州风韵》（上海：上海教育出版社，2019 年）等著述。

　　唐代以前，较早涉及台州的作品，我们不能不提西汉时伟大的史学家、文学家司马迁（前145—？），他在《史记》中写的《东越列传》，虽不是专门写台州的，却记叙了包括台州在内的整个东越，在汉代以前那段历史。而这样的作品，其简明生动的笔触勾勒的故事，我们不妨把它作为文学作品来读，因为《史记》本来就不只是一部史书，同时也是一部文学作品，人称"无韵之《离骚》"。

　　直接写到台州的文学作品，从现有资料来看，主要有东汉、三国、晋时的葛玄、成公绥、干宝、孙绰、谢灵运等的作品，对后世台州都产生了很大的影响。

　　我国古代著名的史学家和文学家干宝及其记录的《天台二女》值得一提。干宝（283—351），晋时新蔡（今河南新蔡）人，学识渊博，著述宏富，横跨经、史、子、集四部，堪称魏晋间通人。干宝的志怪短篇小说集《搜神记》，在中国小说史上有着极其深远的影响，被称作中国志怪小说的鼻祖，他也成为小说领域的一代宗师。他在《搜神记》中辑录的《天台二女》，记录了剡人刘晨阮肇入天台山采药，在天台桃源遇仙女成亲的故事。其叙述细致动人、委婉入情，既神奇艳丽，又洋溢着浓厚的人情味，不断演绎，流传至今，令人向往。刘阮遇仙传说，稍后被南朝宋时文学家刘义庆（403—444），略加细化，更为生动地以《刘晨阮肇》为题，收入他的《幽明录》中。这个传说，不但对东晋以来的玄学、道学、隐逸之风，有着不可估量的作用，对其后天台山名声的远振，对当地相关文学艺术的衍发，也都产生了深远的影响，甚至还成为东亚、南亚一些国家宝贵的文化财富。

　　在文学上对天台乃至台州同样产生深远影响，或影响更甚的，还有东晋时文学家孙绰及其《游天台山赋》。孙绰（314—371），太原中都（今山西榆次，一说山西平遥）人，他少以文称，游放山水，爱隐居，有才名，为东晋玄言诗的代表作家之一，与许询并为玄言诗人。现存诗三十余首，充满玄学哲理，影响不小。孙绰还善为碑文、辞赋，他的《游天台山赋》，描写细腻，辞情并茂，文采斐然，使天台山声名远播。

## 二、唐五代时的台州文学

唐五代时的台州文学可以说是一个高峰，而尤以唐代为最，五代因为时间比较短，社会又动荡，作者与作品，除了顺延唐朝以外，还没有来得及酝酿，作品还没能形成气候，以下也就附带兼顾一下。而唐高峰期的台州文学，主要还是体现在外来作者及其作品上，又主要体现在诗歌上，更集中地体现在与天台山有关的作品上。人称"一座天台山，半部全唐诗"。因此，我们以"浙东唐诗之路"及其目的地天台山为重点，介绍一下唐五代时台州的文学情况。

这个时期的台州诗歌，从作者来看，写过涉及台州的诗作者，有初唐"四杰"之杨炯、卢照邻、骆宾王，"唐诗四大家"的"李杜"（"诗仙"李白和"诗圣"杜甫），"元白"（元稹、白居易），盛唐"四大边塞诗人"之岑参、王昌龄；有"韩柳"之韩愈，"郊寒岛瘦"之孟郊和贾岛，"小李杜"李商隐和杜牧等；有孟浩然、宋之问、王维、刘长卿、刘禹锡、李贺、李绅、杜牧、许浑、温庭筠、韦应物、张继、卢纶、张祜、张籍、顾况、方干等名震一时的诗人大家；有皎然、灵澈、齐己等名僧；还有受武则天、睿宗、玄宗三代帝王四次召见应对，仍辞归修道的司马承祯，以及徐灵府、杜光庭、吕洞宾等高道；更有隐居天台山70年、影响深远的诗僧寒山子，还有被贬来台州任职司户、台州文化教育启蒙与开拓者郑虔，与土生土长的台州诗人项斯、罗虬，等等。

关于郑虔、项斯和罗虬，本书第二章中已有较详论述，此处不赘，下面重点分析白话诗僧寒山。寒山，生卒、字号均不详，唐代长安（今陕西西安）人，唐代著名诗僧。他出身于官宦人家，多次投考不第，30

岁后隐居于天台山寒岩，自号"寒山"，时间达70年之久，直到去世。传说他以桦树皮作帽，破衣木屐，喜与群童戏，言语无度，人莫能测。常至天台国清寺，与寺僧丰干、拾得为友，被后人在国清寺设立"三贤堂"奉祠。而寒山与拾得又被后人奉为"和合二仙"，成为人间和合的象征。寒山经常在山林间题诗作偈，语言通俗，尽为白话，表现山林逸趣与出世思想，讥讽时态，同情贫民，蕴含深刻的人生哲理。正如其诗所写："有人笑我诗，我诗合典雅。不烦郑氏笺，岂用毛公解。""多少天台人，不识寒山子。莫知真意度，唤作闲言语。"后人将寒山诗作辑成《寒山子诗集》3卷，《全唐诗》收存其诗300多首。他的诗作，元代时传入朝鲜、日本，后译成日、英、法文等，到了20世纪，更为越来越多的人接受，并广泛流传。20世纪50—70年代，还在美国引发了一股"寒山热"，其诗作与思想很为当时的美国青年所热捧。

### 三、宋元时的台州文学

宋朝在中国的历史上，相对来说，还算是一个政治比较开明的时期，统治者对文人比较尊重与宽容，经济、科技、文化都达到了比较繁荣的程度。特别是南宋，在吴越国与北宋长时间休养生息基础上，由于大批北方人士南迁，还有晋唐以来天台山以及佛道文化的持续影响，加上台州离政治中心较近而成为辅郡，台州考取进士与在朝中任职增多等原因，特别是文教启蒙进一步推进，包括从北宋"二程"到南宋朱熹的"程朱理学"，从"古灵四先生"之一的陈襄到王十朋、叶适"浙东学派"等儒学各派学人的探索与创新及其对台州的沾溉，加上思想对文学的促进、学派向文派的转化，台州文学进入到一个高峰期。

笔者以为，宋朝的文学可以归纳为四个高峰阶段：一是北宋前期欧阳修继唐朝韩愈等发起第二次古文运动前后，古文、诗、词等创作不断走向繁荣，出现了"唐宋八大家"的宋六家，出现了"白体""晚唐体"等多种诗歌流派。二是至北宋后期，又出现了以黄庭坚、陈师道、陈与义为代表的，我国文学史上第一个有正式名称的诗文派别"江西诗派"。三是至南宋前期出现了尤袤、杨万里、范成大、陆游四位诗人合称的"南宋四大家"，又被称为"中兴四大诗人"。四是南宋后期出现"江湖诗派"，文学创作进入了又一个高峰期。而这四个高峰中，前两者对台州影响不大。而后两者，则与台州文学直接相关，并直接影响了台州文学，至于第四个高峰，因为是以台州戴复古等为主要代表，值得我们大书特书。

宋朝台州文学的兴盛，主要体现在以下方面。一是"唐宋八大家"中的欧阳修、苏轼、王安石，以及范仲淹、梅尧臣等文坛大家，包括北宋初期"西昆体"诗人钱惟演等，如唐代诸多文学大家一样，即使没有到过台州，也在关注台州，并与台州人有诸多交往，因此写下不少有关台州的作品。二是那些来台州游过山水、任过职务、修过佛道的，包括南宋诗坛"中兴四大家"之陆游、杨万里、范成大、尤袤，"永嘉四灵"之赵师秀、徐照、翁卷、徐玑，还有北宋"古灵四先生"之一的陈襄和南宋朱熹、王十朋、叶适等，以及李清照、文天祥等大家，也都写过不少与台州有关的作品。三是更为重要的，台州本地也可谓人才辈出、大家涌现了，从声名不彰的杨蟠、左纬、罗适、陈克、陈骙，到名声远扬的戴复古、虞似良、徐似道等都是。如果说唐朝台州文学的高峰，主要体现在外来作者对台州的书写上，那么宋朝特别是南宋时期，台州文学的高峰则更多地体现在本土作者的涌现与作品的创作上。本土作者与作品，特别是诗歌方面，不管从创作数量、作品质量、内外影响等方面来看，都出现了欣欣向荣的景象。而且，本土作者在各县市区的分布上，范围也更为广泛。就现在的行政区划来说，作者来源除了仙居、临海、天台之外，还有黄岩、温岭、三门与宁海，等等。当然，北宋时期，由于远离政治中心，则要比南宋逊色一些。至于宋后的元朝，虽然在戏剧与杂曲等体裁上具有一定的发展，却由于远离政治中心，也由于思想禁锢严重，台州籍的作者与作品似乎都比较少。

本期值得关注的重要作家有杨蟠、陈克、戴复古、陈耆卿、陶宗仪等，其中前三位在本书第二章中已有较详论述，此处重点分析陈耆卿、陶宗仪。

陈耆卿（1180—1237？），字寿老，号筼窗，台州临海人。南宋嘉定七年（1214）进士，从青田县主簿到国子司业，在地方与朝廷多处任职。为官刚直耿介，不交结权贵，不随声附和，敢于犯颜触讳，因而受权臣排挤。陈耆卿博学能文，生平著述，有《论语纪蒙》18卷、《孟子纪蒙》14卷及《筼窗集》10卷等。嘉定年间纂成《赤城志》40卷，为最早的台州总志，去取精当，简而有体，文笔凝练，被称为名志。陈耆卿之文，多因事而作，比如《上宰执论台州财赋》《上丞相论台州城筑事》《代台州祈年祝文》《社稷神祝文》等，大多为心系民生社稷之作。亦有如为金华邵大猷所写《寄庵记》道出了人生如寄、唯"理"无穷的哲理之作。其诗作亦多诉民生疾苦之情，比如《闻湖寇》："淮上兵戈血染川，浙河饿莩骨盈船。又闻寇盗湖南起，不觉迟回夜半眠。食肉贵人无恙否，剥肤巧吏尚依然。吾皇圣德如天大，谁采吾言作奏篇。"除此之外，还有更为丰富的内容，比如《夜坐》："空庭杳已夜，孤坐悄无言。雨后山疑活，云中月欲吞。清愁难独遣，古意与谁论。听罢琴中操，呼童早闭门。"抒发一种枯愁落寞之感。《似村》："缚茅本不傍孤村，尽日焚香深闭门。陌上红尘高没马，谁知巢父个中存。"便是一种清高的标榜。有记载说，陈耆卿的老师叶适，初读其文，即赞赏有加，读至佳处，不觉"惊诧起立"，说："耆卿能以文人之笔藻，立儒者之典型，综合欧、苏，自成一家，他年成就不可估量。"视其一生，果其然也！

元末明初时，台州还出现了一位学者诗人陶宗仪。陶宗仪（1329—1412？），台州黄岩（今台州路桥）人，字九成，号南村。元末应试不中，避兵侨寓松江（今属上海）之南村。累辞辟举，入明，有司聘为教官。于学问无所不窥，辑有《说郛》《书史会要》等，著有《辍耕录》《南村诗集》等。陶宗仪传下的诗文很多，题材内容相当丰富，其中关于家乡的作品，表达了对故乡的热爱。特别是中年以后所写的大量诗作，比如"风景不殊乡音远，梦归夜夜浙江船""赋归归未得，长夜梦台州""江汉悠悠为客流，先茔回首泪滂沱"等多为表达魂牵梦萦的思乡之情。与此相近的是，在他年老之后，其对人生的凄凉深有所感，读来让人悲楚。如他在重阳时赋诗："重阳佳节古今同，老我凄凉思不穷……醉把茱萸怀弟妹，不知乌帽落西风。"在他得到胞弟梦臣"没于道，未知月日地"消息时，写诗曰："白下相逢日，于今十二年。江湖俱老矣，风雨独凄然。"

## 四、明清时的台州文学

明清时期，对于整个中国来说，是一个思想禁锢严重的时期。然而，明清交替时期，由于社会的动荡，商品经济与资本主义的萌芽，"浙东学派"的延续乃至深入发展，个人意识的觉醒，仍然产生了李贽、黄宗羲、王夫之、顾炎武等思想大家，全国层面还是产生了一系列独具特色的文学形式与文学成果。比较明显的就是小说取代诗词曲赋成为主流文学体裁，叙事文学步入成熟期，通俗文学作品大量出现，着重表现市井生活，白话文开始在文学领域取代文言文。在文学潮流上，先后出现了"前七子""后七子"等流派。然而，对于台州而言，这些巨大的变化似乎并没有太多的涉及，我们所能看到的只有一些细小的变化。

这些细小的变化，很大一部分是由外来的重要人物带来的，他们有的是文学家，有的还是重要的思想家，他们的主张与思想无疑也体现在他们的文学作品上。这个时期，本非台州人士，但与台州有密切关系、写过有关台州作品的重要人物，主要有：明朝的刘基、宋濂、李东阳、李梦阳、王阳明、黄宗羲、王夫之、徐霞客、戚继光，清朝的林则徐、魏源、康有为、龚自珍、袁枚、潘耒，等等。这些大家以及他们的作品，在思想上、在文学上都深具影响力。相比之下，明清时期，台州本土文人及其作品，没有产生很大很突出的影响，但还是值得一写的。其中，也有影响相对较大的一些文人及其作品。比如：明时的宗泐、刘仁本、秦鸣雷、朱右、徐一夔、方孝孺、谢铎、黄绾、王士性、陈函辉，清时的齐周华、齐召南、王咏霓、黄濬、侯嘉繙、王棻、王舟瑶，等等。颇可一提的是，明朝时，温岭的谢铎与茶陵的李东阳等一起，创出"茶陵诗派"；清朝时，温岭的"花山诗派"也远近闻名，至今还有作者群体举着大旗延展诗风。下面我们选择重要的作家作品予以介绍。

谢铎（1435—1510），明朝台州府太平县（今台州温岭）人，字鸣治，号方石，祖籍黄岩。天顺八年（1464）进士，在朝中担任过多个职务，官至礼部右侍郎兼国子祭酒。谢铎博通经史，文学造诣极深，是"茶陵诗派"的重要代表人物。"茶陵诗派"兴于明代成化、正德年间，由于当时社会弊病日见严重，朝中"台阁体"阿谀粉饰、卑冗委琐、单缓冗沓的文风已不容不变，以李东阳、谢铎为首的一批人，针对"台阁体"的现状，提出"轶宋窥唐""诗学汉唐"的复古主张，强调法度声调的掌握，认为重点在于音节、格调和用字，以图洗涤"台阁体"的风气，振兴文坛。后人以李东阳老家茶陵为名，将他们这一诗派命名为"茶陵诗派"。谢铎与李东阳二人的文学思想、诗歌创作都各有特色，各代表了"茶陵诗派"的一个侧面。谢铎在理论上的主张，要言之，其一是主张明道纪事，其二是强调抒情，其三是提倡复古。作为诗派的代表人物，谢铎一生创作了大量诗歌。主要内容有三个方面，一是关心民生疾苦，为百姓的痛苦而呼号，这是谢铎诗歌最鲜明的主题。如《田家叹》："叹息复叹息，一口力耕十口食。十口衣食恒有余，一口苦为私情逼。县吏昨日重到门，十年产去租仍存。年年止办一身计，此身卖尽兼卖孙。於乎！吾民之命天所属，阡陌一开不可复，卓锥有地吾亦足。"二是关心国家命运，盼望为国出力。如《上之回》："上之回，出萧关，千骑万骑何日还。雄心荡轶泉涌山，北穷绝漠南荆蛮。岂不闻，穆天子，八骏奔崩日千里。徐方不死祭公死，何必嬴秦殄周祀。"诗歌借汉武帝、周穆王之事表达了自己对国事的看法。三是抒发对朝中宦官专政、朝政日下的担忧。比如《古愤三首》："谗锋日以利，乱本日以成。百方不可避，一死聊自明。""卜居志不售，去国义不禁。惟应汨罗水，照见平生心。""豪杰不惜死，耻与名俱没。安得首阳山，为葬范滂骨。"

我们再来分析方孝孺，方的生平前文已述，此处不赘。方孝孺的著作今存《逊志斋集》等，由于永乐中凡藏有他文章的俱遭死罪，故而留传于世的诗文不多，且均由后人辑录。方孝孺主张作文要"神会于心"，反对摹拟剽窃，其文风格豪放雄健。《四库全书总目》说他"学术醇正"，文章"乃纵横豪放，颇出入于东坡、龙川之间"。他的散文常以物喻理，叙事生动，立意正大，直抒胸臆，文笔畅达，言简意明，或不加议论，却倾向鲜明，为时人所传诵。如《蚊对》一文，以蚊喻人，揭露世之衣冠禽兽公然在白昼"乘其同类之间而陵之，吮其膏而醢其脑，使其饿踣于草野，流离于道路"的狰狞面目。并指出对这些食人者如采取听之任之的态度，不是"君子先人后身之道"。《指喻》一文，则以"拇病为戒"，指出"天下之事发于至微而终为大患"，劝喻人们要防患于未然。《越巫》则是有感于明初"好诞""好夸"的不良风尚，生动地描述了惯于装神弄鬼的越巫，被恶少装鬼而吓死的故事，鞭挞了招摇撞骗、自欺欺人的越巫之流，也形象地揭示了骗人者始则害人、终则害己这一古训。

我们再来分析王士性，王的生平前文已述，此处不赘。王士性的游记文字清雅，文采纵横，文思俱佳，且著作中记录了不少趣闻轶事，具有很强的可读性。其述巾子山一节，可见一斑："巾子山一名帕帻，当城内巽维，云黄华仙人上升落帻于兹山也。两峰古木虬结，秀色可餐，各以浮图镇之，山腰窅处一穴，为华胥洞，其趾有黄华丹井焉，前对三台山，半山为玉辉堂，登堂见灵江来自西北，环抱于前，流东北以去。江上浮梁卧波，人往来树影中，海潮或浮白而上，百艘齐发，呼声动地，则星明月黑之夕共之。唐任翻题曰：绝顶新秋生夜凉，鹤翻松露滴衣裳。前村月照半江水，僧在翠微开竹房。"王士性行吟大地，留下诗作200多首，亦多佳作。其记游诗，有的写出了游履的艰险，如《苍梧道中揽镜独叹》云："万里劳生犹未厌，遥从马首觅青山。"虽说是"三湘水绕龙蛇窟，五岭尘迷虎豹关"，探索路上有艰险，但他"踏遍青山"之志始终不改。有的写出了旅游途中的思乡之情，如《春日过吴门》之"行尽江南芳草绿，王孙几度忆离群"。其写台州本地的诗作，亦读来十分亲切，如《上华顶》诗云："群山培塿列儿孙，万八峰头此独尊。咫尺一嘘通帝座，东南半壁拥天门。仙家鸡犬云间宿，人世烟霞杖底扪。玉室金庭何处是，等闲拔地有昆仑。"《过樵夫亭》有云："一言大义明霄汉，万死余生直草菅。"《两登巾山雨憩景高亭》有云："孤亭地拥双峰起，绝壑天开万井春。"《盖竹歌送王西之先生解绶还赤城》有云："洞天日月无终始，谁其治者商丘子。忽逢大块飞劫灰，谪向人间作仙史。"一首首读来，其气势是何等的豪迈，真乃大家也，令人不得不折腰佩服！

## 五、民国时的台州文学

民国时，随着五四新文化运动和白话文运动的兴起，白话小说、现代诗、现代散文全面展开。

时风所及，台州文学在散文、白话小说、文学译作等方面，皆出现了比较重要的作家和作品。这个时期台州本土的作家，包括柔石、陆蠡、王以仁、林淡秋、许杰等散文家、小说家、翻译家、文学评论家。他们基本上都是台州北部即天台与宁海人，而且，往往都曾经是同学或同事校友，或者互相认识，还都有过曲折的人生，受过不同的磨难。尤可一提的是，他们都曾投身于当时的时代洪流，以文学为武器，感受社会风云变幻，记录社会变迁，写下许多文学作品，有的还有较大的影响，其成就值得大书一笔。

先看民国时期著名作家、翻译家、革命家柔石。柔石（1902—1931），原名赵平福（复），又名少雄，其他笔名还有金桥、赵璜、刘志清等，台州宁海（今宁波宁海）人，"左联"五烈士之一。曾在浙江省立六中就读，后考入浙江省立一师，毕业后从事教育和文学创作。当过中小学教师，又创办了宁海中学，担任过宁海县教育局长等职。在北大旁听，修过鲁迅的课，又与鲁迅合办朝花社，主办《朝花》《语丝》等杂志。参与发起中国自由运动大同盟和"左联"，任"左联"编辑部主任、执行委员。1931年在上海龙华与"左联"四位成员及二十余人一起，被秘密枪杀。柔石一生积极从事新文化运动，旨在唤醒民众，代表作品有短篇小说集《疯人》《希望》，中篇小说《三姊妹》《二月》《为奴隶的母亲》，长篇小说《旧时代之死》，诗歌《战》《血在沸——纪念一个在南京被杀害的湖南小同志的死》，报告文学《一个伟大的印象》，以及杂文《个人主义与流氓本相》等，译作有《丹麦短篇小说集》《颓废》，他还编辑出版了刊物《语丝》26期、《朝花周刊》20期、《朝花旬刊》12期，以及专门介绍外国版画的画集《艺苑朝华》5辑，对繁荣我国的革命文艺创作，推进新文化运动和扶植新生的木刻艺术有着不朽的功绩。

再看现代散文家、革命家、翻译家陆蠡。陆蠡（1908—1942），原名陆考源，字圣泉，学名陆圣泉，台州天台人。资质聪颖，童年即通诗文，有"神童"之称。巴金认为陆蠡是一位真诚、勇敢、文如其人的作家。著作有散文诗集《海星》，散文集《竹刀》《囚绿记》等，曾翻译俄国屠格涅夫的《罗亭》、英国笛福的《鲁滨逊漂流记》、法国拉·封丹的《寓言诗》和法国拉马丁的《希腊神话》等，此外陆蠡也写过多个短篇小说、科普文章等。其中《囚绿记》被选入多个版本的语文教材。陆蠡前期的散文作品表现了一个青年知识分子的回忆、幻想与沉思，文字清新纯朴，有的笼罩着孤独和空虚的情绪，后期作品则有较浓的现实主义色彩，其中所写走向反抗的农民，笔调忧伤愤懑、心绪沉重低回。抗战爆发之后的许多作品，则又加入了对祖国山河沦亡的感叹与对民族气节的礼赞。陆蠡不仅散文写得优美，其数量不多的小说，也凝练、质朴，蕴藉而秀美，给人的感觉总是"渴望着更有生命、更有力量、更有希望和鼓舞"。

再看现代文学翻译家、作家和报人林淡秋。林淡秋（1906—1981），原名林泽荣，笔名林彬、应冰子、应服群、肖颂明等，台州宁海（今台州三门）人。曾任中小学教师，创办过多家报纸杂志，并任总编、社长、编辑等职，参加中共领导的社会科学者联盟，后转入中国左翼作家联盟，任"左联"常务委员、组织部长，开展文学创作与抗日救亡宣传，1949年后，曾任杭州大学副校长、中共浙江省委宣传部副部长和省文联党组书记等职。先后翻译出版长篇小说《韦尔斯自传》（英国，与方土人合译）、《大饥饿》（挪威）、《时间呀，前进》（苏联）、《布罗斯基》（苏联）、中篇小说《巧克力》（英国）、《丹麦短篇小说集》（与柔石合译），苏联电影剧本《列宁在十月》与《列宁在一九一八》，美国报告文学《红星照耀中国》（与多人合译）等，共20余部作品300多万字；出版短篇小说集《黑暗与光明》《交响》《雪》《散荒》，儿童文学《郑成功》《麦哲伦》，随笔集《业余漫笔》，以及《林淡秋选集》等。林淡秋在中国现当代文学史上做出了重要贡献。其文学生涯有着多重背景，作为左翼文化人、中共上海地下党文化人，他是在五四新文化运动感召下成长起来的，"追求光明、献身理想"是其革命人生的鲜明主线，他年轻时还曾受到过鲁迅先生的指导和帮助，是鲁迅的学生和战友，他于抗战和解放战争时期始终活跃在文学与文化工作的第一线，对现代文学乃至文化事业做出了应有贡献。其翻译的作品为时代之所需，为当时的国人提供了很好的精神食粮，鼓舞了革命斗志。其创作的体裁多样的文学作品，通俗生动、精警传情，"朴素、严谨，在浓郁的生活画面中，透着强烈的时代感"。其多部译作不但在当时产生了巨大的影响，至今仍具有影响力。特别是美国作者斯诺到延安采访后写的《红星照耀中国》一书，1937年10月由英国伦敦维克多·戈兰茨公司首次出版。这本书是关于红色中国的新闻报道集，也可以说是报告文学集。以后，此书以近二十种文字翻译出版，几十年间几乎传遍世界，成了著名的畅销书。1938年2月由胡愈之策划，林淡秋、梅益等十二人集体翻译，以复社名义出版，成为在孤岛上海问世的第一个中文全译本。该书在政治意义上取得了极大的成功，在中国产生了巨大的反响，成千上万的中国青年因为读了《红星照耀中国》，纷纷走上革命道路。

再看中国当代著名文学家、教育家、文学理论家许杰。许杰（1901—1993），原名世杰，字士仁，笔名张子山，台州天台人。毕业于浙江省立第五师范，从小学教员成为大学一级教授、著名作家和文学评论家，载入剑桥《世界名人辞典》。一生从事教育与写作工作，早年曾在浙江台州、宁海等地任小学、中学教师、校长，后在中山大学、安徽大学、暨南大学、广东省立文理学院、同济大学、复旦大学、大夏大学及华东师范大学等校任教授、系主任等职。曾任华东作协副主席、上海市作协顾问、上海市政协委员、上海市人大代表等。1924年开始发表作品，著有短篇小说集《惨雾》《春》《飘浮》《火山口》《子卿先生》《别扭集》《胜利以后》《一个人的铸炼》《铸炼集》等，文艺论文集《明日的文学》《新兴文艺短论》《冬至集文》《蚁蛭集》《文艺、批评与人生》《鲁迅小说讲话》《〈野草〉诠释》《现代小说过眼录》等，散文集《椰子与榴》，以及回忆录《坎坷道路上的足迹》等。许杰的小说多为乡土小说，他是中国早期"乡土文学"的杰出代表之一，他在为人生的文学旗帜下，创作了一系列具有浓郁地域色彩和个性魅力的乡土小说，其主题多为悲剧的人生，在同情底层人民悲惨遭遇的同时，也批判了他们精神上的麻木。特别是其中的名篇《惨雾》，描写两个大家族为了"权力与财富"，演出了一幕悲壮而又残忍的聚兵械斗场景，反映了中国社会民间宗族势力活动现状，深为文坛所瞩目。茅盾誉之为"那时候一篇杰出的作品"，"结构很整密"，"全篇的气魄是壮雄的"。

最后，我们打破时间分段，专门介绍始于明朝初年、延续600多年的温岭"花山诗派"。因为从县市区域来看，自南宋戴复古代表的"江湖诗派"，到明中叶谢铎代表的"茶陵诗派"，以及自明初延续至今的"花山诗派"，温岭的诗歌，包括现代新诗，都是值得充分肯定和深入研究的。

花山是一座山，位于原黄岩县太平乡（今温岭市区南肖泉村），山中有峡谷，有肖泉溪自西向东流向平原，夹溪沿路原多植梅花，地幽林茂，风景优美。花山诗派，始于明初，以花山为背景，诗人们结社吟唱、风流雅集，延续至今600余年，是诗风别具一格、名震浙东南各县的诗歌流派。

该诗派最早始于明永乐二年（1404）正月，有太平北山人林原（元）缙等九人，会于花山精舍，效白乐天香山韵事，结社吟唱，称"梅花吟社"（或称"九老吟社"）。九人中八人年近古稀，以林原（元）缙为最长，推为社长。诗社终止年限已难考证，惟查年龄最轻者程完在宣德五年（1430）尚有著作遗文。后辑有《花山九老诗存》《分韵赋诗集》等行世，有赵佩莊、程完分别作序，讲述了当时结社吟咏的背景与目的，等等。

到了清道光年间（1821—1850），又有里人冯芳等七人，有感于花山古迹的荒芜，又成立了"修梅吟社"，他们补种梅花，重建社宇，"逍遥于桑梓之乡，角逐于文酒之会，一旦登高选胜，道性言情"，又留下了大量诗作。但诗作的总体面貌和风格，与四百多年前的"梅花吟社"有着明显的区别，不再那么抑郁，显得轻松舒适多了。到了后期，鸦片战争、太平天国运动等事件在诗中也有所反映，如杨鸷《清明野行感赋》中的"道不拾遗钱是纸""却怜战骨江南北，麦饭何人奠墓门"等诗作，都是当时社会的真实写照。

民国时期又有"补梅吟社"，其代表人物是赵佩莊等，赵曾在花山设馆施教，见"梅花零落""韵事销沉"，便与林简、陈江藻等五人成立"补梅吟社"，募集资金，毅然承担起重建九老祠，补种梅花，并编修《花山志》的重任。他们继承前人的遗风，使得花山韵事得以流传。佳作如《补梅》："地老天荒树不花，溪山春事属谁家。骚翁去后鸿留爪，社屋颓余藓作葩。夹道两行全待补，迎人万本昔曾夸。名流胜景良堪慕，莫遣东风怨物华。"《戊午早春题新庵壁》："古洞梅花故国春，一枝墙角见精神。樵苏剪伐开因晚，留与东风作主人。"

至1948年，赵佩莊的哲嗣赵立民又发起成立了"梅社"，参加的有徐行等十余人。早在民主革命时期，他们就结识了"南社"诗人高燮、曹天风等人，诗风受到影响。此后，他们又身受日寇入侵之祸，目睹国民党政府的腐败，历经社会动荡，诗人们的笔下已不再是单纯的隐逸遁世之作，而是出现了许多反映社会现实的优秀作品。中华人民共和国成立后，诗人们热情高涨，创作了一批佳作。"文革"后，他们还曾编辑《老人园地》，还曾先后编印《和羹集》《卯铰韵唱和集》，以及介绍温岭古今诗人名作佳篇的《随缘录》等。

1990年秋，太平一带又成立了"泉溪诗社"，秉承了花山诗派的传统和精神，陆续刊出《泉溪》社刊，编辑出版《温岭历代诗词精华》等。进入新世纪后，泉溪诗社社员发展到40多人，诗坛名人辈出，诗作发表和结集出版层出不穷。诗社先后出版了《当代泉溪诗词选》《温岭旅游诗词选》和《曙光集》《梅影》等著作。近年来，又出版了《花山全志》一书。

纵观"花山诗派"的历史，在相关诗社的旗帜下，他们持续数百年，高举"花山"品牌，互相激发、互相切磋，关注社会现实，抒发个人心志，创作了大量优秀作品，影响与带动了更多诗人参与创作，为当地文学与文化事业的发展，作出不可磨灭的贡献。目前的花山，已经修复了继善堂等遗迹，成为当地一个重要的标志性名胜。

# 第二节　台州艺术的绚丽多娇

历史上的台州因为偏居海隅，有着自己独特的自然地理环境，人们的生存与生活，文化与文明，与其他地方相比呈现出自己的特色。比如台州的神秀山水、佛宗道源与和合文化，以及由此孕育的各类艺术，以及各类艺术显示出来的山的硬气、海的大气、水的灵气、人的和气，等等。对于我们来说，特别需要尽可能地探究与挖掘具有本地特色的艺术形式与文化精神，加以整理与展示，进行弘扬与传承。

台州的艺术，按观赏对象的动静形态分类，主要有静态艺术的书画篆刻、摩崖石刻、陶瓷铜器、雕塑剪纸、建筑古砖等，以及表演艺术的戏剧曲艺、音乐舞蹈，等等，而戏曲部分，因为已有专章介绍，此处不赘。下面我们分书画篆刻、摩崖石刻、陶瓷铜器、雕塑剪纸、建筑古砖、音乐舞蹈六个部分，对台州的艺术作一介绍。

## 一、书画篆刻

书画篆刻，是静态艺术中非常重要的一个方面。台州的书画篆刻艺术发展比较早，最早可以追溯到仙居的岩画摩崖，还有台州其他地方发现的摩崖岩画。但后来，有了真正意义上的书画作品后，也由于无法记录与保存，在一长段的时间里，成为空白。直到有了记录与一定的保存能力后，与台州有关的大量书画篆刻作品与艺术家的名字与事迹，才得以流传至今。王及先生编撰、1997年出版的《台州历代书画篆刻家传略》，共收集已故台州籍、外地留居台州之历代书画篆刻家共达1042人。下面我们参考与摘录王及先生的论述，选择一些重要人物与作品进行简述。

书法方面，首先要提东晋时的天台紫真与王羲之。天台紫真，即白云先生，是一位佚名的书法家，隐居于天台山灵墟。书圣王羲之尝得其笔法，他与王羲之裂素写《黄庭经》，后人即称其所居之洞为黄经洞。王羲之（303—361，一作321—379），字逸少，琅琊临沂（今山东临沂）人，后迁会稽山阴（今浙江绍兴），晚年隐居剡县金庭，东晋时期著名书法家，有"书圣"之称，与其子王献之合称为"二王"。其代表作有《兰亭集序》等。王羲之在台州留下的传说有不少，墨池有多处，而书法作品，则只有在国清寺的半个"鹅"字，该字的下半部分为清代曹抡选补写。此外，他还留下向白云先生学书的《白云先生书诀》：

> 天台紫真因及余曰："子虽至于斯，仍未至于斯也。若书之气（一作器），必达乎道，同混元之理。似七宝之贵，垂万古之名。阳气明而华壁立，阴气大而风神生。把笔低锋，肇于本性。体圆则润，势疾则涩。贵紧而劲，忌险而峻。内盈外虚，起不孤，伏不寡。面迎非近，背接非远。望之惟逸，发之惟静。微兹法也，尽妙矣！"言讫，遂隐。予遂镌石，以为陈迹。维永和九年九月五日，晋右将军王羲之记。

台州绘画可以追溯到唐代的郑虔，因为他的诗书画，被唐玄宗御题为"郑虔三绝"。唐代时，台州出现了一位本土画家即天台的项容，他是一位创造水墨山水特殊表现技法的划时代大师。五代荆浩《笔法记》称："项容山人树石顽涩，棱角无踆，用墨独得玄门，用笔全无其骨，然于放逸，不失元真气象，大创巧媚。吴道子笔胜于象，骨气自高，树不言图，亦恨无墨。"项容有弟子王默（又称王洽、王墨），早年也是郑虔的弟子。其作大画时，先饮酒至醺酣，即以墨泼，或笑或吟，脚蹙手抹，或挥或扫，或淡或浓，随其形状，为山为石，为云为水。这就是泼墨山水。明代董其昌说："云山不始于米元章，盖自唐时王洽泼墨，便已有其意。"实则体味荆浩所言："吴道子画山水，有笔而无墨，项容有墨而无笔，吾当采二子之所长，成一家之体。"则泼墨还当始自项容，所谓"用墨独得玄门"是也，王默不过是加以发展。宋徽宗宣和内府藏画中，就有项容的山水二幅。

王默的弟子顾况，是唐代的著名诗人。顾况在文词之外，兼攻山水，他为了使自己的画能具有王默和项容的那种笔墨意趣，竟专门提出要担任负责台州盐务的临海新亭监，并直截了当地说出其目的是："余欲写貌海中山耳。"顾况来临海时，还请王默同行，为职半年解去，而后落笔有奇趣。黄宾虹先生在评论中国山水画时曾说过："唐画如曲，宋画如酒，元画如醇。明以后之画，如酒中掺水，时代愈近，掺水愈多。"我们可以自豪地说：这"唐画如曲"中，水墨云山一派，即起源于台州。

宋时的虞似良值得一提。虞似良，字仲房，祖籍余姚。宋建炎初父官于台，遂居黄岩横溪（今属温岭，一说黄岩），自号横溪真逸，又号宝莲山人，官至成都府路转运判官。其诗词清婉，得唐人旨趣。善篆隶，尤工隶书，家藏汉石刻数千本，心摹手追，尽得旨趣，晚自成一家。有《篆隶韵书》行于世，所书碑碣极多。宋释居简曾评："虞兵部仲房书《杜工部李潮八分小篆》《王宰山水图》两篇，隶法坏自公始，然亦自成一家，抟搦骞腾，鲸鹏撮摩，夭矫容与，烟云卷舒，数十年间丰功厚德之所载识，借公为重，不专在翰墨也。不知公者独以隶古称，岂知公哉！"

元朝仙居的柯九思是一位大画家。柯九思（1290—1343），字敬仲，号丹邱生、五云阁吏，仙居人。早年为仕途奔波，"遇文宗皇帝于潜邸，及即位，擢为典瑞院都事，置奎章阁，特授学士院鉴书博士"（元·徐显《稗史集传·柯九思传》），是元代最有名的书画鉴赏家，也是台州历史上最著名的画家之一。他博学多能，擅长诗词，诗歌庄严瑰丽，蔼然有忠厚之风，辑为《丹邱生集》；他一生好文物，富收藏，精鉴赏，多书画大家的作品；他工行楷，从欧阳书中出，雍容峭劲；善画墨竹，师法文同、李仲宾，以作书笔法入画，多蕴含笔墨韵致，论者谓文同后一人。亦善山水墨花，传世作品尚多，主要有故宫博物院所藏的《清秘阁墨竹图》、上海博物馆的《双竹图》，还有《晚香高节图》等。柯九思在中国艺术史和鉴藏史上都有着极为重要的地位。

元朝的赵孟頫（1254—1322），字子昂，号松雪道人，又号水晶宫道人、鸥波，浙江吴兴（今浙江湖州）人。南宋末至元初著名书法家、画家、诗人，宋太祖赵匡胤十一世孙、秦王赵德芳嫡派子孙，年十四以父荫补官。宋亡入天台山避难，隐居南山兴教寺。在天台时，赵孟頫与天台长老独孤淳明交情深厚，后赵孟頫应召北上赴京，独孤僧赠他《定武本兰亭》榻本。赵孟頫在北上运河舟中，写下了著名的《兰亭十三跋》（现藏日本东京国立博物馆，因天灾遭烧损），跋中提出的"用笔千古不易"，是其最著名的书论。赵孟頫有《题商琦桃源春晓图》诗，寄托了他对青年时隐居天台生活的美好回忆。其妻管道升、子赵雍均是书画家，赵雍画有《天台放鹤图》。

此外，还有元末明初的两位书法家，他们的作品都有刻入《三希堂法帖》。一是陈基（1314—1370），字敬初，临海人。元末参张士诚太尉府军事，因谏张士诚称王，几乎被杀。当时军事倥偬，飞车走檄，多出其手。书法受李北海影响，上追二王，风格秀逸。同时也擅篆书。故宫博物院藏有其行书《相见帖》《苦雨帖》《寝喜帖》《贤郎帖》四件，其中前二帖曾于清乾隆时刻入《三希堂法帖》，刻入《三希堂法帖》的还有

《行书诗十首》。一是林佑（1356—1409），又名右，字公辅，临海人。洪武时历官至春坊大学士，受命辅导皇太孙，坐事弃官。与方孝孺为友，永乐初，明成祖朱棣召之不赴，械至京，不屈被害。工书，尝为方国珍侄方明谦题所藏唐玄宗书颂，清乾隆时刻入《三希堂法帖》，真迹今藏北京故宫博物院。

明代画风迭变，画派繁兴。在绘画的门类、题材方面，传统的人物画、山水画、花鸟画盛行，文人墨画的梅、兰、竹及杂画等也相当发达。在艺术流派方面，涌现出众多以地区为中心，或以风格相区别的绘画派系，以浙派、吴派、松江派最具代表性。

浙派，以戴进和吴伟为代表，因创始人戴进为浙江人，故有浙派之称。继起者吴伟为湖北江夏（今武汉）人，画史亦称他为江夏派，实属浙派支流。戴、吴二人都曾进过宫廷，画风亦源自南宋院体，故浙派与宫廷院画有密切的关系。吴派，主要继承宋元文人画的传统，波澜日壮，成为画坛主流。他们继承和发展了崇尚笔墨意趣和“士气”“逸格”的元人绘画传统，其间以沈周、文徵明、唐寅、仇英最负盛名，画史称为“吴门四家”，是明代最有代表性的画派，也称“明四大家”。浙派和吴派的主要画家都游历过或画过天台山，其中以吴门画派之首沈周留存的天台山等题材画作最多。

吴派发展到明末，因循守旧，徒仿形貌，其地位逐渐被另辟蹊径、重倡文人画的董其昌“松江派”所取代，因为董其昌是松江华亭（今上海松江）人。董其昌是明代书画大家，万历十七年进士，授翰林院编修，官至南京礼部尚书等职。他的字、画以及书画鉴赏，在明末和清代名声极大。董其昌在天台留下的作品有国清寺放生池边上的“鱼乐国”碑刻、“清心亭”匾额，高明寺的“楞严坛碑记”，画作有《赤城霞暖图》等。

到了清代，同治年间，著名画家蒲华、赵之谦都曾来台州游幕，赵之谦寓居黄岩四年，蒲华则长期生活于台州，他们都是海派的创始人，划时代的书画大家。他们在台州的活动，无疑带动了台州书画篆刻艺术的繁荣。

到了近现代，特别值得一提的是现代美术大师潘天寿（1897—1971）。他早年名天授，字大颐，自署阿寿、雷婆头峰寿者，台州宁海（今宁波宁海）人。少年时期画作即深为吴昌硕赏识，长期从事绘画活动和美术教学。1949年后任中国美术家协会副主席、浙江美术学院院长。擅长写意花鸟和山水画，远师青藤、八大山人、石涛，近受缶庐影响，笔墨有金石气，气势雄阔。书法有黄道周法度，治书、画、印于一炉，结构奇崛，具有独特的大家风格。又长于指画，于画史、画论均有研究，著有《中国绘画史》《听天阁谈画随笔》《治印谈丛》等。有《潘天寿书画集》等多种作品集印行。宁海自古属于台州，抗战时曾一度属宁波，至1958年始正式划属宁波。潘先生早期作品用印，有"台州宁海人""台州平民""宁海平民"等印章。

还有朱宣咸（1927—2002），台州人，杰出的中国画画家、木刻版画家、漫画家与美术活动家。20世纪40年代初开始，从事中国画、中国新兴木刻版画与时政漫画等创作。由浙江到上海直接投身海上画派和鲁迅新兴木刻版画。1946年加入中华全国美协，1948年在近代史上著名的上海"《观察》事件"中被捕。1949年与刘开渠、张乐平、庞薰琹、杨可扬等代表上海美术界在《大公报》发表"美术工作者宣言"，该宣言的发表意味着国统区美术和上海近现代美术史，从此翻开了崭新一页。朱宣咸的艺术之路是由投枪匕首而到纯美艺术，毕生彰显了对真、善、美的不懈追求，其作品洋溢着鲜明的时代感和抒情性。大半个世纪来，他对中西绘画、传统与现代美术孜孜不倦地探索，在中国画中融入版画等西方艺术的元素、木刻版画中赋予写意等中国画修养。在深厚苍劲的传统功力基础上，师传统而不泥古，充满新意、充满生机、充满清新的气息与积极向上之朝气，从而形成了朱宣咸艺术在中西绘画相结合、传统与现代相交融方面的开拓性与鲜明艺术成就。出版有《朱宣咸作品选》《朱宣咸花鸟画选辑》《朱宣咸木刻版画集》《朱宣咸风景木刻版画选辑》《朱宣咸漫画》《艺术常青——美术家朱宣咸》《朱宣咸美术作品选》等多个画种的画集。

## 二、摩崖石刻

台州最原始的艺术，能够比较本真地流传下来的，当是刻在山岩上的摩崖了。而且这些摩崖，除了早期岩画以外，基本上都是书法作品，只有个别是图案与画像，且大多分布在一些风景点中。主要分布在仙居韦羌山、小方岩，天台国清寺、石梁、桐柏山，临海巾子山、桃渚城，黄岩翠屏山，温岭南嵩岩、锦屏山，三门仙岩洞，等等。

### （一）仙居摩崖石刻

仙居古越族岩画，十分丰富。目前，已经被列为国家级重点文物保护单位的，就有朱溪小方岩岩画、广度中央坑崖刻、福应送龙山岩画、上张西塘岩画4处，统称为仙居古岩画群，为春秋战国时期的作品。这些岩画有蛇形、鸟形、鸟头鱼身形、马形、太阳形、人像形、柴刀形、锄耙形、棋盘形等各类图纹220多个，古朴粗拙，是古人留给我们的极其宝贵的艺术品。仙居其他地方也还有一些岩画，如刻在海拔886米，倾斜度45度左右的巨型岩壁上的"仙人棋盘"岩画，其岩画中有大小不一、形状各异的人物7人，最大的人物身长约2米（与人同高），小的约30厘米，还有其他形状各异图案，如房屋、石磨盘、狗、乌龟、兔子、棋盘、棋子、耙锄等。而除了仙居以外，台州的其他多个地方，也都发现了相似的岩画。比如路桥共和岩画，临海牛头山水库库区岩画，杜桥东峙山岩画，三门花桥厂下岩画等，这些岩画图案跟仙居等地岩画风格相似，可能都是春秋战国时期的古越族岩画。

　　刘光求雨摩崖题记，位于仙居县广度乡祖庙村的一座崖壁上，已被核定为省级文物保护单位。刘光于北宋绍圣二年（1095）任仙居县令，题记刻于次年，后因政绩卓著升台州知事，官至都督。刘光求雨摩崖题记，崖壁坐东朝西，略呈长方形，为楷书，阴刻，分布面积约4.5平方米，共4行，每行7字："绍圣三年夏四月，仙居旱二十三日。壬午，县令刘光躬祷雨于马篆龙湫。"字大者225厘米见方，小者56厘米见方。题记布局疏朗，笔法刚劲而不失清秀，笔力遒劲，刻工精致，字迹清晰可辨。为我国古代求雨习俗盛行的实物见证，具有重要史料价值。

　　吴芾赐谥敕牒碑，位于仙居县官路镇后里吴村东北石人坦吴芾墓前，坐东北朝西南，碑石刻于南宋嘉泰三年（1203）。2011年1月，被核定为省级文物保护单位。吴芾为仙居田市人，南宋著名诗人，绍兴二年（1132）进士，曾任监察御史、礼部侍郎等职，曾因不附秦桧被贬，又知婺州、绍兴府、临安府、太平州等地，以龙图阁直学士告老还乡。吴芾去世后，赐谥"康肃"，敕牒给予褒奖，朱熹为其作神道碑文。《宋史》有传，著有表奏五卷、诗文三十卷，今存诗文集《湖山集》。吴芾赐谥敕牒碑为太湖石质，高2.7米，宽1.3米，碑座作龟趺状，高0.6米。碑额隶书阳刻"赐谥制书"，2行4字，字径12厘米。碑文阳刻敕文7行，每行17—19字不等，记叙吴芾生平事迹及当时朝臣为吴芾请谥之情由。书体为当时流行之蔡京体，笔划遒劲。

　　此外，仙居还有一个长老山摩崖大"佛"字，位于福应街道石牛村长老山，于南宋末年刻在石头禅院（今大兴寺）东侧的一块高33米的摩崖石壁上，字高11.2米，宽11.2米，总面积125平方米，面积宽阔，气势磅礴，堪称全国之最。

### （二）天台摩崖石刻

　　石梁摩崖题记，位于天台县石梁镇石梁飞瀑风景区内。石梁桥周围的岩壁上共有30余处历代摩崖题记，刻写年代自宋到清，为江南区域极为罕见的文人官吏摩崖石刻群。主要有：宋代大书法家米芾所题"第一奇观"，宋天台县令丁大荣篆书"盖竹洞天"，明甘雨隶书"飞梁悬瀑"、石纶正书"大观"、陈璃"神龙掉尾"、王榭行书"星桥胜概"，清郡守刘璇"前度又来"、曹抡选隶书"万山关键"、康有为正书"石梁飞瀑"，等等，真草隶篆诸体齐备，洋洋大观，具有较高的历史和艺术价值。已被核定为省级文物保护单位。

桐柏山摩崖题记，位于天台桐柏山上，著名的道教全真派南宗祖庭桐柏道观所在地，山上留有丰富的摩崖石刻题记，共有唐元和十四年（819）至民国时期的摩崖20多处。最早出现在瀑布岩上的摩崖为唐吕洞宾所写的诗句"暂留踪迹在天台"，另有唐柳泌题琼台诗、元和十四年摩崖题刻、残题名刻石，北宋熙宁摩崖题名、安冲和叔天和子题名、郑致远等题刻，南宋蔡瞻明摩崖题名、绍兴己未年题名、绍兴乙丑年题名，等等。包括：北宋天台县令郑至道的"瀑布泉"，诸葛忠卿的"瀑布岩"；南宋天台知事丁大荣的"习养之瀑"题刻；明代嘉靖年天台知县周振的"隐吏"题刻；清代雍正年"秀甲台山"题刻、"台岳奇观"题刻；民国十三年康有为题写的"琼台"与"双阙"石刻、民国年间曾养甫题"桐柏瀑布"。另外还有"玉囦""观止""奇境""蓬莱仙境"等摩崖题名，"故宫残碣记隋唐"与"玉清紫房金阙"诗词石刻等。已被核定为省级文物保护单位。

此外，还有国清寺晋王羲之"独笔鹅"石刻（清曹抡选补笔一半），唐柳公权"大中国清之寺"、北宋米芾"秀岩"、黄庭坚书寒山诗、南宋朱熹"枕石"摩崖，清董其昌书"鱼乐国"石刻与"清心亭"匾额等。还有石梁镇龙王（皇）堂村后的察岭摩崖"汉高察隐居处"，佛陇隋修禅寺遗址宋指堂书"佛陇"、明许光宇书"教源"等大字摩崖。还有高明寺圆通洞摩崖石刻群，包括隋智者大师书"幽溪"、明传灯大师书"看云"、清康熙迟维培书"圆通"、清末兴慈法师书"佛"，以及民国摩崖"松风""伏虎""林云"等多处。

### （三）临海摩崖石刻

临海的摩崖石刻，首先关注巾子山。巾山的摩崖石刻很多，据《巾山志》记载：有塔砖、钟记、塔记、碑记、诗刻、祠记、楼记，还有树记，等等。可惜大多荡然无存，只有"佛"字摩崖，佛经、佛号摩崖，"遗巾处"摩崖，"通幽"摩崖一，"通幽"摩崖二，以及"仙人床""枕漱""别有天""活泼泼地""恩同生佛""今之女宗""淳泉""水流云平"等三元宫摩崖。

"佛"字摩崖，坐落在巾山两峰山阿间，石壁西向，隶书。字径104（横）×80（竖）厘米，右上题"谢□□敬书，壬午夏明庆院"，左下款"住山僧了缘刊"。了缘生平不详，估计为当时明庆院的住持。则此刻亦当在宋时。佛经、佛号摩崖，在"佛"字摩崖右侧，为"南无大乘妙法莲花经""南无阿弥陀佛""南无金刚波罗密多"等三句，分三行排列。款之"了寿"，当为巾山住山僧人，生平不详。此刻年代亦不详。"遗巾处"摩崖，在"佛"字摩崖右下方3米左右，字径15×24厘米，草书。款识因风化严重，已无法辨认。"通幽"摩崖一，在"佛"字摩崖以下东南方向约10米处，原巾峰寺前的石壁间。题刻为线刻，"通"字58×58厘米，"幽"字54×50厘米，行书。左有跋文："辛酉夏初，积雨新霁。偶登巾子山访翠微阁遗址，烟峦耸翠，曲径穿云，古寺藏门，境地幽邃。因思唐人有'曲径通幽处，禅房花木深'之句，爱题斯石曰'通幽'，盖亦仿佛山寺禅院之胜境焉。题之者邑人屈映光，书之者同邑王旻。偕游诸子则杨熨锦、杨毓琦、李惠人、周厥初也，合坿书。时中华民国十年浴佛前一日。"由跋而知，此刻为屈映光题、王旻书，刻于民国十年（1921）。附近还有一"通幽"摩崖，无跋文，估计为当时附刻，或此后移刻。

　　其次有杜桥的惠因寺摩崖，坐落在临海市杜桥镇上洋村龙头山前，始建于南朝刘宋元嘉四年（427），为僧应俊所创。1500多年来，惠因寺屡兴屡废。寺原有山门、金刚殿、钟鼓楼、大雄宝殿、方丈楼及东西厢房等建筑，都毁于"文革"。如今，在遗址上仍可寻到宋惠因寺残碑、宋绍定塔砖、明景泰塔砖、柱础等。

　　惠因寺曾作为钱氏香灯院，钱忱和钱端礼在寺周边山崖摩刻了名家书法。《台州府志·金石考三·惠因寺摩崖三种》载，手炉山有摩崖，一为"岩泉"二字，正书，径一尺五寸；又一为"待月"二字，正书，径一尺二寸，与前刻相距丈许。相传这两处摩崖都为钱端礼所书。第三处为"口寅二月栽此一带花木"十字，正书，径五寸，卧镌溪石上，为行人所践，首一字已损。第四处是"钱府界至"四字，刻于山上石壁。这四处摩崖，今日已无踪影。

　　寺后山腰上现存另外两处摩崖石刻。一处为黄庭坚书佛偈摩崖，题高三尺二寸，宽二尺二寸，行楷书。正文三直行，款一行，内容是"法本法无法，无法法亦法。今付无法时，法法何曾法"，落款"黄庭坚书"。这处摩崖的上面，是另一米芾书摩崖，上刻"墨池"两个大字，落款"米老作指堂立"。"指堂"为南宋名僧志南，字明老，号指堂，会稽人。

　　东湖谭纶画像碑及戚继光表功碑。两碑一为画像与文字，一为单纯文字，均为明嘉靖时刻，位于临海市城区东湖石刻碑林"小瀛洲"碑亭中。1963年3月，一起被核定为省级文物保护单位。戚继光（1528—1588），字元敬，号南塘，晚号孟诸，山东蓬莱人。明嘉靖三十四年（1555）调浙江，任参将，抵抗倭寇，屡立奇功。谭纶（1520—1577），字子理，谥号"襄敏"，江西宜黄人，明嘉靖二十三年（1544）进士，历任台州知府、海道副使等职，与戚继光齐心抗倭。明嘉靖三十九年（1560），百姓在临海城东建谭襄敏祠，谭纶画像碑和戚继光表功碑原立于祠中，清咸丰年间祠毁，同治五年（1866）复建，后祠又圮，两碑移入今址。谭纶画像碑方首，有梯形座。高2.18米，宽1.08米，厚0.13米。嘉靖三十九年（1560）二月，临海知县黄诰等立。碑线刻谭纶坐像，篆额"前郡太守谭公画像"，额下刻题记一篇，凡142字，主要内容为歌颂谭纶"有大功于东南"以及"勒像于堂"的经过。戚继光表功碑方首，有梯形座。高2.30米，宽0.94米，厚0.09米。嘉靖四十三年（1564）九月立。碑额全称"大参南塘戚公表功记"。碑文31行，满行163字，楷书，王宗沐篆额，秦鸣雷撰文，陈锡书丹。碑文记述戚继光在海门、太平、临海等地大败倭寇的功绩。

此外，还有桃渚古城，其城北后所山上的明楚将军胡海题"眺远""镇海"摩崖，明嘉靖三十九年（1560）刑部郎中临海何宠撰文的《桃城新建敌台碑记》，以及明石经幢、佛号柱等许多古碑题刻。还有汇溪镇桐岩岭下小坑村的北宋留界题记摩崖，白水洋镇下林村的明代"灵壁筛泉"摩崖石刻。

### （四）黄岩、路桥、椒江摩崖石刻

翠屏山摩崖，位于黄岩北城，与临海市接壤，西接黄土岭，东连黄牛尖，下有新宅、杜家村诸村，上有灵岩（紫霄）、六潭诸山。南宋巨儒朱熹和右丞相杜范、明礼部尚书黄绾，都曾在此留下足迹、诗文和诸多摩崖石刻。

灵岩山之灵岩洞石刻。从新宅村沿山麓石阶而上，在陡峭岩壁下有一石洞，即号天峰门，又名"小空明"的灵岩洞，为黄岩第二大洞穴。南宋右丞相杜范读书之地，留有《空明洞》诗："莫讶青山小，山因洞得名；仙人骑鹤去，留迹在空明。"洞上方有朱熹手书"寒竹松风"，洞左右岩壁上有黄绾《小有吟》73字、《石室》30字的摩崖，现字迹剥蚀，尚依稀可辨。灵岩山之朱岩石刻。朱岩在灵岩水库右侧山冈，因岩土呈红褐色故名。此处石刻均在山涧壁上，须循洞底向上穿行百来步才见。

从右而左是黄绾的诗《新开凌霄岭》55字、《锄荷》52字、《紫霄吟》63字。少谷峰，在洞之右侧"铁城石壁"下部，有黄绾手书三个行书大字"少谷峰"的摩崖。沿山坡从上而下，又有黄绾诗《与郑继之紫霄夜坐》70字、《赠少谷出山》45字、《少谷亭怀郑子》80多字的摩崖。此外，南宋淳熙元年（1174），朱熹在六潭山樊川书院讲学时，还手书"溪山第一"。

与此相关，还有一黄绾摩崖石刻，位于路桥区桐屿街道民主村梁坑堂常乐寺后山，俗名东盘山的峭壁上，此山又名五马回槽，山上有一岩石突显，坐北朝南。明朝礼部尚书黄绾于嘉靖二十三年（1544）秋九月甲子刻。题额楷书《东盘摩崖自铭》，一行6字，正文6行28句，字径0.85厘米，计112字。黄绾自铭："青山不极，吾生有涯；有涯必尽，终归此家（墓）。后千百载，过者兴嗟。曰谁之藏，或否或嘉。是非得失，孰可掩遮……"

此外，椒江章安街道有始建于隋代的摄静寺，该寺为天台宗五祖章安尊者灌顶的出家处和讲经灵迹所在地。保存有一座南北朝弥勒石造像、南宋弥勒佛造像座和宋代石刻、清朝的重整五祖讲台碑、重兴无碍寺碑、中兴无碍寺镜公寿塔碑，以及"洗钵泉"遗址的"洗钵泉"阳刻行书题刻等。

### （五）温岭摩崖石刻

塔下摩崖，位于温岭市太平街道塔下村，在温岭现存已明确知晓年代的摩崖中最早。温岭古代地方志中对塔下摩崖有明确的记载。据《嘉庆太平县志·地舆志·叙山上》"芝岙"条记载："……明知县俞咨益建塔其上，崖壁镌'天柱奇观'，字大径二尺。"《光绪太平续志·古迹志下·摩崖》"'天柱奇观'四大字"条则曰："天柱奇观，五开俞咨益书，万历丁酉仲秋之月谷旦，右摩崖字在芝岙。字大二尺四寸有奇，排写。右款书名，左款年月。"该摩崖题刻在崖壁高约0.86米，长约2.55米的长方形平面上。"天柱奇观"四大字为楷书，横刻，字口清晰完整，端庄遒劲，字径约0.8米。以一尺约等于0.33米计算，与"字大二尺四寸有奇"的记载刚好相符。左右款题字则较小，字迹略有模糊，但大体可以辨认，右款直刻"五开俞咨益书"，左款直刻"万历丁酉仲秋之月谷旦"。题刻时间"万历丁酉仲秋之月谷旦"即1597年8月。书写者俞咨益为明代万历年间的温岭知县。

此外，温岭还有位于新河镇新河中学校园内的锦鸡山摩崖，为清代摩崖题刻。石刻有"石丈""飞来""丹井"和张梦灵五言绝句："巫山一片云，飞向此中住。我来不复登，只恐云飞去。"还有位于新河镇长屿的双门洞摩崖，为民国摩崖题刻。有"亦一洞天"篆书，建瓯李瑞年书；"峭壁重扉"楷书，长屿李伯迪书；"云月往来"行书，长屿闻韶书；"酷暑绝迹"行书，城关张燮敖书。

### （六）玉环摩崖石刻

纪恩诗与圣训诗摩崖题记。纪恩诗摩崖题记位于玉环芦浦镇道头村寿星山麓，刻于清道光二十六年（1846）。圣训诗摩崖题记位于玉环玉城街道西山村牛脊岭，刻于民国十年（1921）。两者已一并被核定为省级文物保护单位。

纪恩诗摩崖题记，高约3米，宽约2米，楷书，工整秀丽。圣训诗摩崖题记，高1.5米，宽5.5米，字体工整，刻工精细。两处摩崖，内容相同，仅个别字有异，为五言长诗，诗句通俗，全诗52句，凡260字，诗作者与书写者为时任玉环厅同知徐荣。徐荣（1792—1855），清朝人，先世湖北监利，家辽东，历官浙江临安县知县、玉环厅同知、绍兴府知府，升福建汀漳龙道，未赴任。清道光二十五年（1845），赴任玉环同知前，受道光皇帝接见。次年到任后，赋诗纪念朝廷宠遇，将召见情况及玉环民风民俗、自然经济写成纪恩五言长诗，并亲自书写，刻石于寿星山麓。

民国十年（1921）县人将其重录整理，刻于城关三合潭西山村牛脊岭，并名为《圣训诗》。

### 三、陶瓷铜器

中国是瓷器之邦，越窑青瓷是中国历史上烧造时间最长、影响最广的瓷窑体系。台州窑既是越窑的重要组成部分，又有自己的特色。从新石器时代开始到两宋时期台州窑的瓷器，反映了台州青瓷的制造工艺与生活美学。特别是六朝时期，台州的经济比较繁荣，此时期的青瓷达到了很高水平。台州最有特色的瓷器是青釉褐彩鸡首壶，其点彩工艺独具特色，其满釉支钉烧造工艺则代表浙江同时期青瓷烧制的最高水平。

台州至今保存的古代陶瓷制品与青铜制品不少，而且大多是从文化遗址中挖掘出来的。这些器物往往结构造型十分精致，图案纹饰十分精细，我们不但可以从中看出当时人们的生活状况，也可以看出当时陶瓷与铜器工艺的制作水平和人们的审美境界。

其中比较早的，有距今约10000年的下汤文化遗址中发掘的红陶、黑陶和夹砂陶片，可辨认的有鼎、壶、簋、盉、鬶、豆、盘、洗、钵、碗、杯，以及夹碳红陶罐、陶纺轮等。纹饰有堆塑、划花、镂刻等。还有春秋战国时期的三合潭文化遗址中发掘的生活用具、兵器和祭器，有不少几何印纹硬陶残片和青铜器，原始青瓷盘、碗，原始瓷和印纹硬陶，等等。还有西汉早期的东瓯国城址中发掘的，包括建筑用的板瓦、筒瓦、瓦当，生活用的瓮、敛口双耳罐、原始瓷小碗、敛口钵等。板瓦、筒瓦多呈黄色或橘红色，外表多施绳纹，瓦当多为素面圆形，陶瓷器表面流行的印纹有方格纹、弦纹、波浪纹、锯齿纹等。还有上起晚唐下至北宋的沙埠青瓷窑址出土的，包括碗、壶、罐、盆等各式器物。其制品胎质坚致，胎体轻薄，釉色青绿或青中泛黄，光泽莹润。绝大部分瓷器上饰有花纹图案，如凤凰、鹦鹉、牡丹、菊花、莲花，还有云纹、席纹、叶纹等。此外，还有临海从东汉晚期至南朝的溪口、涌泉窑址群，和从唐朝至元朝的梅浦窑址出土的瓷器，其品类样式、纹饰釉彩等，都具有很高的艺术欣赏价值。

台州顶级的陶瓷与青铜制品大部分收藏在各级国有博物馆里，有的已被定为国家一级，有的因为发现迟，还没来得及定级。比如黄岩区博物馆收藏的，从新石器时代到清代的各种文物达8200多件，其中有国家一级文物84件，二级文物55件，三级文物139件，文物非常丰富，大多为珍稀物件，不但具有历史价值，还具有艺术价值。比如该馆于2016年收藏的赵伯澐墓中出土的交领莲花纹亮地纱袍和对襟双蝶缠枝纹绫衫两件服饰，以及投龙玉璧、水晶璧等，都具有极高的艺术欣赏价值。下面引用相关资料，简单介绍一下台州国有博物馆中的相关藏品。

## （一）黄岩区博物馆重要藏品

其中比较著名的有镇馆之宝，中国最早的瓷器之一，国家一级文物——东汉青瓷五联罐。它由一个葫芦型的大罐和依附在其上部的四个小罐组成，其最底下一层堆塑了蚕的形象，中间一层堆塑的是人、狗和熊，最上面一层则是鸟的形象。

该器罐身呈葫芦形，小圆口、鼓腹、平底内凹。高39.8厘米、口径6.1厘米、底径13.5厘米，灰胎、质地坚致，下腹以上施青黄色釉，以下露胎，釉面润泽、流釉成斑。肩部周围粘贴着四个与主体不相通连的小口罐，全器装饰繁缛。器物腹部至口沿处堆贴人物、犬、神兽和蚕桑，层次分明，罐肩部堆贴四只飞鸟，鸟首正对四只小罐之口，飞鸟间又堆贴四只栖息的小鸟。上部桑叶间堆贴向外跪立的猴子，三公一母，四只猴子微张开、姿态各异，四瓣桑叶柄下各穿一小孔，并在其两侧堆贴一双目鼓突作爬行状的蚕。此器造型奇特，讲究上下左右对称的艺术风格，其线条流畅、明快，富有强烈的艺术感染力，每一组堆塑形象动静结合，栩栩如生。

黄岩区博物馆收藏的，还有北宋前期的越窑青瓷镂空香熏炉，国家一级文物。此器镂空、刻划、浮雕等手法并施，是当时越窑秘色瓷的代表作。该香熏炉高19.5厘米、底径12.6厘米，盖圆弧呈半球体状，下腹内收，圈足。盖面系镂空形，由三瓣卷叶缠枝花为主纹，周作二道环带，内环作六组，外环作七组，共十七组连环构成，叶瓣均为篦状式纤细纹划。炉内壁墨书二周，上周为"当寺僧绍光舍入塔买舍咸平元年戊戌十一月廿四日"，下周为"童行奉询弟子姜彦从同舍利永充供养"。整器造型奇特别致，装饰构图严谨。内外施满釉，釉色青绿，釉层滋润光泽如凝脂。该器物制作规范，讲究纹饰布局整体性，其烧制工艺、施釉、纹饰等装饰方式，代表了黄岩沙埠窑这一时期烧窑制瓷的最高艺术水平。

还有宋青瓷背带壶，于1995年7月在黄岩新前屿下村沙埠青瓷窑址出土，国家一级文物。此器物通高28厘米、口径42厘米、底径9厘米。器腹似橄榄形，短颈、溜肩、左右两侧为突棱，在其两侧上腹与下腹处堆贴纽形系2只，腹微鼓，腹下渐内收。外壁施釉不及底，露胎，呈灰白色。从该器物造型看，为背带壶一类器物，上下系可用来穿通绳子，整个器物造型不可多见。

还有北宋彩绘泥塑阿弥陀佛坐像，于1987年11月在灵石寺塔出土，国家一级文物。该坐像结跏趺坐莲台上，高67厘米，座底径37厘米，莲座高13厘米。坐像泥塑、外施化妆土，脸部和手指贴金，现多已脱落。螺发，有肉髻，披袈裟，袈裟用红、橙、绿等多色彩绘。脸部圆润丰满，白皙而带红晕，体态匀称，眉目传神，慈祥庄重。1989年11月，文保专家对此尊佛像进行了全面科学的修复。泥佛像经修复后，至今保存尚好。该尊彩绘泥塑注重把握塑像的形态与个性，体现出塑像动与静的美感效果，通过面部安详慈蔼的表情，烘托出神圣佛法的庄严境界。

同时同地出土的泥塑彩绘迦叶立像和泥塑彩绘阿难立像，也值得一提。泥塑彩绘迦叶立像，通高70厘米、莲高8厘米、座径20厘米。泥塑、外施化妆土，光头、五官秀雅且丰满，略有皱纹，眉弯略隆，颚两侧有鬓须，两眼微合含笑、神态温和虔诚，双手合掌于胸前作外缚印，跣足立于仰莲台上，下身饰描金彩绘短裙，右肩披彩绘袈裟，左肩裸露，塑像富有动感。泥塑彩绘阿难立像，通高69厘米、莲高8厘米、座径20厘米。泥塑、外施化妆土，相貌较年轻，光头、面容姣秀丰满，肌肤洁白而带红晕，双目平视远方。双手于胸前作合掌印，跣足立于仰莲台上，上身披轻薄袈裟，显得肩宽胸突，肌肉匀称，下身穿描金彩绘短裙，仪表虔诚，神态肃然。

还有北宋线刻东方提头赖吒天王铜镜，国家一级文物。该铜镜直径24.5厘米，厚0.4厘米，素面。镜阳面线刻铭文人物，中立一武士，铭"东方提头赖吒天王"，大臂长须，全身盔甲，左手持长剑，右手提飘带，跣足踩踏云头，周刻"乾德四年丙寅九月十五日勾当僧归进慕缘舍入塔永充供养灵石寺记"。

还有在同时同地出土的线刻东方毗楼勒叉天王铜镜。该铜镜共计一组四面。镜面分别刻饰有东、西、南、北天王像。各面线刻天王像铜镜，因其称谓不同，所表现出天王像画面出现的姿态及脸部表情也有所区别。该铜镜线刻流畅，造型优美，展现了北宋时期民间画师的高超技艺。

### （二）临海市博物馆重要藏品

钱镠家族公主铜瓶和祖宗像设、波曲纹青铜鬲等。"靖康之乱"后，由于金兵进犯，钱镠后人钱忱侍奉母亲宋仁宗之女秦鲁国大长公主跟随宋室南渡至台州临海。随公主一同来到临海的尚有金书铁券、公主铜瓶、金涂塔等钱氏瑰宝。历经数代，屡经辗转后，金书铁券现藏于中国国家博物馆，钱氏左相府印记和金涂塔藏于浙江省博物馆，公主铜瓶和祖宗像设、波曲纹青铜鬲，均藏于临海市博物馆。

其中公主铜瓶，即宋钱氏"东洄"铭波曲纹龙首衔环大铜瓶，为一对两个，各高84.6厘米，腹径38.5厘米，厚0.2厘米左右，单只瓶重21.6公斤。铜瓶微侈口，口沿内卷，长颈，鼓腹，高圈足，双龙耳，而且耳中套环，瓶的纹饰有蝉翼回纹、双螭纹以及麟凤等图案，瓶的底部有篆书"东洄"二字。其中波曲纹青铜鬲，也是钱镠的家传礼器，为宋代仿制西周礼器，腹饰波曲纹，全高27.5厘米，器口直径17厘米，中段最宽处腰围30厘米，三足，缺一，现存两足高约7.5厘米。

临海的商代青铜直内戈，国家一级文物。该青铜戈残长34厘米，宽7厘米，阑长8.7厘米。其前锋极其尖锐，样式上，援的部分呈现流畅的曲线感，援的后部装饰有剑身的图案；纹饰上，近阑处的花纹是弦纹与鼓钉纹的组合，精细古朴。与中原地区出土的戈相比非常特别，颇有台州特色。可惜原本出土时，内的端部有个镂空雕饰，由于村民好奇被损坏了。

还有北宋大晟应钟，也是国家一级文物。大晟应钟仿照春秋编钟所铸，具有定音作用，音乐有没有跑调，是用这个钟来明确的。现全世界所藏大晟钟仅20余件。应钟为北宋徽宗政和年间（1111—1118）"大晟"府所铸造之宫廷乐器之一，钟通高28厘米，其中身高21.8厘米、纽高6.2厘米，断面呈杏核形，底部内径18.1×13.9厘米。纽作相对状龙纹，纹饰镂空，表面饰云雷纹及乳丁纹。钲部一面刻"大晟"，一面刻"应钟"，均篆书阴刻。

还有龙泉窑划花月影梅纹斗笠碗。碗里不仅有大写意的刻划纹的梅枝，还有一勾弯月，完全是一幅淡雅的写意画，非常具有文人气质。倘若在这个碗里倒上茶水，轻轻晃荡，能看到梅花月影在水里摇曳生姿的状态，异常漂亮。还有龙泉窑青瓷公道杯，为宋末元初物器，胎制坚致，釉色淡青，匀净滋润，外壁上端饰有二道弦纹，腹部有低浅菊瓣状垂直条纹。从中可知当时的制瓷工艺水平非常之高。

还有五代戏曲划线人物瓶。该瓶盘口四系，鼓腹下敛，高颈，假圈足，平底内凹。胎质灰黄，施青釉，釉色泛黄泛灰，少光泽，腹部有点彩，下腹有二划线人物。它的价值在于瓶身上的戏剧人物，瓶上有一主一侍两人，主者面侧，头戴云巾，巾带高扬于脑后，身穿衫状衣，右臂前屈执鞭，左手屈举握刀；侍者正面，头戴莲花冠，冠后双飘带，双手笼袖。虽然其人物线条草率随意，或为窑工在瓷瓶入窑烧制之前，信手划刻，但也栩栩如生。这个瓶子说明五代时期台州民间就有戏剧存在，百姓的世俗生活中有了看戏这一娱乐方式。

此外，还有五代莲花盖果形粉盒。粉盒之器作果形，盖饰莲花，莲花覆瓣三叠，花瓣浅浮雕，瓣刻细脉，盖顶有柄状纽，雕琢精美，通体施青釉，釉青中泛绿，晶莹清亮。还有南朝青瓷鸡首壶，该壶盘口、直颈、丰肩、弧腹，平底略内凹。肩部有鸡首，二桥形横系，及泥条形把手。釉色青偏黄，外壁施釉不及底，有流釉现象。

### （三）温岭市博物馆重要藏品

西周青铜蟠龙大盘，非常大气与精致，国家一级文物。青铜蟠龙大盘为西周时代作品，盘高26厘米，口径61.5厘米，重22.5公斤。敞口、宽平缘，无耳，腹部平缓内收，高圈足，有阶裙。盘中心以浮雕手法铸出的蟠龙，是此盘最精彩最特别的地方。腹与圈足饰对应的六组扉棱，以之间隔各组成六组纹饰。腹部每组纹饰以同向双鸟为主纹，衬以云雷纹，鸟身上饰云纹。圈足每组纹饰以一夔龙纹为主纹，亦以云雷纹为地纹。此盘地纹云雷纹纤细密集，主纹线条则较粗，突出于地纹之上，而主纹之眼睛又以浮雕手法格外突出，使得纹饰凹凸有致，疏密得宜，富于空间的层次感与变化的美感。2006年，温岭市新行政中心大楼落成，以8∶1的比例仿制了青铜蟠龙大盘，置于楼前。

## （四）仙居县博物馆重要藏品

新石器时代石磨盘、石磨棒。该石磨盘，残长36厘米，宽25厘米，厚6.5厘米，平底周缘隆，中间略下凹成臼状，石质为砂岩。制作粗糙，磨损痕迹明显。该石磨棒，长19厘米，宽11厘米，厚8.5厘米。腹微鼓、两端圆弧，石质为砂岩。两者都是当时的粮食加工器具。

新石器时代朱红陶衣双耳直口陶。该陶具为盛储器，夹炭红陶，表里涂赫色料，胎骨掺入未炭化稻草和稻谷壳。高19.3厘米，口径16厘米，腹径15厘米，底径14厘米。直口，口沿两侧饰两个桥形耳。下腹内收。质地较坚硬。

新石器时代朱红陶衣双耳敛口陶罐与新石器时代红陶杯。前者为盛储器，夹炭红陶，表里涂赭色料，胎骨掺入未碳化稻草和稻谷壳。口径11.5厘米，高19厘米，腹径7.5厘米。敛口，口沿两侧饰两个桥形耳。鼓腹，矮圈足，素面，质地粗松。后者为饪食器。高6.8厘米，口径4.8厘米，底径4.7厘米。直口直壁，下腹内收，圈足外撇。陶质疏松，制作较粗糙。

还有晋青瓷水盂。该水盂为文房用具，高3.5厘米，口径3.8厘米，底径5厘米，圆口，口部饰有弦纹，宽斜肩，肩部拍印两组菱格纹，外饰一道弦纹。鼓腹，平底微内凹除底部外，通体施釉，晶莹透亮，器形小巧玲珑。

另有晋青瓷四系罐与东晋青瓷鸡首壶。晋青瓷四系罐为明器，高8.5厘米，口径8厘米，腹径12厘米，底径6.5厘米。侈口，平沿，短直颈，肩部圆平，对称饰有纽形四系，腹部圆鼓，最大腹径位于近肩部，平底微凹，器形略显矮胖，除底部外通体施青色釉。东晋青瓷鸡首壶亦明器，壶高25厘米，口径8厘米，底径9厘米；盘口，细颈，丰肩，鼓腹，平底；肩部塑一鸡首，鸡首短小，无颈、实心，仅作装饰；与之相对塑一鸡尾形执柄，两侧饰桥形横耳一对，器物通体施釉，不及底，釉为青黄色，色泽柔和，开细片。

还有唐多角瓶。该瓶高25厘米，口径9厘米，底径9厘米。无盖，直口圆腹，腹部呈三级葫芦形，上小下大。腹围自第一级至第三级分别为42、45、50厘米，每级在相对应的部位饰有圆锥形实心尖角4个，其中第一级一角已残，第二级一角已缺损。器身施莹亮青釉，仓内口部施釉，肩腹部以下及底部不施釉。

还有宋花鸟铜镜。该镜直径17厘米，钮径1.1厘米，缘厚0.5厘米；青铜，重525克。圆钮，六瓣菱花边，内区饰一只似凤凰形鸟，间以花草，外区饰花草。造型生动，线条细腻、繁密。

### （五）三门县博物馆重要藏品

唐青瓷熏炉，平顶斜坡形盖，纽扣形圆盖纽，盖以子母口与盒身相合，圈足外撇，有三孔。釉呈青黄色，内外壁施全釉，胎质致密，呈青灰色。盖面镂刻叶状四孔，斜坡处镂刻四朵五瓣菊花，造型玲珑小巧。

## 四、雕塑剪纸

雕塑分开来就是雕刻与泥塑。前者以岩石或石料以及木料、毛竹、玻璃等作为原料，进行刻制加工，后者则以泥土作为主要原料，进行堆制、切削，生产艺术品或具有艺术性的用品。雕刻主要有石雕、木雕、竹雕、玻雕等许多种类，其中石雕应该是石刻的一种，但与前述偏重书画的摩崖碑刻有所区别，所以我们把它放在这里，与其他雕刻一起阐述。台州的石雕、木雕、竹雕，历史都很悠久。石雕，可以追溯到新石器时代，木雕、竹雕应该也不会迟很多。只要开始以木料与竹类作为工具了，就会产生磨制雕刻行为，只不过雕刻或磨制工具，不是后来的、现在的工具而已。而玻雕当然只能在现代，有了玻璃制造技术以后了。至于剪纸，我们放在此处一起介绍，是因为这项工艺美术，用的是刻刀与剪刀，与雕塑有一定相似度。台州的雕塑与剪纸，都可以说工艺精良、品类繁多，不但应用于人们的日常生活中，也往往作为艺术品，被收藏、赏玩。

## （一）台州石雕

台州的石雕，最早当始于新石器时代，那时的先民们开始从磨制石器转向打制石器，其中包括各类石斧、石刀、石锛、石铲，等等，这些虽然简单粗糙，但应当也是最原始的艺术品。后来随着生产力的不断进步，又出现了陶器、青铜器，再后来又出现了铁器。而这以后，石雕作品大量出现。此后的雕刻，当是以多种工具进行立体造型的雕刻。台州的石雕作品，主要为石像雕刻，包括各类石质造像，年代久远的大多已被列为各级重点文物予以保护。

台州历史上的石雕，按其功用大致可以分为宗教石雕、墓葬石雕、石窟石雕、建筑石雕、其他石雕，一般包括人物与动物等的造像雕刻，与柱石雕刻、花卉文字雕刻等内容，主要有以下一些。

宗教石雕方面，比如有天台桐柏宫的伯夷叔齐石像。传宋徽宗时，桐柏道士王灵宝善医术，被帝召进京医治太后病，及愈，赐游御花园，看到伯夷叔齐两石像后，乞赠回天台。夷齐像石质属太湖石系列，细腻如玉，镂刻高古。其背一刻"伯夷"，一刻"叔齐"，篆体，字径7厘米多。明徐霞客鉴定为"唐以前物"。

墓葬石雕方面，有临海的王士琦墓前石雕，位于临海市括苍镇张家渡村王葬山，建于明代，2017年1月被核定为省级文物保护单位。王士琦（1551—1618），字圭叔，号丰舆，临海城关人。该墓前坟地宽17.6米，有九个道地八道台阶，门口有两根华表，高6米，雕有龙等图案。第一个道地上左右有石羊、石虎、石马各一对，再向里有一对护墓的雕像石翁仲，两石像间距离为13.5米，皆左右对称。第二个道地中间有一石亭，亭下有一石龟，象征是朝廷赐予的。再进去有四个亭，左右各两个，其中西南侧的那个亭为明朝留下来的，其余三个为不久前重修。再进去有一长4米的石桥，桥下为水池。这些墓前石刻雕工精美，堪称明中期墓前石刻的上品，具有相当高的艺术价值。

还有临海的张布墓前石雕，位于临海市白水洋镇象坎东村马鞍山南麓。张布（1139—1217），字伯敷，号澹斋，临海白水洋祥里人。南宋孝宗乾道八年（1172）中进士，曾在地方与朝廷多处任职，后辞官归里，以教授为业。该墓存石人、石马各一对。石人双手秉笏，头戴朝冠，身着宽袍朝服。高1.60米，其中头高0.40米；身横宽0.63米，侧宽0.35米。雕刻粗犷古朴。石马在墓前约10米处，长1.40米、高1.10米、宽0.28米，作站立状，均东向，石刻完整性良好。

还有仙居的卜家峃李氏墓石雕，位于仙居县南峰街道卜家峃村深潭山北坡，建于明崇祯己巳年（1629），为当地乡绅李来规、李来坡兄弟及其姐的合葬墓。2011年1月，被核定为省级文物保护单位。墓葬坐南朝北，墓基平面呈半圆形，自南向北倾斜。墓室上部封土直径6.5米，墓前平面呈半圆形，两侧用石板构成半圆形坦墙，石板上部做成屋脊状。墓后侧立青石墓碑，碑顶为屋脊形，碑面阴刻直行楷体小字15行，记述了墓主人身份、姓名、字号、配室姓氏、家世渊源、山边形胜、建墓纪年，等等。墓面分上下两层，两侧垒三折曲尺形拳手，上层正中雕刻寿星和"鹤鹿庆寿"图案，下层浮雕三幅麒麟呈祥图案，两侧拳手壁面分别雕饰"松鹤庆寿""鲤鱼化龙""凤穿牡丹""天马行空"，以及其他飞禽走兽和花卉云纹图案。拜坛共三级，面宽11.4米，进深14米，各级均有台阶相连，雕"双龙戏珠""双狮戏球""双凤朝阳""仙鹤呈祥"等图案。

还有温岭的明代赵大佑墓前石虎，位于温岭市大溪镇桥里村九龟山脚。石虎原在大溪镇马止山，置明朝隆庆年间南京兵部尚书赵大佑墓前，1968年迁至现址。石虎雌雄1对，均作蹲状，昂首鼓腹，前腿直立，后腿蹲地,曲尾。其中雄虎张口露齿,连基座头高1.33米,尾高0.45米;雌虎紧闭双唇,连基座头高1.27米,尾高0.42米。两石虎造型生动,线条遒劲,身上斑纹清晰,虎视眈眈,气势威猛,具有相当高的石雕艺术价值。

与此相近,还有大溪镇小溪岭头村南宋名臣王居安墓前的石虎、石羊等雕塑,时间更早,亦造型逼真,雕工细腻,堪称中国石雕艺术的精品之作。

石窟石雕方面,有内容相当丰富的仙岩洞石雕。仙岩洞位于三门县浦坝港镇仙岩村,高11米,宽25米,深25米。晋时称"法云院",宋大中祥符元年(1008)改额为"百花清洞",现存洞额为"第一洞天"大字。据传说此洞系仙人所凿,故又称"仙岩洞",有"台州海天胜境"之誉。已被核定为省级文物保护单位。

仙岩洞石刻石雕为明清两代作品。最早为明嘉靖四十二年(1563),修建"文信国公大忠祠"时,留下洞壁"八仙""三世尊"等石刻浮雕及平台上围栏的石雕。洞左壁的浮雕八仙有近两米高,铁拐李、汉钟离、张果老、何仙姑、蓝采和、吕洞宾、韩湘子、曹国舅神态迥异,和蔼可亲,目光深邃而睿智,刀法精湛,气势雄伟。其左侧有"阿弥陀佛"等石刻造像,面目慈祥神态逼真,造型古拙,线条粗犷有力。此外,洞壁尚存大量明清石雕、石刻,又有"海角仙崖""海天胜境""卫乡保国"等摩崖多处。

还有平台围栏上,也雕满了瓜果、瑞兽、"暗八仙"等图案,石雕石质色泽有别,观感有异,采用圆雕、浅雕、浮雕等技巧、立体感很强,代表两个朝代,具有两种不同的风格。特别是护栏上的一对明代狮子,憨厚可掬,大肚慈目,充满了人情味。而另一对清代狮子,威武凶猛,张牙舞爪,形成鲜明的反照。洞门左右两侧的一对抱鼓石,其基座雕以人物传说"刘海戏金蟾",人物形象出神入化,线条粗放刚劲,石雕造型秀丽，线条圆润简练，玲珑剔透，流畅洒脱。

还有大岭石窟造像，位于临海市括苍镇的大岭头山岗上，石窟西向，南距临仙公路1.4千米。造像现仅存残菩萨像一尊和壁龛内的小佛像一尊，为喇嘛教元代石窟造像。菩萨像通高4米，其中头部高1.5米，面部已毁坏四分之一。小佛像高2.45米、宽1.60米，民间俗称"八仙公公"，五官下巴等亦遭破坏。

还有清潭头石窟造像，位于临海市沿江镇清潭头村，位于村西约500米的石佛堂后面，为明代石窟造像。共二尊，大者凿壁成窟，小的即在岩背之上。大像为阿弥陀佛像，通高3.5米、身宽1.06米，全身外表原本涂泥施彩，现多已剥落，而腿、手、莲花座等亦已残。小像名目不详，雕凿于岩背之上，通高1.18米。1986年10月，公布为县级文物保护单位。

还有朝阳洞石刻造像，位于三门县花桥镇上潘村。朝阳洞，四面环山，坐西朝东，高5米，宽10米，深6.5米。洞内有三世尊石雕像三尊，戴冠赤足，盘膝而坐，神态安详，仪容端正，衣着褶裥分明，柔和得体。每尊高1.9米，围3.5米。主尊为释迦牟尼像，面部已毁。两侧观音、势至菩萨像，基本完好。从造型看，当属明代。

其他雕刻，除了上述石雕造像等以外，还有其他一些石刻与造型。

比如水洋佛号石柱，位于临海市沿江镇水洋村殿头山上。该石柱立于元泰定元年（1324），1333年徙置于此处。石柱方形，由顶部、柱身、基座三部分组成。通高3.37米，粗0.275×0.25米，其中顶部高约0.3米。柱座为方形础盘，柱身四面体，柱顶作六角形三层塔帽攒尖顶。柱四面均刻有"南无释迦牟尼世尊"等佛号文字，由于年代久远，东西两面的文字已无法辨认，仅南北两面的文字尚依稀可辨。

比如石灯柱，位于仙居县城区下赵巷和石灯巷叉路口，为古人放置路灯的石柱。建于明嘉靖二十六年（1547），通高3.45米，长方柱体，顶部为灯屋，两侧镂成"火"字形窗孔，既有透风透光效果，又富有艺术气息。

比如蟠龙石柱，位于三门县亭旁镇杨家村亭旁城隍庙内。亭旁城隍殿，始建于清乾隆八年（1743），1966年拆毁，仅存大殿台基和前廊蟠龙石柱。其蟠龙石柱每根柱高2.8米，直径0.33米，粉红蛇蟠石工艺采用浮雕、圆雕等各种技法，立体感强，线条流畅，柔中有刚，须眉清晰，鳞爪分明，昂首翘尾，张口含珠，左盘右旋，威武神骏，具有典型的东方艺术风格，是三门县现存古代大型石雕艺术珍品之一。

又如楚门石狮，位于玉环市楚门镇楚门剧院门口。雕于清道光年间，高1.3米，身围1.85米，原置楚门西门大帝庙前。中华人民共和国成立后庙毁，石狮迁至此地。

此外，不可移动的许多石雕，还存在于一些古建筑的台门、斗拱、雀替上，古石桥的栏杆与桥墩上。比如，新河闸桥群之麻糍闸，坐落在一片绿色的田野中，石伸臂梁式结构的桥墩，用仿拱形的条石分二级叠涩悬挑而出，稳稳地托起桥梁。桥墩部位隐出柱础、立柱、栌斗、升及重栱，极具特色的结构，有着早期宋元建筑的风格特征，散发出古朴的芬芳。

作为石雕艺术，三门、仙居以及天台的石窗艺术尤为突出，更不可忽视，且三门、仙居的石窗艺术也已被列入省级非物质文化遗产名录，我们单独作一介绍。台州北三县的石窗艺术，虽然其原料质地大多为就地精选，各有不同，但又具有相当的共通性，其历史渊源、造型式样、手法功用，以及寓意寄托等，都比较相近，不但赋予石窗以实用价值，又赋予其美学价值。

这些石窗可分为铜钿窗、龙凤呈祥窗、年年有余窗、麒麟送子窗、石猴戏球窗、八卦窗、回字窗、玉佩窗、花鸟窗、花瓶窗、刘海钓蟾窗、双龙戏珠窗、蝙蝠窗、元宝窗，以及万字、寿字、喜字、福字、禄字等许多种类，内涵丰富，题材广阔，儒、释、道三教文化兼融。而且往往融绘画、雕刻、建筑等艺术于一炉，采用浅浮雕、深雕、半圆雕、圆雕、透雕等多种艺术手法。在窗花造型上，或几何化以高度的概括、夸张，追求物象的形式美，达到形象与抽象的和谐统一，营造视觉上或庄重、或生动、或华美、或清雅的美感。其工艺高超，风格独特，特别是从简朴粗犷到繁复精细，不同时期有不同的风格特征，充分体现了普通百姓的宗教信仰、生活理想、文化观念、审美趣味。

关于石雕，从区域品牌来说比较有名的还有温岭石雕。温岭石雕是指分布于温岭市一带，依托当地独特的石矿原料，以花岗岩、青石为主要材料，以仿古建筑和大型建筑为主要内容的一种传统工艺技术，已被列入浙江省非物质文化遗产名录。据《温岭县志》载，温岭石矿开采约有1500多年历史，石雕艺术早在宋代就已兴起，明嘉靖年间，石雕工艺竞相经营，盛极一时。民谣"黄岩蜜橘天台钟，太平石工雁荡松"，说的就是当时温岭石雕的盛况。温岭石雕艺术大体有装饰石雕和建筑石雕之分，尤以建筑石雕见长，主要从事仿古建筑、城市雕塑、风景园林、公墓陵园等行业建设，反映在一些大型的石建筑中，主要作品有牌坊、牌楼、塔、亭、廊以及巨型石雕塑像等。

## （二）台州木雕

木雕是雕塑中的一种，是以各种木料为原料，进行雕刻加工所产生的艺术品。木雕最早应该出现在新石器时代，浙江余姚河姆渡遗址中曾出土一件木雕实物——木雕鱼，距今已有7000多年。台州木雕具有悠久的历史，其起源应该与此相近。台州木雕遍布千家万户，在人们的日常生活中极其普遍，各类建筑物上的雀替、牛腿、窗花、门面等构件，床、箱、桌、凳、桶、盒等各类家具中，都可以看到木雕作品。

台州木雕目前已被列入国家级与省级非遗保护项目的有黄岩的漆金

木雕、仙居的香沉木雕，以及以木雕为基础再进行髹饰的天台山干漆夹苎髹饰技艺、金漆造像技艺等。台州木雕不同于东阳木雕，是一种综合雕塑艺术、金箔工艺、大漆技艺、彩绘等为一体的特种工艺，特别是在前期雕刻基础上的后续工艺，集彩漆和贴金等为一体，有"三分雕刻，七分漆艺"之说，使整个木雕艺术有了质的提升。

天台的金漆造像是民间工匠的一门传统手工技艺，用原始生漆、苎麻等材料，通过层层包粘，进行反复打磨，涂上朱砂等各种辅助材料，再贴上金箔等，经过工艺处理后完成作品。整个过程全是手工操作，在取材和用料上十分讲究，并与"干漆夹苎法技艺"相结合，制作的成品具有经久不蛀、光泽润亮、不开裂、不变形的特点，被称为"民族造像艺术之瑰宝""中华一绝"。

黄岩的漆金木雕，是流传于黄岩一带，集木雕、彩漆和贴金等工艺为一体的传统技艺。据《台州地区志》记载，黄岩木雕始于南朝时期，盛于明清，广泛应用在佛像制作、民间建筑和家具上。漆金木雕品属于装饰性雕刻，既是欣赏品，又是实用品，具有独特的艺术风格。一般分为家具、屏风、摆设、大小狮子、寺庙用品、建筑装饰、文房用品七大类。其工艺流程包括：图稿设计、打坯、修光、油漆和贴金等工序。常常以平面浮雕为主，结合运用"深镂空雕""透空雕""透空双面雕"等十多种手法。雕工精细洗练、玲珑剔透。借鉴传统的散点透视、鸟瞰式透视等方法构图，讲究布局丰满，散而不松，多而不乱，利用线、面关系，突出主题，表现情节。

仙居的香沉木雕，是以香沉木为原料进行雕刻加工的一门独特艺术。该木雕选择的原料为香沉木，这种木料是因山洪暴发、泥石流、地震等自然灾害及伐木开山等人类行为而掩埋于土层、河床，积久而成的一种半矿质化的木料，其木质坚韧、纹理细密、奇香芬芳。其材料大致可分为"土沉"和"水沉"两大类。在作品构思、创作上，根据原材料的外观、形状、厚薄，进行构思创作。在雕刻手法上，既有大刀阔斧的裁劈，又有细腻圆润的雕琢，木雕上的点睛之作，如人物、动物则充分运用圆雕与浮雕等手法，在表现衣着、动物皮毛上则使用阳雕、阴雕和线雕等手法，有时候为了表现一些细节甚至使用透雕。雕成的作品中，大件的沉香木雕规模空前、气势磅礴，小件作品则神形兼备、玲珑剔透、浑然天成。

台州的朱金木雕，又称"漆金木雕"，也叫"朱漆髹金"，是在雕刻完善的木头上，涂上以红色为主的彩漆，再贴上金片的一种木雕。它主要流传于浙江台州、宁波、绍兴等地，尤以宁波和台州的质量最好。在宁波，已被列入国家级非物质文化遗产名录。

台州朱金木雕之"朱"，就是朱砂之红，也称朱红、中国红，是一种含有银成分的矿物颜料。"金"，就是金漆，是把黄金磨成金粉调上生漆涂在木雕上，或者把黄金打成很薄很薄的金箔贴在木雕上。老话讲"一两黄金三两朱红"，意思是说三两朱红抵得上一两黄金。

台州的朱金木雕与宁波一带的工艺基本相同，只是在雕刻的题材、人物比例上，和对一些矿物颜料如青金石、石绿、白贝等的运用上有所不同。其基本技法是先选用樟木、杉木、柏木、水楠木等本地木材，运用浮雕、透雕、圆雕等雕刻技法制作木雕花板，通常将远景、中景、近景层层雕刻在同一个画面上，远山近水、人马居前，前景不挡后景，叠列有序。台州朱金雕刻与传统中国绘画的表现手法相反，在尺寸上，人、马大于建筑，长树为山、长草为石，云即天、景即地、水即江河；人物雕刻深受戏曲人物造型影响，比例稍显夸张，即"男士无颈、美女无肩、老爷凸肚、武士挺胸"。雕成后再运用大漆贴金、饰彩等，再经过漆匠的修磨、刮填、上彩、贴金、描花，并运用砂金、碾银、开金等复杂精细的工艺手法。与浙东其他地区相比，台州的朱金木雕更为艳丽，大量运用瓦片灰、朱砂粉、银朱、银粉、佛青、石绿等各种矿物色彩铺底，工艺更为复杂，题材更为丰富。特别是人物形象更令人叫绝，其衣饰相对丰富，一般为彩绘金衣、红裤、黑发、粉色皮肤；人物脸部雕刻五官神态形象逼真，各不相同，或端庄、诙谐，或童趣、威武，许多人物的眼珠细小如发尖，但顾盼有神、惟妙惟肖。总之，台州的朱金木雕作品给人以内容丰富、画面立体、古朴生动、金彩相间、张扬明快的感受，具有富丽堂皇、热烈红火、金光灿烂、喜庆吉祥的视觉效果。

朱金木雕是颇具江南特色的手工技艺，是江南文化的积淀和集中体现。据资料记载，台州朱金木雕最早出现在东晋，唐、宋时期开始广泛应用于寺庙、宫廷等建筑，明清以后则进入民间日常生活，如日用陈设、家具装饰，以及与人们生活关系密切的婚娶喜事器物等。在明清时期，浙东一带家境富裕的人家，往往将家具当成文化和财富的载体，不惜工本请来工匠设计、制作，既雕花又髹漆，极尽奢华。那些以手工技艺扬名的能工巧匠，为了自己的名声和生计，更是精雕细漆，潜心制作，一丝不苟，完成一套成品家具往往费时数年。民国后期，由于经济衰退和原材料匮乏等原因，朱金木雕器物逐渐稀少，其工艺也日渐式微。现在遗留下来的器物最多的是清代中晚期和民国初期的一些器具，主要代表器物就是有名的"十里红妆"。有台州朱金木雕收藏爱好者研究认为浙东的"十里红妆"，其发源地很可能在台州。

台州的朱金木雕"五里不同风、十里不同俗"，风格有地域差别。台州地方文化研究学者李林栋先生认为，从保留下来的明清时期朱金木雕实物看，以三门一带的最为精细，收藏者对"三门工""小芝工"最为追捧。三门的木雕，基本以戏曲故事为主，常见的有《三国演义》《西厢记》《拾玉镯》《白兔记》等；雕刻突出人物，以深浮雕见长，人物的个体较大，刀口深，雕工精，画面占得较满；注重室内陈设的展现，各色家具、门窗、用具雕刻细腻、栩栩如生；人物衣着往往金漆外加各色彩绘，仿佛能看见衣物的质地；大量运用石绿、靛蓝等矿彩，画面色彩艳丽。仙居的朱金木雕，以浅浮雕为多，注重场景雕刻，具有国画韵味；突出刻画山水、景观，人物相对个体较小，如文人画般具有较高的艺术情趣，雅味十足。临海一带，画面相对简单，线条粗壮；边框常用螺钿镶嵌，镶嵌的人物、鸟兽、花卉，精致非凡，使得小画面有大气场。天台的朱金木雕，尺幅较大，人物脸部常用白粉涂饰，五官用墨描绘；雕刻故事性较强，突出生活情趣。

台州的木雕作品，深入百姓人家、民间生活，保存下来的有十分珍稀而贵重的国宝级作品。最早的作品当在"五百罗汉应真宝地"天台下方广寺，其保存的东晋时期楠木雕刻——也是国内历史最悠久的镀金五百罗汉像，弥足珍贵。其次是安放在日本唐招提寺的鉴真大和尚坐像，是由鉴真和尚的弟子，随鉴真和尚东渡的台州开元寺（即龙兴寺）僧思托法师以金漆造像与干漆夹苎工艺，和日本同道合作完成的，为日本美术史上最早的肖像雕塑之一，是日本国宝，也是中日两国文化交流的物证。该佛像高84厘米，高僧身披袈裟，衣褶柔和，双目闭合、唇含微笑，双手叠放膝上，表现出鉴真刚毅、果断、安详、肃穆的神情，真实反映了鉴真和尚圆寂时的宝相。其三是天台国清寺的18尊元代所雕的楠木罗汉。其他还有很多作品，收藏在众多博物馆，我们无法一一罗列了。

## （三）台州竹雕

台州的竹雕，以黄岩翻簧竹雕最有名。黄岩翻簧竹雕，也称"竹刻""贴簧""竹簧""反簧"等，因雕刻在毛竹内壁的簧面上而得名，为流传于黄岩的一种传统美术，已被列入国家级非物质文化遗产名录。据资料查考，黄岩翻簧竹雕项目，始创于清道光年间，那时就已雕刻有贴簧小插屏《老子骑牛图》等作品。

黄岩翻簧竹雕的工艺，是将毛竹去节去青，仅仅保留最内面1.5毫米厚的竹簧，经过煮、晒、压平，胶合或镶嵌在木胎、竹片上，然后磨光。再经过锯割、上胶、捆扎等工序，做成所需的形状，如花瓶、盒子、台屏、笔筒等，再进行山水、人物、花鸟等图案的雕刻，在不到半个毫米厚度的簧面上雕刻出不同的层次。雕刻好的作品，再配上红木等其他装饰材料的工艺品，便成为以对联、翎筒、朝珠盒、雅扇等为主的产品，外形色泽光润，类似象牙，是具有传统文化内涵和鲜明地方特色的民间手工艺品。

黄岩翻簧竹雕广泛使用三棱雕刀，用具独特，且采用国画手法，把绘画技巧与雕刻手法融为一体。其竹雕可分阴刻、阳刻，或两者兼而有之。其中，将线条、笔画凹陷于竹簧面之下者为"阴刻"；反之，将图纹四周竹簧铲去，使图纹凸显者为"阳刻"。其主要雕刻技法有"线条阴刻（线雕）"和"薄地阳文（浮雕）"两种，以阴线浅刻的浅雕为主，也有薄浮雕，雕刻的线条粗中有细，疏密结合。竹雕从传统的单色线雕、陷地浅刻，发展出线雕着色、浅浮雕、电烙烫画等。雕刻题材有人物、花鸟、山水图案、对联书法等，雅俗共赏。

黄岩翻簧竹雕作品，1929年曾在杭州西湖博览会上获银奖；1933年曾在南京全国工艺品展览中获特别奖。20世纪50年代后，生产达到鼎盛，与青田石雕、东阳黄杨木雕一起，被国内工艺美术界并称为"浙江三大雕"，并远销欧美等十多个国家。已建有黄岩翻簧竹雕艺术馆进行展示，已有鲍澄文编著的浙江省非遗丛书之一《黄岩翻簧竹雕》等书出版。

### （四）台州玻雕

台州的玻璃雕刻艺术，起源于清代末年，主要流行于路桥、海门和天台等地。在当代，以椒江区吴子熊与天台县金全才两位玻雕大师及其传承者为主，他们摸索与传承的各具特色的玻璃雕刻技艺，在全国工艺美术界独树一帜，已被列入省级非遗名录。

台州玻璃雕刻，其玻璃原料有浮法玻璃、彩色玻璃、水晶玻璃以及器皿玻璃等，玻璃在雕刻中用透明、半透明、不透明等手法，来表现不同的肌理，最大可能地发挥玻璃材料对于光的反应，使不同的刻面产生不同的反射、折射、漫射、散射等效应，将平面的内涵转化为立体的视觉效果，使作品显得晶莹剔透。在反射的同时，环境的色彩也会反映到作品上，无色的玻璃会变得色彩缤纷，从而产生光怪陆离、流光溢彩的感觉，充分体现玻璃雕刻所具有的光学材质之美。

台州玻璃雕刻，题材有鸟兽、山水、人物和肖像等各个方面，工艺推陈出新，吸收版画的黑白对比情趣，借助现代科技新成果，集浮雕的主体层次和中国画的笔墨技法于一炉，特点明显，内涵丰富，风格独具，有较大的工艺研究价值。已建有吴子熊玻雕艺术馆、天台山艺苑等场馆。

### （五）台州灰雕

台州的灰雕，主要指以路桥区为代表，以蛎灰为主要原料的一种比较独特的建筑雕塑艺术，已被列入浙江省非物质文化遗产名录。需要注意的，这种灰雕实际上是一种灰塑，与前述的各种雕刻，使用的材料、工具都不一样。

路桥乃至台州沿海其他地方，各种蛎壳都很丰富，可以将其高温煅烧后，得到生蛎灰干储，用以作灰雕的原料。路桥灰雕最早起源于宋朝，已有800多年历史。路桥手工业发达，经济繁荣，当地历来宗教气氛浓厚，庙宇建筑颇多，香火旺盛。宋代时，就有灰雕用在屋顶翘角、脊梁、围墙、台门、窗门、挡雨板等建筑上了。到了现代，已基本上为水泥所替代。

路桥灰雕的主要材料是蛎灰，蛎灰是由牡蛎壳煅烧而成的。路桥灰雕大致分为立体的圆雕系列、镂空的镂雕系列和附在另一平面上的浮雕系列等。一般多用在建筑物上，如房屋的屋脊、翘角和胡同角、凉亭的檐下以及桥梁回廊等栏墙上，不像其他地方或内陆地区一般都用于庙宇、祠堂的屋檐装饰，审美视点多集中在屋檐下。路桥灰雕也不同于广州灰雕的以彩色为主，而是以素色为主，简而不媚、朴实淡雅。造型上也很多样，除了一般造型外，还有抽象的、几何的造型，极具现代感和形式美。题材上也相当丰富，有人物、动物、花草、山水、文字，或者世代流传的传说、故事等。

### （六）台州泥塑

其实灰雕也是一种泥塑，只不过它的原料不是用泥而已。台州泥塑，主要分布在临海与椒江两地，临海泥塑已被列入浙江省非物质文化遗产名录。

临海泥塑，也称"杜桥泥雕"，是指流传于临海市杜桥镇一带，以青丝泥为材料，以捏塑、烧制、彩绘人物形象为主的一种民间工艺美术。临海泥塑历史渊源可上溯到晚清时期，已有100多年历史。其创作分素彩和彩塑两种，人物形象有传统戏曲人物与民间神话人物等，塑像大小多为20厘米左右。传统戏曲人物以戏文情节安排造型，组合人物，以彩塑居多；民间神话人物则根据性格设计形象，多为素彩。素彩人物朴素自然，散发着泥土的芳香，彩塑泥人"三分塑、七分彩"，按照"远看颜色近看花"的彩塑要求，色彩多用大红、正绿、全黄、云青等原色，色彩搭配对比强烈。临海泥塑具有浓郁而独特的地方文化特点和较高文化价值。作品《十五贯》获省第三届民族民间手工艺博览会"天工奖"，获"非遗薪传——浙江省传统塑艺陶艺精品展"金奖；《汉宫惊魂》获中国民间文艺家协会颁发的首届中国（集美）民间工艺精品博览会银奖。

### （七）台州剪纸

台州的剪纸，主要分布在临海、黄岩、路桥、温岭、玉环等地，各有特色，而且都已被列入省级非物质文化遗产名录了。

临海剪纸，大多保留在偏乡僻壤的山区农村和沿海地带。其种类繁多，有黑白剪纸、套色剪纸、分色剪纸等多种形式；其题材多为五谷丰登、六畜兴旺、鸟兽花草、传说故事、历史人物及吉祥图案等，并根据用途而命名，贴在窗户上称"窗花"，贴在门楣上称"门贴"，其他则还有帽花、鞋花、肚兜花、枕花、伞花、谷仓和菜柜上的"五代元宝花"等；其作品往往采用夸张、变形等手法和简练的线条，柔和刚劲，粗细皆备，构图完美，玲珑秀气，精美雅致，并注重线面结合，在严谨中见灵秀，在精细中见匠心，剪出富有装饰性的艺术形象，寄托百姓祈愿风调雨顺、吉庆平安的美好愿望，以及人民群众朴实、纯真的思想感情和审美情趣。

黄岩剪纸，源于海、山、平原兼备的自然环境及宗教习俗等多方面因素，特别是与有着1700多年栽橘历史的"橘文化"密切关联，反映橘乡当地生活习俗、民间风情，特色尤为鲜明。黄岩剪纸可分为美化装饰实用剪纸和祝福祈祷平安剪纸两大类，艺术特色鲜明。造型上大胆夸张、凝练概括、厚中见秀、形象生动、精巧秀美；手法上运用一些传统元素（如月牙形、锯齿形），采用阴阳刻结合手法，线条、块面处理得体，疏密有致，整体感强，一般不用边框；风格上整体简约，主体突出，简练明快，造型夸张，追求剪味（刀味）和纸味，呼应、对比运用到位，既带有南方剪纸的纤细秀丽，又带有北方剪纸的拙朴浑厚。

路桥保安剪纸，主要为当地道教组织在每年春耕或庙神寿日，在诵经讲道外，用各色彩纸剪贴挂签，以"保一方平安"为主题，举办"保安"习俗活动时，所出现的一种剪纸。按题材可分为吉祥图案剪纸、生产生活剪纸、传说戏剧剪纸三类，按功能可分为额脚、斗花、榜花三类。保安剪纸多用阴刻方法制作（阳刻即用裁剪剩下的画纸部分表现形体，阴刻即用空白表现形体），犹如白描人物，线条十分简洁，画面简单，左右对称，多具有"简""虚""断"等特点。但也有以阳刻为主、阴阳结合手法，通过寓言、象征、综合等手法来表现，采用庄重平衡的对称式，具有构图丰满、装饰华丽、富有韵律的特色，颇有江南隽秀的风采。

温岭剪纸，也称"温岭海洋剪纸"，历史悠久，运用广泛。温岭人的习俗，过年过节，要剪纸花贴在门窗上、彩灯上、墙壁上，建房上桁要剪、贴纸花，亲戚间赠送礼品要剪、压纸花，婚丧嫁娶红白事，更要剪、贴纸花。其取材和立意，具有鲜明的创作风格。一是主题鲜明突出、乡土味十足，具有浓郁的海洋地域风情；二是构图均衡饱满、粗犷古朴；三是对比强烈，刚柔相济，纹饰大胆、明快、洗练、概括；四是夸张浪漫，具有强烈的装饰性和抒情性，具有明显的浪漫主义色彩，富有现代魅力。

玉环剪纸，也称"玉环拼色剪纸"，分剪和刻两种，剪纸用剪刀剪出，有鞋花、帽花、肚兜花、绣球花、帐前花等；刻纸用刻刀刻出，从单色刻纸，创新发展出点色剪纸、套色剪纸两种形式。玉环剪纸经多年的发展，已形成独特的工艺特征和书签剪纸、贺年卡剪纸等独特的剪纸形式。其工艺特征是刻与染结合，剪与贴并用，形成剪纸艺术中的刻纸与染纸、剪纸与贴纸相结合的特色。玉环剪纸多以禽兽、花卉、人物、山水以及民间故事为题材，内容丰富，寓意深远。玉环剪纸富于生活气息，线条简练、色彩绚丽，装饰风格新颖，体现了精湛的凿刻技艺和独特的审美情趣。

## 五、建筑古砖

建筑是一门艺术，在这里，我们把与建筑艺术有关的古砖艺术放在一起加以阐述。

### （一）台州建筑艺术

一座建筑，建在什么地方，用什么材料，建成什么样子，不管是一座城还是一个村、一个寺庙，从选址定位，到布局结构、功能安排，都要遵循一定的原则规律，既要科学合理、安全可靠、方便生活，还要与环境相依相顺、天人合一。其中坐北朝南、背山面水，是最基本的要求，若能左青龙右白虎、前朱雀后玄武，那就更加不得了。而这些成功的建筑，又何尝不是人与自然和谐相处的艺术品？至于台州的古建筑，至今保存着的较为完整的历史文化名城、历史街区和各类古建筑，在多风多雨的亚热带大陆性季风区，面临东海，防风防雨当然是首要的，同样需要传承文化，需要讲究审美，也大多具有天人合一的境界。

从大的来看，台州有国家级历史文化名城临海，省级历史文化名城天台，省级历史文化保护区——温岭的箬山、新河、温峤，天台的街头，仙居的皤滩、高迁，路桥的十里长街，椒江的章安。其中，古色古香的临海紫阳古街、浓缩世纪风雨的椒江海门老街、商贾云集的路桥十里长街、沿溪而建的仙居皤滩古镇，都是历史街区的代表之作，都有其自然生长、发展变化的内在原因。特别是临海的台州府城，从城区这个角度来说，建筑构造独特，北固山在后可以依靠，一江围绕，再筑城防水防盗，既安全又自然，还进出方便。台州府城墙，兼具军事和防洪双重功能，还是江南地区保存最为完整的古城墙之一。自古至今，成为历史文化名城，当之无愧。又如桃渚城，主要是用来防匪防盗的，边上有山，前面就是桃江十三渚，以前建城时，前面更是汪洋一片，也是易守难攻之城。

当然，从小的来看，乡土建筑亦别具一格。台州乡土建筑历史悠久，古村落、古镇、古街、古城、寺庙、祠堂、园林等建筑形式多样，但不管是民居还是宗祠、家庙，还是寺庙宫观、塔刹牌坊，其众多的式样，总体上仍然与全民族的传统相一致，具体又有许多细微的差别，也有一些具有自己独特的风格，可以说是浙东建筑的典型代表。特别是就民居而论，台州民居建筑数量众多，有内地民居建筑和沿海民居建筑之分。不管是石塘渔村也好，还是安岭山居也好，有土地能生存，还是首要因素。即使没有大的好的自然环境，小的环境也要选择，没有好的小的环境，创造环境也要生存。

比如乡土民居方面的建筑，大多为北方的四合院经过本地化后的变种，有的还是更高水准的变化，如天台张思村乡土建筑、花楼民居群、张文郁故居、曹氏古宅，仙居高迁古民居的三透九门堂，三门的祁家祁宅、东屏陈氏亚魁第，临海紫阳街的三合院、洪颐煊故居，路桥新桥的爱吾庐等；还有沿海的温岭石塘陈宅等石屋，则又因处海滨，特别需要防风防湿，又具有了独特的形态与气质，被画家、摄影家们称为"东方的巴黎圣母院"。台州有些特色鲜明、具观赏性、保存完好的乡土建筑，得到了有关专家的高度肯定，其中，在邮电部发行的《民居》邮票中，浙江民居就选了黄岩区的朱姓住宅，黄土岭山地住宅还入选《中国古代建筑史》。

佛道宗教方面的建筑，除了小部分如天台国清寺、临海龙兴寺等居于通衢大路，更多的寺庙宫观，往往为避俗世纷繁，都居于景色清幽之地，如天台的高明寺、万年寺、方广寺，临海的惠因寺、证道寺，黄岩的瑞岩寺、灵石寺、觉慈寺、委羽山大有宫，椒江的摄静寺、清修寺、崇梵寺，温岭石塘的天后宫，等等。其中，临海的千佛塔等巾山塔群，黄岩的瑞隆感应塔、净土寺塔、水口石塔，仙居的南峰塔和福印山塔、安洲山塔等，都具有较高的艺术价值。

还有文庙宗祠方面的建筑，比如台州府文庙大成殿，黄岩孔庙，三门宗祠群，天台的妙山陈氏宗祠、水南许氏宗祠群，仙居黄梁陈村武庙及陈氏宗祠、羊棚头村王氏宗祠、成氏宗祠，椒江的戚继光祠等，也值得关注。此外，还有一些古戏台、古牌坊、古石桥等建筑，比如仙居的迎晖门、三门的千佛楼等许多都是省级以上文物保护单位，都有其独特的历史文化与艺术审美价值。

下面，我们先以国家级文物保护单位国清寺为例，作一简单的赏析。

国清寺是一座历史文化名刹，总面积约73000平方米，五峰环抱、双涧回流，塔显寺隐、清幽方便，坐北朝南，依山就势，层层递进，建筑风格独特，艺术手法庄重，为中国四大丛林建筑之一。其现存建筑为清雍正十二年（1734）奉敕重修，尚存清代重建殿宇14座，由数十个大小不同、风格各异的院落和建筑群组成。其结构按四条南北轴线布列30余座殿、堂、楼、室，600多间古建筑，中间为主轴线，西面一轴线，东面二轴线。每条轴线上，又有一系列横向轴线。其中主要建筑如弥勒殿、雨花殿、大雄宝殿、药师殿、观音殿，均位于正中轴线上。大雄宝殿前设一横向轴线，东为观日楼、西为祖堂；雨花殿前设一横向轴线，东为钟楼，西为鼓楼。其建筑式样，建于清早期的建筑为官式建筑，弥勒殿和雨花殿为单檐歇山顶、大雄宝殿为重檐歇山顶式样，三圣殿、罗汉堂和禅堂是典型的南方厅堂建筑，妙法堂、方丈楼和迎塔楼为中西合璧建筑。仅就贯穿全寺近2000米长的廊沿来说，通道廊沿有挑檐廊、连檐柱廊、重檐柱廊、双层柱廊、单层柱廊、双层双檐廊等，集中了中国古代建筑中多种廊沿形式。

总之，全寺建筑布局虽在原则上受轴线制约，但全寺建筑平面随地就形、高低错落，每条纵曲线上的建筑物由前至后逐步增高，尽端则以一座主要建筑物作为收尾。在建筑的结构布局上，纵轴线的主次安排十分明确，横轴线上的布局，在建筑体量、构架形式上，也形同而实异。各条轴线建筑功能清楚，布局自由灵活。毫无疑问，廊庑递接、禅门互应、高低错落、明暗相间，清幽深邃、生动多趣，是国清寺建筑最鲜明的特色，实为中国古建筑的一大瑰宝。

台州本地学者任林豪先生在《天台山国清寺建筑概说》中说："国清寺建筑的艺术特色，主要表现在风水与传说的融合，独特的建筑布局，庄重朴实的艺术手法，明快的空间变化和过渡空间等方面。"实为全面深刻、高屋建瓴的评价。

然后，我们再看看，列为省级文物保护单位的温岭石塘的两个天后宫，其小而精致的建筑，蕴藏着丰富的艺术内涵。

石塘天后宫包括桂岙天后宫和东海天后宫两处。前者位于石塘镇桂岙村麒麟山东南麓，始建于明，现存建筑为清光绪时修建。后者位于石塘镇东海村，始建于光绪二十四年（1898），民国六年（1917）重修。2017年1月，被核定为省级文物保护单位。

桂岙天后宫由山门、戏台、东西厢房及正殿组成，中轴对称，结构完整，小巧而精致。山门三开间，中门为正门，较两侧门高大。中门正上方有青石匾，题"天后宫"三个大字。左右各有一匾，分别题"海晏""河清"。戏台歇山顶，灰塑彩画丰富。东西厢房二开间，两层，为看楼。正殿为抬梁与穿斗混合结构，通面阔10.77米，通进深9.2米。戏台、山墙及屋脊的灰塑，梁枋板壁及戏台藻井的彩画，石柱础的雕刻，均多姿多彩。

东海天后宫建筑为四合院式，由山门、戏台、正殿和东西厢房组成，中间为天井，面积约583平方米。正殿七开间，重檐歇山顶。明间为五架前后廊，其他各间为抬梁与穿斗混合结构。两厢各三开间，有楼。楼上走廊供看戏人坐、站，精雕的木栏杆富有地方特色。戏台歇山顶，脊上堆塑各色动物、人物、花草等，鲜艳亮丽，戏台藻井绘各色人物故事等，栩栩如生。石塘天后宫格局完整，小巧精致，为优秀的民间宗教建筑，具有台州妈祖文化的地方特色和艺术感染力。

### （二）台州古砖艺术

中国建筑陶器的烧造和使用，是在商代早期开始的。秦汉时期建筑用陶在制陶业中占有重要位置，其中最富特色的为画像砖和各种纹饰的瓦当，素有"秦砖汉瓦"之称。秦砖汉瓦这一脍炙人口的成语，说明当时的制陶工艺已臻上乘。而砖作为建造房屋、城墙、道路、陵墓的主要建筑材料，也是陶器的一种，与陶器一样也是由泥土烧制而成，只是形制不同而已。由于砖与建筑关系密切，我们把它与建筑艺术放在一起进行论述。

古砖，指的是古代建筑物的遗砖，常由发掘而得，其中很大一部分来自墓葬。古砖之所以有价值，是因为砖上有丰富的文字及画像，不但与考古、历史有关，也与书法、绘画有密切关系。砖面上的文字灵动多变，画像繁复美观，充分展示了这一方水土先民们的艺术审美和智慧创造。

台州古砖，从现有收藏来看，最早的始于东汉，以两晋六朝为多。台州古砖与中原古砖不同，基本上都是条形砖和楔形砖，没有很大的空心砖；也与浙北古砖不同，往往不以文字为主，而是画像砖多于文字砖。台州古砖泥质有绞胎泥、白泥等，泥质好，胎土淘洗干净，质地细腻，做工精细，纹饰精美，以灰色为主，也有偏红色。其文字、画像一般分布在砖的两个侧面，有些两个小端面也有文字与画像，大面以素面为主，有些有叶脉纹、几何纹、钱纹、动物纹等，其图案花纹，年款铭文或吉祥语等，于考古、美术、书法都有重要价值。

台州的古砖主要分两类。一是文字砖，也称铭文砖，主要包括纪年砖、吉语砖、墓志砖、地名砖、官职砖等。从书法上说有篆、隶、行、楷，更多的是诸体之间的参揉。这些砖文开合收放，疏密有致，质朴淳厚，尽显汉字之美。二是画像砖，有人物纹，包括晋步摇女砖、南朝门吏砖、南朝仕女砖、南朝高士砖、佛像砖、鬼脸砖等。还有龙虎纹、凤凰纹、朱雀纹、阳鸟纹、玄武纹、鱼纹等动物纹，以及钱纹与几何纹，等等。其中几何纹主要有平行线、交叉平行线、圆形、圆弧形、三角形、水波纹等，或单用或组合用。这些几何纹饰常见于四个侧面，而两个大面往往是叶脉纹、绳纹或网格纹，也有动物纹等。其中钱纹也是古砖装饰的重要内容，钱纹与鱼纹搭配，并饰以几何图案，便是最常见的基本纹饰。画像砖大多以线造型，以洗练的线条勾勒出人物的散淡与高格，以及动物等其他图案形象的古朴灵动。

台州的古砖，早在清朝时，就有黄瑞的《台州砖录》、宋经畲的《瓴甋录》等著作进行介绍。此后，特别是改革开放以来，因为大量旧建筑的拆迁等多方面原因，许多古砖得以上市。其中比较多的来自古章安的六朝古砖，因为六朝时的章安属于比较发达的地方。其中有许多进入了国有博物馆，或进入私人收藏馆，得以妥善保存。还有临海的台州府城墙上，也有许多带文字与图像的古砖，有学者专门进行了清点，发现城墙上留存了上万块铭文砖，各式模印砖铭计有60种文字。还发现了其中最大的清朝砖，长38厘米，宽19厘米，厚10.5厘米。

在博物馆馆藏中，有许多高级别的古砖。如黄岩馆的北宋模印彩绘千佛砖，于1987年11月，在灵石寺塔出土，为国家一级文物。该砖长26厘米，宽20厘米，高3厘米，砖胚陶制，呈灰白色，上方两角模印反写"千佛"二字。佛像坐序分上、下两排，每排五尊均模制，佛上方及两侧边缘均饰幢幡幔垂，佛像间饰菩提树，佛像皆设背光座，光头，火焰闪烁四射。砖面十尊佛像，头皆有肉髻，脸部贴金，二、四为紫红彩，三为金彩，一、五为红彩。佛像均穿宽领褶衣曳臀，两手置于膝盖上作禅定印，结跏跌坐莲台上。千佛砖虽经近千年沧桑巨变，但其砖面上模制佛像形态及着色、贴金等，仍保留着当年的风貌色彩。模制千佛砖讲究色调的和谐和完美，用各种不同色彩来衬托"佛"的威严和神秘。又如该馆所藏1987年灵石寺塔落架大修时出土的、制作于北宋乾德三年（965）的6块阴刻戏剧人物画像砖，据塔砖上记载的铭文，并结合这组砖雕所刻画的人物服饰、动作和形态等特征，还有临海出土的五代戏曲划线人物盘口壶等分析，它们表现的内容应为参军戏剧或杂剧脚色形象，说明唐、五代台州已有参军戏之类流行。

近年，台州博物馆联手有关民间组织，对成千上万的古砖进行了整理、展出，并将240余幅古砖拓片，分上下两册汇集成书，名为《丹丘甓萃——台州六朝古砖图录》。从中我们可以看到，其文字砖，字体丰富多彩，篆、隶、楷各体兼备，是研究汉字演变的重要资料；其画像砖呈现的丰富纹饰，反映了中原文化对台州的辐射，也体现了台州浓郁的地域特色，对于研究台州古代风俗文化变迁有重要意义。这些作品，或古朴庄重，或灵动潇洒，具有较高的艺术审美价值。

## 六、音乐舞蹈

### （一）台州音乐

台州的传统音乐，比较著名的是那些已被列为省级非物质文化遗产名录的项目，包括天台山佛教音乐、天台山道教南宗洞经音乐、仙居山歌、玉环渔民号子等。

天台山佛教音乐，是以佛教天台宗音乐为代表的一种宗教音乐，是天台山文化的重要组成部分。早在公元6世纪时，天台宗创始人智颚，在形成独立、完整的天台宗哲学思想的同时，在制定并口传心授符合教义要求的仪轨过程中，即创生了天台宗特有的佛教音乐。经过千余年的传承和发展，天台宗佛教音乐不但成为天台山佛教音乐的代表，还影响了早期的民间戏剧，并传播海外。

天台山佛教音乐以庄严、肃穆、典雅、平和为主。据统计，天台山佛教可唱诵的经文约95篇，其中赞偈类22篇、朝暮课诵类39篇、忏类9篇、瑜伽焰口类9篇、水陆法会类16篇（含乐器曲牌）。特别是唐代大书法家颜真卿写的《天台智者大师画赞》及所附曲谱，文辞优美，悦耳动听。

天台山佛教音乐的形式主要是声乐，包括独唱、领唱和齐唱组合、齐唱、轮唱四种。唱词有赞、偈、文、咒四种格式。曲调又分歌唱型、吟咏型、念诵型三种。配唱的乐器或称法器有梵鼓、钟、大磬、铛子、铃、钹、木鱼等，配器的制式、大小各异，用于不同的仪轨场合。其表演形式多样，声腔抑扬顿挫，庄严平和，给人以"不同凡响"的听觉感受。

天台山佛教音乐对民间戏曲的影响很大，如早期流行在江南的南戏，就以干唱为主。在明代，南戏基本不合管弦，顺口而歌，这种"清讴"的干唱唱法可能即源于天台山的佛教音乐。而唐代以降，日本僧人相继来天台山求学，也带去了天台山的佛教音乐，对日本室町幕府时期的戏剧——能乐产生了一定影响，在能乐中就有《天台山之事》的表演段子。1982年3月，日本佛教音乐研究人员曾组团到天台山寻根访问。

天台山道教南宗洞经音乐，主要指天台山桐柏宫全真龙门派十六韵诵经曲调，包括声乐、器乐。其表演形式多种多样，包括独唱、齐唱、领唱、和唱、伴奏等，分颂、赞、步虚、偈、吟咏等格式。为使音乐产生悦耳动听的效果，除了鼓、钟、大磬、铛子、钹、铃、木鱼等法器外，还配有二胡、箫、笛子、笙等乐器伴奏。其洞经音乐曲调形式上，亦有"阳韵"和"阴韵"之分，"阳韵"多用于早课和祈福性法事，"阴韵"多用于晚课和超度法事。它以道教南宗的经文为基础，至今仍遗存可诵经文75篇，根据经文词意，赋予其轻重缓急、高低不同的音韵曲调，而曲调中的经文表达人们的愿望与祈求，或求助神界，或颂赞天仙，韵味贯通，幽深典雅、含蓄平和。曲调与经文和谐统一，各种曲式贯通搭配，颇具特色。

道教南宗洞经音乐体现了中国道教南宗提倡内丹炼养、道禅合流的思想，着重内修，追求人与自然的和谐、人的身心和谐。其中用于修持养炼的音乐，清新悠扬而又不失典雅，是中国养生音乐的渊源之一。它汲取佛家的平和，儒家的文雅，以及当地民间音乐的土韵，成为有天台山特色的道教音乐体系，对当地民间音乐也有深远的影响。

仙居山歌，是指流传于仙居县一带，于独特的自然环境与社会历史中产生与发展，具有本地风格的一种民间歌谣。仙居山歌的起源无从查考，根据其在音韵与语言上均有中原文化痕迹判断，很可能是两晋时期人口南迁后逐渐产生的。而现存仙居山歌反映的题材内容，大多为晚清、民国时代，主要描写广大农村的乡居生活，尤其是山民的生活。这些山歌或抒发儿女情长，或直面社会问题，或打情骂俏，感情真实，质朴感人，丰富多样，情趣生动。"私情""长工""童养媳"和"晚娘"是其中最常见的四种题材。

仙居山歌种类繁多，风格独特。作为古越国的属地，既具有越地山歌"越调"的共有特性，又兼具鲜明的地方特色。其体裁一般较为短小，歌唱形式有吟唱、对歌，有儿歌、郎调等，其中郎调多为成人男性唱的山歌。其歌唱风格，吟诵性较强，以歌说事、以歌道理，语言直白、粗犷豪爽，再加上方言演唱，其声也别，其言也特，自成一格。

仙居山歌从曲调特点讲，有一种流行范围广、普及面较大的基本曲调，当地俗称"木鱼调"，许多山歌都是这种基本曲调的变异或衍生。仙居山歌是仙居山民历史文化的精髓，是浙东南民歌的重要代表，是越地音韵的重要标本，值得关注。

玉环渔民号子，是流传于玉环一带，伴随着海洋渔业生产活动而发展起来的一种民间音乐形式。其具体起于何时及何人所首创，难以进行确凿考证，但可以肯定的是，一定源于海洋捕捞生产活动。玉环渔民号子是迁徙文化，是由海洋文化与本土文化揉合而成的传统民间音乐形式。玉环岛的先民除少量是本地人外，大多从闽浙沿海一带迁徙而来，他们带来了自己的乡土文化，包括语言和渔工号子，等等。

玉环渔民号子一般有强号与轻号之分。在同类的渔民号子中，玉环渔民号子以其粗犷雄壮的旋律，形成鲜明独特的个性。多用闽南方言演唱，无伴奏，也无相关的器具和制品，且大都由一人领唱，众人应和，节奏明快，强弱分明，旋律雄浑优美。声调较高，起拍多由领唱者领唱起始句，来掌控号子的音高、节拍、速度等，以便和唱者整齐、准确地唱好"号子"，起到传达号令和凝聚力量的作用，使劳动者动作协调一致，提高劳动效率。

玉环渔民号子的唱词内容，有配合劳动生产的，如"兄弟们，加把劲，用力拉，拉起渔网鱼满舱"；有祈望顺风、平安的，如"我屋坐北面朝南，后门古井是莲花台"；有触景生情即兴有感而发的，如"橄榄出世两头尖，素面落鼎不用盐"。唱词由于受生产活动和时间限制，一般句式较短，字数以三字句、七字句为多。有时为加强感染力，常在句头句尾加入衬词，如"哎哆嗨哟""嗬啰吔啰"等。

玉环渔民号子主要根据海上作业劳动场合和工种的不同，进行口头创作、加工，代表作品有《拉船号子》《拉网号子》《摇橹歌》《波歌》等。还有一部分是渔工们吸取沿海各地的号子、山歌、小调中的旋律而逐步发展起来的。

### （二）台州舞蹈

台州的传统舞蹈，种类繁多，较为知名者有临海的黄沙狮子、大田板龙、上盘花鼓，黄岩的新前采茶舞、院桥高台狮舞，温岭的大奏鼓、天皇花鼓，玉环的坎门花龙、坎门鳌龙鱼灯舞，三门的杨家板龙、花桥龙灯、缠足苦、小蜜蜂，仙居的鲤鱼跳龙门，等等。

#### 1. 临海的传统舞蹈

黄沙狮子，是流传于临海西北白水洋镇黄沙洋一带的舞狮活动。黄沙狮子始创于北宋年间白水洋的黄沙洋一带。此地民风剽悍，朴茂近古，崇尚习武，舞狮风俗由来已久。这项传统表演艺术素以高难度的演技名扬四方。其最大特点是把民间精湛武艺与传统舞狮表演巧妙地结合起来，舞武一体。它不但能在地上翻滚嬉戏，又能在四至七重八仙桌的高台上表演各种风趣的动作。表演时，演员在八仙桌上翻飞的同时，还兼耍"过堂""桌上筋斗""下爬点""悬桌脚""叠罗汉"等翻桌动作。跳桌是整个表演中难度较高的，四十几张桌子呈梯形相叠，跳桌到最高时，由九重桌子堆叠起来约有三丈二尺高，一个"绝"字就落在最高的第九重桌子的四只脚上——桌脚朝天，一个艺人就在这四只桌脚上跨步移动，脱鞋脱袜，尽显绝技。黄沙狮子舞武一体，娱神娱人，刚柔相济，具有独特的地方文化特征，寄托着民众美好的期盼，在民俗学、社会学、美学、人类学等方面具有重要的研究和保存价值。中央电视台分别于2005年和2007年两次专程来临海拍摄黄沙狮子专题节目。2015年10月曾赴韩国表演。

大田板龙，是流行于临海市大田平原上大田、东塍一带的一种龙灯与舞蹈活动。因传说龙能行云布雨、消灾降福，象征祥瑞，所以人们以舞龙的方式，来祈求平安和丰收。大田板龙相传始于清代，每逢春节、元宵，龙灯飞舞，穿村绕庄，气势恢宏，别具一格。板龙由龙头、龙段（身）、龙尾三部分组成。龙身制作较为精细，采用木板、竹片和各类花纸制作。以竹篾作骨，白纸为皮，六寸宽、八尺长、一寸厚的木板托肚（又称龙桥或龙段），以铁丝扎好骨架，然后用多色彩纸裱糊，几十段龙身贴有山水花鸟、戏剧人物等民间剪纸。有的龙口衔红珠，有的龙口装喷火器，游至高潮时，口喷火焰，十分抢眼。龙须分白、黑、红三色，长达50至70厘米。白须龙称为"老龙"，是群龙之首，黑须称"新龙"或"小龙"，红须龙为"蛟龙"。巡游时，每条板龙至少要有数十人组成龙队，龙头要有6个人高擎，一人一段举龙身，龙尾由三人摆动，随着鼓点上下翻转、左右摇摆、忽快忽慢，蔚为壮观。龙段数量多少不一，可随时增减，每段用插销固定，根据舞龙人手的多少随意调整。各类板龙的排列均有规定，老龙带头，新龙随之，野蛟龙煞尾。龙头的行走路线都是固定的，野蛟龙可随便穿插。按当地民俗，正月十四日下午三时开始，各地板龙时而"腾云驾雾"，"时而抱光、夺珠、赛跑"，哪条龙胜过老龙，老龙即输，尔后龙队仍按规定顺序继续游行，敲锣打鼓，穿村走街，中途还要"讨封"，当地又称"拜年"，以贺新年之喜，凡事先由龙队发请柬，接请柬的单位及个人要讨"纸包钿"（即拜年钱）。

上盘花鼓，是流传于临海市沿海上盘镇一带民间喜闻乐见的一种歌舞形式。相传明清时期，沿海一带的演唱艺人受前来卖唱乞食的安徽凤阳灾民表演的凤阳花鼓的启发，始创二人舞《上盘花鼓》，一直流传至今。上盘花鼓表演时，花鼓公头戴红缨帽，左手提碟形小锣，右手执小锣签打击，边舞边唱，花鼓婆则头戴凤冠，身穿大红襟衣，大脚口绮裤，脚穿平底圆口鞋，左手持圆柱形小鼓，右手持双鼓槌击鼓。表演时花鼓公、花鼓婆（旧时男扮女装）两人边唱边舞边击鼓，并根据内容需要，互串角色，配合默契，以击肩、耸肩、缩肩、抢腰、坐腰等组合而成，动作风趣活泼，诙谐幽默。传承中，艺人们根据群众要求，又以江南民间小调为基础，创作了《寄生草》《姑娘看花灯》《和尚采花》《相思深》《小妹送情郎》等10余种花鼓曲调，唱词内容根据演唱需要进行编写，并逐渐配上鼓板、二胡、笛子、三弦等民间乐器，从而使上盘花鼓从原来的一般演唱发展为边歌边舞的歌舞形式，成为具有浓厚地方色彩的民间舞蹈。20世纪80年代后，上盘花鼓经上盘、杜桥新老艺人的传授和抢救、整理、挖掘，再经上盘专职人士的革新，在音乐和表演等方面继承传统，形成了自己独特的艺术风格。虽然受凤阳花鼓影响，但摆脱了凤阳花鼓固有的表演手法而自成一体，从原来单纯的卖唱发展成为载歌载舞的形式。

### 2. 黄岩的传统舞蹈

新前采茶舞，是流传于黄岩区永宁江畔、狮子山下新前街道一带的一种民间舞蹈。新前采茶舞，源自乡村民间的采茶歌、采茶戏，问世于明末清初，至今已有300多年的历史，是新前街道七里村一带农民逢年过节、庙会时庆祝茶叶丰收的自娱活动之一。该采茶舞最早的版本描写村姑在采茶时，有一位姑娘的情人（也称牧童）采来鲜花，众姑娘拦住抢夺，互相追逐，走出许多优美的队形，这种表演形式亦可称为"采茶抢花""采茶扑蝶"。加工变化后，其基本步伐吸收了戏曲花旦步法的韵律，手的动作在模拟采摘茶叶形态的基础上，加以适当变形，加上腕、肘的上下套叠和左右交叉，显示出舞蹈风格，清新细腻，优美形象，富有浓郁的乡土气息和生活情趣。和很多民间舞蹈一样，该采茶舞也有其独特的民间阵谱（也叫"走阵"，即走队形）。唱一段，变化一个队形，阵法变化流畅，画面丰富多彩，生动地表现了采茶姑娘在山岗、坡地等不同环境采茶时的情景和愉快心情。该舞原以十二花名而起调，用12个月份编成唱词，前6个月为正采（即顺采），后6个月为反采（即倒采），配打击器演出，带有戏曲风味，后紧缩为6个月花名唱词。曲调简朴健康，婉转动听，节奏感强，动作简单优美，很受群众喜爱。该采茶舞的歌词内容，也是农民在实际劳动中的素材积累。如"正月采茶是新春，敲锣打鼓闹盈盈。前村狮子抢绣球，后村滚龙大翻身"，表现了中华人民共和国成立后农民生活日益富裕，欢欣鼓舞的内容。再如"六月采茶茶叶粗，粗叶细制用工夫，采茶不怕太阳晒，烘焙不怕砻糠火"，则表现了茶农在采茶、制茶时辛勤劳动的内容。唱词通俗简单，农民一听就懂，当地的小姑娘都会唱，也会表演一些动作。该采茶舞具有浓厚的生活气息和乡土风味，具有较深的群众基础和极其浓郁的艺术特色。又由于其具有较高的审美价值和舞蹈的代表性，在20世纪80年代入编《中国民族民间舞蹈集成·浙江卷》。

院桥高台狮舞，起源于清初，流行于黄岩区院桥镇一带，是在九张八仙桌搭成"品"字型高台上表演的一种民间舞蹈。院桥高台狮舞突出武舞一体，狮子表演时有扑跌、跳桌、朝拜、钻洞、戏球、跳桩并在梅花桩上坐顶、上肩、绕桩等高难度动作，又讲究狮子表情，愕、怕、喜、怒、擦痒、舔毛等，是一项集民间舞蹈和传统武术于一体的综合艺术。

### 3. 温岭的传统舞蹈

大奏鼓，原称"车鼓亭""大典鼓"，是一种流传在温岭市石塘镇箬山一带渔区，较为典型的民间自娱性传统舞蹈。2008年6月，被列入国家级非物质文化遗产名录。箬山地处温岭东南，据有关史料记载，其原居民中大多是明代从福建惠安一带迁入，大奏鼓由箬山先民带入，已有360余年历史。箬山渔村每逢春节、元宵等传统节日，都会有大规模的民间巡游活动，大奏鼓则是节日喜庆队伍中"特地故事"的一种。"特地故事"也称"踏地故事"，是由村里老艺人根据自己喜好和村上习俗所编排的各类节目。"特地故事"中的其他节目均已失传，唯独《大奏鼓》得以保留。大奏鼓舞者全为男性，服饰打扮却是女性。这种打扮，在汉族舞蹈中不多见，具有独特的地方色彩。最初的服装为闽南惠安女子打扮，老式大襟便服，花布衫，头饰用布条、纱巾，装上羊角尖发簪，两耳挂大耳环，赤脚套脚环。后改成上穿深蓝色斜襟短袄，下穿橘黄色大口裤，衣衫边角绣上橘红色鱼纹图案花边，头戴橄榄形黑色羊角帽，两耳挂金花、戴耳环，赤脚板，套上手镯脚镯。化妆很简单，用牙粉加水涂于脸上，再用红纸在两脸颊印上鸡蛋大小的红圈。打鼓者为男装，对襟短袄，头扎红布条。大奏鼓在表演方式上，可以在场地上跳，也可以在游行中跳。在场地或舞台上表演时，大鼓固定位置不移动，行进中跳时大鼓由2人抬着。除打鼓者外，舞者分别手持木鱼、大小铜钹、铜钟锣、大小镗锣、唢呐、扁鼓等乐器，边奏边舞，唢呐吹出主旋律。舞蹈动作模仿女性步态，诙谐风趣，夸张变形，泼辣粗犷。基本动作是扭腰、甩胯、摇头，基本节奏为强弱二拍子。这种表演，以渔区喜闻乐见的形式和渔民乐于接受的方式进行，达到了集观赏、娱乐、健身于一体的目的。

大奏鼓地域特色鲜明，堪称当今中国渔民第一舞。大奏鼓至20世纪50年代，逐渐被冷落，"文革"时期销声匿迹。1979年初，在当地文化部门的组织下，箬山里箬村的一批老人重新跳起"大典鼓"，并改名"大奏鼓"。会跳人员从原来八九人发展到数十人，最多一次表演时达六十人。有作品被收入《中国民族民间舞蹈集成·浙江卷》，并被拍入电视专题片《渔村小叙》，在中央电视台多次播放。

天皇花鼓，源于安徽凤阳，后流传于温岭市泽国镇天皇村，并因此得名，是一种边歌边舞的传统民间舞蹈。2016年12月，被列入省级非物质文化遗产名录。天皇花鼓以江南民间小调为基础，由民间艺人创作填写曲词，用方言俚语演唱，表演上揉合了传统戏曲动作，以胡琴伴奏，具有浓厚的地方色彩。表演形式由男女两人扮演，均穿戏装。男戴八字胡，手执小锣，俗称花鼓公；女插头花，腰系花鼓，脚穿花鞋，俗称花鼓婆。表演时，由器乐胡琴伴奏出场，以跳、打、舞蹈为基础，起板齐唱小曲，边唱边舞。舞蹈动作男的走"圆场步""矮子步"等，女的走"圆场""光尖碎步"等。唱曲皆是本地小调，有《花鼓调》《京戏调》等，表演风格诙谐幽默、质朴细腻，颇具地方特色和乡土韵味。

**4. 玉环的传统舞蹈**

坎门花龙，又称"滚龙"或"弄龙"，是指流传于玉环坎门街道一种富有渔乡风格的传统龙灯与舞蹈活动。据清光绪六年《玉环厅志·风俗篇》载："里社各制龙灯，鸣锣击鼓，旋绕为盛；制禽兽鳞鱼花灯入人家串演戏阵。笙歌达旦，环观如堵。"可见龙舞串演在当时已成规模并具影响力。另据传承人及当年民舞基层普查员所述，坎门花龙的形成、发展与渔民抗击海盗以及戚继光抗倭有关，已有500多年历史。坎门花龙纸扎的花龙灯具，各种形象栩栩如生，手工技艺精湛奇妙；大红大绿的民间彩绘艺术，色彩鲜艳火辣、对比强烈明快。其"吉日起档""鸡血开眼""化龙归海"等，是坎门花龙活动全程紧密相关的起讫环节。特别是以大幅度跳跃和"龙绕柱"为其主要特色，别具一格的"花龙绕柱"表演，在龙头的带领下，八段龙节和龙尾，在三十二根甚至六十四根柱子间（或村庙、人家天井廊柱）穿插迂回，其间首尾相顾，此起彼伏，左腾右滚，柱柱盘绕而线路不乱，井然有序、阵式奇诡、场面宏大。间以火爆热烈、气势磅礴的锣鼓、唢呐，营造出热烈欢快的氛围，气势恢宏，具有极强的艺术感染力。坎门花龙是非常具有代表性的舞龙品种，其中"花龙"的形象，被称为"已成正果的海里的龙"。这个具有明显海岛渔乡特色的民间大道具舞蹈，包含着渔民"祭海""祈佑"的民俗意蕴和节俗喜庆内涵。"花龙"在海滩上"绕柱串阵"，自然、朴质、粗犷，表达人们祈求"神龙"庇护，出海平安、满载而归的美好愿望，也是坎门地域人文品质、审美情趣的体现。20世纪90年代初，被收入《中国民族民间舞蹈集成·浙江卷》。

坎门鳌龙鱼灯舞，是一种流传于玉环海岛坎门一带的民间舞蹈。该鱼灯舞源自民间的群体性舞蹈艺术，参舞者凭借鳌龙鱼虾造型的彩灯道具和形象直观的舞蹈语言，表达渔民征服海洋的意志与对丰收的祈求。它以翻、滚、腾、跃等大幅度动作，引领水族鱼贯成阵，翩翩起舞。鳞光闪烁，脚铃叮当，展示五彩缤纷的海洋世界，寓有渔民对鳌龙的敬畏，表现了他们敢于驾驭大海、争强好胜的性格。坎门鳌龙鱼灯舞的舞蹈艺术，是由多种艺术元素调和而成。首先是制作鳌龙鱼灯具的纸扎手工技艺；其次是色彩鲜艳火辣、大红大绿的民间彩绘艺术，以及相匹配的民族锣鼓乐和唢呐吹奏乐紧密结合，营造出热烈欢快的气氛，激发渔民对大海的情感记忆和共鸣。

### 5. 三门的传统舞蹈

杨家板龙，是流传于三门县亭旁镇杨家村的一项传统龙灯与舞蹈活动。杨家板龙始创于明朝，盛于清朝乾隆年间。在明朝时期，亭旁常遇水旱。每次旱灾，当地百姓就到附近的龙潭里"取水"，并进行迎龙活动。久而久之，在每年元宵节，人们都以迎龙活动来寄托太平年、丰收年的愿望。杨家板龙的龙头、龙身、龙尾的制作均取自木板、竹子等天然材料。它的制作不是由专业的艺人完成，而是全部由村民目睹口授。龙头由村集体制作，在龙头正中间贴有"五谷丰登"四个大字，寓意丰收吉祥。龙身由家家户户自己制作，用2米左右长的木板作为底座，两端凿圆孔，以木棒穿孔以便可以手擎龙身。直到现在每年的元宵节，杨家村民也都要举行迎龙活动。目前整条板龙长达450米左右。板龙出迎时，需要600—800名壮汉共同托举，并伴有头牌、鼓亭、五兽、台阁、龙筅、仪仗和鼓乐等。顺序上，首先是五兽、古亭、台阁、彩车开路，接着是旌旗、龙筅，最后才是色彩鲜艳、光彩照人的板龙。整个表演队伍绵延2000余米，参加表演、护卫总人数达2000余人，声势浩大，蔚为壮观。板龙行进的过程当中，所经之处，沿途群众鸣放礼炮、设案相迎，以示对新年的祈祷和祝福。至县城，活动达到高潮，数万市民加入迎龙行列，人声鼎沸、礼炮震天、万人空巷。板龙出迎，成了三门县百姓的狂欢节。1999年，杨家板龙参加台州市首届民间艺术大会展，以"天下第一龙"获唯一的最高大奖和优秀组织奖。2004年，杨家板龙以414米的长度打破新加坡板龙300米的基尼斯世界纪录，荣获《大世界基尼斯之最》证书。

花桥龙灯，是一项流传于三门花桥镇花桥、上宅、两头门等村的民间龙灯与舞蹈活动。据传，花桥龙灯始于南宋建炎年间（1127—1130），源于图腾崇拜，后演变为祈求丰收、祈求平安的民间民俗活动，经历多年的文化积淀、融合和升华，至明、清时期，发展趋于鼎盛，龙灯制作技艺越发精湛。花桥龙灯和其他龙灯最大的区别是五条龙灯同时出迎。龙分五色，分别为红、黄、青、绿、紫，代表东、南、西、北、中五个不同的方位，蕴含四海一统、天下和合之意。每种颜色含不同寓意：红代表太阳，寓含生活红火美满，欣欣向荣；青代表天空，寓含风调雨顺，国泰民安；绿代表大地，寓含春色满园，五谷丰登；紫代表运气，紫气东来，万事如意，一帆风顺；黄代表权力、财富，寓含家族中人才辈出，光宗耀祖。花桥龙灯集文学、绘画、雕刻、剪纸、刺绣、音乐、舞蹈于一体。龙头、龙尾由集体创作，龙灯龙身由农户自制，各显其能。制作工艺由村里艺人目睹口传。龙身板座都有4盏各种造型的彩灯，传统上内置蜡烛。彩灯上根据各自喜好与风格，制作剪纸或彩绘作品，图案有花鸟虫鱼、飞禽走兽、帝王将相、才子佳人等，形象生动、色彩艳丽。每年正月十三夜，花桥龙灯举行上灯仪式，至正月十六夜落灯。元宵节，由五龙组成的浩浩荡荡的队伍出迎，每条少则50多米，多至100余米。龙灯所到之处，族人香案迎送，村民张灯结彩，一路行来，鼓乐喧天，蔚为壮观。

《缠足苦》，是我省第一个苏维埃政权在三门县亭旁（当时属宁海县）建立前后，为控诉封建礼教迫害妇女而创编的一个舞蹈节目。1928年，三门亭旁发生农民起义，当时的领导人之一包定，为配合当时的斗争需要，控诉封建礼教迫害妇女，创编了舞蹈节目《缠足苦》。该舞蹈曾被当地群众称为"文明戏"，是当时流行于亭旁杨家村一带的民间革命舞蹈。《缠足苦》共分两大部分，整个舞蹈由9至12人演出，用民族器乐伴奏，用脚后跟踩地为基本舞步，以表现妇女缠足后生活的艰难和痛苦，动作简洁明了，用亭旁方言演唱，唱词在流传过程中，逐步添加了怒斥和控诉的内容，增强了感染力。由于它迎合了旧社会广大妇女的反抗心理，反映了她们反抗封建礼教，要求平等自由的强烈愿望，起到了很好的宣传效果。

《小蜜蜂》，始源于1928年我省第一个苏维埃政权所在地——三门县亭旁区（时属宁海县），由领导人包定等创编的一个舞蹈节目。该舞蹈也被当时当地群众称为"文明戏"，是为配合当时的斗争需要，唤醒民众而创编的节目，目的是批判懦夫懒汉思想，歌颂勤奋劳动，主题鲜明，积极向上，曾起到了很好的宣传效果。小蜜蜂舞蹈，传统上由8人或者10人参加演出，其中有"蜂王"一人，"小先生"一人，"小蜜蜂"6人或8人作集体歌舞表演，音乐伴奏采用三门地方民间小调，舞蹈节奏明快，动作简洁明了，唱词通俗易懂。舞蹈表演内容为蜜蜂采蜜劳动场景，懒汉小先生被师父赶出来生计无着，到处流浪，蜜蜂劝告小先生要勤奋劳动，靠自己的双手创造美好的生活。小先生受到小蜜蜂劝告，决心随同蜜蜂一起劳动，做个自食其力的人。舞蹈通过小蜜蜂和小先生的对舞，批判了寄生贪懒思想，歌颂勤奋劳动，宣传要依靠自己的力量来争取美好生活的道理。

### 6. 仙居的传统舞蹈

鲤鱼跳龙门，是一种流传于括苍山西北麓仙居县田市镇一带的传统龙灯与舞蹈。鲤鱼跳龙门因神话传说有鲤鱼跳龙门典故，剧情中有鲤鱼数次出进龙门、化龙成圣而得名。相传，灯舞始创于唐贞观后期。初始灯具较少、剧情简单，旨在激励后辈逆流前进，奋发向上。明清之后，几经改造创新，剧目丰富、演艺精进，逢年过节，在城乡频繁表演，盛极一时。民国后期，因战乱等诸多原因，灯舞艺人亡散，精湛演艺失传。鲤鱼跳龙门这一颇具浓郁生活气息的舞蹈，有鳌鱼、鲤鱼、鲫鱼、火鱼、虾等六种鱼虾彩灯同时显现，鱼虾灯具形象逼真，由人工把持，模仿鱼虾个性化的体貌和活动，遵循一定的舞路，或"8"字型，或半月型，或圆球型，或十字型，进行表演，呈现出一幅幅纷繁多彩的鱼类生活图。尤其是"鲤鱼跳龙门化成龙"的剧情创设，贴近人们"勃勃上进"的愿望，其"鲤鱼化龙"中龙的形象，依靠运动节奏的快疾，所有鱼灯形象串连一气，在观众肉眼观察力有限度的作用下，幻化而就。表演时，各种个舞共同组合成群舞，群舞里各种个舞又富有个性，描绘了一群鱼虾跃龙门的生动形象。该灯舞表演时，艺人选用武打服装，分上装、下装，均为白底镶红边，并有大鼓、大锣、小锣、饶钹、堂锣、板鼓、唢呐等乐器参与。同时，以静态造型的组灯、模仿故宫五凤楼样式造型的龙门架为背景，高高的龙门架，以黄、绿、红、紫等十余种色料，涂绘出三十余幅花鸟鱼虫、人物山水图案，并悬挂三十余对针刺无骨花灯。整个灯舞，融汇舞蹈、灯艺、绘画、建筑、造型等艺术为一体，具有较强的艺术感染力。

# 第七章　教育科技的发达灿烂

## 第一节　教育事业的昌盛发达

回望历史，台州教育事业的发展在整体上与全国教育体系的兴建与完善保持着统一的步调，但受到特殊历史时期政局、人员流动及商业发展等因素的影响，台州教育事业的发展轨迹和整体面貌也具备一定的地域特殊性。先秦时期，地处东南沿海的台州远离全国政治文化中心，文教事业起步较晚。及至汉唐时期，全国性官学体系逐步建成，台州的教育事业在客籍官吏与本地居民共同努力下，发展逐渐加速。到了宋代，特别是南宋时期，台州作为都城临安的辅郡，教育事业步入高速发展阶段。到了元代，发展势头有所回落。明清近代，台州地区的文教事业在教学水平、学生数量、文化风气和基础设施建设等方面都维持在较高水准之上。总之，台州教育在顺境中积极扩张，在逆境中负重前行，学脉延绵千年而不断。[1]

### 一、初期起步阶段：汉至唐时期

汉武帝时期，朝廷下令天下郡国皆立学校，官学教育体系逐渐开始

---

[1]　本章主要参考李一、周琦主编《台州文化概论》( 北京：中国文联出版社，2002 年 )，喻长霖等编撰、胡正武等点校《民国台州府志》( 上海：上海古籍出版社，2015 年 )，陈耆卿等编撰、徐三见点校《嘉定赤城志》( 上海：上海古籍出版社，2013 年 )，黄宗羲、黄百家、全祖望《宋元学案》( 北京：中华书局，1982 年 )，嵇曾筠等编撰《浙江通志》( 北京：中华书局，2001 年 )。

部署至全国各地，台州此时尚未有关于学校建设或私人讲学的文献记载，但从后世史籍中可以看出，汉魏两晋是台州教育发展的积累与酝酿时期。台州现有关于文人开馆授徒最早的史料记载是南朝宋齐时期，著名学者、上清派道士顾欢在天台山开馆聚徒，受业者近百人，后人改其居地名为欢岙、顾儒岭，可见台州地区佛宗道源的宗教传统对此地教育事业的建设发展有所助益。

唐开元二十六年（738）正月，朝廷敕令天下州县，每乡之内，各里置一学。并择选师资，令其教授。唐天宝九载（750），国子监置广文馆。杜甫好友、广文馆博士郑虔晚年被贬台州，据南宋楼观《祠斋壁记》所录，时台州人少习礼文、民风朴陋，郑虔到此，衣冠举止不同流俗，曾自述"著作无功千里窜，形骸违俗一州嫌"，故其以教化之责为己任。文献记载郑虔在此地教授民间弟子，从冠婚丧祭之礼到升降揖逊之仪，无不以身作则，自此台州民俗日淳，士风渐进。明翰林学士方孝孺称郑虔为"吾台斯文之祖"，郑虔殁后，台州人建户曹祠以纪念，明清士子进考前常于此处烧香礼拜。郑虔之于台州的教育事业，实有筚路蓝缕之功，今临海市古城墙脚下，仍存郑广文祠。唐时仙居人项斯，是台州地区的第一位进士。会昌三年（843），他到长安以诗稿谒见杨敬之，杨敬之后来"到处逢人说项斯"，留下一段佳话。可见至唐时，台州教育事业的发展较前代已有长足进步。

宋代以前，台州距离政治文化中心较远，文教事业尚处起步阶段，且在初期建设中比较依赖客籍人士的引领，文化教育在整体风气的形成、基础设施的兴建以及人才储备等方面都较为薄弱，这一局面在唐代中后期才有所改变。

## 二、高速腾飞阶段：两宋时期

唐代安史之乱以后，国家的经济文化重心逐渐南移。到了宋代，大量人才迁入并定居于两浙地区，东南漕运已在国家经济发展中担任重要角色，台州的经济文化发展显著加速。特别是南宋时期，台州作为都城临安的辅郡，与政治权力中心的关系日益密切，越来越多的台州人在朝中担任要职，此时台州地区的文教事业迎来了突飞猛进的发展。

北宋时期，随着全国教育系统的日趋成熟，台州以州学、县学为主体的官办教育也逐步兴建完善。宋时台州府学在府治东南不远，在原文宣庙的基础上改建。康定二年（1041），台州郡守李防始建学。宋绍兴十三年（1143），朝廷下诏，诸州各学置教授，当时台州五邑（临海、天台、黄岩、宁海、仙居）设学长谕、直学斋长谕各一人。同时地方府志中对于此时官学建设、制度沿革和学官人选的记载也渐趋增加，且条目明晰，可见教育作为地方政治文化建设中的关键一环，已经正式纳入地方管理的系统框架当中。与此相应，读书进仕的风气也日渐兴盛。据《台州府志》记载，唐时台州及进士第仅项斯、孙郃2人，而宋代台州进士数量达到587人。台州历代出文进士907人，有宋一代占比过半。

宋代台州教育的发展除了官学的进一步普及与下沉之外，书院的兴建与盛行也令人瞩目。南宋景定三年（1262），台州郡守王华甫以程门理学家谢良佐之名，建上蔡书院于临海东湖，成为台州最早的官办书院。文献记载中宋代台州兴建的书院还有临海的溪山、观澜，黄岩的柔川、樊川、南峰、东屿、云阳，天台的竹溪、龙溪，仙居的上蔡、桐林，宁海的五峰等。这些书院中既有官办书院，亦有若干属私人兴办，其中一些在此后曾经历多次废置、自然灾害损毁甚至人为破坏等，但是很多亦被翻修、改建，屡毁屡开。如上蔡书院，宋时曾有朱子后学王柏等人在此讲学，元时移址城北玄妙观右侧，著名诗人陈孚曾任山长，及至明代，数次被毁重修。这些书院见证了台州学脉的历史传承，同时也体现了台州士绅民众对教育及学统的重视与维护。

州学、县学、书院等教育机构以及制度政策的发展完善使得此一时期台州的人才培养呈现稳定增长、多点开花的态势。到这里周游或做官，并致力于教化、讲学的文人数量大增。他们授徒讲学，并将研判哲理、探究学术的风气带到这里。如北宋名宦陈襄于庆历八年（1048）迁仙居令，他到此兴学宫、课诸生，甚至"偶出行部，遇山谷中有小学，辄下车为童子辈讲经"（《宋元学案》卷五），并作《劝学文》《劝俗文》，以教百姓、淳风俗为己任，成为众多仙居弟子的模范和榜样。南宋理学泰斗朱熹曾于1173年、1183年两次提举台州崇道观。天台山桐柏崇道观是道教南宗祖庭，朱熹自请为祠禄官，于此地多次往来停驻，并积极从事文化活动，包括注经、论理、交游、讲学等。黄岩樊川书院、仙居桐江书院、临海巾峰精舍等均为当时朱熹讲学场所。《浙江通志》载"晦庵传道江南，而台特盛"，可见朱熹的到来为台州的学风带来了明显的提振。当时潘时举、吴梅卿、林恪、赵师渊、杜晔等台州名士皆从朱熹学。朱熹与朱门弟子对于理学在台州的传播和发展起到了巨大的推动作用。除陈襄、朱熹之外，宋代事功学派代表人物叶适也曾来台州讲学交流，他们的到来及随之广泛开展的文化活动，极大地促进了台州教育事业的发展和繁荣。

另外，除客籍人士之外，此时关于台州本地人士从事文教活动的记载亦远超前代。北宋英宗治平三年（1066），宁海人罗适中进士第，曾述"成童时好读书，而乡中无文籍，惟乡先生朱曳绛世传《论语》《毛诗》，皆无注解。余手写读之，茫然不知义旨之罅隙。"（《嘉定赤城志》卷二九）可见于北宋中期，台州地区的基础教育仍较为薄弱。但随着理学的发展流行，学者之间的交流不断扩展加深，台州本地人于乡里从事教授讲学的现象也显著增加。临海隐士徐中行，曾从学于理学先驱胡瑗，并于晚年教授乡里，"其为教，必自洒扫、应对、格物、致知，达于治国、平天下，俾不失其性、不越其序而后已"。（《宋元学案》卷一）天台人徐大受，字竹溪，朱熹行至天台时，"闻其贤，特访其庐，方与学者讲'三月不违仁'，云即杜诗所谓'一片花飞减却春'耳。晦翁击节，遂定交焉"。（《浙江通志》卷一七六）这些学者在教育上的积极投入使台州教育的普及程度和整体水平得到了显著提升。

总体而言，两宋时期台州的教育事业因地缘优势、经济高速发展、文人隐士的不懈努力等因素，在制度保障、基础建设、人才储备和风俗改化等方面都取得了质的提升。自此以后，台州地区官学与私学相辅相成的人才培养方式日趋成熟，此地的民风旧俗也因文教事业的发展在潜移默化中改头换面。

### 三、稳定发展阶段：元明时期

到了元代，朝廷对教育的基本政策较前代有所改变，台州文教事业发展的脚步渐趋放缓。朝廷对书院进行扶植的同时开始加强控制，书院的山长、教授、学正等职均需通过官府的任命或批准，书院的官学化进程加快，但并未出现前代之繁荣景象。宋末元初仙居人士翁森，敏学笃行，入元隐居不仕，在当地兴建安洲书院，并以白鹿洞学规为训，从学者前后八百余人。元初科举废止，翁森等名士对台州教育事业的投入使此地文脉绵延不绝。元时回浦书院、桐江书院、文献书院等教育设施陆续兴建。至治元年（1321），台州蒙古人后裔泰不华擢状元，授集贤苑修撰，后在海战中以身殉职。泰不华，其父早亡，少时为黄岩儒士周仁荣收养教育，现黄岩文化地标"双宝珠"仍存，资以纪念这位富于底蕴与风节的台州状元。元时仙居人柯九思，曾任典瑞院都事，后官至奎章阁鉴书博士，诗文书画均有造诣。元末明初黄岩人陶宗仪，因议论朝政而进士落第，后在松江泗泾以南开馆授课，整理成《辍耕录》三十卷，又节录前人小说笔记，结集成《说郛》六十卷。

明代前期，朝廷以科举、荐举等方式大规模网罗人才，并对科举制度进行改革，不仅废除元时实行的族属与户别限制，且招生人数显著增加，八股取士的制度逐步定型，台州教育事业的发展也实时响应大环境的风潮动向，在元代略显凋敝的基础上呈现出较为明显的复苏态势。有明一代，台州地区进士人数271人，在史籍中以宦业立传者700余人，占台州古代历史中从宦人数一半以上。其中较著名者有明前期出身宁海县的名臣方孝孺，因拒绝为燕王朱棣起草诏书，以死守节，成为台州式"硬气"的重要代表人物。出身临海"进士世家"的秦鸣雷，于嘉靖二十三年（1544）被擢为状元，曾任礼部尚书，参修《国史》，重录总校《永乐大典》，并著有《倚云楼稿》《谈资》等。此外还有临海县人陶凯、天台县人徐善述、太平县人谢铎、黄岩县人黄绾等，都是当时具有一定影响力的文人学者。

明代台州人才辈出局面的出现，受到多方面因素的影响。宋代形成的良好的教育基础与文化风气，使此地在发展过程中形成了一些注重教育的宗族世家，如黄岩黄家、临海秦家等，均出现了一门数进士的盛况，再如临海王氏家族，两辈五进士，分别为王宗沐及其三个儿子，还有从子王士性。王士性为明代著名人文地理学家，其所著《广志绎》为具有重要价值的人文地理著作。同时，这些世家大族培养出的文士英才也积极践履宗族世家在地方上的社会责任，在本地的教育普及、文化推广包括书院建设等方面，起到了举足轻重的作用。如王士性曾于张家渡象鼻岩创建白象书院，撰写《五岳游草》《广游志》等多部著作；临海人金贲亨，正德九年（1514）进士，曾任扬州教授、刑部主事等职，在台州建崇正书院，又在其任职江西时期，选拔优秀生员，亲于白鹿洞书院讲学，后任福建学政期间，创建道南书院，著有《台学源流》《学易记》等。

另外，台州此时教育事业的复苏还着重体现在官学系统的进一步完善与私学教育的重焕生机。明代台州官学的发展势头蓬勃兴盛，官设书院数量增加，如临海县新增龙映、龙顾等书院，且此时地方官也被允许兴建书院，如史料记载天顺元年（1457）台州知府阮勤重建上蔡书院，嘉靖二十一年（1542）知府周志伟在白云山麓兴建赤城书院，黄岩知县汪汝达建紫阳书院、重建九溪书院等。但随着八股取士的弊端逐渐显现，官学中的教育方法与价值体系受到一定质疑，很多有识之士投身于私学的兴办中，如临海白云、丹崖等私设书院的建立，一些学人在文化活动中亦致力于对儒家学说的发展进行多样化的尝试。虽然明代的书院制度亦受到过严重冲击，如万历八年（1580），张居正废天下书院，大量书院被禁。但整体而言，数量众多的书院为此时台州地区的教育发展提供了较为稳定的基础条件，文化传承、人才培养也显著回温。至明代晚期，受到倭乱、自然灾害等多方面因素的影响，台州的文教事业又遭受了严重冲击。

## 四、近世转型阶段：清代至民国时期

清代初年，台州地区反清情绪强烈。顺治十八年（1661），台州知府郭曰燧因临海庠生赵齐芳、赵齐隆兄弟积欠白榜银三两，司以杖责，致赵齐芳重伤死亡。此事引起府县两庠诸生公愤，近四百人退学抗议。当地巡道杨三辰以"诸生近海，谋且叵测"上告，浙江总督赵国祚依照新例治罪发落。为首的水有澜、周炽被处以绞刑，余下六十余人流放辽阳、黑龙江等地，同时停止生员参加省府县试，台州文教事业遭到重创。

除此之外，清代初期台州教育的发展也受到了政治生态的显著影响。此时朝廷出于对知识分子"妄议国事"的忌惮，对全国书院整体上采取严控紧缩的政策，至雍正十一年（1733），朝廷明令总督、巡抚于驻地设立省会书院，引领文教事业的发展，乾隆元年（1736），朝廷颁布关于书院建设的关键性政策诏谕，其中对书院的性质、等级、学规、办学方针以及院长聘任、生员选拔等众多方面提出了明确的规定。自此，定性明确、制度完善的官办书院教育体系初步成型。在此基础上，地方书院的建设在朝廷的严密控制下进一步发展，台州地区亦然。

虽然受到"两庠退学案"的负面影响，台州人士在科举考试中绝榜二十余年，但基于此地的文化积淀与历史沿革，教育事业的发展势必不会拘囿不前。乾隆朝以后，一些书院又被修缮或重建，书院中的教育活动也渐趋回归正常。乾隆十五年（1750），临海建鹤峤书院，后两次被毁，又两次重建。道光四年（1824），县令程璋携同绅民重建赤城书院。后一些书院毁于咸丰末年兵燹，同治年间，知府刘璈督同各县重建、新建或整顿书院三十余所。咸丰年间，太学生叶埙之女王郁兰受聘于富商，始设帐授徒，产生了台州历史记载中第一所女塾。直至清末，台州地区书院总数达一百四十余所，为朝廷输送了大量文士英才，如乾隆年间天台人齐召南曾任皇子弘瞻讲师，同时这些书院也为地方发展提供了稳定的人才储备。

清光绪二十七年（1901），清政府推行"新政"，在教育方面，科举逐渐被废止。清廷同时令全国书院改为大学堂、中学堂、小学堂等，引进新式教育，并鼓励出国留学。台州的书院自此纷纷合并改制，如椒江书院改为海门小学堂，太平县宗文书院改为宗文小学堂等。1904年1月，张之洞等人通过了新的学堂章程，即"癸卯学制"，将普通教育分为初等、中等和高级教育，不久学堂选拔代替科举成为主流的人才选拔制度，学堂的数量也显著增加。清光绪三十三年（1907），台州共有小学堂91所，另有中学堂、师范学堂、体育学堂及商业学堂等被陆续创建。至清末，台州地区各类小学堂总数已达209所，中学堂8所。自此延续了千年的书院教育不再是官办教育系统的主要构成部分，台州的教育也随着封建制度的崩溃而逐渐进入了近代化转型阶段。

民国初年（1912），时任教育总长的蔡元培将清末学制再次进行改良，推行壬子癸丑学制，改学堂为学校，废止了读经尊孔的教育宗旨，并倡导男女享有平等的受教育权。此后不久，台州府中学堂改为浙江省立第六中学校，天台中学堂改为天台中学校，临海哲商小学、温岭龙山高等小学校、玉环公廉两等小学堂等中、小学校相继建立，台州近代化教育的蓝图初具雏形。

在台州现有的中小学校中，仍有一些可以清晰体现从书院到现代学校的发展轨迹，例如现位于临海市的台州中学，初为同治年间创办的广文书院，1902年改称三台中学堂，民国初年改为浙江省立第六中学校，曾有朱自清、许钦文、郑振铎等文化界人士来校执教。前身为海门人氏娄锦华捐资于光绪二十九年（1903）创办的海门文化小学堂，光绪三十三年（1907）改称希鲁小学堂，后经十三次改名和九次迁址，现为椒江区人民小学。这些学校是台州近世教育的活历史，它们身上凝聚着广大有识之士为加强地方教育所倾注的心血，虽然几经磨难，但仍因民众的护持而得以延续，在百余年中为台州地区培育了大量的名士英才。

1949年以后，台州地区现代教育体系逐步建成完善，私立学校逐步改为公立。20世纪80年代后期开始，公办教育和民办教育并肩发展，除政府拨款外的集资办学、股份制形式的民办教育逐渐兴起。1986年4月，《义务教育法》颁布，九年义务教育规划在台州地区制定实施。到了1996年，台州实现九年义务教育的基本普及，基础教育向高标准、高质量目标发展，高等教育步入加快发展阶段。

近年来，市委市政府高度重视教育工作，推动教育事业向前快速发展，教育质量稳步提升，教育改革走在前列，教育人才引育力度持续加大。据台州市教育局公开信息显示，2019年，台州现有幼儿园1074所，在园幼儿19.22万人；义务教育学校574所，在校生65.51万人；高中段教育学校96所，在校生16.79万人，其中普通高中学校74所，在校生9.69万人，专任教师8278人；特殊教育学校10所，特殊教育在校生2390人（其中在特殊学校就读1417人）；本专科院校5所，全日制普通高校在校生3.73万人，成人高校在校生3.8万人。全市教职工总数8.39万人。台州学前三年幼儿入园率98.62%，义务教育完成率100%，基础教育普及水平高于全省平均水平；职业教育发展水平较高，在全省率先形成职业教育园区化和集团化办学格局；高等教育毛入学率57.5%，高等教育由精英化走向普及化。

总而言之，台州教育事业的发展在不同的历史时期呈现出了不同的面貌。从初期的创业艰辛，中期的迅猛腾飞，再到后期的稳步发展，最终形成现代台州教育的兴盛繁荣。其中离不开客籍人士，主要为学者官吏等居于此地时所进行的建设与投入，但整体而言，台州教育从无到有、从凋敝到蓬勃，归根结底仍要归功于台州本地居民对于文化教育的重视、对于知识分子的尊敬及对文脉传承的自主精神。当前，台州教育正按照《台州教育现代化2035行动纲要》要求，加快推进高水平实现教育现代化，努力培养更多德智体美劳全面发展的社会主义建设者和接班人，为建设民营经济高质量发展强市、奋力谱写"两个高水平"台州篇章做出更大贡献。

## 第二节　科学技术的重要成就

科学技术创新是推动社会生产力发展的重要因素。受到中国传统思维方式与理论水平的限制，古代历史上所产生的科技创新与现代意义上的科学技术难以直接对应。本章所论技术创新主要指解决实际问题的具体操作，而将在自然科学领域产生的理论研究等归结为科学成果，考虑到中国古代历史中科学技术交汇发展的实际状况，这样的分类方式仅为权宜之法。历史上台州人民面临着来自社会与自然环境的多重挑战，他们探索自然、改善民生、保家卫国的强烈愿望与不懈努力，使此地在诸多领域都产生了具备一定创新性的理论与方法。

台州地区所产生的科学技术创新大多直接对应民生经济的相关问

题，并与本地的地理、气候及人文环境密切相关。台州依山傍海的自然环境，一方面对农业生产规模的扩大有所限制，历史上台州地区在水利改造、围涂造田方面所取得的卓著成就，即致力于保障农业生产的顺利进行，稳定粮食供给，满足民众的基本生活需求；另一方面，台州丰富的地貌环境也使此地富含多种动植物资源，捕鱼、采药等行业长期活跃，也刺激了造船、医药学等众多领域的技术与理论创新。另外，沿海傍山的特殊格局使台州成为古时的战略要地，很多军事科技领域的创新也在此地孕育成形。

## 一、台州历史上的技术创新

由于文献史料的缺失，台州在汉代以前所取得的科技创新缺乏文字记录，但从考古发现和后续的历史记载推断，这一时期台州人民在科技领域的实践探索主要围绕农耕、捕鱼、堤防、医药等民生问题展开。西汉时设回浦县，东汉后，北方人口大量南迁。三国时期，孙权建立吴国，随着劳动力数量的增长和本地农业、经济与教育的进一步发展，关于科技创新方面的记录与总结逐渐增加。总体而言，台州地区所产生的技术创新多形成于唐宋以后，发展重心也因不同历史时期的主要社会矛盾而有所倾斜，如随着大规模人口增长而急需解决的粮食增产，针对水患而进行的水利改造，为了抵抗倭寇入侵而进行的军事技术创新等，都在不同时期起到了保障及改善民生的重要作用。

### （一）农业生产技术创新

素有"七山一水二分田"之称的台州在农业生产方面可谓有先天劣势，人均耕地面积不足，水流生态环境较为复杂，随着人口与经济增长需求的扩大，此地的农业生产也面临着持续的挑战。到了北宋时期，官方在浙江推广占城稻的种植，小麦也传入台州，实现了大规模粮食增产。除了传统的水稻、小麦之外，宋代时台州地区果蔬作物的种植技术也在逐渐实现系统性提升。如柑橘种植，黄岩县附近产区所产霜柑、青柑等长期作为贡品送入宫中，并作为大宗商品远销临安等地。在制盐业方面，据宋代文献记载，当时的制盐工艺逐渐由火煎海水，改进为先刮泥淋卤，再煎制成盐。古代历史文献中对农作物改良育种方面的记述较少，从实践结果来看，台州人民在改良作物品种、改进品质、增产增收等农业技术方面，进行了长期的探索和尝试，但并未有文字性的理论总结流传下来。

台州人民在农业生产方面的技术创新还表现在兴修水利和围涂造田的实践当中。因此地区水路密集、地势复杂，为保证农业生产的有序进行，历代官民在水利排灌方面做出了不懈努力，唐代时期官方开始在黄岩县城关一带修建水利工程，到五代时期，温黄平原水利工程规模进一步扩大。后梁开平元年，官府于黄岩县河向南开凿官河，直至温岭街，全长一百三十余里，并以官河为主干开凿支河、小渠等，于温黄平原形成了人工河网，排灌、航运等条件得到改善。北宋元祐年间，三门人罗适任浙东提刑，于此督修水利，包括疏浚河道、分段建闸等，使这一地区农田灌溉得到进一步保证。嘉定十六年至宝庆三年（1223—1227），仙居人羊溥与汲渊修凿汤归堰。明时黄岩人黄绾曾上《论治河理漕疏》讨论农垦水利相关问题。明天台人许鸣远曾任淮安河务同知，针对当地的地形与气候条件，提出筑高堤不如挖浅底的主张，浚河治水，造福一方，并撰写治水专著《治湖集》。清代临海人洪颐煊，苦志力学，因学识广博得到阮元的赏识，著有《汉志水道疏证》四卷。清末吴雷在金丰三塘河入港口规划出资修建五丰闸，到今天仍在发挥效用。

除兴修水利外，针对耕地面积不足的问题，早在五代时期，史料中就有台州人民围涂造田的相关记录。到了北宋时期，熙宁七年（1074）神宗命沈括考察两浙水利。沈上疏谈到温州、台州等地以东海滩涂地，兴筑堤堰，围裹耕种，顷亩浩瀚。台州沿海围涂造田的工程很快得到官方的财政与人力支持。南宋淳熙九年（1182），朱熹巡历台州，并率人实地勘察，确定了回浦、金清、长浦、鲍步、蛟龙、仙浦等六地建闸的位置，奏请官方资助，历经十余年，加之后任官员的不懈努力，六座涵闸在庆元四年（1198）全部建成，此地的农田水利条件得到了大幅改善，温黄平原也成了台州主要粮食产区。宋代台州新筑海塘堤还有楚门的樊塘、灵山寺僧人围垦的"灯田"、东山塘、洋底塘、五支吞塘等，围涂造田的实操技术亦随着经验的不断累积而日趋成熟。

### （二）制造业技术创新

台州的制造业发展与此地的地理环境、生产习惯、历史传统等密切相关。台州的造船业发展起步较早，并于唐宋时进入鼎盛阶段。北宋台州造船年额多在百艘以上，成为全国十大船厂之一。至南宋后期，临海、宁海、黄岩（含温岭）三县纳入征调范围的民船多达6288艘，其中面宽一丈以上的达1006艘，居浙东征调数之首。营造的船只主要是渔船，类型多样，有大对船、小对船、墨鱼船、大蒲船、淡菜船、溜网船、拉钓船、小钓船、张网船、串网船、批钉船等，在船只数量、类型、品质等方面都较为突出。

另外，在南宋时期，台州地区的造桥业也在发展中实现创新。淳熙八年（1181），台州郡守唐仲友主持在州城兴善门外金鸡岭下建造"中津桥"。桥长八十六丈，宽一丈六尺，以每两艘船组成一节，共用五十艘船组成二十五节，用缆索、地锚、锚碇等设备串联固定成桥面。中津桥是史载最早的浮桥，也是中国浮桥建筑的杰作。台州的造纸业，经历唐五代的发展进步，在北宋时期已享誉各地，天台县以青竹、桑皮等原料制作玉版纸、花笺纸等，技术成熟，质量上乘，曾得苏轼的认可。在制瓷业方面，台州地区早期就有烧窑制瓷的传统。北宋时期，台州的青瓷产业遍布各县。现代台州被称为"制造之都"，也与此地制造业在长期发展中形成的历史传统紧密相关。

### （三）军事技术创新

历史上的台州是中国东南沿海地区的军事重镇，此地的军防地位、战略意义与军民长期积累的战争经验，都促成了军事科技领域的重要创新。首先，历史上台州地区就曾涌现为数不少的军事人才。北宋末年临海人陈克，有感于金兵入侵、社稷飘摇的时局，参与合著《东南防守利便》三卷，详细分析了东南地区防守反攻的优势所在，主张依势抗金，逐步北上，恢复中原。南宋天台人贾涉曾任淮东提点刑狱兼楚州节制京东路忠义兵马，对当地的"忠义军"进行了改编，并在抗金斗争中施展谋略。元代至正八年（1348），黄岩人方国珍发动起义，多次击败元军。明初宁海人叶兑精于天文、地理、卜筮等学，曾以布衣身份向朱元璋献《武事一纲三目》，对朱元璋率军抵御元军、平定起义、攻取福建两广等地作出了重大贡献。另外，明仙居人吴时来所著《江防考》，抗倭名将临海人王士琦所著《东征记略》《封贡纪略》《三云筹俎考》等，俱为中国古代重要的军防文献。这些记录都体现出台州人民在军事技术、谋略等方面的丰富经验与锐意创新。

另外，台州地区在明代产生了中国历史上重要的军事学术著作，即抗倭名将戚继光根据在此抗击外侮、练军治兵经验所作的《纪效新书》。明朝时东南沿海倭患肆虐，戚继光作为杰出的军事家，在十余年的抗倭斗争中不断探索和创新先进的军事技术。《纪效新书》开篇言明："纪效"，明非口耳空言，"新书"，明其出于法而非泥于法，合时措之宜也。此书紧密结合此地的区域特征，提出了一套较为完整的练兵及布防计划，其中包括兵员选拔、军队编伍、水陆训练、作战阵法、律令赏罚、军械火药制造、烽堠报警及旗语信号等各个方面，其所发明的鸳鸯阵、空心敌台、戚氏军刀等都是当时军事科技方面的重要创新，这些创新也促成了抗倭历史上台州大捷、平海卫大捷等重大胜利，对平除东南倭患起到了关键性作用。在现今留存的台州府城墙上，仍存在当时军事技术创新的部分实物证据。

## 二、台州历史上的科学突破

历史上，台州地区在天文、医药、算术、动植物学等领域都产生过重要突破。在医学方面，台州人士撰写了一些在中华医学史上比较重要的医学著作。在天文学方面，台州人士曾主持或深度参与重要天文学著作的编纂与创作。在动植物学、地理学等领域，台州人也曾依据自身长期的探索与研究撰写专著，产生了具备广泛影响力的成果。总体而言，台州地区及台州人士在历史上所取得的科学成就主要有以下几点。

### （一）台州地区历史上在不同学科领域内产生了众多具有相当程度专门性、总结性的著作

在动植物学方面，三国时期沈莹著《临海水土异物志》，对临海郡的农产及各类动、植物等信息进行了总结与记录，乃是现存较早记载台湾地区风土人情的方志著作。南宋淳祐五年（1245），仙居人陈仁玉著《菌谱》，是世界上最早的食用菌专著，其中对十余种食用菌的生长条件、性状、使用方法、药理及误食毒菌的解救办法等做了详细的记载。陈咏写成《全芳备祖》，著录花、果、草、木、蔬等二百余种。每种植物分事实祖、赋咏祖、乐府祖三纲，备述特征、形态、品种、功用、来源、演变以及典故、传说等，开创了植物学研究的先河，被誉为世界最早的植物学辞典。贾似道所著《蟋蟀经》，是世界上首部针对蟋蟀的昆虫学专著。在医药学方面，宋时宁海人罗适任桐城尉时曾有感于民众惑于巫而不信医药，推动医药疗病之法，以救民俗，著有《伤寒救俗方》。天台人黄宜著《药书》十卷，临海人王卿月主攻妇产科，著有《产宝诸方》。黄

岩人陈衍著《宝庆本草折衷》二十卷，内容囊括辨药、制剂、用药法、名医传赞等，现存元刻残本，具有很高的文献价值。明时临海人王士性遍游各地，所著《广志绎》《五岳游草》《广游志》为重要人文地理学专著。清代临海董方肇精眼科，著有《眼科心境》。这些著作的产生不仅体现了这些专家学者个人实践经验的积累，也在很大程度上反映了当时社会对某一学科的认识水平和研究现状，不仅具备很大的史料价值，其中一些方法与原理在现在看来仍具有相当程度的科学性与实用性。

### （二）台州人士在自然科学领域长期不懈的探索实践也促成了中国历史上一些重要科学研究成果的产生

随着唐宋以后台州地区教育水平的不断提升，台州人士也逐渐在社会各领域发挥着重要作用，历史上一些由官方所主导的科学创新项目中，亦包含着台州籍人士的贡献。如唐代开元十七年（729）施行的《大衍历》，编撰者一行就曾多次就其中天文历法相关问题请教天台山国清寺高僧达真。南宋乾道二年（1166）进士、黄岩人徐似道任江西提刑时，有感于验尸无据可依，以致奸吏指轻作重，造成许多冤狱，作《检验尸格》，规定检验官验尸，应于伤损处当众唱伤痕，众无异词后，再记录在案，作判案凭据。此验尸规则经朝廷颁行，是中国历史上第一部司法验尸的技术专著。明代初年天台徐一夔、临海朱右受命参修《大明日历》。清代中前期临海人周治平精于天文历算，清代学术泰斗阮元在编著《曾子注释》《畴人传》等书时采用了周治平的许多研究成果，并在视学台州时召其"握算就试"，对其大为赞赏。清代天台学者齐召南著《隋书律历天文志考证》《旧唐书律例天文志考证》各五卷，并修《水道提纲》二十八卷，其中记述了清代前中期国内水道源流脉络，是中国水利学方面的重要专著。

### （三）本地佛宗道源的历史源流对科学突破的产生起到了显著的推动作用

中国古代医药化学等领域的科学探索与寺院医学及道教炼丹术的发展密切相关。三国时期，高道左慈携徒葛玄游括苍洞，后葛玄在此地诸山中炼丹修道，并将其师所传《太清丹经》《九鼎丹经》《金液丹经》等再传于葛洪。东晋时期葛洪曾于天台赤城山、桐柏山等地修道，其所撰《抱朴子》对当时的道教炼丹术进行了集结与提炼，其中包括大量有关神仙药方、禳灾却病等内容。其所著《肘后救卒方》，即现存《肘后备急方》，是中国历史上第一部临床急救的治疗学专著，汇编了一些实用有效的、可用于医疗急救的单验方及简要灸法。

南朝时期，道士顾欢与陶弘景于天台隐居修道期间，曾进行医学方面的实践与理论创新。陶弘景曾于临海等地采药炼丹，并根据自己的经验对前代所传《神农本草经》进行整理、校订和增益补充，集成《本草经集注》七卷，成为药物学的经典之作。到了唐代，道教上清派宗师司马承祯隐居天台山玉霄峰，著《坐忘论》《修身养气诀》《采服松叶等法》等，不仅丰富了道教修炼的哲理内涵，也对古代医学养生理论有所补益。北宋时居于桐柏山崇道观的高道张伯端钻研内丹修炼之法，著道教南宗经典《悟真篇》，并以炼丹修道之法祛病。

作为重要佛教流派的发祥地，天台山及活动于此的佛教僧人在台州古代科学创新的发展史中亦占重要地位。天台宗祖师智者大师著天台宗止观修持之法《六妙法门》《摩诃止观》《修习止观坐禅法要》等，对后世养生法有重大影响。

总的来说，台州历史上在科学技术方面取得了令人瞩目的成就，并产生了具有一定理论深度与创新性的科学著作，在技术创新方面也有一定的实用性成果。到了近现代时期，台州地区所产生的科学技术创新在数量与质量上不仅有显著提升，且呈现长期向好的发展态势。光绪二十八年（1902），台州知府徐承礼组织优秀学子赴英国、美国留学。五四运动之后，越来越多的学子去法国、德国等地留学，学习西方的科学技术，并用于推动国内的科学技术进步，建设家乡。如罗宗洛、冯德培等，在植物学、神经学等领域取得了巨大成就。还有张连胜、杨晨、喻长霖等人，在轮埠、公路、电力、纺织、酿造等民族工业中发挥了极大作用。这一时期学有专长并走上救国之路的台州人士还有很多，其中如陈芳允、柯俊等，后来俱成为中国科技界的中坚人物。民国时期，台州地区的科技专业人员主要由医务人员、农林水利人员和各类工程专业人员组成。中华人民共和国成立以后，台州地区产生了中国科学院、中国工程院院士二十余人，众多台州人士在各科学技术领域为中华人民共和国的建设做出了重大贡献。

中华人民共和国成立以后，台州地区的科研机构和科研人员逐步增加，对科技发展的财政投入显著增长，管理也渐趋成熟。台州市有浙江省农业科学院柑橘研究所、农业科学研究院、科技信息研究所、台州市林业科学研究所、台州市环境科学研究所等，一些市县单位还有公共科研机构如临海市农业机械研究所等。1994年以后，台州市民营科研机构发展也十分迅速，产生了民营科研机构如市药物研究所、市海洋船舶研究所、市药用真菌研究所等百余所。

21世纪以来，台州市响应国家科技发展的最新号召，以省"科技新政50条"为抓手，深入实施科技新长征。至2019年，台州市省级领军型创新创业团队新增数居全省第三，国家级孵化器和众创空间建设取得新突破，全市九个县（市、区）中有八个入选2019中国创新百强县（区）。至2020年，台州市科技创新发展道路聚焦培育创新主体、提升平台能级、深化开放合作、提升服务能力等主要方向，持续加强科技治理体系和治理能力建设，进一步凸显科技创新对高质量发展的支撑引领作用。

# 第八章 民俗方言的别具风貌

## 第一节 台州民俗的地域特色

台州民俗形态丰富多彩，作为一种文化，它存在于民间，呈现于日常生产生活的细节中。台州民俗与台州地理环境总是紧密结合在一起，王士性在《广志绎》中曾总结台州地理环境与习俗的特征，云："浙中惟台一郡连山，围在海外，另一乾坤……舟楫不通，商贾不行，眼不习上国之奢华，故其俗犹朴茂近古。"民俗的形成与发展还与铸造地域人文精神的基本条件与决定性因素——台州民众本身在与自然、社会、人际的互动关系中所形成的精神气节、思想观点、生活习惯、人格风貌息息相关，甚至可以说台州地理环境和人文精神互为建构共同形成台州民俗文化。台州民俗既有诗性与创意的社会存在，也有本土、草根、混同的文化汇融，更有硬气、义利并举的精神气质与价值观，内外共显，自成一体。这不仅包括民俗的传承，也包括民俗的创造及其发展，它是为台州区域群众所集体认同，符合区域生活需要的文化。

### 一、诗性与创意：台州民俗的社会存在

其实，台州的地理环境和气候条件等在一个相对时期内的变化是有限的，民俗也表现为相对稳定。陈华文在《浙江民俗史》中认为："生存环境变化的有限性和创造工具等的有限性，构成了浙江民俗文化变化

的有限性和稳定性。"①地理环境和社会结构的稳定和延续支撑民俗发展的稳定和持续，也就是说，台州民俗在独特的自然环境中的稳定性在史前、奴隶社会、封建社会、民国、中华人民共和国等这些不同历史发展阶段中，各有相对稳定的文化表现形态，在同一历史时期很难对此作断代的区分。但这种稳定性是相对的。在特定时间内有时存在渐变的过程，有时也会产生剧烈的变革。从民俗的另一称谓风俗，上层叫"风"、下层叫"俗"也可看出这一文化现象，如刘潜大同十年出任临海太守，《梁书·刘潜传》说他"下车宣示条制，励精绥抚，境内翕然，风俗大革"。②这是自上而下的风俗革命，在台州民俗中就体现出一种与众不同的表现形式，那就是诗性与创意。

## （一）节俗与众不同，台州民俗的创意

元宵、中秋是我国的传统节日，分别在每年的农历正月十五和八月十五。可是在台州，这两个节日的时间却与众不同。元宵节比别处早一天，是正月十四，而中秋节却比别处晚一天，为八月十六（宁波、舟山中秋节也是八月十六）。是什么原因造成的？本土学者纷纷探究这一独特现象的成因。

台州学者卢如平在《台州元宵中秋特别风俗考证》一文中详细列举了关于台州元宵中秋节俗起源的二十种传说，据他考证，认为元宵正月十四起源为："唐开国大将尉迟恭坐镇台州扩建城墙……正月十四那一天，尉迟恭将大米磨成粉，用酒水烧开，然后加入笋、肉、菜等，搅成糊状，味道十分鲜美，又好吃又御寒。筑城的士兵、民工们喝了糟羹，周身发热，干活更有劲，筑城的速度大大加快。台州民众为纪念此事，将元宵提前一天，改为正月十四，并家家户户制作糟羹，相沿成俗。"中

---

① 陈华文：《浙江民俗史》，杭州：杭州出版社，2008年，第5页。

② 转引自李一、周琦编：《台州文化概论》，北京：中国文联出版社，2002年，第415页。

秋节八月十六起源为："方国珍控制着台州、庆元（宁波）、温州三路，成为元末江浙一支举足轻重的力量。方国珍对母亲周氏极为尊敬孝顺，而其母在其起事不久即病故。方国珍得势后为怀念母亲，在其割据地域将中秋节八月十五改为其母的生日八月十六，相沿成俗。"①但这个结果起码有几个问题还需要考证清楚，一是尉迟恭筑城说，没有历史记载，仅是民间传说，把民间传说与考据结合在一起未必妥当。二是糟羹起源说不确定，三门县志有记载：明代，抗倭名将戚继光在浙东抗敌，正月十四曾被追到台州三门的仙人洞里。戚家军躲在山洞里，衣不蔽体，食不果腹，当地的农民便纷纷拿来衣物，并把各家杂合的蔬菜切碎，再放进粉糊糊里面一起烧熟，这就成了后来的"糟羹"。为了纪念戚家军，临海就保留了十四夜吃糟羹的习俗。三是方国珍控制着台州、庆元（宁波）、温州三路，台州、宁波中秋节是八月十六，而温州中秋节是八月十五，方国珍改节说似乎不全对。

台州市文化研究中心主任周琦在《台州元宵"俗重十四"考》中针对《台州元宵中秋特别风俗考证》一文，认为用民间传说来"考证"民间传说，其"考证"结果未必可靠。他认为：台州元宵"俗重十四"，实寓"思明"之内涵；台州中秋"俗重十六"，实寓"思明"之意蕴。台州最早记载元宵"俗重十四"、中秋"俗重十六"的是《（康熙）天台县志》卷一《风俗》："元夕张灯，起十三，终十八。官府弛禁，俗重十四夜……中秋俗重十六夜，召宾以观月华。"②《（雍正）浙江通志·风俗》引《（康熙）台州府志》云："元宵，张灯五日，俗以十四日为重。室内皆燃灯，妇女行百步以去病。中秋，玩月酌酒，俗以十六日为重。犹元宵之重十四也。"由此可见，台州元宵俗重十四、中秋俗重十六之风俗，最早形成于清初顺

---

① 卢如平：《台州元宵中秋特别风俗考证》，《台州学院学报》2010年第5期。

② 李德耀、黄执中编纂：《[康熙]天台县志》，刊于清康熙二十三年（1684）。

治年间（1644—1661）。从民俗学原理看，风俗形成是一种特定的文化现象，需要士绅的倡导、民众的认同、时间的持续，方能形成某种民俗。他认为："台州元宵俗重十四、中秋俗重十六之风俗的形成，其实质是明末清初浙东沿海'反清复明'斗争与'怀明国殇、勿忘华夏'的'思明'与'复明'思绪的体现。"而"怀明国殇、勿忘华夏"之思绪主要通过更易节涵、凭吊忠烈、设立政区三种方式来进行。周琦先生概括了台州元宵节的三种起源，即"供奉天神太一神说""东汉明帝燃灯表佛说""道教上元天官赐福说"，从史料分析说明，八月十六过中秋，唐宋即有，非台州独有，有很强的历史感，但没有证明"怀明国殇、勿忘华夏"与台州元宵、中秋的内在逻辑联系，台州的"怀明国殇、勿忘华夏"为什么偏在十四、十六日，这两个日子蕴含的特殊意义是什么？难道十五就不能"怀明国殇、勿忘华夏"？关于这个问题，有待后人进一步考证。

但无论如何，台州民俗中元宵过十四、中秋过十六，显示出台州独特个性。另外，别处的元宵节一般吃汤圆，意为团团圆圆，台州人却吃糟羹，讲究和合，台州习性的创意由此可见。《万历黄岩志·序》云："（台州人）民静而安，俗朴而俭。"[①]和谐宁静，和睦平安，这就是台州民间生活，这种民俗形态基本上贯彻整个封建社会，沿袭至今，毫不消退。

### （二）诗性"洞房经"，婚俗文化的活化石

台州婚俗"洞房经"流行区域，北以临海市为主，包括天台、仙居、三门、宁波的宁海县，南以温岭市为主，包括台州三区、玉环、温州的乐清市部分地区。"洞房经"，即伴随婚礼举行过程而吟唱的仪式歌，通俗的理解为即把婚礼仪式中话语全部以对歌形式表达。这些对歌源于越

---

① 台州市黄岩区地方志办公室整理：《万历黄岩县志》，北京：中国文史出版社，2012年，第1页。

地歌谣，曲调为吴音，一般都有较为固定的套式，口头传唱并提倡即兴式的创作。在台州，民间结婚唱"洞房经"风气一直非常流行，虽然在20世纪晚期一度沉寂，但在新世纪再度唱响，一些地方有重新燎原之势。台州温岭还出现了专业的唱经公司，为一些喜欢传统婚俗的家庭，提供最具特色的仪式与服务。台州唱"洞房经"整个过程非常繁复，流行在温黄平原的"洞房经"包括47个仪式，包括：1.拜父母亲；2.向厨下宿讨行礼；3.上楼梯；4.唱八仙；5.开锁；6.开门；7.进洞房；8.新人行礼；9.歇落盘；10.抬金桌；11.解金花；12.绑金花；13.分灯；14.讨凳头；15.坐落位；16.讨茶；17.分茶；18.收茶杯；19.讨酒壶；20.讨酒杯；21.讨筷；22.解筷；23.讨羹瓢；24.分羹瓢；25.斟酒；26.唱暖碗；27.贺酒；28.十杯酒；29.望潮水；30.新人开口；31.谢厨；32.收碗盏；33.发南货；34.摆十三花；35.分碟头；36.分状元红（橘子）；37.剥状元红；38.碟头谢厨；39.讨早子；40.还早子；41.回金桌；42.扎麻糍安；43.抱龙灯大团圆；44.撒炒米；45.送洞房；46.出洞房；47.下楼梯等。从早晨一直唱到第二天天明，在临海市的一些地方，从婚礼前一天"杀猪酒"开始到婚礼第二天吃三日酒结束都唱洞房经，绵延三天，声势既壮且大。目前的台州"洞房经"包括"念傧相"和唱"洞房经"两个部分。表现为：歌唱仪式丰富；热闹而持续时间长；多种形态共存，可谓充溢民族特色和地域特色的婚礼对歌，有正对、散对、和声、"封"与"拆"、"摆阵""摆关"和"破阵""破关"。

据当地文献显示，"洞房经"是婚礼过程中结合仪式而传（对）唱的歌，它的最突出特点就是其中的对歌。这种婚礼过程中的对歌，在一些少数民族中并不少见，在汉民族的传统中也不无存在，但在当下的汉民族中心区域的婚礼仪式过程中，还以对歌来完成闹洞房和祈求平安、吉祥、避邪、多子多福多财等文化主旨，则比较罕见。陈华文教授认为，源于古越文化的"洞房经"是汉民族婚姻习俗中一种独特婚俗现象。同时他认为："在婚礼中保存着对歌形式，从目前汉民族婚礼习俗的角度去考察，台州的'洞房经'则可以说是独一无二的，那些在少数民族中存在，而在汉民族中遗失的文化表现形态，都一览无余地保存在'洞房经'仪式中……如果将它与汉民族的其他地区，诸如浙江的舟山、广东的潮州，甚至其他一些百越族后裔民族的相关习俗进行比较研究，可以更加清楚地看到其原生态的文化功用目的和价值。"[①]"台州洞房经"产生于唐朝末年，延续至今，追求多子多福、和合美满，把婚礼的所有仪式采用对歌的形式加以表现，即兴创作，即兴吟唱，台州人把旺盛的创造精神转化为民俗活动，使"洞房经"代代生花，流传至今的唱本洋洋洒洒有20多万字，[②]横跨清、民国、改革开放前。陈华文称它是"汉民族留存于世的唯一以对歌形式的婚礼仪式，这是一种值得保护和保存的文化传统和活的婚礼对歌的文化化石"[③]。

### （三）和合与"绿壳"共生，兼容的民俗形态

在中华人民共和国成立之前，在浙江有一种说法，即"绍兴师爷、宁波商帮、台州绿壳"，这些组成浙江最有特色的三大现象，而"台州绿壳"能成为其中之一（绿壳本质上是一个中性词，台州绿壳既包括土匪、

---

① 陈华文：《一组古老的文化符号——汉民族婚礼对歌"洞房经"溯源》，《浙江师范大学学报》1990年第3期。

② 温岭出版一本温岭市文化广电新闻出版局编的《温岭洞房经选编》（杭州：西泠印社2017年），里面收集唱本就有16万字。

③ 陈华文：《一组古老的文化符号——汉民族婚礼对歌"洞房经"溯源》，《浙江师范大学学报》1990年第3期。

海盗，也包含历朝的农民起义）①，说明"绿壳"已经成为台州一种独特文化现象，为适应这一文化现象自然会产生某些新的民俗形态来支持其发展，表现在生活中，这已经演变成一种习惯、习俗。"绿壳"产生，与台州的地理环境有密切联系。古代台州，枕山负海，位于瓯越万山之中，东薄于海，为僻左之地。邻县之间，道路崎岖，舟楫不通，商贾不行。台州府志、临海方志有云："吾台古称荒域，僻处海滨。三代之时，人物无闻。""风俗不通上国，盖夷俗也。"②蛮荒之地是滋生"绿壳"的温床，台州三面环山、一面临海，是"绿壳"海上冒险的乐园。海上剿匪，"绿壳"逃窜山间，陆上剿匪，"绿壳"逃至海上。历史上朝廷剿匪大多以失败告终。明清时，台州两次海禁，玉环岛两次清岛，③三门蛇蟠岛成为著名的海盗岛，这就是历史留下的印记。台州"绿壳"从有明确史籍记载起可以追溯到东晋孙恩农民起义，临海的周胄起而响应，"绿壳"贯穿中华人民共和国前所有朝代。到明代，台州"绿壳"因参与倭寇活动而如日中天。④清、民国时因时局动荡，绿壳遍地，出现山大王"金满"等。"绿壳"还曾作为生活用语用来吓唬和教育孩子。如现在的大人在带小孩

---

① 据《临海志稿》记述，"绿壳"一词源于咸丰元年（1851），广东海盗船入侵海门，因盗船"形如蚱蜢，船壳涂绿色，滨海民呼为绿壳"。民间对"绿壳"还有另外解释：一是"绿壳"即"乐客"，快乐的客人，意为做土匪逍遥自在，是离家的快乐人，"绿壳"山大王金满的老巢——临海东塍之洞树坑遗址的标志性文字即"乐客"；二是老百姓认为"绿壳"是反政府的，提着头颅过日子，随时可能会被砍头，"绿壳'意为骷髅头壳；三是"绿壳"写成"绿客"即绿林好汉，这是受戏文梁山好汉影响。戚继光抗倭，在台州战场上，"假倭"大多数是台州"绿壳"。现在"绿壳"成为土匪（海盗）的统称。

② 转引自郑瑛中：《略论郑虔与台州唐代文化》，《台州师专学报》2001年第2期。

③ 明初和清初同样遭遇两次严厉海禁，玉环岛到雍正五年（1727）才获准开禁，较之其他岛屿的展复约推迟半个世纪。

④ 明代倭寇有真假之分，真倭寇是"髡头跣足"的日本浪人，假倭寇是中国海边流贼，台州叫"绿壳"。王浩《五十三个暴走族引发的战争》（南方出版社2011年版，第55页）记载："《明史》称：'大抵真倭十之三，从者十之七。'而万历年间编写的《虔台倭纂》的官员谢杰甚至发出绝望惊呼：'海滨人人皆贼，诛之不可胜诛，是则闽浙及广所同也。'"台州是抗倭主战场，台州战场从军者很大一部分是"台州绿壳"。

子时，每每碰到小孩子不听话，最常用的经典话是"警察叔叔来了"，而在台州历史上，民间的说法是"绿壳来了"，这是台州长时间里哄孩子听话代代相传不变的话语。这与其他区域构成明显的区别，这是显示地理环境和历史发展对民俗产生影响的独特印记。

因"绿壳"太多，以至于在民间逐渐形成一种抵抗匪患而讲和合的习惯，形成一种非常奇特的社会现象，那就是绿壳与和合共生。一边绿壳丛生，一边老百姓讲和合，在民间波澜不惊。虽然从瓯越以来，"绿壳"贯穿台州的历史发展，外部大战乱，内部多绿壳，但从唐代开始民间就流传有特异功能、能日行千里、可以给家人带来团聚希望的万回是"和合之神"，逐渐演变成一种信俗。寒山拾得出现后，其友情为人间团结友爱、不离不弃精神提供了一个鲜活样本，所以台州民间喜欢寒山拾得的喜乐和合，开始和绿壳呼应。在明代成化年间，瓷器上出现"和合二仙"字样，明代中后期出现成熟的"跳和合"演出，"和合二仙"开始流传。[①]万事讲和合就是民俗，并经群众的广泛实践和发扬光大，形成和合文化，在中国广有影响。

一种典型文化现象出现后，会催生出新的民俗现象。在绿壳与和合共生的区域里，国家意志的强制推行、外来文化的传入再本土化和为适应社会变化发展而内生的习俗等，只有这样才会有新的民俗产生，最终影响民俗文化的稳定和发展。而文化融合又是另一番景象，在社会讲和合的环境下，逃难到台州的南北难民，更容易融入台州这块大地。历史上中原士族在东晋和南宋二次大规模南迁台州，带来了新的民俗。据《临海县志》记载："两宋时两次大规模迁入，大观三年（1109），客户达一万八千八，相当晋合郡数；南宋嘉定十五年（1222）近两万户，嗣后

---

① 参看中共台州市委宣传部、台州市社科联编著：《解读和合文化》第二章"和合之源"，杭州：浙江人民出版社，2017年。

即无大迁徙。"[1]闽南难民也北上从海上逃难到台州沿海居住，《光绪太平续志·祠祀》记载："天后宫，在石塘桂岙，明正统二年（1437），闽人陈姓始居此。其后居民日众，始建小庙以祀天妃。"其中这些地方的方言依然是闽南话，风俗都是闽越遗存。南北文化在台州适应、同化（或异化）、交融，经台州人民的创造性发挥形成新的文化。内生的习俗也不断出现，天台山和合文化，作为中国和合文化的三大源头之一[2]，之所以出现在台州，其核心因素是台州这一方沃土，孕育和滋养了和合文化。除了社会变迁、"绿壳"多而滋生内在的和合需求外，以"佛宗道源"扬名于世的台州，其以和合为核心的民间信仰历来根植于生活中，"村村有寺庙"（台州俗称保界庙），甚至一村有多个寺庙是台州社会极为普遍的现象，他们崇拜多种神祇、追求和合、祈求幸福。

三面临山、一面环海的封闭式环境，形成极强的自适性环境和社会结构，涵育了富有活力的台州民俗，产生了绿壳与和合共生的奇特社会现象。虽然我们没有史料证明绿壳与和合之间的必然联系，但二者和合共生却是典型的社会存在。也可以这么说，在这样一个相对闭塞的环境里，"绿壳"与"和合"相反相成，产生着情感对冲。这样，不相容的"匪"、民在台州安然相容，不能不说是意外。不过，在近2000年的历史发展中，"绿壳"最终消亡了，和合文化却发扬光大，形成较为稳定而又不断创新发展的民俗文化。

## 二、本土、草根、混同的文化汇融：台州民俗的地域表征

台州民俗从小处讲，是越文化的组成部分，从大处讲是中华民俗的

---

[1]  临海县志编撰委员会：《临海县志》，杭州：浙江人民出版社，1989年，第83页。

[2]  徐鸿武、谢建平编《全国领导干部国学教育系列教材》之《和合之道》认为："中华和合文化发祥于龙图腾文化、三祖文化、天台山文化，这些都是中华和合文化的源头。"北京：中共中央党校出版社，2016年，第64页。

一部分，既有同一性，又有鲜明的区域特点，同一性源于与中原、闽越文化长期、全面的交流和融合。区域性指的是台州民俗呈现不同于其他地方的独特性，包括南北融合的本土性、上下贯通的草根性、海陆交合的混同性在台州的聚合，并崇尚新奇，显示其鲜明的区域文化特征。从台州的历史记载和出土文物，可以印证这些说法。台州独特的地理环境在一定程度上规定了台州民俗文化的形成和发展，形成了自己鲜明的特色。

## （一）南北融合的本土性

从历史记载来看，代表正统的中原文化和台州的本土越文化在台州土地上是互相认同、相互融合的。汉代以前，南北文化的融合并不见诸史籍，汉代以后，特别是三国、东晋以后，有三个层面应引起我们的注意。一是中原的儒家文化和相关政治制度等随着政权迁入进入台州，统治者对台州采取同化政策，强调"教化"。二是北方人口大批南迁进入台州一带，以中原习俗为主的许多北方习俗随之传入。三是宋时，特别是南宋，台州入仕之人大增，士人阶层崛起，据民国《台州府志》记载，台州在唐代仅有进士2人，至宋代为587人，那么多人入仕带来了文化的变化。在随后过程中，中原文化逐渐为台州人民所接纳，与当地的原有民俗文化逐步融合，甚至发扬光大。可以肯定地说，台州土著文化受到中原儒家文化的冲击而发生变化，而中原文化进入台州后，开始为适应台州本土文化而变革或消融异化，在台州人所具有的开放创新、兼容并蓄的精神影响下，逐渐成为台州新的文化模式和样式的组成部分。

从西周开始，台州人就崇尚中原的礼仪文化，岁时习俗和丧葬礼仪等大体已经形成，南朝宗懔《荆楚岁时记》所记载的正月初一、五月五日、七月七日等岁时节日，其时已经在台州流行。

隋唐之际，天台山的名声远播，文人学士来台州者逐渐增多，促进了文化的交流，包括民俗的融合。特别值得一提的是以诗书画三绝著名的广文博士郑虔。他被贬谪来任台州司户参军，选择民间优秀子弟进行教导，大到冠、婚、丧、祭之类的礼仪，小到升、降、揖、逊之类的礼节，以身作则，于是三台民俗日淳，士风渐振。宋陈公辅《祝文》认定郑虔办学结果是"教以正学，启以民彝。人始知学，去陋归儒。家家礼乐，人人诗书"。这是中原习俗经过人为努力而进入台州落地并被认同的很具体的记载。

到了宋代，特别是南宋定都临安以后，北方人口再次大规模进入台州，北方习俗在台州的影响更加深广。在南北民俗的再次大交流中，儒家理学的正统思想、封建宗法制度和男尊女卑、三从四德等封建礼教给台州的民俗打上了深深的烙印。

明代又有不少闽南籍渔民北上定居台州沿海，带来闽越文化，使台州南部沿海闽南民俗风格突出。据《琅玕陈氏族谱》记载："又忆海禁解除之初（1683年左右），还家无屋可住之族人，相率往台州石塘镇，从事渔业生产……世代操闽南乡音，示不忘本。"这些移民，带来闽南的石头屋和海洋习俗，石塘石头屋现在成为国家级历史文化街区，"大奏鼓"是国家级非遗代表性项目，从而在这一带形成了多种风俗并存的多样化格局。而这些习俗在原住地泉州、惠州都已经式微。

### （二）上下贯通的草根性

历史上台州交通闭塞，经济落后，民风强悍，文教事业相对滞后，人称"南蛮"之地。喻长霖在民国《台州府志·序》中称："吾台古称荒域，僻处海滨，三代之时，人物无闻，汉晋以来，间有表见。"在宋代以前，上层文化对此影响甚少，民俗文化地方性特征明显。中原文化和闽越地方文化传至台州后，经台州文化同化后，产生新的文化形态，所呈现的基本特征是上下文化融合后的新草根属性。民俗本就是草根文化，而台州"新草根"指的是，中原、闽越文化和古越文化融合后经本土化形成新的区域文化特征。可以举三个例子说明：一是台州土话。台州话属吴语语系，使用的语言是半官方式的形态，说明中原文化对台州的巨大影响，但台州语言还有一个显著特点"硬"，讲话偏直、偏脆、偏刚，大致能听懂，假如说快一点，外地人很难听得懂，需要讲慢一点。除此台州话还有一个较为明显的特征——形象性，用一个较为形象的物件来表达某种思想，如形容一个人跑得飞快或离得远远的，就说"炮也吊弗着"，意为即使大炮发射也追不到；如果想说某个人伪装，就说"黄步鳝假死"（黄鳝很喜欢假装死，欺骗人）等，都非常具有台州地域文化特征。玉环、温岭一些区域还流行闽南话，9个县市区使用多达10多种方言，这就是官话、土话既融合又独立的台州话，有典型的草根性。二是饮食习惯。这种独特性无处不在，《越绝书》记载："越人得髯蛇，以为上肴，中国得而弃之无用。"越地老百姓得到大蛇会视作美味吃掉，中原人却丢弃不吃。狩猎是传统文化，具体到单一动物，台州与中原大同之下有差别。三是下层文化上传，和合文化产自民间然后上升为国家文化。和合文化最终归结于寒山拾得二人身上，二人被敕封为"和合二圣"，[①]民间的"和合二仙"上升为上层文化的"和合二圣"，这是雍正帝出于稳固政权、和合满汉文明的需要，把民间广有影响的"和合二仙"上升为国家文化，成为国家意志，进而影响全中国。

改革开放以来，多种文化汇聚的台州，文化的多样性也促进民间产生巨大的创造力，中国民营经济在台州发祥，民营经济的"台州模式"形成足可证明这一观点。

---

① 崔灏《通俗编》："国朝雍正十一年，封天台寒山大士为和圣，拾得大士为合圣。"

### （三）海陆交合的混同性

台州最有代表性的远古文化遗址有三个，下汤文化、灵山文化和三合潭文化。距今约1万年的仙居下汤文化遗址是以稻作和采猎为主的农耕文明，距今约4000年的路桥灵山文化遗址是农耕、采猎、海作混合的陆海文明，距今约2500年的玉环三合潭文化遗址是农耕、海作混合的陆海文明。三处遗址表明，台州文明走的是一条从陆地生活到陆海生活相融的轨迹，这不仅表现在它承继了博大的中华文化传统，也表现在融合同化中原文化和闽越文化，共同组成台州的民俗文化。这在中国已经发现的文化遗址中非常具有代表性。

一方面台州文化传承于古越文化，发展历史可上溯至1万年前的上山文化，并与中原、闽越文化合流，历史文化底蕴厚重；另一方面台州处于山海之间，"七山二水一分田"的山川地貌构成独特的文化地理环境，融合而成多元文化的共同体，兼有山的浑厚、水的灵秀、海的恢宏、地的博大，拥有大山的挺拔与伟岸、大海的深邃和丰饶，乃至山的刚劲与淳朴、海的宽容与开放。台州文化融合了山民的彪悍和直白、海客的冒险和豪放，以及两者兼融的淳厚与博大。

从本质上看，陆海混合的台州民俗，海洋民俗特色更为鲜明。台州东濒大海，岛屿众多，渔区人民创造并传承着生动活泼、表意简单集中的海岛民俗，经过传播，台州西部山区的民俗中，都存在着一定的海洋文化气息。台州的海洋渔业历史久远，海洋捕捞成为渔业生产中最主要的一种方式。明清时期，台州的渔业生产成为一个重要的传统产业。明代的流网捕鱼法沿用至今，渔获量排名全国前列。多种鱼鲞制作技术被列为非遗代表性项目；海洋民俗兴盛，各种习俗竞相绽放。每年岁初和岁末，渔民们为祈求和祝愿一年的丰收和平安，自觉聚合跳起大奏鼓、舞起花龙。①这些习俗中，渔民内在情感的冲动及征服大海的自信一览无余。

　　沿海渔民都尊崇妈祖，各地妈祖庙雄伟壮观，以妈祖为主体的海神庙宇不断涌现，千百年来都是沿海民众精神生活的重要依托。但在台州，除了妈祖庙外，还有许多本土地方神，演绎着生活中不一样的寄托和向往。联合国教科文组织"人类非物质文化遗产名录"中，中国二十四节气本身反映农耕文化的习俗，但名录中的"三门祭冬"，却演绎着陆海交合风情。三门县海陆共生，百姓耕海牧渔，耕读传家，特别尊重自然和重视家族关系，因聚族而居，产生"三门祭冬"这一传统民俗，是难得的海洋文化与农耕文化相融合的习俗。椒江"送大暑船"，在大暑节集体供奉五圣，而相传五圣为张元伯、刘元达、赵公明、史文业、钟仕贵等五位，均系凶神，把五凶变为五圣，独具妙思，显示民间的独特思维。送走凶神，目的是为保一方平安，渔业丰收。活动还吸引福建、宁波、温州、台湾等信众前来参加，大暑节当天，参与者甚至多达10万，盛况空前。著名学者刘魁立、萧放等观看后，认为这是国内奇观。陆海交合的文化特征与台州陆海相接而形成的民俗充分对应。

### （四）民风习俗的尚奇性

　　台州生活美学中有一种审美风格很突出，那就是"尚奇"。台州民俗之"崇尚新奇"带有典型的台州风情特征。一方面，"奇"孕育于文化融合与开放、热闹的民俗风情中，民间追求和合、真性与创造的审美风气迎合了晚清以来的个性解放思潮，台州生活美学"尚奇"极具世俗性，属于群体性行为。另一方面，民间"尚奇"与士人趣味的互动，创造了"尚奇"风格的独特性。"台州斜"就是一种典型的美学风格，新的、奇

---

① 温岭"大奏鼓"、玉环"坎门花龙"等都是国家级非物质文化遗产代表作项目。

的事物一经认可，便会迅速蔓延，成为竞相模仿对象，成为时尚，同时还形成一种陋习——攀比之风盛行。宋代以来，台州士人阶层勃兴，士人引领时尚，更会标榜个性，在俗中求雅，大大刺激了民间"尚奇"品性，压抑已久的个体感性生命力得到勃发与宣泄。中华人民共和国成立以来，这种现象尤为明显。台州人很会无中生有，变废为宝，这也是时代创造精神的集中体现。

《台州日报》曾刊登过台州"十二怪"的文章，[①]"怪"不是怪异，而是指独特新奇，台州民俗文化的"怪"是台州人在抗衡自然、适应自然的实践中形成的经验总结，并继承下来形成的一种文化景观，它反映台州人文与自然关系的一种景象。台州民俗的"新奇"涉及生产、生活和创新精神等多个层面，并形成奇特的文化现象。这里不得不提台州的"酒文化"，喝酒是超越民族性的普遍现象，但地域差异极大。在台州，有一种独特的喝酒文化，即《台州日报》所云"台州第二怪，喝酒论箱真豪迈"，我们暂不说台州人追求的啤酒品牌如何引领时尚，光论喝酒豪爽，"论箱喝"就可以一窥全貌。论箱喝这种习性源于台州人性格豪爽，酒量了得，热情好客。于此可窥"奇而怪"的台州风情之一斑。

台州文化的兼容性、开放性与多元化，既是古越文化淳朴、剽悍品质的承继，也是海洋文化冒险、开放、博大精神的再现，同时也是和合文化中"和而不同""和实生物"精神的弘扬。

---

① 《台州日报》2013年7月5日王寒专栏：台州第一怪，吃饭无醋不动筷；台州第二怪，喝酒论箱真豪迈；台州第三怪，吃橘带皮真不赖；台州第四怪，杨梅能跟乒乓赛；台州第五怪，夏天台风常作怪；台州第六怪，九县讲话翻译带；台州第七怪，头发就像空心菜；台州第八怪，本地汽车外地爱；台州第九怪，世纪曙光争着卖；台州第十怪，废铜烂铁当宝爱；台州第十一怪，无中生有真能耐；台州第十二怪，日本人年年来朝拜。

### 三、硬气、义利并举：台州民俗的文化品格

民俗是人民集体创造的生活文化，民俗不仅关系到广大人民的日常生活，而且关系到他们的文化精神，日常生活的民俗镜像是其外在形态，文化精神则是其内在支撑，二者互为建构，缺一不可。进一步说，民俗生活会促进文化精神的升华，文化精神会深刻影响民俗的类型和内容。台州民俗作为人们的语言、知识、生产、习俗、信仰和技能等生活传承的产物，整体地表达着民众对于自身生存状态的理解和对生活方式的选择。在漫长的民俗发展过程中，台州式硬气的精神气节、重利又义利并举的价值观得以形成，并各有典型的文化现象陪伴和支撑，演绎出台州文化品格。

#### （一）台州式的硬气

"台州式硬气"是人们对台州人秉性与气质的一种概括性评价。"台州式硬气"形成与台州民俗息息相关，徐三见认为："台州称山海之地，存朴茂之风，自宋以降，民唯耕农是尚，人重节义，节操刚烈，勇往直前，风气所致，至今犹然。"①《赤城新志》称："宋亡于元，缙绅先生往往窜匿山谷，或服衰麻终其身，或恸哭荒郊断陇间，如丧考妣。其民皆结垒自相战守，力尽则阖门就死而不辞。"说的就是台州人的刚烈和视死如归。明朝倾覆，反清复明活动前赴后继，在台州各地持续数十年，重气节、崇传统的理念在民间生生不息，认理而不计利，不可为而为之。这与刚健、质朴的民风相结合，形成鲁迅先生所说的"台州式的硬气"。台州式硬气的代表人物是方孝孺、柔石，他们都是宁海人，明代和民国时宁海皆属于台州，台州文化塑造了他们的气节。

在台州，硬气是一种精神内化，其形成得益于上下文化贯通后所形

① 徐三见：《"台州式硬气"与临海的志士仁人》，《台州日报》2007年3月7日。

成的独特气质。从古到今，它应该属于台州这一地域范围内古今人物的群体"画像"。东晋时，章安任旭便以"清贞洁素，学识通博"闻名于世。他看透了官场的黑暗和腐败，于是弃官而去，并始终不为爵禄所动，被史书称之为"立操清修，不染流俗"。南北宋之际的陈公辅，官至右司谏，他"论事剀切，疾恶如仇"，不媚权贵，刚正立身。文天祥从通州泛海至台，与张和孙相约共同举义，事泄临刑，孙朗然作答"吾生为宋民，死为宋鬼"，不屈而死。元代陈选以刚烈著称，为民请命，愤郁成疾……

历代相传，"硬气"已经成为台州的宝贵精神财富。实质上，这种"硬气"指的就是台州人富有的一种坚韧不屈、吃苦拼搏的精神。后来，这种精神演绎为更为广泛的台州人文精神之"四气"，即"山的硬气、水的灵气、海的大气、人的和气"，这是台州人在自然环境和社会环境中长期积淀而成的价值观念。她是台州文化的根，是台州文化的魂。

### （二）重利的义利并举

"讲究实效，注重功利"的功利主义价值取向是台州传统文化精神的一个显著特点。尝寓居台州的永嘉学派代表人物叶适，主"功利之学"，提出"既无功利，则道义者乃无用之虚语""以利和义"[1]。他主张"通商惠工，以国家之力扶持商贾，流通货币"[2]，倡导士农工商，四民相互为用，缺一不可。培养出陈耆卿、吴子良、丁希亮等许多名士，对台州文化影响颇大。叶适的财富观和价值观对于塑造台州商人和企业家的求富品格具有重要意义。台州人的重要特点之一，就是抱团打天下，以理财而闻名，其重要表现就是民间借贷活跃。无论在外或在内，台州人比较注重信用，借贷很多时候是一句话、一个承诺就完成了，没有人刻意追求凭证。在外地创业，资金来源大都是亲戚朋友、台州商会等，亲

---

① 叶适《习学记言序目》卷二七。

② 叶适《习学记言序目》卷二三。

帮亲，台州人帮台州人。台州人的重要特点之二，就是不仇富，对待富人，不是仇视，而是"羡"。正是这种羡慕心态的支撑，台州人可能比其他地方的人有着更为强烈的求富心理，人人想当老板的愿景吸引着台州人，使他们热衷于做生意，追求工商事业的成功。

台州重商的功利主义价值观一脉相承。特别是海外贸易，更是颇具特色。南北朝时，台州青瓷已远销至日本、韩国、东南亚。唐僖宗乾符四年（877），商人崔铎率领63人的商队从台州临海港出发，到达日本的筑前。[①]当时，临海港的"新罗屿"是来自朝鲜半岛的新罗商船专门停泊的地方，在台州黄岩港还有"新罗坊"，是因为"五代时以新罗人居此，故名"[②]。元末方国珍拥有台州、庆元（宁波）、温州三路，拥军十万、舰船千余艘。这样的地方军阀，虽然有传统的"保境安民"思想，但长在台州的他更具商业意识，积极开展对外贸易，《高丽史》《朝鲜史略》等都记载方国珍曾派使者赴高丽贡献方物的事件，显示当时与朝鲜贸易的兴盛情况。与日本的贸易更是络绎不绝，重商主义思潮滋蔓。台州沿海地区从事商品生产与流通活动成为一种风尚，屡禁不止，史书记载，"利厚，故人冒死以往，不能禁也"[③]。

明清以来，台州工商业更趋活跃，以太平县（今温岭市）为例，商贾云集，除了在区域内贸易以外，不少商人往返于县城与全国各地之间，"或商于广，或商于闽，或商苏杭，或商留都（今南京市）"[④]。

"清光绪二十年，宁波商人创办海门轮船（公司），往来宁台，建

---

① [日]木宫泰彦：《中日文化交流史》之"遣唐使废止后的日唐交通"，胡锡年译，北京：商务印书馆，1980年。

② 《嘉定赤城志》卷二《地理门》。

③ 转引自范金民：《贩番贩到死方休——明代后期（1567—1644年）的通番案》，《东吴历史学报》2007年第18期，第75页。

④ 嘉靖《太平县志》卷三《食货志·民业》。

设码头，海门商业萌芽始苗。后台绅杨晨等集股购'永宁'轮船，往来甬椒，继又采购'永利'轮船来往椒申，每次出入，货物填溢，旅客拥挤……此外，内港小轮往来临海、黄岩各县，亦络绎不绝。"[①]在此基础上，台州的沿海和内河码头遍立，以海门港为集散地的海外贸易兴旺发达，崇山峻岭间也是商道纵横，商贸繁荣，形成物产丰富、税赋充盈的多个商埠，出现了一些巨商大贾，如黄崇威、陶祝华等。

台州人喜欢抱团做生意。1978—1994年期间台州各类专业市场最多时达800多个，占全省五分之一，促进了民营经济大发展。最有代表性的是1982年台州路桥诞生中国最早的"小商品市场"，并成为中国三大小商品市场之一，可谓台州自古以来重商风气的现代延续。中国第一家股份合作制工业企业前身是1971年创办的台州卷桥综合厂卫生香加工场，后来发展壮大成为三友集团。浙东是中国第一代海商的滋生地，台州、宁波则是其核心区。

台州民俗文化，既形态各异、风格多样，又相互交融、和谐共生，同时不断地创新发展。在民俗发展进程中，现代民俗既是传统民俗的一种继承与延续，也是一种创新。民俗文化不会全部成为新文化，其中部分必然消亡，会走向故纸堆，而具有生命力的部分则会在不断的除旧布新中发展，不断地打破传统并走向现代化。要想让民俗文化发扬光大，一是需要民俗文化将地方的精神特质充分展示出来；二是能够真实反映人民的生产与生活状况，并体现出发展的先进性；三是通过现代文化的运行，让生活方式以新的姿态出现，根植传统又适应当下，发展出当代民俗文化。只有这样，地方民俗才会青春永驻，才会走出区域，甚至跨出国门。

---

① 周琦：《台州海外交往史》，北京：中国文史出版社，2008年，第161页。

# 第二节　台州方言的文化意蕴

## 一、台州方言的特点与魅力

多样性是文化的本质特征之一。它体现了不同民族、地区或历史时期文化的差异性和区别性，也彰显了不同文化各自的价值和魅力。文化的差异性体现在诸多方面，而方言则是显著的表征之一。因为方言是最接近生活世界的原生态语言，具有鲜明的地域性，充任地域文化的代言人。

如果碰到北方人、南方人，怎么分辨呢？只要他们一开口就听出来了，词汇也迥然有别。吃早餐，北方人说"稀饭"，南方人则称"粥"；搬个重物，一个说"好沉"，一个说"蛮重"；要是不小心摔倒，一个说"疼"，一个说"痛"。显然，前者是北方人，后者是南方人。当然南方方言这么多，也有不同说法。具体说，像我们台州人说"忒重""忒痛"，或者说程度更高的"忒重重""忒痛痛"；年轻人有的说"好重、好痛"，缘于普通话的同化。"忒"有"太、非常、这么"之意，等义词"铁""蛮"也常用，如"蛮重""蛮痛""铁痛""铁香"。

台州话的程度副词还有"猛""显"等，表示"很"，临海话和黄岩话还有"侯"。"蛮"在北吴（语）区如苏州话、宁波话常用，"猛""显"在南吴（语）区如温州话也常用，唯独"侯"是临海话、黄岩话特有的。

吴语是中国七大方言之一，使用人口近亿。吴语区历史上长期是中国经济、文化的核心区，经济发达，文教繁荣。在浙江境内，吴语乃属分布最广的核心语言，台州片即属吴语六片（方言片）之一。

本节所指台州方言，以临海方言为主，兼顾台州各地，与台州话等义。

临海话因兼具南台和北台的特点，且临海自唐以降一直是台州府治、台州文化中心，故为吴语区台州片的代表方言。临海也是地理中心，临海话跟北片的天台话、仙居话、三门话和南片的黄岩话、太平话（温岭话）都有点互通。但台州话的变化也很多，北片与南片县市之间的发音也有较大差异，南腔、北调不同调。如温岭话在"i"前不分尖团，路桥新桥一带"l""n"不分。而南片则接近，"互懂度"（mutual intelligibility）高，相互间通话容易。

常言道，百里不同音，千里不同俗。不同的地理空间和风俗人情导致了台州方言内部的差异。天台山民风剽悍，长于斯地的天台人喉咙粗，口音硬而重，声若洪钟：讲话像打雷，调情像吵架。作为千年府城的临海则读书人多，比较文雅；而温岭、黄岩人腔调绵软、悦耳。正可谓，天台人讲话硬刮刮，临海人讲话文孜孜，温黄人讲话糯呃呃。一糯一硬一文，其来有自，关乎民风地气，自生一方，相映成趣。

根据腔调的不同，台州方言可分为三个小片：

天仙小片。天台，仙居（除朱溪、下各镇外），永嘉北部的黄南等乡，磐安的方前镇等。

临三小片。临海，三门，宁海（杨梅岭以南），椒北，仙居的下各镇，象山石浦镇等。

南台小片。椒江（除章安街道外），黄岩，路桥，温岭，玉环（除坎门、大麦屿街道外），仙居的朱溪镇等，永嘉北部的岭头乡，以及乐清清江以北地区。

值得注意的是，玉环坎门街道、大麦屿街道、温岭石塘镇属于闽南语，无撮口呼，鼻化韵较多。大麦屿街道亦使用温州话、太平话。玉环鲜迭一带使用温州话，无入声韵，语调舒展。椒江大陈岛亦通行温州话。

## （一）台州方言的特点

台州方言属吴语区台州片。台州话特色明显，亦富含学术价值。其发音、用词和语法诸方面均与普通话有较大差别，自成一格。

### 1. 语音方面

古代汉语有"平上去入"四声，依声母的清浊，四声各分清浊。普通话除平声外，上声和去声不分阴阳。入声消失，入声字分别归入"阴、阳、上、去"，如"屋"归阴平。但台州方言保留了古汉语特色，古音犹在。声母分清浊，仍存入声，四声分阴阳，韵尾"-n""-ŋ"不分。最突出的特点是声母分尖团（普通话不分尖团），团音字发音部位前移，读舌面中音；古上声次浊阳上并入阴上；单音节词往往变音，读高降调。台州话小称变音现象很普遍。

台州方言有"文白异读"现象，一般出现在鼻音、塞音和零声母。有的白读音接近古音，与《切韵》《广韵》等古韵书高度相合。文读音有点接近普通话音。

### 2. 词汇方面

台州方言词语丰富，除与普通话相同外，亦有若干特征词和高频词。如煞夹（厉害）、呒告（没关系、好的）、龙得猛（很牛）、拔（就）、侯（很）、世界（处所、地方）、装（泛义动词"做"）、装阶唔（干啥）、怎生（怎样，怎么；为什么）、做生活（干活）、乱装裹（敷衍了事、乱来）、痴疯癫（神经质、疯癫癫）、书糊腾腾（书生气十足）、啜孔（吃货）、箸（筷子）、大痴（蠢笨）、敏（揍）、呼（吸）、细佬头（小孩）、雷佛（雷）、日头佛（太阳）、霜冰（冰）、茶散（茶叶）等。

各县（市、区）词汇同中有异。某些特殊方言词有音无字，字形未详、本字未明。即便是声音，因年代久远，口口相传，也易走音，及至讹音。所以写出这些台州方言本字并非易事。

### 3. 语法方面

语法的情况较复杂，择其要者作一简说。

（1）构词方式有词缀式等6种

词缀式。包括前缀式和后缀式。前缀式有"阿、老、孬"等词缀，如阿婆、阿伟、老爸、老安人等。合音字"孬"，读作fao去声，意为"不好"，如孬望、孬装。

后缀式是台州方言常见的构词方式，但与北方汉语比，我们的后缀少，主要有"头、儿、相、看、嘅、生"等词缀。

头，可用于名词、动词、形容词和数量词后，粘附性强，使用广泛。如晚头、牌头、肩胛头、一块头（一元）。普通话的后缀"子"很普遍，同属吴语的上海话和宁波话也有不少，如房子、橘子，但台州方言的后缀一般不用"子"，多用单音词，如屋、椅、橘。附加式合成词，台州方言往往用"头"而无普通话的"子"，如鼻头、凳头、斧头。而普通话无附加成分的，方言却带附加成分"头"，如喉咙头、额角头。

儿，用于名词后，含有小的意思，如猫儿（猫崽）、狗儿。相、看，用于动词后，如尝尝相、装装相、望望看。相、看，可互用，都表示动作行为的尝试性，即"试一试"。"相"还表示"样子"，如有趣相、难过相。嘅，用于形容词后，北片三县则用"个"，略同于普通话的"的"，表示程度的加强，如慢慢嘅（个）、早早嘅（个）。似，用于形容词后，相当于状语的标志"地"，如走路轻轻似、慢慢似。

生，多置于数量结构后，属无义衬字。"生"表示"一起、共"之意，如"作业一记生（一次性全部）做完"。

重叠式。以形容词重叠方式最多，颇具地方特色。

ABB式，如花死死、呆大大。AAB式，如渧渧滚、烘烘暖、吖吖叫。ABA式，如打相打、忖一忖、酸蛮酸、日加日（每日）、个加个（每个）。上述量词重叠中间嵌"加"表示逐指"每"之意，在台州话里广泛使用。温岭话、楚门话形容词重叠中间嵌"显"表示"非常、十分"之意，如薄显薄、爽快显爽快。AABB式，如条条直直（爽快）、调调泰泰。ABAB式，如簇黑簇黑、血红血红。

并列式。AB式的词素排列次序与普通话颠倒，如气力、人客、影踪、活灵等。

后置式。中心词素＋修饰词素，如"菜干、虾干、鸡娘、豆面碎、豆腐生、花生嫩"等名词。台州话这种迥异于普通话的修饰词素后置，其实是古越语遗留的语法，典型的侗台语的"底层"现象。

连接式。ABCD式，由不同词素连接而成，如看眼相法、散口喷松。

比喻式。前一词素以具体事物形象地说明中心词素的性质，或三词素的偏正式复合词，如蜜甜、墨黑、屁轻、铁墩重、烂蒂苦、碧波清。

（2）省略

台州方言有几种特殊的省略现象。"指量名"结构置于句首时，指示代词往往省略，如：件衣裳贵得猛（这件衣服价格很贵）。有时表示货币单位的数词或量词可省，如：角三（一角三分）。表示重量单位时，整数前的数词可省，如：吨半（一吨半）。

（3）虚词

副词

否定副词。弗、勿，表示一般否定。如：弗要、勿要、睏弗开。

另有合音词。艦表示一般否定，不会；㑌（xiao）表示阻止或劝阻，休要，别。如：艦烧饭、㑌逃、㑌啰里八嗦。覅（fēn）即"勿曾"之意。如：覅见过。覅忖着。覅啜：还未吃。艦啜：不会吃。㑌啜：别吃。孬啜：不好吃或不能吃。阿覅：尝未。阿覅啜：还未吃。

与㑌同义的方言词有"难"（义项之一），有"别"之意。如：手难动、难啰嗦、难心焦。

呒、呒有：没有。呒用：没有用处或不同意。

程度副词。临海、椒黄路一带常用"蛮、侯、尤、忒、铁、死、老实、着实"等字，表示"很、非常"之意，温岭、玉环楚门一带常用"显"字，如慢显、畅行显。北片则常用"死"字，如死甜甜、死香、高兴死。侯或尤，表示"很、非常"，但无"最"之意，如侯好、尤苦。顶，有"最"之意，如顶多、顶调泰。蛮，程度上弱于"侯"，如蛮快、蛮烫，"侯快"是甚快，"蛮快"是较快。

"得猛"表示"很、非常、特别"，如：白得猛、好得猛。"猛"表示"太、过于"，如大猛、淡猛。有否定意味，与"得猛"有别。

时间副词。台州话没有"就"只有"拔"。台州有些话外地人听来可能像日语，一头雾水。如：识得拔[be]识得弗识拔弗识。温岭人说：晓得拔（bei）晓得反得拔反得。意谓知道就知道不知道就不知道。

频率副词。凑，有"再"之意，如读凑、等记凑（再等一会）。

介词。最常见的有"拔"字，兼表被动、处置。前者如"鱼拔猫跩开爻"（鱼被猫拖走了），后者如"猫拔鱼跩开爻"（猫把鱼拖走了）。

助词。时态助词无"着、了"，通常用"在得、恰在得"表示正在进行，如"在得望电视""恰在得打电话"。以语气"噢、爻"，表示完成，如"落班噢（下班了）""过期爻"。

感叹词。"啊呐""啊呐呐""啊勒呐""啊呐耐耐"均为感叹词，表赞叹、羡慕、惊讶、惋惜，也可表讽刺、不屑，常用于句首，如：啊呐呐，讲着小人拔觉心觉噢！

（4）人称

第一人称代词，单数：我（临海话也有"俺"音近"眼"，天台话为"卬"读áng）；复数：我搭人（临海话）、我班人、我态、我等、我伊（温岭话）、卬等（天台话）。

第二人称代词，单数：尔（方音近五）；复数：尔搭人（临海话）、尔班人、尔态。

第三人称代词，单数：其或渠（gei）（亦作佢）；复数：渠搭人（临海话）、渠班人、渠态、渠伊（温岭话）。

（5）语序

台州方言有一些迥异于普通话的特殊语序。定语后置。如：渠有个团做官咯（他有个当官的儿子）。状语后置。状语放动词谓语或形容词谓语后面。如：到户里快爻（快到家了），尔走先（你先走），尔讲过头先（你先讲），饭啜碗凑（饭再吃一碗）。宾语前置。如：渠广州开过（他去过广州）。带双宾语的句子，台州方言习惯将远宾语前置，如：书拨本尔（给你一本书）。"动宾补"式高频使用。如：对尔弗住（对不住你），对渠得住（对得住他），打渠弗过（打不过他）。

（6）句式

被动句、处置句常见，异于普通话。被动句，如：水果拨渠态啜完噢（水果被他们吃完了），钞票渠挖开爻（钱他拿去了）。处置句（"把"字句），如：拨手机修好爻（把手机修好了）。

### （二）台州方言的价值

台州方言已有一些研究成果，这是热心的学者和爱好者心血的结晶，其独特的学术价值早为学界所认同。

1928年问世的《现代吴语的研究》，是我国第一部用现代语言学方法研究方言的著作，被誉为现代吴语研究的奠基之作。作者赵元任调查了江浙吴语区33个方言点，黄岩有幸入选。此书开台州方言研究之先河。除此之外，早期文章有项士元《台州方言考》（1937）、王敬骝《黄岩话捡拾》（1956）、李荣《温岭方言语音分析》（1966）等。作为著名方言学家，李荣对家乡温岭方言有过开创性贡献。

相对于吴语其他分支，台州方言研究起步较晚且论著不多。除了《台州地区志》《台州市志》及各县市区志，近些年已出版的书籍主要有：

戴昭铭《天台方言研究》（2006），蔡海燕《台州方言趣话》（2009），夏吟《黄岩方言汇编》（2012），阮咏梅《温岭方言研究》（2013），温岭市文广新局编《温岭方言俗语》（2015），叶泽诚《临海民间俗语》（2015），李忠芳《临海老话》（2016）。诸书各有侧重，各有千秋，当然亦各有缺憾。戴著和阮著均为厚重的学术专著，夏著和叶著系词汇、俗语简编，李著是扩大版的老话辞典，蔡著则是普及读物。

　　"语言是文化整体中的一部分，但它并不是一个工具的体系，而是一套发音的风俗及精神文化的一部分。"①英国社会人类学家马林诺夫斯基在《文化论》里，阐明了语言与文化之间的血肉关系。作为文化一部分的语言和作为文化传播媒介的语言所具有的双重性，确定了语言与文化的不可分割性。语言是文化的凝聚体，它不仅是文化的载体，也具有一定的主体性，也会对文化产生重要影响。

　　方言是语言的地方变体，除却交际功能，亦是地域文化之根，解读民俗文化之钥，具有独特的地域文化价值。方言是文化的活化石。一方山水有一方风情，一方水土养一方"言"，方方有别，各擅其胜。方言历史悠久，是地域文化多样性形成和发展的基础。作为具有地域特征的非物质文化遗产，方言与地方戏曲、曲艺等民间艺术的传承、发展息息相关。台州文脉悠远、历史厚重。台州方言、俗谚是民俗文化的优质载体，潜藏着地方文化的密码和基因，是滋养一个城市文脉的源头活水之一。

　　地域空间同时也是文化空间，不同地域有其自身的文化特质。作为吴语的一个重要分支，台州方言、俗谚形象、精练，独具乡土魅力，有的是古汉语的遗存，散发着幽远的文言气息。它们烙有浓郁的台州色彩，折射出丰富的民俗文化内涵，关涉世态万象。台州方言的独特优势、文化意蕴和文学功用，有些是普通话难以企及的。

――――――――――――

① ［英］马林诺夫斯基著，费孝通等译：《文化论》，北京：中国民间文艺出版社，1987年，第7页。

　　陈祥麟《永远的寒山·品味乡音》认为："与方言的历史性、人文性、生动性、丰富性相比，普通话是平面的、简单的、机械的、工具的……如果能将一个地域的方言全面地解剖展示，我相信，该地域几百年及至上千年的历史，该地域的经济、政治、文化及信仰、风俗等等，就都历历在目了。"[①]诚哉斯言！台州方言、俗谚的特殊魅力、亲和力，其背后蕴含的丰富的历史和文化信息，是其他语言所无法取代的。"一代儒宗"钱穆尝言，对国史必须具有"温情与敬意"，同样的，作为台州人，对厚重的台州历史文化必须怀有温情、保持敬意。水有源，树有根，对台州方言的传承和认同是对地域文化根脉的一种敬畏！

　　方言是一个地域、族群的文化标记，台州话作为生活语言和乡情的载体，不啻为台州人共有的精神家园。闻乡音而生乡情，乡音无疑是连接故土、维系乡情的柔韧纽带。台州话，词虽俗而达理，意虽浅而传神，音虽土而切古。台州话博大精深，雅俗共融，是地方文化的富矿，是亟待开掘的宝藏。对台州话，你可以一知半解，但绝不可轻慢！

## 二、台州方言的古语遗韵

　　如果溯源，台州土话不少能寻到古汉语的源头。某些在普通话里消亡或奄奄一息的古词语，在台州方言里依然鲜活，仍葆有蓬勃的生命力！

　　吴语是中国诸语言中最古老的语言之一，不仅保留了全浊音，还保留了入声，构筑起独特的语言体系。台州方言作为吴语的分支，古汉语遗存很多，保存着不少古音、文言句式和语词，或可誉为"古汉语的活化石"。譬如清明节，台州人份加份（家家户户）都要包青团，吃青团。假如一个年轻人在家不做家务，整天只想着吃和玩，那么，弗识字老安

---

① 　陈祥麟：《永远的寒山》，北京：作家出版社，2008年，第240页。

人（老妪）会讲："尔一日到晏只忖啜只忖嬉，只晓得镬灶头佗青团青馎，用箸搛豗肉！"你看，平常的一句口语，就蹦出十一个古语词：尔、啜、佗、豗、箸、搛、晏、忖、嬉、镬、馎。台州土话并不土，只是乡人未察其古韵雅意。下面略举数例分析之。

### （一）一日到晏只忖啜

一日到晏：一天到晚。《论语·子路》载冉子退朝，子曰："何晏也？"《楚辞·离骚》："及年岁之未晏兮。"台州方言词有"起早落晏"，意谓早起晚归，辛苦劳作。早晏指晨昏，亦泛指迟早。《汉语大词典》失收"早晏"。天台话"晏顷"：等会儿，晚一会儿。颇有古韵。台州老话：懒人担重担，一日担到晏。懒惰人只想快挑完东西，装满一担，谁知反而减慢速度，一直挑到天黑。比喻欲速则不达。

忖：思量、揣度。《诗经·巧言》："他人有心，予忖度之。"台州话"忖"字很土，很普遍，约等于"想"。

只忖啜：只想吃。台州方言里，"啜（方音触）"兼有普通话"吃、喝、饮、吸"数义，构词能力极强，如啜饭、啜茶、啜酒、啜香烟、啜功崃得猛、啜生活（受惩罚）、啜柴（挨打）。谁被狠狠地打了一顿，叫柴啜饱。

临海老话：啜着豗（猪）肉忖着糕，解着胡琴忖着箫。解胡琴：拉二胡。为什么非要等用到时才想起好搭档呢？功利心太强了。《说文解字》："啜，尝也。"啜：食，饮。"啜"是上古汉语与"食"同义的动词。"吃"的本义是口吃，而非"食"。《荀子·天论》云"君子啜菽饮水，非愚也，是节然也"，杜甫诗句有"落日平台上，春风啜茗时"。

"啜"在现代汉语（普通话）里"喝"义几乎消亡了，不常用了，而在台州话里则是日常生活中的高频词。

## （二）娘忖儿路样长，儿忖娘箸样长

还有"箸"，日加日用。中国传统餐具筷子，是中华饮食文化的标志之一，古老东方文明的象征之一。《韩非子·喻老》云"昔者纣为象箸，而箕子怖"，李白《行路难》云"停杯投箸不能食"。

搛，即（用筷子）夹取之意，如搛菜。普通话 jiān，台州话读若洁，入声。搛弗上箸、撩弗上箸：酒宴上夹不上筷子。是说根本轮不到他讲话，没有话语权，派不上用场。《红楼梦》四十一回云："凤姐儿听说，依言搛些茄鲞送入刘姥姥口中。"

临海俚语云"娘忖儿，路样长；儿忖娘，箸样长"，路长筷短，发人深思。台州俗话云"心肝上荡落，脚肚下大上"，意谓上辈人对下辈关怀多、奉献多，而小辈的孝心远远不够。

## （三）梗只忖嬉，聚队做青馌

意思是，别只想着玩，一起来制作青饼。青团、青馌是台州人清明节传统的节令食品，但"馌"这个古语不见于《现代汉语词典》，连《辞源》亦未收录。《中华大字典》收"馌"字，云："音腌，叶韵。饵也……饵谓之糕。"简言之，馌[yè]指糕饼类食品。由此可知，乡邦文献或今人文章里"青腌、青叶"之类俗写，仅记其音而未考其义，"青馌"才是最恰切的字形，音义皆通。

嬉：游戏，玩耍，如嬉戏开（去玩玩）。张衡《归田赋》云"追渔父以同嬉"，台州话"几时越俺户里嬉"。

## （四）舀酒问挈瓶，买牛问牵绳

台州话没有普通话里常见的"拿、取、抱、提、捡"这些动词，而说"佗、捊、挟、挈、捉"，其中"佗、挈、捉"皆古语。佗：拿取；抱持。"佗"与"驮"为同源字，也作"扡"。《说文解字》云："佗，负何

（荷）也。"音驼。

抲小人：抱婴儿。白抲：白拿。台州话："口罩畅行得猛，卖都呒得卖，走吤咦（哪里）抲？""抲"，有"拿、捡、拾"诸义。台州老话讲"抲梗鞋带，家私败快"，意思是因小失大，得不偿失。

台州俗谚云"舀酒问挈瓶，买牛问牵绳"，意即解决问题必须要找对人，找不能作主的人没用，徒劳无益。《广雅》云："挈，提也。"

### （五）"束脩""藻""所在""洗其身"等词汇

台州话的古汉语"基因"在在皆是，惜乎乡人习而未察。

天台话"学费"叫"束脩（修）"，承古义，《论语·述而》云"自行束脩以上，吾未尝无诲焉"。

浮萍，台州方言称为藻，属于典型的古汉语遗存。西汉扬雄《方言》云："江东谓浮萍为藻。"音瓢。"藻"在吴语北片已很少见，但台州片仍持此说。从此字亦可窥见台州话的古汉语遗风。

台州人日常用语嵌着若干古语。如"尔吤咦所在读书？几时放学？4点半啊？——正是"。所在，即地方、位置、场地、所处之地，先秦古籍《山海经》云"昆仑之虚……百神之所在"，"老所在"即老地方。"正是"完全是古语。

洗澡，台州人叫洗其身、幨其身、洗浴，老辈说"抹身"。幨，方音缴，擦拭。

几人围桌吃饭时，大人说："摵啜摵啜，撩弗着徛来啜！"意思是快夹菜吃，够不着就站起来吃！这句话就有五个古语。其中"撩"，《说文解字》云："拢取物为撩。"

台州俚语云"徛有徛相，坐有坐相"，其中"徛"即站立、靠，《广韵·纸韵》云"徛，立也"。碰到令人惊奇或不可思议之事，椒江人便说："人装徛起！"

租房，台州话叫税屋。"店面税弗税？"其中"税"即租赁之意，《说文解字》云"税，租也"。

### （六）一触即发与阶人之故

台州话，音虽土而切古。普通话里入声已荡然无存，可粤语、闽语、吴语（包括台州话）仍完整地保存着。譬如一触即发，四字中只有"触"是仄声。你读起来有点软绵绵的感觉，但用台州话来读就截然相反、效果殊异，四字全是入声，短促、铿锵，声势压人。四连仄排迭而下，似四支利箭连射出去，你更能感受到情势的紧迫和事态的危急程度！

许多唐诗宋词用普通话念并不押韵，声律不谐，但若用台州话读，你会惊喜地发现颇合平仄韵律。为何？因为我们保留了较多古音，包括入声、浊音，等等。

台州人常用的口语仍存留文言句式，最典型的是"……之故"，如"阶唔之故"，意即什么原因，"阶人之故"意即谁的缘故。"……之故"句式，源于先秦，如《诗经·采薇》云"……靡室靡家，猃狁之故"。

总之，台州话古风犹存，别具魅力，值得我们珍视和守护。

## 三、形象多趣台州话

表面看来，台州方言芜杂、粗粝，很土，土到掉渣，俗得掉价。但它根植于底层并积淀于乡野，存本色、有原味、接地气，机智、形象，多彩多趣，迸射出蓬勃的生命力。

### （一）台州人的比喻

#### 1. 千竿大雨、刨芋头、清汤粑镬

"日昼该蓬雨忒大大，伞甮带，人淋来鳖样"，意为：中午这阵雨这么大，伞没带，人淋湿如鳖。

　　若问"大雨滂沱"的近义词是什么？小学生都会答，瓢泼大雨、倾盆大雨、暴雨如注等。但台州话里还有个更形象的比喻，即"千竿大（土音陀）雨"。试想，稠密的雨帘，密密斜斜的雨线，不正如苍穹射下千棵万棵的竹吗？"瓢泼、倾盆"强调的是雨量大，泼过了、倾过了似乎便难以为继，而"千竿"渲染的是雨大势急，一刻不停，更切合雨况。此喻妙在妥帖、生动。若说豪雨"天倒落来、天漏爻（了）"，那就是夸张了。可惜的是，本地学生能说"千竿大雨"者少之又少。

　　理发，台州人戏称"刨芋头"，既形象又接地气，诙谐有趣。譬如小孩一月未剪头发了，娘爸讲："等几走芋头刨刨噢，清爽气点！"让人想起《诗经》"髧彼两髦，实维我仪（配偶）"。

　　日光灯，仙居人喻之"面杖灯"，长长的像擀面杖的灯，不是很生动、有趣吗？

　　俗话说，倒霉时喝水都塞牙。台州的俚语更形象，说"喝清山水嵌牙缝""运气淡薄，清汤粑镬"。山水比普通水更清，但亦嵌牙。人背运时，往往事事不顺，走运时则好事连连。恰如临海话所说"运气来爻，大城砖阿捺弗牢"。大城砖，指砌台州府城墙的专用砖，比普通砖大，特别厚重。

### 2. 大蛇蜕壳、张嘴花麦壳

　　对饭量很大但吃饭很慢者，台州俗语喻其"麦秆喉咙筲箕肚"，一窄一宽，相映成趣。

　　台州人喻做事特慢叫"大蛇蜕壳"，云"做生活大蛇蜕壳，收工猢狲放索"，意即磨洋工，只出工不出力，"啜饭望大碗，扛树望小头"。

　　伶牙俐齿、巧舌如簧，台州人喻之"张嘴花络鳗样"，亦说"张嘴花麦壳样"。

　　濒海的台州，方言俚语天然地带有海风渔韵，海味十足。譬如小孩子爱撒娇，温岭人说她"鲜鲻鲜利利"，以鲜鲻鱼之鲜美来状写撒娇之情态。有人把事情搞复杂了，台州人喻其做得"鲻鱼刺样"，因鲻鱼刺小而多，妥善处理有相当难度。谁喜从天降，笑得很开心，临海杜桥人说他"嘴笑来花蚶样"，因花蚶烧熟后扇形般张开，酷肖人嘴。如果昨晚未睡好，晨起乏力，精神不振，则说"浮头鱼样"，状其有气无力。

### 3. 待尔客样，防尔贼样

台州话"……样"句式很多，状物描人非常逼真、令人解颐。

小伙子一表人才，仪表堂堂，台州话喻之"后生一梗生"。小后生白净，台州话云"鸡子（鸡蛋）壳里剥出来样"，以蛋白细腻光洁作比，你不难想象小伙子的肤色和肤质。而姑娘或婴儿皮肤好则叫雪白粉嫩、笋梗嫩、笋嫩。

有的小孩读书读不进，随讲随忘，或将师长的话当耳边风，屡教不改，或者徒弟屡教不会，此时家长、师傅往往会感叹或训斥："教牛样教弗进！该人吶唔用。"

谁的房间乱糟糟，台州俚语讥之曰"间里散起（或：摊来）猪栏样（宿舍杂乱如猪舍）""乱得像狗窠""眠床里狗窠样、牛栏样"。谁对人没诚意，戒心重，心口不一，台州俚语损之曰："待尔客样，防尔（你）贼样！"语虽浅但洞察人心，饱含处世经验。

### （二）台州人的夸张

#### 1. 潮涨啜潮退、有懒好卖

如果一个人吃饭特别慢，慢吞吞的，台州话就夸大说："啜饭啜老世，潮涨啜潮退（从潮涨吃到潮退为止）。"壁扇长久未洗，则说："千年老世勤洗过。"千年老世即长久、老是之意。

台州话的夸张大胆而生动，亦庄亦谐，表达效果强，引人联想，意味深长。

时下年轻人喜欢叫外卖，父母难免笑嗔："曩时后生人有懒好卖！

懒筋胀出。"懒，竟然多到能出卖的地步。若小孩眼屎未净，人嘲曰："眼屙斤把重，走路荡荡动！"显然这是借助悖谬的语义达到夸张的效果。

仙居歌谣："麦饼做起团箕大，婆婆嫌我条肚大。"这是婆婆刁难媳妇。而做长工更是有苦难言："麦饼做起铜钿大，主人嫂讲我肚皮大……一块冷饭奶头大，爬山越岭实难过。"（温岭《长工叹》）与团箕相反，这是极言其小，麦饼如铜钿，冷饭团如奶头，吃的猪狗食做的牛马活，道尽长工的辛酸和艰难，令人酸鼻。用台州土话讲，"饿半小死"，做牛做马"忙半小死"。半小死即半死，系夸张语。"半""小"叠用，别有意趣，如：听讲小人祸闯出，娘爸吓半小死，愁半小死。

2. 口开来畚斗样、脚肚子好吊牛

一个人提的要求太多、要价太高，台州人斥之"口开来畚斗忒大"，意即狮子大开口，不切实际。或谓"口开来畚斗样""张嘴畚斗样"。一个人面子很大，谓之"面子汰箩（竹制容器）忒大"。而对看重金钱者，讽其"拨（把）钞票望来汰箩样""小气鬼，一个铜钿打十八拳弗放"。

形容态度不好，便道"双眼睁来灯笼样"。碰到一个人闹情绪，不满和怒气全写在脸上，台州人谑嘲道："嘴凸出十八把溺壶好挂！"意谓嘴巴鼓起来可挂十八把尿壶。话或有不雅，言过其实，但接地气，令人忍俊不禁！

在人的身体、器官方面，台州人喜作夸饰之词。形容人高大，云"人搭（跟）铁塔样""人搭稻秆亭样"。个高壮实谓之"长大"。形容耳大腿壮，云"耳朵蒲扇样，脚肚子屋柱样，脚肚子好吊牛"，甚至粗到可系船的程度，说"脚肚子好吊船"。

人小则谓"人搭毛楂样（人跟山楂似的）"，人瘦则谓"人搭竹竿样"。有句流行语叫"瘦成一道闪电"，庶几近之。胆小叫"苋菜籽胆"，"胆细，搭麦芒样"，苋菜籽也好，麦芒也罢，俱言其小。从修辞的角度看，此处"苋菜籽胆"之类与上段的"脚肚子好吊船"之类都是夸张式的比喻，极而言之，其表达效果相当于比喻的增强版。

大概做女人都希望自己"减龄""显瘦"，甚至梦想"冻龄"，保住青春，显出年轻态。台州话云"老竹扮嫩笋"，黄瓜刷绿漆，巴弗得自己"老弗开"。但有的人"远望蛮后生（年轻），近望额角头火车路深蛮深"。有几个女人能冻龄逆生长呢？有几个女人能将岁月酿成一坛"女儿红"、越老越有韵味呢？

**3. 肚肠筋笑断、空账没头颈**

假如衣服穿多了，太暖，台州人会打趣你"衣裳着多猛，背脊毛暖着噢（背上的毛快被火烧啦）"。如果很渴，台州人会说"喉咙头燥着来"，意即喉头火烧起来了，受不了啦。

早先有个天台老师上课有口音，"洋夹土"，将"自然界物质"讹成"猪栏间乌猪"，令人"笑脱落下颏"，"肚肠筋笑断"，意即下巴都惊掉了，形容笑得张嘴合不拢，极言其好笑。

台州俗语云"虱多弗痒，债多弗愁"。有的人亏了很多钱，"空账没头颈"，"照啜照睏呒事干样"（没事似的），此类人心理素质倒蛮好，别说债重如山，天塌下来也当被盖。

## 四、台州俗话有真言

大俗之中寓大雅，三国时曹植曾说"街谈巷说，必有可采，击辕之歌，有应风雅"，街坊百姓的闲谈，敲着车辕时所唱的歌曲，俗则俗矣，但可能蕴含着引车卖浆者的大智慧，换言之，大俗亦可入雅！

与雅语相反，俗语根植于草野，孕育于生活，流传于口头，深受群众喜爱并广泛用于现实生活。"古老话，好做药"，台州俗谚带有浓厚的地域色彩，语涉世态万象，富含哲理。它是不立文字的草根经典，虽无华丽辞藻，但的确是取之不尽的乡土文化的百宝箱，透出处世智慧和人生经验。

## （一）事理俗谚言浅理深

### 1. 俚俗土话质朴入理

台州俗话说"爸做官儿享福，儿做官爸劳碌"，因为"心肝上荡落，脚肚下大上"，一般都是上代人替下代想得多些，反哺不易。"娘忖儿，路样长；儿忖娘，箸样长"，拳拳慈母心，儿行千里母担忧，"做官爸弗如讨饭姆"。另一方面，也有劝慰之词，云"儿孙自有儿孙福，弗用娘爸多劳碌"。

一分洋钿一分货，好货弗便宜，便宜呒好货。做生意人好张嘴，全靠能说会道。卖盐人讲自己盐咸，开大口弗蚀本，漫天要价，就地还钱。经商讲究诚信，义中求利，若"张嘴同尔讲，双脚撩尔网"，就呒良心了。台州人有山的硬气，短挂敲竹杠，做人硬碰硬，捣臼捣白米，做人硬到底。"硬来硬到底，麦出弗啜米，落雪弗盖被"，总之是"乌龟掼石板——硬碰硬"。台州人也有海的大气、人的和气，能变通，如云"跪落开（去）弗差一拜"，既已跪下，多拜一下又有何妨？

许多俗谚、方言读起来都是押韵的，上口入耳。如"呒告得愁，愁当大六月呒日头"，意即杞人忧天；又如"呒告得争，讨饭人争檐阶"，意即不值得争。"呒告"是台州人的口头禅，高频使用。

不少民间俗谚浸透了宝贵的人生经验，直指要义，直抵人心。譬如"落水要性命，上岸讨包袱"，意即人心不足，一旦救上岸可能就惦记钱财了。再如"一代大新妇，三代大子孙"，这类生活经验经实践检验，颇有遗传学依据。即使某些乡言俚语似乎难登大雅之堂，但细忖却切中肯綮。"见人拉屙脯臀痒"，话虽粗鄙，但贴切生动，令人发噱。

## 2.气象俗谚、生产俗谚占多数

生产俗谚包括农、林、渔等行业，农业社会以农谚为主。它们源自生活，言简意赅，凝聚着气象和农事的经验。

"春过四十二，黄狗拣阴地"，"清烹冬至邋遢过年，邋遢冬至清烹过年"。清烹即清爽、干净，邋遢即脏乱。意指如果冬至天气晴好，那么过年就阴雨，反之亦然。有的省作"烂冬至燥过年"。

### （二）讽劝俗谚体现正能量

讽刺或规劝的俗谚俯拾即是，后者具有劝诫、教育的作用，体现出一定的正能量。

"做上一世，做落一记"，"从善如登，从恶如崩"，企业的名声也是如此，撑牌子难、倒牌子易。也作"撑名一世，坏名一记"。"种田一季，嫁人一世"，"种田弗好一季，嫁人弗好一世"，强调婚姻的不可逆转性，女怕嫁错郎。

有的习语有强烈的讽刺意味。"死白蟹——呒用场"，喻必败之事物。"屋里犟——呒本事"，指只在家中发威。"养弗熟鸟""狗面生毛"，喻不知感恩、不念旧情、翻脸不认人。

### （三）俗谚的修辞手法

好的俗语脍炙人口，除押韵外，还善用各种修辞手段，增加形象性和感染力。

1.比喻。如形容顽皮、屡教不改，不接受批评，云"牛皮凿洞（或孔）"，"水浇鸭背"。

2.对比。如"懒惰望亲眷，勤力望菜园"。

3.顶真。如"大蛇啜小蛇，小蛇啜蛤蟆，蛤蟆啜蛱蜢，蛱蜢啜稻梗"，非但自然界弱肉强食，社会亦难逃"丛林法则"。

4.夸张。如"鼻头凶弯转"喻极端自私；"大虫追到脚后跟，还要礌转望望雄啊草"，意即老虎追到脚后跟，还转头看看是雄是雌，不知身陷险境。

### （四）和合文化放异彩

和合文化是中华传统文化的精髓之一，作为和合文化的主要发源地，台州不少俗语蕴含和合理念，放射异彩。

"待娘爸好有福，待长年好有谷"，"亲眷弗记百日怨，夫妻弗生隔夜气"，孝为德之本，家和福自生。夫妻之交，乃人伦之始、王化之基。儒家倡导孝悌、家和、族合，还强调邻睦，融洽周围关系，台州话云"亲眷篮对篮，邻舍碗对碗""远亲弗如近邻好，上府落县好起早"。

常言道"族睦多孝子，邻和盗贼无"。"出入相友，守望相助"乃中华美德，人们彼此关心、互谅互助，妥处分歧，和而不同，周而不比。"邻睦"之"邻"是广义的，不单是邻居，还包括同学、同事、客户等一切周边人，甚至是萍水相逢的陌生人。有的人"独头""独角龙""死人怪气"（指性情乖僻），性格上不合群，"自讲自""自装自"，主观性太强，难以融入团体，不利于合作。这与和合精神背道而驰，难以实现人际和顺、家庭和美、事业和兴。

"王百万阿借伞"，意谓即使你家财万贯，也难免有不时之需，有求于人。"着得好，大当小"，意谓即便你有显赫地位或较高辈分，也要降下身段，平易近人，这样才能合家和乐，人际和合。"多个朋友多条路，多个冤家多堵墙""㮾栽路上刺，防挂子孙衣"，意谓别轻易得罪人，以免祸及后代，树敌多、路变窄，广结人缘是王道。

"种田人讲节气，生意人讲和气"，和气生财，造孽招灾。台州老话云"山上开荒，平地遭殃""山上绿油油，山下水长流"，意谓人与自然也要和谐共生，别急功近利，毁坏生态。

身心和合，俯仰无愧，中正平和。台州俚语云"心平气和，病少福多""与人为善，必有后福""上半夜忖忖自己，后半夜忖忖搭人（他人）"。君子有道，入暗室而不欺；暗室亏心，源于心魔作祟。"宰相肚里好撑船"，大人有大量，凡人亦有大格局，格局小，世界就小了。

先哲谓"和实生物"，互融化合，创生万物。和合生新，和生万物，生生不息。和为贵，合为本，和乐融融。"一争两丑，一让两有"，谦让是美德，何必斤斤计较？人心和善，谦恭礼让忍者安。台州俗语云"忍一忍，啜（吃）弗尽"，意谓退一步海阔天空，让三分心平气和。"啜亏人，长长在"，意谓吃亏人所在皆是，关键是吃了亏心态放平和，因为"吃亏是福"。

### （五）土话歇后语一瞥

台州土话歇后语蛮多，既形象又诙谐，饱含生活智慧。下面择其优者，以窥一斑。

1.黄胖捣年糕——啜力弗讨好。

2.口燥啜盐卤——越来越糟。

3.哑佬啜苦瓜——有苦讲弗出。

4.暴剃头碰着络腮胡——运气差。新手就遇到难关，真倒霉，运气太糟了。暴指刚刚、骤然。或说：暴剃头碰着络腮胡——困难。两条歇后语同构异义。仙居话类似：头套剃头碰着满面胡。头套即首次。

5.带箬帽窝嘴——差得远。形象而幽默。窝嘴即接吻。仙居人称"香嘴"，特别浪漫，引人遐想。

6.石头卵子炒油——滑外皮。多指顽皮的小孩子"拾野魂"，弗听讲。

7.水浇鸭背脊——徒劳无益。

8.睏醒拉尿（方音须）出——明知故犯。

9.脚后跟测脉——不得要领。脚后跟测脉——迟了。同构异义。

10.老鼠脱落米缸——运好。

11.鸡子壳里做道场——坛场太小。鸡子即鸡蛋。或说：螺蛳壳里做道场——坛场太小。

12.尖底红毛瓶——坐弗牢。"红毛瓶"喻轻狂不稳、爱虚荣的年轻人。

13.辣蓼自有辣蓼虫——一物降一物。盐卤点豆腐——一物降一物。异构同义。

14.大虫头搔痒——寻死。《水浒传》武松打虎也说"大虫"。或说：大虫头搔痒——好大胆。同构异义。

15.花眼称秤——弗在星（心）上。花眼即盲人。这是谐音。

16.口舌撩鼻头——空想。

17.牵牛上板壁——难上难。

18.捣臼画岩头（或：上）——没准。

19.赤卵鸡代水鸭脚冷——多管闲事。或简化：代水鸭脚冷。既歇后，又省前。水鸭即鸭子。赤膊鸡自身堪忧，当愁不愁，却担心鸭受冻。临海人说"好愁弗愁，愁水鸭脚冷"，三门人说"好忖弗忖，忖水鸭脚冷"，都是瞎担心。黄岩话：赤卵鸡代鸭愁——多管闲事。异构同义。

20.大船转折——繁难。大船转身不便，小船则掉头快，灵巧自如。这也适用于企业经营。

# 第九章　地方戏曲的别具魅力

戏曲是大众喜闻乐见的文艺形式，与特定的地理空间有着有机的特殊的历史关系。从这一点上讲，近一千年中，江南作为中国的经济、文化中心，为戏曲的产生、发展和繁荣提供了不可或缺的文化空间。中国戏曲源远流长，从原始娱乐方式、宗教巫术仪式开始，到先秦的"俳优"、汉代的"百戏"、唐代的"参军戏"、宋代的杂剧，一路走来，最终在两宋时形成自己独特的成熟样式。南戏是中国戏剧的最早成熟形式。这种产生于温州、台州等地的艺术样式，内容广泛，综合了文学、音乐、舞蹈，还有美术、武术、杂技以及其他表演艺术的元素，有念有唱，有文有武，集"唱、做、念、打"于一体，在世界戏剧史上独树一帜。作为南戏的源头之一的台州，其地方戏曲独具特色。

## 第一节　台州戏曲的历史变迁

在台州的城镇、村坊，伎人乐舞、百戏活动由来已久。据考古发现，天台县前山乡双塘村出土的西晋青瓷五管瓶，其颈肩部堆塑着楼阁、飞鸟，在楼阁底层檐下，堆塑有吹笙、操琴、击鼓的乐人，真切传神，栩栩如生[1]。绍兴博物馆沈一萍先生认为：五管瓶象征的是窣堵波（佛塔），它是僧人、"好佛者"和"民人"等众人进行念佛诵经等佛教活动

---

[1] 《中国民族民间器乐曲集成·浙江卷·台州分卷》，1986年10月版。

的场所，与娱神密切相关。①有戏曲研究者认为戏曲起源于歌舞，是广泛的民间娱神乐舞活动，《尚书·尧典》记载黄帝乐官夔自述："予拊石击石，百兽率舞。"解玉峰在《民俗学对中国戏剧研究的意义与局限》中认为："中国戏剧形成于民间。"并说："民间社会的组织结构、风俗习惯、宗教信仰、经济基础等因素共同构成的物质文化环境，是中国戏剧得以诞生和生存的土壤。"②这个观点概括了戏曲的形成原因。台州宗教活动历史悠久，与乐神活动伴生的戏曲早已和民间生活密不可分，物质文化环境奠定了台州戏曲形成的基础。

## 一、画像砖——台州戏曲之滥觞

从民间乐舞到戏剧演出，其间经历了漫长的历史阶段，其中具有里程碑意义的，即是唐宋滑稽戏。1987年11月，台州黄岩灵石寺塔在落架大修时，于塔体砌砖中发现了一批作于北宋乾德三年的阴线浅刻戏剧砖③。制作戏剧砖的年代，正是戏剧从盛行于晚唐的参军戏开始向杂剧过渡的时期。王国维在《宋元戏曲考》中认为："这一时期的杂剧，实际上仍是一种滑稽戏，大略与唐滑稽戏同，当时亦谓之杂剧。"戏剧砖的出土，是继四川广元发现南宋墓杂剧石刻之后在我国南方的又一次重要发现，④对于探索台州戏曲乃至南戏的起源具有不可忽视的意义。

戏剧砖共6块，其中：方形砖2块，长、宽各在30.0厘米—30.5厘米之间，呈米黄色，索砖烧成后稍经打磨，砖面用刀浅刻人物图案；长方砖4块，长、宽在22.0厘米—35.8厘米和15.0厘米—16.5厘米之间，呈青

---

① 李刚：《陶瓷窣堵波研究》，《文博》1997年第5期。

② 解玉峰：《民俗学对中国戏剧研究的意义与局限》，《学术研究》2007年第9期。

③ 王中河：《浙江黄岩灵石寺塔发现北宋戏剧人物砖雕》，《文物》1989年第2期。

④ 王中河、卢惠来：《灵石寺塔戏剧砖刻脚色与台州戏曲之滥觞》，《东南文化》1990年第12期。

灰色，在砖坯未干时用硬物直接在砖面刻划人物图案。（图9.1）

图9.1　黄岩灵石寺塔发现的北宋戏剧人物砖雕

图9.1第一幅图残存人物一大一小，前后相跟，大者戴硬脚幞头，着中袖袍服，双手捧笏；小者着衫裤，为孩童。前一形象与图二人物形象颇为相似，应为参军脚色，其身后之孩童形象极似后世元杂剧中常见的裸儿。据《东京梦华录》所述，参军色在唐时手执木简，至宋则手执竹竿拂子，"参军色作语问，小儿班首近前进口号"。可见，图案形象显示了唐时遗韵，二人当分别表示参军色与"小儿队"中的"小儿班首"。

在第六幅图中，二人前后有序，性别有异。前者粗眉大眼，裹四脚幞头（折上巾），着交领窄袖袍衫，腰束大带，穿绮履，为男性；后者杏目小口，戴长脚幞头，着尖领窄袖袍衫，腰间系带，穿绸裤袜，登绮履，为女性。二人引颈拱手，显然表示正在作着某种滑稽科范，唐薛能有诗曰："此日杨花初似雪，女儿弦管弄参军。"可知砖刻人物当分别为参军与苍鹘脚色。

而第四幅图却是一方"执节的舞者"画像，长22厘米，宽14厘米，厚5厘米，在灵石寺塔的天宫之中。这一方"执节的舞者"画像，是古代乐师的最早造像之一，又是南戏戏曲人物形象的经典代表。这种说法是有根据的，著名学者扬之水在其《雷峰塔地宫出土光流素月镜线刻画考》中提到镜面中一个线刻的持竿乐工，所持之竿名为"竹竿子"，乃用于引舞。[①]河南温县宋墓杂剧雕砖的《乐部图》，表现了宋时"教坊大乐"的宫廷乐队。其中一人裹幞头，着圆领长袍，束带，执一长竿垂直于胸前，肃立静候。这些形象均为唐宋时期乐舞场景的再现。（图9.2、9.3）

图9.2　执节而歌——灵石寺　　图9.3　"执节者"画像砖考 周子杨摹画

王中河分析认为："从刻砖形制和刻划技法等分析，戏剧砖并非一人所作，内容似亦不相连属。因此，砖刻所表示的并非戏剧演出的完整程序，而应该是角色形象。"[②]我们据此也可做出一个判断：唐代的参军戏不仅角色与表演有固定程式，就是角色的化妆服饰也达到了程式化水平。

---

① 扬之水：《物中看画·雷峰塔地宫出土光流素月镜线刻画考》，北京：人民美术出版社，2016年。

② 王中河、卢惠来：《灵石寺塔戏剧砖刻脚色与台州戏曲之滥觞》，《东南文化》1990年第12期。

制作戏剧砖的年代，正是戏剧从盛行于晚唐的参军戏开始向杂剧过渡的时期。黄岩县灵石寺塔壁砌筑戏剧人物砖出现，说明至迟在五代时期，台州已经有了比较普遍的戏剧演出。从画像砖考古和现存的文献资料显示，台州是南戏的发祥地之一。这批砖雕的发现，为探索我国南方戏曲的流变提供了宝贵的实物资料，《戏曲研究》主编、戏剧理论家颜长珂称之为"目前发现的中国最早的戏曲实物史料"①。

## 二、流风千古——台州戏曲的流变

历史悠久的台州戏曲在唐末、五代时期就有了参军戏活动，黄岩灵石寺塔出土的五代时期参军戏画像砖就是一种实物史料。到宋时，随着城市商品经济的长足发展，不但出现了用于市民娱乐的场所"瓦舍"和"勾栏"，民间歌舞、说唱、滑稽戏更趋于融合，出现了宋、金时期在北方宋杂剧基础上形成的"金院本"。与此同时，南方的南戏也进一步发展，宋杂剧、金院本和宋南戏可以说是中国古典戏曲的最初的完整形式。其时，台州戏曲已经非常普及，国家级非遗项目临海"黄沙狮子"其形式始创于北宋。不同戏曲形式也开始出现，据《临海县志》记载，宋时，（台州）府学宫"大成殿"东侧（今友兰巷）已设有"勾栏"，为百戏呈技之所，后该地称"勾栏巷"或"勾栏街"。②南宋淳熙年间，台州歌伎严蕊就居于勾栏巷附近之庙弄，她与王静、沈玉、张婵、朱妙、觉芳、王蕙、张韵、王懿等四十余人，"善琴弈歌舞，丝竹书画"，"色艺冠一时"（周密《癸辛杂识》）。说明台州在宋时已有完整的戏曲呈现。元代陶宗仪《南村辍耕录》称："唐有传奇，宋有戏曲、唱诨、词说，金有院

---

① 1987年11月，浙江省重点文物保护单位黄岩灵石寺塔大修时，在塔体砌砖中发现一批阴线浅刻参军戏人物砖，台州乱弹老艺人卢惠来如获至宝。之后他作翔实的考证，其论文发表于《戏曲研究》杂志，《戏曲研究》主编、戏剧理论家颜长珂下此结语。

② 临海县志编撰委员会：《临海县志》，杭州：浙江人民出版社，1989年，第540—541页。

本、杂剧、诸宫调。"这是目前发现最早的有关"戏曲"一词的表述。

有关台州地区戏剧演出活动的记载，还是有史可据。从实际情况看，历史上有关早期戏剧的文献记载并不多见，但是，这些非常有限的与南方戏剧有关的记载，经常会涉及台州。陆容《菽园杂记》载，"嘉兴之海盐，绍兴之余姚，宁波之慈溪，台州之黄岩，温州之永嘉，皆有习为倡优者，名曰戏文子弟，虽良家子亦不耻为之"①。徐渭《南词叙录》载，"称海盐腔者，嘉、温、湖、台用之"②。这两条有关早期戏剧的珍贵文献，都提及台州作为中国戏剧早期活动场所的重要地位。

台州古属瓯越之地，也是南戏的发祥地之一。在被誉为"中国第一戏"的南宋南戏《张协状元》中，不仅有"台州歌""东瓯歌"曲调，而且还存有大量的台州方言俚语，具有浓郁的台州地方风情。其时，台州府县均有官办演剧组织，名为"散乐"。元代，杂剧流行于台州。元末明初，黄岩人陶宗仪《辍耕录》记载台州戏曲资料颇多，陶宗仪整理发掘台州词调，在黄岩演出尤盛。明代成化二年（1466），陆容《菽园杂记》载黄岩等地"皆有习为倡优者，名曰戏文子弟，虽良家子亦不耻为之"。此后，高腔与昆腔继起。明末清初，宁海县（包括今三门县）等地有平调，因所唱高腔较平，故名平调，现在"三门平调"已成为省级非遗代表性项目。清代乾隆年间（1736—1795），乱弹腔在黄岩一带兴起，相沿约160年。民国初期，乱弹发展迅速，共有20多副戏班。同时有高腔班10余副、徽班5副。台州乱弹流行于浙东、浙南地区。它唱腔十分丰富，声情并茂，或温婉，或激荡，其舞台语言为中原语音结合台州官话，充满乡韵，独具特色，是全国少有的多声腔乱弹剧种之一。台州乱弹的剧目丰富，有300余个，其中本家戏有"七阁""八带""九记""十三图"。

---

① 陆容《菽园杂记》卷一〇。

② 徐渭《南词叙录》。

民国时期是台州乱弹全盛时期，台州乱弹成为代表台州地方文化的主要剧种。

其实，在越剧诞生之前，浙江是乱弹的天下。其中，台州乱弹与绍兴乱弹、温州乱弹、浦江乱弹并称为浙江四大乱弹。台州乱弹以"文戏武做、武戏文唱"而闻名，全盛时期戏班达到28家，不仅遍布台州各县，甚至在宁波、温州都能听到台州乱弹之音。

20世纪三四十年代越剧开始广泛传播，越剧之乡绍兴辖区的嵊县、新昌以及宁波一带的越剧开始逐渐渗透进台州地区，台州越剧兴起，乱弹逐步衰落。20世纪五六十年代前期是越剧的黄金时期，越剧已经取代了乱弹，成为台州地区的强势剧种。其时，台州已经没有成型的乱弹班社，当地的戏班几乎全是越剧班，台州乱弹走向没落，大量人才流失，观众出现断层，剧种濒危。这一现象一直延续至2005年。

2005年组建浙江台州海东方乱弹剧团，是全国唯一一家仍以乱弹为名的剧团。其后剧团复排、创排了16本大戏和30多出折子戏，先后获得各级奖项30多个。在新时代这一古老的地方剧种终于重获新生，但现在的台州戏曲演出市场上，越剧依然处于主流地位，90%以上商业演出的剧目是越剧，乱弹发展依然任重道远。

## 三、戏里人生——台州人的日常生活

台州地方戏曲在发展演变中，兼收并蓄，在市民阶层与知识阶层的双重作用下，由早期的自由散漫、鬼怪神秘走向语言之优雅、结构之完善、南北曲调之融合、世俗人性之抒发、教化观念之表达，构成了以民间文化为底色，以文人审美为升华的双重文化色彩与开放包容的文化品格。

在近千年中，地方戏曲一直是台州民俗生活的有机组成部分。台州人特会看戏，特别是节庆和庙宇开光之日，几乎离不开戏曲。清代王弘撰《山志》说台州人："民不知书，独好观剧。"台州戏曲演出频繁，外来的如越剧、京剧、昆剧等和本土的乱弹、平调、滩簧等百花齐放，演出贯穿全年（7—8月有些戏班歇夏休整）。除了在特定时期戏曲活动受到影响外，戏曲在台州长盛不衰。民间演出花开灿烂，民营剧团规模大、数量多。每个县都有数量众多的剧团，如民国存在的诸多乱弹剧团、中华人民共和国成立后蓬勃发展的民间越剧团等。据《临海县志》介绍："1952年（临海县）全县有188个农村剧团，从业人员5000余，创作剧本392本。"[①]可以想见当时戏曲活动的盛况，农村剧团数量众多，黄岩县不仅有众多的农村剧团，还有5个专业戏曲剧团，[②]剧团数量众多。

截至2016年，台州市登记在册的民营剧团有179家，常年坚持演出活跃的剧团约80家，涉及的剧种如越剧、京剧，地方戏曲、曲艺品种如台州乱弹、台州道情、黄岩滩簧、三门平调、玉环鼓词、山兵高腔等约为15个，从业人员约4241人，[③]年演出总量超过35170场，营业额24320万元。据公开资料显示，浙江省是全国最大的戏曲演出市场之一，约占全国的10%，而台州市约占浙江省的25%，台州市戏曲演出市场放在全国，也是规模较大的，其中民营剧团是台州文艺演出团体的绝对主力军。（见表9.1、9.2）

---

① 临海县志编撰委员会：《临海县志》，杭州：浙江人民出版社，1989年，第550页。

② 黄岩县志编撰委员会：《黄岩县志》，北京：三联书店，1992年，第430页。

③ 登记在册的演职员人数不很准确，由于存在"路头班"、未登记无证套名演出等现象，实际从业人数应当超过此数。

表9.1　台州市农村演出市场及民营剧团调查表

| 名称 | 民营剧团数 | 活跃剧团数 | 年演出场数 | 演出种类 | | 专门戏台数 | 演职员总数 | 年营业额（万元） | 年度观众总人数（万） |
|---|---|---|---|---|---|---|---|---|---|
| | | | | 越剧数 | 地方戏数 | | | | |
| 椒江区 | 11 | 9 | 2700 | 2620 | 80 | 78 | 340 | 2200 | 514.75 |
| 黄岩区 | 8 | 5 | 3203 | 3203 | 0 | 82 | 325 | 1760 | 364 |
| 路桥区 | 10 | 6 | 2866 | 2866 | 0 | 202 | 280 | 1896 | 226 |
| 临海市 | 41 | 15 | 4562 | 3426 | 1136 | 472 | 1078 | 2500 | 740 |
| 温岭市 | 36 | 9 | 5560 | 5660 | 0 | 139 | 393 | 2550 | 770 |
| 玉环市 | 20 | 7 | 2800 | 900 | 500 | 76 | 239 | 3000 | 400 |
| 天台县 | 11 | 4 | 2386 | 2000 | 386 | 236 | 382 | 3000 | 320 |
| 仙居县 | 10 | 7 | 4093 | 4093 | 0 | 156 | 304 | 3214 | 410 |
| 三门县 | 32 | 15 | 7000 | 6900 | 100 | 412 | 900 | 4200 | 560 |
| 汇总 | 179 | 77 | 35170 | 31668 | 2202 | 1853 | 4241 | 24320 | 4304.75 |

注："民营剧团数""已登记在册数"数据来源于2016年浙江省委宣传部文化产业平台数据。其他数据由各县市区文广新局提供。

表9.2　台州民营剧团基本情况表

| | 剧团数 | 民营与国有比例 | 剧种 | 从业人员 | 年演出场次（万场） | 营业额（亿元） | 观众 |
|---|---|---|---|---|---|---|---|
| 浙江省 | 近1000 | 94 | 25 | 20000 | 21 | 10 | |
| 台州市 | 179 | 100 | 15 | 4241 | 3.52 | 2.43 | 4305 |
| 占比 | 18% | | | 21.2% | 16.76% | 24.3% | |

注：浙江省数据取自《中国文化报》2016年9月9日报道。

　　目前台州的戏剧演出最为流行的剧种是越剧，而乱弹、平调、道情、莲花落、花鼓戏等剧种、曲艺也有一定市场。台州人喜爱看戏，市场发育良好。传统婚俗"洞房经"，其唱词很多取材于戏曲故事。另外值得注意的是，自从1989年国有越剧团等剧团逐渐解体后，活跃在台州大地上的剧团大都是民营剧团。

# 第二节　台州乱弹的地域风貌

台州乱弹是台州最具代表性的地方剧种，脱胎于南戏，形成于明末清初。《中国大百科全书·戏曲曲艺卷》记述，乾隆年间，戏曲剧种有了花部和雅部之分，出现花雅之争，雅部专指昆曲，花部即指各种地方戏曲，称为"花部乱弹"或"乱弹"，距今已有近四百年的历史。其间虽几经沉浮，但最终花开灿烂，古老的乱弹焕发青春，成为台州地方文化的重要代表。

## 一、台州人唱乱弹——台州乱弹的由来

作为浙江四大乱弹之一，台州乱弹是现今唯一以"乱弹"命名的地方剧种。流行于浙江东南部，以台州为中心，旁涉温州、宁波、绍兴及金华、丽水等部分地区。历史上台州乱弹几经沉浮，直到2005年重组乱弹剧团，开始走上发展快车道。2006年，台州乱弹被国务院确定为首批国家级非物质文化遗产代表性项目，从此台州乱弹被外界广为知晓。台州乱弹是现存中国戏曲中历史最悠久、演出形态最古老、表演艺术最具特色的剧种之一，是戏曲百草园中颇具古韵遗风的活化石。

台州乱弹，原系由台州籍演员为主的班组，以唱乱弹为主，兼唱皮黄（徽调）、高腔、昆腔、滩簧（词调）及"时调"的"合班"性戏曲班社所演的戏的统称。[①]其名称来历为：明万历年间，昆腔、高腔在台州一带流行，清初，北方梆子秧歌和梆子乱弹传入台州，乱弹腔在台州黄岩一带兴起。清中叶后，乱弹在台州非常兴盛，黄岩当时是乱弹班社最多、最为著名的区域。以紧乱弹、慢乱弹、二焕为主干的唱调，兼唱其

---

① 中国戏曲音乐集成编辑委员会：《中国戏曲音乐集成·浙江卷下》，北京：北京出版社，2001年，第913页。

他流行腔调和"时调"，形成多腔合一的戏班，黄岩人称之为"乱弹班"，剧种成为"乱弹"。由于受台州黄岩方言、民俗、民间艺术和价值观的影响，逐步形成唱腔丰富多彩、道白通俗本土化、表演文武兼备的黄岩地方特色戏曲，故有"黄岩乱弹"之称，因黄岩县属台州府管辖，故又称"台州乱弹"。

台州乱弹是浙江省传统戏曲剧种之一，也是台州地区仅存的地方剧种，唱腔十分丰富，以乱弹为主，兼唱昆曲、高腔、徽调、词调、滩簧等，是全国少有的多声腔乱弹剧种之一。剧种特色是"文戏武做、武戏文唱"，其舞台语言以中原音韵结合台州官话，充满民语乡韵，通俗易懂，别具特色。伴奏乐器有文场、武场的分别，文场分丝竹管弦乐曲和唢呐曲两类，武场分闹台锣鼓和表演锣鼓两类。台州乱弹的脚色行当分"上四脚"和"下四脚"，"上四脚"包括生、旦、净、丑，"下四脚"包括外、贴、副、末。台州乱弹原有剧目三百多曲，其中本家戏"七阁、八带、九记、十三图"尤为著名。其"打插桩""耍牙""双骑马""钢叉穿肚""风火球"等独门绝技，均为人称道。

## 二、古韵遗风——台州乱弹的历史演进

台州是南戏的发祥地之一。五代时，台州就出现参军戏，1987年，台州黄岩灵石寺塔发现了一批作于北宋乾德三年的阴线浅刻戏剧砖。到宋时，台州戏曲就已经非常普及。北宋时台州戏剧活动频繁，其演出开始有固定场所，称之为"瓦舍"，在台州也称为"勾栏"。南宋时，府城临海城内有"勾栏""勾栏巷"。据康熙《临海县志》记载："有兰巷，旧名勾栏。"因"勾"与"狗"同音，改"勾栏"为"有兰"，至民国年间又改作"友兰"，沿用至今。唱的是海盐腔，《临海县志》在戏剧一节中记载："府城临海当盛海盐声。"南宋时期温州九山书会才人编撰的南戏

《张协状元》中，有"台州歌"等曲调。到了元代，在宋杂剧、南戏和金院本的基础上发展形成了元杂剧。元杂剧是中国古代戏曲艺术的高峰，它标志着中国古代戏曲艺术已经发展成熟。台州在元代开始流行杂剧、南戏，出现了《双珠记》《金印记》等一批戏曲作品。明代中叶以后，剧本体制又有了许多新的创造，在宋元南戏和金元杂剧基础上出现了传奇和杂剧，并且表演艺术也有了新的提高。明传奇因地域的不同，音乐声腔也不同，分为海盐、余姚、昆山、弋阳四种，其中昆山腔、弋阳腔流传最为广泛。与传奇并存的杂剧在流传中，在保持元杂剧主要艺术特点的同时，还受传奇的影响，在演唱曲词和语言方面进行了若干改革。高腔和昆腔亦在台州逐渐兴起，台州戏曲开始兴盛。此时，台州产生了戏曲家陶宗仪、秦鸣雷等。陶宗仪《南村辍耕录》记载了大量台州戏曲资料。台州元宵节提前一日开闹，据说与秦鸣雷有关，有诗云："十五月亮十六圆，台州百姓庆团圆。竹枝歌词到处唱，民间争说秦状元。"

明末清初，因为戏曲的民间化和通俗化，戏曲舞台不再为传奇戏独占，先后出现了昆曲、高腔折子戏以及地方戏，"乱弹"兴起。戏曲的表演场所也由厅堂变为了茶肆歌台。在发展过程中，乱弹腔与昆腔、高腔、徽调、词调、滩簧逐渐熔为一炉，终于形成独具地方特色的戏曲剧种——黄岩乱弹。清乾隆十八年至二十八年间，章安李惠卿创办"山滨高腔班"，是台州乱弹的前身。台州仍留有清乾隆年间的戏箱，现保存于山滨村李氏宗祠。清代以来，乱弹在台州一带迅速流布，并与当地的语言相结合，形成了台州特有的地方性剧种"黄岩乱弹"。徐珂在《清稗类钞》中载："乱弹班乾嘉时开始盛行。"也说明乱弹在清时的盛况。在清中叶时台州黄岩有三个"老乱弹班"，分别为"一品玉""大连庆""老乱弹"，都是以会否唱昆腔为首要标志。它与周边地区的乱弹，如温州、金华等地区的乱弹，从源流上看基本相似，音乐结构与基本旋律，以及配器与行当等方面，均大同小异。台州乱弹所用的舞台语言，是有地方特点的"台州官话"，或称为"黄岩读书音"，丑行则经常使用台州地方土语。

从唱腔分析，乱弹最初以唱昆腔、高腔为主。康乾时期，会唱昆腔的称"上肩班"，乾隆中叶时乱弹诸腔的勃兴，推动中国戏曲发展进入一个新的高潮期，台州乱弹也迅速繁荣。清中叶后，乱弹腔的勃兴和流行，使向来受欢迎的高腔与昆腔渐受冷落，为适应群众需要，台州艺人多兼唱乱弹，从而在台州地区形成了既有高腔班（如临海、黄岩的高腔班），又有昆腔班（如临海的蒋家山昆腔班），更有兼唱昆腔、高腔、乱弹腔的"和合班"，出现多种班社并存的局面。到清末民初，乱弹腔逐渐被大众所喜欢，戏曲演出开始形成以乱弹腔为主，兼唱皮黄（徽调）、高腔、昆腔、滩簧（词调）及"时调"，发展出多腔合一的唱调。

清末民初，台州乱弹（黄岩乱弹）到达全盛时期。当时台州主要的戏班都以唱乱弹为主，几乎村村筑台唱。在28个乱弹班里，只有3个"上肩班"（唱昆腔），如黄岩的"新花台"，其余以唱乱弹腔为主，繁盛由此可见一斑。清代以来，台州乱弹在戏剧演出中占据着最重要的地位，或者说，它已经成为台州戏剧演出的主导样式，占据了最大的市场份额。不仅在台州，而且在宁波、丽水、温州等地都流行"乱弹"。其时，"乱弹"是宁波城内外流行的主要戏曲剧种，据宁波《鄞县志》载，至清光绪年间仍有"黄岩乱弹、绍兴乱弹演于鄞"，可谓盛极一时。

台州乱弹有南北之分，大致以灵江为界，分为"山里乱弹"和"山外乱弹"两种，其实这里就体现出台州乱弹内部的南北差异，当时民间有"山里乱弹不出山，山外乱弹不进山"之说。根据李子敏的研究，"山里乱弹，长于做功，活动于临海、天台、仙居、三门、象山等地；山外乱弹，长于唱功，主要活动于黄岩、温岭及温州的中部、北部地区"[①]。

---

① 李子敏：《台州乱弹及其声腔》，《中国戏曲音乐集成·浙江卷·台州本》第1册，未公开出版。

乱弹在20世纪三四十年代开始进入低潮。这个时期恰好也是越剧走向成熟之际，其时，越剧从台州北部毗邻的嵊县、新昌以及宁波一带开始逐渐渗透进台州地区。从20世纪40年代以后，越剧取代了乱弹，成为台州地区的强势剧种。在20世50年代初，台州已经没有成形的乱弹班社，当地的戏班几乎全是越剧班。1951年7月，台州越剧团成立（当时叫"台州实验越剧剧团"，1953年改名），属台州地区直管，是当时层次最高、演出规模最大、水平最高、获奖最多的剧团。在1952年成立的还有"台州木偶剧团""台州杂技团"。其时，台州乱弹剧团不复存在，乱弹走向式微。

在越剧称霸戏坛时，乱弹处于沉寂期。为挽救台州乱弹，1952年10月，乱弹艺人俞宝玉聚集流散艺人27人，在黄岩路桥南山殿组班，称为"台州乱弹剧团"，1953年易名为"黄岩新芳乱弹剧团"。1956年该剧团开始获得政府资助，这个剧团此后成为台州地区政府所属的唯一的乱弹剧团，几乎是独自支撑着台州乱弹这一地方剧种。[1]该剧团1970年改名为"台州地区文工团"，从那时开始，"台州乱弹"成为该剧种的专有名称。1982年成立椒江市，剧团划归椒江，仍称"台州地区乱弹剧团"。1985年起逐渐衰落，1989年随着台州国有剧团的解体，已经不能演出。其时，台州乱弹已经基本消亡。1997年，有艺人从周边地区招收一些会唱部分乱弹剧目的演职员，在政府支持下试图恢复台州乱弹，但这一尝试并未成功，乱弹如春光乍现，韶华转瞬即逝。

2005年，在台州市、椒江区两级党委、政府的重视和关爱下，崭新的剧团应运而生，并更名为台州海东方乱弹剧团（即现今的浙江台州乱弹剧团）。新剧团建立以来，在继承传统基础上大胆创新，逐步形成了兼具现代审美和古调本色的戏剧风格，剧团复排、创排了16本大戏和30多

---

① 胡来宾编著：《台州乱弹》，杭州：浙江摄影出版社，2009年，第46页。

出折子戏，先后获得了各级奖项30多个。成立至今，累计各种演出场次2000余场，近五年平均每年在250场次左右。

2011年，剧团赴德国参加欧洲规模最大、历史最悠久的第27届国际文化戏剧节展演，荣获特等奖。2012年2月，剧团受文化部委派，赴新西兰参加当地主流社会举办的元宵灯会展演，新西兰总理亲临现场观看，15天19场的演出活动盛况空前，观摩人数逾30万人次。2013年，时隔30年后，台州乱弹重回省城汇报演出，精心打造的折子戏《小宴》，在全省珍稀剧种会演中大获全胜。2015年11月10日《戚继光》在上海国际艺术节戏曲单元亮相，2016年2月23日《戚继光》登陆国家大剧院，2018年荣登春节联欢晚会，2019年4月22日台州乱弹大型现代戏《我的大陈岛》隆重首演。台州乱弹正迎来春天。

### 三、乡音乡情——台州乱弹的地域风情

各种地方戏都是从各地的乡情乡音中生发出来，以其独具之地方特色在百花丛中竞放异彩，斗妍争芳。地方戏之地方性并不仅指语言和音乐，还包括宗教信仰、故事题材、舞台风貌、语言声韵、唱腔韵味诸多因素综合而成的整体风格，其中以地方民俗、语言及由语言而生的音乐（唱腔）的地方特色最为鲜明。

#### （一）因信俗而生——与寺庙关系密切

台州靠海，像温州、福建等沿海地区一样，宗教活动较盛。可以说，任何一个戏曲剧种的发展都与宗教活动息息相关，英国学者龙彼得认为戏剧源于宗教仪式是世界共通的规律，他在《中国戏剧源于宗教仪式考》中说："演戏基本的功用即是在表现敬意……对大部分中国人而

言，演戏最主要的功用还是在节庆中表现对神的敬意。"①

台州寺观中的佛事和道教场所演奏（唱）的戏曲腔调在清至民国时期大多是乱弹腔调。台州演戏的地点和形式大多是庙会戏，俗称"老爷戏"，即"神诞戏"，每逢神诞之日（包括神的忌日）必要演剧娱神。据考证，自明代开始，台州各地城镇、村坊竞相构筑庙台，搭棚演戏，一年数举，一演数台。张岱在《陶庵梦忆》中载："天台多牡丹，大如拱把……花时数十朵，鹅子、黄鹂、松花、蒸栗，萼楼穰吐，淋漓簌沓，土人于其外搭棚，演戏四五台，婆娑乐神……"庙台演出也日渐普遍，每逢庙神寿诞，民众必请来戏班演戏，既酬神又娱人，遂成习俗，这是典型的台州民间宗教信仰中多教相融的复合性。

在清代台州戏曲活动的鼎盛时期，台州村村有庙，庙庙有台，不少村坊建有两座或三座庙台，寺庙在台州俗称"保界庙"，逢庙神寿诞演剧，求神护佑吉利平安。据黄岩宁溪《王氏宗谱》记载，明嘉靖四十三年（1564）春，山东按察使佥事、黄岩人王铃监造五圣庙，并附建戏台于庙前龙舌桥上，每岁"三月、五月、九月中旬，迎八宅神演剧，每宅各值一日，轮年为首保"。黄岩鼓屿护国庙，在主庙和行宫各建一座戏台，主庙戏台逢每年的正月十五、四月十四、九月二十八邀戏班演剧；行宫戏台逢每年的六月十八演剧三日四夜。再如黄岩沙埠东岳庙，一庙三戏台，每年的正月初四、三月二十八、九月初二和九月十九均请戏班演剧，每次演三天四夜共七场戏。百姓称之为"沙埠大殿"，惜于1956年焚毁。椒江的城隍庙，始建于明初，嘉靖年间，戚继光曾在海门卫（今椒江）屯兵抗倭，此庙即为屯兵处。"看楼"系明初时所建，现存庙台则为清时所建。从建筑总体布局看，建"看楼"同时建有戏台，此庙现已辟为戚继光纪念馆。光绪《黄岩县志》记载，"民间遇社庙神诞演剧，必

---

① 龙彼得：《中国戏剧源于宗教仪式考》，王秋桂等译，台北《中外文学》第7卷第12期。

招致亲朋观剧"。据卢惠来先生统计，仅黄岩城就有庙台三十二座之多，如三官堂、后斗宫、广济庙、观音堂、城隍庙、东岳庙等，均建有庙台，每年演剧少则一次，多则三次，每次演剧至少三日四夜，共七场。这样，仅黄岩一城，每年即要演剧至少二百五十场。

台州地方戏曲，可以说是台州民众娱神的戏曲。台州有不少地方地处沿海，渔民出海为图吉利，往往要演戏"请神"，乞求平安。为祭祀神灵而演戏娱神，与其说娱神还不如说是娱人。以娱神的名义，名正言顺地解决了演戏的经费，又给人带来快乐，这是一件快意之事。

从形式讲，民国前演出以乱弹为多，1949年后，虽然越剧逐渐成为主流，但乱弹在民间从来没有断绝过。在村落撤并前，台州6000多个自然村有寺庙6600多个，供奉的神道种类繁多，几乎全国庙宇中佛神道神等都可在台州找到，不同"老爷"寿诞不同，庆典活动时间不一，造成不同村落之间"做戏"你方唱罢我登场的热闹场景。越剧、乱弹及其他地方戏曲成为社戏的必然选择，老爷寿日"做戏"庆典习俗在台州生生不息，老百姓看戏成为生活的组成部分。

### （二）台州"官话"——乱弹的特有语言

戏曲的演唱，向来是衡量演员艺术水平高低的重要标志。宋代沈括在《梦溪笔谈》中说："善歌者谓之'内里声'，不善歌者，声无抑扬，谓之'念曲'。"明代王骥德《曲律》有"乐之筐格在曲，而色泽在唱"之说，好的唱腔需要好的歌唱，方能悦耳动听。

与重文采之"雅"文学不同，曲文宾白口语化、俚俗化，多用方言熟语、谚语，活泼生动，适合剧中人物表演。徐渭在《南词叙录》中评论道："句句是本色语，无今人时文气。"在声情演唱上，"声情多，辞情少"，意思是一个字经常有很长的唱腔，可以酣畅自由地抒发脚色情感。

台州是明代四大声腔之一海盐腔的流行地，海盐腔和昆山腔、弋阳腔都是没有丝弦伴奏的声腔。清初，乱弹腔传入台州，与加入笛子和丝弦伴奏的昆腔及由弋阳腔演变的高腔互相混合共存，逐渐发展为多声腔演唱的黄岩乱弹。乾隆中叶乱弹诸腔的勃兴，是我国戏曲发展史上又一个高潮。清代焦循在《花部农谭》的序言中说："郭外各村，于二八月间，递相演唱，农叟渔父聚以为欢，由来久矣。"又说："天既炎暑，田事余闲，聚众柳荫豆棚之下，侈谭故事，多不出花部所演。"

台州乱弹的演和唱，具有浓郁的乡土韵味和生活气息。台州乱弹的舞台语音属吴语系，以中原音韵字音为基础，结合台州的方言声调而形成极具地方特色的"台州官话"。其发音、用嗓和演唱方法，因行当不同而异。旦角（青衣、花旦、老旦），以假唱（俗称"阳喉"）为主，兼用真假嗓相结合的方式演唱，乱弹小花脸角色则较多地使用台州方言土话，更增加了浓郁的乡土气息。生行中小生，真假声相结合，以真声为主的半嗓演唱，不用细嗓。他们在演唱悲哀的唱段时，往往将农村妇女啼哭时的抽泣声、吸气时气息振动的"提咽"声，以及微微颤抖的声音，统统吸收运用于唱腔中，用以表现悲伤的情绪，从而渲染了悲剧气氛。老生、老旦多用真声，老生重点在"堂音"和"虎音"，老旦则多用脑后音演唱。大花脸多用"炸音"。红生大花脸是受京剧的影响而划分出来的行当，其要求颇严，须具有老生的气质、花脸的做派，用嗓要求洪亮、苍劲、刚毅，道白铿锵有力，介于"炸音"与真声之间，而以"炸音"为基础。乱弹这种上下句对偶结构的板式变化，有易懂、好听、易记、易上口等特点，这是之前高腔、昆腔等曲牌所没有的，因而最受"农叟渔父"的欢迎。

台州乱弹的舞台语音以中原音韵为字音基础，结合台州的方言声调而形成，俗称"台州官话"，其字调如：诗（阴平，调值为443），时（阳平，调值为211），史（阴上，调值为445），士（阳上，调值为211），试（阴去，调值为44），事（阳去，调值为312），实（阴入，调值为5），舌、热（阳入，调值为2）。台州乱弹在1963年建立完整的剧本、导演制度以前，基本属于路头戏的范畴，因此在传承过程中出现一些无法解释或无法用文字表达的台州俚语、土话，也有一些粗俗的脏话。

台州乱弹唱腔十分丰富，由乱弹、昆腔、高腔、徽戏、时调、滩簧等六大声腔组成，声情并茂，或温婉，或激荡，其舞台语言为中原语音结合台州官话，充满乡韵，独具特色，是全国少有的多声腔乱弹剧种。（图9.4）

为了传承台州乱弹，乱弹剧团在黄岩第一职业技术学校开设"台州乱弹专业班"，生源大多数是黄岩、路桥人，因台州乱弹最初的名字就是"黄岩乱弹"，唱的就是字正腔圆的黄岩话。

图9.4　台州乱弹送戏下乡时的剧照

### （三）扬善惩恶——乱弹的基本价值观

王国维说："戏曲者，谓以歌舞演故事也。"（《戏曲考原》）中国戏曲内容通常通过形象的动作和生动浅显的语言、优美的唱腔来表现，它塑造一幅幅具体的画面和动态场景，直接诉诸人们的视觉、听觉感官，让人获得精神上的愉悦，从而起到教化的功能。观众和演员之间有了近距离交流，即使再简陋的舞台，不停地演绎着帝王将相、才子佳人的古今故事，淳朴百姓总是看不厌剧中惩恶扬善的表演。清代焦循在《花部农谭》的序言中说："其事多忠、孝、节、义，足以动人；其词直质，虽妇孺亦能解。"

台州的城镇、渔村和山乡，一年四季演戏名目繁多，各地叫法虽不尽相同，却大体相似。从农历正月起，正月演"年戏"，初五一过唱"灯戏"，二月唱（酬）"神戏"，三月唱"青（苗）戏"，四月唱"庙（会）戏"，五月唱"端阳戏"或"龙舟戏"，六月唱（祭）"田祖戏"，七月唱"鬼戏"，八月，农民唱（求）"雨戏"、渔民唱"龙王戏"，九月庆丰收，唱"平安戏"，十月、十一月唱"祠堂戏"，十二月唱"贺戏"，如生、寿、婚、嫁等。但无论何种戏，都和台州人民的善恶观、义利观和习俗等相关。

民间钟情本土生活、喜欢大团圆、追求和合美满生活、强调义利兼得、崇信佛道，讲究直白通俗，体现在戏曲上，选择剧本往往与之相关，极富地方色彩。如乱弹传统剧目《清风亭》传唱四百余年而不衰，该戏又名《天雷报》《雷神张继保》，清代焦循《剧说》中提到"今村中演剧，有《清风亭·认子》"，并在《花部农谭》中记载了全剧的故事。《清风亭》在民间影响很大，有震撼人心的悲剧力量。焦循说他幼时观看演出，农村观众"其始无不切齿，既而无不大快。铙鼓既歇，相视肃然，罔有戏色；归而称说，浃旬未已"。该戏充分反映了台州古代人民的道德观。

1956年高腔《小金钿》片段被改编为乱弹，戏名叫《奇缘配》，后改名《斩蛟》。《斩蛟》描写奸臣之女金莲大义灭亲，与忠良之后刘邦瑞，结为夫妻。逃难途中不畏强暴，智胜强人"独角龙"李蛟，为地方铲除一大害，夫妻得以团聚。1959年将家喻户晓的民间曲艺道情《金满大闹台州》改编为《闹台州》，1961年编写了以戚继光在台州海门造舰抗倭为背景的《双斧记》。同年将乱弹传统戏《奇缘配》改编为《拾儿记》，该剧成为台州乱弹的大型剧目，描写豆腐佬王小三搭救被汉奸迫害的梁文焕，收他为义子，并将女儿梅英许配给他为妻。《拾儿记》一直受台州一带观众的认可与喜爱，除了本身以台州"歌舞"（戏曲化）演台州"故事"外，最重要的当然是台州的民俗风情、村言俚语在剧中的尽情表现。比如全局戏眼——辬野祀，就是旧时黄岩穷人野外拜神祈求幸福平安的一种风俗，而豆腐佬王小三挂起采油灯磨豆腐的场景是黄岩特有的。王小三为辬野祀，夜里慌忙中错穿白氏的一只鞋出门时，一句"前头紧略略，后面宽嗒嗒"和稍后的"双眼墨黑、苦头吃煞"，以及白氏初见梁文焕时的"见面钿、利市钿要格"等台州话，便显现了底层人物所具有的乐观、幽默的潜质。此剧故事离奇曲折，乡土气息浓郁，极富地方民俗特点，被专家誉为"中国剧坛上散发着浓郁地方特色的一朵兰花"①。台州乱弹新编折子戏《吕布与貂蝉·小宴》是三国戏《连环计》中的一折，是台州民间极为喜欢的故事，其内容充满浓郁的风土民情，与台州人民追求和合、惩恶扬善的价值观融于一体，有"天下第一宴"之称。

## （四）传统与时代交相辉映——乱弹的发展

台州深厚的传统文化与改革开放的时代精神相融合，形成了"敢冒险、有硬气、善创造、不张扬"的台州人文精神，也形成"山的硬气、水的灵气、海的大气、人的和气"的台州"四气"。台州乱弹在新时期改编和创作并重，在新创大型乱弹剧中，深入挖掘台州文化的内涵和精神，突出台州文化、弘扬台州精神、强化台州特色、讲好台州故事、塑造台州品牌。这里，历史积淀与现代文明和谐共生，传统文化与时尚潮流交相辉映，彰显文化台州新形象。

2015年原创台州乱弹新编历史剧《戚继光》以史诗般宏大叙事，截

---

① 王小天：《台州乱弹研究》，苏州：苏州大学出版社，2014年，第145页。

取了戚继光剿灭倭寇"台州大捷"这一段，通过"三箭杀三酋"、上
《练兵议》、招练义乌兵、研制"鸳鸯阵"、花街破敌等情节，集中表现
了戚继光卓尔不群的辉煌战绩和大忠、大智、大勇的家国情怀，并在历
史的硝烟中走进主人公的精神世界，表现其誓死守护海疆、保境安民、
生死不渝的赤诚之志。剧目多维度地呈现了人物命运背后的文化历史背
景、社会制约因素等丰厚的意蕴，从而让观众更好地领悟、继承和弘扬
戚继光留给后世的精神财富。该剧受到多方面的好评。（图9.5）

图9.5　台州乱弹新编历史剧《戚继光》剧照

2019年4月22日，新排的台州乱弹现代戏《我的大陈岛》首次公演
在椒江剧院拉开帷幕。该剧旨在以台州乱弹这种传统戏曲表演形式，再
现"艰苦创业、奋发图强、无私奉献、开拓创新"的大陈岛垦荒精神。
剧中叙述，1955年2月12日，国民党军队撤离时，带走了岛上的全部居
民，炸毁了一切军事和民用设施，美丽的海岛顿时满目疮痍，成了荒岛、
死岛。为响应"建设伟大祖国的大陈岛"的号召，从1956年2月到1960
年7月，共有5批467名垦荒队员到大陈岛志愿垦荒，奏响了一曲改变海
岛凋敝面貌的英雄壮歌。第一批垦荒队员王宗楣曾说："只要党需要我，
要我到哪里去，我就到哪里去。"《我的大陈岛》演绎的正是这段动人心

扉的故事。古典和现代结合，音乐和唱腔融合，聚光灯下，节奏鲜明的音乐响起，一批满怀热情的年轻垦荒队员踏上荒凉贫瘠的大陈岛，他们立志用青春和汗水将大陈岛建设成美丽的家乡，有一个困难，解决一个困难。有十个困难，解决十个困难。抉择与考验，爱情与希望，艰苦与挑战，在这美丽的海岛上轮番上演。该剧列入当时文化部戏曲剧本孵化计划，受到社会广泛关注。（图9.6）

图9.6 台州乱弹现代戏《我的大陈岛》剧照

台州乱弹的复兴和辉煌代表了我们在非遗保护上取得的成就，但同时也应看到，随着经济社会的高速发展，随着许多传统民俗的衰败消亡，戏剧的生存空间正在被挤压。影视、网络、手机等新媒体娱乐方式的普及，当代多元文化的冲击，艺术欣赏走向多元化，受众主体的思想观念也发生了改变，其兴趣爱好或被其他娱乐活动所取代，戏剧面临着严峻的考验。在这种情况下，实现与民俗精神的契合，创造当代传统文化空间，让当代人对传统文化产生群体认同感，无疑是使戏剧获得长足发展的"生态"保证。但乱弹的腔调偏硬、偏刚，语言又属台州土话，较为艰涩难懂，在普通话大行其道，方言逐渐成为老一辈的话语时，年轻一代逐渐失去对方言的兴趣。以方言为载体的乱弹在年轻人中少有市场，商业演出空间狭小。如何让年轻人认同乱弹，是我们这代人的主要任务。也就是说，地方戏曲不活在当下，它就没有未来，"一切历史都是当代史"，没有传统的延续，现代化无从谈起，只有立足传统，我们才能保护、传承和弘扬我们的文化，民俗如此，戏剧亦如此。

### 附：台州乱弹取得的成绩

2005年，浙江台州海东方乱弹剧团成立。

2006年，台州乱弹被国务院确定为首批国家级非物质文化遗产。

2011年4月，剧团首次走出国门，赴德国参加欧洲规模最大、历史最悠久的第27届国际文化戏剧节展演，荣获最高荣誉"特别奖"。

2012年3月，剧团更名为浙江台州乱弹剧团，首挂"省字头"。

2013年12月，折子戏《小宴》参加全省珍稀剧种会演，首获头魁。

2014年，台州乱弹剧团出访新西兰，演出获得巨大成功。

2014年5月，新编历史剧《戚继光》入围浙江省第九批文化精品扶持项目。

2015年2月，朱锋表演的乱弹折子戏《小宴》选折首次亮相央视春晚，是浙江继越剧后上央视春晚的第二个剧种。

2015年，路桥区於含悠在全国"第19届中国少儿戏曲小梅花奖"总决赛中，荣获地方业余组中国少儿戏曲"小梅花"金奖和"十佳小选手"称号。

2016年11月，现代小戏《老村新路》获全国大赛优秀剧目金奖、优秀编剧奖、优秀导演奖、优秀音乐设计奖、优秀演员奖、优秀组织奖等全部奖项，首获全国大赛大满贯。

2016年，台州乱弹《戚继光》到上海巡回演出，登上北京大剧院，鲍陈热获第三届浙江戏剧奖·金桂表演奖。

2017年，浙江台州乱弹剧团朱锋获"新松计划"全省青年戏曲演员大赛二等奖。

2017年4月，新编历史剧《戚继光》选折登上央视"五四晚会"，首次参演"青年春晚"。

2017年6月，央视戏曲频道黄金时段一连播出了台州乱弹2个折子戏共25分钟，首次在央视黄金时段播出。

2017年7月，现代小戏《老村新路》获得"国家艺术基金2017年小型剧目和作品创作"资助项目，首获国家艺术基金资助。

2017年7月，新编历史剧《戚继光》获得浙江省"五个一工程"奖，这是剧团首次获省"五个一工程"奖，也是台州自创剧目首获此大奖。

2017年12月，台州乱弹戏曲小品《老村新戏》荣获2017年中国农民艺术节"优秀农村题材戏曲小品"唯一的一等奖，这是台州文艺作品首次获得此活动的最高奖。

2018年3月，台州乱弹现代戏《我的大陈岛》入选全国剧本孵化计划项目一类作品。

2019年，台州乱弹现代戏《我的大陈岛》获得浙江省"五个一工程"奖。

2019年4月28日，台州乱弹大型现代戏《我的大陈岛》在浙江省人民大会堂上演。

2020年3月10日，浙江省文旅厅发文公布了浙江省舞台艺术"1111"人才计划培养对象名单，全省36人入选，其中地市共9人（戏曲院团仅7人），台州乱弹尚文波和鲍陈热分别入选导演类和表演类培养人才。

# 第三节　临海词调的地方风味

临海词调又称"才子调""仙鹤调"，流行于浙江省临海市及周边地区，是台州民间艺术的一朵奇葩。由南词、昆曲和民间小调等曲种的声腔、音乐，结合本地方言，逐渐演变而成，至今已有近五百年的历史。临海词调音乐优美柔婉、缠绵动听，词调的声腔非常讲究"字清、腔圆、音准、板稳"八个字。强调"句句有神，字字有功"，行腔自然，圆润舒展，深受临海乃至台州百姓喜爱。2005年5月列入首批浙江省非物质文化遗产代表性项目名录，2008年5月，列入国家级非物质文化遗产代表性项目名录。

## 一、古朴清雅的才子调——临海词调缘起

临海词调起源说法不一。元末明初文学家、黄岩人陶宗仪《南村辍耕录》载："唐有传奇，宋有戏曲、唱诨、词说，金有院本、杂国、诸宫调。院本、杂剧其实一也。国朝（按元朝）院本、杂剧始厘而二之。"[①]陶宗仪所说的"词说"，可以认为是词话或词调，当代著名戏曲理论研究专家孙楷第在《词话考》中就认为"词"应包括"词调之词"。

宋代南戏的萌芽和兴起，为临海词调的诞生奠定了历史基础。台州府城良好的社会环境和富庶的经济条件，为临海词调的发展打下了物质基础。南宋时期，台州的政治、经济地位空前提高，作为辅郡，经济发达，文化繁荣。临海勾栏巷（现称友兰巷），即为当时演出之所，巷因此而得名，可见南宋时临海戏曲演出影响之广、之深。陶宗仪文中的"词说"，是否就是临海词调的前身，已无可考，但至少能说明，在宋代已有词调一类的曲艺形式出现。明代嘉兴人，戏曲、散曲作家，以剧作《南

---

① 陶宗仪《南村辍耕录》卷二五《院本名录》。

西厢记》闻名的李日华在其《紫桃轩杂缀》称，南宋时张镃在海盐"作园亭自恣。令歌儿衍曲，务为新声，所谓'海盐腔'也"[①]。记载南宋旧事颇多的周密《齐东野语》称"（张镃）其园池声妓服玩之丽甲天下"。据专家考证，张镃家中歌童们所传唱的"新声"曲调，其实指的是宋人词调，因令海盐的歌儿衍曲，用的是海盐腔调，故称为"新声"，亦叫"海盐腔"。也有研究者认为，其实当时所教唱的"新声"，还不能认为是一种声腔，与明代专唱南曲的南戏海盐腔可能关联不大，如流沙在《海盐腔源流辨》中就认为二者无涉。[②] 但他没有否认"新声"和海盐腔的承继关系。

　　我们认为，在中国戏曲史上，张镃是对海盐腔的形成起着首创作用的关键性人物，而他最初教给家中歌童们所传唱的恰恰是词调的雏形，可见，这种"词调"对海盐腔的形成起着一定的促进催化作用。可以肯定的是，在宋末，应该出现了"词调"这种曲艺的雏形。著名学者项士元先生在《临海文化史》中认为："词调发端于南宋乐师张镃所创的海盐腔，元初杂剧家杨梓加以整理发展，明中叶海盐腔盛行于嘉、温、台一带。明末演变为词调。"[③] 祝允明《猥谈·歌曲》云："自国初来，公私尚用优伶供事。数十年来，所谓南戏盛行……妄名余姚腔、海盐腔、弋阳腔、昆山腔之类。"[④] 也从一个侧面说明明代海盐腔的流传。杨慎（1488—1559）《丹铅总录》卷一四"北曲"说："近日多尚海盐南曲，士夫禀心房之精，从婉娈之习者，风靡如一，甚者北土亦移而耽之，更数十年，北曲亦失传矣。"[⑤] 可见，海盐腔成熟的时间或当在明成化、弘治间。据

---

①　郑瑛中等：《临海词调》，杭州：浙江摄影出版社，2014年，第32页。

②　流沙：《明代南戏声腔源流考辨》，台湾施合郑民俗文化基金会，1999年，第359页。

③　台州市文广新局编：《台州记忆》，太原：北岳文艺出版社，2009年，第203—204页。

④　祝允明：《猥谈》，陶珽辑《续说郛》本，第5页。

⑤　杨慎：《丹铅总录》，明嘉靖三十三年梁佐刻本，第1页。

此，我们大致可做出一个判断，临海词调起源于宋，成熟于明。

海盐腔，为明代四大声腔之一，因形成于海盐而得名。至明代中叶风靡一时，在当时特别在南方影响很大。徐渭的《南词叙录》记载："称海盐腔者，嘉、温、湖、台用之。"海盐腔与临海词调有千丝万缕的内在联系，似乎海盐腔的兴盛期也正是临海词调的萌芽发展时期。整个明朝，海盐腔最为盛行时期应当属嘉靖年间，因台州在海盐腔传播的中心地带，临海是台州府城，所以临海词调当时影响力不可忽视。

昆山腔与海盐腔是近亲，深受海盐腔影响的昆腔兴起给临海词调注入了新的声腔元素。众所周知，南戏出自浙江温州、台州，昆山腔既为南戏声腔之一，在形成与发展过程中必受南戏已有声腔的影响，当时已有的南戏声腔为海盐腔、余姚腔、弋阳腔，海盐与昆山为近邻，同为南戏的盛行区，戏曲声腔的交流、吸收、传承最容易，其腔调自然就比较接近，因此，昆山腔所接受的南戏声腔应是海盐腔。汤显祖在《宜黄县戏神清源师庙记》中就说："此道有南北。南则昆山，之次为海盐，吴浙音也，其体局静好，以拍为之节。"可见，二者不仅语言相同，均属"吴浙音"，且体局、节拍等亦都相近。其实，声腔传承的首要条件在于曲牌与腔调是否相同或相近，昆、盐二腔"同牌同腔"并共用同类脚本，就充分证实了二者的相互影响。万历三十四年虎耕山人作序的《蓝桥玉杵记·凡例》载："本传腔调原属昆、浙……具眼者自当辨之。"又说："词曲不加点板者，缘浙板、昆板疾徐不同，难以胶于一定。"此处的"本传腔调"是指《蓝》剧的曲牌与曲腔，也同样说明这种状况。关于这一观点，杨慎《丹铅总录》及顾起元《客座赘语》也都有类似的说法。

同属南戏的金华婺剧、温州瓯剧与临海词调交互影响，使源于海盐腔的词调融合多声腔，既具有海盐腔、昆曲、婺剧等声腔，同时也有临海民间小调的影子。这种新的曲艺形式起初被称为"时调"①，因"时调"之名过于通俗有失高雅性，文人雅士将其改名为"词调"。因演唱者多是文人雅士，便美其名曰"才子词调"。词调最早名为"自调"，即人们自拉、自弹、自唱、融各种声腔于一体的一种坐唱形式——"杂型小调"。最初的"自调"，是截取海盐腔的某一精彩片段，大家坐在一起，自娱自乐，逐渐吸收当地特色的一些民歌小调。后来，由于外来戏曲如昆曲、婺剧等流行剧种融入流传，临海词调不断取其精华，去其糟粕，才形成了自己独特的演唱形式。②

临海词调的确与许多地方戏曲有着千丝万缕的联系，它的许多剧目直接来自各种地方戏剧，特别是昆曲。项士元在《临海文化史》中明确指出："从一般所唱剧目看，'回书'部分，大多来自乾隆、嘉庆年间编成的昆曲选集《缀白裘》，又有小部分来自弹词《果报录》。"《缀白裘》，是清代刊印的戏曲剧本选集，收录当时剧场经常演出的昆曲的零折戏。也就是说，临海词调的一部分演唱内容，直接来自昆曲及弹词的精华部分，它的一部分演唱方式，也就逃脱不了昆曲的影响。

因此可以说，临海词调是发端于海盐腔，形成于明朝中叶，不断吸收、融合昆曲等地方民间小调及民间时调，结合临海方言，以坐唱的形式来表演的一种地方曲艺。因为台州府地的山水和人气孕育了一大批如绍兴师爷般的文人雅士，于是便有了"府爷"，有了"府爷"清闲文化，有了"府爷"清闲文化的代表——古朴清雅的临海词调。临海词调有"台州词调""才子调"或"仙鹤调"的别称。

---

① 时调是指人们在休息、休闲娱乐时所唱的民间小调，供人们欣赏，消遣助兴。

② 从本质上讲，临海词调属于"南词摊簧"，也就是苏州摊簧中所谓的"前摊"；它的演唱形式，即《杭俗遗风》中所说："以五人分生、旦、净、丑脚色，用弦子、琵琶、胡琴、鼓板，所唱亦系戏文，如《谒师》《劝农》《梳妆》《跪池》《和番》《乡探》之类，不过另编七字句。"

## 二、雅俗共赏坐唱集社——临海词调的发展

据《临海文化史》记载，宋代临海著名词人陈克有杰出词作，词格富丽，常为伎人制作词曲，表演间以丝竹，曼声低唱，相传临海词调的前身即由此演变而来。从现有的文献考据来看，临海词调的兴盛和发展，与明嘉靖年间一个叫谭纶的台州知府有关。据汤显祖《宜黄县戏神清源师庙记》载："谭纶以浙人归教其乡子弟，能为海盐声。"将海盐腔由台州引入江西宜黄县。[①]他任台州知府回乡时，带回海盐腔戏班，教习本地艺人，并将弋阳腔融入其中，形成"宜黄腔"。他还请昆山戏曲家对台州流行的海盐腔的曲牌，以及唱腔、伴奏进行改革，强调"字正腔圆，转喉押调"，以使临海词调曲牌丰富多彩，唱词清丽工整，腔调悠扬婉转。词调由于古朴清雅，迅速在台州府城内繁衍生长，并逐渐遍及周边城镇乡村。

清朝中后期是临海词调的鼎盛时期，道光年间，出现了林心培、董林、洪珍薇等一批著名词调艺人。光绪年间，又涌现了宋淑兰、杨月悟、周新甫、秦月波等一批唱作俱佳、颇有造诣的词调艺人。其中月悟、月波精丝竹，谙音律，淑兰尤好改编剧本。表演艺人则以高星基、于秋生最负盛名。项士元在《慈园音乐琐谈》中记载："吾台音乐集团有'成文''近圣'二社。成文社之组织始于清道光、咸丰年间，以词调名，其学传至天台。"[②]临海词调的诞生和发展，与当时的社会发展和人文环境是分不开的。

民国前，临海文人雅士素有结社的风尚。"斗会"是当地的一种传统习俗，主要是艺人们为病家拜斗求寿，消灾祈福而进行的酬神祭祀活动。同时各地还有许多民间自由组合的坐唱集社。临海词调属于江浙沪

---

① 叶哲明：《台州文化发展史》，昆明：云南民族出版社，2006年，第701页。

② 杨韵：《临海词调的艺术价值及传承发展》，《浙江艺术职业学院学报》2010年第2期。

一带弹词类曲艺的一个支系，与苏州弹词、杭州南词、绍兴平湖调、四明南词等周边地区曲艺有一定的渊源关系，但在表演形式、伴奏音乐、声腔、语言上又有自己的特色。

20世纪30年代之前，参加词调演唱、演奏活动的均为男士，并根据戏剧人物角色分生、旦、净、末、丑诸行当。唱女角的男士也模仿昆剧、京剧用假嗓小腔来演唱。唱词所用的语言道白均为台州书面语，即台州官话。所用的乐器有二胡、洞箫、竹笛、三弦、琵琶、扬琴、檀板、碰钟等，以二胡为主要乐器，演奏节奏均以婉约平和为主。1934年台属六县联立的简易师范学校在紫阳街紫阳楼办了一个词调学习班，吸收了蒋桂青等少数女学生参加。排练了《大庆寿》《白蛇传》《出猎遇母》《马融送亲》等戏，在当时县政府大礼堂演了四个晚上。从此临海开创了女子登台演戏，女扮男角，把词调较为完整地搬上舞台演出的先河。

20世纪50年代，在临海市政府的重视下，成立了"临海城关业余词调剧团"。剧团为了教唱、学唱的方便，将词调的工尺谱翻录成简谱。到60年代，临海词调到了最鼎盛时期。1962年临海文教局组织了词调演唱队，参加了浙江省文化厅在宁波举行的"弹词书会"演出，以坐唱形式演唱了《小宴》《断桥》《拜月》等三个节目，获得了好评和奖励。1964年又先后排练了《凤仪亭》《马融送亲》《渔家乐》等大戏和《僧尼会》《牡丹对课》等一批折子戏，同时创作了《还猪》《一根绳子》《红管家》等一批现代小戏。当时，坐唱班除了"临海城关词调国乐业余剧团"，"临海城关手工业词调剧团"外，还有天台"榧树村词调剧团"，"温岭城关词调坐唱班"等，影响很大。临海谢鹏等人于1959年、1962年先后组织培养一批新人，演出《断桥》《扫秦》《出猎回猎》《渔家乐》等词目。1964年临海城关手工业词调剧团还演出《窑火回春》《一根绳子》等现代词目。"文革"时期，临海词调与其他民间艺术一样，受到了抑制，被打入"冷宫"。

党的十一届三中全会后，临海词调得到了临海市委、市政府领导的关心和支持。一批词调，经过民间艺人的挖掘、搜集、整理后，重获新生，走进百姓中间，重新返回舞台。一大批热衷词调的爱好者，克服种种困难，尽心搜集一批失散的传统剧目和曲牌。其中卢三军撰词，宋志仁、邵志根作曲的《江南长城千古丰碑》，大胆突破词调传统的作曲规律，采用了领唱、合唱二声部复词等手法，在临海大地唱响。该作品在浙江省曲艺征文比赛中获优秀创作奖。2000年8月，罗连星等人自发组织了演职人员35人，成立了临海词调剧团，排练了折子戏《拷红》《对课》，大戏《朱买臣》等节目。从1989年开始，临海市先后举办了六届"中国江南长城节"，临海词调作为本地的优秀曲目，成为每届长城节的重头戏，参加演出。2005年5月，临海词调被列入首批浙江省非物质文化遗产代表作名录。随后与黄沙狮子一起，作为具有杰出保存价值的优秀民间艺术，2008年被列入国家级非物质文化遗产代表性项目名录。几年来，已上演的《吕布与貂蝉》《断桥相会》《牡丹对课》《僧尼会》《朱买臣》《马融送亲》《拷红》等传统剧目，深受群众拥护和欢迎。词调成为临海和台州人民喜闻乐见的地方戏，成为临海人民的精神食粮。

### 三、自娱的风雅颂歌——临海词调的特征

临海词调的曲调以"词调"为主，分散板、中板、流水板等，唱词所用的语言道白，均为台州书面语。音乐轻柔婉转，优美动听，声腔悦耳爽心，抑扬并蓄，是一种雅俗共赏的曲艺门类。除临海外，还流传于黄岩、椒江、温岭、天台、仙居等地。

（一）音乐。词调音乐属于曲牌联缀体，其唱腔、音乐由不同曲调、不同速度、不同情绪、相对独立的多个曲牌连缀而成，临海词调常用曲牌约32种，主要有"男宫""女宫""平和""花平和""水底泛""醉花

荫""旦引""琵琶引""点绛唇""粉蝶儿"等。其基本板式有散板、平板、中板、快中板、流水板等，根据唱腔特点、故事情节、表达情绪的需要及板式本身的特点加以使用。临海词调唱腔和道白中的咬字吐字以台州方言的抑扬顿挫、轻重缓急来表现剧中人物的喜怒哀乐，其声腔一定程度上受南词、昆曲的影响。由此形成了临海词调旋律抒情流畅、飘逸清幽，节奏婉约平和、富有变化，调腔婉转柔美、自然圆润的基本风格和特征。临海词调唱腔细腻，字正腔圆，咬字吐音讲究"阴、阳、上、去"四声与曲调旋律的和谐。一字多腔分头、腹、尾三段，切音一腔数转，字少而调缓。讲究运气深沉而不浮躁，腔圆气足，转音自然柔和，悠扬悦耳。艺人们的演唱强调"句句有神，字字有功"，行腔自然，圆润舒展。

（二）坐唱。临海词调是一种坐唱民间曲艺形式。在演唱和演奏时，参加人数可多可少，大家团团围坐，手持各种乐器自拉自唱。临海词调音乐优美柔婉、缠绵动听，词调声腔丰富多彩，旋律抒情流畅，飘逸清幽；节奏富于变化，腔调抑扬优美。词调的声腔非常讲究"字清、腔圆、音准、板稳"。临海词调的伴奏乐器有二胡、洞箫、竹笛、笙、琵琶、三弦、阮、扬琴、中胡、檀板、包鼓、碰铃等，类似于江南丝竹乐队。其伴奏音乐由两部分组成，一是过板音乐，包括引子（前奏）和过门间奏，二是托腔音乐，包括随腔伴奏、衬腔伴奏、加花伴奏、对比伴奏、结尾伴奏等。曲艺音乐的乐器编配，常常会随乐队人数和演唱场所而增减。伴奏音乐对衬托唱腔，贯穿情节、塑造艺术形象起到重要作用。

（三）曲牌。临海词调有男工、女工、平和等四十余个曲牌，曲调讲究韵律，幽雅清逸，婉转动听。演唱时行腔自然，圆润舒展，韵味无穷。临海词调一般在传统民俗节日或农闲季节演出，表演者均为男子，其中的小嗓子唱旦角，粗嗓子唱花腔，道白一律采用台州官话。演唱时旦角掌握檀板，其他演员均须演奏数样乐器。众人身着长衫，手持丝竹笙弦团团围坐，自奏自唱。传统曲目主要有：《牡丹对课》《僧尼会》《断桥相会》《貂蝉拜月》《疯僧扫秦》《出猎遇母》《逼休》《凤仪亭》《渔家乐》《朱买臣》《貂蝉与吕布》《牡丹亭》《白兔记》等。曲目内容以历史故事为主，主要颂扬才子佳人的忠贞爱情和忠孝节义的传统美德。从曲目内容和音乐风格看，临海词调有着深厚的传统文化积淀。研究临海词调的文化基质和艺术特征，对于研究江南说唱艺术的历史、沿革、发展、流变，探索其内在规律，考察当地的社会历史和民俗文化，有一定的参考价值。

（四）曲目。临海词调的词目分"由头"（即开篇）和"回书"（即正书）两部分。由头有《佳人待郎》《春夏秋冬》《渔樵耕读》《大庆寿》等；回书有《果报录》《雷峰塔》《翠屏山》《渔家乐》《占花魁》《僧尼会》《烂柯山》《连环记》《白兔记》《东窗事犯》等。"短打派"也有自己的词目，主要有《分玉镜》《双玉燕》《双狮图》《双龙会》《双珠球》《珍珠塔》《满园春》《独角龙》《铁木鱼》《卖花记》《盂钵记》《包公打銮驾》《何文秀》《关公送皇嫂》等。

临海词调的曲目大多取材于历史故事和民间故事，以颂扬精忠报国的历史人物、鞭挞奸佞、讴歌忠贞爱情为主题，传统保留曲目有《三国》《水浒》《貂蝉拜月》《断桥》等30余种，辞藻华丽，格调幽雅。《大庆寿》是临海词调的典型曲目，其中包含12支曲牌，具有很高的历史文化研究价值。

## 四、风韵悠悠——临海词调的地域风情

临海词调在漫长的岁月发展过程中，不断吸收、融化南词、昆曲和民间小曲等曲种的声腔、音乐元素，结合本地方言，逐渐演变，形成自己的特色。临海词调音乐婉转悠扬，唱腔抑扬并蓄，唱词古朴典雅，表

演质朴自然，是明、清以来江南说唱艺术在台州的遗存。临海词调作为台州的本土音乐文化，它浸润着江南人文气息，彰显着临海这座千年府城的历史文化底蕴。

### （一）由雅至俗，雅俗共赏

临海词调是雅集性的自娱演唱，为文人雅士消遣解闷之用，也为富贵人家贺喜祝寿助兴。词调演唱形式不拘，场地、人数不限，多则十余人，少则三五人。艺人们在清风皓月之夜，身着长衫团团围坐在堂前屋后、庭院天井，集结自娱演唱。在佳节之时，社员们轮流做庄演唱，手持各种丝竹乐器吹拉弹唱，悠然自得，桩家只备一碟瓜子、几杯香茗，为诸文人雅士消愁解闷。一些出身清贫的低层劳动者在工余亦来个"赤卵鲜"（台州方言，意为虽穷得一无所有，但仍很乐观）——跟着搬弄起词调。清丽优雅的唱腔颇受当地老百姓的喜爱。有时受邀为富家贺喜祝寿后助兴唱堂会，每次只唱一、二出戏，多则谢绝；唱后不取分文，但须盛宴招待，以示其身份之高雅。其最大的演唱场所主要是由中老年人组成的"斗会"（又称"斗社"），为病家拜斗求寿，消灾祈福。并渐渐衍生为雅俗两派：一派为"长衫派"，由出身清高的文人雅士、悠闲子弟组成，如昭德社、成文社；一派为"短打派"，由出身清贫的底层劳动者组成，如逍遥社、风韵社。

"长衫派"以自娱自乐为主，台州府城元旦、春节、元宵节等重要传统节日往往活跃着他们的身影，鼓彩灯亭经常伴随演出，也为有钱有地位人家聘请演奏清音妙乐，有互庆互乐的性质。他们乐器精良，演奏技艺高，称为细吹亭班。"短打派"多为各地乱弹班乐师及本城出身清贫的词调爱好者组成，他们一般是应节应时凑合起来的班次，具有一定的营利性质。在节庆表演时，"长衫派"以展示娱乐为主，围观捧场者济济一堂。"短打派"表演时，不但演唱词调，还时常揉合其他乱弹，艺伶们同台演出，大至婚嫁、老丧闹庆、商店开业，小至换门换户演唱，均随路接受邀请方的红包，但一般不接受宴请。

### （二）由男到女，男女同台

临海词调的基本唱腔由"男宫""女宫"组成，这两个唱腔是先有"男宫"，后有"女宫"。"男宫"相当于南词中的"平湖调"，上句落sol，下句落re。"女宫"相当于南词中的"赋调"（即"平湖调"的反调），上句落la，下句落mi。在"男宫""女宫"的对唱中，参插许多昆曲曲牌、杂曲小令等。如"秋蟾似镜悬空照"，选自《貂蝉拜月》唱段中貂蝉与王允的对唱，其结构是，"旦引""女宫""锁南枝""男宫""女宫""男宫""女宫""急三枪""男宫""女宫""男宫""女宫""男宫""尾声"。其中"旦引""急三枪""尾声"为昆曲曲牌，"锁南枝"为杂曲小令。

早先，参加词调演唱、演奏活动的均为男性，并根据戏剧人物角色分生、旦、净、末、丑诸行当。唱女角的男性则模仿昆剧、京剧用假嗓小腔来演唱，粗嗓子唱花腔。除檀板由旦角掌握外，其他乐器演奏者均身兼数职。唱词所用的语言道白均为台州书面语，即台州官话。声腔讲究"字清、腔圆、音雅、板稳"，演唱时一声清音嗓子亮起，笙弦琴箫齐鸣，庭院、堂前俨然成了戏院。临海人的府爷秉性和喜好结社的习俗，给临海词调的滋生繁衍奠定了广泛的群众基础。这种男扮女装的格局一直延续到20世纪30年代之前。

1934年，艺人何公里、杨悟生在临海台属六县联立女子简易师范学校内进行招生，并在紫阳街紫阳楼办了一个词调学习班，吸收了蒋桂青等少数女学生参加，组建未央剧社，由画家何公望任导演，排练了《大庆寿》《白蛇传》《出猎遇母》《马融送亲》等戏，在当时县政府大礼堂演出了四个晚上，从此临海开创了女子登台演唱临海词调之先河。该班以女子演出为主，女扮男角，把词调较为完整地搬上舞台演出。据已九十多岁高龄的蒋桂青女士回忆："1934年，我十六岁时正在台属六县联立的简易师范学校上学。当年暑假，学校在紫阳楼办了一个词调学习班，吸收了我和陈月娥、余福明等台少数女子参加。"从此，临海词调就成为男女同台演出的一种曲艺。

### （三）声腔唱词，乡土特色

临海词调是以临海文字话（台州官话）为主，丑角夹用苏州白话。临海词调的唱腔既继承了海盐腔清柔婉折的调腔，夹杂着唱、夹白、帮腔等形式，同时也吸收了昆曲以缠绵婉转、柔漫悠远见长的运腔，所以在演唱时，非常讲究声音控制、节奏速度，以及演唱的抑扬顿挫、快慢疾徐，还有严格的咬字吐音。

民国前，词调均由男子演唱，声音尖细者唱旦角，声音稍宽厚些唱生角，旦角专门掌握檀板，其他乐器可兼各种行当，演唱时均用假嗓，追求声腔的变化多彩，力求腔圆音正，感情洋溢，表演到位。后来女子加入演唱仍继承这一传统风格。

临海词调道白中的咬字，要用高低起伏、抑扬顿挫、轻重缓急来表现剧中的喜怒哀乐，其润腔不可模仿越剧的腔调，而需保持临海本地的特色。

从旋律特点来讲，临海词调主要以五声音阶为主，但是不乏清角、变宫等偏音，在旋律进行上，大跳较少，曲调既有江南小调的轻柔委婉，同时也兼具抑扬顿挫、跌宕起伏的韵味。

临海词调的演唱部分（即正词）有很多首为齐言体的韵文。齐言体，常见的有七字句和十字句，也就是整出戏词如同一首七言无韵诗一样排列整齐。七字句的组合方式多为二、二、三的形式，如：暮秋、黄菊、靠篱边，夫人、发怒、坐高轩，指定、红娘、声声骂(临海词调《拷红》)，再如奸贼、做事、太心狠（临海词调《吕布与貂蝉》）。七字句的变格形式分为多种，其一为六字句，如：连日来、饮食厌，红娘听、泪涟涟（临海词调《拷红》）；其二为八字句，其三为十字句，十字句的组合方式主要有两种，即三、三、四和三、四、三，如都只为、董卓贼、独把权揽，挟天子、令诸侯、气焰冲天（临海词调《吕布与貂蝉》）。

正词以外，临海词调还利用休止符、间奏、段式的句法及段式音乐的节奏变化，使结构更具完整性。

### （四）文化标识，价值独到

临海词调音乐悠扬，声腔婉转，唱词典雅，表演自然，格调古朴，是明清以来江南民间说唱艺术在台州传存的曲艺形式，是南戏、海盐腔、昆山腔等戏曲和声腔历史和发展的遗存。词调的唱词以古诗词为主，内容以民间传说、历史故事、坊间轶事为主要蓝本。

临海词调的唱词浪漫清雅，音乐婉转动人，声腔抑扬顿挫，伴奏乐器为民族乐器，同时文人雅士的演唱字正腔圆、一唱三叹，沁人心脾，颇有古韵之风、古典婉约之美。词调的演出往往与民间风俗相结合，雅俗共赏，极具美学价值。由于临海词调旋律清新雅致、柔婉悠长，在当今社会竞争激烈、心态浮躁的情况下，对于修养身心、陶冶情操，构建和谐社会都起到一定的积极作用。

临海词调是当地劳动人民集体智慧的结晶，是江南府城文化的象征之一。临海词调的产生、发展、兴盛、衰落、复苏，顺应时代的发展和人们的审美需求，是文化发展的必然趋势。临海词调博采众长，形成了词曲典雅，声腔丰富，曲牌多样，音乐优美，富有地方特色的民间曲艺。临海词调在发展过程中，产生了30余种曲牌，上百种曲目。在新时代背景下，临海词调不断革新演出形式，推出新作，唱出新声，重新被当地群众所接受和喜爱，焕发出艺术的生命活力，成为临海这座千年府城生生不息的文化记忆，体现了传统艺术的文化创造价值。

临海词调与江南古长城、紫阳古街和东湖一道，已成为临海的标志，成为千年府城的历史文化记忆。当词调之于临海，如同昆曲之于昆山，评弹之于苏州，沪剧之于上海，越剧之于嵊州，南音之于泉州，纳西古乐之于丽江……成为一座城市不可替代的文化景观、文化标识、文化符号时，才能真正体现国家级非物质文化遗产的独特人文价值。

# 第十章　茶文化与武术的别有洞天

## 第一节　台州茶文化的独特风光

台州茶以"江南茶祖""日韩茶源"名扬天下。数千年来，以茶为饮，以茶养生，以茶供佛，以茶礼敬，在氤氲茶香里融入了养生理念、审美意境、参禅功能、修真悟道、和合价值[①]，台州的茶文化逐渐积淀为本土优秀传统文化，成为台州重要的文化基因和精神标识。

### 一、台州茶之初始——丹丘仙茗为道茶

台州历史上记载最早的植茶者，是三国孙吴时期的著名炼丹家葛玄，"葛玄把天、人、丹、茶和合同化，不仅开创了丹茶同道、以茶修道的葛玄进化茶及其茶文化，而且开创了以茶致中、和合同化的天台山系和合之茶及其和合文化"[②]。

东汉至三国时的葛玄是道教仙人，因道教视茶为养生之"仙药""服之生羽翼"，为炼丹养生在天台山主峰华顶等地种茶，开辟了"葛仙茶圃"[③]。这是有文字记载的江南最早种茶之地，因此，天台山是饮茶养生的重要发源地，葛玄称得上是"江南茶祖"。1999年，时任中国国

---

① 周国富：《江南茶祖 和合圣地 茶和天下》，《葛玄茶文化研究文集》，2016年。

② 陶济：《台州茶文化的传承与发展》，《茶惠天下——第十五届国际茶文化研讨会论文集萃》，杭州：浙江人民出版社，2018年，第194页。

③ 释传灯：《天台山方外志·古迹考》。

际茶文化研究会会长王家扬约请中国农科院茶叶研究所古茶树专家虞富莲、姚国坤两位研究员，专程前往华顶归云洞进行实地考察，证实华顶归云洞前的33丛茶树为"进化型古茶树"，与史料记载相吻合。王家扬为此亲撰"葛仙茗圃"碑文，现此碑就立在华顶国家森林公园的归云洞口。（图10.1）普通高等教育"十一五"国家级规划教材、全国高等农林院校"十一五"规划教材《茶树栽培学》（第四版）云："自葛玄在天台山、盖竹山植茶始，已有1700多年植茶史。"[①]指出浙江茶树栽培史，当从葛玄与天台山及台州诸地说起。

图10.1　天台华顶山归云洞口　葛仙茗圃（天台县农业农村局提供）

天台华顶植茶之盛况，多见于史料。日本高僧圆珍（814—891）《行历抄》中说华顶"云雾茶园，遍山皆有"；日本高僧成寻《参天台五台山记》记载，华顶"茶树成林"；宋代道教南五祖之一白玉蟾《天台山赋》云"释子耘药，仙翁种茶"；清代史学家齐召南《台山五仙歌·葛孝先》诗云"华顶长留茶圃云，赤城犹炽丹炉火"；清康熙《天台山全志》载：

① 骆耀平主编：《茶树栽培学》（第四版），北京：中国农业出版社，2008年，第17页。

"茶圃，在华顶峰旁，相传为葛玄种茶之圃。"① （图10.2）

图10.2　天台华顶茶与高山杜鹃花相掩映的美景（天台县农业农村局提供）

关于临海盖竹山植茶的史料，南宋《嘉定赤城志》载："临海盖竹山……《抱朴子》云：'此山可合神丹，有仙翁茶园。'旧传葛玄植茗于此。"清《浙江通志·物产》载："盖竹山，有仙翁茶园，旧传葛玄植茗于此。"《盖竹山长跃宝光道院记》云："吴葛孝先尝营精舍，至今有仙翁茶园。"

此外，《万历仙居县志》记载，仙居括苍山洞，也曾为葛玄炼丹之所。今仙居下各镇尚有"葛玄村"，亦同"葛园村"，仙居土话为同音。葛玄曾长期在古宁海今三门亭旁灵凤山炼丹，山上均有茶园，山顶有平丘，旧称丹丘山。葛玄还在玉环的大雷山结庐，遗迹有"葛玄丹室"。②

综合后世文献记录、遗存史迹和民间传说来看，葛玄先后在天台华顶山、临海盖竹山、仙居括苍山和三门丹丘山结茅植茗、筑炉炼丹。唐代名僧皎然《饮茶歌送郑容》"丹丘羽人轻玉食，采茶饮之生羽翼"，《天

---

① 程启坤：《葛仙茗圃的意义及其影响》，见周琦主编《台州文化学刊》2014年1、2期合刊《江南茶祖葛玄与中日韩茶文化》，第2页。

② 周琦主编《台州文化学刊》2014年1、2期合刊《江南茶祖葛玄与中日韩茶文化》，其中姚国坤《葛玄在台州的茶事踪迹与价值启示》第11页，梁毅、周琦《江南茶祖葛玄植茶行迹考》第27页。

台记》云"丹丘出大茗，服之羽化"，则记述了丹丘羽人——葛玄饮茶成仙的故事。

葛玄在天台山一带多处隐居炼丹，不仅首开江南地区有文字记载的人工种植茶树之先河，同时为日后天台山成为江南茶文化的发源地奠定了基础。

## 二、台州茶之发展——以茶供佛为佛茶

陈隋之际，佛教天台宗创始人智者大师在天台山创立了中国佛教史上第一个宗派天台宗，天台佛教由此进入鼎盛时期。随着佛教在天台山的崛起，以及唐代茶事大兴，天台的"仙茗"也逐渐演化为"佛茶"。陆羽《茶经》记载："台州，丰县生赤城者，与歙州同。"赤城山为天台山支脉。天台山系的茶叶，以华顶茶为佳。智者大师坐华顶清修，尝以茶供佛，参透茶禅一味，香传海外，开东瀛茶道之先声，华顶茶被誉为"佛天雨露、帝苑仙浆"。

智者大师认为，佛教修行坐禅必须"摒弃睡眠"（《修习止观坐禅法要》，下同）。"夫眠是无明惑覆，不可纵之。若其眠寐过多，非唯废修圣法，亦复丧失功夫，而能令心暗昧，善根沉没"，只有"觉悟无常，调伏睡眠，令神气清白，念心明净"，才能"栖心圣境，三昧现前"。正因为茶叶具有生津止渴、消食除腻、杀菌解毒、提神益思的功效，可以提神醒脑、驱除睡魔，有利于清心坐禅，于是茶与禅犹如鱼水不可分离，遂成"茶禅一味"[1]。

唐代天台山寺院设置了专司茶水的"茶头"。日本天台宗创始人最澄的中国祖师、天台佛陇山行满座主就任过智者塔院的"茶头"。

好茶需要好水来激活。天台山的仙茗佛茶离不开天台山的仙水名

---

[1] 李一、周琦主编：《台州文化概论》，北京：中国文联出版社，2002年，第445页。

泉。唐张又新《煎茶水记》说陆羽曾把天下水列为二十等，其中"天台山西南峰千丈瀑布水第十七"。宋代学者陈耆卿的《嘉定赤城志》卷二一载："瀑布山在（天台）县西四十里，山有瀑布垂流千丈，遥望如布，盖与福圣观、国清寺二瀑为三，其山出奇茗。"明释传灯《天台山方外志》卷二载："瀑布山，一名紫凝。在（天台）县西四十里三十二都。山有瀑布，垂流千丈……其山产大叶茶。"清代史学家天台齐召南还作有《紫凝试茗》诗："紫凝日夕佳，闲眺兴未极；且寻陆羽泉，来佐伊蒲食；瀑作风雨声，摇曳空山色；试茗吾岂谙，先呈佛知识。"[①]综合欧阳修的《大明水记》、徐献忠的《水品》、汤蠹仙的《泉谱》、吴觉农的《茶经述评》等文章意见，可见陆羽具有鉴别水质的技术，陆羽虽因时代、人力、经验、感官鉴定等因素局限，评定茶之水并不全面，但是他用调查研究的方法来鉴别水质是值得肯定的。[②]天台山之水早在晋代就名播东南，尤以石梁飞瀑最负盛名。《煎茶水记》列天台山西南峰千丈瀑布水为天下第十七，从一个侧面说明了天台山水质之佳。熟知天台山水的高僧名士们的遗憾则在于，他们认为陆羽没有遍历台山，把天台山水的品位定得过低。

宋代茶叶大盛。天台山石梁方广寺相传为五百罗汉应真之地，方广寺僧每日以茶供养罗汉，于是产生了"罗汉供茶"的灵异事迹。宋诗人杨蟠（1017—1106）有《方广寺》诗"金毫五百几龙尊，隐隐香飘圣迹存"，说的就是石梁方广寺"罗汉供茶"习俗。北宋治平三年（1066）台州知州葛宏闻此来到石梁罗汉阁煎茶应供，"有茶花数百瓯，或六出，或五出，而金丝徘徊覆面。三尊尽干，皆有饮痕"。（宋·林表民《天台续集》上）葛宏遂赋《罗汉阁煎茶》诗一首："山泉飞出白云寒，来献灵芽

---

① 转引自李一、周琦主编：《台州文化概论》，第440—444页。

② 吴觉农主编：《茶经述评》第二版，北京：中国农业出版社，2005年，第155—157页。

秉烛看。俄顷有花过数百,三瓯如吸玉腴干。"①

天台山方广寺的"罗汉供茶"在当时的宋朝廷里引起轰动,日本访华僧人多有文字记录。宋熙宁五年(1072)五月,日本僧人成寻来天台山,在其日记里,记录了"罗汉供茶"现灵瑞:"十九日(戊戌)辰时,参石桥。以茶供罗汉五百十六杯,以铃杵真言供养。知事僧惊来告:'茶八叶莲花纹,五百余杯有花纹。'"

从"茶禅一味"到"罗汉供茶",天台山茶文化在中国茶文化史上写下了浓墨重彩的华章。

### 三、台州茶之传播——"江南茶祖"与"日韩茶源"

中国国际茶文化研究会会长刘枫在《浙江名茶处处香》一文中称:"一条从古老的天台山经古越国都绍兴到明州(宁波)出海东渡的'茶叶海上之路',天台山传播的茶种不仅成就了世界级名茶'西湖龙井',更成为日本、韩国茶叶栽培及茶道文化的源头。"

天台山茶是江南茶种之源。陈椽《茶叶通史》指出:"唐末宋初,茶由台州(天台)传到庆元而入福建,形成了包括政和、松溪和建瓯在内的福建茶区。"

天台山茶更与西湖龙井茶有着亲缘关系。于冠西曾经撰文发表在《浙江日报》,文内引《西湖志》记载,谢灵运从天台山带去茶籽播于杭州天竺山,为龙井茶之起源。王国平主编的《西湖全书》,朱家骥、阮浩耕合著的《西湖龙井茶》一书,开篇即写——西湖茶树天台来,指出"西湖茶树最初栽植天竺、灵隐一带,传说是南朝诗人谢灵运从天台引种过来的"。谢灵运幼时寓居西湖灵隐,寄养于灵隐杜明禅师处。《西湖龙井茶》一书指出"天台是浙江茶叶的发祥地,曾有野生'大茗'"。该书

---

① 李一、周琦主编:《台州文化概论》,第446页。

引用苏轼在元祐四年（1089）杭州任上作《送南屏谦师》诗"天台乳花世不见，玉川风腋今安有"，指出"天台乳花"即用天台茶叶制成的石乳、滴乳或白乳茶，是一种采摘细嫩的茶芽，经过蒸青，不发酵，紧压而成的团饼茶。[①] 故宫博物院研究员向斯在其著作《心清一碗茶》里写道："苏东坡说：西湖最早的茶树，种植在下天竺的香林洞周围。最早在这里种茶的人，是南朝大才子谢灵运。谢氏活跃在5世纪初期，是当时很有影响的文坛诗人，对于佛教有很深的造诣。当时，谢氏在下天竺翻译佛经，经常往返于浙江天台山和杭州下天竺法镜寺。有一次，他从天台山带来了茶树种子，在下天竺种植。从此，优良茶种找到了最适宜的土壤。"[②] 浙江博物馆鲍志成撰文《关于西湖龙井茶起源的若干问题》（载《东方博物》2004年第四期）曾就"龙井茶起源"作过专门考证，也认为天台山茶与西湖龙井茶有着亲缘关系。

中国道教协会副会长、天台山桐柏宫住持张高澄在《葛玄真人与西湖龙井的仙缘》一文，从技术、动机、传承、市场等层面，通过论证推断，西湖龙井是由天台华顶的道人移植过去的，途径是"葛玄真人在传道法给其侄孙葛洪真人时，除了传授修炼法门之外还要传仙草用法（仙草乃仙家修炼必备之草药，茶是其中最为重要之一），其于华顶种茶心得也一定会倾囊相授。"张高澄指出："从葛洪所著《抱朴子》一书中可以看出来葛洪尽得乃祖全部仙术及服食全法，按照道法传承来看，道教内丹修炼法门和道教服食技术一定是配套传授给后学，其后葛洪于杭州西湖边修炼，当然会依照乃祖之规，将种植茶叶技术连同华顶茶种，一起从天台山照搬到杭州。如今西湖边抱朴道院就是以葛洪真人道号抱朴子命名。"[③]

---

① 朱家骥、阮浩耕：《西湖龙井茶》，《西湖全书》丛书本，杭州：杭州出版社，2004年，第2页。

② 向斯：《心清一碗茶》，北京：紫禁城出版社，2012年，第242页。

③ 张高澄：《葛玄真人与西湖龙井的仙缘》，《葛玄茶文化研究文集》，第140—142页。

无论是"谢灵运传播说"，还是"葛玄葛洪传播说"，学界基本肯定天台山的优良茶种是西湖龙井茶的老祖宗。唐宋时期名扬天下的天台山茶与近现代中国名茶西湖龙井实现了茶文化的演替发展，一起书写了浙江茶文化的辉煌篇章。

天台山茶既是江南茶种之源，也是日韩茶种之源。

从唐朝开始，日本高僧陆续来大唐取经学习，天台山作为佛教天台宗的发源地吸引了很多日本高僧前来。其时，天台山寺院积极提倡饮茶参禅，日本高僧在求法的同时也接触到了中国茶。

日本高僧最澄从天台山带去佛教经文的同时，也带去了天台山的茶叶和茶籽。茶籽种在比睿山东麓日吉神社旁边，称为日吉茶园，茶园旁竖有"日吉茶园之碑"，碑文中写有"此为日本最早茶园"的说明。这片日本最古老的茶园，是中国茶传至国外最早的记载，天台山成为我国有史可考的茶种对外传播的始发地。最澄回国前，台州刺史陆淳召集当地达官名儒、高僧大德为最澄饯行，时任台州司马的吴颢作《送最澄上人还日本国诗序》："三月初吉，遐方景浓，酌新茗以饯行，对春风以送远。"由序可见，用新茶为客人饯行既是风雅，更见当时饮茶之盛。茶传至日本，当时日本嵯峨天皇作有《答澄公奉献诗》，云"远传南岳教，夏久老天台……羽客亲讲席，山精供茶杯"，可见茶已成为日本上层社会人士的杯中之物，不可或缺。

与最澄同年（804）入唐的日本另一位高僧空海，805年从长安来到天台山国清寺取经。回国时也带去了天台山茶种，发展成为日本"大和茶"。空海回日本时除了带去茶种，还带去了天台山制茶工具"石臼"，从此，当时中国唐朝的蒸、捣等制茶技艺传入日本。

荣西更是中日茶文化交流史上的标志性人物，两度上天台山，茶禅两修。据日本学者村上博优考证，荣西从淳熙十四年（1187）四月至十六年（1189）九月，均居住在天台山万年寺（村上博优《天台山平田万年寺遥拜记》），时间长达两年零五个月。在此期间，荣西到万年山茶区及北山其他茶区考察种茶和采制技术，并对民间饮茶习俗做了实地调查，获得了宝贵的制茶、点茶、吃茶体验，为他撰写《吃茶养生记》打下了基础。[1]他回国不仅带去了大量的佛经，而且带去了茶种和茶树栽培技术，将中国的茶文化带到日本，大力传播开来。荣西回日本后，撰写《吃茶养生记》，对茶的功效、制茶法、饮茶法作了详细叙述，影响深远。荣西倡导的吃茶养生理念在日本受到欢迎，得到普及，尤其在贵族和僧侣中，饮茶蔚然成风。荣西后被誉为"日本茶祖"，他的茶著作《吃茶养生记》被称作"日本的《茶经》"。

道元于1225年到万年寺求法，回国时将"罗汉供茶"法带回日本曹洞宗总本山永平寺。据《十六罗汉现瑞华记》载："日本宝治三年（1249）正月一日，道元在永平寺以茶供养十六罗汉，午时，十六尊罗汉皆现'瑞华'。现瑞华之例仅大宋国天台山石梁而已，本山未尝听说。今日本数现瑞华，实是大吉祥也。"此后"罗汉供茶"推广到其他寺院。淳祐十二年（1252），圆尔辨圆法孙无象静照入宋，游历天台诸山，参拜石桥五百罗汉，集中日高僧四十二人之歌咏"罗汉供茶"八十四首诗歌，编成《石桥颂轴》一卷，这是中日最早的罗汉供茶诗集，亦是流传日本的一份宝贵的非物质文化遗产，弥足珍贵，今已被列为日本国宝。

天台山茶文化不仅东传到日本，而且还传播到朝鲜半岛。

目前所知中国茶种传入韩国的最早记载，当是韩国历史文献《三国史记》中"新罗本纪"所记："兴德王三年（828）冬十二月，遣使入唐朝贡，唐文宗召对于麟德殿，宴赐有差。入唐回使大廉持茶种来，王使植地理山。茶自善德王时有之，至此盛焉。"1982年韩国庆尚大学金在生教授在《关于韩国传统文化民俗植物学的研究》文中记载，当年金大

---

[1] 李一、周琦主编：《台州文化概论》，第459页。

廉所获的茶籽即产于浙江的天台山，依兴德王命，种在今韩国智异山双溪寺庙附近。①

1999年，浙江大学茶学系韩国留学生李恩京，经三年时间的深入研究，用生物遗传学和比较形态学的方法，对韩国双溪寺茶和浙江天台茶、西湖龙井茶进行了比较研究，得出了令人振奋的结论：无论在茶树的外表形态如性状结构、叶片形状和对生数等方面，还是从相对更具稳定可靠性的茶籽和花粉的显微结构及遗传性状等方面，三者之间都有惊人的一致和相似。②这就进一步证明韩国茶起源于浙江天台山的历史记载的正确性，同时也证明了杭州西湖龙井茶与天台山茶的亲缘关系。

中国茶自唐代从天台传入日本，日本茶文化吸收了中国"茶禅一味"的精神内核，逐渐具有浓郁的日本民族风情，并演变形成独特的"和、敬、清、寂"禅宗茶道体系、流派和礼仪，成为融宗教、哲学、伦理、美学为一体的文化艺术活动。同样也是唐代从天台山传入韩国的茶和茶文化，在韩国形成了丰富的茶礼，农历每月的初一、十五，重大节日和祖先生日，都要举行"茶礼"。茶文化被韩国认为是民族文化的根，并把每年5月24日定为全国茶日。近年来开展"复兴茶文化"运动，以"和、敬、俭、真"为茶之精神。总之，中国茶在日、韩保留了较多的唐宋遗风，中国茶文化精髓在日韩得以存续光大。

茶作为必备的生活用品、健康饮品与友好使者，在文化交流交往中一直发挥重要作用。1980年11月，日本茶道"里千家"日中茶史考察团来天台山访问。1987年7月，日本茶道著名流派煎茶道"小川流"来天台交流，上华顶山考察。1988年3月，日本静冈电视台来天台拍摄电视专题片《茶叶之路》，摄制组的岩崎智说："到了天台国清寺，就想起了

---

① 李一、周琦主编：《台州文化概论》，第456页。

② 李恩京、童启庆、王岳飞：《中国浙江天台山和韩国智异山茶树比较形态学研究》，载《中国天台山茶文化寻根探源国际研讨会论文集》，上海：上海文化出版社，2014年，第33—40页。

茶的渊源关系；站在苍山茶园，就想起日本的静冈……"1993 年，日本"里千家"考察团再次来天台山交流。1995 年 11 月，日本静冈县考察团来天台山考察日本茶树始祖原种，登临华顶归云洞。1996 年 5 月，日本茶道专家、京都大学仓泽行洋教授偕同北京大学留日学生滕军专程考察天台山茶文化，并与天台山文化研究会周琦等专家进行茶文化学术交流。1996 年 7 月，应日本茶道界的邀请，天台山茶礼表演团赴日本交流茶艺。1999 年，第七届国际"无我茶会"在石梁方广寺再现了"罗汉供茶"仪式，在国清寺举行隆重的茶会，来自日本、韩国、新加坡、意大利等国家的茶人们杯续茶谊。2002 年 3 月，日本静冈县茶叶交流访华团一行 10 多人到天台山寻访茶祖，上华顶归云洞。[①]2013 年 5 月，中国天台山"禅茶雅集"活动在华顶讲寺举行，来自日本、韩国、中国等的茶界代表一起品茗交流，体悟"禅即茶、茶即禅"圆融不二之关系，感受"江南茶祖""日韩茶源"天台山云雾茶智慧之芽的魅力，同庆佛茶文化的传播。

### 四、台州茶之现状——产业与文化互推共进

台州属亚热带季风区，气候温暖湿润，天台山、括苍山、大雷山等山脉盘亘绵延、峰峦叠嶂、云雾缭绕，极宜茶叶生长。天台山茶叶依托优质的自然条件，成为优质名茶。清彭颖深入华顶茶区考察研究，在专著《记华顶茶说》赞华顶茶"色、香、味皆胜"。清代《台州府志》盛赞华顶茶独领风骚，指出"茶出天台华顶者上，至今茶有茅尖、炒青诸种"。清代著名史地学家齐召南后裔齐中钦嗜茶成癖，精通茶典，跑遍天台山主要产茶区，1944 年著《峭茜试茶录》，认为天台山茶区最主要的产区是北山茶区，即"佛窟"之佛茶，北山茶区又以华顶茶为上品。他"辨其品质，第其高下"，"冠以产地，赐以嘉名"，分成"华顶云腴、万

① 李一、周琦主编：《台州文化概论》，第 462 页。

善报春、弥陀珠蘽、觉岸清尘、昙华献瑞"等十二个品级。[①]清乾隆年间《天台山方外志要》云："今土人所需茶，多来自西坑、黄顺坑、田寮、大园、西青诸处。华顶与石桥山近，亦种茶，味甚清甘，不让他郡，盖出自名山云雾中。"位于天台西部的瀑布山，也以优质的紫凝茶在史上留名。宋代《嘉定赤城志》云："桑庄《茹芝续谱》云：'天台茶有三品，紫凝为上，魏岭次之，小溪又次之。紫凝，今普门也；魏岭，天封也；小溪，国清也。'……今紫凝之外，临海言延峰山，仙居言白马山，黄岩言紫高山，宁海言茶山，皆号最珍，而紫高、茶山，昔以为在日铸之上者也。"[②]由此可知，紫凝之外的临海、仙居、黄岩等地的茶都在史上留名。

　　清晚期，天台"茂盛茶行"因其出口"葛玄云雾茶"到俄国，在台州的茶叶贸易史上留下了先行者的印迹。"茂盛茶行"高价收购归云洞前云雾茶，仿效使用葛玄炼丹炉的高温技术对茶叶进行杀青和长烘，并把采用这种技术做出来的茶叶称为"葛玄云雾茶"。1910年前后，该茶行大胆做起"葛玄云雾茶"的出口贸易，经当时东北最大的通商口岸营口转运到俄国，使"茂盛茶行"成为全县第一家也是唯一一家出口茶叶到俄国的茶行。俄国订单不断，直到1917年俄国爆发十月革命，"茂盛茶行"才中断了与俄国的茶贸易。（图10.3）

---

① 李一、周琦主编：《台州文化概论》，第450—453页。

② 陈耆卿：《嘉定赤城志》卷三六，徐三见点校本，北京：中国文史出版社，2004年，第512页。

图 10.3　天台华顶茶业提供

　　后国家内忧外患，台州茶业随时势起伏。直至中华人民共和国成立，茶业随之复苏。在计划经济体制时代，茶业统购统销，华顶云雾茶由于品质卓越，与西湖龙井茶、富阳举岩茶、泉岗辉白茶并称为"浙江四大名茶"。改革开放以后，成功恢复传承华顶炒青茶的"华顶云雾茶"大放异彩，后改名为"天台山云雾茶"，1986年被评为浙江名茶，1992年被评为中国优质名茶。临海在明代名茶云峰炒青茶基础上成功研制临海蟠毫茶。仙居、三门等地也在传承和恢复历史炒青名茶过程中，新创仙居碧绿、三门丹邱等优质炒青名茶。①仙居一家茶企更是在1999年通过了中国农业科学院茶叶研究所有机茶认证中心的认证。（图10.4）

---

① 《台州茶文化的传承与发展》，《茶惠天下——第十五届国际茶文化研讨会论文集萃》，第195—197页。

图10.4　仙居苗辽有机茶园

目前台州茶企将近200家，临海市的羊岩茶厂，天台县的旭日茶业、华顶茶业、天一茶业、九遮茶业、云露茶业，三门的绿毫茶业，仙居县的天顶林业、仙青茶业，玉环的龙额火山茶业等十多家龙头骨干企业各具特色，各领风骚。

台州的标准化茶园、绿色茶园、有机茶园、生态茶园不断涌现，茶园集中分布在天台县、临海市、仙居县和三门县，四县（市）茶园面积占全市的96%。从乡镇来看，面积≥10000亩的乡镇有3个，分别是天台的雷峰乡、三州乡和临海市的河头镇。茶树良种以本土的中黄1号为代表的茶树黄化品种异军突起，发展迅猛，效益可观。（图10.5）

图10.5　天台黄茶基地（天台县农业农村局提供）

　　台州高山绿茶不仅历史悠久，更有外形漂亮、汤色鲜亮、香浓持久、滋味醇爽、耐冲泡、耐贮藏等特点，深受消费者欢迎，成为文化传承的重要载体，友好交往的桥梁纽带，走向"一带一路"的文化使者。台州茶除了本地消费，在上海、北京、杭州、南京等大城市皆有很大的消费市场。以天台茶叶流通交易为例，原以县域为主，后辐射到台州主城区，并热销上海、宁波、苏州等地，而且自营或转运外贸出口东北亚、东南亚及俄罗斯。天台茶人创办的帝芙特茶业公司以天台山优质茶叶为原料，制作的金字塔形袋泡茶多年来销往欧洲、日本等地，2010年被评选为上海世博会官方接待用茶，2011年该公司经营的上海帝芙特国际茶文化广场成为上海国际茶文化旅游节承办单位。作为长期的战略合作伙伴，该公司每年承办上海国际茶文化旅游节，与国际茶叶委员会和澳大利亚茶叶协会等加强交流合作，2018年与中国茶叶流通协会和上海市工商联总商会联合举办上海国际茶业展，发挥了窗口和平台作用。临海蟠毫主销北京、上海、广州等地，少量销往香港等地。[1]仙居县茶叶实业有限公司在甘肃兰州设销售基地，在宁夏、青海、新疆等地设有分公司，把销售网络延伸到西北地区。（图10.6）

---

[1] 《中国茶叶大辞典》，第227页。

图 10.6　仙居上辽山茶园

（孙老师习茶小组提供）

台州现代茶业及其茶文化，源自葛玄开创的天台山系和合之茶及其和合文化。在改革开放和现代化建设四十多年的进程中，台州茶业和茶文化不断发展，传承、复兴了天台山和合之茶及其和合文化。[①]

新时代的台州茶业，正努力承继"江南茶祖""日韩茶源"的茶香余韵。新时代的台州茶人积极作为，以天台许廉明为代表的茶业工作者一直致力于推广台州茶与茶文化，以三门胡善树为代表的茶人们一直在探索创新研发新茶品，台州茶业从事者形成了老中青结合的良好梯队。台州的茶叶品牌"天台山云雾茶""羊岩勾青""临海蟠毫""天顶牌仙居碧绿""太师峰牌三门绿毫""龙乾春牌茶叶"和"龙额牌玉环火山茶"等，各具文化特点。天台县的华顶茶业精心打造"葛玄"商标，旭日茶业主打"济公佛茶"品牌，均被认定为"浙江老字号"；临海研发"盖竹道茶"，三门绿毫茶业将其研发生产的天然花香绿茶命名为"丹丘冰雪"，

---

① 《台州茶文化的传承与发展》，《茶惠天下——第十五届国际茶文化研讨会论文集萃》，第193页。

从多个维度体现出台州茶的文化底蕴和历史特色，也反映出台州茶企正努力推进茶文化建设的拳拳之心。（图10.7）

图10.7　三门亭旁太师峰茶园（孙老师习茶小组提供）

## 五、台州茶之前景——和合茶文化的使命担当

台州的和合文化与茶文化在中华文化版图里均占据一席之地，台州的茶文化里有着和合文化的深深烙印。当代茶文化的核心理念是"清、敬、和、美"，这与台州的和合文化同源同根，同生同长。台州和合茶文化既有历史悠久、多元一体、与时俱进、历久弥新等传统文化特点，更有佛道兼容、雅俗共赏，返璞归真、天人合一，中和平和、和谐和悦，和而不同、和融天下等人文特质和人文价值。①

中国历史朝代更迭，兴衰起伏，数千年的中国茶和茶文化之发展亦随之高低起伏，改革开放以来，进入快速发展的复兴期，新时代更是进入蓬勃发展的兴盛期。从"茶为国饮""六茶共舞"到"茶和台州 共享

① 鲍志成：《葛玄天台茶事与中华和合文化》，《葛玄茶文化研究文集》，第14页。

发展"，和合茶文化在和合台州建设中发挥了很大的影响力[1]。天台县、临海市被评为"中国名茶之乡"，天台县被中国国际茶文化研究会授予"中国茶文化之乡"称号，天台山云雾茶被授予"中华文化名茶"称号。台州茶文化促进会及各个县市区茶文化促进会（研究会）组织开展的各种普及宣传活动有形有声有色，台州葛玄茶博会、全民饮茶日等茶活动影响面大，台州各地喝茶、玩茶、事茶、学茶的群体数量巨大，新兴的茶平台交流活跃。台州各有关部门面向基层大众尤其是茶农茶商举办评茶员、茶艺师、炒茶师等培训班和考评赛，既助推农民创业就业技能提高，更提升事茶群体文化修养，推动茶文化发展。

中国茶文化历史厚重，当下在"一带一路"、文化强国等国家战略引领下，尤其是在"国际茶日"确立、全球疫情影响、茶健康在人类身体保健方面的特有功能日益受到重视的背景下，将会得到更好的继承与弘扬；有"江南茶祖""日韩茶源"之称的台州茶及和合茶文化应该得到更多的重视、更强的支持和更好的发展。我们要坚定文化自信，将"走出去"与"引回来"齐抓并举，继续大力弘扬"清、敬、和、美"的禅茶文化精神，做到"喝茶、饮茶、吃茶、用茶、玩茶、事茶"六茶共舞，进一步弘扬、传播和发展以养生为精髓的葛玄道茶文化、以和合为精髓的台州和合茶文化，使台州茶及和合茶文化扬名四海。

## 第二节　台州武术的源远流长

### 一、台州武术的起源

武术是中华民族在长期的历史演进过程中，随着自然生态和社会环境的变化，逐渐形成并完善的民族优秀传统项目。台州三面环山，一面

---

[1]　周国富：《国运盛则茶运兴》，《茶惠天下——第十五届国际茶文化研讨会论文集萃》，第1—6页。

临海，地势不齐，海势相吞，因此器械成为先民生存的第一要素。目前已知最早的文化遗址——仙居下汤遗址，是浙南地区规模最大、时代最早、保存最全的文化遗址，其中出土了大量的狩猎工具，有石矛、刀、镞、钺、流星石锤、弹丸等，表明台州武术的初始形态在当时已经萌芽。进入青铜器时代后，器械的功能逐步从狩猎变成武器，距今3000多年的玉环三合潭文化遗址出土的青铜兵器有剑、矛、镞等，仙居上田村也出土了青铜剑、矛、镞、弩机等，临海市博物馆还藏有一枚商周时期的一级文物青铜戈，质地坚利，制作精良。青铜兵器的出现，表明台州武术在这一时期无论是功能还是形式都发生了质的变化。

先秦时期，台州属瓯越地，《战国策》记载"断发文身，错臂左衽，瓯越之民也"，可见当时的台州民众，民智尚不开化，生活仍处于蛮夷状态。西汉初期，东越首领驺摇率领"处危争死、轻死易发"的东越兵追随刘邦，平定三秦，统一关内，在垓下之战中立下汗马功劳，后因"佐汉有功"被汉惠帝封为"东海王"，在今台州、温州、丽水、闽北一带建立了历时50多年的东海国。西汉始元二年，台州最早的县级行政建制建立，以鄞县回浦乡置回浦县，同时还设立了辖区远及台湾的军事机构——东部都尉，自此台州行政区域基本形成。西晋末年，永嘉南渡将中原文化传入南方，佛教与道教也相继传入台州，宗教层面休养生息、强身健体的方式方法，虽不外化于"武"，但其内里的本质为"术"，台州民众习武的理念和形式有了一定程度的改变。东晋元兴元年，临海郡守辛景率领全城百姓在临海大固山筑子城抵御孙恩，台州府城墙的军事功能初步体现，这也是台州有记载的第一次大规模军事战争，对此后台州民间养成"民性强悍，人不畏死"的尚武精神有着重要影响。

台州从有人类活动开始，就注重器械的生产与使用，再发展到全民皆可兵，在这个过程中，虽然尚未形成真正意义上的武术项目，但民间尚武成风，为此后台州本地的武术发展打下了良好基础。

## 二、唐宋元时期的台州武术

唐朝初年，台州府城墙迎来大规模扩建，州郡兵制也随之升级。由晋代时的大郡百人，小郡五十增加为大州一千，小州八百。历代士兵虽有主客之分，但在台州主要以当地男丁为主，尤其台州作为名副其实的"山海之地"，长期的海上舟船生活和山间丘陵耕作狩猎，使台州百姓形成了身手灵活、反应敏捷的体格特征，士兵"强者习弓弩，弱者习排枪；缓则修农，急则为兵"，这种"寓兵于农"的兵制，很大程度促进了军事武术与民间武术的相互渗透和交融，也使在台州发展起来的武术具有迅疾紧凑、拳打卧牛等特点。

另一方面，唐宋时期，台州发生的数次规模较大、起势较快的农民起义，也说明了台州民间习武成风。如唐中叶临海人袁晁，因不肯残虐百姓，征赋不力，而遭受鞭背之刑，愤而起义，军队很快发展至20万人，割据江东并建立政权，最后虽兵败被俘，但作为唐代中叶最大的一次农民起义，对统治者的震撼和对社会的影响却是巨大的。唐末裘甫起义，台州籍农民迅速参与，成为起义军中的中坚力量。北宋末年仙居吕师囊响应方腊起义，率兵万余攻打台州府城，遭台州司户参军滕膺率民众顽抗，战事持续数月，久攻不下。台州历代农民起义，既集中体现了台州人民不畏强暴、刚烈不屈的反抗精神，又充分反映了台州民间习武的普遍性。

自南宋末年起，台州屡遭战事，社会动荡，又常有山贼倭匪滋扰，百姓深受其害，纷纷习武以求自保。于是民间武馆迅速壮大，习武逐渐成为坊间传统。在这个过程中，一些具有当地环境特色、符合民众生活特点的武术应运而生，并形成了一套较为完整、全面的形制体系。尤其以台州南拳为代表，其具有以下六个特点：一是手法多样，且多短拳；二是动作紧凑，劲力刚健；三是步法稳固，重心较低；四是快慢相间，长短并用，刚柔相济；五是身法强调吞吐浮沉，靠蹦闪转，腰腿身手要贯穿一致，做到手起肩随，腰催周身，完整一气；六是气沉丹田，发声吐字。

其中最为成熟、突出的拳种，首推元末方国珍所创的缩山拳。缩山拳，顾名思义，即缩大山之力聚于拳掌而发之。因其具有独特性，并多次在台州历史上发挥过巨大作用，产生过轰动效应，遂成为浙江南拳中最具代表性的拳种，也是浙江四大古老拳种之一。方国珍是元末黄岩人，因受仇家诬陷遭官兵抓捕，因此逃往海上并起义反元，相继攻下宁波、台州、温州，割据称霸浙东沿海长达四十余年，辖制范围包括元代江浙行省的庆元路、台州路、温州路，大致相当于今天的宁波、舟山、台州和温州，成为一支实力强劲的反元势力。

方国珍根据台州"山海之地"的特点，研究出一套退可守山、进可攻海的作战技术，为提高单兵作战能力，又总结并创编了缩山拳，作为兵营训练的必备项目全面推广。缩山拳是方国珍根据多年积累的实战经验而成，要求练拳先练胆，以快捷短打为主，讲究实用性，非常适合近身战斗，方便士兵在船上、山地等狭小空间施展抗敌。除拳术外，另有刀、棍、剑、叉等持械招式，尤其以棍、刀最为突出。其棍法颇为可观，棍中藏枪夹掌，化拳为棍，又反握似枪，棍枪互换，连戳带劈，横扫相连，自成一体。

至正十二年（1352），方国珍与时任台州路达鲁花赤的泰不华交战，缩山拳就发挥了至关重要的作用。方国珍利用士兵熟练缩山拳的优势，将大战船改为二百条小船，突破海门，直逼马鞍山。元军因船小、山峻，施展不开手脚，而方国珍的军队却如鱼得水，将元军打得落花流水，最后泰不华战死海上。

### 三、明清至民国的台州武术

明朝建立政权后，方国珍归服朝廷，解散了军队。许多士兵返回乡里，因此将缩山拳带到了民间。在相当长的一个时期内，缩山拳是台州民间占据绝对优势的拳种。明朝中后期，由于海防松懈，东南沿海地区倭寇猖獗，台州百姓曾自发组织武力反抗。嘉靖三十四年（1555），戚继光奉命从山东调到浙江御倭前线，任浙江都司金书，次年任台金严参将。

戚继光到任后，在台州及附近的金华、义乌等地招募了不少当地壮丁充作士兵，尤其注重招募那些"练过拳脚"的人。不少熟练"缩山拳"的人都应征加入了"戚家军"这支名垂青史的军队，在抗倭战争中屡建战功。戚继光《纪效新书·拳经捷要篇》对武术器械的实战性进行了选择和重新定义，并结合沿海地区的特有环境，综合多种拳术，编排了一套实用性非常强的拳法，即"三十二势长拳"，其中就参考了许多"缩山拳"的招式。《纪效新书》还记载了戚继光观摩临海人刘恩至打拳耍棍之事，云"余在舟山公署，得参戎刘草堂打拳，所谓'犯了招架，便是十下'之谓也。此最妙，即棍中之连打连戳一法"。刘恩至出身军武世家，先辈曾追随方国珍，当过军中将领，精通"缩山拳"。刘恩至的父亲刘祚是怀远将军，熟练"缩山拳"，刘恩至自幼跟随父亲习武，对"缩山拳"有较深的领悟和钻研。戚继光在舟山与刘恩至并肩抗倭时，曾专门向刘恩至请教，并引用在戚家拳中。

而戚继光的"三十二势长拳"，也在台州本土发生了新的演变，为台州本土的武术发展注入了新的活力。台州本土拳种"黑虎拳"，即是由"三十二势长拳"演化而来。"黑虎拳"的招式大部分与"三十二势长拳"有关联，适合平原、山丘和船上练用，主张神形俱练，内外兼修，招法变化多端、朴实而又威猛，出手带风，呼呼有声，但又可刚可柔，刚柔相济，非常适合运用于台州战场。同时，台州历代的黑虎拳师均明确表示，"黑虎拳"的许多招式是从戚继光的"三十二势长拳"演变而来，它既有对实战总结出来的武术技艺经验的转化，也有汇通戚家拳法对北方拳种技艺的吸收与改造，并通过改造、吸收、融合，最终归纳成"黑虎拳"的体系。

此外，据明代温州学者姜准所著的《岐海琐谈》记载："永嘉手搏之法，传自李克明，别号文皋，原籍临海……其法正栅俱有七路，世所称李师拳者是矣！"可知台州当地拳术盛行，对周边地区均有影响。史料中对李克明暂未有更多记载，但其所传的"刚柔法拳"，特点是"刚柔相济、虚实相生、动静相寓"，现已成为"温州南拳"和"浙江南拳"代表性拳种。

清雍正十年（1732），雍正帝下诏敕建紫阳道观，道人陆宾阳受命主持兴建。陆宾阳，号一纯，龙门派第十一代弟子，住持紫阳道观，修炼紫阳功法的同时，创紫阳拳法、紫阳剑法。紫阳拳与紫阳剑是道士在修道之余，用来舒筋松骨、增强内丹的，一来符合道家修行内丹的要求，二来丹道功法在武术中也起到了养筋活血的作用。所以，紫阳拳与紫阳剑的一招一式、一起一伏都暗含了阴阳交泰生合之意。陆宾阳之后，历代紫阳道观道长如徐阳明、杨来基、陈复朴、沈永良、凌圆佐等人，均习练传承紫阳拳与紫阳剑。清末民国初，紫阳拳、紫阳剑逐渐流向民间，但仍以缩山拳、黑虎拳为主流。

民国时期，台州武术家在省内乃至国内享有盛名，其中尤以天台籍居多。在1929年的杭州西湖博览会期间，曾举办一次规模空前的全国性武术擂台赛，武术名家云集，天台籍南拳名师萧聘三受聘出任大赛检察委员。大赛榜单上，天台籍拳师裴显明列第十七（优等），天台籍拳师丁秀溪列第二十九（中等）。有拳师表演缩山拳，轰动一时。

西博会结束后，工业馆被改造为"浙江国术馆"，萧聘三等武术名师担任教师。据学员回忆，当时萧聘三主要教授黑虎拳，其功力之深厚，能凭脚力蹬碎青石板。萧兼传南猴拳。南猴拳发展历史悠久，在戚继光《纪效新书》中亦有记载。同样曾担任浙江国术馆教师的还有天台籍拳师奚诚甫，他是天台灵溪奚家拳的创始人。奚诚甫先后在浙江国术馆、杭州青年会国术团、浙江大学、杭州体育学校担任国术教练。1928年由中央国术馆主办的全国首届"国术国考"大会在南京举行，奚诚甫名列"二等"获胜名单。

另外，据奚诚甫等介绍，当时在台州地区较为盛行的拳种还有杨家拳。此拳是宋朝杨门女将所创编，结构鲜明，攻守兼顾，具有动即制人的实用性。其中的徒手套路，是宁波天童寺玉高和尚传给奚诚甫，后由奚诚甫在台州推广。

## 四、台州历代武状元、武进士、武术家

唐武则天为选拔武官始设武举。考试内容有长垛、骑射、步射、筒射、翘关（举重）等。宋代增加兵书义理或《论语》《孟子》等理论考试，称"内场"，以别于步、骑射等"外场"。自唐至清光绪二十九年（1903）废武举，台州中武进士者184人。以地域分，仙居最多为112人，以朝代分，宋、清两朝为最。宋代台州武进士128人，清代43人。台州历代武科状元3名。最早是宋嘉泰二年（1202）中举的临海叶崇，官至沅州知州；其次为南宋嘉定十三年（1220）中举的仙居陈正大，官至钦州知州；第三是清同治七年（1868）中举的天台陈桂芬，官至广东南雄府副将。唯一的武探花是明嘉靖二十三年（1544）中举的临海张铁，官至温处参将。

同时，台州长期尚武的民风也培养出了一批将才。五代时牙将临海孙琰，神勇有智，号"孙百计"。明代抗倭名将有广东都督温岭张元勋，"起小校，大小百十战，威名震岭南"。明代海门卫参将均是客籍，自临

海杨文聪起才有台州籍武将任海门卫参将。援朝抗倭时，监军参政临海王士琦、温岭季金奉命从征；京城卫军都督温岭李超，"单骑持矛，直突倭营，斩获无算"；镇江副总兵温岭武进士季金，"尝从征（日本）关白，复朝鲜有功"。清代名将有：浙江提督临海蒋懋勋，"少有才能，能力举千钧，（康熙）二十二年会剿澎（湖）、台（湾），进取花岛，鏖战澎湖，取虎井盘屿及三十六岛屿，遂克台湾"；定海总兵黄岩周士法，"（道光）二十二年四月，英吉利夷船驶入定海，率官军击退，毁其船"；台湾总兵临海叶绍春，"在海三十年，追剿剧盗，率先士卒，海寇畏之，称'叶老虎'"；千总黄岩孙起蛟，"以技击名于时，乾隆十八年，高宗南巡，大吏选拳勇之尤者二十人，使之较技，起蛟连摔八人，众皆不敢前，上称善"。民国时，临海人洪涤怀在湖南拜吴式太极拳创始人吴鉴泉为师，学得套路后返回临海，并在临海传教推广。

另外，《台湾府志》《河南通志》《凤山县志》等各地史志均有载台州人"行伍"，各地军队中常有台州人，可见台州民众习武之风盛。

## 五、与台州有关的武术典籍

### （一）《纪效新书》

戚继光在台州抗倭期间所著的《纪效新书》是明代著名兵书，内容具体实用，既是抗倭中练兵实战的经验总结，又反映了明代训练和作战的特点，尤其是反映了火器发展到一定阶段作战形式的变化。该书成为明朝军队热兵器化的佐证，具有较高的军事学术价值。该书在明朝万历壬辰战争时期传入朝鲜，被奉为军事科学经典大量刊印，而日本曾以《武术早学》《军法兵记》《兵法奥义》等不同书名出版此书。该书因著于台州，故台州特色尤为浓郁，譬如：台州地势"多薮泽，不利驰逐"，但倭寇又擅长单兵作战，明军"短兵难接，长兵不捷"。戚继光遂因地制宜，制"鸳鸯阵法"。选用台州生长的老而坚实的毛竹制成"狼筅"，"狼筅"长约3米，将竹端斜削成尖状，又留四周尖锐的枝杈，既能刺杀敌人，又能掩护盾牌手的推进和长枪手的进击。另外，戚继光根据虏获所得的日本古流剑术传书《隐流之目录》等，改编创造了"戚家刀法"，并运用在"鸳鸯阵"中。戚继光还根据台州本土"缩山拳"等，创制"三十二势长拳"。自明朝嘉靖后期，台州温岭等地就有自发组织的"大拳会"，专习"戚家拳"。如今，台州沿海"大拳会"遗风犹存，一些民间武术团体仍沿袭"戚家拳"，每年定期举行武术竞赛活动。

### （二）《易筋经》

该书是明代天台紫凝道人宗衡于天启四年（1624）编著的中华武功专著，主要是导引、按摩、吐纳等中国传统的养生功夫，包括了练习所能达到的理想效果和具体练习方法方面的主要内容，其中内壮神勇、外壮神力的说法，对武侠小说影响巨大。在许多武侠小说中，《易筋经》被称为"武林第一绝学"，神乎其技，独步武林。该书分内经和外经两种锻炼方法，各有十二势。内经采用站式，以一定的姿势，借呼吸诱导，逐步加强筋脉和脏腑的功能。外经注重外壮，《易筋经外经图说》指出："凡行外壮功夫，须于静处面向东立，静虑凝神，通身不必用力，只须使其气贯两手，若一用力则不能贯两手矣。每行一式，默数四十九字，接行下式，毋相间断。行第一式自觉心思法则俱熟，方行第二式。速者半月，迟者一月，各式俱熟，其力自能贯上头顶。此炼力炼气，运行易筋脉之法也。"

台州习武之风素来盛行，临海作为台州府治所在地，历来都是武师集聚、切磋之地。而在民间，天台的皇都、灵溪，黄岩的坦头、七里，因习武者众，杰出者多，素有"武术之乡"的称号。在这些地方，保留了台州武术发展的大量资料和器物，更重要的是许多传统武术项目仍为人熟知，有人习练传承。目前，在台州尚有流传的传统武术项目主要以拳术为主，根据1984年《浙江省武术拳械录》所载，有缩山拳、黑虎拳、南八卦拳、洪拳、杨家拳、南猴拳、南八仙拳、南罗汉拳、南少林拳等九种。虽然资料有限，但一方面反映了台州传统武术是军事武术与民间武术渗透相融的产物；另一方面"台州南拳"保留拳种之多，居全省前列（仅次于杭州与温州），充分体现了台州人民弘扬中华武术文化的崇武民风。

在数千年的发展和传承中，受到传统文化"兼容并蓄，和而不同"精神影响，台州武术已逐渐从武力打斗演变为保健防身，因为"武"即"止戈"，化干戈为玉帛才是武术的最高境界。

下　编

# 文韵新析

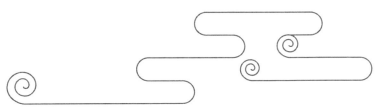

# 第十一章　台州文化的主要类型

　　文化类型是由文化要素组合而成的系统结构。不同区域在文化诞生之初，面临着不同的自然和人文环境，从而有不同的生产方式和生活方式，进而形成了不同的文化；相邻区域由于自然条件的相似性，形成的文化大同小异，但正是这些不同和小异之处，造就了不同的文化类型；由于文化是随着经济、政治和社会的发展而发展的，因而同一地域文化在不同时代，也可划分出不同的文化类型。在古代，台州文化主要分为三种类型：以天台宗为代表的佛教文化，以南宗为代表的道教文化，以及以理学为代表的儒家文化。前两者为宗教文化，后者带有强烈的宗法性和民俗性，亦可以称之为以儒学为核心的宗族文化，故台州文化实为"两宗文化"的特定复合体。儒释道三教在文化生态上并存共生，在思想内容上互鉴互融，在内外两个层面都呈现出"不同而和"的和合文化特征。

　　台州枕山面海，境内有著名的佛道圣地天台山，东临与太平洋相连的东海，这样的地理环境使台州兼具名山文化与海洋文化；这里地处我国海岸线中段，位居东部沿海的南北之间，是南北文化交汇之地；台州又是一个移民社会，台州文化类型的一个重要特点就是多种语言、多元文化共存。进入现代社会后，台州文化更加多元：中国共产党领导的红色文化薪火相传，马克思主义成为台州社会的主流意识形态；改革开放以来，各种新文化相继出现，多种学术观点纷纷呈现，海洋文化与名山文化、传统文化与现代文化、不同区域的文化与不同时代的文化，都在这里相互碰撞、相互竞争、相互融合，形成了台州新时代的多元和合文化，每一个健康的、有价值的社会意识都能在其中找到自己的位置和发展的空间。

文化类型的区分是相对的，台州区域内的名山文化与海洋文化、传统文化与现代文化的分类没有绝对的区隔。天台山文化不断吸纳来自海洋的文化，也通过海洋输送海外；城市的繁华与机会吸引着农村居民，乡村的宁静与清新也令城市居民向往，在互联网和交通极为发达的今天，城乡居民的流动也带动了城市文化与乡村文化的交融。而台州府城的文脉也往往表现出一种杂陈并存的现象，传统文化和现代文化都会反映在城市的生活中。因此，在台州文化建设中，要认识和处理好多元文化关系，促进名山文化与海洋文化的互融，推进名城文化与乡村文化的交流，加速传统文化的现代转型，实现台州文化的又一次和合创新。

# 第一节　佛国仙山与名山文化

在浙江东部，有一座大山蜿蜒于东海之滨，西南连仙霞岭，东北遥接舟山群岛，这就是天台山脉。她幽深秀丽、气象万千，以理学为代表的儒家文化、以南宗为代表的道教文化和以天台宗为代表的佛教文化在此圆融共处，三教互融的天台山文化就孕育在这片被誉为"佛国仙山"的奇山异水中。天台山文化不仅是台州文化的硬核，也是中国名山文化的典范，值得我们珍视。

## 一、天台山文化的发展脉络

天台山文化是我国儒释道"三教合一"文化的名山范本和典型代表。儒释道并存共生、互摄互融的复合型名山文化格局并非一蹴而就，而是经过长期的历史积淀逐步形成的，大体经历了准备期、形成期、融合期和发展期四个阶段。

### （一）准备期（西汉至南朝梁）

西汉至南朝梁，三教先后传入天台山。

天台山道教发源甚早。西汉茅盈（前145—？）入赤城玉京洞隐修，几乎同时，汉朝隐士高察在华顶峰麓隐居。东汉明帝永平年间（58—75），天台山神仙故事广泛流传，刘义庆《幽明录》记载了刘晨、阮肇入天台山采药而遇仙，说明其时神仙信仰已渐成风气。东汉末年，葛玄（164—244）也来到天台山，先后在赤城、桐柏、华顶与括苍、盖竹、丹丘诸山结庐炼丹，并于三国赤乌元年（238）在桐柏山建庵。魏晋时期，上清派祖师魏华存（252—334）来天台山修道。西晋建兴元年（313），道士许迈入赤城山、盖竹山筑室修道。东晋时，五斗米道传入临海郡。刘宋孝武帝即位初年（454），宋齐间道士顾欢（420—483）于栖溪隐居，开馆授徒，首开台州个人讲学之风。萧梁时，道教茅山派宗师陶弘景（456—536），可能于天监年间曾驻留天台山。天台山以其得天独厚的胜境汇聚了众多高道名道，他们制定教团戒律、确立炼丹方法，建立仙学体系，道教之兴盛可见一斑。

佛教入驻天台山的时间轴线与道教大体一致。东汉兴平二年（195），石头禅院创立，是为天台山地区寺庙之始。三国东吴间（222—280），资福院、翠屏寺和兴教寺等相继创立，天台山寺庙群渐成气候。东晋哀帝兴宁年间（363—365），西域高僧释昙猷（？—383）建中岩寺于赤城山。南朝萧齐时有慧明、昙兰、怀玉、普辽等僧人来台州传法，萧梁时有定光禅师隐居天台山佛陇三十年。从此，天台山上奏响了佛音梵呗，讲经扬佛不绝如缕。

儒士之巡礼天台山相对较晚。东晋时，始有名士王羲之与孙绰来山游览或神游，其中，孙绰（314—371）的《游天台山赋》将天台山描述为山水神秀、释道共栖的宗教圣地，从此天台山扬名于世。晋宋之际，谢灵运伐木开径，亲临天台山，留下众多传说和遗迹，使天台山这个"佛窟仙山"成为众多文人墨客心驰神往之地。①

这一阶段，儒释道共栖于天台山，在各自发展壮大的过程中开始出现交集。道教与儒家开始互动。在理论方面，道教修心养性学说，为儒家所采撷以补充理论之不足。在实践方面，道士顾欢涉足儒家启蒙教化之事业。佛教与道教亦有交涉，在初步接触的过程中，还出现了摩擦。宋齐年间，顾欢撰《夷夏论》，试图以道教之"道"涵盖佛教，云"道则佛也，佛则道也"②，带有明显的抑佛扬道倾向，从而引发了一场规模浩大的佛道之争——"夷夏之辨"。这场辩论不仅加速了佛教中国化的进程，而且促进了道教教义的改革。之后，佛道斗争的激烈程度大为降低，取而代之的是两教之间的相互交流与融合。北齐时，天台宗先驱慧思就把借芝草神丹成就五通仙人以辅助佛教觉悟之"内丹"视为重要途径。随着儒释道的接触与碰撞，相互间的了解逐步加深，待到萧梁时，开始出现三教合一的论调，以陶弘景最具代表性。他不仅身体力行、佛道双修，还首倡三教合一，认为："万象森罗，不离两仪之育；百法纷凑，无越三教之境"。③此后，"三教调和""三教融通"的思想愈加彰显，儒释道三教鼎立格局初具雏形。

从西汉开始，高道、圣僧、鸿儒竞相来到天台山，使得天台山的文化内涵愈加丰富。天台山以开放的胸襟吸纳多元文化的精华，凝聚差异成分，融合儒释道文化，为其后的发展奠定了基础。

---

① 丁锡贤：《略论儒释道与天台山文化》，《台州学院学报》2002年第4期。

② 李延寿：《南史》卷七五《顾欢传》，北京：中华书局，1975年，第6册，第1876页。

③ 《华阳陶隐居集》卷下《茅山长沙馆碑》，《道藏》，第23册，第651页。

### （二）形成期（南朝陈至隋唐）

南朝陈至隋唐，天台山三教踵其事而增华，呈现兴盛的局面。

六朝隋唐时期，天台山佛教声势浩大。陈末隋初的智𫖮（538—597）于陈宣帝太建七年（575）率弟子入天台山，建庵定居，弘扬佛法，在近四十年的弘化活动中，接引度众甚多，道宣《续高僧传》卷一七载："东西垂范，化通万里。所造大寺三十五所，手度僧众四千余人，写经一十五藏，金檀画像十万许躯。五十余州道俗受菩萨戒者不可称纪。传业学士三十二人，习禅学士散流江汉，莫限其数。"①足见其声光之盛，影响之大，在陈隋之际独步天下，似无可匹敌者。智者大师是一位著名的义学僧，他深入经藏，穷其幽奥，著经论多达三十余种，其中《法华玄义》《法华文句》和《摩诃止观》最为精华，发挥印度龙树的中观思想，在慧文"一心三观"理论、慧思"诸法实相"学说的基础上，提出"一念三千""三谛圆融"和"止观双修"等命题，为天台宗的创宗立派做了理论铺垫。智𫖮传业弟子众多，最得其心法者为章安灌顶（561—632）。八祖荆溪湛然（711—782）在继承弘宣智者大师学说的同时，又有新的发挥阐扬，提出"无情有性"的佛性论和"性具实相"的辩证法等，使得天台山佛教盛极一时、蔚为大观。

天台山是天台宗的发源地，也是禅宗各派和净土宗的重要道场。在天台宗弘扬的同时，禅宗也开始勃兴，其支派牛头宗、临济宗皆有传承。先看牛头宗，唐代僧人遗则师从禅宗支派牛头宗传人慧忠得法，后隐居天台山佛窟岩四十年而终，世号佛窟禅师。再看临济宗，唐文宗太和七年（833）百丈怀海弟子普岸于天台山创建平田禅院。净土宗的兴起，几乎与天台宗同时，并与天台宗有合流之势，形成"行归净土，教演天

---

① 《续高僧传》卷一七《智𫖮传》，《大正藏》，第50册，第568页。

台"①的格局。此期高僧辈出、诸宗并演，天台山佛教发展波澜壮阔，进入鼎盛时期。

与此同时，天台山道教发展势头强劲，与佛教交相辉映。以桐柏观为中心，上清派高道云集，主要有徐则、王远知、叶法善、司马承祯、田虚应、冯惟良、应夷节、徐灵府、叶藏质、杜光庭、厉归真、朱霄外等，其中以司马承祯、杜光庭为著。初盛唐之际，上清派第十二代宗师司马承祯居天台山30余年，开出上清派南岳天台系，道徒甚众，名倾天下，其《天地宫府图》为中国道教划分洞天福地的主要依据。唐咸通年间（860—873），司马承祯五传弟子杜光庭（850—933）来到天台山，著有道论《道德真经广圣义》《道门科范大全集》等20余种，对道教教义、斋醮科范、修道方术等进行研习修订，道教的理论建构蔚然可观。

儒家方面。唐至德二年（757），广文博士郑虔（691—759）来到台州，以教化为己任，大力发展正统官学，自此台州文风日盛，被后人尊为"台州文教之祖"。唐天宝（742—755）末年，啖助（724—770）任临海尉，变《春秋》专门之学为通学，撰《春秋集传》《春秋统例》。贞元二十年至二十一年（804—805），陆淳（？—806）任台州刺史，综合啖助关于《春秋》的学说，编著成《春秋集传纂例》10卷、《春秋集传辩疑》10卷、《春秋微旨》3卷，开宋代经学"疑经"风气之先河。

这一时期，三教交融首先体现在佛道两教之间的交涉颇多，尤其是义理方面的借鉴与互补。佛教从道教中吸纳义理方面，智者大师《摩诃止观》将传统的五行思想用到禅定调身中，止观则取法于道教的呼吸吐纳理论，还有其倡导的"六气治病法"直接摘自茅山道士陶弘景所辑《养性延命录》。湛然则在《止观辅行传弘决》中引用服丹成仙说："金

---

① 蒋维乔《谛闲大师像赞》："巍巍大师，乘愿再来。行归净土，教演天台。"参见方祖猷：《天台宗观宗讲寺志》，北京：宗教文化出版社，2006年，第304页。

丹者，圆法也，初发心时，成佛大仙，准龙树法，飞伞为丹，故曰金丹。"① 道教也不再拘泥于旧有理论一成不变，司马承祯即是引导道教开拓新境界的先锋，他融摄天台宗"一切众生皆有佛性"的理论，主张以了悟心源（道性）悟入重玄妙门，并将佛教天台宗止观并重的修习方法融入上清派道术中，创立"三戒""五渐""七阶"等炼养理论。

三教交融的另一个显著特点是佛道两教积极地从儒家思想中汲取养分。佛教方面，智者大师提出恶中悟善、善中去恶、善恶互具的佛性论，此后，湛然将天台教观与《大乘起信论》的观点结合起来，提出"无情有性""草木成佛"之说，在一定程度上受到了儒家人性论的影响。道教方面，杜光庭纳儒于道，融儒道学说于一体，将"体""用"的哲学范畴引入道教，阐发隋唐以来的"重玄说"。

三教合一更是主流思想。智者大师努力通过"三谛圆融"的和合观调和佛法与世法的关系，他多次强调"世法即是佛法"，肯定儒家与道教种种礼法施设的合理性："若周孔经籍，治法、礼法、兵法、医法，天文地理，八卦五行，世间坟典，孝以治家，忠以治国，各亲其亲，各子其子，敬上爱下，仁义揖让，安于百姓，霸立社稷。若失此法，强者凌弱，天下焦遑，民无聊生，鸟不暇栖，兽不暇伏。若依此法，天下太平，牛马内向。当知此法，乃是爱民治国。"② 认为一切治生产业，皆与佛法不相违背，这样就使得三教关系得到了很大程度的调和。

隋唐两朝，当道教和儒家正在筹备建构本体论时，佛教已经形成了完善的佛性论，因此，在儒释道互相会通的基础上，此时的佛教在义理上占据了上风。

总体而论，从南朝陈至五代，天台山三教，经过诸宗领袖的敷衍阐

---

① 湛然：《止观辅行传弘决》卷十之二，《大正藏》，第46册，第445页。
② 智颉：《妙法莲华经玄义》卷八上，《大正藏》，第33册，第670页。

发，建立了一套相当系统化的儒释道并存的哲学体系，初步形成了独具特色的天台山文化。

### （三）融合期（五代至两宋）

五代两宋时期，天台山三教处于融合发展阶段。

就佛教而言，五代两宋时期，社会动荡不安，兵燹不断，灭佛活动偶有发生，所幸天台山偏居一隅，并未因此挫伤佛教的元气，其成就依然灿烂可观，甚至大有超迈前代之势。天台宗方面，义寂（919—987）、义通（927—988）大弘教观，播名海外；知礼（960—1028）发动"山家""山外"之争；智圆（976—1022）提出"三教合一"新说，皆为光大天台宗的重要人物。天台山禅宗各派亦有接续和发展。唐末五代之际，禅宗支脉之法眼宗二祖德韶（891—972）入天台山广建道场，讲经说法，弘扬禅法，禅业甚盛。其弟子延寿（904—975）亦入天台，曾于国清寺修行，著《宗镜录》和《万善同归集》，提出诸宗融合、禅教一致和禅净双修等观点，别开阃奥，声威遐震。南宋孝宗淳熙年间，日僧荣西（1141—1215）两度入宋，师从虚庵怀敞研习黄龙禅法，从此临济宗传入日本，遗响千年。

面对佛教的中兴，道教开始尝试打破现有的神仙体系，另辟蹊径以探索足以与佛教相颉颃的理论。在这种背景下，内丹学说开始兴起，以张伯端（984—1082）和其四传弟子白玉蟾（1134—1229）为代表的南宗取代上清派成为道教内丹学的重要流派。张伯端主张先命后性，性命双修，[①] 集北宋内丹学说之大成，开创炼精化气、炼气化神、炼神返虚及先修命、后修性的内丹法，完善了内丹炼养理论。晚年张伯端居天台山桐柏宫，广授道徒，后被尊为道教南宗始祖，桐柏宫亦被奉为南宗祖庭。

---

① 《玉清金笥青华秘文金宝内炼丹诀》："一阴者，性归于命之始也……三阴乃性尽归于命……方其始也，以命而取性，性之全矣。又以性安命，此是性命天机括处。双修者，此之谓也。"参见《玉清金笥青华秘文金宝内炼丹诀》卷上《金丹图论》，《道藏》，第4册，第372页。

其四传弟子白玉蟾博学多识，著述丰稔，颇受当朝皇帝推重。凡此种种，无不反映道教南宗一系正在崛起，其社会影响日增。

儒家方面，南宋时，中原文化望族陆续迁往天台，为天台山儒家输入了新鲜血液，徐大受、潘时举参与了作为新儒学代表的朱子学的理论建构，使得儒家传统文化得以继承和发扬。其时，比较著名的儒家书院有徐大受的竹溪读书堂，季可的雷马书院、神州书院，潘时举的宰山读书堂及叶亨孙的龙溪书院，王责的上苑书堂等，儒学之风劲播。

这一时期，三教融合深入发展，尤以儒学对佛道的涵化为著。张载（1020—1077）主张将后天的气质之性复归纯善的天地之性，与张伯端认为必须铲除后天的气质之性，善返先天之性等说法几乎一致。朱熹（1130—1200）兼容儒家思想和佛教止观、道教丹道理论，建立了包括天理论、人性论、格致论、持敬说等严密的理论体系。其天台门人潘时举履践笃实，擅静坐，深得朱子三教兼融的心法。陆九渊（1139—1193）所倡发明本心的修养论，显然受到了张伯端"欲体至道者，莫若明乎本心"[1]观点的影响。他们以儒家礼法伦理思想为核心，熔铸吸收佛道思想，建构"理学"体系。此外，名儒陈傅良（1137—1203）曾隐于国清寺西庵开馆讲学数月，也透露出儒学与佛道互融的讯息。

道教也积极地从儒佛中汲取智慧。北宋出现了一批兼融三教的金丹派道士，张伯端便是其中的代表。他认为道教同儒释在"性命"修炼上的观点是一致的："教虽分三，道乃归一，奈何后世黄缁之流，各自专门，相互非是，致使三家宗要，迷设邪歧，不能混一而同归矣。"[2]他试图用道教修炼性命之说来撮合三教，"先以神仙命脉诱其修炼，次以诸佛妙用广其神通，终以真如觉性遗其幻妄，而归于究竟空寂之本源矣"[3]。

---

① 《紫阳真人〈悟真篇〉注疏》后序，《道藏》，第2册，第967页。

② 《紫阳真人〈悟真篇〉注疏》序，《道藏》，第2册，第914页。

③ 《紫阳真人〈悟真篇〉拾遗》，《道藏》，第2册，第1030页。

张伯端通过融摄儒、释、道三教理论精华，并以自己多年来的内丹炼养思想为基础，最终完成了《悟真篇》。另外，白玉蟾（1134—1229）倡导炼形、炼气、炼神的调心丹法，亦颇多取鉴于佛教禅法。这些皆极大地促进了三教的融通。

两宋之际，以理学为代表的儒家文化、以南宗为代表的道教文化和以天台宗为代表的佛教文化不仅能够鼎足睦居，而且还能义理互补、修持相摄，儒释道三教的共同濡染，催生出和合包容的天台山文化。

### （四）发展期（元代至今）

元代至今，天台山三教呈曲折发展的态势。

元明清时期，佛教各宗各派剧烈激荡，天台宗屡受禅宗、净土宗的挑战，几经衰微，几度中兴，然终究能够薪火绵延。元代，湛堂性澄（1253—1330）及其弟子玉岗蒙润、绝宗善继等颇多建树。明代以降，幽溪传灯（1554—1628）募修寺宇、开辟讲堂，重立天台祖庭，重兴天台教观，可谓成绩卓然。蕅益智旭（1599—1655）大倡三教互融，私淑台宗，创灵峰派。清初有天溪受登（1607—1675）及弟子灵乘、灵耀专弘台教，饶有功绩。乾隆年间（1736—1795）的性权，咸丰年间（1851—1861）的智诠著述宏富，开敷教义，演扬妙法，意义深远。晚清之际，绍隆台宗者有观竺、敏羲、隆范、寻源和祖印诸僧，尤以敏羲重建祖塔、重梓典籍功劳显著。清末民初，天台宗四十三世法裔古虚谛闲（1859—1932）创办僧学，学徒济济，弟子湛山倓虚（1875—1963）、宝静，再传弟子隆安保贤（1908—1987）等皆教门龙象，各化一方。其他天台宗高僧如悟云兴慈（1881—1950）、宽显静权（1881—1960）等于复兴宗业亦多有着力。中华人民共和国成立以后，天台宗曾一度受挫。1978年改革开放以后，天台山佛教呈复兴之势，国清寺、高明寺、真觉寺、中方广寺、下方广寺等重建翻修，并创办了一系列佛学研究社，培养了一大批硕学俊彦。

道教方面，宋末元初，北宗全真道龙门派开始在天台山传播。天台山道士王中立入桐柏宫潜心学道，融南北二宗，弘传龙门派，深受宋理宗、度宗器重。此后龙门派取代南宗而起，天台山桐柏宫派成为龙门派的重要支派。明中叶以前，符箓派的正一道发展迅猛，到明世宗时达到顶峰。明代中后期，龙门派式微，经过长期沉寂之后，出现了第五代律师张静定、第六代律师赵真嵩，他们修真于天台山桐柏宫，力图重振宗风，龙门派大有复苏之势。崇祯元年（1628），赵真嵩将龙门戒法传予王常月，是为龙门律宗第七代律师，后成为中兴龙门派的主要人物。与王常月同辈的沈敬常一系，门庭亦盛。清雍正九年（1731），沈敬常再传弟子范青云奉诏重建天台山桐柏宫，撰有《钵鉴续》。沈敬常三传弟子高东篱，晚年继范青云住持天台山桐柏宫，门庭又盛，清中叶后，道教受朝廷抑制，逐渐衰落。1949年后，天台山道教事业发展很快：天台山玉京洞、鸣鹤观重新整建，轩辕台、桐柏宫新址等也开始建造，道教场所不断增加，同时，道士数量也开始攀升，并成立了相应的道教协会。中国南宗养生文化院亦在桐柏宫成立。养生文化院成立后，桐柏宫致力于南宗历代祖师养生长寿修行之法的研究和推广工作。这些都反映出，天台山道教正在再次复兴。

再来看儒学。元代潘衍翁著《汴略》30卷，明代徐善述著《尚书直指》6卷，庞泮著《书经大义》12卷。清代齐召南是集儒学大成的一代名家，其著述遍及多个领域，有关经史经典的著作不下80余部，重要的有《尚书集解》《礼记辨疏》《春秋左传注疏传证》《史记功侯臣年表》《后汉公卿表》《历代帝王年表》《隋唐两宋天文历数表》《大清一统志》《明鉴纲目》《续文献通考》《水道提纲》等。[①]从中可以窥见儒

---

① 叶哲明：《天台山文化和学派特色之研究（下）》，《台州学院学报》2003年第2期。

学发展的大致状况。

天台山是一座儒释道三教圆融共处的名山。总体而言，三教处于相互借鉴、相互补益的良性循环中。诚如明代高僧传灯所言，天台山水幽清，仙圣幽栖，"其中所有灵粹之气，莫不毕集于此，为神仙之窟宅，罗汉之道场，间生圣贤，养育英哲，岂徒然哉！"[①]在儒释道思想互相激荡、相互影响下，天台山形成了极富神韵的名山文化。也因为三教互融的历史贡献，使得天台山文化成为中国文化中不可分割的重要部分，正如任继愈先生所言："儒释道三教合一，有利于形成民族凝聚力。天台山在浙江占有特殊地位，天台山文化善于融合、消化各种文化，进而创造新文化，这既是天台山文化的特点，又是中华文化的特点。"[②]概言之，天台山文化不仅是台州文化的核心内容之一，也是中华文化的重要组成部分。

## 二、天台山文化的历史影响

基于儒释道三教的汇合融通，天台山确立了佛宗道源和文化圣地的历史坐标，产生了深远的历史影响。

### （一）佛宗道源

"佛国仙山"天台山，山水神秀，成为历代高僧名道钟情的修炼之地，如智者大师、天台德韶、司马承祯和张伯端等都慕名来访，创宗立派，佛教天台宗和道教南宗皆创建于此，并逐步辐射到全国乃至日本、朝鲜、东南亚和欧美等国家。天台山"佛宗道源"之地位也由此确定。

先来看佛教。智者大师带领一批弟子来到天台山，钩深索隐，惨淡

---

① 传灯：《天台山方外志》卷一，杜洁祥主编《中国佛寺史志汇刊》，台北：丹青图书公司，1985年，第76—77页。

② 任继愈：《天台山文化专号》第二辑序，《东南文化》1994年第2期。

经营，开创了中国特色的佛教天台宗，佛学理论大为昌明，天台山佛教成为中国中古时代佛教本土化浪潮中的第一朵浪花。从9世纪初开始，天台宗开始向东亚诸国传播。日僧最澄（767—822）求法于天台道邃、行满，将教观传至日本，是为日本天台宗之缘起。北宋元丰年间（1085），高丽僧人义天（1055—1101）入宋求法，师从天台宗高僧慈辩学习天台教观，更诣天台山佛陇真觉寺，礼智者塔，发下"归国敷扬"之宏愿，从此天台宗传入朝鲜半岛，至今盛行不衰。北宋宣和六年（1124），日僧良忍（1073—1132）受天台源信《往生要集》中提倡念佛修行的影响，以《华严经》《法华经》为正依经典，开创净土系融通念佛宗；其后，日莲（1222—1282）受天台宗影响，信奉《法华经》，开创日莲宗。1978年改革开放以后，天台山与英、法、德、意、日、韩等国往来频繁，天台宗在海外产生了巨大的影响。

道教方面，自张伯端开启南宗道学，从白玉蟾到彭耜、留元长、张云友再到赵牧夫、谢显道、萧廷芝等，道教南宗在两宋时代传续不绝。金丹派南宗丹法对后世道教丹道思想有重要影响，明清时期，道教道法有东南西北中五派之分，而这五派丹法均或多或少受到南宗思想的影响与渗透，同时，南宗对清末民国时期的民间道派也有一定影响。[①]

概言之，天台山是中国最早的佛教宗派天台宗的发祥地，也是道教南宗的发祥地，此乃天台山文化的坚实基点，正如树木根柢牢固枝叶花果方能繁茂一样，天台山名山文化能够凌跨百代、沾溉后世即获益于此。

### （二）文化圣地

天台山占尽山林胜境，千岩竞秀，万壑争流，山光水色，出之天然，是历代贤哲神往的圣地，信奉佛道的文人骚客更是仰之弥高，天台

---

① 盖建民：《道教金丹派南宗考论：道派、历史、文献与思想综合研究》，北京：社会科学文献出版社，2013年，第889—904页。

山由此成为一座含纳丰富、内蕴深厚的文化宝库。

先看文学，尤以佛道文学和山水文学为代表。首先，天台山佛道文学异常兴盛。据《台州府志》《天台县志》和《天台山方外志》等史籍记载，自春秋至清末，在天台山寓居并有一定业绩，后人为其立传的名僧有155人[①]，高道73人[②]。他们撰写了大量禅观修道著作，如智顗的《摩诃止观》、灌顶的《观心论疏》、司马承祯的《坐忘论》、张伯端的《悟真篇》等，同时他们也留下了大量诗文佳作，形成了天台山佛道文学的独特景观。其次，天台山山水文学十分发达。文人们纷至沓来、比肩而至，或者身不能至而有神游之思，迸发出灿烂的文学火花，留下许多诗文佳作。自孙绰作《天台山赋》，称"天台山者，盖山岳之神秀者也"之后，天台山名声大振，一大批文人学士慕名来游。据《天台集》等统计，游过天台山的著名诗人有531人，其中，两晋南北朝以前者11人，唐及五代者115人，共辑录诗作1503首。[③]特别值得一提的是，明代大旅行家徐霞客曾三次游览天台山，游踪遍及华顶寺、石梁、方广寺、铜壶、万年寺、国清寺、明岩、寒岩、双阙、赤城等，所撰《游天台山日记》对天台山脉水系分布及走向做了详细记载，对相应景观做了细致描摹，文辞清丽，成为《徐霞客游记》的开篇之作。中国旅游日（每年5月19日）就源于徐霞客首游天台山，《游天台山日记》云："癸丑之三月晦（1613年5月19日），自宁海出西门，云散日朗，人意山光，俱有喜态。"[④]这些都是中国山水文学的重要组成部分。佛道文学和山水文学是地域文化与文学相互影响、交融的典型案例，扩大了文学的题材，丰富了文学的内

---

① 丁锡贤、朱封鳌：《天台山佛教文学述评》，《东南文化》1990年第6期。

② 《天台山方外志》目录，杜洁祥主编《中国佛寺史志汇刊》，第56页。

③ 这还仅为东汉至南宋的诗人及诗作数，如若全面统计历代文体的作品，数量将非常庞大。参见丁锡贤、朱封鳌：《天台山佛教文学述评》，《东南文化》1990年第6期。

④ 徐弘祖：《徐霞客游记》，上海：上海古籍出版社，1980年，第1页。

涵，为天台山文学的发展奠定了坚实的基础。

再看艺术。大而言之，略包括如下数端：其一是音乐，天台山佛道音乐是中国传统音乐文化的宝贵遗产。其历史悠久，内容丰富，影响波及日本、韩国乃至东南亚等地。其二是书法，白云先生隐居华顶时曾授王羲之以"永字八法"，此外，智顗、司马承祯、郑虔、贺允中、曹勋、志南、泰不华、陶宗仪、范理、传灯、侯嘉繙、章梫等均以书名世，徐放、柳公权、黄庭坚、米芾、董其昌、康有为等名家的摩崖碑刻尚存。其三是绘画，唐代郑虔、项容，五代厉归真、钟隐，宋代桑世昌、慧舟、卫九鼎，元代独孤淳明、卢益修，明代裴日英、陈宗渊、王梅夫，清代汪霖、梅人鉴、王瑞庭等都是天台山画史上的名家。其四是雕塑。国清寺保存的隋代线刻佛像、元代木雕佛像和明代青铜巨佛雕像皆为雕塑中的精品。其五是戏曲，包括乱弹、词调、马灯戏和越剧等。[①]

天台山的文学艺术对海外产生了积极影响，"寒山热""济公热"等在欧洲、亚洲、美洲出现，表明天台山文化对环太平洋文化皆有一定的影响。

综上所述，天台山是天台佛学、南宗道学的摇篮，也是文学艺术的宝库，而天台山文化则不仅是台州文化的硬核，也是中国名山文化的典范，其对东亚、东南亚乃至欧美都产生了一定的影响。因此，天台山文化不仅在中国文化史上有自己的贡献，在世界文化交流史上也值得关注。

## 第二节　千年府城与名城文化

台州府城，历史悠久，文化厚重。府城坐落于临海，总面积3.12平方千米，东临东湖，北靠北固，南依灵江，山河环抱，钟灵毓秀，现已

---

① 连晓鸣、奇区：《天台山文化初论》，《东南文化》1990年第6期。

入选国家级历史文化名城，并已列入世界文化遗产预备名单。以台州府城为代表的名城文化，是台州文化的重要亮点。

## 一、台州府城的文化意蕴

### （一）台州府城的沿革

台州的古城建置很早，从西汉的东瓯、回浦，到东汉的章安、临海，再到唐代的台州、元代的台州路、明清时期的台州府，经历了两千多年的发展历程。

秦代设置郡县，台州属闽中郡。昭帝始元二年（前85），原隶属东瓯的回浦乡升格为回浦县。[①]东汉时，台州属扬州会稽郡，治所在章安。三国黄武、黄龙年间（222—231），吴国将章安县的西北部划出来，设置始平县（今天台县），同时将章安县的西部和永宁县的北部划出来，设置临海县。太平二年（257），将会稽郡东南部的几个县划出来，设置临海郡。郡治初设临海，不久即迁往章安。这时的临海郡辖章安、临海、始平、永宁、松阳、罗阳（后改称安阳、安固）、罗江七县，辖境包括了浙东南与闽北的大片疆土。这是台州历史上设置郡、州、府一级行政区的开始。[②]

西晋时南北短暂统一，太康四年（283），临海郡辖章安、临海、始丰、宁海、永宁、松阳、安固、横阳八个县，辖境与三国初立郡时大体相同，只不过在北部多了宁海县而在南部划出去罗江县。东晋初，临海郡逐步形成辖章安、临海、始丰、宁海、乐安五个县的格局，后世台州的辖境至此大体形成。

隋大业三年（607），改州为郡，临海县属永嘉郡。唐代，在临海郡

---

① 胡正武：《天台山文化简明读本》，杭州：浙江工商大学出版社，2019年，第10页。
② 李一、周琦主编：《台州文化概论》，北京：中国文联出版社，2002年，第22页。

的故地设置台州，同时恢复原来的临海、章安、始丰、乐安、宁海五个县的行政建置，这是使用台州政区名称的开始。两宋时期，改道为路，台州属两浙路。南宋时，台州属两浙东路，下辖临海、黄岩、宁海、天台和仙居五县。元代时设置行中书省，台州属江浙行省台州路。明清两朝，行政建置称台州府。

中华人民共和国成立后，改称台州专区，驻临海县，辖临海、黄岩、天台、仙居、温岭、三门、宁海七县及临海城关、海门两直属区。1978年，改称台州地区。1994年，设立地级台州市和县级椒江区、黄岩区、路桥区，台州市人民政府驻椒江区。

府城的历史变迁见证了台州的城市发展历程，是城市持续发展、保持其文化根基和创新源泉的重要基础。

### （二）台州府城的功能

台州府城是长江中下游地区现存规模最大、保存最好的古代城防和海防工程。其城墙建设考究，依山就势，充分利用自然地理环境的特点强化防御功能，因而城郭雄险，易守难攻。又因滨江近海地势较低，经常遭受水患，故设计了具有抗洪功能的瓮城，构成了御敌、防洪于一体的城墙体系。

### 1.军事防御

台州府城墙始建于东晋，扩建于唐，定型于宋，完善于明清，为临海城区军事防御发挥了重要作用。

府城雄伟高大、体型规整。城墙高7米，城门置7座，由城墙墙体、城门、城楼、瓮城、护城河、护城桥、敌台、马面、垛口、女墙等组成。从其功能和军事防御重要性来看，大体可分为基本防御单元、核心防御单元。其中基本防御单元指的主要是城墙墙体和护城河；核心防御单元指的主要是城门、城楼、瓮城、敌台、马面。整个防御体系十分完善。在建造方法上，城墙下宽上窄，呈梯形，顶部外侧设置雉堞，内侧砌筑女墙，墙身还间隔一定距离设置外突的马面。台州府城墙为夯土城墙，外包城砖。其夯土层最下端为褐灰土，质地最为坚硬，然后覆盖了一层20至30厘米的紫红土垫层，第三层为黄土层，表层为黑土层，使用了中间夯土外部砖包砌的方法。将土和糯米或者胶泥均匀混合，然后夯打密实，自然风干后，坚硬无比，城墙的刚度和强度大为提高。[1]

由于系统完备、砌筑新颖、用料考究、技术高超，台州府城的防御水平不亚于同时代的边界城墙与都城城墙。

### 2. 抗洪防洪

台州府城墙除了御敌功能外，还兼具防洪功能。府城位于灵江入海口近处，水位上涨，江水与潮水就会倒灌城区，为抗击洪水的冲击，台州府城墙在各城门外加筑了瓮城。

瓮城的加入使城门由一重变为二重，使洪水不易进入城内。从现存的台州古城东门形制看，瓮城城墙高大宽厚，高约7米，厚约5米，呈半圆形，这无疑对抵御并减弱江水的冲击起到了重要作用。另外，瓮城门的进深比内城门的进深大，但门洞的高度和宽度都比内城门要小很多，可以很好地控制进入内城的洪水量。同时，紧临瓮城门内侧城墙处建设了一个长4米，宽3米和1米的梯形凹槽，这样，在洪水涌入时，可以引洪水入两侧凹槽，有效地分散了洪水沿内墙涌入内城门的力量。值得一提的是，两侧瓮城门不在同一条轴线上，距离内城门的距离分别为14米和9米，内外城门朝向夹角约为80°，这样便于洪水涌入时形成圆形大漩涡，削弱洪水对内城的直接冲击。加之从内城到外城的地面并非平地，

---

① 郭建：《明清城墙研究——临海城墙的历史与构成特点分析》，《华中建筑》2013年第8期。

而是约5°的斜坡，无疑是抵御洪水的另一道举措。细加推敲，瓮城各建筑单元环环相扣，机关重重，明显增强了防洪能力。

## 二、名城文化的丰富内涵

台州以府城为代表的名城文化，以兼容并蓄的姿态，汇南北文化、雅俗文化和三教文化于一体，展现出独具魅力的文化特色。

### （一）南北文化交汇

历史上的几次大迁徙，加上濒临东海的地理位置，使得台州府城具有一定开放性与包容性，熔铸凝结着南北文化。

瓯越文化是台州的本土文化，在相当长的一段时期内，瓯越文化是台州区域文化传统的主要来源。秦汉之际，移民开始流入台州，人口迁徙促进了多元文化的诞生，尤其是风俗语言的交融，表现在时间上为各种文化习俗的并行不悖，空间上为南北方言的交汇共存。习俗方面，非遗文化项目中有来自北方的剪纸，也有生于南方的词调，还有舞武一体、刚柔相济的黄沙狮子等。语言方面，以玉环为例，该地既是著名的海岛县，孤悬海外，历史上又是各方移民的聚居地，直到现在，玉环仍是吴方言语系中的台州次方言区、温州次方言区，闽方言语系中的闽南方言区这三大方言的生存地。[①]南北文化的交汇格局可见一斑。

### （二）雅俗文化并存

在台州的文化系统中，既有正统典雅的精英文化，亦有鲜活丰富的民俗文化。

唐中叶以后，精英文化传统陆续传入台州。至德二年（757），广文

---

① 高飞：《台州区域文化传统特色论》，《社会科学战线》2008年第3期。

馆著作郎郑虔因陷伪而获贬台州，他看到"风俗犹未尽美"[①]，于是以台州文教为己任，"选民间子弟教之，大而婚姻丧祭之礼，小而升降揖逊之仪，莫不以身帅之"[②]，台州民风因之一变。南宋时期，政治经济重心南移，台州成为辅郡，建立了一套完备的官学体系。理学大兴，史载"晦翁传道江南，而台特盛"[③]；士群随之壮大，"耆儒硕辅之道德勋业，以及文章之士，始班班焉"[④]；士风于是渐进，"台之儒风俗尚，固已骎骎乎与上国等矣"[⑤]。宋元之际，学术中心南移，台州人文炳蔚、著述丰硕，成为浙东学派的策源地之一。有明一代，台州书院林立，科举人才甚众。清朝统治者在台州广建书院，精英文化传统广泛传播。台州赢得了"小邹鲁"的美誉。

与此同时，台州的民间文化特别发达。濒山临海偏居一隅的地理位置，以及长期边缘化的政治状态，让台州拥有相对宽松、自由的文化环境，由是滋养出丰赡而蓬勃的民俗文化。生产习俗方面，立春时的"焜春""茹春""咬春"，春耕时的"开秧门"，秋收时的"保稻""尝新"等习俗都独具特色。临海的重要节俗，如正月初一拜坟岁、正月初八"走八寺"、四月初八牛生日等，均带有浓厚的农耕文明特性。饮食习俗方面，单就面食而言，就有大米面、细米面、拗面、炊面、捶面、面皮、豆面、麦面等丰富的形式，最具特色的主食有糟羹、食饼筒，名点有麦虾和蛋清羊尾等，品类繁多。信仰习俗方面，乐鬼重巫、供神设坛的风气盛行，文庙、关庙、岳庙、三义庙、城隍庙、将军庙、山神庙、赤城庙、土地庙林立，此外，还有庙会、游会、神诞会、戏台会等祀典活动，

---

① 何奏簧纂，丁伋点校：《民国临海县志》卷七《风土》，北京：中国文史出版社，2006年，第204页。

② 《民国临海县志》卷七《风土》，第204页。

③ 《续修台州府志序》，喻长霖等《台州府志》，台北：成文出版社，1970年，第1页。

④ 《民国临海县志》卷七《风土》，第205页。

⑤ 《民国临海县志》卷七《风土》，第205页。

民俗色彩浓厚。

### （三）三教文化互融

　　始建于东晋末期的台州城墙，距今已有1600余年的历史。漫长的岁月为台州府城打造出独特的文化印记，也为台州积淀下深厚的文化底蕴，其中三教文化并存互融无疑是其丰富多彩的内涵中最璀璨的部分。

　　佛教方面，隋唐名僧灌顶，博学多才，"玄儒并骛"[①]，追随其师智者大师创立佛教中国化第一宗天台宗。儒家方面，文教鼻祖郑虔首开教化，朱熹讲学临海，使台州文化教育事业得到了迅猛发展，此外还有徐中行、徐庭筠、胡三省、戴复古、王士性等硕儒，都为台州儒风的传播做出了巨大的贡献。道教方面，宋代紫阳真人张伯端"涉猎三教经书，乃至刑法书算、医卜战阵、天文地理、吉凶死生之术，靡不留心详究"[②]，主张"教虽分三，道乃归一"[③]的"三教一理"思想，形成以儒、道、释融会为特色的道教宗派，开创内丹道学，成为道教南宗鼻祖。

　　在台州文化史上，呈现出由儒入道、出道入禅、禅道双融的三教和合局面。早期的台州道学就主张儒道和合，尽管儒道的义理深度不一。天台宗主张止观并重、定慧双修，融禅宗南北派思想于一体，对朱熹（1130—1200）理学思想产生了深刻影响。台州刺史陆淳（？—806）在台州任职时，主张儒、道、佛三家兼容并蓄，曾为日僧最澄写下"总万行于一心，了殊涂于三观"[④]。

　　儒释道互融在府城一街、两山、三路的人文景观中体现得尤为明

---

① 道宣《续高僧传》卷一九，《大正藏》，台北：佛陀教育基金会，1990年，第50册，第584页。

② 《紫阳真人〈悟真篇〉注疏》，《道藏》，北京、上海、天津：文物出版社、上海书店、天津古籍出版社，1988年，第2册，第914页。

③ 《紫阳真人〈悟真篇〉注疏》，《道藏》，第2册，第914页。

④ 赞宁撰、范祥雍点校：《宋高僧传》卷二九《唐天台山国清寺道邃传》，北京：中华书局，1987年，第725页。

显。一街即紫阳街，街内儒有台州府文庙、释有龙兴寺、道有紫阳宫，三教名胜汇于一街。两山即北固山和巾山，北固山上儒有广文祠、释有普贤寺、道有城隍庙，巾山则儒、释、道三家紧邻，儒有愍忠祠、杨节愍公祠，佛有天宁寺、兜率寺，道有三元宫、中斗宫等，甚至许多寺观还三教共栖一地、三圣共奉一殿。三路即广文路、天宁路和紫阳街，儒有以郑广文命名的广文路，佛有因天宁寺得名的天宁路，道有因紫阳真人留名的紫阳街。①

综上所述，台州以府城为代表的名城文化，鲜明地表现出开放、包容、多元的文化气象。在这里，南方文明与北方文明奇异交汇，精英传统与民间传统交相辉映，儒释道共处互融，多元一体的文化内涵造就了别具一格的台州府城和名城文化。

## 第三节　章安文明与海洋文化

海洋占地球面积的三分之二，伴随陆地资源的日益枯竭，科学家早已预言21世纪将是海洋的世纪。海洋战略在各海岸线国家的国家战略中具有举足轻重的地位。台州的大陆海岸线长约740千米，岛屿928个，海岛岸线长约941千米，岛陆域面积约273.76平方千米。②台州海洋文明与海洋文化不仅具有悠久的历史，而且就发展趋势来看，未来将在中国海洋战略中扮演越来越重要的角色。

### 一、章安文明，历史悠久

据考古发现，台州海洋文化可以上溯至新石器时代，灵江中下游曾

---

① 林大岳：《台州府城临海和合文化魅力及发展的思考》，《台州学院学报》2017年第5期。

② 《自然地理》，http：//www.zjtz.gov.cn/col/col54/index.html。

出土距今4500年至5500年的石凿，这种专门用于造船的石器说明，当时的造船业已经起步。在距今3000多年的玉环岛三合潭文化遗址出土了大量的青铜渔具、生产工具和兵器，说明那时的东瓯先民已经开始使用先进的青铜工具开发海岛、开发海洋资源。

西汉始元二年（前85），以鄞县回浦乡置回浦县，县治回浦，治在今天台州椒江区章安街道。东汉章帝元年（87），回浦县改名章安县，章安之名因此而来。在随后的数百年里，章安一直是台州的政治、经济、文化中心。章安位于灵江出海口北侧，地理位置优越，航运便利，向东经台州湾直奔东海；向西则可溯灵江及其支流抵达黄岩、临海、天台、仙居等地。章安文明开启了台州海洋文化之先声。

作为台州最先兴起的古港，章安港最初主要用于军事用途。汉武帝时期两次从海上进军东越和两次将东越人迁徙至江淮地区，都充分利用了章安港的航运能力。两汉至南北朝时期，章安仍是重要的军港。公元230年2月，孙权派遣卫温、诸葛直率一支由30余艘舰船、1万余名军士组成的船队，从章安出发，到达夷洲（今台湾），这是正史记载大陆与台湾最早的来往。[①]唐宋时期，台州府治虽内迁至临海，但章安仍是海上丝路之要津、文化交流之都会，在当时贸易和文化交流上起着重要作用。唐朝开元年间，章安已有"市舶"海外贸易，宋代在章安设立有"市舶务"，专门管理对外贸易。[②]继章安港之后，松门港、海门港、临海港等港口相继崛起，台州的对外贸易和文化交往更加频繁。宋代台州还专门建立了专供新罗以及外国商人侨民居住的社区"新罗坊"和"通远坊"，遗址分别位于今天临海汛桥和黄岩柏树巷。台州由此成为中国古代"海上丝路"的重要节点。

---

① 叶哲明：《东吴的海外拓展和卫温、诸葛直从章安出使台湾考略》，《中国人民大学复印报刊资料·中国古代史》1981年第23期。

② 周琦：《台州海外交往史》，北京：中国文史出版社，2008年，第59—60页。

章安还是台州古代中外文化交流较早的枢纽之一。建于东汉兴平元年（194）的仙居"石头禅院"遗址表明，印度的佛教文化已经于东汉时期通过海路传入台州，其登陆地极可能是章安。唐代，章安虽废县为镇，章安港仍是当时台州的主要港口。伴随唐宋中外文化交流频繁，章安、松门、海门等港口都曾在中外文化交往中扮演重要作用，从海上来中国的外国官员、商人、学生和僧徒正是经过这些港口进入中国内地。例如，8世纪70年代以后，由于新罗与日本关系紧张，日本遣唐使主要是从日本九州出发，向西南跨过东海，在长江口的明州、台州或苏州一带登陆，再由运河北上。[①]天台宗等佛教文化也主要经由这些港口沿西太平洋传播。

古代台州海洋资源开发主要是渔业和盐业。《续高僧传·智𫖮传》载，智𫖮于陈太建七年（575）"往居临海，民以沪鱼为业，罾网相连四百余里，江沪溪梁六十余所"[②]，由此可见南北朝时，台州沿海捕捞业之盛况。制盐在古代台州海洋经济中占据重要地位。唐代在章安黄礁西新亭头设新亭盐监，是当时江南十大盐监之一，著名诗人顾况曾担任过新亭盐监。北宋熙宁三年（1070），涂桃平原建立有杜渎盐场。章安是古代台州最大的食盐转运中心，食盐一者经海运至海宁盐官，二者经内河航运加陆运至临海、天台、仙居、东阳、武义等内陆地区。[③]

## 二、海洋资源，底蕴丰厚

中国的历代王朝，往往重陆防轻海疆、重农抑商，特别是明清两朝基本采取海禁政策，甚至"片帆不许下海"，台州沿海又长期处于倭乱和

---

① 胡可先：《天台山：浙东唐诗之路与海上丝绸之路的交汇》，《浙江社会科学》2019年第12期。

② 道宣：《续高僧传》，《四朝高僧传》第2册，北京：中国书店，2018年，第287页。

③ 王及：《章安史话》，上海：上海古籍出版社，2017年，第14页。

反清战争的前线，丰富的海洋资源并未给台州人民带来邦富民安的生活。据黄炎培调查，民国期间，每当鱼汛之际，一艘渔船出海需雇壮丁若干，加上食物渔具等，约需500元，渔户先借高利贷，遇到丰收，本息全部归还，一遇歉收，两手空空，惟有加入匪类，"从此匪额大增，地方不会安靖的了"[①]。历史上，台州"绿壳"（海盗）久患难绝，也是因为有河网密布、岛屿棋布的地理环境凭借。1949年以后，台州是海防前线，国家投资的项目建设很少，海洋文化资源长期处于待开发状态。台州海洋文化的再次腾飞，已是1978年改革开放之后。经过40多年的快速发展，台州已成为海洋大市，丰厚的海洋资源将是台州经济社会发展取之不竭的源泉。

1. **丰富的渔业资源。**台州拥有披山、大陈、猫头三大著名渔场，南北相连，三大渔场盛产大黄鱼、小黄鱼、带鱼、鲳鱼、鳓鱼、马鲛、海鳗、石斑鱼、墨鱼等数十种经济鱼类，以及对虾、梭子蟹和大量的贝壳类海产品。台州港湾、岛屿众多，宜渔资源丰富，其中"两湾一岛"（三门湾、乐清湾、大陈岛）是浙江省最佳的海水养殖场所。2019年，渔业产值297.11亿元，全年水产品产量145.90万吨，其中，海洋捕捞产量87.69万吨；海水养殖产量49.03万吨。[②]渔业是台州海洋经济和大农业的主导产业，占海洋生产总值23.3%和大农业增加值52.8%。[③]渔民收入稳步增长，2014年，海洋渔民人均纯收入19022元，[④]2018年升至26763元。[⑤]目前，台州正在以"提质增效、减量增收、绿色发展、富裕渔民"为目标，加快渔场修复振兴和渔业转型升级，推进海洋牧场建设。丰富的渔

---

① 　黄炎培：《之东》，北京：三联书店，2012年，第89页。

② 　《农业经济》，http：//www.zjtz.gov.cn/col/col61/index.html。

③ 　卢昌彩：《关于台州渔业接轨长三角一体化的思考》，《新农村》2019年第12期。

④ 　周素琴、卢昌彩：《新常态下转变渔业发展方式的探讨》，《台州决策咨询年刊2015》，第127页。

⑤ 　卢昌彩：《关于台州渔业接轨长三角一体化的思考》，《新农村》2019年第12期。

业资源让台州海鲜餐饮文化闻名遐迩，台州海鲜数不胜数，集鲜美、肥美、甜美三大特点于一身。青蟹节、小海鲜节、中国小海鲜博览会等品牌已经成为渔民喜获丰收、游客大饱口福的嘉年华。

2. **优良的港口资源。**在台州700多公里的大陆海岸线上，可开发港口岸线长96.23公里，其中可建万吨以上港口的岸线长达30.75公里。[①]优良港口主要有六大港区，即头门港区、大麦屿港区、海门港区、健跳港区、龙门港区、黄岩港区，另外还有永安、沙山、石塘、同头咀、浦坝及灵江两岸红光、长甸、马头山、八仙岩、五孔岙等10个港点。其中头门港集深浅结合、腹地大的两大优势资源，国内唯有天津港能与之媲美。2013年，台州港共完成货物吞吐量为5628万吨。[②]2018年，台州港完成货物吞吐量7167.2万吨，集装箱吞吐量达24.4万标箱，同比增长11.5%。[③]台州港远期规划是："到2020年、2030年总吞吐量0.9亿吨、1.3亿吨，集装箱吞吐量30万标准箱、50万标准箱。"[④]这个目标并不遥远。台州港正在"海上丝路""大湾区""长江经济带"等发展战略中发挥越来越重要的作用。

3. **独特的海洋旅游资源。**台州古有"海上名山""海上仙子国"之称，海岸曲折、岛屿棋布，海光山色，形成岛、湾、滩、洞、城、峰等一体的旅游资源。海岛旅游资源主要有大陈岛、蛇蟠岛、大鹿岛、一江山岛、东矶岛等50余座；海岸旅游资源主要有临海桃渚、路桥黄琅、温岭东南滨海区、玉环全境等。海洋旅游资源条件之优越，居于浙江沿海各市前列，诸如大陈岛和一江山岛红色旅游、大陈岛垦荒旅游、台州府城和桃渚的抗倭旅游、蛇蟠岛洞窟和海岛旅游、温岭石塘的石建筑旅游、

---

① 屠海将：《浙江省台州市海洋经济发展战略研究》，《经济师》2012年第3期。

② 《"一港六区"构建台州港口体系》，《台州商报》2014年12月31日第5版。

③ 《我市去年完成集装箱吞吐量24.4万标箱》，https：//www.sohu.com/a/294925487_578913。

④ 王超：《港航日新月异，让台州拥抱世界》，《台州晚报》2019年7月23日第2版。

玉环大鹿岛国家海上森林公园旅游等，都是游客梦寐之地。台州是天下游客游大海、尝海鲜、观海景的绝佳去处。

**4. 多元化的海洋民俗资源。**受滨海、海岛生产和生活方式的影响，台州人民在开发、利用海洋资源的过程中，形成了与海洋有关的生产习俗、生活习俗、礼仪习俗，寓意深厚、种类繁多、多姿多彩，如椒江送大暑船、正月半夜扛台阁、温岭小人节、玉环坎门灯塔鱼灯、三门祭冬、石塘大奏鼓、温岭海洋剪纸、船模制作等。这些海洋民俗文化独具特色，像大奏鼓舞蹈动作粗犷诙谐，边奏边舞，舞者全是男性，服饰打扮却是女性，在汉族舞蹈中不多见，具有独特的地方色彩。每逢节庆，坎门渔民们都会自发地组织花龙滚舞活动，表达祈求幸福平安的美好愿景，是浙江非常具有代表性的舞龙品种。它们折射出沿海渔民所特有的海洋精神、信仰、娱乐等丰富的文化内涵，表现了渔民对生活平安吉利、一帆风顺的共同期盼，内涵和形式都独具特色。

**5. 丰厚的海洋文化精神遗产。**台州人民在海洋开发、利用和保卫海疆的过程中，形成了海洋文化精神。14至16世纪，倭寇侵扰劫掠中国沿海，台州是重要的抗倭前线，"自倭奴入寇东南，惟浙为最甚，浙受祸惟宁、台、温为最甚"[1]。台州军民在谭纶、戚继光等著名将领的率领下，取得了抗倭斗争的胜利。1955年1月18日，中国人民解放军海陆空三军联合发起一江山岛战役，解放了一江山岛，1955年2月13日，人民解放军不战而得大陈岛。1956年开始，先后有5批共467名青年响应团中央"建设伟大祖国的大陈岛"的号召，登上大陈岛，开始了战天斗地的垦荒和建设事业，铸就了大陈岛垦荒精神。遍布台州的抗倭遗迹以及一江山岛、大陈岛留存的军事文化和垦荒文化，是激励台州人民的忧患意识、爱国情怀和勇于开拓的精神食粮。改革开放以来，台州人民借山海之利，

---

[1]　线装书局编：《明史基本史料丛刊·边疆卷》（82），北京：线装书局，2005年，第891页。

将台州建设成中国民营经济的先发地、中国股份合作制的发祥地，这是海洋文化精神在当代的具体实践和生动体现。概括起来，台州海洋文化精神主要表现为敢于冒险、机智灵活的谋事风格；积极进取、开拓创新的商贸习性；团结协作、顽强拼搏的生存能力。[1]台州海洋文化精神将永远指引着台州人民从一个辉煌走向另一个辉煌。

### 三、海洋战略，前景远大

1994年，新的台州市设址台州湾，城市中心区与章安古城旧址一江之隔。1300余年后，台州政治文化中心再次选择了滨海，回到了起点。但这不是简单的历史循环，而是顺应改革开放和海洋世纪大势的科学抉择。经过40余年的发展，台州海洋文化与海洋产业共促互进的局面已经形成，台州海洋文化正步入康庄大道。

1. **高速铁路网正在快速形成。**过去，由于缺少铁路运输，台州港以中小型泊位为主，缺少铁路交通运输的支撑一度是台州港区建设难以突破的瓶颈。2009年9月，甬台温铁路运营，台州结束了没有铁路的历史。通往或经过台州的高铁和货运铁路也先后进入规划或建设之中。2018年5月，台州市政府发布《关于加快铁路建设的若干意见》，提出台州要在全省建设大湾区、大花园、大通道、大都市区的新一轮发展中抢占先机，以"北融宁波、南联温州、西承金义、东接海上丝路"为导向，利用铁路通道实现湾区和都市圈发展有效衔接。[2]目前，台州四纵三横三支铁路网正加快建设，其规划是：杭绍台高铁、杭温高铁、沪嘉甬铁路南延段，向北经宁波、绍兴、杭州、上海、江苏至北京，向南经温州、福建至深圳，直通长三角和海西经济区；加快建成金台铁路，开展金台城际

---

① 张伟主编：《浙江海洋文化与经济》（第6辑），北京：海洋出版社，2013年，第50页。

② 施亚萍：《台州铁路迎来建设高潮》，《台州晚报》2018年5月9日第2版。

铁路（宁波至九江通道）、衢丽台铁路研究工作，向西经丽水、金华、衢州、景德镇至九江。①其中，金台铁路预计2020年通车，杭绍台高铁预计2021年建成通车。杭绍台高铁将直通长三角和海西经济区；金台铁路贯通东西，其向东延伸的头门港支线，解决头门港区货物"最后一公里"问题，头门港航运能力将辐射到内陆省区，台州港将成为中南腹地对外开放中的窗口，更多的中国制造将从台州港出发，走向世界。

2. **新兴港区港点正在迅速崛起**。台州是港口大市，海岸线漫长，港湾优良。伴随改革开放的深入和国家海洋战略的凸显，台州港区规划日趋完善、建设发展迅速。1989年，国务院批准海门港为中国对外开放港口。2001年，国家交通部批准台州市港口统一冠名为台州港，并确定台州港是以海门港区为中心，大麦屿港区、健跳港区为南北两翼的多功能、全方位、综合性的现代化国际大港口。②2007年浙江省政府批复了《台州港总体规划》，该规划将台州港分为健跳、临海、黄岩、海门、温岭及大麦屿六个港区。为积极对接"一带一路""长江经济带"等国家倡议的实施，融入浙江"大湾区"建设，助推台州"山海水城、和合圣地、制造之都"城市品质的提升，2018年，浙江省政府批复了《台州港总体规划（2017—2030年）》，规划台州港形成以头门为核心港区，大麦屿、海门为重要港区，统筹发展健跳、龙门、黄岩港区和其他港点的分层次布局，形成"一港六区十港点"共同发展的新空间格局。

3. **海洋经济总量与规模正在不断扩大**。按照打造"一带一路"枢纽重要节点的城市定位，台州积极调整海洋战略，从"开发大港口"到建设"海上台州"，再到"主攻沿海"、建设"沿海产业带"，引导陆海联动，已形成海洋渔业、临港工业、海洋运输、滨海旅游等海洋主导产业，

---

① 《四纵三横三支铁路网正在形成 台州铁路发展迎来新高潮》，https：//www.sohu.com/a/231194766_99962827

② 《资源优势》，http：//www.taizhou.com.cn/zhuanti/2010—07/02/content_261443.htm。

海洋经济对地区经济增长贡献率不断提升。2003年海洋经济总产出首次突破300亿元，2014年台州海洋经济总产出达到1431.37亿元，海洋生产总值443.11亿元。[1]其中，沿海产业带是台州人民利用沿海航运、交通运输优势而规划的"大手笔"。沿海产业带以沿海高速公路为主轴，向西纵深约5千米，东至管辖海域的沿海带状经济体和产业走廊，涉及台州沿海6个县（市、区）和台州经济开发区共32个乡镇（街道），陆域总面积约为2190平方千米，海域面积约为6910平方千米，共有重点开发区块12个，规划面积760平方千米。台州沿海产业带建成后，将成为台州现代制造业的集聚区、吸引外资的集中区、体制创新的先导区、循环经济的示范区和台州滨海新区的新城区，是台州今后发展的重要战略平台。[2]

人类社会的进步将越来越寄希望于海洋，习近平同志指出："我国是一个海洋大国，海域面积十分辽阔。一定要向海洋进军，加快建设海洋强国。"[3]历史已经证明，向外开放、面向海洋，台州则兴；闭关自守、背离海洋，台州则衰。我们要顺势而为，把台州悠久丰厚的海洋文化资源转变为台州经济社会快速发展的重要源泉和动力，为中华民族伟大复兴做出更大的贡献。

## 第四节　历史街区与商贸文化

台州是民营经济非常发达的城市，民营经济占经济总量95%以上，是改革开放以来中国民营经济发展的鲜活样本。全国第一家经工商登记的股份合作制企业在温岭诞生，全国第一个县级政府制定的股份合作制

---

[1]　金台临《论海洋文化与海洋产业发展——以浙江台州为例》，《吉林工商学院学报》2016年第1期。

[2]　《沿海产业带》，http：//www.zjtz.gov.cn/art/2019/8/24/art_2910_145043.html。

[3]　《习近平谈建设海洋强国》，https：//news.china.com/zw/news/13000776/20180813/33556205.html?xw002。

政策文件在黄岩颁布……如此活跃的民间商贸氛围，难免让人不去追问，它的商贸基因源自哪里？历史上的台州大地，其商贸文化又是如何？

作为中华传统文化圈中的一部分，台州这片属于浙东南区域的滨海城市，呈现了与中国传统商业经济发展相一致的历程，又因其独特的地理形貌、交通因素、政治文化因缘，而形成自身的特色，形成区域的商贸文化圈。

商贸文化繁荣的重要标志是市镇兴起，而一条繁华的贸易街区又往往是一个市镇形成的标志。在台州这块古老的大地上，至今尚存数条因商贸文化繁荣而遗留下来的历史街区，他们分别是章安古街、幡滩老街、温峤古街、海门老街、路桥十里长街等，昔日之繁华气息尚在依稀的古街中留存，讲述着台州历史上风起云涌的商贸往事。

## 一、章安：早期台州商贸重镇

章安地处浙江东南沿海台州湾北岸，灵江冲积而成的椒北平原，古属东瓯地。隋开皇十一年（591）前，一直为台州前身回浦县、临海郡治所在地，为浙东南沿海的政治、经济、文化中心，素有"海疆都会"之称，是台州人文渊薮。[①]章安是唐以前台州政治文化中心，也是台州经济发展的重镇。

章安能成为早期商贸文化的重镇，与其独特的地理位置分不开。一是台州地理形势"孤悬"的特点，即"东负海，西括苍山高三十里；浙北则为天姥、天台诸山，去四明入海；南则为永嘉诸山，去雁荡入海"[②]，三面临山，东面负海，促使台州对外联系必先通过海运。[③]二是秦

---

① 文河：《曾经繁华的"海疆都会"——椒江章安古镇》，《今日浙江》2010年第5期。

② 周振鹤：《王士性地理书三种》，上海：上海古籍出版社，1993年，第330页。

③ 李跃军、林智理：《浅谈章安古港兴衰的地理背景》，《台州师专学报》2000年第4期。

汉王朝，在向东南沿海开疆拓土过程中，章安成了朝廷向南挺进的前沿阵地，"从而被推上了两汉王朝开拓和控制东南越族政治军事的重镇地位，并成了南北海上交通极为显要的都会"[①]，促使它的军事政治地位凸显。三是港口地貌配置优越，是促使章安港兴起的又一自然地理因素。[②]

地理位置优越的章安，自西汉建回浦县，迄东汉、六朝时期，随着孙吴对江南地区的开发，西晋末年北方士族及移民大批迁入，人口不断增加，农业生产得到发展，手工业蓬勃兴起，经济得到较快的发展。[③]

得益于适宜的气候与土壤，章安农业生产丰盛，粮食作物有水稻、小麦、芝麻、粟、豆等。盛产双季稻，水稻产量大。东晋时，章安粮食不仅能满足当地人口所需，而且能有余粮上调或供给军需。[④]此外还有经济作物，其中最为有名的是生姜。章安干姜不仅是有名的进贡品，亦享誉社会，成为大众食用与药用的上佳选择。其次濒临海边，章安的渔业资源也十分丰富，在古代章安经济中占有一定的比重。[⑤]当时出海捕捞规模大，品种丰富。

东汉至六朝时期的章安，手工业也较为发达，主要以陶瓷业和制砖业为主。考古发掘和文献记载的陶瓷窑址众多，东汉时有太和山窑、马车港窑，六朝时有溪口铁场岙里坑、安王山窑，涌泉西岙的方岸窑、城东的五孔岙窑等。这些窑址出土的瓷器施淡青色釉，工艺精湛，说明了当时章安地区是一个生产青瓷器物的聚集地，不仅数量多，工艺也优良。因此，章安也是六朝时陶瓷器的集散中心。[⑥]六朝时章安的制砖业也比

---

① 叶哲明：《古代椒北章安文明与台州的文化复兴》，《台州师专学报》2001年第1期。

② 李跃军、林智理：《浅谈章安古港兴衰的地理背景》，《台州师专学报》2000年第4期。

③ 王及：《历史古镇章安》，北京：中国文联出版社，2000年，第19页。

④ 王及：《历史古镇章安》，第19页。

⑤ 王及：《历史古镇章安》，第20页。

⑥ 王及：《历史古镇章安》，第22页。

较发达，烧造工业水平高，质地坚硬，形制多样，纹饰种类也很多。[①]
当时的章安也能进行铜、铁的冶炼铸造，有多处作坊遗址为证，如涌泉
上山冯铜器制造作坊、今梓林花园村附近的冶炼场、临海溪口铁场等。[②]

章安濒临海边，也具有制盐的便利，故有盐场，朝廷设有盐监管
理。唐代在今黄礁西新亭地方设立新亭盐监，唐肃宗至德二年（757）进
士、著名诗人顾况就曾任职过新亭盐监。[③]由此，章安是食用盐转运中
心，曾在蔡桥建有食盐总厂，再分送、行销至省内的临海、天台、仙居、
东阳、永康、武义、缙云等县，多余部分海运至海宁盐官，由总所配
销。[④]

六朝时，章安还盛产一种由棉麻编织而成的精致草鞋，为士大夫阶
层所钟爱。他们脚蹬芒屩，身着宽袖大袍，穿行于青山绿水间，用于散
发服丹药所产生的热气。据载，梁代临海郡太守王筠离任时，带走章安
的芒屩有"两舫"之多。[⑤]

因章安独特的地理位置、政治地位与自身经济的发展，吸引了众多
人口。在今章安桥附近，自章安桥西至墩头山，北到鳌山、回浦桥，南
到水退基一带及南面的小浦，在汉时形成了一个繁华的商贸集镇聚落。[⑥]
可以想见，当时章安古街两侧，遍布着各类店铺，商贩忙着装卸各类海
鲜、稻谷、姜、陶瓷、盐、芒屩等货物销往外地，繁忙的码头连接着古
街的人们，在悠长的街道上交易着各自所需之物，喧嚣的嘈杂声伴随着
古人们的日常生活，情景恍如当前的某个村镇集市。

---

① 王及：《历史古镇章安》，第23页。

② 王及：《历史古镇章安》，第23页。

③ 王及：《历史古镇章安》，第23页。

④ 王及：《历史古镇章安》，第23页。

⑤ 王及：《历史古镇章安》，第24页。

⑥ 王及：《历史古镇章安》，第14页。

章安衰落缘起于东晋孙恩起义。起义失败，受战争影响，章安人口锐减。为便于防守，临海太守辛景放弃郡城章安，将郡城转移到临海大固山脚下，从而章安的政治、经济均在孙恩起义后受到严重影响。其次，明清后，随着温黄平原拓地开发，成为台州的主要粮仓，台州经济重心从章安南移。加之，章安港口因地理作用和围湖造田，不再是良港，清代后期，随着椒江港口条件成熟，遂取代了章安港口的作用。[①] 在自然与人为的双重作用下，曾经繁华的海港市镇章安逐渐趋于萧条与边缘化，不再呈现昔日之繁华。

## 二、蟠滩：台州西向商贸门户

蟠滩原名"白滩"，在台州西部，与温（温州）、处（丽水）两郡接壤，处于台州灵江流域与浙西丘陵山地的水陆交汇点，是古代台州通往婺州、处州交通要道——苍岭古道的起点，也是一条食盐的交通要道。《太平桥碑记》记载："下而蟠镇加以诸埠，商盐肩挑者络绎不绝，既云孔道，实属要途。"因其优越的地理位置，蟠滩逐渐形成以水陆交汇点为特征的物资（主要是盐、布匹、山货等）集散地，"白滩集"也就应运而生。[②]

蟠滩有固定渡口，始自隋朝，时称"白滩渡"。蟠滩集何时形成尚无确切记载，但至少从唐光化（898—901）年间开始，蟠滩渡口开始形成不定期的集市，有早、晚集。[③] 北宋端拱二年（989），当时的永安县令亲临蟠滩，划定方圆十五丈水埠头为"官埠"，以行人过渡为主。[④] 随着

---

① 李跃军、林智理：《浅谈章安古港兴衰的地理背景》，《台州师专学报》2000年第4期。

② 政协台州市文史资料委员会：《蟠滩古镇》，杭州：西泠印社出版社，2001年，第2页。

③ 政协台州市文史资料委员会：《蟠滩古镇》，第2页。

④ 政协台州市文史资料委员会：《蟠滩古镇》，第2页。

贸易发展，南来北往的商贾在皤滩落脚过站，从而在永安溪中游的白滩地段上崛起了一座以渡口、贸易为主的小集镇，人们称之为"白滩集"，至明代改称"皤滩市"。①

明清是皤滩古镇的鼎盛时期。当年商贸集市上主要经营的物资有盐、布匹、山货、陶瓷等，其中尤以盐的贸易与中转最为活跃，有着一条以皤滩盐埠头为起点，经横溪苍岭古道越缙云，再过金华后通向内地的"盐道"，是我国历史颇为著名的东、西"食盐之路"。食盐主要产自黄岩，《台州地区志》记载，"宋代黄岩监产盐供应本区及绍兴、丽水、衢州、金华等地"。据《光绪仙居志》载，"盐法案：（仙邑不滨海，年销正引，该商赴道上纳）仙居县年销正引一千九百八十七引外，东阳、永康、武义三县，共年销正引四千五百一十四引，皆由该县皤滩而上，赴该处行销"。由此推算，明清时期仙居西部与东阳、永康、武义三县，每年经皤滩盐埠中转的食盐就达390多万斤，折合现代计量已近2000吨。如再加上缙云、丽水、云和、龙泉、金华、义乌、兰溪、龙游等县及江西、湖南、河南、安徽等省区向皤滩进盐的数量，粗略估算就在5000吨以上。②可见，皤滩是台州向西输送食盐的一个重要集散地。

因活跃的盐商和盐埠存在，皤滩不断吸引全国各地的商贾富豪前来投资设店，许多人举家迁来皤滩落户，更加促进皤滩商贸繁荣。商贾们的纷纷涌入，带动了皤滩市场的扩散。他们不满足于小摊小店的经营方式，纷纷转向水埠码头投资，进而收购租赁水埠码头边的房产进行扩建、改造，致使街面逐步扩大。③由于永安溪河床曲折多变，抢滩皤滩的古人就临溪搭棚建房，从而使上街段形成九曲迂回，酷似龙形。④龙形街

---

① 政协台州市文史资料委员会：《皤滩古镇》，第2页。

② 政协台州市文史资料委员会：《皤滩古镇》，第2页。

③ 政协台州市文史资料委员会：《皤滩古镇》，第4页。

④ 政协台州市文史资料委员会：《皤滩古镇》，第4页。

道长达2千米，街面平均宽度3.5米，弯曲有致，龙头朝西，所对是五溪汇合点，龙尾朝东，街面以鹅卵石铺地，并镶嵌成"龙鳞"图案。

龙形古街初建于五代吴越时期，北宋时形成规模。因重要的地理位置，皤滩成为兵家争夺的军事要点，而遭多次兵燹。如明嘉靖三十五年（1556），倭寇多次入侵，古街被毁。明万历二十七年（1599），龙型古街修复。清乾隆二十八年（1763）皤滩改乡为都，光绪二十年（1894），由乡、都改为镇，古街达于鼎盛。[①] 太平天国运动时，咸丰十一年（1861）十月，太平天国侍王李世贤由苍岭入仙居，东征台州府，曾在皤滩安营扎寨。民国三年（1914），周永广率兵讨袁，攻克皤滩哨所。[②] 历经战争沧桑的古街，并未因此而萧条，战后不久，迅即恢复。

如今街道两侧遗存的主要是明清时期建筑，大约还有260多家店铺，有各类以"前店后埠"式的盐、布匹、陶瓷、药材等商铺，有茶楼、妓院、赌场等供人们日常休闲的场所，也有镇上民众精神文化需求的场所如书院、祠堂、庙宇，还有客栈、钱庄、当铺、邮局等各类设施。

这是一条因商贸繁荣所形成的街区，不仅建筑与人口的聚集因缘于外来成功商人，如鲍宗岩经营的永康埠、陈丁濂经营的金华埠、王金都经营的缙云埠、鲍宗岩及其子孙鲍寿孙经营的安徽埠、河南安阳盐官周道来经营的河南盐栈、龙泉瓷商夏西正经营的龙泉埠、女富商何雅丽经营的丽水埠、东阳商人余布木经营的东阳埠。而且，街道的风貌与建筑风格也因他们所带来的多元文化而构成一道独特的景观，有安徽歙县骑士楼式、金华单檐式鼓阁直壁双开门式、缙云格调斜檐式、安徽屯溪老街单檐阁楼式等各式各样的风格，使得皤滩古街的建筑呈现了异彩纷呈的文化形态。[③] 龙街以求同存异的气度把它们融合在一起，如"四间封"，

---

① 刘烈雄：《古盐路"明珠"——皤滩》，《城乡建设》2009年第8期。

② 王董天：《皤滩千年》，杭州：中国美术学院出版社，2006年，第16页。

③ 政协台州市文史资料委员会：《皤滩古镇》，第5—8页。

每过四间铺面，必用马头墙来个隔断，既有效防火，又在视觉上形成"小异大同"的错觉；各店虽各打招牌，但均当街设置石柜台，长2米，高1米，整齐划一。①

幡滩古镇繁荣持续了近千年，直到1937年，浙赣铁路通车，这条从东部沿杭州、金华通向内地的大动脉，扼阻了东西走向的苍岭古道向内地的盐业扩张，再加上永安溪上游水土流失严重，河床抬高，河道变窄，木船停航，完全切断了原先兴旺的"食盐之路"，幡滩古镇迅速由鼎盛走向衰落。②

成也萧何，败也萧何。幡滩因地缘条件而繁盛的商贸经济，在地缘优势消失殆尽后，迅速走向衰落，这也充分说明了一个地域经济的可持续发展，需要依赖于发展自身内在的支柱产业，仅仅靠地域便利而形成的经济发展并不稳定。而曾经喧闹繁华的幡滩龙形古街，顿时安静了下来，空留下那些不语的建筑与牌匾，向世人诉说它曾经的辉煌与繁盛。

### 三、温峤：台州南向商贸门户

温峤现为温岭市西部的一个镇，位于温黄平原西南部，东至温岭市城西街道、太平镇，西南临风景区雁荡山，东、南、西三面靠山，北面低洼，水网密布。历史上，温岭亦称峤岭，更早时即临海峤。晋明帝太宁元年分临海郡峤岭以南地区置永嘉郡，以此岭为界，故又名中峤。③镇西南的峤山，又名温岭。该山为晋时永嘉郡与临海郡之界山，峤南属永嘉郡，峤北为临海郡。④岭与峤同义，温岭市及温州名称均源于此。⑤

① 刘烈雄：《古盐路"明珠"——幡滩》，《城乡建设》2009年第8期。
② 刘烈雄：《古盐路"明珠"——幡滩》，《城乡建设》2009年第8期。
③ 戚学标等：《嘉庆太平县志》，清嘉庆十五年修，光绪二十二年（1896）重刻本。
④ 戚学标等：《嘉庆太平县志》，清嘉庆十五年修，光绪二十二年（1896）重刻本。
⑤ 浙江省名镇志编纂委员会：《浙江省名镇志》，上海：上海书店出版社，1991年，第785页。

温峤的名称与现在的温岭市有着复杂的历史关联。宋时，称峤岭镇。元明时改称温岭街。明成化五年（1469）设立太平县，温岭街属十八都。清朝时改为温岭庄。民国三年（1914），太平县改为温岭县。民国十九年（1930）设温岭镇，中华人民共和国成立后，于1951年改为温峤镇，群众一直称呼"温岭街"。[1]

温峤地处温州、台州交界，是古时由台入温之正途，唐代大诗人李白，叙王屋山人魏万自台之温行迹，云"眷然思永嘉，不惮海路赊。挂席历海峤，回瞻赤城霞"[2]，此海峤即温峤，故宋时于此设有驿站。[3]

温峤具有优越的地理位置，水上交通便利。南可入海达岭南，"登临海峤则入今台州境，其曰'系缆临江楼者'殆即今江下矣"[4]。江下即温岭江。《方舆纪要》载："山门港在太平县西南十五里，源出温岭诸水，亦曰温岭江，俗称江下。南出山门港及楚门港入海，凡海舰西去温州、乐清，北趋台州、黄岩，率由此舣泊。"明嘉靖《太平县志》记载："南通江下水路入海，西陆路通乐清、温州，北水路通路桥、官河，东陆路通本县、黄岩。"可见通过江下这个出海口，温峤交通四通八达，温峤不仅为台州、温州两府分界之处，亦是军旅行商必经之地。[5]

因其地理位置的重要性，温峤自古以来为海防要地。宋时"有驿有关"，元时置巡检司。明时倭寇入侵太平县，温峤亦曾为抗倭战场，驻防更显重要。清时有寨。[6]

温峤有便利的水上运输条件，各类货物在此周转，通过江下水路远

---

[1] 《浙江省名镇志》，第786页。

[2] 戚学标等：《嘉庆太平县志》，清嘉庆十五年修，光绪二十二年（1896）重刻本。

[3] 戚学标等：《嘉庆太平县志》，清嘉庆十五年修，光绪二十二年（1896）重刻本。

[4] 戚学标等：《嘉庆太平县志》，清嘉庆十五年修，光绪二十二年（1896）重刻本。

[5] 《浙江省名镇志》，第785页。

[6] 《浙江省名镇志》，第785页。

则达岭南，近则通过内河运往温州、台州各处。温峤成为一处非常繁华的市镇，"贾舶交会，人烟辏集，实一大市镇云。宋时为峤岭镇，有驿、有关，后省罢，今五日一为市"①。

温峤的交通枢纽地位一直维系至近代，民国二十七年（1938）以前，温峤有航船，每旬三班通县城河头，两班通黄岩路桥，三班通海门。同年7月，因诸多通商口岸被日寇封锁，国民党政府开放浙东沿海七处，江下为其中之一。温峤镇成为台州转往温州的通道，货物经由温岭街、江下运到乐清竹屿转温州。民国二十九年（1940）7月，宁波被日寇封锁，货物经由温峤镇去温州更多，海门港通外轮，客货贸易增多，因此在月河上开辟了路桥到温峤镇航线，有方城轮、新佩华轮专走这一线。还开辟江下到永嘉温溪食盐专用线，运盐接济湘赣，为此黄岩场在温峤设立食盐转运站。民国二十八年（1939），由温峤镇及其附近各地运往温州的食盐有11159担，到32年，达215000担。②在抗战时期，由于浙江主要沿海港口的被封锁，温峤的江下则起到了替代主线的作用，为浙江各县市正常的物资流通做出了贡献。

温峤繁忙的运输、商贸，促进了以温岭街为中心的集镇形成与发展。温岭街南北向，长1300米，宽4米，分上街、中街、下街。隔溪又一单边街道，为后街，长500米，宽4米。街上均为卵石或石板路面，中街为集市贸易中心。③温岭街前后街间以多座小石桥相接，街道两旁多为明清时期所建的木结构小四合院，高低错落，是典型的河街相邻、水陆平行的江南古街。④每逢集市日，街上车水马龙，南货北粮产销两旺。除坐贾和作坊之外，还有走足的小贩，跑江湖的好汉，三教九流，不绝

① 戚学标等:《嘉庆太平县志》，清嘉庆十五年修，光绪二十二年（1896）重刻本。

② 《浙江省名镇志》，第785页。

③ 《浙江省名镇志》，第785页。

④ 陈洪晨:《穿越千年古镇温峤》，《台州日报》，2017年12月8日。

于市，赶集的摩肩接踵，热闹纷繁。温岭街因商贸发达而闻名于台州。①

温岭街上"一六大市、三八小市"的集市传统一直是老街上人们的温暖记忆，但随着社会经济发展，各地交通愈加便捷，市场发展也更加多样化。原本位于温岭街的派出所、工商所先后迁出，商贸中心也转移至西大街。2000年以后，温岭老街繁华不再，走向衰败。②虽如此，古镇温峤也汲取了时代发展的力量，在经济产业上打造成了全国规模最大、品牌集聚最多、交易额最大的工量刃具交易市场——浙江工量刃具交易中心。2009年10月，市场进行了整体搬迁，新市场总投资2.1亿元，占地110亩。千年古镇呈现出现代化发展的新气象，令人惊喜。

## 四、海门：台州近代商贸开启

海门为椒江区旧称。因椒江至牛头颈北麓、小园山南麓，两山对锁，状如海之门，故名"海门"。

海门在台州诸市镇中有重要地位，首先因其为台州之扼要门户，具有军事战略地位，"海门港流入三十里之中，一分台州城下，一分黄岩城下，为一郡之咽喉"③。因海门地势坦阔，离府城近，更具防守意义，"海门港一潮之远，只有三山一座，形小势弱，并无隐蔽，港外四望汪洋，更无山岙回抱，西去府城仅九十里，故所系尤重地"④。

海门建置始于海门卫。为防倭寇入侵，明洪武二十年，信国公汤和度地审形建城池，置海门卫，领前所、新河、桃渚、健跳四所。⑤城高二丈五尺，周回五里三十步，长一千三百一十丈，垛口八百三十个。三

① 陈洪晨：《穿越千年古镇温峤》，《台州日报》，2017年12月8日。
② 陈洪晨：《穿越千年古镇温峤》，《台州日报》，2017年12月8日。
③ 椒江市地方志办公室：《海门镇志稿》，椒江：椒江市地方志办公室，1993年，第3页。
④ 《海门镇志稿》，第3页。
⑤ 《海门镇志稿》，第52页。

面依山，一面阻海，北面去城一里平川陆地。①设城门五：东曰"晏清"，西曰"宁远"，南曰"德风"，北曰"临江"，小北曰"靖波"。②明朝在海门、前所两城设水师七千人防守，视为防守重地。顺治十八年（1661），清政府颁布迁海令，并前所、桃渚迁弃，立台寨置兵为守。康熙二十二年（1683）海寇悉平，城守复旧。③

近代以来，各国列强据不平等条约，盘踞海外，犹如虎狼之势，"番舶游弋，多泊口外，窥我形势，伺我炮台，临海命脉，实枢纽于兹"④。海门与北之桃渚、健跳，南之松门、新河，皆称海防重镇，左右呼应，分守合备，极占形势。⑤国民政府成立后，城墙摧毁，辟为马路；镇内有五河，外护河有东南、北、西北三个陡门；于南岸外沙牛头颈、北岸沙湾小园山分别建炮台。

除却军事功能外，海门优越的港口特征，也使它自古以来就是繁忙的港口市镇，既是台州海外贸易的一个重要孔道，也是台州国内贸易的一个重要集散地。五代吴越国时，海门与日本、朝鲜等国就有贸易往来。宋神宗元丰三年（1080）开始，从椒江出口贸易船舶，经明州市舶司，出口大量以丝绸、青瓷器为主的商品，销往日本、朝鲜、东南亚诸国，远至大食（阿拉伯半岛）。⑥南宋时，"铜钱"成为日本商人所酷好的"商品"，一度因大量输出引起台州府城钱荒，严重扰乱了金融市场，可见台州通过海门港对外贸易之繁盛。

元代，海门港埠是台州漕运的出发地，内河航运发达，以葭芷为集

---

① 《海门镇志稿》，第2页。

② 《海门镇志稿》，第2页。

③ 《海门镇志稿》，第2页。

④ 《海门镇志稿》，第3页。

⑤ 《海门镇志稿》，第3页。

⑥ 对外经济贸易志编纂委员会：《椒江市对外经济贸易志》，1994年，第1页。

散地，与福建转口贸易往来渐盛。①元末，方国珍农民起义军割据台州路时，积极发展与朝鲜的海上交往，促进了海门港对外贸易的发展。

明代，栅浦、葭芷两埠取代章安而兴起。其时，统治者实行"禁海"，但民间商贩海上走私交易仍然猖獗。嘉靖年间（1522—1566）奸商不仅偷运珍贵文物出海，还勾结倭寇入侵。清朝，除却清初的"海禁"和顺治十八年（1661）的"迁海"中断了海门港的对外贸易外，海门港的对外贸易依旧繁忙。康熙二十三年（1684）开"海禁"，至嘉庆末年（1820），出口商品以桐油、黄蜡、樟脑、纸劄、棉花、中药材、茶叶为大宗；进口木材、食糖、建烟及南北货为主。②因管理海门港口对外贸易需要，康熙二十四年（1685）设立"海门家子（葭芷）口"，俗称"台大关"。③

光绪年间，海门港建轮埠，开辟申、甬、温航路，对外贸易有了较快发展，有"小上海"之称。出口商品有粮食、林木、果蔬、手工艺品、桐油、柏油、中药材、茶叶、禽畜、禽蛋等原产品以及草麻制品和绣衣等，其中，外贸出口商品以麻帽和绣衣为主；进口商品以洋布（棉布）、洋纱（棉纱）、洋油（煤油）、机油、洋烛（矿烛）、洋皂（肥皂）、洋火（火柴）、洋粉（面粉）、食糖、卷烟、化肥等"洋货"为大宗，以1932年为例，海门港出口与进口货物量比重为34.9∶65.1，"洋货"充斥了内地市场。④

民国时期，海门亦是一个重要的对外贸易港口，除设立"洋关"外，先后设有"瓯海关海门分卡"，"浙海关葭芷分口"，"台州查验处椒

---

① 《椒江市对外经济贸易志》，第1页。

② 《椒江市对外经济贸易志》，第2页。

③ 《椒江市对外经济贸易志》，第1—2页。

④ 《椒江市对外经济贸易志》，第1—2页。

江查验所"，"瓯海关海门支关"等海关机构。①抗日战争全面爆发后，海运受阻，港口两次遭受日军入侵破坏，轮舶损失惨重，对外出口贸易陷于停顿，而"洋货"进口则由外国设在我国东南各口岸的洋行源源不断运销内地。战后至解放前夕，外运航路虽有过短时期的恢复，然因政局混乱，经济衰败，出口贸易仍跌入低谷。②

中华人民共和国成立后，海门先后为台州专署及温州专署直属区；1956年7月，划为黄岩县辖区；1980年7月，成立海门特区，翌年建市。③

除了对外贸易，海门港口还与周边城市保持贸易关系。因其具有特别的交通枢纽便利，成了浙江食盐配购的重要集散地，航运业也十分发达。

浙江配购渔盐之地凡七，海门镇居其一。④海门非产盐之地，盐主要有三路来源，一为杜渎场产，自白岱门遵海折南入海门而达临海城；一为长林场产，自乐东经楚门、松门、温岭、黄岩至海门而达临海城；一为北监场产，就地起运，经楚门、横江，出海口，沿松门达海门，直至临海城。⑤海门销盐数目可考者，民国七年2210担，八年2950担，九年5427担，十年5935担，十一年1780担。葭芷销数：七年1600担，八年3019担，九年1900担，十年3375担，十一年2420担。⑥海门设有海葭渔盐公司，先税后运，每担税洋三角。⑦因海门盐务之兴旺，民国九年，

---

① 《椒江市对外经济贸易志》，第3页。

② 《椒江市对外经济贸易志》，第1—2页。

③ 《椒江市对外经济贸易志》，第1—2页。

④ 《海门镇志稿》，第63页。

⑤ 《海门镇志稿》，第63页。

⑥ 《海门镇志稿》，第64页。

⑦ 《海门镇志稿》，第63页。

一度将台州府盐务督销局迁到海门，后又改为盐务管理局，仍迁回临海城内。①

除了官府控制的食盐销售外，海门还有众多私盐销售，如大陈、石塘所销渔盐之大部分为福建私盐，民国十年七月，部令台属之大陈、石塘等处，招商开设渔盐店，归官管理。②海门虽非产盐场地，却为台州之要口，故瓯北场于此设有三等第一巡缉舰、第三巡缉舰各一艘。每舰舰长兼警弁一员、水警十名，头工、舵工、伙夫各一名。③可见，私盐销售也是海门盐业的重要组成部分。

海门轮运业也非常发达，既用于人员输送，也用于货物运送。海门船舶，分外海、内港两种，"外海昔有帆船行驶温州、福建及宁波、乍浦、上海等处，轮船仅有驶行温州、宁波、上海各埠。内港一通临海，一通黄岩，一通温岭。温岭、黄岩均通小轮，温岭及天台、仙居各县则仅通小舟。清光绪间，海门有商船160号，渔船220号，葭芷有渔船70余号"。④

自光绪二十年（1894），宁波商人创办海门轮船，往来宁台，建设码头后，台州士绅杨晨等集股购"永宁"轮船，往来甬椒，继又添购"永利"轮船，来往椒申，每次出入，货物填溢，旅客拥挤。外郡富商知有利可图，复续添"可贵""宝华""平安""普济"各商轮，排日往返上海、宁波、温州各埠。此外，内港小轮往来临海、黄岩各县，亦络绎不绝。⑤发达的轮运不仅使台人走出台州，接触外面广阔世界，开阔眼界，而且也使得海门熏染近代商贸之气息，"风气忽开，十余年来，轮舶倍

① 《海门镇志稿》，第64页。
② 《海门镇志稿》，第63页。
③ 《海门镇志稿》，第63页。
④ 《海门镇志稿》，第65页。
⑤ 《海门镇志稿》，第65页。

增，往来沪上、四明、瓯埠者络绎不绝……今日海门埠头及市面，日新月异，商务之兴隆，有如潮涌"①。

自光绪中叶轮舶畅行，海门商埠集市繁荣，一跃成为台属各县之冠。②海门市期是三、八，当时集市之盛况，时人刘同葆在日记里有记载："旧历六月初八，为市集之期，四乡居民，咸来贸易，街上挤得与上海南京路一般。原有商店之外，临时设地摊甚多。市上商品颇多。"③

抗战军兴，海门每日仍有商轮往返于上海、宁波间，但其权利均为英葡德奥诸国所有。至抗战胜利后，海门轮运渐渐恢复。至上海，有上海泰昌行"江苏"轮船、上海东南公司"茂利"轮船，均载重六百余吨，经宁波、定海各埠。其他至宁波、石浦有华象、华速、海盛、海利、永敏等，至温州有光天、光明、大源等轮船。船只均系战后修造，设备既佳，行驶迅速。至临海、黄岩灵江小火轮有新章安、运大、江大、永升等艘，至路桥镇内河民船航行似织，因此交通方便，贾客来往频频，商业日趋繁盛。④

海门自古以来商贸兴盛，尤其是明清、民国时期，轮航业、盐业的蓬勃发展，促进海门市镇扩展，靠近码头的振市街、东升街、北新椒街等地方，饭店行栈鳞次栉比，商店、钱庄星罗棋布，商贾云集，形成一个非常繁华的商业区，当时的椒江有"小上海"之誉。⑤由于近代开放上海、宁波等沿海口岸，海门得习近代风气之先，开启了近代商贸之历程，尤其是近代轮航业在海门的兴盛与发展，以及各类具有近代性质的经济管理机构的出现，如中国新社会建设协会浙江分会临海区会海门分

---

① 《海门镇志稿》，第65页。

② 《海门镇志稿》，第21页。

③ 《海门镇志稿》，第21页。

④ 《海门镇志稿》，第66页。

⑤ 王红军：《老街的记忆：椒江北新椒街保护性改造与利用》，同济大学2001年硕士学位论文，第5页。

会、椒江渡轮管理委员会、海门镇银钱商业同业公会、海门镇运输商业同业公会、海门木器业工会、海门百货商业同业公会、椒镇消费合作社、葭芷渔业合作社、海门渔业合作社等，意味着海门商贸发展迈入了近代化的轨道。

海门老街位于椒江中山东路与东新街之间，老街旧名"北大街"，抗战胜利后称"中正街"，中华人民共和国成立后改为"北新椒街"。2001年因城市扩建拆除旧道而留下原吊桥头至码头这一段，经重新修整故名"海门老街"。[①]

因处于由传统商业向近代商业转型的时刻，海门老街的建筑也呈现了这种特色与样貌。从现存的建筑类型来看，既有传统沿街商铺、合院式民居，也有受西洋式风格影响的建筑和现代式样的建筑。[②]老街上的店铺形式，区别于传统的中式店铺，沿街面加上了西式门脸，其西式的外立面与内部的传统空间相割裂，形成有别于传统商铺的空间形式，被称为"墙里店"。[③]这种中西结合的建筑特色，亦反映了近代海门商贸文化的二元特色，既残留有传统经济的因子，也有近代经济元素的渗入，留下了台州近代商贸文化开启时的印记。

## 五、路桥：台州商贸基因活化石

近代尤其是改革开放以来，台州以灵活变通、发达普及的草根经济而闻名于世。台州人有经商头脑、会吃苦、会做生意的特点逐渐彰显。这种特点的形成与推广，与改革开放后路桥小商品经济繁荣、异军突起

---

① 本刊记者：《浙江海门老街重生记》，《民族建筑》2014年第9期。

② 刘烈雄：《东南沿海历史城镇风貌保护与利用初探：以台州市椒江区"海门老街"为例》，《小城镇建设》2008年第6期。

③ 常青、王红军：《留住"小上海"的记忆：台州市椒江"北新椒街"的保护与利用》，《华中建筑》2001年第6期。

分不开。小商品经济的特征在于细小与日常，它的存在离不开民众的勤劳刻苦、智慧创造、敏锐观察、内在需求，因此具有接地气、持久性、大众性的特征。在台州著名历史商贸集镇中，路桥的十里长街商贸延续发展，很好地体现了台州人的这种商贸特质。

路桥十里长街傍依月河两岸，由五道桥组成，民间曾流传有一首顺口溜，"路桥好，山好、水好、景也好，十里街分五道桥"，这里不仅展示了路桥山水风光优美的景象，而且描述了路桥十里长街有五道桥的自豪感。桥因水而建，路桥河网密布，属金清水系，南官河通过全境。路桥是一个低山丘陵与平原相间，背山面海，拥有剑门良港，南接温岭，西邻黄岩，北连椒江的滨海市区。

早在新石器时期，就有先民生息于斯。夏、商、周时属于东瓯，秦汉时属回浦乡（西汉昭帝始元二年设回浦县）。东汉时有新安之名，三国东吴孙权时，因新安出现灵龟，又名灵山乡。[①]可见，路桥最初行政建置始于三国吴时。囿于资料，三国至隋唐这段时期，路桥商贸文化发展情况不详。但1990年在共和乡（现属桐屿街道）埠头堂村的山脚发现了青瓷窑址，该窑址存在于三国到南朝期间，以晋代为主体。[②]大量窑具的出现，说明当时路桥存有相当规模的制瓷业，瓷器贸易应较为发达。

北宋时，史书明确记载，路桥已发展成为黄岩五大重镇之一。[③]街道上已建有二十五间房子，故称"廿五间"。有了"廿五间"街面房，初

---

① 管彦达编著：《路桥历史上的人和事》，杭州：浙江教育出版社，2009年，第2页。

② 《路桥历史上的人和事》，第28页。

③ 《路桥历史上的人和事》，第2页。路桥原属于黄岩市，1994年8月22日，国务院批复同意撤销台州地区和县级黄岩市、椒江市，建立地级台州市和县级椒江区、黄岩区、路桥区。新设立的路桥区，以原黄岩市东部的八镇（路桥、桐屿、峰江、新桥、横街、下梁、金清、蓬街）两乡（螺洋、黄琅）作为其行政区域，现调整为六街道（路桥、路南、路北、螺洋、桐屿、峰江）四镇（新桥、横街、蓬街、金清），参照《路桥历史上的人和事》，第1页。

具街市雏形，此后逐步发展，向南向北分头建房，路桥街市初具规模。[①] 南宋，随着中原人士南渡，又靠近辅郡临海，路桥经济文化更是获得快速发展，"自宋南渡，近属畿辅，人物渐繁，商贾渐盛，水利渐治，仕学渐兴"[②]。元末，路桥人方国珍起义，在其治内实行"保境安民"政策，兴修水利，发展农商，兴办教育，因此路桥的经济得到较大发展。及后，明清至民国时期，路桥商贸经济持续发展，其间虽经战乱破坏、洋货倾销、周边竞争等影响，但路桥十里长街的商贸经济始终在顽强生长。

吴越王钱镠时因水利需要，在温黄平原上开凿出一条南官河。这条水流行至路桥街区中心时，被当地人称作月河。月河成了路桥商贸街区的一个重要交通贸易孔道，"南由太平以达瓯闽，北由灵江以趋台越，东北走海门卫轮船帆舶远通甬上申江以至都省，无舆轿逾岭之劳"[③]，源源不断地南杂北货通过月河来到路桥中转，又通过此地销往他处。

杨晨在《路桥志略》中描述了当时路桥十里长街繁忙的商贸景象，及街上民众富足的生活场景，"山有竹木果蔬，海有鱼盐蜃蛤，百货萃居，昕夕络绎，商民傍河为屋，栏槛相望，春秋佳日，裙屐嬉游，藻川炫野，至上巳往泽库，五月望往鉴湖者，画篷箫鼓尤称夥颐，其他曲渚小河，疏凿不一，以灌田禾以资饮食，随处充足"[④]。

在繁荣的商贸文化刺激下，路桥形成了每月三八为市的习俗。集市当日，"百货坌集，远通数州"，食米聚在三桥，"每市太平及各乡米船来百数艘，价值万余……棉布贩于松绍，绸缎来自苏杭，苎葛运从江右，土布土绢则横街各村所织，每市亦几万金出售温州、福建"，南北杂货约

① 方文声、阮孔棠：《浅谈路桥史》，《黄岩史志》，黄岩：黄岩印刷厂，1989年，第260页。

② 杨晨：《路桥志略》卷五，第1页，崇雅堂丛书本，1935年。

③ 《路桥志略》卷三，第3—4页。

④ 《路桥志略》卷三，第4页。

数十万，鱼盐亦十余万。<sup>①</sup>杨晨在《路桥志略》中描述的商贸集市繁荣当是近代商贸开放之前的境况，路桥三八市闻名遐迩，成为当时台州一个非常活跃而兴盛的商贸集市，吸引全国各地商人前来交易。

随着近代商贸兴起，外来洋货的倾销，周边城市的兴起，路桥十里长街贸易受到了一定影响，如原先贩于松绍的棉布，因"洋布大行松绍，将绝迹矣"<sup>②</sup>；本来每年数十万南北杂货聚集于此，"今轮船畅行已为海门所夺"<sup>③</sup>；昔年十余万的鱼盐之利，"今为金清所夺"<sup>④</sup>；此外还有各类新鲜洋货，如呢布、绒线、玻璃灯镜及诸玩物，涌入街市，为东西洋商所获利；洋烟涌入，使得"士风日颓，细民失业，且有仰药而死者矣"<sup>⑤</sup>；洋纱盛行，挤压本地产棉业，并设立布厂招女工织之，"收利于万一也"<sup>⑥</sup>，改变了原先的产业结构。还有洋铁、洋靛、药材、钟表、枪炮等各种西方商品涌入街市，不仅改变了古老中国传统街市的贸易，而且也改变了当地民众的原有生活方式。

面对千年未有之变局，路桥十里长街的人们并未因此而颓丧，而是清醒地分析利弊，挖掘商机，顺应潮流。乡绅杨晨看到局势变化，着力出谋划策振兴本地经济，指出："本无名山大泽殖货生财，惟当于生众食寡为疾用舒加之意耳。曰土绢，里人不善种桑养蚕，岁至杭绍买丝以织，质轻价廉贩行瓯闽，近能仿造官纱花绢，又有生蓝生乌拷绢，各色亦云备矣。曰小布，各村妇女所织，晨以入市换纱，三日一匹，工钱较优。亦有方胜花纹柳条之类，近商会社大经布厂召集女工以织，尚颇得利。

---

① 《路桥志略》卷五，第2页。

② 《路桥志略》卷五，第2页。

③ 《路桥志略》卷五，第2页。

④ 《路桥志略》卷五，第2页。

⑤ 《路桥志略》卷五，第2页。

⑥ 《路桥志略》卷五，第2页。

曰木器，如床橱椅桌等物，粗精不一，工省价廉，各乡来购者颇多。余如草席出下马堂，较他处尤细，蒲扇草鞋，贫女生涯，捆载络绎，然皆粗率，得价亦微。其土产如大㟍之杨梅，安溶之梨枣，菱手出松塘者肥嫩而甜，螃蟹出唐桥者膏多而脆。蓴菜鲈鱼而外，酒旗茅店之中，亦居乡一乐事也。"①从杨晨居乡所观察之路桥商贸场景来看，本地商民已经做出了应对，从民众生活需求出发，发挥利用自己之长，仿造官纱、设厂招女工织布、出换木器、优质土产等，以获取商业利益。

民国时期，路桥是黄岩的一个商业重镇。工业以棉纺织业为主，辅以化工、机械铸造、碾米、酿造、发电、烟业等。以路桥镇为中心的大集市，周围有石曲、长浦、马铺、桐屿等小集市，构成名闻浙东的交易市场网络。②古历三八集市日，大街小巷各种商店820多家，集市日摊位2100多家。集市上有席草、草席、苎麻、土布、棉纱、六陈、海鲜、水果及蔬菜、猪、羊、鸡、鸭等。县城与温岭、海门及各乡镇赶市船只50余艘，还有来自天台、仙居的长船。③

改革开放后，路桥借助原有的商贸网络通道，以及历史上民众经营日常商品经济的经验，成了全国闻名的小商品市场，以生产者直接经营和批量交易为主，"广聚万家产品，云集各路客商"。每逢集市日，商贾云集，摩肩接踵，人声鼎沸，呈现一派繁荣兴旺的景象。市内摊位最多时达到4000余个，集市日参加交易的高达2万多人。上市交易的商品有针织品、服装、鞋、帽、小百货、小五金、塑料制品、皮革、玩具、工艺品、边角料等10多个大类，3000多个品种。④

---

① 《路桥志略》卷五，第2页。

② 严振非：《民国时期的路桥工商业》，《黄岩史志》，黄岩：黄岩印刷厂，1989年，第262页。

③ 严振非：《民国时期的路桥工商业》，《黄岩史志》，第263页。

④ 莫树华、洪根清等：《广聚万家产品 云集各路客商——浙江省黄岩县路桥镇小商品市场调查》，《商业经济与管理》1985年第4期。

路桥小商品市场的兴旺发达，犹如历史上十里长街之繁荣商贸，那景象有如时空穿越，地还是那片地，人民还是那一方人民。于他们而言，立足于民众日常生活的商贸往来是其不变的生活主题，千百年来皆如此。满足民众对幸福生活的追求，做人民生活所需之买卖，这是路桥十里长街商民的经验之道，也应是如今商业经济发展之旨归。

### 六、余论：历史商贸文化的影响与启示

自古以来，中国社会重农轻商的传统观点居于主流地位，但由于现实生活的需求、军事政治等诸多因素的影响，还是促使了商人这个社会群体出现并保持一定规模。他们相约于某个据点，进行商品交换，从而聚集成市，并在据点附近设店铺、建住宅，从而形成商业街区。

随着商贸往来变成社会普遍现象，尤其是宋以来，随着商品经济的高度发展，士人的经济思想与四民思想也发生了变化。在台州尤其明显，北宋时天台县令郑至道就提出了四民兼本的思想，南宋英儒陈耆卿也提出"四业皆本"理念，为以后"工商皆本"观点之滥觞。[1]这说明当时台州商贸文化的发达，影响到士人思想的变化。同时，士人思想的变化也推进了台州商品经济的发展，为近代台州人热衷于经商、长于经商，创造了草根经济的历史传统。

上文提及的数条因商贸而形成的历史街区，只是千百年来台州这块土地上人们经济活动的遗存，未必能够概括台州商贸经济发展的历史全程，但通过这些曾经闪耀的商贸集镇，我们至少可以得出以下几点启示。

其一，地理与经济的关系。历史上台州商贸繁荣之市镇主要得益于地理、交通因素，多数集镇贸易繁荣因其交通枢纽之地位。因此，古代台州历史上多数商贸集镇要么分布在县市的交界处，陆上交通比较发达，

---

[1]　叶坦：《商品经济观念的历史转化——立足于宋代的考察》，《历史研究》1989年第4期。

如蟠滩、温峤，要么是水上贸易比较发达，如章安、海门。这说明，交通发达是经济发展的前提与重要条件。

其二，产业与经济的关系。历史上台州大多数市镇兴盛与食盐关联。盐是民生之本，但凡是盐业集散地的市镇，其商贸必是比较繁荣，如蟠滩就是一个因盐而兴的古镇。而台州因滨海，乃是我国古代食盐的重要生产基地，如黄岩、新亭等是当时比较大的盐场。如此看来，在古代商品经济比较有限的时空下，台州因占据了地利——产盐区这个古代民生关键因素，因而带动繁荣了区域内的几个市镇。此外，还有其他产业如六朝时的陶瓷业，也是促进章安市镇繁荣的一个重要产业支柱。由此说明，一个地区经济持续发展必须有一些特色支柱产业来支撑。

其三，商贸与需求的关系。商贸因需求而产生，同时亦因需求走旺而兴盛。千百年来，中国老百姓因内在生活需求而产生的贸易往来，促进了商品经济的繁荣。而能把准人们生活需求，创造优质产品满足生存需求，这是促使商贸经济屹立千年而不倒的根本。路桥十里长街商贸文化的繁荣，即是如此。在当前，人们对美好生活的追求，应是商贸发展的动力与方向。如何创造优质产品，满足民众物质与精神需求，应是我们经济发展要考虑的重要命题。

其四，商贸与文化的关系。商贸交往不仅是物质上货物的交流，也能带来精神文化的交流。货物的交往多由商人这个媒介来完成，而商人的流动也将带来思想文化的交流。如蟠滩古镇建筑因来自天南地北商人而呈现不同地域风格，海门老街因受欧风美雨的浸淫，部分地方呈现了巴洛克教堂建筑风格。当然，商人们带来的文化影响不仅仅局限于建筑，还有饮食、风俗、语言等方面的潜移默化。这对我们当前的经济建设有两方面启示：一方面从企业本身而言，在从事商品贸易的同时，要重视企业文化建构，洞悉企业文化对员工、地域文化可能产生的重要影响，要自觉肩负起企业的文化使命，在做好产品的同时，更要赋予文化正能量；另一方面从政府部门而言，在建设社会主义精神文明的过程中，要将企业、商人纳入到文明建设的网络中，可利用其流动性、直接性、普及性的特征，推动企业在商品与服务中融入有生命力的思想文化，从而助推社会主义精神文明建设。

## 第五节　垦荒精神与红色文化

红色文化是中国共产党带领人民在革命、建设和改革开放的伟大实践中形成的文化成果，是马克思主义基本原理同中国具体实际相结合的精神结晶，蕴含着中国共产党人的政治理想、爱国情怀、思想观念和道德追求，彰显了中国共产党人的崇高理想和优良传统，是对中华优秀传统文化和世界优秀文化的继承、发展与创新。

### 一、台州的革命文化

台州具有光荣的革命传统，革命文化资源比较丰富，包括亭旁起义纪念地、中国工农红军第十三军二师根据地纪念馆、欢岙瓦窑革命纪念馆、台属铁流部队与括苍支队第二中队胜利会师纪念地、郭凤韶烈士纪念馆、解放一江山岛烈士陵园、一江山岛登陆战纪念馆等。它们承载的革命文化和革命精神，是台州发展社会主义先进文化的深厚基础。主要部分简介如下。

1928年5月26日，中共浙江省委、宁海县委为贯彻中共"八七会议"精神，领导了亭旁、海游、珠岙、桑洲四区农民起义，组织了红军，成立了亭旁区苏维埃。红军在海门、临海、宁海的国民党军队的联合围剿下，坚持一个多月，终因寡不敌众，起义失败。亭旁起义，是土地革命战争时期台州人民在中国共产党领导下，武装反抗国民党统治的第一枪，也是浙江省第一场工农武装夺取政权并建立苏维埃的伟大斗争。[①]

继亭旁起义后的1928年秋，中共温岭县委根据党的"八七会议"精神，在温岭坞根建立了革命根据地。次年4月，先后建立了街头、西山下、洋呈、寺基等党支部，并发动群众开展抗租反霸斗争，建立了农民武装——赤卫队，并逐步发展成游击大队，1930年7月改编为中国工农红军第十三军第二团，同年8月，第二团扩编为红二师。红十三军是直属中国共产党中央军委、编入红军正式序列的全国14支红军之一。红十三军坚持斗争历时4年，鼎盛时期拥有6000多人，战斗的足迹遍及浙江南部的温州、台州、丽水、金华等地，大小战斗100余次，曾攻克处州（丽水）、平阳、缙云县城。由于种种原因，红十三军最终失败了。[②]

1949年，台州人民终于迎来了全境解放。为保障沿海人民的渔业生产和海上运输，从朝鲜战场凯旋的中国人民解放军陆军第20军60师，于1953年5月至1954年4月间，组织了多次夺岛战斗，扫清了一江山岛和大陈岛外围的国民党残敌，初步掌握了台州湾的制海权，为解放一江山岛创造了条件。

一江山岛位于台州湾外，大陆解放后，国民党军队盘踞一江山岛，拱卫大陈，宣称该岛是"生物通不过的钢铁堡垒和打不沉的美造军舰"。1955年1月18日，张爱萍将军任总指挥，以60师为主力的夺岛部队，在海、空军的协同下，发起对一江山岛的登陆作战。经过2个小时的夺岛战斗，人民解放军占领了一江山岛。驻守一江山岛的国民党军指挥官王生明被击毙，副指挥官王辅弼被俘。[③]

解放一江山岛战役，是人民解放军陆、海、空三军首次对近海岛屿

① 宁海县地方志编纂委员会编：《宁海县志》，杭州：浙江人民出版社，1993年，第648页。

② 金延锋、沙勋编著：《红旗卷起农奴戟：中国工农红军第十三军》，杭州：浙江人民出版社，2018年，第316页。

③ 林积昌、刀尖：《浙东劲旅英雄事迹纪略》，上海：同济大学出版社，2017年，第71页。

之敌的联合作战，写入了《中国军事百科全书》。①亭旁起义、红十三军二师在台州的对敌斗争以及解放一江山战役，展现了革命先烈为了人民的解放，不怕流血牺牲的革命无畏精神，为台州人文精神注入鲜红的血液。

## 二、大陈岛垦荒精神

一江山岛解放后，盘踞在大陈等岛屿的国民党军队不得不撤离，他们胁迫14000余名岛上居民撤走台湾，并将民房、码头等设施炸毁，制造了震惊中外的"大陈浩劫"。

1955年3月，中国红十字会总会调查团深入大陈等岛屿调查，4月8日在《文汇报》刊登了题为《大陈浩劫——中国红十字会关于蒋军在美国指使和掩护下撤出大陈岛时所犯罪行的调查报告书》，称"美蒋不仅劫走全岛居民，连岛上的24个村庄和街上的民房也都被其烧毁。岛上十多口水井、水池及水库大多被炸；商店、医院、学校都遭焚烧和破坏。340多艘渔船、商船，有的被破坏，有的被劫走。岛上的菜园中、麦地里、民宅边、水井旁，埋有大量地雷"。是年11月，时任团中央书记处第一书记胡耀邦同志来到台州和温州视察工作，倡议组织一支青年志愿垦荒队，赴大陈岛开发建设。

国民党军队的暴行和大陈岛上的惨况，激起了台温青年的愤慨，更重要的是，他们目睹和见证了同龄人——中国人民解放军战士，在解放一江山岛战役中表现出来的无畏和英勇精神。这种无畏和英勇精神，激发了台温两地青年响应团中央倡议、恢复大陈、建设大陈的热情。从1956年至1960年的5年间，共有467名志愿垦荒队员登岛垦荒。

垦荒队员的工作和展现的精神得到了中央领导同志的高度肯定。

---

① 王军：《三军合力 两小时解放一江山岛》，《中国国防报》2019年1月17日。

1983年6月27日胡耀邦同志批示：要宣传他们不畏艰苦的创业事迹，鼓舞人们特别是青年奋发图强；1985年12月29日，胡耀邦同志又亲自到大陈岛看望垦荒队员。

大陈岛也是习近平总书记的情系之地。2006年8月29日，时任浙江省委书记的习近平同志专程来到大陈岛考察，概括提炼了大陈岛垦荒精神，即"艰苦创业、奋发图强、无私奉献、开拓创新"。[①]2010年4月，时任国家副主席习近平给大陈岛垦荒老队员回信，2016年"六一"前夕，习总书记又复信老队员的后代，肯定了大陈岛垦荒队员是"最可敬的人"，勉励小朋友向老垦荒队员学习，传承和弘扬大陈岛垦荒精神，为实现中华民族伟大复兴的中国梦贡献力量。

大陈岛垦荒精神是台温青年在响应国家号召、积极投身祖国海疆建设中凝聚而成的，是对革命者英勇无畏精神的传承和弘扬，也是中华人民共和国成立后台州人文精神的第一次集中体现。半个世纪来，它在台州大地上传承，成为鼓舞台州人民不畏艰难困苦、勇于开拓创新的不竭动力。

## 三、台州城市精神

革命精神不灭，垦荒薪火相承。2019年1月台州市五届三次党代会提出，将"艰苦创业、奋发图强、无私奉献、开拓创新"的大陈岛垦荒精神升华为台州城市精神，以永立垦荒之志、接续垦荒之力、弘扬垦荒之魂。市委、市政府很快出台了《台州市传承弘扬大陈岛垦荒精神并升华为城市精神实施纲要》，对如何传承大陈岛垦荒精神、提升台州城市精神做了顶层设计，明确了时间表、路线图，擘画了弘扬"艰苦创业、奋

---

① 洪和胜：《时代孕育伟大精神——大陈岛垦荒精神推动改革发展》，http://www.taizhou.com.cn/zhuanti/2019—05/14/content_6205776.htm。

发图强、无私奉献、开拓创新"的行动蓝图。

城市精神是一座城市的灵魂与品质，是市民认同的价值取向与共同追求。台州虽是一座新兴城市，但快速实现了从"形态文明"到"功能文明"再到"素质文明"的嬗变。所谓"形态文明"，主要表现在城市的形体和外貌层面，是指城市的"硬体"建设和市民的行为举止；所谓"功能文明"，主要体现在城市管理和服务两个方面；所谓"素质文明"，主要指市民的思想境界、精神品格和自我修养，它是城市整体文明的基础，也是城市精神建设的根本。从这个意义上说，城市精神是城市的灵魂，一个城市是否成熟，从根本上说，是看城市精神的发展程度。当台州已不满足于"制造之都"的定位，不满足于物质繁荣、经济发达，而是提炼出自己的城市精神，并将创业、图强、奉献、创新这些价值目标注入自己灵魂深处，就表明台州已经熔铸出了一种精神，有了一种更为高远的追求。于是，我们可以说台州已是一座走向成熟的城市。

（一）台州城市精神的基本要义

1. 艰苦创业。艰苦创业是台州人民的勤劳品质。一种城市精神不是凭空产生的，也不能从其他城市搬迁而来，只能从台州历史、本地文化和时代精神中提炼出来。艰苦创业精神是台温垦荒队员在20世纪50年代大陈岛这一特定的历史时空下，响应党的号召，在极其艰苦的条件下建设大陈岛中形成的。那时，岛上能种的地没有了，灯不明、地不平，还有地雷，住的是山洞，吃的是红薯，简言之就是物资匮乏、环境恶劣、生活单调。但他们发扬革命先辈英勇无畏的革命精神，在极其艰苦的条件下创业。他们造房屋，修山路，筑水库；垦荒地，种庄稼；学技术，办企业，造船厂；盖医院、文化馆、学校，文化教育事业也发展起来。在垦荒队员的劳动和建设过程中，形成了一种艰苦创业的垦荒精神。

艰苦奋斗是一种奋发向上的精神风貌，是积极进取的工作作风和勤俭节约的生活作风。中国人民勤劳勇敢，中华民族向来以特别能吃苦耐劳和勤俭持家、讲究节俭著称于世；艰苦奋斗也是我们党的一大优良传统，是为了国家、民族和人民的共同利益和共同理想，为了发展社会主义事业，在艰苦的环境中开拓、奋斗的精神。在大陈岛垦荒中形成的艰苦创业精神，其主旨在于艰苦奋斗，是对中华民族勤劳品质、中国共产党优良传统的传承。把艰苦创业的垦荒精神提升为台州城市精神，也就是将民族精神、党的优良传统，融入台州人文精神之中，可以更好地熏陶台州市民艰苦朴素的生活作风，促进党员干部形成踏实为民的工作作风。

2. 奋发图强。奋发图强是台州人民的不屈斗志。奋发图强，是指要振作精神，努力奋斗，谋求强盛。《周易》云："天行健，君子以自强不息。"[1]自强不息，是流淌在中华民族血脉里的文化基因，是中华民族面对困难和挑战时必然彰显的不屈斗志。初到岛上，垦荒队员每人一张床板、一领草席、一盏煤油灯，这就是艰苦的条件；这些青年人还没经历过农业生产，不懂农业知识和劳动技术，甚至分不清韭菜和葱，这也是艰苦条件。但他们勇敢面对，不屈于艰苦条件，通过在劳动中学习，向内行人请教，不久便冒出了技术能手、养兔专家、创造海岛养猪经验的"养猪三姐妹"等，在岛上冒出的这些行业能手们，彰显了奋发图强的精神力量。

要想在艰苦环境中创业，需奋发图强才能成功。"奋发"是对困难和挑战的勇敢面对，"图强"是对远大理想的坚定信念，以及对事业的必胜信心，它表现的是一种斗志昂扬的精神状态，一颗奋发向上的进取心。将"奋发图强"纳入台州城市精神内涵，可以培养党员干部实事求是的作风，正视困难，在困难面前保持头脑清醒；迎接挑战，在困难面前充

---

[1] 《周易》，杨天才，张善文译注，北京：中华书局，2017年，第8页。

满必胜信心。一名干部、一个党员有这种精神，就会迎着困难和挑战而上，敢想、敢干，勇于开拓；如果全市人民形成奋发图强的作风，就能将台州建设成为新时代展示中国特色社会主义制度优越性的重要窗口。

3. 无私奉献。无私奉献是台州市民的价值追求。"奉献"一词见于《韩非子·和氏》："楚人和氏得玉璞楚山中，奉而献之厉王。"作为集体主义和共产主义范畴的"奉献"，应指"为人民做贡献"。"私"，指个人的，自己的。"无私"，则不是为了自己，没有考虑自己的利益。合而言之，"无私奉献"可以理解成不是为了自己的利益，而是为国家、为人民做贡献。在岛上垦荒一辈子，垦荒队员们把青春献给了大陈岛，没有计较个人得失，这就是共产主义无私奉献精神的体现。

将"无私奉献"纳入台州城市精神内涵，旗帜鲜明地表明了台州倡导什么、追求什么的价值取向。在市场经济先发、经济发达的当代台州，并非不再需要无私奉献精神，无私奉献与市场经济并不矛盾。恰恰相反，改革开放以来，台州拥有大量财富的人，往往是那些能够满足人民对美好生活需要的人，为社会做出更大贡献的人，他们也往往是更成功的人。对每一个市民来说，你想获得成功，无论你是受雇于公司，或是成为独立的生产者和经营者，首先要想一想，选择什么样的工作才能发挥你最大的作用，为社会创造最大的效益。你如果抱着这样的想法选择职业，做好自己的工作，你就是在践履无私奉献的台州城市精神了。

4. 开拓创新。开拓创新是台州发展的时代动力。垦荒队员们学习新知识，垦荒耕地，发展畜牧，将满目疮痍的荒岛变成人口聚集、充满活力的家园，他们提出的"向海洋进军""向海洋要经济"的口号，打破环境所限，开拓发展海洋渔业，这是一种生产领域的拓展，是一种产业创新；为了拓展海洋产业，他们将适合生长在北方沿海地区的海带移植到大陈岛，从选择养殖基地到攻克技术难题，最终成功实现"海带南移"，实现种植技术的创新。总之，垦荒队员们用新的思路、办法打破岛上条件的诸多限制，打开了垦荒建设的新局面，这些都是开拓创新。

台州的城市是台州社会现代化的火车头，这里群英荟萃、人才辈出。他们不仅是台州人文传统的继承者，更是台州先进文化的创造者。将"开拓创新"纳入台州城市精神，是对台州先进文化创造者、社会主义事业开拓者的开拓创新精神的肯定，更是要以这种精神激励全市人民，勇立潮头，担负起发展先进生产力、先进文化的历史责任，使台州走在现代化的前列。

### （二）台州城市精神的文化底蕴

有学者认为："红色基因是大陈岛垦荒精神唯一的基因谱系。"[①]这样的判断失之偏颇。一个成熟的城市，它凝练的城市精神不会是单一的，而是多元全面的，既折射出深邃、厚重的传统文化记忆，也彰显出浓郁、崭新的时代内涵，体现出它的时代性。

一方面，台州城市精神是天台山文化精神的时代表达。所谓时代性，是指城市精神在其历史性的演化中所体现出的时间性特征，也就是其与时俱进的根本性质。从城市精神内涵的形成时间看，开拓创新是我们这一时代的最强音。改革开放以来，在深化改革、扩大开放的历史进程中，在中国共产党的领导下，我国人民逐渐形成了解放思想、实事求是、与时俱进、开拓创新的精神，这就是我们这一时代的精神。而在时代精神的有机整体中，开拓创新居于核心地位。

从城市精神的内容看，奉献是人类最伟大的精神，具有超越现实时空界限的特性，但它的内容是有时代性的。在儒家文化里，"奉献"更多地表现为一种内省的精神，是圣贤为了道德理想可以献出一切。如孔子说："志士仁人，无求生以害仁，有杀身以成仁。"又如孟子说："生亦我

---

① 夏良友：《"大陈岛垦荒精神"之"红色基因"探讨》，浙江在线/路桥新闻．http：//luqiao.zjol.com.cn/luqiao/system，2020年7月29日。

所欲也，义亦我所欲也；二者不可得兼，舍生而取义者也。"可见，儒家文化中的奉献精神是一种圣人的道德理想，其舍生奉献的对象是"义"。而无私奉献则是中国共产党人在几十年革命和建设的实践中，继承和发扬中华民族公而忘私、舍生取义的传统美德，并把这种美德升华为全心全意为人民服务的新境界，奉献的对象是国家和人民，体现的是集体主义的价值导向。

新时代中国特色社会主义也赋予艰苦创业、奋发图强以新的时代内容和新的高度，主要体现在：一是奋发图强要有复兴中华的时代责任。我们必须肩负起历史的重托，勇敢地迎接挑战，为中华民族伟大复兴而奋发图强。二是艰苦创业要有开创新时代中国特色社会主义伟业之志向。作为城市精神，艰苦创业精神所鼓励和导向的远不止个人的创业，也是鼓励和引导人们站在民族复兴的高度，将个人创业与开创中国特色社会主义的伟大事业联系起来，并为之艰苦奋斗。

而从时代的需要看，我们这个时代依然需要弘扬艰苦奋斗、奋发图强、无私奉献精神。首先，从我国的基本国情来看，我们还处于社会主义初级阶段，仍然是一个发展中国家，同发达国家的差距还很大。这样的国情决定了我们要经历一个很长的艰苦奋斗、奋发图强的过程。其次，从外部环境看，现在的我们比历史上任何时期都更接近中华民族伟大复兴的目标，但同时也遭遇美国为首的一些国家对我国进行技术、经济和意识形态的遏制和围堵，社会主义事业还是在"适者生存"的西方法则中艰难前行，因此，艰苦创业、奋发图强、开拓创新的精神不能丢，我们必须抓住机遇，加倍努力，在封锁中艰苦奋斗，在压制中奋发图强，在围堵中开拓创新，在打压中凤凰涅槃。

总之，当今时代需要艰苦创业、奋发图强、无私奉献、开拓创新精神，也赋予了这些精神以新的时代内涵。台州城市精神将它们纳入自己的内涵，也就吸纳了当代人类文明的精粹，为台州文化注入了新的时代内涵，再次展现了台州文化开放包容的姿态和与时俱进的魅力。

另一方面，台州城市精神的时代性又不是脱离台州历史文化传统的时代性，而是继承传统又与时俱进的时代性。不管台州城市如何发展，其蕴含的台州人文精神是不会消失的，也就是说，台州城市精神是植根于台州文化土壤的人文精神组成部分，它不会因为城市的发展而割裂台州人文精神，也不会因为城市精神的提出而远离台州文化的硬核——天台山文化。概言之，天台山文化是台州城市精神最深厚的文化底蕴，表现在以下几点。

1. 艰苦创业、奋发图强是天台山文化的基因。汉代以后的台州是典型的移民社会。如前所述，从汉代建元三年到元封元年三十年内，台州人口两次大规模整体迁往江淮地区，造成"东越地遂空"的局面，留下的大片土地，为后来北方移民大规模迁入台州提供了条件。外地入台的移民为应对人生地不熟的生存挑战，必然激发出顽强拼搏、勇于开拓的生存发展意识，也就是艰苦创业、奋发图强的精神。可见，作为移民社会的文化，台州人文精神一开始就有了艰苦创业、奋发图强的文化基因，或者说，艰苦创业、奋发图强精神，一开始便成为天台山文化的基因。

台州城市精神源于大陈岛垦荒精神，而大陈岛垦荒精神的形成背景是大陈岛，这是国民党军队在撤走台湾后留下的荒无人烟的空岛。在共青团中央号召下，多批温州和台州青年组成垦荒队，登岛垦荒，对大陈岛而言，他们其实也是新移民。作为新移民，他们和2000年前自北方迁来台州的移民一样，都有面对艰苦条件的挑战而富于开拓的勇气，也都需要发扬艰苦创业、奋发图强的精神，或者说，艰苦创业、奋发图强、勇于开拓，既是中华民族的传统美德，是中国共产党人的光荣传统，也是天台山文化的基因。

2. 艰苦创业与台州事功学的事功精神息息相关。注重各行各业是台州儒学的传统，北宋天台县令郑至道将士、农、工、商四业视为"皆百姓之本业"，劝导百姓，若能掌握其中一业，便可"仰以事父母，俯以育妻子"。这是台州儒学最早劝导百姓创业的思想。他说："古有四民：曰士、曰农、曰工、曰商。士勤于学业，则可以取爵禄。农勤于田亩，则可以聚稼穑。工勤于技巧，则可以易衣食。商勤于贸易，则可以积财货。此四者，皆百姓之本业，自生民以来，未有能易之者也。若能其一，则仰以事父母，俯以育妻子，而终身之事毕矣。不能此四者，则谓之浮浪游手之民。浮浪游手之民，衣食之源无所从出，若不为盗贼，则私贩禁物，一旦身被拘系，陷于刑禁，小则鞭挞肌肤，大则编配绞斩，破荡家产，离弃骨肉，方此之时，欲为四民之业而何可得也？"[①]至南宋，台州士人或宗理学，或宗事功学，形成了以黄岩赵师渊等为代表的台州理学和以临海陈耆卿、吴子良等为代表的台州事功学两大流派。台州事功学深受永嘉学派的影响，其"求实求功、经世致用"的学术风习，塑造了台州人民崇尚事功、注重创业的人文精神。可见，艰苦创业一方面是台州城市精神对中国共产党人光荣传统的弘扬，另一方面也与台州儒学"四业皆本、崇尚事功"的精神高度一致。

再创台州民营经济新辉煌，万众创新、大众创业是基础。当前台州民营经济发展面临新的机遇与挑战，迫切需要发扬艰苦创业的台州城市精神，发掘台州儒学的事功精神，以创业激发台州城市活力，推进民营经济和其他建设事业的发展。

3. **无私奉献与台州理学的气节躬行一脉相承。**台州人自古以来就有崇尚践履主流价值的人文传统，"士皆激昂奋励，以礼义廉耻为先"。（《赤城新志》卷四）台州理学深受朱子理学的影响，它把朱熹"治道必以明天理、正人心、崇节义为先"的教导奉为圭臬，并加以发挥，清代

---

① 　郑至道：《谕俗七篇·重本业》，见陈耆卿主编《嘉定赤城志》，北京：中国文史出版社，2005年，第543页。

王棻在《台学统》里有集中的概括，他将收录的自晋至清的台州本籍和客籍学者，分为气节、性理、经济、词章、训诂、躬行六类，而尤重气节与躬行，主张以气节为"大本"，以躬行为"大用"。可见，气节践履不仅为士人所接受，也渗透到社会各个层面，成为台州社会的主流价值观。对"节义"的尊崇践履，往往要付出很高的代价甚至付出生命的代价，如方孝孺、齐周华等，这就是说，崇尚气节践履需要奉献精神。

气节躬行是古代台州人民对主流价值的忠贞品格，而主流价值观的内涵是历史的。古代台州人民崇尚气节践履，是对儒家忠孝节义的信仰、践履和坚守。在20世纪50年代，气节躬行的内涵已从儒家忠孝节义转到崇尚和践履集体主义、共产主义价值观，具体说来，大陈岛垦荒队员勇于面对艰难困苦的挑战，将自己的青春乃至一生，献给了"建设美丽大陈的事业"，这就是无私奉献，是对共产主义价值观的忠贞信仰和坚定践履。今天，台州城市精神将"无私奉献"纳入自己的内涵，也表明了台州人民对这一共产主义价值观的尊崇和践履。梳理台州人文精神的演变，可以发现，台州城市精神对主流价值观的尊崇实践，与古代台州理学重气节躬行的人文精神一脉相承。

4. 开拓创新是天台山和合文化的应有之义。台州城市精神的"开拓创新"与天台山文化的两大属性基本吻合。如前所述，"和实生物""和而不同"是和合文化的两个基本观点，前者表明和合文化的创新性，后者表明和合文化的包容性。创新性与包容性，是和合文化的两大基本属性，天台山文化是和合文化的典型形态，自然也具有这两大属性。包容性也可以说是开放性或开拓性，由此看来，台州城市精神的"开拓创新"，其实是继承了天台山和合文化的两大基本属性。从历史上看，一部天台山和合文化史，就是一部和合创新史。印度佛教在中国的创新即佛教中国化的第一个成果——天台宗，是智颛和合印度佛教与中国本土文化的理论成果；北宋张伯端的道教创新并形成南宗一脉，从根本上说，是在本体上和合了儒学的"心"、佛家的"性"和道家的"命"的结果。改革开放以来，台州企业经营方式的创新——股份合作制，正是和合苏南的集体经济与温州的个体私营经济、取南北之长的结晶；吉利开创的跨国企业并购的新模式，其实也是将台州和合文化的理念与思维，运用于吉利与沃尔沃两个企业之间，构建了一种"吉利是吉利，沃尔沃是沃尔沃"的和合关系。自古以来，台州一系列重大的文化和制度创新，依循的基本路径即是和合创新，作为台州城市精神的"创新"，正是肯定并承继了台州的"和合创新"之路。

　　总之，台州城市精神是台州人文精神的最新概括，它继承了台州儒学尚气节、重事功的文化品格，融汇了红色文化的集体主义精神和人类文明的时代精神。今天我们在建设美丽台州中，要着眼全市发展大局，开拓内外两个市场，融入长三角，推进科技创新、理论创新、制度创新、文化创新，所有这些，都需要弘扬台州城市精神，谱写新时代美丽台州建设的崭新篇章。

# 第十二章　台州文化的基本精神

　　随着台州经济的快速发展，尤其是"台州现象"的出现并引发全国关注，学者们开始探究"台州现象"背后的文化动因，至2007年前后，学者开始探究和提炼台州文化的基本精神。2009年1月，中共台州市委宣传部组织专家和学者成立"台州人文精神"课题组，经过广泛深入的调查研究，提出了"山的硬气、水的灵气、海的大气、人的和气"，指出这"四气"乃是台州文化的精髓。①其中，"硬气"表现了台州人自强拼搏的精神，"灵气"表现了台州人善创造的秉性，"大气"则体现了台州人的大度胸襟，"和气"体现了台州人与区域内外人民兄弟般的情谊。

　　"四气"说的提出，得到了社会的广泛认同。2008年5月6日，《台州日报》公布了由市委宣传部联合有关部门发起的台州文化精神征集评选结果，共收到六千多条意见和建议，而"硬气、灵气、大气、和气"均进入获奖之列。中国工程院院士孙优贤先生肯定此说，他说，"硬气、灵气、大气与和气"是对台州人精神的很好概括。②他相信，这种精神将会对台州的创业创新起着重要作用。可见，"四气"说在台州内外有相当广泛的认同基础。③

---

① 胡斯球：《弘扬台州人文精神 推进新一轮创业创新》，《江南论坛》2009年第2期。

② 牟同飞：《相信台州精神会成就更多创新——访中国工程院院士孙优贤》，《台州日报》2008年9月13日第7版。

③ 台州日报评论员：《全民抗震救灾凸显台州精神》，《台州日报》2008年6月11日第1版。

# 第一节　执着刚毅与山的硬气

台州人文性格以"执着刚毅"著称于世，喻长霖早就指出"吾台风俗近于刚劲"[①]，鲁迅先生则将台州人这种"刚劲"的文化性格概括为"硬气"。他在《为了忘却的记念》中写道："他（柔石）的家乡，是台州的宁海[②]，这只要一看他那台州式的硬气就知道，而且颇有点迂，有时会令我忽而想到方孝孺，觉得好像也有些这模样的。"鲁迅先生概括的"台州式硬气"，反映了台州人崇尚气节、执着刚毅的文化性格。

## 一、"硬气"精神的自然缘由

"山的硬气"作为台州文化精神的基本内涵之一，从研究方法上看，其学理依据是地理学的地理环境决定论。这一理论认为，不同地区的人们在嗜好、气质等文化性格上的差异，是由地理环境的差异引起的。这样的观点源远流长。古希腊希波克拉底医生在其著作《论空气、水和地方》里说道，居住在酷热气候里的"人们比北方人活泼和健壮，声音较清明、性格较温和、智慧较敏锐"。到了近代，地理环境决定论得到了最为广泛的应用。孟德斯鸠在解释文化性格和文化精神差异的原因时指出"炎热国家的人民，就像老头子一样怯懦；寒冷国家的人民则像青年人一样勇敢"；认为寒带使人有自由独立精神，热带使人有顺从性格。他的结论是："气候炎热地方的各民族懦弱，差不多总使他们处于奴隶的地

---

① 喻长霖：《民国台州府志》，上海：上海古籍出版社，2015年，第28页。

② 宁海历史上长期属于台州，1932年第一次划入宁波，其后，曾屡次易属于宁波或台州，1958年12月22日，作为象山县的一部分，划至宁波专区，至今隶属于宁波市。

位，而气候寒冷地方的各民族勇敢，却使他们保持住自由的状态。"[①] 黑格尔在《历史哲学》中明确提出："民族精神便从这些可能性里滋生出来，'地理的基础'便是其中的一种可能性……要知道这地方的自然类型和生长在这土地上的人民的类型和性格有着密切的联系。"[②] 黑格尔的解释表明，一个民族或一个区域的人们，必定有一个特殊的地理环境，这个区域的地理环境对该区域文化精神或文化性格的形成，必然产生深刻的影响。

在中国传统的文化理论里，把人的性格归因于自然环境的思想也古已有之，比如孔子有"近山则诚，近水则灵"一说，《周礼·地官·大司徒》也云："山林之民毛而方，川泽之民黑而津，丘陵之民专而长，坟衍之民晳而瘠，原隰之民丰肉而庳。"明代台州人王士性在其《广志绎》里比较系统地阐述了他的"地理环境决定"论。他将两浙划分为"泽国""山谷""海滨"三个区域，指出："杭、嘉、湖平原水乡，是为泽国之民；金、衢、严、处丘陵险阻，是为山谷之民；宁、绍、台、温连山大海，是为海滨之民。"[③] 台州也有较大部分人是山谷之民，石气所钟，猛烈鸷愎。

作为中国古代伟大的人文地理学家，王士性的地理环境决定论对后世影响很大，台州后学在探究台州文化精神的根源时，往往或沿用他的方法，或引他的观点为据。清末民初的喻长霖在《台州府志·序》中就称："台郡山海雄奇，士多磊落挺拔。"当代台州学者的相关文章中也随处可见王士性的影子，如"山谷之民，石气所钟"，形成了"民性强悍，

---

① 转引自[苏]伊凡诺夫．欧姆斯基：《历史唯物主义论地理环境在社会发展中的作用》，上海：三联书店，1954年，第7页。

② [德]黑格尔：《历史哲学》，王造时译，上海：上海书店出版社，2001年，第82页。

③ 王士性《广志绎》卷四。

人不畏死"之硬气等。①可以说，关于台州文化精神探源的方法和结论，至今没有超越王士性的见解，以至于台州"枕山负海"的环境培养了台州人的硬气和灵气等类似观点，依然居于台州学界的主流。

## 二、"硬气"精神的文化根据

现代文化人类学似乎冲破了传统的地理环境决定论，它将区域文化性格的成因更多地归结于区域文化本身，认为区域文化决定着该区域人们的文化性格。从文化人类学的这一观点看，台州人的文化性格——"台州式硬气"之所以形成，在于培育这种文化性格的文化母体——气节践履之学。明代人文地理学家王士性称赞乡人"人重节义，节操刚烈，勇往直前，风气所致"。王士性指出了台州人"重节义，节操刚烈，勇往直前"的"台州式硬气"，乃"风气所致"，这里的"风气"应指台州的区域文化，其中台州的"气节践履之学"对形成"台州式硬气"厥功至伟。

"台州式硬气"作为一种文化性格，是以宋明理学"崇尚天理"为价值取向的。从学统上看，台州理学有两个源头，一是二徐理学，二是朱子理学。王棻在《台学统》里将徐中行与徐庭筠父子排在"台学之首"，都在"高节"之列，二人门下的弟子，"仕者循良，处者修洁"，如北宋礼部侍郎陈公辅就是他们的弟子。朱子理学也推崇气节，朱熹曾以"敬"为立身之本，以"义"为处世之则。他说："敬以直内，义以方外，一生用之不穷。"②他在台州有不少弟子和再传弟子。在朱子嫡传的弟子中，主要代表人物有"台州大儒"之称的临海石子重，黄岩的赵师渊、赵师雍、赵师夏、杜烨、杜知仁、杜贯道等。其中杜烨、杜知仁兄弟师事朱熹达十余年之久。朱子理学通过其弟子和再传弟子，在台州产生了

---

① 李一：《有硬气，台州人的天然禀赋》，《新台商》2007年第2—3期。
② 黎靖德：《朱子语类》（二），景印文渊阁《四库全书》本，第701册，第426页。

深远的影响，成为台州"气节践履之学"的主要源头。

台州理学不仅在学理上推崇气节，有"气节之学"的美誉，而且注重将这种价值取向付诸实践，即"皆以气节为本，而以躬行为归"①。所谓"躬行"，也就是身体力行，亲身实践之意，故台州理学也称为"气节践履之学"。正是台州的"气节之学"，养成了台州人"重气节践履"的文化性格，使"台州民风士习质朴，疾恶如仇，行重于言，因此其学术又以悯时忧世，介特自守见长"。②杨太辛先生对台州人的评价是恰如其分的。台学影响于世的，主要不是危言高论，而是气节践履。如杜范以直言极谏、言无隐情著称，曾一再触犯当朝宰相；他晚年拜右丞相时，执政行事，"一以去私为主"，全祖望称其为"嘉定以后宰辅之最，声望几侔于涑水（司马光）矣"③。

鲁迅先生将方孝孺和柔石视为"台州式硬气"的代表。其实，台州历史上具有"硬气"的典型人物不胜枚举。王棻在《台学统》开篇即将他们分为高节之士（20人）、忠节之士（23人）、清节之士（23人），他们或"极言敢诤，致命遂志"，或"严义利之辨""破生死之关"，"不愿一时之荣而婴当世之文网，遂甘槁饿山林而不悔耳。然使出而从政，必能清心寡欲，直谏敢言，致命遂志，以成千古之名。第自为重而为人轻，故虽万钟之禄、千乘之位，直敝屣视之耳"。④台州人崇尚气节践履之志，由此可见一斑。

台州士人的气节践履有两种不同的表现：一是持义守道。"持"指不丢掉；"守"指不易节。孔子曰："笃信好学，守死善道。"⑤在气节践

---

① 王棻：《台学统·后序》，上海：上海古籍出版社，2016年。

② 杨太辛：《浙东学术精神的内涵及其现代价值》，www.zjol.com.cn，2006年11月3日。

③ 黄宗羲：《宋元学案》卷六六《南湖学案》，北京：中华书局，1996年，第3册，第2122页。

④ 王棻：《台学统》，上海：上海古籍出版社，2016年，第1册，第57页。

⑤ 《论语·泰伯》，《诸子集成》本，上海：上海书店出版社，1996年，第1册，第163页。

履的内涵中，持守的地位不可忽视。如果只知道义而无恒久的持守，只有志之所向而无行之所往，所谓的"道义"必然沦为一句空话。如果说崇尚气节是气节之士的价值取向，那么，持义守道就是气节之士的行为特点。《台学统》里的高节之士和清节之士就属于这一类。这一类士人包括不随流俗的隐士，如晋代的任旭、宋代的徐中行和徐庭筠父子、元代的翁森等，均是洁身守节的高节之士；也包括为官清正的廉士，如宋代的吴芾、陈良翰、鹿何，明代的鲁穆、庞泮、吴时来等，皆是一身正气、两袖清风的清节之士。

二是舍生取义。孔子云"志士仁人，无求生以害仁，有杀身以成仁"[1]，孟子云"生亦我所欲也，义亦我所欲也；二者不可得兼，舍生而取义者也"[2]。孟子一句"舍生取义"道出了"台州式硬气"最显著的行为特征，即对于道义的持守不惜以生命作为代价，或者说道义的价值高于生命的价值。从古至今，所有的忠节之士，无不为一个"义"而不屈不挠，其生命的意义在"舍生取义"中得到彰显与升华。台州那些取义成仁的烈士，如宋代的蒋煜、陈克、杜浒、王珏等，明代的方孝孺、叶伯巨、郑士利、卢原质、卢炯、应昌士、杨时熙、陈函辉等，现代的柔石、陆蠡等均是"宁为玉碎，不为瓦全"的忠节之士。这一类志士仁人对气节的践履，最能体现"台州式硬气"的人文精神。

总之，"台州式硬气"不只与山的坚毅有关，更有其深厚的文化根源即台州的气节践履之学。

---

[1] 《论语·卫灵公》，《诸子集成》本，第1册，第337页。

[2] 《孟子·告子上》，《诸子集成》本，第1册，第461页。

## 第二节　兼容并包与海的大气

　　大气是海洋文化的基本品性。台州海洋文化历史悠久，三井壝遗址表明，台州先民们在中石器时代已经开始认识海洋，并逐渐有了开发海洋、利用海洋的意识。台州海洋文化就是台州人在长期的海洋捕捞、海洋养殖等涉海活动中逐渐积淀形成的成果，具体表现为台州人在认识海洋、理解海洋、开发海洋、利用海洋以及协调人与海关系中所形成的物质成果和精神成果的总和。[①]它包括四个层面：一是心理和意识形态；二是言语与行为样式；三是人居群落与组织结构以及社会制度；四是物质经济生活模式，包括资源利用以及发明创造等。[②]其中心理和意识形态层面是海洋文化的核心层面，它体现台州人在认识和开发海洋中所形成的思想观念、价值判断、精神信念、心理情感，蕴含在台州沿海人民生产生活的制度习俗以及相应的物质载体中。

　　"海的大气"属于海洋文化的第一层面，是台州人民在认识和开发海洋活动中形成的待人做事的开放包容的态度，是一种海纳百川的胸怀和气度，表现为台州人勇于广采博纳、善于吸收消化，不会因地域或其他因素产生排他心理。这种文化精神犹如市花——梅花，"俏也不争春，只把春来报。待到山花烂漫时，她在丛中笑"。这首词描绘了梅花娇俏而不争艳，色清丽而味幽香，与百花同为春天添色的兼容并包性格。台州人喜欢梅花，与它映射了台州人低调、包容的文化性格不无关系。

### 一、兼容并包文化性格的成因

　　海洋是海洋文化生成与发展的场域。台州面朝东海，海岸线漫长、

---

① 陈涛：《海洋文化及其特征的识别与考辨》，《社会学评论》2013年第5期。

② 曲金良：《海洋文化与社会》，青岛：中国海洋大学出版社，2003年，第26页。

海岛众多。舟船航行、渔捞作业是台州沿海人民的生产生活方式。从根本上看，台州人"大气"精神的形成，与沿海居民的生产生活方式密切相关。宽广无垠、变幻莫测的大海，虽然会激发人的斗志，但人们也认识到，单个人的力量是渺小的，只有协作才能达到预期目标；又如大船需要集资建造，出海捕鱼需要真诚协作，修建海塘需要众志成城，抗击台风需要团结奋战……沿海的自然环境、海洋的生产方式与交往方式，大海的博大造就了台州人兼容并包、善于协作的"大气"精神。

例如，在台州历史上，就有一种被称为"小钓作业"的渔业生产方式和经营方式。从所记载的材料分析，"小钓作业"其实并不小，相对个体经济和家庭来说，它是一种采用"有钱出钱、有人出人、有物出物"的"劳资合作"方式，组成一个规模更大、实力更强的生产组织和经营组织。

参与"小钓作业"有两大主体："头家"和伙计。那些拥有钓船的渔户称为"头家"，他约请多个船伙（称为"伙计"）。"头家"将伙计约请来后，请伙计们吃"结绳酒"[①]，酒席上或酒后双方协商约定，合伙捕鱼，以及分配方式。合伙时间一般以"一风"为周期，在"一风"之内，头家不得辞退伙计，伙计也不得擅自退出。即使新婚、受官府传讯或服役，也得先服从出海，台州俗称"官令不如讨海令"。合伙的方式是：头家以钓船还有部分财物、资金等参与合伙；伙计则主要以人力、驾船技术，以及小部分资金等入伙。钓船返航后，收成分两部分：一部分是正宗渔货，这是合伙收成的主要部分。这部分的分配是，将正宗渔货净利分成十份，头家先取半份红利、钓船二份，然后绳线一份、"前手"及

---

① 结绳酒，是台州等东南沿海渔村渔船头家宴请伙计的"合同酒"。每年农历八月秋汛时，头家先去附近的海神庙，将出海捕鱼用过的绳线放在红漆盘中，摆上带来的猪头、鱼鲞和鸡等祭品，烧香许愿，祈求保佑人船平安、网网不空。拜祭回来，头家把绳线取出放入绳篮里，然后摆设酒席，宴请将随船出海的伙计。伙计们吃了这餐饭，就和头家协商合伙事宜。可见，吃"结绳酒"其实是伙计与头家签订出海捕鱼协议的一顿聚会酒宴。

"后手"、"三手"各一份、驾船者一份、"走台"半份，其他二份。船主既拥有船，一般还任"后手"，又往往备有绳线，因此分红比例相当高。合伙收成的另一部分是副宗渔货，称"私脚"，则按人头平分。[①]

简而言之，"小钓作业"其实是多个家庭聚集人力、物力和财力来完成一件造船、出海捕鱼的"大事"，几个人、几户人家凑钱造一艘大船。大船出海获得的收入，按事先的约定进行分红，这就是台州历史上出现的"打硬股"，是一种生产要素和生产条件的聚合方式，表现在：头家和伙计、伙计与伙计都是不同的主体，他们入股的股权形式不同。头家入股的股权形式是钓船，可能还有部分财物、资金等；伙计入股的股权形式主要是人力、驾船技术，以及少部分资金等。由于股份多少不同，分红多少也不同。这是由海洋环境决定协作的生产方式和分配方式的典型例子，而这样的生产方式和分配方式，是滋养兼容并包精神的基础。

其次，台州人"大气"精神的形成，与台州沿海的交通方式有关。台州的西北南三面有高山环绕，东面临海，海上交通便是古代台州与外界交往的重要途径，一些对外关系的重大事件，都通过海上交通得以实现。如汉武帝时期从会稽发兵援助东瓯抵抗闽越，就是通过"浮海救东瓯"[②]；黄龙二年（230）春正月，吴主孙权从章安发兵台湾，也是通过海上交通，"遣将军卫温、诸葛直将甲士万人浮海求夷洲及亶洲"[③]。唐宋时期，台州与日本和朝鲜半岛的商贸和文化交流，还是通过浮海而去、浮海而还。在海上生产和交往中，大海的广阔无际、神威力量，都会让人逐渐培育出一种开放大气的文化性格。

第三，台州人"大气"精神的形成还与海洋文化的多元性密切相关。借助四通八达的海洋，台州人将本地的文化传播于船只能够达到的

① 李一、周琦：《台州文化概论》，北京：中国文联出版社，2002年，第423页。

② 《史记·东瓯列传》卷一一四。

③ 陈寿：《三国志》卷四七《吴主传》，北京：中华书局，2000年。

异域，同时也将外域的文化通过船只传到台州。这样不断地相互传播吸收，形成了多元并存、相互包容和兼收并蓄的文化特征。研究表明，在蒸汽机车和电动机车出现以前，异国、异族、异域文化交流的主要媒介之一是海洋。

台州历史上海外文化交流也相当频繁，在对外文化交流上，唐宋时期主要是与日本、朝鲜半岛的商贸文化交流；对内主要是与沿海其他地区文化交流。通过长期的内外文化交流，台州形成了多元文化融会的海洋文化，这集中体现在民间的多神信仰上。台州沿海地区以鱼龙崇拜为主，在海洋捕捞和对抗海洋灾害天气方面，人们最崇拜海龙王和天妃（妈祖）；历代以来，凡买船造屋、购田置业、娶亲嫁女、搬迁开张、张网捕鱼、航海出行等一应大事，都要在大帝爷、妈祖座下祈求平安如意，这种传统一直延续到现在；观音菩萨的信仰在台州各地也广泛流传，台州"村村有寺庙，户户拜观音"，在自然界的灾变与人间社会祸难不可能消除的情况下，作为慈悲化身、普度众生的观音菩萨是民众虔诚的信仰对象。在台州民间信仰中，另一位水陆保护神是白鹤大帝赵炳，沿海各地供奉赵炳的祠庙称为白鹤殿、白鹤庙、灵康庙、赵侯祠等。近代以来，台州沿海也传来了基督教等外来宗教，儒、佛、道、基督等多种宗教密集地并存于同一个地区。这些民间信仰和宗教并存，冲突、融合，逐渐形成了多元并存的文化特质，对形成台州人兼容并包的"大气"精神有着深远的影响。[①]

总之，沿海居民的生产方式和生活方式，以及多元并存的文化结构，形塑了台州人兼收并蓄、开放包容的"大气"精神。

---

① 金先龙主编：《主攻沿海 创新转型——台州经济社会新发展研究》，长春：吉林大学出版社，2012年，第353—354页。

## 二、兼容并包文化性格的体现

台州文化兼容并包的性格集中体现在天台宗的圆融思维上。"三谛圆融"是天台宗颇具包容性的思维方式。在智者看来，万法都由因缘和合而生，没有永恒不变的实体，当下即是空性，这叫作"真谛"。一切诸法虽无永恒不变的实体，却有如幻如化的现象，这叫作"俗谛"。真谛的"空性"与俗谛的"幻相"都不出法性，是法尔本具，不待造作而有的，这叫作"中谛"。中即中正，统摄一切法。随便举一事物，它既是空，又是假，又即中道法性，所以称为"圆融三谛"。这三者譬如"水""波"和"湿性"，是一物的三面。一即是三，三即是一，圆融而不可分离。这就是智者关于事物一体三面的"三谛圆融"观。

智颛用这样的思维思考和处理不同文化之间的关系，在《摩诃止观》里提出了"一法摄一切法"，进而将儒道（世法）纳入了佛法，提出了"一切世法皆佛法"的主张。为了论证自己的这一主张，他认为儒道的核心价值"五常""五行"与佛法的"五戒"是一致的。既然三教的核心价值是相通的，那么佛法与世法（儒道）也可以并存互融。陈坚先生据此列表明示，见表12.1。

表12.1 儒家"五经""五常""五行"与释家"五戒"的对应关系[①]

| 五戒 | 不杀生 | 不偷盗 | 不邪淫 | 不饮酒 | 不妄语 |
|------|--------|--------|--------|--------|--------|
| 五常 | 仁 | 义 | 礼 | 智 | 信 |
| 五行 | 木 | 金 | 水 | 土 | 火 |
| 五经 | 《诗》 | 《书》 | 《乐》 | 《易》 | 《礼》 |

以这样的思维观察世界，看待事物，就会有无限的包容心，矛盾对立、不可调和的事物，诸如理与事、性与相、真与妄、佛与众生等关系，看似矛盾、对立的，其实都可兼容并包，是一种"不二"关系。

---

① 陈坚：《天台宗是中国化佛教刍议》，《台州学院学报》2005年第1期。

　　以这样的思维看待佛法与世俗、佛法与世法之间的关系，就会明白它们之间是没有分别的，不仅没有绝对区隔的鸿沟，而且是可以相互包容的。由此具体到外来的印度佛教与中国本土的儒、道，虽然是不同的文化，佛教的出世思想与儒学的入世理念并非格格不入，而是可以圆融的。在这一点上，智颛在三教关系上超越先贤的贡献在于，他运用"会三归一"方法，不仅把佛教诸宗派归于一乘佛，将南义北禅熔为一炉，而且还提出了一个著名的观点，即"一切世间外道经书，皆是佛说"的观点，这样，就将儒道等本土文化统摄在佛教之下。

　　天台宗的圆融思维方式一旦培育而成，它就绝不会局限于宗教的修行领域。鉴于智颛将天台宗与世法无间对接，以及天台宗在台州的影响深度和广度，我们不能不认为，台州文化"大气"精神的养成，与天台宗的圆融思维方式和修行法门密切相关。

## 第三节　务实创新与水的灵气

　　一方水土养一方人。中华民族历来有敬水的文化传统，《管子》将水视为万物之源，他说："水者何也？万物之本原，诸生之宗室也。"[①]在《水地篇》里，他已将一个地域之水的品性与当地之人文性格联系起来了，认为"齐之水道躁而复，故其民贪粗而好勇；楚之水淖弱而清，故其民轻果而贼；越之水浊重而洎，故其民愚疾而垢……"[②]水还成为中国人信仰崇拜的对象，如江有江神，河有河伯，并修建宫庙奉祀之。这种崇拜水的文化传统，使水之品性也为人们所尊崇，并逐渐融入地域的人文精神之中。《老子》的"上善若水""善之人如水之性"，苏辙注释说，

---

① 《管子·水地篇》卷一四，《诸子集成》本，上海：上海书店1996年，第5册，第237页。

② 《管子·水地篇》卷一四，《诸子集成》本，第5册，第237—238页。

水的基本品性就是灵动性，它随形而变，"圆必旋，方必折，塞必止，决必流"①。水本身是无形的，它会随着环境的改变而变化自己的形状，环境是什么形状，它就是什么形状，即所谓"水无形而有万形，水无物能容万物"。这就是水的灵气，是"变通"的典型特性。这个世界并非没有障碍，没有阻力，但有智慧的人能像水一样，善于适时变通，遇到复杂困难的事情也就会变得顺达通畅起来，正所谓"水随器而圆，人随水则通"。

在儒家典籍里，"灵气"的基本内涵也是"变通"。儒家倡导的"变通"，其理论根源是《易》。"易"为变易、变通，《易经》就是研究如何变通，以应对环境的学问。其基本思想是太极生两仪，两仪生四象，四象生八卦，衍生出宇宙万物。《易经·上经》讲的是自然的万端变化，《易经·下经》讲的则是社会的发展变化。在这样的基本思想统领下，一本《易经》，充满了革新变化的基本范畴和基本观点，如"与时偕行"，"穷则变，变则通，通则久"，"变通者，趣时者也"，"革故鼎新"，等等，说的都是强调人们要善于变通，改变现状，以适应时代的发展和事物的变化。

## 一、变通乃天道：台学对"灵气"的典型表述

台州不仅临海，而且江河水系发达。台州的母亲河灵江干流全长190千米，贯穿中部；流域面积6390平方千米，河道交错，阡陌如织，密布全境。主要支流有永安溪、始丰溪、永宁江等。灵江水系吸纳了山的秀色、吐露出水的灵气，可谓是集山的灵秀与水的灵气于一身。生长在这种环境的台州人，自小受着水的灵气的熏陶，养成了务实、变通的"灵气"。

---

① 《老子本义》右第六章，《诸子集成》本，第3册，第7页。

"灵气"作为台州人的思维方式和行为能力，在内涵上与儒家讲的"变通"是一致的，基本含义是指台州人具备灵活对待和处理矛盾的思维方式和行为能力，最显著的特点是灵活、机敏地适应环境。黄绾借用《易·象传》的语言，对台州人"灵气"的基本特征做过非常准确而美妙的阐释，他说："时止则止，时行则行，动静不失其时，其道光明。"此千古圣学之的也。

"灵气"在行为方式上，表现为在困难面前敢于和善于"变通"的特征，而在价值取向上，则表现为在守道的前提下以务实、事功为目的。南宋临海人王象祖有诗云："皋夔周公佐中古，萧曹房杜兴汉唐。因时因事修治效，不谈道学亦何妨。"[①]"因时因事修治效，不谈道学亦何妨"一句，言简意赅，道尽台州人原则性和灵活性相统一的文化性格。杜范则根据《易》"穷则变，变则通，通则久"的精神，比较系统地阐述了他的"变通"思想。

首先，将变通的重要性提升到本体论高度。杜范认为"变通乃天道"，人事必须顺应天道而为。他说："夫天道、人事未有运而不穷者，变而通之，斯不穷矣，其道存乎其人。"所以，人必须顺势而变，"夫穷而必变者，势也；穷而能变者，人也。人不能变而听其势之自变，则天下之故可胜道哉"！[②]

其次，指明了变通在于根本的变革，即革故鼎新。他说："夫新教条易，新风声难；新观听易，新心术难。以一时之教条耸天下之观听，而无以行鼓动之风声，变积习之心术，是无异饰屋之陋以丹腰，丹腰虽新，而屋犹故也；饰人之羸以衣冠，衣冠虽新，而人犹故也。"所以，杜范主张要变通，不在于表面的图新，而是要探究阻碍事物更新的根源，

① 王象祖诗，载车若水《脚气集》，《文渊阁四库全书》本，第865册。
② 杜范：《清献集》卷五《军器监丞轮对第一札》，《文渊阁四库全书》本，第1175册。

要变革事物的根本，"致弊必有源，救弊必有本。本源之不究，而漫曰革故而图新，是以弊易弊也"。①这就是说，不从事物的根本上进行变通，仅在表面上对事物进行修修补补，不但不利于事物的发展，反而阻碍事物的进步，即"以弊易弊也"。

其三，指出了变通应坚持的原则。变通既然是天道，那么做任何的变通都不是背弃天道，而是应该符合天道。这种"天道"是什么？作为理学家的杜范把天道与人道统一起来，以公正对应天道，指出变通应该坚持公正的原则。他说："天下之理，天命之所不能违，人心之所不能异者，曰公而已矣。公则正大而明远，私则偏狭而滞暗……公之与私，盖世道理乱之所由分也。"②可见，为了公正、符合公正的变通，才是台州人"灵气"的真正指向。

台州式"灵气"表现在面对二难问题时，就是要根据实际的变化，对传统的成法进行及时变通和调整，体现尊重事实的务实态度。这种"灵气"在明代台州籍儒士的政治观点上多有体现。譬如，明初王叔英③明确提出"君子之用世，所贵乎得时措之宜"的观点。针对当时有人恢复"井田"的主张，王叔英指出，土地制度改革要从现实出发，因时制宜。他说："天下之事固有行于古而亦可行于今者，亦有行于古而难行于今者。如夏时、周冕之类，此行于古而亦可行于今者也；如井田、封建之类，可行于古而难行于今者也。可行者而行之，则人之从之也易；难行者而行之，则人之从之也难。从之易则民乐其利，从之难则民受其患，

---

① 杜范：《清献集》卷五《军器监丞轮对第一札》，《文渊阁四库全书》本，第1175册。
② 杜范：《清献集》卷五《军器监丞轮对第一札》，《文渊阁四库全书》本，第1175册。
③ 王叔英（？—1402），字原采，黄岩（今台州黄岩）人，明洪武末年为学官，后任知县。惠帝建文元年召为翰林修撰，四年（1402），朱棣从燕京起兵南下，争夺帝位。王叔英奉惠帝诏，出京募兵，行至广德（今安徽省广德县），闻京城失守，遂自缢死。

此君子之用世，所贵乎得时措之宜也。"①

## 二、原则与灵活：台州人"灵气"的价值取向

孔子的"君子喻于义，小人喻于利"②，开启了中国思想史上的"义利之辨"。自此直到宋明，纷争不休却终无结果。南宋时期，在朱子理学、陆象山心学和事功学派之间，更达到论辩的高潮。尽管如此，这场辩论依然未能解决义利的关系问题。

在"义"与"利"之间，台州无论是理学还是事功学，既不像程朱理学那样否定"利"，也不像浙东其他学派那样明确主张以"利"为先，他们似乎从来不想在"义利"问题上，进行"二者必居其一"的选择，而是表现出台州文化固有的"灵气"和务实精神，即在"义"与"利"的价值取向上，认为可以通过变通的办法，实现"义"与"利"兼顾。黄绾认为"义"和"利"，"二者皆不可轻"③。他一方面反对王守仁及其弟子的"去欲"和"天性人情之真"不相容的思想，指出人的"情"和"欲"是自然的，人们要生存，就不可能对"利""无所取"④，因此，在黄绾看来，"逐利"以满足自己的"情"和"欲"，就是自然而合理的。另一方面，黄绾又认为对"利"的追求要适可而止，要合乎"义"的原则，应使"情"的发挥"得其正"，"逐利"要"皆视其分所当为，义所当得，力所当勤，用所当俭者，尽其心而已"⑤。基于此，黄绾提倡"利"

---

① 王叔英：《与方正学书》，李时渐辑《三台文献录》，徐三见点校本，北京：中国文史出版社，2008年，第478页。
② 《论语・里仁》，《诸子集成》本，第1册，第82页。
③ 黄绾：《明道编》，北京：中华书局，1959年，第29页。
④ 黄绾：《明道编》，第29页。
⑤ 黄绾：《明道编》，第29页。

与"义"二者并重，认为"利不可轻矣，然有义存焉"。①

　　明代台州周宠的义利观更具灵活性。周宠存世的文献不多，明人李时渐《三台文献录》有收录他的《义利论》全文。该文是研究台州文化关于原则性（守义）和灵活性（逐利）统一的重要文献。在文中，周宠开宗明义地指出："义本不可为利也，而利即在义之中，外义以言利，非利也。利本不可为义也，而义即在利之内，外利以言义，非义也。"②在他看来，离开"义"来谈"利"，这种所谓的"利"并不是利；同样，撇开利来言"义"，义也只能是虚的，不可能有真正的义。所谓"外义不可以言利，外利不可以言义"，因此，他认为"义利固二而一焉者也"。③

　　周宠的"义利合一"观，不同于黄绾的"义利并重"说。在黄绾那里，尽管"义利并重"，但"义"与"利"还是分裂的，周宠的"义利"观则是"义利"互相包容的。他认为，"义者天理也，利者人欲也，循天理则为圣，徇人欲则为狂"，似乎义利二者"出此则入彼"，是对立的，但实际上"义利固二而一"。周宠的"义利合一"说有其儒家的理论依据，《易》就善言义利合一，《易》主张，"利者义之和，君子利物足以和义，则又合义利而一之矣"。在现实中，人们同样不能求义而无利，或者求利而失义，即使圣人也不能无求利之心，"虽上智不能无人心，人心未必非利也，而亦未必皆利也"，而芸芸众生也不会无尚义之德，"虽下愚不能无道心，道心未必非义也，而亦未必皆义也"。④因此，他认为，宋儒"古之喻义者，君子也。今之喻利者，小人也"的说法是片面的。

　　作为儒士，黄绾、周宠最终还是落脚于儒家的价值取向，强调自己

① 黄绾：《明道编》，第29页。
② 周宠：《义利论》，李时渐辑《三台文献录》，徐三见点校本，北京：中国文史出版社，2008年，第405页。
③ 周宠：《义利论》，李时渐辑《三台文献录》，第405页。
④ 周宠：《义利论》，李时渐辑《三台文献录》，第405页。

倡导的求利，并不是求狭隘的个人私利，而是求"天下之利"；不是求一时之利，而是求长远的"万世之利"。他说："君子求利于义而非求利于事，求利于天下而非求利于吾身，求利于万世而非求利于一时。"①在这里，周宠提出了两大重要的利益关系：个人利益与集体利益、当前利益与长远利益。对于它们之间的关系，他明确提出了处理和选择的标准，前者服从后者。如果能这样求利，那么求利者就不会患一时之得失，也就能做到"当取而取，当与而与，当辞而辞，当受而受，当死而死，当生而生"。②这样一来，所谓"利"也就是"义"了，"义"与"利"最终在求利的过程中得到了统一，这是台州人"灵气"的最高境界。

黄绾、周宠反虚务实，肯定私欲、"逐利"的价值和观念，提出的"利不可轻，义亦不可轻"的思想，既是浙东商品经济发展在思想文化上的必然反映，适应了商品经济进一步发展的要求，也是台州人文精神之"灵气"在"义利之辨"问题上的集中体现，可以理解为台州人对工商业的社会价值、商人的社会地位及百姓"逐利尚贾"的价值取向和行为方式的理论辩护。在现代市场经济建设中，黄绾、周宠的"义利之辨"所体现的高度灵活性值得借鉴。台州既然以市场作为主要的资源配置方式，"逐利"自然是市场主体的动力，肯定"逐利"的价值，对于推动台州经济社会发展和提高人民的物质文化生活水平有着重要作用。另一方面，"逐利"行为自然也要受到道德和法规的制约。因此，如何既肯定"逐利"的积极意义，又不违背社会主义道德和法律之"义"，勇于和善于变通的"灵气"，必将为台州人解决这个时代难题提供源源不断的灵感。

---

① 周宠：《义利论》，李时渐辑《三台文献录》，第406页。

② 周宠：《义利论》，李时渐辑《三台文献录》，第405—406页。

### 三、变通即创新：台州人"灵气"的现实践履

宋明时期台州儒学为"逐利"辩护的理论，借助于台州学人的师承传薪、授徒讲学，借助于他们与地方官员的交流和对地方绅士的影响，必然会以某些特定的形式传播和影响到整个台州社会，进而在潜移默化中减轻台州人偏离理学价值取向的道德压力，形成一种在"义"的道德光照下，默认甚至鼓励台州人投身工商业追求利益的激励机制，久而久之，形塑起台州人善于变通而务实的"灵气"精神。在此后复杂多变的年月里，台州人总会不时展现出像这样与时偕行的"灵气"，也总能凭借"灵活变通"的思维方式，实现制度创新，以适应不断变化的时代要求。

台州人的"灵气"精神，在改革开放历程中有淋漓尽致的表现。在台州人看来，无论是"解放思想"还是"实事求是"，其精神实质都是要敢于和善于"变通"。如果这样理解党的思想路线，就容易理解台州人善于变通的意义。他们并不愿意与政策对抗，不会高唱诸如"杀出一条血路来"的口号，而更愿意以"不张扬"的低调姿态，采取"陆路不通走水路，水路不通走山路。没有路，披荆斩棘走出一条新路来"之法。正因如此，台州才涌现出了许多制度创新。比如20世纪六七十年代，经商、办企业被当作走资本主义道路加以严格限制，可此时的台州人却把合伙创办的企业戴上集体所有制的"红帽子"①，由此使看似"不合法"的股份合作制合法起来了；在改革开放初期的80年代，当国家还没赋予民营企业进出口权的时候，台州民营企业又绕过进出口权"公有制垄断"的瓶颈，主动"委身"于"国"字旗下，纷纷套上了对外贸易的"国有红帽子"，进行着实质上民营经济的进出口贸易；在国家严控信贷，使台州民营经济遭遇银行、信用社借款困难时，台州又自发兴起了民间融资市场。目前，台州的民间信贷组织数量之多，覆盖之广，已经

---

① 这里所谓的戴"红帽子"，即由个人集资创办企业，注册为集体企业。

超乎外人想象。台州各类民间金融机构已发展出一个分工有序、层次分明的民间融资市场。

如果说台州人的"硬气"强调对"义"的坚守和执着，那么，台州人的"灵气"侧重于"义利"之间的灵活变通，侧重于对"逐利"的肯定。单纯的"硬气"或单纯的"灵气"，如同单纯坚守"义"或单纯追求"利"一样，都不是台州人"灵气"的体现，二者圆融和合、相辅相成，才是台州人"灵气"的文化性格。"不以规矩，不成方圆"，这是古代的一句名言，是告诉我们遵循规矩的重要性。然而，一旦旧规成为生产力发展的障碍时，充满"灵气"的台州人，总会在"无力改变"的条件下，创造出新的适当形式，找到趋利避害的新办法和新途径。这种勇于和善于变通的思维方式和行为方式，映射出台州文化性格的"灵气"特征。这样的"灵气"，不是懦弱胆小，而是台州文化具有的变通智慧。可喜的是，在鼓励创新的今天，台州人遇到了充分发挥"灵气"的良机，有了充分展示"灵气"的空间。"灵气"成就了昨天台州"三教文化"的繁荣，铸就了今天"台州现象"的辉煌，也必将绘就明天"制造之都"的蓝图。

## 第四节　和合共生与人的和气

"和气"是和合文化在台州人身上体现出来的一种文化性格和精神气质。表现在思维方式和方法上，是以"圆融和合"的思维方式，对待和处理不同事物的关系；表现在人与自然关系上，是崇尚"天人合一"；表现在待人处世的社会准则上，是遵循"和而不同"，以求达到与天和、与地和、与人和的"泰和"之境。把"和气"作为台州文化的精神内涵，既反映了台州移民社会融合的历史要求，也有天台山和合文化的精神根底。

## 一、和合共生的移民社会需要"和气"

台州是一个移民聚居之地。移民不仅仅是人口概念，也是不同文化的载体。来自不同地方的移民，带来的是不同的历史、传统和习俗，他们移民到台州，也就把各地不同的文化带进了台州。据《史记》《汉书》载，早在春秋、战国之交，楚国灭掉於越，勾践遗族有一部分臣民南下进入温台。这是最早一次有据可查的大规模移民台州。在汉武帝时期，台州移民却以大规模迁出为主。汉建元三年（前138），地处东瓯国的台州经常遭受闽越的威胁，东瓯王广武侯望只能向朝廷请求移民，得到了朝廷同意，于是望"率其众四万余人，家庐江郡，自此国除"①。这是台州域内第一次大规模的向外移民。第二次大规模移民是在元封元年（前110），据《史记》记载，是年冬，东瓯杀王余善，于是天子以"东越狭多阻，闽越悍，数反复，诏军吏皆将其民徙江淮间，东越地遂虚"②。三十年内的两次大规模向外移民，使台州几成空虚之地。

台州居民的整体迁出，为外地移民入台留下了大量现成的可耕之地，吸引着北方移民接踵而至。据记载，台州此后有三次大规模的人口迁入：六朝时由北方迁入台州的有49姓；唐末至五代时期，北方藩镇割据，战乱频仍，而台州所在的吴越国却比较安定，成为北方移民重要的迁入地；建炎三年，随宋高宗东逃的六曹、百司官吏无法一同下海，高宗便下令"并以明、越、温、台从便居住"③。特别是台州成为辅郡后，这里成了北方移民主要的迁入地之一，其时迁入台州的移民有150多个姓，在两浙乃至江南府州中仅次于临安府。吴松弟先生《靖康乱后的北方移民及其对南宋社会的影响》所附《移民档案》记录的移民1702人分

① 司马迁：《史记》卷一一四《东越列传》，北京：中华书局，2000年，第3册，第2274页。
② 《史记》卷一一四《东越列传》，第2276页。
③ 徐松：《宋会要辑稿》卷一〇三《刑法二》。

布情况，当可作一佐证，见表12.2。

表12.2　江南各府州移民分布①

（单位：人）

| 府州名 | 移民总数 | 百分比 | 府州名 | 移民总数 | 百分比 |
|---|---|---|---|---|---|
| 临安府 | 145 | 17.95 | 衢　州 | 22 | 2.72 |
| 台　州 | 111 | 13.74 | 徽　州 | 17 | 2.10 |
| 平江府 | 82 | 10.15 | 常　州 | 15 | 1.86 |
| 镇江府 | 82 | 10.15 | 处　州 | 10 | 1.24 |
| 明　州 | 74 | 9.16 | 池　州 | 8 | 0.99 |
| 绍兴府 | 56 | 6.93 | 太平州 | 7 | 0.87 |
| 秀　州 | 51 | 6.31 | 严　州 | 5 | 0.62 |
| 婺　州 | 36 | 4.46 | 宣　州 | 2 | 0.25 |
| 建康府 | 29 | 3.59 | 江阴军 | 1 | 0.12 |
| 湖　州 | 29 | 3.59 | ／ | ／ | ／ |
| 温　州 | 26 | 3.22 | 总　计 | 808 | 100.00 |

（本表据《靖康乱后的北方移民及其对南宋社会的影响》所附《移民档案》列表移民1702人的数据制作）

　　移民不仅仅是人口概念，也是不同文化交流的重要载体。入台的移民带来了各地不同的文化。这些文化在为天台山和合文化的形成提供丰厚资源的同时，也常因文化差异导致族群冲突，时或酿成大规模的宗族械斗。民国《天台县志稿》称"天台人，多聚族而居，重宗谊"，有"好勇斗狠之风，往往因雀角细故，而约期械斗"。在大规模的械斗中，"鸣枪燃炮，如临大敌，官吏坐视，莫能禁止。迨事后勘验，则伏尸遍地矣。虽严惩重办，其风终莫能革"。②这些激烈的宗族矛盾，早在北宋仙居县令陈襄的《劝学文》中就有描述，"父子兄弟不相孝友，乡党邻里不相存

---

① 吴松弟：《靖康乱后的北方移民及其对南宋社会的影响》，复旦大学1992年博士学位论文。
② 《天台问俗记》，载《中华全国风俗志》下册，长沙：岳麓书社，2013年，第257页。

恤，其心汲汲，惟争财竞利为事"。①天台县令郑至道在其《谕俗篇》中也说："予自至官，观尔百姓，日以争讼来至于庭，期间多违理逆德，不孝不悌，凌犯宗族，结怨邻里。""今尔百姓，多逆人理，不知族属，苟有忿怨，不能自胜，则执持棒杖，恣相殴击。"②为了消弭台州社会纷争，促使家族之间睦邻而居，迫切需要一种和文化来教化社会。

这种情状也引发台州士人的思考。方孝孺就提出了构建和谐社会的系统计划，该计划以"睦族"为根本，以尊祖、重谱、睦族和广睦为基本路径，"自同祖推而至于无服，又至于同姓"，再"自族而行之乡"，就是由"睦族"而广推之同姓，再达致乡里，从而实现整个社会和谐之目标。

可见，移民社会和合共生的发展要求是催生台州和合文化的动力。从上述所引的材料看，无论陈襄、郑至道还是方孝孺，他们提出的"睦族""睦邻""广睦"主张，其思想实质都是倡导入台的移民睦邻而居、和合共生。和合共生的移民社会，历经千年，形成了你中有我、我中有你的高度包容社会，这就是海纳百川的"大气"台州，也是开放包容的"和气"台州。

## 二、和合共生的文化生态孕育"和气"

"和合"是先秦时期中华文化的价值取向之一。按理说，作为中国的"轴心时代"，先秦时期形成的和合精神会规定着中国文化的基本性质和发展趋向，诚如雅斯贝尔斯所说："人类一直靠轴心时代所产生的思考和创造的一切而生存。每一次新的飞跃都回顾这一时期，并被它燃起

---

① 陈襄：《劝学文》，陈耆卿主编《赤城志》卷三七，北京：中国文史出版社，2005年，第535页。

② 郑至道：《谕俗篇》，陈耆卿主编《赤城志》卷三七，第540—541页。

新的火焰。"①然而，历史并没有给先秦的"贵和"思想提供恒久延展的政治条件。秦的统一，在终结了"七雄争霸"局面的同时，也结束了先秦诸子百家得以"和合"并存的政治环境。秦始皇采纳法家学说，实行"焚书坑儒"；汉代武帝为巩固中央集权，接受董仲舒建议，"罢黜百家，独尊儒术"。尽管秦汉确立的国家意识形态不同，但实行文化专制则是相同的，所谓"王者执一而为万物正……天子必执一，所以专之也"。②自此，春秋战国时期百家争鸣的文化局面，在秦汉时期事实上已失去了延展的条件。

但历史却为台州带来了和合文化生长的良好空间。由于台州"所立冥奥、其路幽迥"，③汉武以来处于独尊的儒学长期未能扩及此地。据《史记》载，汉元鼎五年（前112），置东部都尉，治鄞，后迁章安。汉始元二年（前85），汉中央在台州始设回浦县，治所回浦（今章安）。东部都尉和回浦县的设置，表明汉中央在军事和政治上加强了对台州的控制，不过，处于独尊地位的国家意识形态——儒学，此时尚未扩及台州，更谈不上成为控制台州的主流思想文化，相反，儒学在台州还几乎是一种"真空"状态。这种"真空"状态在"永嘉南渡"后也没有得到明显改观。当台州以北的浙东地区聚居了"南渡"而来的大批文化士族、儒家文化已经相当兴盛的时候，台州却依然是个例外，直至唐代，台州"犹为贬谪之地"④。被贬来台的郑虔就描述过台州儒学的这种"真空"状况："孔子虽泽加天下，犹有阳春照不到阴崖。"可见，直到唐代，儒学在台

---

① ［德］雅斯贝尔斯：《历史的起源与目标》，魏楚雄、俞新天译本，北京：华夏出版社，1989年，第8页。

② 吕不韦：《吕氏春秋》卷一七《不二》，《诸子集成》本，上海：上海书店出版社，1996年，第6册，第198页。

③ 孙绰：《游天台山赋》，萧统《昭明文选》卷一一，北京：中华书局，2019年，第669页。

④ 喻长霖：《台州府志》，上海：上海书店，1993年，第9页。

州的影响依然微弱。

然而，这种"真空"状态为台州接纳道佛的进入，并让它们与后来的儒学并存和合、共同发展提供了宽松的政治文化环境。从现有的史料看，在汉灵帝时期，葛玄就来到了台州从事道教活动。之后，修道者日渐增多，天台山道场兴盛，比较著名的道士如葛洪、魏夫人、许迈等都曾居天台山修炼。唐代的司马承祯长期在天台山修道，在这里，他完成了《坐忘论》的著述，开创了道教南岳天台系，在中国道教史上有着极为重要的地位。北宋时，台州高道张伯端写就《悟真篇》，传道石泰，石泰再辗转传授至白玉蟾，逐渐壮大为道教南宗，开辟了宋代道教的"半壁江山"。

"佛经之来，始乎东汉。"[①]然而，把印度佛教与中国文化结合起来，实现佛教中国化的第一个成果，则是智者大师创立的天台宗。智颚的教理讲说，大多由章安灌顶记录、整理而成，如"天台三大部"及"天台五小部"等。灌顶圆寂后，台宗教势转弱，后经中唐湛然努力，天台宗风为之大振。其时，高僧遗则又将禅宗传入天台山，唐大和七年，高僧普岸在天台山创建平田禅院（今称万年寺），弘扬临济宗黄龙禅法。五代时，德韶于天台山建十三道场，弘扬法眼宗，使禅宗在天台山得到很大发展。至南宋，"台之为州，广不五百里，而为僧庐者四百有奇，吁，盛哉！"[②]可见，台州佛教甚盛，民间传播颇广。

儒学在台州传播则要晚得多。虽然早在汉晋时高察、顾欢可能已开始从事儒学教学，但具规模且形成传播风气的，当自两宋之交的徐中行、徐庭筠父子起。金贲亨在《台学源流序》中概括指出："台，古荒域也。历汉及吴，二三君子始以幽操贞忠有闻当世。晋唐之际，节概文章之士，

---

① 顾欢：《夷夏论》，《南史》卷七五，北京：中华书局，2000年，第26册，第1254页。

② 陈耆卿：《赤城志》卷二七，北京：中国文史出版社，2005年，第370页。

亦斑斑见典籍，而未闻有所谓圣贤之学者。逮宋治平、宣和间，有二徐先生者出，乃始传胡氏学，为邦人宗。"[①]南宋时期，创办的书院不少，知名者有上蔡书院、桐江书院、樊川书院、溪山第一书院、柔川书院、南峰书院、云阳书院、顾欢读书堂、竹溪书院等。

南宋时期，官学在台州的普及，使台州儒学迅速出现了勃兴气象。在这里，孔庙和官学建立较早者当推宁海县，唐开元间（713—742）即始建孔庙，宋大中祥符五年（1012）便开办官学。台州及各县建庙学详情，见表12.3。

表12.3　南宋台州州县开办庙学情况

| 州　县 | 时　间 | 开　办　者 | 庙　学 |
|---|---|---|---|
| 台　州 | 康定二年（1041） | 郡守　李　防 | 即庙建学 |
| 宁　海 | 祥符五年（1012） | 县令　苏季成 | 即庙建学 |
| 临　海 | 景祐四年（1037） | 县令　范思道 | 即庙建学 |
| 仙　居 | 庆历八年（1048） | 县令　陈　襄 | 即庙建学 |
| 天　台 | 皇祐中（1052） | 县令　石牧之 | 即庙建学 |
| 黄　岩 | 治平三年（1066） | 县令　许　懋 | 即庙建学 |

（本表据陈耆卿《嘉定赤城志·公廨门》卷四记载制作而成）

更重要的是，南宋时期，浙学各派环绕台州，台州成了浙东各学派的思想交汇之地，各学派的代表人物为弘扬各自学说，都曾来台州讲学，吸引了大批台州学子。如永嘉学派代表人物叶适尝寓居台州，在黄岩、温岭一带办学授业，陈耆卿、吴子良、王象祖、王汶、丁希亮、戴许等名士皆出其门下，这一脉逐渐形成了台州事功学。"金华学派"的重要代表人物唐仲友自身即任台州郡守。朱子理学在台州也有很大影响。自朱熹三次传道江南，"一时传道而授业者，几遍大江之南，而台与婺为特盛"，宛然邹鲁遗风。朱子弟子和再传弟子广布台州，其中杜煜、杜

① 金贲亨:《台学源流》序，上海:上海古籍出版社，2013年，第3页。

知仁兄弟师事朱熹达十余年之久，深得其传，其后两人创立了"南湖学派"。[①]出自杜氏兄弟一脉的弟子众多，杜范、车若水等都是著名人物。这一支学脉形成台州的性理之学（台州理学）。[②]各个学派在台州交汇碰撞，促进了台州儒学的迅速发展，台州自此真儒林立并起，著书立说颇丰，台州儒学迅速形成，"台学之盛，实权舆于此"[③]。

随着台州儒学的勃兴，台籍科举进士日增。台州出过宰辅钱端礼、谢廓然、陈骙、谢深甫、钱象祖、谢堂、杜范、贾似道、叶梦鼎、吴坚等十人，"其时，台之人以科第发身致显荣者何限"[④]，"台州地僻东南弹丸之地，然常异才突起，群贤多能立光明俊伟事业，以惊动人世，他郡莫之若先"[⑤]。详见表12.4。

表12.4 南宋浙江各州进士总数及排名[⑥]

| 州 名 | 温州 | 明州 | 台州 | 杭州 | 处州 | 婺州 | 越州 | 秀州 | 湖州 | 衢州 | 严州 |
|---|---|---|---|---|---|---|---|---|---|---|---|
| 人 数 | 1380 | 780 | 618 | 594 | 588 | 478 | 438 | 370 | 332 | 311 | 213 |
| 占比% | 22.9 | 12.7 | 10.12 | 9.70 | 9.63 | 7.83 | 7.17 | 6.6 | 5.44 | 5.09 | 3.49 |
| 排 位 | 1 | 2 | 3 | 4 | 5 | 6 | 7 | 8 | 9 | 10 | 11 |

由上可知，自东汉至两宋，台州的道、释、儒"三教"都曾达到巅峰高度，台州以"佛宗道源"之地、"仙山佛国"之所，佛道与儒学、寺观和书院就这样并存共处于一地。令人惊奇的是，如此发达的"三教"

① 黄宗羲：《宋元学案》卷六六《南湖学案》，北京：中华书局，2009年，第2121—2136页。

② 关于台州理学源流，宋濂与金贲亨、谢铎的说法有所不同，但他们都认为台州理学始于石子重，子重介南湖杜公晔与杜知仁，由二杜一传至杜范，再传车若水，若水又缔交于王文宪。

③ 金贲亨：《台学源流》序，《台州丛书》甲集本，上海：上海古籍出版社，2013年，第3页。

④ 谢铎：《重刊石屏诗集序》，戴复古《石屏集》，《台州丛书》甲集本，上海：上海古籍出版社，2013年，第2册，第2页。

⑤ 谢铎：《赤城新志》，北京：中华书局，2001年，第11页。

⑥ 本表根据民国年间修撰的《浙江通志·选举志》统计数据制成。

为何能长期同处、并安于狭小的台州一地？其答案之一应该是，道、佛、儒三教同处共生天台山的现实，客观上要求"三教"都必须心存和合的理念，必须抱持包容他者的态度。只有这样，儒释道三者才能生存和发展。所以，三教同处共生于一山的文化生态，是孕育台州文化"和合"精神的一个重要因素。由此，我们不难明白，在台州的儒释道思想中，为何都透出浓浓的"和合"气息，也能明白台州文化为何能成为和合文化的典型形态。

### 三、三教圆融的和合思想滋育"和气"

"和气"之所以是台州文化的基本精神，是因为台州文化本质是和合文化，无论是台州道教、天台宗和台学三者之间的关系，还是三者自身的文化主张，都充溢着和合精神，这种和合精神渗透进台州人的生产生活中，逐渐养成了台州人的"和气"性格。

#### （一）台州道教"三教合一"的主张

应该说，"和合包容"是天台山道教一开始就有的理念。来天台山修行的东晋高道葛洪就认为，儒道的义理深度不一，但对于人的修养来说，两者的本质都是教化人，这是二者能够和合的根据。他说："仲尼，儒者之圣也；老子，得道之圣也……道者，万殊之源也。儒者，大淳之流也。三皇以往，道治也。帝王以来，儒教也。谈者咸知高世之敦朴，而薄季俗之浇散，何独重仲尼而轻老氏乎？"[①]

葛洪曾隐居天台山修道。他创立的神仙学既主张"长生成仙"的"出世"，又提倡"佐时治国"的"入世"，强调"欲求仙者，要当以忠

---

① 葛洪：《抱朴子》卷七《塞难》，《诸子集成》本，上海：上海书店，1996年，第8册，第30页。

孝、和顺、仁信为本。若德行不修，而但务方术，皆不得长生也"[①]。他进而把儒家纲常伦理与道教的戒律融为一体，要求信徒严格遵守。有些人因此嘲笑和指责他的思想太杂，非道非儒，甚至他的"同门"也非难其思想体系。但我们认为，葛洪创立的神仙学，初看似乎"乍出乍入，或儒或道"，没有"一以贯之"，这恰恰体现了和合思想的固有特色，他那些"非道非儒""或儒或道"的思想内容，其实是儒道被他"和合"在一起的结果。

在台州道教发展史上明确提出"三教和合"思想并加以系统阐述的，当推隐居天台山修道的司马承祯。他不仅采纳了天台宗定慧双修的"止观"法门和佛性论，对于佛教的术语、概念等也有大量的吸收和运用，如"业""劫""缘""定""慧""尘幻""色空""恶道""地狱""人道""我身""计念""妄心""二乘""因果""万法""方便"，等等，这些佛教范畴在司马承祯的著作中随处可见。

北宋台州高道张伯端的《悟真篇》，是他和合儒释道的标志性成果。他认为，三教在教理取向、"养命固形之术"和具体修持路径上都不相同，道教的修炼形气是修命功夫，禅宗的"明心见性""顿悟圆通"是修性功夫，然而，道教的"道"与佛教的"性"、儒家的"心"是一致的，这就将三教在本体上实现了和合，他由此得出结论："教虽分三，道乃归一。"[②]

### （二）天台宗"圆融和合"的法门

天台宗的教义富有和合精神。天台宗是外来文化与本土文化相结合的产物，佛教的出世思想与中国传统儒学的入世理念格格不入。智顗的贡献在于，他运用《法华经》的"会三归一"方法，不仅把当时的南北

---

① 葛洪：《抱朴子》卷三《对俗》，《诸子集成》本，第12页。

② 张伯端：《悟真篇》自序，北京：中华书局，1990年，第2页。

教理熔为一炉，而且把儒道引入佛教教义，对佛、儒二教进行系统化的和合。他提出"世法即佛法"，把儒道视为权、方便，是对众生进行"权接引"之法。他主张以儒学接引众生后，再以佛法教化之，使儒道最终都归于佛法。"世法药非毕竟治，屈步移足，虽垂尽三有，当复退还"，这正是智𫖮在和合佛儒关系时运用"会三归一"方法得出的结论。此后，湛然大师也运用这一方法，将作为"世法"的儒学直接纳入了"佛说"的体系，他说："孔子是儒童菩萨，故三教殊途而同归。"[1]可见，不管是智𫖮还是湛然，他们在处理佛法和世法的关系时，都秉持"和合"的方法，圆融儒佛二教。圆融和合，是天台宗处理与各教、各宗、各派关系的基本方法。

### （三）台州儒学反对"尚同"的学风

台学主张"和合"，反对"尚同"的学术宗旨一以贯之。两宋之交，"新学"占据支配地位，王安石主张"一道德"，认为"学术不一，异论纷然"[2]，必然导致"朝廷任事之臣，非同心同德，协于克一，即天下事无可为者"。[3]对此，台谏官陈公辅（1076—1141，台州人）则不以为然，他认为"王安石之学著为定论，自成一家，使人同己……于是士大夫靡靡党同而风俗坏矣"。因此，他明确反对"使人同己"的王安石新学，反对"一道德"，主张儒学各学派并存和合，"毋执一说，遂成雷同"。[4]

除陈公辅外，杜范的弟子车若水在《脚气集》里也"暗引佛与仙"。他用佛道中的"微言大义"，来解释儒学天命、心性等基本观点，认为儒佛在修身的具体方法上存有差异，但在义理及劝人为善上，二者又是共

---

① 湛然《止观辅行传弘决》卷一〇之二。

② 《宋史》卷一五五《选举志》，北京：中华书局，2000年，第43册，第2418页。

③ 李焘《续资治通鉴长编》卷二一三。

④ 李心传《建炎以来系年要录》卷一〇七。

通的。他说："禅家之法，只是要人'静定痴守'一句，更不思别路，久而自能通达，此吾儒至诚如神之绪余。"当程朱理学已成显学，其后学人人以圣贤自居，对其他学派颇多排斥之际，台州事功学代表吴子良则明确提出"合朱张吕陆之说"，主张为学不应有门户之见而自流于狭隘，更不可见流不见源，须博取以求是。[①]这些思想和主张，都具有明显的包容朱子理学与事功学的和合色彩。

明代黄绾也明确提出"儒与仙佛之道皆同，但有私己同物之殊"。[②]在《明道编》中，他指出三教之间应是和合关系，明确反对把三教合而同之的观点。他说："三教之言性皆同，而作用不同，今之为禅学者，欲并作用而同之，所以施之修身、齐家、治国、平天下则泥。何哉？盖人之有生，性为之本，故儒、佛、老为教，皆由性起；性无二道，故吾圣人与佛、老之言性皆同，至于作用则有大不同者。"[③]黄绾关于儒释道三教"性同而作用不同"的观念，体现了台学典型的和合思想。

## 四、和气涵养和合共生的处世之道

"和合共生"又是"和气"精神在待人处世中的体现。它追求人与自然、人与人、人与社会，包括国家与国家及不同文明之间，相异相补、相反相成、共生共荣、和谐共进。台州文化和合共生之道的集中体现，古有天台大师智颛的放生、湛然的"无情有性"，他们追求万物平等、人与自然的和谐共生；今有吉利一改跨国并购的吞并模式，开创了与被并购企业共享发展、合作共赢的和合并购模式。

在全球化时代，跨国并购是资源全球配置，实现企业快速发展的一

---

① 刘埙《隐居通义》卷一。

② 黄绾：《明道编》，北京：中华书局，1959年，第11页。

③ 黄绾：《明道编》，第4—5页。

条捷径。20世纪90年代以来，跨国公司开始以跨国并购为主要方式，进行全球扩张。但在实现跨国并购后，并购企业与被并购企业之间，文化冲突不断，且难以协调，成为并购失利的重要原因。麦肯锡咨询公司曾对公司重组做过一次大规模调查，得出了发人深省的结论，重组十年后只有近四分之一的企业获得成功。[①]这些数据被人们概括成跨国并购的"七七定律"，即指70%的跨国并购没有实现期望的商业价值，其中70%的并购失败于并购后的文化整合。可见，跨国并购以轰轰烈烈开始，却往往以黯然失败告终，而失败的根源大多指向"双重文化冲突"。

随着我国市场经济的发展和繁荣，中国企业的实力也随之迅速壮大，它们纷纷走出国门，开始以跨国并购的方式进行全球扩张。但在我国快速增长的海外并购中，不乏激情开始却以失望结局的案例。许多企业突破重重困难终于完成了法律上的海外并购，然而在煞费苦心开始经营之后，却困于企业文化冲突，死于企业文化冲突。

吉利是在台州成长起来的汽车企业。在未并购沃尔沃之前的2008年，吉利集团资产总值不足200亿元人民币。相比之下，沃尔沃2009年销售额就达124亿美元；2008年沃尔沃在中国市场的销量就达37.4万辆，而吉利同年的销量才刚刚超过20万辆。不论企业规模、研发水平，以及销售额等，吉利与沃尔沃都存在很大差距。即使与本国的其他车企相比，实力比吉利更强、更有资格收购沃尔沃的也大有"人"在。有人由此把吉利收购沃尔沃比喻为"蛇吞象"，还有人因此质疑吉利并购沃尔沃的能力，认为"即使最终吉利买下沃尔沃，也很难消化"。

可事实是，吞下沃尔沃的恰恰就是吉利！人们不禁要问：吉利凭什么能吞下这头巨象？其实，这个问题应该从两个层面回答，能不能吞下是经济实力问题；而吞下后能不能消化则是文化实力问题。根据"七七

---

① 张勉荣：《"南网现象"的文化根源分析》，《企业研究》2006年第3期。

定律"，后者对于完成跨国并购更为重要。我国车企强于吉利的有很多，但吉利的优势不在于经济实力，而恰恰在于更为重要的文化力，即吉利人固有的和合精神，以及这一精神涵养出来的和合共生之道。

首先，和合精神体现在并购后吉利和沃尔沃的和合关系上。对吉利收购沃尔沃，业内一直有一个严重的质疑，那就是：一个有八十多年历史沉淀的欧洲豪华汽车品牌，被一个当时未能实现高端化的品牌并购，那么，吉利版的"沃尔沃"还是沃尔沃吗？人们的担心是很自然的。

为了消除人们的疑惑，也为了维护沃尔沃的品牌，李书福明确了并购后吉利和沃尔沃的关系定位，设立了"沃人治沃"的大原则，把各自独立运营作为并购后吉利和沃尔沃的运行机制。在2010年3月30日北京的媒体见面会上，李书福明确表态："吉利是吉利，沃尔沃是沃尔沃……吉利不生产沃尔沃，沃尔沃也不生产吉利。"①

其次，和合精神还体现在吉利与沃尔沃工会的积极合作上。正如前文所说，被并购的国外企业工会的阻挠，是中国车企海外并购的一大障碍，我国不少企业跨国并购的失利，往往与并购企业和被并购企业工会的沟通缺失有关。海尔并购美泰克受挫和上汽整合双龙失利，一个重要原因就是对被并购企业工会文化理解不够。与此相反，在李书福看来，国外工会组织是有很大话语权的强势团体，与企业管理者是一种平等的关系。但西方工会不是企业管理的破坏者，而是支撑企业更好发展的组织系统，只要和工会达成一致，工会就会不折不扣按既定协议执行，从而使企业产生强大的竞争力和强劲的生命力。

李书福眼中的企业管理者与工会的关系，不也是一种和合关系吗？不正是和合共生之道吗？吉利人以台州文化的和合精神，来处理跨国并购中发生的并购企业文化与被并购企业文化之间、被并购企业管理者与

---

① 吉利汽车集团董事长李书福在2010年3月30日在北京召开记者会上的发言。

工会组织之间的关系，以求破解缠绕在跨国企业并购头上的"七七定律"的阴影。虽然，这一努力离真正成功还有相当一段路要走，但在吉利的跨国并购中展示的和合精神，以及和合共生之道，无疑是今后台州企业在全球扩张中解决"双重文化冲突"所必需的理念。

"人欲天不违，何惧不合并。"我们相信，以和合文化为底色的台州企业，其外拓之路将会更加宽广、更加久远。并购不是为了控制和消灭对手，而是为了双赢；以和合模式而不是整合或吞并模式处理并购中出现的复杂关系，这不但是台州企业的海外拓展之路，而且必将是全球化进程中民族文化相处的必由之路。而助力台州人开创这条和合共生的跨国并购之路，无疑是台州文化的"和气"精神在全球化时代最耀眼的价值之一。

# 第十三章　台州文化的境外传播

　　台州文化丰富而瑰丽，既保持着地方文化的特殊性，又不乏远播海内外的国际性。在历史长河的流泽下，其境外传播主要以佛教天台宗文化为主体，兼及禅宗、寒山诗、济公信仰及佛教建筑、禅茶等文化向日本、朝鲜半岛、东南亚及欧美等地传播和发展。台州文化在唐宋时期之所以能够传播域外，一方面受益于天台山佛教等文化的发达，另一方面得益于台州位于浙东沿海地区，与当时的重要港口明州（今宁波）相邻，与泉州、扬州等港口也并不太遥远，有利于境内外僧俗的交流学习。及至近代，受国内战乱的影响，包括台州僧俗在内的一大批中国信众赴港台弘法，并以此为跳板深耕东南亚各国，使得台州佛教等文化传至东南亚，同时向欧美地区传播，完成了台州文化的东亚、南洋及欧美之旅。

## 第一节　台州文化的东亚之旅

### 一、天台宗的东亚传播

　　天台宗起源于台州的天台山，是中国佛教创立最早的一个佛教宗派。陈太建七年（575），智者大师离开建康（今南京），来到天台山隐居修行，开创了天台宗一脉。天台教观法门自创立之初便向朝鲜半岛、日本等东亚地区传播，至唐宋之时尤盛。

### （一）天台宗的朝鲜半岛传播

#### 1. 早期天台宗向朝鲜半岛的传播

公元前57年至公元935年间，朝鲜半岛进入三国时期和统一新罗时期，在这期间，法华经信仰及早期天台宗思想也随着僧人来华修学而得以在朝鲜半岛传播。

释玄光，百济熊州人，佛教史传中记载其为朝鲜半岛最早接触到天台宗思想的僧人。[①]玄光所参学的禅师是南岳慧思，慧思是天台宗的实际创立者智者大师的师父，所以玄光与智者大师其实是同门，但其参学时间较晚，然而其修学内容与智者相同，即法华三昧，并且有所证验，得到了慧思的认可。在慧思的劝导下，玄光回到家乡，驻锡翁山，授徒弘法。玄光作为慧思的得法弟子，在南岳和天台国清寺绘有二十八人画像的祖师堂中都有其画像，这显示了玄光在早期天台宗中也是重要的祖师之一。玄光最早接触到天台宗法华三昧思想，并将其传播至百济，是中国和朝鲜半岛文化交流的一粒硕果，可惜他只是在世时将法华思想发扬光大，却没有实现持续而系统的传承。

释波若（562—613），高句丽僧人，在陈朝时来到中国，先是在建康听讲，隋朝灭陈后四处游学，于开皇十六年（596）到天台山向智者大师参学禅法，并有证验。智者大师曾劝其到华顶静修，波若听从了智者大师的教诲，在智者大师圆寂后的第二年（598），到华顶昼夜修苦陀行，达十六年之久。至大业九年（613）二月波若突然下山，经佛陇上寺，至国清寺密向善友言道："波若自知寿命将近非久，今故出与大众别耳。"[②]几日后，波若便在国清寺端坐圆寂，年五十二岁，后葬于华顶山上。波

---

① 《宋高僧传》卷一八记载"陈新罗国玄光传"，传中称释玄光是海东熊州人，而熊州属百济，所以题目称"陈新罗国"乃误。

② 道宣：《续高僧传》卷一七，《大正藏》第50册，第571页，中华电子佛典（CBETA）2018年。

若求学于智者大师时，智者已将近圆寂，此时天台教观已臻完备圆熟，可推测其所学也是直承智者的教观思想，观修方法上或根于四种三昧，且行道昼夜不息，很可能与常坐三昧或常行三昧相应。波若最终圆寂于中国而未能回高句丽传法，这对于天台宗的海东传播来说未尝不是遗憾。

释缘光，入华求法的新罗人，在吴地遇见智者大师讲法，并投入门下，数年之中行解并进而终得大悟。智者对缘光也颇为赏识，命其代讲《法华经》，得到众人的叹服。后曾入天台增修妙观，应是智者大师所传之圆顿止观。缘光学成之后回到新罗，大力弘扬《法华经》及天台教法，直至八十岁圆寂，可谓亲炙于智者大师传承天台教观并将其带回新罗的第一人。

总之，在慧思和智者师徒建立天台教观的时代，朝鲜半岛不断有僧人前来求法，他们对于中韩两国的天台宗乃至佛教文化的交流传播做出了很大的贡献，也是台州文化最早传播至海外的重要使者。

### 2. 唐宋时期天台宗向朝鲜半岛的传播

公元936年，朝鲜半岛形成统一的高丽王朝，在文化交流上继承并发展了统一新罗时期的成果，继续输入大唐或大宋文化，佛教文化的交流也依然频繁。在五代末、北宋初，谛观、义通两名高丽僧对天台宗来说影响甚大，他们一个促成了天台教籍的回传，为天台中兴奠定经典基础；一个则为天台宗在宋代的中兴培养了大量僧才，为天台宗中兴奠定了人员基础。谛观和义通皆圆寂于中国，他们书写了朝鲜半岛反哺中国天台宗的历史，彰显了两国佛教文化的互促互进。但直至宋代高丽僧义天到华访学，高丽才真正形成了本国的天台宗传承。

义天（1055—1101），俗姓王，名煦，字义天，乃是高丽国文宗王的第四子，为避宋哲宗之名讳，而往往以字代名。义天十一岁时便剃发出家，同年受具足戒。义天一直有入宋求法的志愿，直至高丽宣宗三年（1086），其隐瞒皇室宗亲身份而偷偷入宋。入华后义天先到达宋都开封，宋哲宗因其皇族之出身，倍加礼遇。义天奏请并获批到各处参学硕德，后来到达杭州，先后于大中祥符寺、慧因寺从净源法师听讲华严经，还在上天竺寺跟从天台宗的慈辩从谏法师学习天台教观。其间高丽宣宗上表宋哲宗，以太后忧思请求义天回国，义天求法听讲之意未尽，踌躇难决，从谏劝慰其负法归国探母。义天遂向从谏请传天台法脉，从谏便为他宣说天台教法，并以炉拂法衣作为传法之信物。

义天归国前曾赴天台山访诸寺及大德，瞻仰智者大师遗迹，并撰写发愿文，于智者大师肉身塔前宣誓归国之后尽其一生传扬天台教观。归国之后宣宗下诏令义天住持文宗所建愿寺兴王寺，弘演诸教法门。义天尤其重视对天台宗的弘扬，在其母仁睿太后和其兄肃宗的相继支持下修建弘传天台教观的寺院道场，寺院最终在肃宗三年（1097）落成，取法天台山国清寺之教观与宏制，命名为国清寺，并举行开光典礼，义天为住持。此国清寺便成为高丽天台宗的祖庭，义天本人也成为本宗之始祖。

在义天之前，朝鲜半岛一直有法华信仰、天台宗教观的修学者，但未形成真正意义上的宗派传承。义天归国后借高丽王室之力兴建的国清寺，有力促进了天台教观的弘传，使得天台宗在高丽国有了系统而稳固的法脉延续。义天当时招募德麟、翼宗、景兰、连妙及其众弟子为僧团，教授天台教观，为天台宗的建立培养僧才。在义天圆寂之后，有教雄、义璇等人继承其遗志，弘传天台之教。至朝鲜太宗七年（1407），统治者实行崇儒抑佛政策，天台宗被并入禅宗，自此湮没五百多年，至20世纪在上月圆觉的努力下才得以重兴。

上月圆觉（1911—1974），密阳朴氏，本名准东，法讳上月，谥号圆觉。15岁出家，曾云游中国参礼天台山国清寺，巡礼五台山、普陀山及西藏等地。朝鲜光复后，上月于小白山隐修近二十载，1962年顿悟天台三谛三观妙旨，此后开始弘扬天台教观。1966年8月上月提出重建宗团的宣言，1969年12月以"大韩佛教天台宗"的名称在政府部门登记备案，于次年1月得到正式的认可，自此朝鲜半岛的天台宗在沉寂了580多年后再次重兴。现在韩国的天台宗以上月祖师所建救仁寺为总本山，在重兴至今五十年的时间里，天台宗在韩国建起了两百多所寺院，并且办有专门的佛教教育机构——金刚大学。1995年，韩国天台宗在中国天台山国清寺建成了天台宗祖师纪念堂，供奉中韩天台宗祖师智者大师、义天和上月三位祖师像，开启了中韩天台宗文化交流的新篇章。

## （二）天台宗的日本传播

天台宗教义在奈良时期便在日本有所传播，但却是伴随着戒律宗的传入而被获悉的。早期日本僧人入唐求法学习戒律的内容，并邀请中国僧人到日本弘传戒律，北宗禅普寂[①]的弟子道璇就是赴日弘法的中国僧人之一，他兼学华严，亦明戒律，亦了解天台教义及《梵网经》菩萨戒法，在日本传戒的同时，也为日本播下天台教观的思想种子。后来鉴真和尚东渡传律，其不但有中国律宗传承，而且兼有天台教观的传承。[②]他除了携带中国三家戒律典籍到日本，还将天台宗的大部分著作传到日本。随从鉴真赴日的法进、思讬也以天台沙门自居，弘讲天台教义，而思讬更是曾在第四次东渡失败后滞留台州开元寺（今临海龙兴寺）十年之久，有机会系统学习天台教观。鉴真东渡为天台宗在日本的传播打下了基础，特别是他带去的天台宗典籍，直接被后来的年轻僧人最澄抄写并研习，从而有了最澄的入唐求法及日本天台宗的创立。

### 1. 最澄入唐求法

最澄（767—822），俗姓三津首，幼名广野，出生于近江滋贺郡。幼年依止道璇弟子行表出家得度，十九岁时（785）赴东大寺受戒，在寺期

① 普寂是神秀的弟子，禅宗五祖弘忍之后以惠能和神秀为核心各自在南方与北方形成禅法教授中心，被称为南宗禅与北宗禅。

② 鉴真的天台宗传承为智𫖮—章安—道素—弘景—鉴真，南山律宗传承为道宣—文纲—道岸—鉴真。

间曾抄阅鉴真和尚带来的天台宗典籍。后隐居比叡山，专志修行与弘宣天台法华之教，渐渐萌发入唐求取天台教法的志愿。后来最澄盛名日隆，天皇批准了他入唐求法的奏请，命他做一年的"还学僧"①，他的弟子义真作为求法翻译，也一起入唐求取天台宗教典。

延历二十三年（804）最澄随遣唐使藤原葛野麻吕一行分乘四船前往大唐，九月抵达明州（宁波）。最澄最先到台州临海拜谒台州刺史陆淳，恰逢天台山修禅寺座主道邃②应陆淳之邀在龙兴寺讲授《摩诃止观》，于是跟从道邃学法，研习天台教观。其后最澄又赴天台山参访约一月的时间，向佛陇寺行满参学天台教义，随禅林寺翛然学牛头禅法，从国清寺惟象学"大佛顶大契曼陀罗"的供养仪轨，其弟子义真则在国清寺受具足戒，后又返回临海龙兴寺。次年三月，最澄与义真同中国27名僧人于龙兴寺极乐净土院从道邃和尚受菩萨戒，月末携台州刺史陆淳的印信离开台州，回到登陆之地明州。在明州闲余期间，最澄又到达越州（绍兴），得遇泰岳灵岩寺的顺晓阿阇梨，蒙受密教胎藏界、金刚界灌顶。在明州又从江秘受普集坛、如意轮坛之法，从开元寺的灵光受军荼利菩萨之法，并受契像传承。如此，最澄在大唐短短一年时间，接受了天台、密法、禅宗、戒律等四种传承，于延历二十四年（805）六月返回日本。最澄从大唐带回了大量典籍，其中在台州得典籍120部，约350卷；在越州得典籍102部，115卷，这些典籍成为最澄建立日本天台宗的重要基础。

### 2. 日本天台宗的创立

最澄归国后受桓武天皇敕命为南都八位高僧讲授天台宗教观，又在高雄山寺建法坛，为道证、修圆、勤操、正能等八位大德授密法灌顶，开日本密教灌顶之先。他还计划扩建比叡山寺院规模，在全国建立六处

---

① 还学僧是指随遣唐使到中国，并随遣唐使回国的参学僧人，时间一般在一年以内。

② 道邃（生卒年不详），唐代天台宗中兴之祖荆溪湛然（711—782）的弟子，乃最澄的传法与授戒师，为日本天台宗所纪念与尊崇。

宝塔院，各供奉千部《法华经》，延讲《金光明经》《仁王般若经》等以护国安宁。延历二十五年（806）正月，最澄上书要求在历来诸宗的基础上加设天台宗，作为一个独立宗派与他宗一起在僧纲的监督下进行佛事活动，并且在原来10名年分度数额的基础上，增设2名年分度者给比叡山，使得天台宗可以建立自己的僧团。比叡山天台宗学僧要以修学天台止观和密教毗卢遮那法为业。

除了开辟天台宗道场、发展天台僧团，最澄还竭力发扬天台圆顿教旨，晚年甚至不遗余力同南都佛教诸宗展开论争，彰显法华一乘说和大乘菩萨戒思想。最澄于弘仁十三年（822）六月四日圆寂，年五十六岁，其在比叡山建立大乘戒坛的意愿于去世后第七天才被天皇准许实施，日本天台宗才真正具备了发展此宗力量的外在基础。清和天皇贞观八年（866）追赐最澄"传教大师"的谥号，以彰显其入唐求法及归国后大力弘传天台教观之功绩。最澄的弟子义真与圆澄先后承其遗志，继续扩建比叡山天台宗寺院，建立大乘戒坛以培养天台宗僧才，比叡山遂成为日本天台宗的祖庭。

### 3. 圆仁、圆珍的入唐求法

圆仁（794—864），俗姓壬生氏，下野人，年十五入最澄门下，二十一岁时得度为僧，二十三岁时到东大寺受戒，以天台教观为业，兼受密法灌顶。承和五年（838）经义真和尚荐举以"请益僧"[1]的身份入唐求法，于扬州海陵县登岸，因未获得去天台山的公验而滞留扬州，等待遣唐使赴长安取得公验。后来作为"留学僧"[2]一同来唐的圆载取得了去天台山的公验，而圆仁直至归国期到也仍没能取得公验，只好乘船归国。圆仁归国途中遭遇海风，行船飘荡到了山东登州海岸，圆仁便与弟子惟

---

① 即前文所说的还学僧，随遣唐使往返，到圆仁时改名为请益僧。

② 留学僧是可以较长时间留在大唐参学的僧人。

晓、惟正发愿继续留唐求法，先去了赤山法华院，后听闻新罗僧说五台山有志远和尚精通天台法门，并有天台宗学僧聚集，于是计划参访五台山及长安。最终他们在青州获得了公验，遂开始自己的求法巡礼之行，相继在五台山和长安学得天台教观、密法、净土念佛等教法。在长安恰逢会昌灭佛事件，圆仁被迫还俗，此后在中国滞留了十年之久，在54岁（847）时才回到日本。

回到日本后，圆仁一方面继续完成比叡山各禅院的建设，另一方面将自己在大唐所学的天台教观、净土念佛及密教法门付诸实践与弘传，延续了其师最澄"圆密戒禅"秉受四教传承的风格，特别突出了"圆密一致"的思想，认为天台圆教与密教是相一致的，都是圆极究竟之教。圆仁治理比叡山十年之久，于贞观六年（864）正月十六日圆寂，贞观八年被天皇赐予"慈觉大师"的称号。

圆珍（814—891），俗姓和气氏，赞岐人，是空海的侄子，十五岁入比叡山，成为义真的弟子，二十岁以止观业的学生身份得度，修学天台止观及密法。后发心入唐求法，获得天皇准许，于仁寿三年（853）入唐，船只受海风影响漂至福州连江县登岸。之后圆珍来到台州国清寺，听受物外和尚①讲止观法门，在这里抄写了三百卷左右的天台宗教法，并参拜了禅林寺智者大师遗迹，后又到越州开元寺，从良谞法师听受天台教义。唐大中九年（855），圆珍又经洛阳赴长安，一路参学得授显密诸教，后又返回天台山。最澄来天台山求法时曾在禅林寺为此后来华的日本僧人建造了僧堂，会昌法难时遭毁，圆珍便在国清寺止观院中新建了一所止观堂及住所，国清寺僧众命名为"天台山国清寺日本国大德僧院"。圆珍在天台山留居了一年，于唐大中十二年（858）乘商船回到了日本。

圆珍入唐求法四年又十个月，带回的典籍有四百多部，共计一千

---

① 物外（813—885），道邃弟子广修的门人。下文良谞与物外是同门。

卷，其回国后与圆仁一样，同时弘传天台圆教与密法。圆珍还发展了圆仁的圆密一致论，认为在理论上天台圆教与密教是相同的，但在实践层面上密教更具优越性，此即"理同事胜"说。圆珍于宽平三年（891）十月二十九日圆寂，享年七十八岁，延长五年（927）被追赐谥号为"智证大师"。

除最澄、圆仁、圆珍之外，还有其他日本天台宗僧人入华求法，如最澄的弟子圆修、圆载，宋代时的奝然、寂照、成寻，等等，他们对于中日两国佛教文化交流的意义也是不可忽视的。而天台宗向日本的传播在唐代便基本完成，其后的中日天台宗僧人虽有交流，却主要是沿着各自的历史轨迹发展变化了。日本天台宗在13世纪及20世纪初先后分化出日莲宗和创价学会，对日本佛教界影响深远。中华人民共和国成立后，日本佛教界数次组织僧团参访天台山国清寺。1975年，包括日本天台宗座主山田惠谛在内的日本友好访问团访问天台国清寺。1982年山田惠谛率146人的日本天台宗僧团再次赴国清寺，建立智者大师、行满和最澄三位中日天台宗祖师的纪念碑亭。2009年5月，日本天台宗座主半田孝淳长老亦曾率僧团参访天台山祖庭，促进中日两国天台宗佛教的交流。中日天台宗的良好互动，彰显了天台宗文化在海外绵绵不绝的生命力。

## 二、台州与禅宗文化的东亚传播

禅宗兴盛后在台州也有一定程度的传播，如禅宗语录中记载的寒山、拾得的禅僧形象，五代时期天台德韶、永明延寿在天台弘法形成法眼宗，南宋之后天台山国清寺甚至一度易教为禅，使得禅宗也成为台州文化的重要内容之一。宋代之后，随着日本僧人来台州求法、巡礼，以及台州僧人赴日弘法，禅宗文化也随之传播至日本。

荣西（1141—1215），字明庵，十四岁出家，受学天台显密诸法，日本仁安三年（1168）入宋，巡礼天台山、阿育王山，取得天台宗新章疏30余部60卷返回日本，其间在宁波时曾向广慧寺知客僧叩问禅法，然未能深入参学。归国二十年后，荣西于文治三年（1187）再次入宋参求禅法，并欲赴印度巡礼圣迹，然而南宋官府因西北边地战事未能予以通行文牒，荣西遂来到天台山万年寺参访临济宗黄龙派第八代虚庵怀敞禅师，并随侍左右数年，期间怀敞禅师从天台山万年寺迁至天童寺，荣西一直相随参学。南宋淳熙二年（1175），怀敞禅师授荣西衣钵法器，令其归国弘扬禅法。

归国后，荣西于九州等地传法，从最开始的少人问津到后来的声名渐著，引起当地僧良辩和比叡山僧众的反对。荣西认为比叡山祖师最澄、圆仁皆曾于中国求得禅法，自己不过是继天台诸祖之绝学。荣西以天台宗僧自居，不以另立禅门为目的，最终得到天台宗僧的谅解。此后荣西还撰写了《兴禅护国论》为自己弘传禅法张目，并且认为禅宗与天台、真言之教一致，可以兼修。日本建保三年（1215）七月五日，荣西圆寂于京都建仁寺，其嗣法弟子中较为有名的是荣朝、行勇、明全。日本后世禅宗将其推为禅门始祖，但实际荣西仅仅是禅宗传入日本后形成的24派之一的千光派祖师，该派传临济宗黄龙派禅法，近代称为临济宗建仁寺派。然而，荣西的确是最早将禅宗传播至日本并形成流派的僧人，而天台山也是该派发源地之一。

除了日本僧人来中国学习禅法，宋元时期也有许多中国禅宗僧人赴日弘法，台州地区也有不少这样的著名禅僧。无学祖元（1226—1286），本宁波人，曾参学无准师范等禅宗大德。南宋咸淳五年（1269）时任宰相贾似道举任无学祖元为台州真如寺住持，在台州驻锡七年之久，后回宁波天童山景德禅寺任首座。元至元十六年（1279），日僧使者聘请无学祖元至日本弘宣禅法，受到镰仓幕府时宗的礼遇，先住建长寺，后于圆觉寺任住持。无学祖元苦口婆心向日本禅僧讲授禅法，要人在日用中觉悟本心，放下公案参取自己，自称所传禅法为"老婆禅"。日本弘安九年（1286）九月三日圆寂，谥号为"佛光禅师"，其所传一系在古代禅宗24派中称为"佛光派"，近代则被临济宗圆觉寺派奉为开山祖师。

一山一宁（1247—1317），南宋时期台州临海人，出家后久参临济禅法，元政府时先后于宁波任祖印寺、普陀寺住持。元大德二年（1298），统治者赐一山一宁金襕袈裟及"妙慈弘济大师"号，命其出使日本以通两国之好。次年一山一宁到达日本，当时镰仓幕府的执权北条贞时听闻其为元使便将其软禁，后经人劝谏，令其任建长寺住持，又先后任圆觉寺、净智寺、南禅寺住持。当时日本皇族官员、豪门贵族乃至僧俗信徒，都向一山一宁参禅问道，其对临济宗在日本统治阶层的弘传起到了重要作用，所领禅众在古代禅宗24派中称为"一山派"，后逐渐衰微。一山一宁还擅长书法、文章，学问练达，他将南宋公案禅、文字禅重视诗文创作表达的风格带到了日本，并影响了雪村友梅、虎关师炼、梦窗疏石等弟子或学僧，而他们正是室町时期五山文学的重要人物，一山一宁可以说是日本五山文学的先驱。

释宗泐（1318—1391），字季潭，别号全室，台州临海人，元末明初著名的临济宗禅僧，先后随笑隐大䜣、广智等禅师参学。洪武四年（1371）住径山寺，后受明太祖征召住南京天界寺。宗泐博通古今，曾奉诏释《心经》《金刚经》《楞伽经》三经，并受命出使西域搜罗未译的佛经，归国后得授僧录右善世；又受命制赞佛乐章，常与明太祖座谈论道，关系甚密。宗泐不但精通禅理，而且擅长诗文创作，传有《全室外集》九卷及续编一卷。因其作为僧界领袖，入明的日本僧人与宗泐多有交往，从宗泐处抄有《全室外集》的原稿，因此在日本建仁寺保留有宗泐文集之原始孤本《全室稿》，中有许多宗泐集外的佚诗佚文。此外日本还有《全室和尚语录》，《全室外集》的五山版、宽文版两种和刻本。宗泐诗文传播至日本，对日本五山文学有着重要的影响。五山著名诗僧绝海中津

（1336—1405）入明十年时间，先后三次随宗泐参学，不但问道参禅，闲暇时亦请益诗文。正是因为得到宗泐的淬炼，绝海中津的诗才能被视为五山文学双璧之一。

### 三、寒山诗的东亚传播

#### （一）寒山诗的日本传播

北宋神宗熙宁五年（1072），日僧成寻来中国巡礼参访天台山和五台山，在国清寺获得《寒山子诗》一帖，此诗集后被带回日本，并在日本广为流传。此本即是"成寻本"。后来又有杭州郭宅纸铺印行的朝鲜版寒山诗和雍正《御选妙觉普度和圣寒山诗集》等版本传入日本，各种《寒山诗集》被翻刻并出版，经久不衰。进入20世纪之后，印刷出版技术逐渐发达，《寒山诗集》更是被各出版社、书店多次出版。此外，《寒山诗》还不断被日本学者翻译、注释和研究，如1958年日本著名汉学家入矢义高译注的《寒山》，选译诗126首；1973年入谷仙介、松竹昂的日本语注释本《寒山诗》，全面收入寒山诗306首，丰干诗2首，拾得诗55首。

寒山诗在日本的传播，还促进了以寒山拾得形象为素材的绘画艺术的发展。日本写有中国禅僧一山一宁题赞的《寒山图》是最早以寒山、拾得为主题的绘画，此画约出于镰仓时代，作者已不可考，此后以可翁宗然、默庵灵渊为代表的日本僧人，学习中国的禅画风格，均创作过以寒山拾得为题材的水墨画作，如《寒山拾得图》《四睡图》等。室町时代、江户时代等时期也有大量的日本禅院僧人或学院派画家绘制创作《寒山图》《拾得图》及《寒山拾得图》等，以水墨金彩或水墨淡彩为手法，乃至融中国传统画法与现代雕塑技术、西洋绘画技法为一炉。但无论绘画技法如何演变，寒山拾得的人物形象往往衣衫褴褛，洒脱不羁而嬉笑于世间，充分体现了寒山诗中自在豁达的禅境和游戏人间的传奇色彩，形成日本禅画的独特风格。

寒山子及寒山诗还深刻影响了日本文学的发展。寒山超越世间名利、逍遥于山水禅境的精神特征，在日本社会广为传播，遂有大量与寒山相关的文学作品产生，它们或以寒山子其人为题材，如坪内逍遥（1859—1935）创作的舞俑脚本《寒山拾得》，森鸥外（1862—1922）创作的短篇小说《寒山拾得》，等等；或受寒山诗思想和表达手法的启发进行文学创作，如冈松和夫曾将日本小说家夏目漱石与寒山进行比较，写就了《漱石的笑与寒山的笑》，作家松原泰道创作有随笔文集《青春的漂泊——漫步寒山诗的世界》，等等。寒山子的人物形象及寒山诗的深刻思想成为日本文学创作弥久恒新的艺术源泉。

### （二）寒山诗在朝鲜半岛的传播

寒山诗具体何时传入朝鲜半岛已不可考，有学者认为最早传入的寒山诗版本是南宋宝祐三年（1255）释行果刊刻的《寒山诗》，故名"宝祐本"，刻于杭州郭宅纸铺。也有学者认为有宋东皋寺本传入朝鲜半岛，朴景亮等刊行的"高丽覆宋本"，即依宋东皋寺本而来。[①]韩国现存最早的寒山诗版本是"奉恩寺本"，系元成宗元贞二年（1296）奉恩寺刊刻的《寒山诗》。总之，至迟在宋元时期，寒山诗便传入高丽，并广泛流传。

然而在此刻板流通之前，禅门之中应已有寒山诗的抄本或口诵传播，如高丽时代的真觉国师慧谌（1178—1234）对寒山诗便颇为熟悉，善用寒山诗叩机问答，如："问僧：'寒山诗云：微风吹幽松，近听声逾好。''好在甚处？'僧无对。师代云：'如是我闻。'"[②]如此开示学人，

---

① 参见[韩]李钟美：《国清寺本系统＜寒山诗＞版本源流考》，《中国俗文化研究》第3辑，成都：巴蜀书社，2005年。

② 慧谌：《慧谌曹溪真觉国师语录》，韩国东国大学校编《韩国佛教全书》第6册，第22页。

不一而足。此外，慧谌还根据寒山诗中一首"吾心似秋月，碧潭清皎洁。无物堪比伦，教我如何说"，创作了《冰道者传》，塑造了一位理想的禅者的形象。高丽天颐禅师（约1206—1280）对寒山子及寒山诗也极为推崇，曾以寒山诗浮生之叹勉励同修。其他如高丽时代的连禅师、普愚、无已等，朝鲜时代的西山休静、慈受禅师、好隐有玑等，近现代以来的徐京保、性澈禅师等，均爱好寒山诗，或借寒山诗而示禅，或仿寒山而拟诗，或引寒山诗而劝世，或学寒山之行履而隐逸，从不同的方面影响了韩国禅宗风格的发展。

除了影响禅门僧侣外，寒山及寒山诗对高丽及朝鲜时代的世俗文人也有一定程度的影响，如高丽名宰相李齐贤（1287—1367）曾撰写《天台三圣傍虎同眠》《丰干伏虎》等与寒山题材相关的诗歌。高丽末的隐士元天锡因忧国之患而又无力回天，遂隐居躬耕，他也钟爱寒山诗，曾作诗曰："曾闻台岭寒山子，指月闲题一首诗。所谓碧潭秋月意，却今凭此上人知。"[1]朝鲜时期的著名忠臣金时习（1435—1493），号碧山清隐、清寒子等，因对朝廷统治者行径不满后出家为僧，写有《山居集句》诗一百首，其中便有以寒山或寒山诗为题材的诗歌，如"前生莫是寒山子，后五百年无此狂"[2]等表达，可见其山居生活也多受寒山诗的影响。赵昱（1498—1557），是朝鲜时代的著名隐士、道学家，常效仿寒山而作诗，诗中包含写景、劝世、明理等内容，颇有寒山之风骨。近代以来，寒山子对韩国文学依然有着很大的影响，现代诗歌不但吸收寒山诗的艺术风格，还出现了基于寒山拾得题材而创作的小说，如高银的《寒山拾得》等，可见寒山及寒山诗对韩国文学影响之大。

---

[1] 元天锡：《耘谷行录》卷五，《韩国文集丛刊》，韩国景仁文化社，1990年影印圈点本，第6册，第220页。

[2] 金时习：《梅月堂集》卷七，《韩国文集丛刊》，韩国景仁文化社，1990年影印圈点本，第13册，第201页。

### 四、台州文化东亚传播之其他

台州文化的东亚传播除了佛教天台宗、禅宗以及寒山诗外，还有佛教建筑和造像、天台山茶文化、台州窑青瓷、黄岩蜜橘等诸多内容。

鉴真与弟子思讬东渡传法，在日本奈良仿照中国寺院的格局建有唐招提寺，开启了中国寺院建筑艺术在东亚地区的传播。鉴真去世后，思讬还和日本同道用台州干漆夹纻工艺为鉴真造像，至今是唐招提寺所供奉的国宝级文物，也使得台州干漆夹纻造像艺术扬名于日本。

此后日本僧人如最澄、圆珍、重源、荣西等来台州参学、巡礼，或在天台山国清寺、修禅寺等寺院为本国僧人修建僧堂，以方便留学僧参学，或参与所在寺院的殿堂楼阁建设，遂掌握中国寺院的建筑特点与风格，回到日本后在本国兴建寺院、殿堂、宝塔等，也往往以中国佛教建筑为蓝本。南宋时期，中国浙江一带的佛教寺院形成五山十刹的发展格局，天台山的万年寺、国清寺均在其列。道元弟子彻通义介入宋求法，曾绘制了中国"五山十刹图"带回日本，其中多是对中国禅寺的实物图录，日本佛教界仿照、移植其中的建筑样式、室内陈设乃至禅林规式，建立起日本五山十刹的寺院格局，天台山两座寺院从而也被仿造、学习。如日本坂田邦洋考证认为，建于镰仓南北朝时期的国东塔，"与天台山宝塔的形状非常相似"[①]，很可能也是入宋禅僧瞻礼、绘制而带回日本的。

天台山茶树种植相传在秦朝时便已有之，史料记载天台山最早有人工种植，是东汉末年道士葛玄曾于华顶上种茶。此后天台山茶叶慢慢流布于浙江各地，在唐代以后更是传播至日韩，成为中国茶叶海上之路的发源地。据《日吉神道密记》记载，日僧最澄入唐求法时，曾于天台山携带茶种回到日本，种于日吉神社旁边，成为日本最古老的茶园。宋代

---

① ［日］坂田邦洋：《论国东塔与中国天台山宝塔之间的关系》，丁琦娅译，《东南文化》1990年第6期。

荣西在天台山参学禅法，同时学习了天台山居民种茶、制茶、煮茶、泡茶、饮茶等相关茶文化，将大量的天台山茶籽带回日本，并在九州平户岛等地种植、推广茶园，撰有《吃茶养生记》，大力弘扬饮茶养生文化，被后世尊为"茶圣"。圆尔辨圆也曾到天台山参学，并带回茶籽在日本静冈建立茶园。唐大和二年（828），唐文宗召见新罗遣唐使金大廉，并赠予天台山茶籽，后被种于智异山，今仍有"茶始培地"之碑。

台州地区窑瓷生产历史悠久，考古调查发现台州地区有七十多处窑址，可推测台州窑瓷的生产经历了东汉至两晋，南北朝至唐，晚唐至北宋三个高峰时期，而在唐宋时期，随着中日文化交流和海外贸易的增加，台州陶瓷便开始流播海外。金祖明在《台州窑新论》中认为，"唐、五代、北宋时期台州青瓷产品除就地销售外，大量的外销瓷直接从海门港出口，远销海外。当时外销的主要市场有日本、菲律宾、马来西亚、印尼等东南亚各国"[1]。周建灿、杨跃鸣在《台州窑青瓷与海上丝路新证》一文中还认为，"在朱勇伟、陈钢所著《宁波古陶瓷拾遗》一书中就辑录有台州窑青瓷标本，这可作为台州窑青瓷外销的重要物证"[2]。这些青瓷标本是通过明州港远销海外时而遗落于宁波地区的，与明州越窑系陶瓷是有差别的，也间接证明了台州窑陶瓷向海外出口销售的情况。

台州蜜橘种植历史悠久，三国时期沈莹的《临海水土异物志》便有黄岩蜜橘的记载，至唐宋时期随着气候变化，再加上黄岩人民的勤劳智慧，黄岩遂成为中国蜜橘的著名产地。明代日僧智惠来天台山参访，归途经过黄岩、温州，携带当地蜜橘回到日本，将橘籽播种于鹿儿岛，变异出无核类型，被称为日本蜜柑。此类无核蜜橘后流播于日本多地栽培，并衍生多种名称，大约100年前，被日本农业部门重视并大力推广，因

---

① 金祖明：《台州窑新论》，《东南文化》1990年第6期。

② 周建灿、杨跃鸣：《台州窑青瓷与海上丝路新证》，《台州学院学报》2018年第5期。

该橘从中国温州而来，遂命名为温州蜜橘。学者考察研究日本九州地区温州蜜橘的原始类型，认为温州蜜橘的树性、花果形态与黄岩的本地广橘、温州的光橘均有一定的相似性，而本地广橘比温州光橘更接近于温州蜜橘。[①]可知，日本蜜橘很可能来源于台州黄岩蜜橘，并在当地产生变种。20世纪30年代，在日本留学的章恢志从日本引进了温州蜜橘的五个不同品种种植于黄岩，使得流播于海外的蜜橘在500年后又回到自己的始祖地。

## 第二节　台州文化的南洋之旅

### 一、天台宗在港台及东南亚的传播

清末民初以来，天台宗在谛闲法师及其弟子倓虚、静权、宝静、常惺、仁山等人的努力下再度中兴，而天台宗也随着此次中兴之机传播至东南亚，如越南、新加坡、马来西亚、泰国、菲律宾等国家都有天台宗或天台教法流传。中国港台地区则是天台宗向东南亚乃至欧美传播的前沿阵地。

### （一）天台宗的港台传播

清末民初，有越南籍商人陈春亭[②]，早年在香港及东南亚各地经商，初信明师道[③]，广建斋堂，暮年隐居青山（即屯门山）纯阳宫。后改信佛教，又萌发出尘之志，远赴宁波观宗寺于谛闲老和尚座下披剃，法号显

---

① 徐建国：《温州蜜柑起源考（综述）》，《浙江柑桔》1987年第1期。

② 关于显奇法师俗家经历的资料记载不足，有说显奇法师俗名陈春亭，为福建漳浦人；何文勇博士研究认为显奇法师俗姓陈，字国亮，乃越南籍人士。本文综合各方面资料以显奇法师俗名陈春亭，字国亮，越南籍为准。

③ 明师道属道教先天道，但其根本的教理和修行方法仍是融合了儒教、道教和佛教的内容。

奇，回港后改重阳宫为青山禅院，从此便有了天台宗传人在香港扎根。此后，谛闲大师的弟子宝静、倓虚，以及永惺、显明、茂峰、芝峰等天台宗法师先后来港传播天台教观，他们或建立寺院，或举办佛学院，或讲经说法，对天台宗在香港的发展起到了重要作用。

民国以后，不断有大陆僧人赴台湾建寺弘法，1949年前后更甚，其间也偶有台湾籍僧人赴大陆学法，如斌宗法师。斌宗法师（1911—1958），俗姓施，台湾地区彰化县鹿港镇人，年十四出家，四处参访修行。民国二十三年（1934），斌宗由基隆乘船到达厦门登陆，开始其大陆参访之旅，行迹遍布全国多省，最终于宁波观宗寺宝静法师和天台山天台佛学院静权法师处习得天台教观。后回到台湾，在南北各地大力弘法建寺，先后成立天台宗高级研究班、南天台佛学研究院、南天台弘法院等机构，传授天台教观，培育僧才。其弟子慧岳法师在斌宗法师圆寂后，继续兴办佛教寺院和研究机构，大力讲经说法、诵经共修，并流通佛教典籍，扩大了天台宗在台湾的影响力。另有慧峰法师、晓云法师、显明法师等大陆法师赴台湾弘传天台教法，他们或编纂《天台藏》，或成立华梵大学，或四处讲经弘法，均为天台宗在台湾地区的传播做出了贡献。

### （二）天台宗的东南亚传播

天台宗自民国以来在东南亚各国有不同程度的传播，因国家外交、海上交通的发达以及战乱移民等原因，中国僧人尤其是在港台地区弘法的僧人，开始走出国门到海外弘法。东南亚因地缘相近，成为近代中国佛教向外传播的首要阵地。

#### 1. 天台宗在越南的传播

早在隋唐时期，大乘佛教在交州地区就有传播，法华三昧也被翻译为越南语为人所知。至清末民初，因香港越南裔的显奇法师的因缘，有了天台宗在越南的传播。

1922年春，显奇法师赴宁波观宗寺依谛闲法师出家并学修天台教观，回到香港后改道宫为佛教寺院，弘讲佛法，并给其在越南修明师道的道友写信，邀请他们到香港青山禅院学习天台教观。收到信后，有七位过去同修道友分三批赴港并依止显奇法师出家，分别是释了坛、释了学、释尼了相、释了禅、释了乐、释了证、释了即，其中释尼了相是显奇法师的亲侄女。1936年显奇法师在香港青山禅院圆寂，世寿74岁。显奇法师的七名弟子依从他的嘱咐，从中国香港回到越南努力弘扬天台宗，把天台教义传递给越南信徒，名之为越南佛教天台宗。这七位法师各自在越南建立了寺庙，广收门徒，最终除了证法师外，分别以每一位法师和其所在的寺庙为核心，形成六个教团。这六支天台宗的支派虽然发展兴盛程度不一，但均能够秉持严守戒律、和合无诤、精进修行、弘法利生的基本信念，弘传天台宗教义，为越南天台宗的建立和发展做出了突出贡献。

### 2. 天台宗在新加坡的传播

天台宗与新加坡佛教界的交往，始于谛闲法师弟子宝静法师。1929年冬，宝静法师从上海出发经香港去缅甸参访，途中经过马来西亚、新加坡，并参访了当地的诸多寺院。宝静法师回国后，观宗寺弘法学刊《弘法社刊》经常刊登新加坡各种佛教讯息，两地佛教交流密切，为此后天台宗高僧乐果、晓云、大雄、慧僧等继续在星岛弘法打下良好基础。

乐果法师（1884—1979），为天台宗第44世法嗣，随倓虚大师一同赴港，因倓虚大师在香港盛名日隆，东南亚各国信众到香港参拜者甚多，其与东南亚佛教的联系便紧密起来。乐果法师由1974年起，每年都要到新加坡、马来西亚、菲律宾、泰国等东南亚国家讲经说法，甚至远赴北美传讲天台教观，直至1979年在香港圆寂。晓云法师作为倓虚法师的弟子，长时间于台湾弘法办学，也曾经到新加坡弘法。大雄法师（1917—1989），精研台宗，兼修禅净，经香港南抵星岛后，讲学于新加坡佛教居士林，住持大觉寺，弘扬禅教及天台《摩诃止观》。慧僧法师（1905—1982），1949年到香港，1954年应马来西亚槟城佛学院之请，由香港到槟城，在佛学院任主讲达十年左右。1962年于新加坡开创万佛林道场，亦弘传天台教法，1982年圆寂于新加坡。

近年来，新加坡佛教总会举办的新加坡佛学院，也一直吸收天台宗人才，开设天台宗教学课程，传播天台教观，使得新加坡天台宗的佛教活动至今仍然兴盛，并与中国的天台宗交往频繁，携手并进。

### 3. 天台宗在缅甸、马来西亚的传播

清末民初之际，便有中国法师远赴缅甸、马来西亚等地交流参访，道阶法师（1870—1934）便是最早的一位，他曾广学天台、华严、法相、禅宗、净土、律宗等诸宗教义。光绪三十二年（1906）秋，道阶出国到南洋游历，先后到过新加坡、马来西亚及槟榔屿、锡兰（今斯里兰卡）、缅甸等地，并到印度礼朝圣迹，于第二年归国。1928年，他代表中华佛教会出席在缅甸召开的世界佛教会议，此后即行脚印度、新加坡、槟榔屿、吉隆坡等地，于1934年圆寂于马来西亚怡宝之三宝洞。

1929年冬，宝静法师赴缅甸仰光参拜瑞光大金塔，道阶法师当时也在仰光，他向宝静法师介绍了缅甸的佛教状况，以及在仰光筹建翻译馆，翻译自己搜罗到的印度未翻译之佛经的计划。宝静法师甚为赞叹，归国后还与道阶法师书信往来，互通弘法之讯息，并将道阶法师之来信刊登在《弘法社刊》，还在道阶法师圆寂时发表了悼念通讯。凭借宝静法师与道阶法师于缅甸、马来西亚等地弘法交流的因缘，谛闲大师法孙，曾任观宗讲寺执事的华智法师亦受激励，于1935年秋至仰光及槟榔屿弘法，其作为天台宗的传法弟子弘法于缅甸、马来西亚，标志着天台宗开始在缅甸、马来西亚播种发芽。

当时随华智法师南渡缅甸弘法的还有本道法师（1898—1987）。1936年，本道法师同华智法师再次来到马来西亚槟城，驻锡槟城佛学院，讲

授天台宗宗经《法华经》，前后达八年之久。1959年，本道法师与槟城的诸山长老竺摩、龙辉、广余、如贤、真果、清亮等，发起组织"马来亚联邦佛教总会"，并当选董事。1961年被推为佛总副主席，协助主席竺摩法师推动筹建佛总会所的工作。

竺摩法师（1913—2002），先后从学于谛闲、静权、宝静等天台宗大师。1954年5月，竺摩法师应邀飞抵马来西亚槟城，受聘为菩提学院导师，兼授菩提中学佛学课程，从此便长期弘法于马来西亚及东南亚各国。1987年竺摩法师还率领马来西亚佛教参访团回大陆朝拜佛教四大名山，参访了广州、桂林、成都、北京、上海、南京、杭州等各大城市，专门巡礼参拜天台宗祖庭——天台山国清寺。竺摩法师驻锡槟城近50年，对马来西亚佛教做出了突出贡献，被称为"大马北传佛教之父"。2002年2月4日，竺摩法师在马来西亚槟城圆寂。

### 4. 天台宗在泰国、菲律宾的传播

泰国，昔名暹罗，盛行小乘佛教，天台宗与泰国佛教界的渊源可追溯至谛闲法师。1929年冬，谛闲法师在上海玉佛寺讲《十六观经》，暹罗华侨杜圣宏、陈圣岳居士也在会上听经，会后皈依谛闲法师。回到泰国后，他们在暹京曼谷创设暹罗中华佛学研究社，杜圣宏为社长，社员有三四十人，以谛闲法师教导的"教依天台、行归净土"之天台净土思想结社修行。与此同时，另有一位崇信天台净土法门的居士谢国梁，亦与上海佛教人士组织"暹罗佛教考察团"一起赴暹罗弘扬天台净土法门。此外与天台谢国梁居士同赴暹罗弘传天台净土法门的演本法师，后来又赴暹罗弘法，并担任新加坡佛教总会及佛教居士林导师，连任多年，皈依弟子遍及新、马、泰、菲各地。

天台教法在菲律宾也有传播，最著名者乃是性愿法师。性愿法师（1889—1962）曾听天台宗谛闲法师讲《楞严经》，并习天台教观，受谛老影响开始留意和向往净土法门。1924年，性愿法师与转物、转解两位

法师一起赴星洲（新加坡）弘法，会晤在光明山兴建普觉寺的转道法师，七月返国，任南普陀寺监院。1936年，性愿法师任南普陀寺代理方丈，此时菲律宾佛学会主席吴江流居士派代表至厦门，礼请性愿到菲律宾弘法。1937年9月性愿法师出国，只身到菲律宾，顺利抵达马尼拉，出任信愿寺住持，遂成为中国佛教南传菲律宾的第一位法师。

性愿法师领导侨界人士组织佛教居士会，加强侨胞间的团结；又组织青年会，接引青年学佛。前后二十余年，菲律宾侨胞皈依三宝者，不下十万之众，使菲国佛教日益兴盛。因菲律宾僧才短缺，性愿法师从大陆邀请瑞今、善契、常勤、妙钦等法师到菲国相助。他请瑞今法师担任信愿寺住持，并在马尼拉市郊的马拉向北山另行创建华藏寺，后在宿务、三宝颜等处也兴建了佛寺，使佛教在菲国日渐壮大。其间还在当地支持兴办教育，教授中国文化。1958年，性愿法师七十华诞，四众弟子印行天台宗宗经《法华经》一千五百部，广赠祝寿信众，普结善缘。1962年4月11日，在华藏寺祇园楼圆寂，世寿74岁。

## 二、济公信仰的港澳台及东南亚传播

济公（约1140—1209），天台永宁村人，俗名李修元，亦有作李修缘、李心远，相传至18岁时父母离世，便于国清寺出家，法名道济，字巨川，后为追随瞎堂慧远居于杭州灵隐寺，并在慧远处受具足戒，在瞎堂慧远座下一年便得慧悟。后又居净慈寺，自号湖隐、方圆叟、渔隐，南宋居简禅师曾为济公塔作有《湖隐方圆叟舍利铭》。因道济行止癫狂，似僧似丐，不戒酒肉，遂被称为济癫，然而其一生方便济世、显隐莫测，后世尊称为济公、圣僧、紫金罗汉、活佛等。南宋之后，济公信仰在民间逐渐兴盛，佛教、道教都供奉济公，祈福攘祸。明清时期，中国民间宗教兴起，不但涌现出一贯道、先天道、红阳教等各种民间教派，扶乩降鸾等信仰团体也兴盛起来，并渗透至各种民间宗教派别。济公作为受佛教、道教及普通民众尊崇的著名禅僧，也被吸纳至扶乩劝善信仰中，先是有济公道、济公坛、济公佛等乩坛，各坛还成立相关的慈善组织，后来甚至成立济公会、南屏派等民间宗教组织。因受种种信仰团体的尊崇，济公信仰不但兴盛于浙江，还逐渐流行于全国，乃至在近代传播至中国港台地区和东南亚。

## （一）济公信仰的港澳台传播

济公信仰至晚在清道光年间便已传入香港。清道光三十年（1850），香港本岛湾仔大道东迪龙里有一位和尚租住两层楼民居并供奉济公，成为香港首个以济公为主祀的庙宇。因当时瘟疫流行该庙附近少有人患病而死，遂引起当地民众的祭拜。红磡区居民闻讯到此庙请出济公像游街驱瘟，瘟疫随之神奇消失，济公庙香火从此大为兴盛。后随着当地城市发展，济公像几经搬迁，最终落脚于上环太平山街40号的广福祠，该祠也被改称为济公庙。济公庙以劝善去恶、因果报应思想为主，因济公像灵应非常，不但吸引大量民众祭拜上香，还有许多影视歌星常常到庙里祈福。除了主祀济公的这座济公庙外，香港还有许多佛教寺庙、道教宫观、民间宗教会社也兼祀济公。如荃湾竹林禅院的罗汉殿、新界清水湾的湛山寺都供奉有济公罗汉像；湾仔龙安街的北帝庙、鸭脷洲的水月宫亦供奉济公神像；油麻地松荫园的佛道社、九龙凤凰新村的凤德道均有济公扶乩降鸾、讲道劝善活动，还常常举办义诊等慈善活动，如此种种兼祀济公的民间道堂不一而足。专奉济公的民间信仰组织南屏道济堂在香港也有传教活动，它还与香港的从善堂合并成立了"南屏从善堂有限公司"，以企业的方式来经营宗教活动。此外在广州成立的康济会、潮阳成立的德教，均在香港开坛建阁，甚至兴办学校，一方面弘扬儒释道三教思想，另一方面还从事扶乩降鸾之诗钞善训的传播，其中不乏济公降鸾乩撰之信仰。与香港一样，澳门地区也有类似的民间信仰团体供奉济公，如光绪十二年（1886）在福庆街建立的睡佛堂济公殿，1997年林东先生创立的东井圆佛堂，均以供奉济公、慈悲济世为宗旨。

相传在郑成功收复台湾时期济公信仰便随之传入台湾，也有传说是清末光绪年间中法战争时期济公信仰随军民传入台湾，然而均缺少可靠的文献或考古资料支撑。有清一代台湾或有像天台国清寺、杭州灵隐寺那样的寺院以济公禅师像为陪祀而供奉者，如高雄旗山镇有一座妙莲寺于乾隆五年（1740）开山建寺，自称供奉济公已达257年之久，许尚枢先生考察认为此是口传历史，而根据该寺济公活佛降乩诗中所称的"初到建筑竹寮坛，在住贰佰零九年"，认为该寺不过建成209年，且主祀释迦牟尼佛，济公仅为陪祀。[①]但不管具体建成年代是何时，都可以说明济公信仰至少在清代便已传入台湾。据《台湾省通志》等文献记载，最早以济公为主祀的寺庙是台北松山的灵源寺，该寺的修建缘于寺主詹万，其41岁在台南营生时精神突变而自称济公乩身现象，得法名悟道，遂得当地民众为其设坛供像，后迁回家乡台北松山区，建湖春寺供奉济公，1955年重修庙宇且改名为灵源寺。此后台湾各地均建有主祀活佛济公的寺庙，至1983年便已达16座之多。进入21世纪，台湾济公信仰更为兴盛，且与天台济公故里文化交流频繁，如台湾济公活佛交流会、彰化潢西济公堂、活佛济公总道院、嘉义龙隐寺等均与天台济公故里建立了交流合作关系。

### （二）济公信仰的东南亚传播

济公信仰在东南亚的传播与德教在该地区的发展密切相关。德教于1939年由广东潮阳人士杨瑞德创立，以信奉道教为主，融合了五教教主

---

① 参见许尚枢：《济公文化面面观》，上海：上海古籍出版社，2016年，第308—309页。

（儒、道、释、耶、回），乃至民间诸神灵的崇拜，以宣扬德理、兴办教育、医疗等慈善事业为主，是一个具有鲜明民间宗教特色的信仰团体。德教自成立后，不断发展壮大，在中国港澳台、东南亚乃至澳大利亚、北美等地区皆建有分会，分会往往以某某阁命名。在德教的众多仙佛神灵崇拜中，济公崇拜占据有突出的地位，一方面缘于该教下的紫系、济系两派系最为兴盛，紫系以供奉老子和吕祖为主神，济系以供奉济公为主神；另一方面缘于德教热衷扶乩降鸾活动，济公于此类活动中最为灵验，是济系的主坛师，也是紫系的主坛师之一，所以信奉者众。

在东南亚，新加坡、马来西亚、泰国三国的德教分支阁社很多，信徒数以万计。新加坡有9所德教会，其中便有以济公为主坛的紫联阁，也称为济公庙。此外还有济云阁、济霞阁等也供奉济公。这些德教会组织除了举行宗教活动，也积极投入到社会慈善服务当中，如福利住宿、家庭服务中心、老人活动服务中心等，受到新加坡社会各界的好评。1987年中国内地制作的《济公》电视连续剧英文版在新加坡受到观众的喜爱，也促进了当地济公信仰的传播。马来西亚的德教会阁有100多所，最早的紫新阁，成立于1952年，后来会阁遍布马来西亚各州，并成立了南洋德教总会。他们以弘扬中国传统道德伦理为己任，大力参与医疗、教育、社会福利等慈善事业，如建立洗肾中心，为残障人士安装义肢，为学生颁发奖学金等。泰国德教自1951年在景福寺创设供奉济公的紫真阁以来，又相继建立紫峰阁、紫薇阁、紫铜阁等，至21世纪初，全泰国72府遍布有77所会阁，在泰国东南的面涛岛还建有济公庙。他们和新加坡、马来西亚的德教组织一样，建立泰国德教慈善总会，积极参与社会慈善事业。

20世纪90年代中期之后，海外德教信徒多次组织访华礼佛团赴中国潮汕等地寻源，因济公信仰的突出地位，济公活佛成了重要的寻根缘由，

"寻源活动多表现为礼拜济佛或为济佛鼎建佛殿、济阁的形式"①。礼佛团还多次参加杭州净慈禅寺庆祝济公活佛成道周年活动，并专门举行济佛飞鸾仪式。海外德教组织的寻源活动体现了海外济公信仰和中国内地济公信仰之间的良好互动，也进一步促进了济公文化在海外的传播。

## 第三节　台州文化的欧美之旅

### 一、天台宗在欧美的传播

自19世纪后半叶开始，日本佛教、南传佛教、藏传佛教相继在欧美传播，而汉传佛教直到20世纪50年代之后才开始在欧美传播。其时，因海外华人佛教信徒的邀请，才开始有僧人赴欧美世界弘扬佛法，而天台宗是最早传入欧美地区的汉传佛教宗派之一。

### （一）天台宗在美国的传播

乐渡法师是倓虚大师的弟子，也是最早到美国弘法的中国天台宗僧人。1946年，乐渡法师了解到美国也需要佛法，便发心日后到美国弘扬佛法，并努力学习英语，受到倓虚的赞赏。1961年，乐渡法师拜别倓虚法师赴美，于1963年1月6日到达美国旧金山，后因缘不契，又值倓老圆寂，遂返回中国香港。1963年底乐渡法师再度赴美，第二年春天他到了美国东海岸的纽约。1964年10月，乐渡法师在沈家桢、姜黄玉靖居士等信众的协助下，成立了"美国佛教会"，乐渡法师当选为会长；继之美佛会创立了大觉寺，乐渡法师出任首届住持。乐渡法师在这两项职位上连任了十年，为美佛会奠定了坚实的基础。他在住持大觉寺十年期间，推动各种弘法活动，并且邀请中国港台地区许多知名法师赴美讲法。

---

① 许尚枢：《济公文化面面观》，上海：上海古籍出版社，2016年，第335页。

1974年9月，乐渡长老辞去美国佛教会会长及大觉寺住持两项职务，另行创办"美国佛教青年会"。他希望佛教在美国本土扎根，因此又成立了"美加佛经翻译委员会"，埋首翻译经典三十多年，已译佛教经书达30多种，其中包括《摩诃止观》《法华玄义》等天台教典。2011年9月2日，乐渡法师在纽约安详念佛圆寂，享年八十九岁，其一生为汉传佛教特别是天台宗在美国乃至北美地区的传播作出了巨大贡献。

另有宝静法师的弟子，在台湾弘法的显明法师，于1984年赴美旅行，参访纽约之际，被美国佛教会邀请担任庄严寺和大觉寺的住持，显明法师几经推辞，最终才同意担任两寺住持。在显明法师的操劳与募集下庄严寺又兴建了五观堂、太虚斋、印光寮、大佛殿等建筑。1990年，美佛会组织"美国佛教会台湾弘法访问团"，显公担任团长，率沈家桢居士等人到台湾访问交流，受到台湾各佛教社团的欢迎与赞叹。此后两年内先后辞去两寺住持，但依然受信徒邀请到各地弘法，可谓退而不休，后于2007年12月19日在美国圆寂。显明法师对天台宗在美国的传播也作出了不可磨灭的贡献。

### （二）天台宗在加拿大的传播

最早到加拿大弘扬中国佛教的是天台宗僧人性空、诚祥二位法师，他们也都是倓虚法师的弟子，1949年后两人均随倓虚法师在香港弘法利生。1967年6月，性空、诚祥两位法师到加拿大参观加拿大开国百年纪念的世界博览会，时任美国佛教青年会会长的乐渡法师赴多伦多陪他们参会。在当地居士应金玉堂的极力邀请，以及在乐渡法师的帮助下，性空法师和诚祥法师最终决定留在加拿大多伦多弘法，并成立"加拿大佛教会"，创设了"南山寺"。因南山寺狭小，在何雪明居士的捐助下，又建起了"湛山精舍"，以纪念倓虚法师在青岛建设湛山寺及湛山佛学院之功德。湛山精舍不断修建，直至1993年寺院建设才完全竣工。在这期间为方便市区信众又建设了弘法精舍，后来又兴建了国际佛海禅院、法海禅院、湛山禅院、湛山文物图书馆、湛山学佛院、万佛舍利宝塔和法华禅院等。加拿大佛教会湛山精舍还在加国筹建了佛教四大名山（五台山、峨眉山、普陀山、九华山），得到了当地主流社会及中国佛教界的认可。

湛山精舍现任住持是从中国赴欧美参学的达义法师，2003年8月得性空老法师、诚祥老法师和乐渡老法师三位长老的印可，在多伦多湛山精舍传予天台法脉，授为天台宗第四十六代传人，赐法名起学。2003年冬，应性空老法师和诚祥老法师两位长老之邀请，前来加拿大多伦多定居，并担任湛山精舍住持及十座别院的管理工作至今。2004年5月担任加拿大佛教会会长，是年八月担任美国三藩市佛教会会长，2005年5月担任美国佛教青年会会长，同年担任加拿大佛教教育基金会副会长，为多伦多大学募款，增设更多的佛学课程和举办各种佛学讲座。达义法师在北美洲弘扬佛法的理念是推动人间佛教，净化人心，造福社会，祈愿世界和平，人民安乐，共成佛道。

两代中国法师筚路蓝缕、殚精竭虑，使汉传佛教在加拿大从无到有、从寂寂无名到盛誉海内外，为中国佛教特别是天台宗在加拿大的传播作出了巨大贡献。

另外，还有竺摩法师、晓云法师等赴欧美国家参访、演讲，增进了西方世界对中国天台宗的了解。

### （三）天台宗在欧洲的传播

相比于在北美地区的蓬勃发展，天台宗乃至整个汉传佛教在欧洲国家还基本处在学术研究阶段。现在欧洲有许多佛教研究机构，比如英国布里斯托大学佛学中心（Center for Buddhist Studies, university of Bristol）、瑞士洛桑大学的佛学研究（Buddhist Studies at Lausanne University Switzerland, Department of Oriental Languages and Civilizations）、伦敦大学亚非学院（School of Oriental and African Studies，University of London），等等；法国和俄罗斯都有不少重要的佛学研究单位，德国学者对佛教哲学的研究也卓有成效，该国佛教协会在慕尼黑和斯图加特设习禅中心，德国波恩大学汉学博士汉斯鲁道夫·康特（Hans—Rudolf Kantor）近年来在日本、中国等地任教讲学，对天台宗的宗派佛教颇有研究。[①]但汉传佛教信仰的传播并不兴盛，偶有中国僧人到欧洲零星参访交流，尚未能形成有影响的弘法团体。

## 二、寒山诗的欧美传播

### （一）寒山诗的美国传播

1954年，英国汉学家韦利在《文汇》杂志上刊登了27首寒山诗英译文，长期以来被学术界认为是寒山诗传入英语世界的开端。耿纪永在《远游的寒山：英译第一首寒山诗》一文中提出，英译的第一首寒山诗其实可以向前推至20世纪30年代，"1933年美国汉学家哈特在《白话文学史》的影响下首译寒山诗。同样在20世纪30年代，日本学者冈田哲藏英译出版了6首寒山诗，由此揭开了寒山诗在英语世界传播的序幕"[②]。哈特翻译的第一首寒山诗是收录于他的中诗英译著作《百姓》中的"城北仲家翁"。哈特曾来中国学习并研究中国文化，受胡适《白话文学史》和冯沅君、陆侃如《中国诗史》的影响，在他的老师孙碧奇的帮助下，撰写了《百姓》一书，并收入寒山诗一首。日本学者冈田哲藏英译的六首寒山诗也拉开了寒山诗在英语世界传播的序幕。

1958年，美国著名诗人、翻译家加里·斯奈德在《常春藤评论》上发表了24首英译寒山诗。斯奈德的翻译最为流行，并得到美国文学界、

---

① 项敏、赵平：《天台宗在欧美世界的传播》，《台州学院学报》2007年第1期。
② 耿纪永：《远游的寒山：英译第一首寒山诗》，《中国比较文学》2012年第2期。

学术界的一致好评，这一方面源于斯奈德对寒山诗的文学形式和精神气质的推崇、熟悉，另一方面也和他在现实生活中尝试"寒山式"的隐居和禅修生活密切相关，"斯奈德长期定居于加利福利亚北部荒僻山区，潜心研修中国禅宗佛法，他的人生态度、生活方式和哲学观点与寒山大师在心灵上有其相通之处"[①]。斯奈德翻译的寒山诗对当时的美国文坛和社会产生了巨大影响，他在诗中塑造的寒山形象深入人心，成为美国"垮掉的一代"文学流派和"嬉皮士"运动的精神偶像。寒山的遗世独立与山林隐居，与美国"垮掉的一代""嬉皮士运动"等年轻一代群体特立独行、回归自然的精神追求高度一致，乃至可作为他们遥望的灯塔。斯奈德本人也往往与中国诗人寒山联系在一起，他的译作也被美国各种文学诗集所收入，甚至被称为"美国寒山"。

斯奈德之后，寒山诗不断地被选译、全译、注释乃至收录。如1962年，美国著名学者华生翻译并出版了《唐代诗人寒山的100首诗》，成为当时翻译寒山诗最多的一部译诗集；1983年，美国赤松的《寒山歌诗集》和1990年韩禄伯的《寒山诗：全译注释本》，分别对寒山诗进行了全面的翻译和注释。21世纪以来，美国文学界对寒山诗的翻译依然不绝如缕。

除对寒山诗的翻译外，同样涌现出许多基于寒山和寒山诗的文学创作。如1985年凯鲁亚克出版的小说《达摩流浪汉》，描述的是20世纪50年代达摩流浪汉的故事，主人公贾飞即以斯奈德为原型，并且与寒山合而为一，诠释了一个睿智幽默的流浪智者形象。1964年，凯鲁亚克完成自传体小说《孤独天使》，书中多次引用寒山诗，并不时运用寒山、拾得的人物意象，来畅想主人公和朋友之间的友谊和栖心山水的精神追求，"小说中，凯鲁亚克将古今、中美不同的人物和不同的山水融合在一

---

① 杨翔鸥：《斯奈德与寒山诗》，《剑南文学》2012年第5期。

起"①。2015年，美国香巴拉出版社出版的漫画小说《寒山》仍然以"最早的达摩流浪汉"来称呼寒山，虚构并充实了他传奇的一生。基音·鲍沃斯2016年出版的小说《寒山道》则将寒山和中国历史上的契此和尚的形象揉合在一起，描述了一位美国探员破案救人并得到寒山和尚帮助的故事，寒山在这里被文学化为一位慈悲而又虚幻的菩萨形象，并且小说还多次引用寒山诗，可见作者受寒山影响之深。除了小说之外，还有很多美国诗人模仿寒山诗进行诗歌创作，如斯奈德、查尔斯·赖特、巴德比尔、约瑟夫·史卓德、冷弗斯蒂，等等。他们不但模仿寒山诗的文学手法和精神境界，还往往像寒山一样体验山林隐居式的生活，体悟寒山诗中的禅学境界。中国改革开放后，有不少美国文学家曾到中国交流，并到天台山参观寒山的栖居地——寒岩，写下散文游记，表达自己对寒山的崇敬之情。

### （二）寒山诗的欧洲传播

寒山诗除了在美国掀起热潮外，在欧洲许多国家也得到了重视，并被翻译成各种语言。1954年英国著名汉学家阿瑟·韦利翻译了27首寒山诗，是较早将寒山诗介绍到英国乃至整个英语世界的学者之一。20世纪60年代，俳句与禅宗研究专家布莱思（1898—1964），在晚年出版的《禅与禅典》中提到了寒山及寒山诗，并翻译寒山诗两首。此后英国翻译家詹姆士·克卡普于1980年翻译出版了《寒山诗25首》；1999年彼得·哈里斯编译的《禅诗》，收录寒山诗16首、拾得诗3首；2006年，克莱恩翻译有《寒山如是说——寒山诗二十七首》。2003年，英国学者巴雷特发表寒山研究专论《寒山在文学史上的地位》《寒山诗译本研究》，标志着寒山已进入英国学术研究者的视野。

---

① 耿纪永：《当代美国文学中的寒山与寒山诗》，《英美文学研究论丛》2019年第31期。

　　法国的寒山诗传播以1957年旅法学者吴其昱在《通报》发表的《寒山研究》为肇端，文中翻译了寒山的事迹和寒山诗49首。1970 年，法国汉学家戴密微发表"禅与中国诗歌"，指出王梵志与寒山推动了禅诗的发展。1975年法国汉学家雅克·班巴诺出版了《达摩流浪者：寒山诗25首》，1985年郑荣凡（译音）与哈维·科勒合译《寒山：绝妙的寒山道》（110首）。此后卡雷·帕特里克出版了法语全译集《云深不知处：流浪汉诗人寒山作品集》（331首），被雅克·班巴诺赞赏为寒山诗的第一部西文全译集。

　　寒山诗在英国和法国受到关注和欢迎之后，遂在欧洲各个国家传播开来，如德国、荷兰、比利时、瑞典、捷克均有寒山诗的不同译本出版、流行，在欧洲掀起寒山热。澳大利亚的诗人戴恩·怀威特斯也受欧美寒山热的影响，对寒山诗十分欣赏，发表有仿寒山诗作。寒山诗自20世纪30年代开始在欧美世界传播，至今依然具有强大的生命力，成为在欧美世界颇受欢迎的中国文学奇葩。

# 第十四章　台州文化的返本开新

台州文化是承载台州数千年历史传承与发展的重要载体。几千年来，在台州这样一个文化地理空间，展现了儒释道三教和合共生的文化生态，承传着硬气、灵气、大气与和气的人文精神，演绎了奇光异彩的文化华章，成就了陈、隋至唐、宋时期佛道文化高地、和合文化典型等文化辉煌。今天，在全球化、现代化、工业化和城市化快速发展的进程中，伴随着知识经济、时代精神、新人文精神变革和台州城乡结构的调整，台州区域文化正在发生前所未有的变化，传统文化逐渐被挖掘和梳理出来，社会主义文化创新不断涌现。在此语境下，如何将本地的传统文化与时代精神结合起来，如何精准概括和提炼台州人民在改革开放伟大实践中创造的当代新文化，进而实现台州文化的全面创新，助推台州经济社会的进步发展，应是台州文化建设和研究的基本方向。

## 第一节　文化遗产的历史信息

文化遗产包括物质文化遗产与非物质文化遗产。截止到2024年7月，物质文化遗产方面，台州共有17处国家级文物保护单位，83处省级文物保护单位，418处市县级文物保护单位。非物质文化遗产方面，台州共有国家级非物质文化遗产17例，省级非物质文化遗产115例。丰富的物质文化遗产与非物质文化遗产，是台州市的瑰宝。台州数量众多的文化遗产，蕴藏着极为丰富的历史信息，既凝结着台州文化已有的特色与价值，又昭示着台州文化未来的可能与前景。

## 一、物质文化遗产的历史信息

### （一）台州文明的悠久历史

台州历史的书面记载，最早可上溯至汉昭帝时期设置回浦县。就目前的考古发现，新石器时代，台州地区就有人类活动的轨迹，并孕育着文明的萌芽。仙居下汤遗址发掘出数量众多的食器、采集器、纺织器具，并有堆塑、划花、镂刻等多种纹饰[1]，在实用性的基础上追求艺术性。临海市小芝镇的峙山头遗址同属于新石器时代早期遗址，发掘有绳纹釜、浅腹平底盘、双耳罐、钵、豆、陶拍等器物，花纹形状则有绳纹、网格纹、刻划纹、叶脉纹、压印花边等。峙山头遗址的发掘不仅增进人们关于台州历史的知识，也促进人们进一步认识与了解东南文化。[2]

仙居县古越族岩画群是全国重点文物保护单位，由小方岩岩画、西塘岩画、送龙山岩画、中央坑摩崖石刻四处组成，为春秋战国时期古越族先民刻制。古越族岩画群所刻图案包括蛇形、鸟形、鸟头鱼身形、马形、太阳形、人像形、柴刀形、锄耙形、棋盘形等，总面积达1422.65平方米。仙居县古越族岩画群的图案，以人形与动物形为主，越族先民们从自身与周边开始认识世界、传达观念。这些岩画有着农耕文化、渔猎文化、图腾文化甚至体育文化的意蕴，是我们了解春秋战国时期古越先民思想与文化的宝贵资源。

惠帝三年（前192），朝廷封驺摇为东海王，俗称东瓯王，东瓯国建立，至建元三年（前138），闽越发兵围困东瓯，东瓯食尽粮绝，向汉廷求援，汉武帝派庄助渡海救东瓯，闽越撤兵，东瓯解围。后东瓯王经汉

---

[1]　金祖明：《浙江仙居下汤遗址调查简报》，《考古》1987年第12期。

[2]　蒋乐平、郎爱萍等：《浙江临海峙山头遗址调查与试掘简报》，《东南文化》2017年第1期。

武帝准许，率部族迁徙至庐江郡，东瓯国亦从此消亡。[①]温岭市大溪东瓯古城遗址是西汉东瓯国的城址，根据考古发现，这座古城包括内城与外城，内城面积近八万平方米，外城面积近二十九万平方米。在古城遗址东北方一千米的山间吞地，发现一处东瓯国的贵族大墓，是浙江省目前发现的最大西汉墓葬。大溪东瓯古城遗址及东瓯国贵族大墓的发掘，在很大程度上可以推测西汉时期东瓯国的国都就位于台州地区的温岭大溪。[②]东瓯国的历史只有短暂的几十年时间，瓯越的文化也常以"翦发文身"而被形容为野蛮，但在东瓯国的贵族大墓中出土玉璧与玉觿，并有陪葬的乐器坑，乐器均为仿制青铜器的陶制乐器。青铜器是王室、财富与权力的象征，东瓯贵族大墓中仿青铜的陶制乐器虽然没有采用昂贵的青铜铸造，但在象征意义上，仍是对自身财富与权力的确认。东瓯古城遗址与东瓯贵族墓的发掘，可以进一步推动我们对台州地区文化发展的认识。

### （二）海防武备的文化遗存

台州的多处物质文化遗产是海防文化与武备文化的遗存与载体，尤以江南长城和桃渚城最为典型。

台州府城墙被誉为江南长城，是北京八达岭长城的蓝本。台州州治在唐武德五年（622）设立于临海，台州府城墙的大规模修筑也在此之后展开。太平兴国三年（978），吴越国降于宋，为表诚意，台州府城墙亦被毁，后又再修建。此后在宋庆历五年（1045）、淳熙二年（1175）、明嘉靖三十六年（1557）与清顺治十五年（1658），台州府城墙又经过多次的改造与重修。1997年临海市又对台州府城墙做了全面的修缮。

台州府城墙的修筑，防洪之外，军事防御是另一项重要的功能，最

---

① 蔡钢铁：《东瓯国简史》，《温州文物》2014年第9辑。

② 田正标、徐军等：《浙江温岭大溪古城遗址的调查与试掘》，《东南文化》2008年第2期。

著名的当为戚继光在此浴血奋战、大败倭寇。明嘉靖三十六年（1557）戚继光被任命为宁绍台参将，在台州奋战八年。为抵抗倭寇，戚继光与谭纶建造了空心敌台，极大地提高了军事防御的能力。嘉靖四十年（1561）四月至五月，戚继光率领戚家军在台州附近的新河、花街、上峰岭、长沙等地连续九次挫败倭寇，史称"台州大捷"。戚继光在台州抗倭，留下了众多的遗迹。台州市椒江区戚继光祠，就为纪念戚继光在台州的抗倭功绩而建，始建于清代，现已被列为国家级文物保护单位。

桃渚城位于临海市桃渚镇，始建于明代，洪武二十年（1387），"汤和还，凡筑宁海、临山等五十九城"[①]。桃渚城即建于此时，隶属于临海的海门卫。桃渚城的建立是为了加强海防，抵御倭寇的入侵与骚扰，桃渚城的历史与保家卫国的坚毅精神始终相连。桃渚城从建立始，历经倭患，多次毁坏又多次重修。现存桃渚城还保有明代的摩崖题刻、明清时期修建的寺庙庵堂，以及古建民居等，完整地保存着明代的街巷古道格局，有重要的历史文化意义。

桃渚城有着优良的旅游资源，交通便利，今后将进一步提升景区服务水平、完善周边设施，助推桃渚旅游市场持续发展。在台州府城等文物的保护上，台州市2020年启动重大文旅项目暨临海市台州府城文旅改造项目，总投入近三十亿元。此前，台州府城墙已参与南京市牵头，西安、兴城等明清城墙联合申报世界文化遗产的光辉事业，现已列入《中国世界文化遗产预备名单》。

### （三）文化传承中的佛教因缘

台州的文化质素是儒释道和合而释道更显。就佛教而论，其思想在台州地区有着悠久的历史，其文化在现存遗产上也有鲜明的体现。

---

① 张廷玉等：《明史·本纪第三》，北京：中华书局，1974年，第45页。

国清寺位于台州市天台县天台山南麓，智𫖮倡建，修建时间从隋开皇十八年（598）三月，持续至仁寿元年（601）九、十月间。国清寺几经焚毁，历代多有重修，现存建筑基本上是清雍正十一年（1733）重修时的格局。2006年，国清寺被国务院批准为第五批全国重点文物保护单位。

智𫖮在陈宣帝太建七年（575）三十八岁时入天台，他以为建康的蒋山距离都邑太近，不能躲避喧哗，听闻天台"地记称有仙宫，白道猷所见者，信矣。山赋用比蓬莱，孙兴公之言得矣。若息缘兹岭，啄峰饮涧，展平生之愿也"[①]。白道猷为罗汉僧，来自西天竺，曾于天台石桥见一须眉皓白的山神。智𫖮选择天台山，希望能在天台山修炼，首先是被天台山的神仙传说与山林环境吸引。智𫖮到达天台山之后，经过细致的考察，最后确定建寺的地点。李白《普照寺》言："天台国清寺，天下为四绝。"齐州灵岩寺、荆州玉泉寺、润州栖霞寺、台州国清寺世称四绝。王十朋《题天台国清寺》亦言："宜于四绝中称绝，谁向三贤后更贤。""三贤"指丰干、寒山、拾得三位僧人。由此可见国清寺的崇高地位。

天台山国清寺建筑的选址考虑了神仙传说的地理位置与山水围绕的自然环境，富有灵秀之气，寺庙建筑本身在空间变化与艺术特色上也有许多独到之处[②]。建筑本身的意义与伴随其中的文化意义总是相辅相成的，国清寺作为天台宗的根本道场，有着悠久的历史，影响力不仅在中国，更远及东亚与欧美各国。

瑞隆感应塔位于今黄岩区九峰公园，始建于五代末期，法眼宗禅师德韶建立。德韶在黄岩地区建寺，寺名为瑞隆感应塔院，塔亦用此名。瑞隆感应塔为八面七级仿楼阁式砖塔，角柱六角形，底层面砌须弥座，

---

① 灌顶：《隋天台智者大师别传》，《大正新修大藏经》，第50册，台北：佛陀教育基金会，1990年，第193页。

② 任林豪、陈公余：《天台山国清寺建筑概说》，《东南文化》1990年第12期。

设置佛龛48座，原有佛像48尊，现存佛像31尊，其中石雕佛像15尊，陶制佛像16尊，佛像均系北宋时期的释迦牟尼坐像。[①]

德韶为法眼宗二祖，《五灯会元》记其开悟经历，云："法眼上堂，僧问：'如何是曹源一滴水？'眼曰：'是曹源一滴水。'僧惘然而退。师于坐侧，豁然开悟，平生凝滞，涣若冰释，遂以所悟闻于法眼。眼曰：'汝向后当为国王所师，致祖道光大，吾不如也。'"[②]德韶在文益处悟得佛法本来面目，文益认为德韶以后会成为大导师，光大法眼宗。之后吴越国王钱俶即位，果真奉德韶为国师。德韶国师于黄岩创办瑞隆感应院并树塔，今存的瑞隆感应塔不仅具有重要的文物价值和审美价值，也为研究五代时期法眼宗在台州等吴越地区的传播提供了实物证据。

巾山周围，分布有几座古塔，是为巾山塔群，包括千佛塔、大小文峰塔与南山殿塔。龙兴寺内有千佛塔，又名多宝塔，《台州札记》云："《赤城志》：'报恩光孝寺东有古塔一，或传梁岳阳王得释迦舍利，建塔七，今所存止此。'《罗城图》谓之多宝塔，今俗称为千佛塔，以塔每面砖上俱有佛像也。塔内有元大德三年二月僧淳具修塔题字并造像题名。"[③]现存塔身即元大德三年（1299）重建。千佛塔为楼阁式砖木混合结构，高28.66米，中空，六面七层，每层一门，二层至七层除一门外，面面有龛。

国清寺、瑞隆感应塔、巾山群塔等都是台州佛教重要的文化遗存，现在均为国家和省级文保单位，也是台州文化传承中佛教因缘的体现，值得我们认真研究和保护。

---

① 杨松涛：《黄岩瑞隆感应塔及其佛造像》，《东方博物》2018年第11期。

② 释普济：《五灯会元》卷一〇，《新编续藏经》138册，台北：新文丰出版公司，1993年，第343页。

③ 洪颐煊：《台州札记》卷四，北京：中国文史出版社，2004年，第55—56页。

## 二、非物质文化遗产的历史信息

### （一）丰富多彩的文艺活动

台州地区的戏剧、曲艺包括台州乱弹、临海词调、路桥莲花、台州道情等。台州的戏剧在汉晋时期就已出现，台州戏剧的历史与中国戏剧发展历史一样悠久[1]。除戏剧与曲艺外，传统舞蹈在台州地区也大放异彩，如黄沙狮子、大奏鼓、龙舞均被列为国家级非物质文化遗产，省级非物质文化遗产亦有十余项。下面重点介绍黄沙狮子和大奏鼓。

舞狮的历史悠久，《汉书·礼乐志》中言及雅乐时，提到"常从象人四人"，下注曰："孟康曰：'象人，若今戏虾、鱼、师子者也。'韦昭曰：'著假面者也。'师古曰：'孟说是。'"[2]孟康注象人为戏虾、鱼、师子者，颜师古亦以为如此。可以说，汉代时，就已经出现舞狮的雏形。随着百戏与杂技等传统技艺的发展，舞狮也逐渐流行开来。白居易《新乐府·西凉伎》言："西凉伎，西凉伎，假面胡人假狮子。刻木为头丝作尾，金镀眼睛银帖齿。奋迅毛衣摆双耳，如从流沙来万里。紫髯深目两胡儿，鼓舞跳梁前致辞。"[3]白居易诗写西凉艺人舞狮子的情形，一头一尾两人，舞狮工艺精美，动作流畅。舞狮的技艺在之后的发展中逐渐因地域不同分为南北，相对来说，南狮重文重意，北狮则重武重形。

临海黄沙狮子发端于北宋仁宗庆历（1041—1048）至皇祐（1049—1053）年间，由当地拳师杨显枪创建。杨显枪曾在黄沙洋琳山九间洞创立武馆，由武馆而拓展至舞狮活动，在清末至民国时期达到鼎盛状态。[4]表演人员除领班与乐队成员外，最核心的是耍球人与狮头狮尾，狮头与

---

① 李一、周琦：《台州文化概论》，北京：中国文联出版社，2002年，第278—279页。

② 班固：《汉书》卷二二，北京：中华书局，1964年，第1073—1075页。

③ 白居易：《白居易集》，顾学颉校点本，北京：中华书局，1999年，第75页。

④ 沈建中：《黄沙狮子》，《浙江档案》2007年第6期。

狮尾的配合在舞狮表演中尤其重要。黄沙狮子的表演程式分为地面表演与上桌表演。地面表演以文戏为主，注重表现狮子的不同情态，分为上半坦与下半坦两部分。上半坦主要由狮子原地舞、耍球人溜四角、狮子跳四角、狮子抢球、狮子舞四角等组成。下半坦主要由狮子原地舞、狮子踞伏、狮子跳四角、狮子游球、狮子抓痒、狮子玩球等组成。上桌表演以武戏为主，分为下盘与上盘两部分。下盘表演包括叠罗汉、骑人长和多人跳桌表演。上盘表演分为演员上桌与狮子上桌两大部分。[①]上盘表演是黄沙狮子舞中最精彩的部分，最高时八仙桌要叠九层，人与人相互配合升到最高处，腾挪跳跃，甚至还有在倒放的八仙桌上脱鞋著袜者。黄沙狮子舞也被称为上桌狮子或桌上狮子，亦由于此。

温岭市石塘箬山的大奏鼓，又名"大典鼓""车鼓亭"，箬山陈姓在17世纪中叶由惠安迁入，大奏鼓亦被带入。大奏鼓脱胎于泉州一带"跳神"仪式，进入温岭石塘后又结合当地的渔业生产，产生了新的特色。

温岭市石塘镇箬山位于浙江省温岭市东南沿海的松石半岛西南部，三面环山，西南濒海，渔业是当地居民赖以生活的基础，大奏鼓的产生也与渔业的生产环境息息相关。大奏鼓最突出的特点是男扮女装，敲鼓者除外。男性表演者面部涂白，两腮和嘴唇涂红，舞者一般穿蓝色上衣，黄色裤子，上衣领口与裤脚处绣有鱼形，很明显体现出舞蹈与渔业生产的关系。大奏鼓头饰为黑绒帽条，帽条后翘一只约七十厘米长的羊角，赤足舞蹈。舞蹈时有十人左右，人手一件乐器，两耳挂金花，戴手镯与脚镯。常见的舞步有扭腰打胯、摆浪步、小踏步、马蹄跃步、颤肩四方步等[②]。总体来说，大奏鼓的舞步并不复杂，但如扭腰打胯一类的动作仍将柔媚的气质带入舞蹈，与男扮女装的装扮正相配合，有着娱神的意义。

---

① 林月娴：《黄沙狮子艺术形态浅析》，《中国民族博览》2017年第1期。
② 陈思羽：《温岭箬山大奏鼓初探》，《大众文艺》2017年第6期。

有研究者认为大奏鼓的舞步实际上源于"禹步"，禹步是指道士在祷神仪礼中常用的一种步法动作。传为夏禹所创，故称"禹步"。巫步多禹，在大奏鼓的队伍中，就曾有道士参与。箬山有普遍的基督教信仰，也有天后信仰、菩萨信仰。[①] 多样化的宗教信仰有着一个共同的目的，祈求渔业生产的安全与丰收。

大奏鼓除有娱神酬神的功能外，也有娱乐与驱病呈祥的祈愿，新时期的大奏鼓则更多偏向娱乐的一面。大奏鼓被列为国家非物质文化遗产，当地政府为保护大奏鼓文化，成立了"保护大奏鼓传播大奏鼓"专项领导小组，制定《国家级非物质文化遗产项目大奏鼓保护实施方案》，拍摄《温岭大奏鼓》专题纪录片，编撰《温岭大奏鼓》专著，大奏鼓正在走出温岭、走出台州，登上更大的舞台。

### （二）极具特色的民俗文化

台州的非物质文化遗产中，有众多的民俗项目，其中三门祭冬尤其值得关注。

2014年，三门祭冬被列入国家非物质文化遗产代表性项目名录；2016年，包括三门祭冬等在内的"二十四节气"，被列入联合国教科文组织"人类非物质文化遗产代表作名录"。二十四节气是中国人通过观察太阳周年运动而形成的时间知识体系，对以农业为主的传统中国人的生活有着重要的指导意义。人们根据二十四节气观察节候的变化，进行农事活动，安排一年的生活，可以说，二十四节气是古人生活的时间指引。二十四节气是中国古人智慧的结晶，其中蕴含着丰富的哲学意味，如贵生意识、阴阳五行思想与天人合一思想等[②]，有着重要的文化意义。

冬至是二十四节气中的第二十二个。冬至时，太阳直射南回归线，

---

① 陈思羽：《温岭箬山大奏鼓初探》，《大众文艺》2017年第6期。

② 孙玲：《论二十四节气的文化意蕴》，《苏州科技大学学报》2019年第9期。

北半球白昼最短黑夜最长，这一天在一年中阴气最盛，但也预示着阴气的盛极而衰，是阴与阳交替的时刻，至暗中预示着新生。三门祭冬是冬至文化的代表，三门祭冬以三门县亭旁镇杨家村杨氏宗族的祭祀活动保存最完整。亭旁镇杨氏的始迁祖是杨宁，东汉名臣杨震之后，杨震"四知"的故事为人熟知，亭旁杨氏家庙堂内就有"四知堂"牌匾。

亭旁杨氏冬至敬时祭祖人员包括主祭一人、陪祭四人、读祝一人、喝礼一人，以及执事、童男童女若干人，整个祭祀的仪式包括取水、迎龙、拜天、祭祖和敬老。冬至前一天，参加祭祀的人员前往大龙岭的高山龙潭取长流水，取水前有祭拜的仪式，活水用于正式的祭冬仪式，水寓意着风调雨顺，也寓意杨氏宗族福泽绵长。拜天仪式由问天请天、敬酒叩拜、祈天信报、主祭陪祭感恩拜天等仪式组成，拜天仪式中会请道士念诵祭天，感恩上天的赐予并祈求下一年的丰收与福报。拜天仪式之后是祭祖仪式，分为三献礼、读祝和族人祭拜三个步骤，三门各地的杨氏族人均有代表参与祭拜活动。敬老仪式包括演祝寿戏、行敬老礼、设老人宴。老人是宗族的重要凝聚力，敬老爱老不仅是传统美德的体现，而且也可借此凝聚宗族力量、增进宗族认同。

三门祭冬是祭冬仪式，也是祭祖仪式，祭祀过程中祭祀者通过一系列的仪式沟通天与祖先，祈求天的保佑与祖先的恩泽。亭旁镇杨家村2018年的祭冬拜天仪式，司仪有一段祝词："万物伊始，举国庆贺，冬至阳生，大地回春。值此戊戌甲子戊子日寅时佳节良辰，杨氏合族裔孙，尊奉族规周礼，隆重举行拜天庆典，传承先人遗愿。感恩苍天赐福，祈求风调雨顺、国泰民安、五谷丰登、六畜兴旺。"[①]祭祖仪式中祝文云："把祭先祖，追远慎终。秉承祖训，光耀家族。富国富祖，初心不忘。告

---

① 孔乙仿：《生态民俗视域下的三门祭冬研究——以亭旁镇杨家村为例》，浙江农林大学2019年硕士学位论文，第53页。

慰祖宗，杨氏繁昌。"①《周礼·春官》载："以冬日至，致天神、人鬼。"冬至阳生，三门祭冬秉奉周礼，在这一天酬谢上天与先祖的保佑，并祈求新的福泽。

三门祭冬的保护工作主要由县非物质文化遗产保护中心工作人员、乡镇文化干部、杨家村村委会以及祭冬传承人组成。他们对三门祭冬的仪式流程、文字图片素材等进行了整理汇编，拍摄相关影像资料，修建展示馆，并联合中国民俗学会，在2017年将中国冬至文化研究中心落户于三门县，举办"冬至文化论坛"等学术活动，扩大了三门冬至文化的影响。

### （三）精心巧构的手工技艺

台州地区的仙居花灯、仙居彩石镶嵌、黄岩翻簧竹雕、天台山干漆夹苎技艺等均被列为国家级非物质文化遗产，省级非遗项目包含数量众多的传统美术与传统技艺项目，这是台州人民匠心与创新的体现。台州经济能创造令人瞩目的"台州现象"，与台州人民勇于创新的精神息息相关。

台州的非物质文化遗产中，仙居花灯、黄岩翻簧竹雕等尤其值得关注。

仙居花灯有"中华第一灯"的美誉，尤其是仙居皤滩的"针刺无骨花灯"，更被誉为"灯中明珠"。仙居针刺无骨花灯，因灯面图案均为刀凿针刺成孔、灯身无骨而名，花灯的制作需要极高的艺术造诣。针刺无骨花灯相传起源于唐朝，因此称为"唐灯"，有传说以为仙居无骨花灯是仙女传授，故也被称为"神灯"，仙女所嫁之青年后又考中状元，所以仙居无骨花灯又被称为"状元灯"。

---

① 孔乙仿：《生态民俗视域下的三门祭冬研究——以亭旁镇杨家村为例》，第59页。

仙居花灯的表现形式分为静态与动态两类，静态指单灯或对灯，一般悬挂于门廊、厅堂等处；动态指组灯，通常围绕同一个主题进行创作，大规模的组灯有时会包括上百个单灯。[①]仙居针刺无骨花灯单灯主要有兰花灯、荔枝灯、龙凤八卦灯、绣球灯、宝石灯、珠兰灯等几大类，不同的类别有不同的艺术风格。仙居针刺无骨花灯的图案样式非常多样，如龙凤花纹、石榴生子图样、"福禄寿"吉祥图样、八卦文与佛字图像、神话传说人物形象，以及各类花鸟、历史人物图案等。花灯图样象征着人们吉祥如意的祈盼、多子多福的愿望，反映着人们的佛道信仰和对历史文化的传承。

2019年中国轻工业联合会主办的首届"百鹤杯"工艺美术设计创新大赛，仙居花灯获得"百鹤金鼎奖"的殊荣。仙居针刺无骨花灯传承千年，是对工匠精神的坚持，对艺术与美的追求。

黄岩翻簧竹雕也是具有极高艺术价值的工艺作品。黄岩的翻簧竹雕相传起源于清朝同治年间，民间艺人陈尧臣创立。因为竹雕的图文都雕刻在毛竹的簧面上，因而得名，也被称为"贴簧""反簧"。黄岩翻簧竹雕与青田石雕、东阳木雕并称"浙江三大雕"。1964年郭沫若曾慕名来到黄岩参观翻簧竹雕作品，他认为"黄岩翻簧竹雕采用国画手法，把绘画技巧与雕刻手法融为一体，有画面、有题款、有图章，构成一幅幅有诗情画意的工艺品。真不愧'浙江三大雕'之一"[②]。

黄岩翻簧竹雕的制作工艺较为复杂，要经过刨光、胶合、制坯、造型、整修、印花、雕刻、镶嵌、彩绘、喷漆等多道工序。具体的雕刻手法可分为五大类：浮雕、高浮雕（底部竹丝镶嵌）、镂层雕（即将簧层雕成沙粒状，呈现出明显的图案）、线雕（即阴雕）和彩绘。[③]工艺美术

---

① 陈彩平：《浅谈仙居花灯的历史起源与传承发展》，《中国民族博览》2020年第3期。

② 曾子敬：《黄岩翻簧》，《浙江档案》2008年第10期。

③ 曾子敬：《黄岩翻簧》，《浙江档案》2008年第10期。

师罗启松先生经过反复试验，率先采用激光雕刻与手工雕刻相结合的技法——激光雕刻法，为翻簧竹雕的发展带来新的生机。翻簧竹雕已经应用在多种生活用品与工艺美术作品上，它质地细洁，古朴典雅且较易保存，兼具实用性与艺术性。

2006年，台州市黄岩区翻簧竹雕艺术馆成立，黄岩区政府设置了专门的保护基金，并对翻簧竹雕的艺术家给予资金支持。2011年，罗启松个人翻簧竹雕艺术入册中华文化名家——工艺美术名家精品系列纪念邮票电话卡珍藏册。2016年黄岩翻簧竹雕《赏花图宫扇》入选G20峰会杭州萧山机场国宾楼艺术品陈设展，黄岩翻黄竹刻的发展迎来了新的机遇。

台州文化历史悠久，文化遗产十分丰富。文化遗产是历史的积淀，是人民智慧与创造的结晶。面对厚重的历史和丰富的遗产，我们要认识了解，更要保护传承。保护文物古迹，传承传统技艺与文化精神，让文化遗产"活起来"，成为助推台州经济社会发展的重要资源。

附录：台州市国家重点文物保护单位一览表、台州市省级文物保护单位一览表、台州市国家级非物质文化遗产名录一览表、台州市省级非物质文化遗产名录一览表（表14.1—14.4）。

表14.1 台州市国家级重点文物保护单位（截止到国家级第八批）

| 名称 | 时代 | 地址 |
| --- | --- | --- |
| 仙居古越族岩画群 | 春秋战国 | 仙居县 |
| 大溪东瓯古城遗址 | 西汉 | 温岭市 |
| 瑞隆感应塔 | 五代 | 台州市黄岩区 |
| 沙埠窑遗址 | 唐宋 | 台州市黄岩区 |
| 南峰塔和福印山塔 | 宋 | 仙居县 |
| 新河闸桥群 | 宋至清 | 温岭市 |
| 台州府城墙 | 宋至清 | 临海市 |
| 巾山群塔 | 元 | 临海市 |
| 桃渚城 | 明 | 临海市 |

| 名称 | 时代 | 地址 |
|---|---|---|
| 林应麒功德牌坊 | 明 | 仙居县 |
| 金清大桥 | 清 | 温岭市 |
| 国清寺 | 清 | 天台县 |
| 椒江戚继光祠 | 清 | 台州市椒江区 |
| 恩泽医局旧址 | 1901—1951年 | 临海市 |
| 坎门验潮所 | 1929年 | 玉环市 |
| 一江山岛战役遗址 | 1955年 | 台州市椒江区 |
| 江厦潮汐试验电站 | 1979年 | 温岭市 |

表14.2　台州市省级文物保护单位（截止到浙江省第八批）

| 名称 | 时代 | 地址 |
|---|---|---|
| 下汤遗址 | 新石器时代 | 仙居县郑桥乡 |
| 灵山遗址 | 新石器时代 | 台州市路桥区路北街道 |
| 峙山头遗址 | 新石器时代 | 临海市小芝镇 |
| 三合潭遗址 | 商周 | 玉环市珠港镇 |
| 岩石殿石棚墓 | 商至春秋 | 仙居县安洲街道 |
| 溪口、涌泉窑址群 | 东汉晚期—南朝 | 临海市溪口乡、涌泉乡 |
| 长屿石宕遗址 | 六朝至中华人民共和国 | 温岭市新河镇 |
| 大溪窑址 | 唐至宋 | 温岭市大溪镇 |
| 郑虔墓 | 唐至清 | 临海市大田镇 |
| 桐柏山摩崖题记 | 唐至民国 | 天台县桐柏山 |
| 铁米筛井 | 宋 | 台州市黄岩区东城街道 |
| 打铁桥闸 | 宋 | 台州市路桥区金清镇 |
| 刘光求雨摩崖题记 | 北宋 | 仙居县广度乡 |
| 吴芾"赐谥敕牒"碑 | 南宋 | 仙居县官路镇 |
| 糠桥头桥 | 南宋 | 温岭市新河镇 |
| 长老山大佛字摩崖石刻 | 南宋 | 仙居县福应街道 |
| 东湖 | 宋至清 | 临海市古城街道 |
| 石梁摩崖题记 | 宋至清 | 天台县石梁镇 |
| 净土寺塔 | 元 | 台州市黄岩区潮济乡 |
| 石灯柱 | 明 | 仙居县城关镇 |

续表

| 名称 | 时代 | 地址 |
| --- | --- | --- |
| 健跳所城遗址（含蒲西巡检司城） | 明 | 三门县健跳镇、六敖镇 |
| 卜家岙李氏家族墓 | 明 | 仙居县南峰街道 |
| 水口石塔 | 明 | 台州市黄岩区茅畲乡 |
| 下旧城遗址 | 明 | 临海市上盘镇 |
| 泗边小鹿巡检司城遗址 | 明 | 玉环市沙门镇 |
| 王士性墓 | 明 | 临海市白水洋镇 |
| 王士琦墓 | 明 | 临海市括苍镇 |
| 攀龙附凤牌坊 | 明 | 仙居县福应街道 |
| 下各东桥 | 明 | 仙居县下各镇 |
| 东湖谭纶画像及戚继光表功碑 | 明 | 临海市城关镇 |
| 安州山塔 | 明 | 仙居县城关镇 |
| 文笔塔 | 明 | 温岭市新河镇 |
| 盘山摩崖石刻 | 明 | 台州市路桥区桐屿街道 |
| 苍岭古道 | 明、清 | 仙居县、缙云县 |
| 张文郁旧居 | 明、清 | 天台县城关镇 |
| 仙岩洞摩崖石刻 | 明至民国 | 三门县浦坝港镇 |
| 张思村乡土建筑 | 明至民国 | 天台县平桥镇 |
| 五洞桥 | 清 | 黄岩区城关镇 |
| 黄岩孔庙 | 清 | 黄岩区城关镇 |
| 新桥爱吾庐 | 清 | 台州市路桥区新桥镇 |
| 委羽山大有宫 | 清 | 台州市黄岩区西城街道 |
| 徐昌积宅 | 清 | 台州市黄岩区东城街道 |
| 镇索桥 | 清 | 台州市黄岩区院桥镇 |
| 台州府文庙大成殿 | 清 | 临海市古城街道 |
| 五洞桥 | 清 | 临海市大洋街道 |
| 卢氏节孝牌坊 | 清 | 临海市杜桥镇 |
| 妙山花楼民居群 | 清 | 天台县赤城街道 |
| 玉湖七里庙 | 清 | 天台县始丰街道 |
| 大房文昌阁 | 清 | 天台县坦头镇 |
| 街头曹氏民居 | 清 | 天台县街头镇 |

| 名称 | 时代 | 地址 |
| --- | --- | --- |
| 上江垟建筑群 | 清 | 仙居县横溪镇 |
| 羊棚头王氏宗祠 | 清 | 仙居县下各镇 |
| 黄梁陈武庙及陈氏宗祠 | 清 | 仙居县下各镇 |
| 羊棚头成氏宗祠 | 清 | 仙居县下各镇 |
| 东屏陈氏亚魁第 | 清 | 三门县横渡镇 |
| 义丰路160号民居 | 清 | 三门县亭旁镇 |
| 纪恩诗摩崖题记 | 清 | 玉环市芦浦镇 |
| 妙山陈氏宗祠 | 清 | 天台县赤城街道 |
| 苔山寨城遗址 | 清 | 玉环市清港镇 |
| 三门宗祠群 | 清 | 三门县 |
| 岱石庙 | 清 | 台州市黄岩区澄江街道 |
| 下梁大桥 | 清 | 台州市路桥区金清镇 |
| 天台孔庙大成殿 | 清 | 天台县赤城街道 |
| 欢溪高桥 | 清 | 天台县坦头镇 |
| 石塘陈宅 | 清、民国 | 温岭市石塘镇 |
| 九遮山埠桥群 | 清、民国 | 天台县街头镇 |
| 水南许氏宗祠群 | 清、民国 | 天台县福溪街道 |
| 祁家祁宅 | 清、民国 | 三门县海游镇 |
| 石塘天后宫 | 清、民国 | 温岭市石塘镇 |
| 温岭石塘石屋 | 清至中华人民共和国 | 温岭市石塘镇 |
| 马氏庄园 | 民国 | 临海市大田街道 |
| 王文庆故居 | 民国 | 临海市东塍镇 |
| 周至柔故居 | 民国 | 临海市东塍镇 |
| 玉环碉楼 | 民国 | 玉环市楚门镇、芦浦镇、干江镇、清港镇、海山乡 |
| 温岭碉楼 | 民国 | 温岭市坞根镇、石塘镇 |
| 抗战时期中共黄岩县委机关旧址 | 民国 | 台州市黄岩区茅畲乡 |
| 新金清闸 | 民国 | 温岭市滨海镇 |
| 陈安宝烈士陵园（含陈安宝旧宅） | 民国、中华人民共和国 | 台州市路桥区横街镇 |
| 《圣训诗》摩崖题记 | 1921年 | 玉环市玉城街道 |

续表

| 名称 | 时代 | 地址 |
|---|---|---|
| 旁亭起义旧址 | 1928 年 | 三门县旁亭镇 |
| 李婆桥 | 1968年 | 温岭市箬横镇 |
| 海山潮汐电站 | 中华人民共和国 | 玉环市海山乡 |
| 三池窟大寨屋 | 中华人民共和国 | 温岭市大溪镇 |

表14.3　台州市国家级非物质文化遗产名录（截止到国家级第五批）

| 名称 | 类别 | 申报地 |
|---|---|---|
| 济公传说 | 民间文学 | 天台县 |
| 刘阮传说 | 民间文学 | 天台县 |
| 狮舞（黄沙狮子） | 传统舞蹈 | 临海市 |
| 鼓舞（大奏鼓） | 传统舞蹈 | 温岭市 |
| 龙舞（坎门花龙） | 传统舞蹈 | 玉环市 |
| 台州乱弹 | 传统戏剧 | 台州市 |
| 临海词调 | 曲艺 | 临海市 |
| 仙居花灯 | 传统美术 | 仙居县 |
| 镶嵌（彩石镶嵌） | 传统美术 | 仙居县 |
| 竹刻（黄岩翻簧竹雕） | 传统美术 | 台州市黄岩区 |
| 天台山干漆夹苎技艺 | 传统技艺 | 天台县 |
| 线狮（九狮图） | 传统体育、游艺与杂技 | 仙居县 |
| 易筋经（天台山易筋经） | 传统体育、游艺与杂技 | 天台县 |
| 七夕节（石塘七夕习俗） | 民俗 | 温岭市 |
| 农历二十四节气(三门祭冬) | 民俗 | 三门县 |
| 农历二十四节气(送大暑船) | 民俗 | 台州市椒江区 |
| 中医正骨疗法（章氏骨伤疗法） | 传统医药 | 台州市 |

表14.4　台州市省级非物质文化遗产名录（截止到浙江省第六批）

| 名称 | 类别 | 申报地 |
|---|---|---|
| 台州乱弹 | 传统戏剧 | 台州市 |
| 大石车灯戏 | 传统戏剧 | 临海市 |

续表

| 名称 | 类别 | 申报地 |
|---|---|---|
| 单档布袋戏（上鲍布袋木偶戏） | 传统戏剧 | 三门县 |
| 平调 | 传统戏剧 | 三门县 |
| 临海词调 | 曲艺 | 临海市 |
| 路桥莲花 | 曲艺 | 台州市路桥区 |
| 台州道情 | 曲艺 | 台州市 |
| 三十六行说唱 | 曲艺 | 仙居县 |
| 鼓词（玉环鼓词） | 曲艺 | 玉环市 |
| 渔民号子（玉环渔民号子） | 传统音乐 | 玉环市 |
| 山歌（仙居山歌） | 传统音乐 | 仙居县 |
| 天台山佛教音乐 | 传统音乐 | 天台县 |
| 道教音乐<br>（天台山道教南宗洞经音乐） | 传统音乐 | 天台县 |
| 黄沙狮子 | 传统舞蹈 | 临海市 |
| 九狮图 | 传统舞蹈 | 仙居县 |
| 板龙（杨家板龙、大田板龙、<br>三门县花桥龙灯） | 传统舞蹈 | 临海市 |
| 大奏鼓 | 传统舞蹈 | 温岭市 |
| 仙居鲤鱼跳龙门 | 传统舞蹈 | 仙居县 |
| 上盘花鼓 | 传统舞蹈 | 临海市 |
| 坎门花龙 | 传统舞蹈 | 玉环市 |
| 坎门鳌龙鱼灯舞 | 传统舞蹈 | 玉环市 |
| 缠足苦 | 传统舞蹈 | 三门县 |
| 新前采茶舞 | 传统舞蹈 | 台州市黄岩区 |
| 小蜜蜂 | 传统舞蹈 | 三门县 |
| 院桥高台舞狮 | 传统舞蹈 | 台州市黄岩区 |
| 天皇花鼓 | 传统舞蹈 | 温岭市 |
| 黄岩翻簧竹雕 | 传统美术 | 台州市黄岩区 |
| 仙居花灯 | 传统美术 | 仙居县 |
| 剪纸（临海剪纸） | 传统美术 | 临海市 |
| 仙居彩石镶嵌 | 传统美术 | 仙居县 |
| 台州刺绣 | 传统美术 | 台州市椒江区 |
| 临海泥塑 | 传统美术 | 临海市 |

续表

| 名称 | 类别 | 申报地 |
|---|---|---|
| 石窗艺术 | 传统美术 | 三门县、仙居县 |
| 路桥灰雕 | 传统美术 | 台州市路桥区 |
| 剪纸 | 传统美术 | 台州市黄岩区 |
| 黄岩漆金木雕 | 传统美术 | 台州市黄岩区 |
| 温岭草编、岭根草编、桐屿草席编制技艺 | 传统美术 | 温岭市、临海市、台州市黄岩区 |
| 温岭剪纸、玉环剪纸 | 传统美术 | 温岭市、玉环市 |
| 路桥保安剪纸 | 传统美术 | 台州市路桥区 |
| 临海犀皮漆艺 | 传统美术 | 临海市 |
| 根雕（仙景根雕） | 传统美术 | 仙居县 |
| 天台山干漆夹苎髹饰技艺 | 传统技艺 | 天台县 |
| 蓝花布印染技艺 | 传统技艺 | 仙居县 |
| 枧桥鼓制作技艺 | 传统技艺 | 临海市 |
| 台州玻璃雕刻技艺 | 传统技艺 | 台州市椒江区、天台县 |
| 临海古长城营造技术 | 传统技艺 | 临海市 |
| 皤滩盐铺商号和古民居建筑艺术 | 传统技艺 | 仙居县 |
| 竹纸制作技艺 | 传统技艺 | 台州市黄岩区 |
| 晒盐技艺（路桥盐业生产加工技艺） | 传统技艺 | 台州市路桥区 |
| 石雕（温岭石雕） | 传统技艺 | 温岭市 |
| 香沉木雕 | 传统技艺 | 仙居县 |
| 传统纺织技艺（天台苎布制作技艺） | 传统技艺 | 天台县 |
| 绿茶制作技艺（临海羊岩勾青茶制作技艺） | 传统技艺 | 临海市 |
| 海洋鱼类传统加工技艺（松门白鲞传统加工技艺） | 传统技艺 | 温岭市 |
| 豆制品传统制作技艺（白水洋豆腐制作技艺、仙居豆腐制作技艺） | 传统技艺 | 临海市、仙居县 |
| 木杆秤制作技艺（永利木杆秤制作技艺） | 传统技艺 | 临海市 |
| 拷绢手工技艺 | 传统技艺 | 台州市路桥区 |
| 王氏大花灯制作技艺 | 传统技艺 | 温岭市 |

| 名称 | 类别 | 申报地 |
|---|---|---|
| 金漆造像技艺 | 传统技艺 | 天台县 |
| 卵石镶嵌技艺 | 传统技艺 | 仙居县 |
| 木杆秤制作技艺（戥秤制作技艺） | 传统技艺 | 温岭市 |
| 绿茶制作技艺（天台县云雾茶制作技艺） | 传统技艺 | 天台县 |
| 戏剧服装制作技艺 | 传统技艺 | 台州市黄岩区 |
| 延绳钓捕捞技艺 | 传统技艺 | 玉环市 |
| 台州府城传统小吃制作技艺 | 传统技艺 | 临海市 |
| 夹苎脱胎漆艺 | 传统技艺 | 临海市 |
| "一根藤"制作技艺 | 传统技艺 | 天台县 |
| 天台饺饼筒制作技艺 | 传统技艺 | 天台县 |
| 红曲酒酿制技艺（天台红曲酒传统酿造技艺） | 传统技艺 | 天台县 |
| 宁溪传统糟烧酿制技艺 | 传统技艺 | 台州市黄岩区 |
| 温岭传统食补品制作技艺 | 传统技艺 | 温岭市 |
| 海游六兽 | 民俗 | 三门县 |
| 高枧古亭台阁 | 民俗 | 三门县 |
| 杨家祭冬 | 民俗 | 三门县 |
| 石塘小人节 | 民俗 | 温岭市 |
| 二月二灯会 | 民俗 | 台州市黄岩区 |
| 送大暑船 | 民俗 | 台州市椒江区 |
| 清音寺庙会 | 民俗 | 仙居县 |
| 三门讨小海习俗 | 民俗 | 三门县 |
| 温岭洞房经 | 民俗 | 温岭市 |
| 泽国三月三 | 民俗 | 温岭市 |
| 撒梁皇 | 民俗 | 仙居县 |
| 石塘元宵习俗 | 民俗 | 温岭市 |
| 济公传说 | 民间文学 | 天台县 |
| 寒山拾得传说 | 民间文学 | 天台县 |
| 戚继光抗倭传说 | 民间文学 | 台州市椒江区、临海市 |
| 台州府城民谣 | 民间文学 | 临海市 |
| 路桥气象谚语 | 民间文学 | 台州市路桥区 |

续表

| 名称 | 类别 | 申报地 |
|---|---|---|
| 刘阮传说 | 民间文学 | 天台县 |
| 临海民间谜语 | 民间文学 | 临海市 |
| 十八罗汉 | 传统体育、游艺与杂技 | 仙居县 |
| 南拳（天台皇都南拳） | 传统体育、游艺与杂技 | 天台县 |
| 新前武术 | 传统体育、游艺与杂技 | 台州市黄岩区 |
| 小坑七心拳 | 传统体育、游艺与杂技 | 三门县 |
| 灵溪奚家拳 | 传统体育、游艺与杂技 | 天台县 |
| 打油奏 | 传统体育、游艺与杂技 | 天台县 |
| 南太极拳 | 传统体育、游艺与杂技 | 台州市黄岩区 |
| 缩山拳 | 传统体育、游艺与杂技 | 临海市 |
| 天台山易筋经 | 传统体育、游艺与杂技 | 天台县 |
| 戚家军鸳鸯阵 | 传统体育、游艺与杂技 | 临海市 |
| 章氏骨伤科 | 传统医药 | 台州市 |
| 蒋家山接骨 | 传统医药 | 临海市 |
| 沈宝山中药文化 | 传统医药 | 台州市黄岩区 |
| 章氏中医肾病疗法 | 传统医药 | 玉环市 |
| 台州理森皮肤病诊疗技艺 | 传统医药 | 台州市路桥区 |
| 天台铃医文化 | 传统医药 | 天台县 |

# 第二节　台州文化的研究热点

自20世纪80年代以来，文化问题成为社会关注的焦点，文化研究也随之成为学界探讨的"热点"。台州文化研究既要立足于本地经济社会发展和文化建设的需要，又要登高望远，站在构建人类命运共同体的时代高度，挖掘和弘扬优秀传统文化资源，总结概括当代文化建设成就，让地域的文化之花开在更为广阔的原野，结出更加丰硕的果实。

## 一、台州文化研究的回顾

改革开放激发了台州人文化研究和文化创新的活力。20世纪80年代在中央"两个文明建设"倡导下，台州地域文化研究迅速兴起，此后，台州文化研究的学术机构相继成立，学术著作不断面世。

1. 成立文化研究机构。1988年5月，台州地区一批专业的和业余的文化宣传工作者，发起并组织了"天台山文化研究课题组"。1989年5月，为进一步推进天台山文化研究，又成立了"天台山文化研究会"，团结和调动了各方面的研究力量，初步改变了过去散兵游勇、单打独斗的研究格局。1997年，天台山文化研究会从开始时的20余位成员，发展到拥有天台山济公研究会、天台道教文化研究会和寒山文学社3个团体会员及60余位个人会员的群众性学术团体，为深入研究天台山文化打下了坚实的基础。

随着和合文化价值的日益凸显和社会各界的广泛关注，2017年2月24日，台州学院将天台山文化研究所升格为天台山文化研究院的同时，成立和合文化研究院，研究院下设儒释道研究所、和合文化研究所、唐诗之路研究所。

2. 举办学术研讨会。自1993年6月3—6日在天台举办首届中国天台山文化学术研讨会后，第二届、第三届分别于1997年9月16—18日、2002年5月15—19日在天台召开。三次会议均由中国社会科学院世界宗教研究所、天台县人民政府、天台山文化研究会等联合主办，聚焦于天台山宗教文化，包括天台宗及其人物研究、天台宗与韩国、日本佛教的关系研究、天台道教及其人物研究等。从第三届研讨会开始，学者们开始讨论"天台山文化特点"。会议认为，天台山文化是儒释道"三教合一"的生动典范，其中最具代表性的人物是寒山子、张伯端等。

2004年5月10—12日，首届天台山济公文化研讨会在天台山召开，主要探讨济公的生平事迹、济公信仰的形成、济公文化的内涵及其现代意义、济公与天台、东南亚的济公崇拜等议题。

2008年5月10—12日，天台举行"寒山子暨和合文化国际研讨会"，会议围绕儒释道融于一身的寒山子及寒山诗、和合二仙与天台山和合文化两大主题展开研究与讨论。次年6月正式出版《寒山子暨和合文化国际研讨会论文集》。

2012年9月5—7日，由浙江省道教协会主办，天台县宗教文化交流协会、天台山道教协会、天台山桐柏宫等承办的首届天台山中国道教南宗文化周在天台山隆重举行。此次活动的主题是"天台论道、祖庭悟真"。同年11月9—12日，"第五届中国唐宋诗词暨天台山文化国际学术研讨会"在天台县举行。此次会议由中国韵文学会、台州学院、天台县政协联合主办，台州学院人文学院、台州学院天台山文化研究所承办，聚焦于诗学、词学和天台山文化研究。

2013年10月26—28日，由天台县人民政府、杭州古都文化研究会主办，台州市天台山文化研究会和天台县社会科学界联合会、天台县文学艺术界联合会承办，浙江易道资产有限公司协办的"中国两宋文化与天台山学术研讨会"，在天台县始丰新城锦江之春宾馆举行。会议聚焦于两宋时期天台山文化的多个方面，旨在挖掘与研究天台山文化的丰富内涵及重要价值。会后，《中国两宋天台山文化论文集》于2015年3月由中国文史出版社出版发行。

从2015年开始，天台山文化研究逐渐从原先的宗教、诗词、两宋文化等诸多议题聚焦于和合文化。12月6日，中国人民大学孔子研究院、天台县委宣传部、天台县工商联合会、天台山文化研究会等联合举办"首届天台山和合文化当代价值论坛"与"和合文化与现代企业管理学术研讨会"。与会专家和学者围绕以"和合文化"为核心的传统文化展开研讨。

2017年11月11日，第二届天台山和合文化论坛在天台开幕，来自中国社科院、中国国际友好联络会、中国文化院和国内外知名高校、文化机构的领导嘉宾、专家学者云集天台山，共同探讨和合文化的丰富内涵和当代价值。

3. 建设社会主义先进文化。除研究传统文化之外，社会主义先进文化资源也得到挖掘与重视。2018年6月26日，台州市大陈岛垦荒精神研究中心在台州学院成立，并举办了大陈岛垦荒精神理论研讨会。该研究中心为台州市级研究机构，以研究阐释大陈岛垦荒精神等红色文化为首要任务，努力打造成为集理论研究和社科普及为一体、具有广泛影响力的区域红色文化研究平台。次年5月，中共台州市委宣传部、市委党校和市社科联举办了"大陈岛垦荒精神与台州城市精神"理论研讨会。研讨会旨在挖掘新时代赋予大陈岛垦荒精神的时代价值，为大陈岛垦荒精神升华为台州城市精神奠定理论基础。

40年的台州文化研究，取得了丰硕的成果，尤其是在天台山宗教文化、天台山和合文化、浙东唐诗之路、大陈岛垦荒精神、台州历史文化、海洋文化、基层民主政治等领域形成了一些研究热点。下面择其要者简述之。

## 二、天台山和合文化研究

大陆学界对和合文化的研究，兴起于20世纪90年代。在这一时期，"和平与发展"作为时代主题已成为人们的共识，但"文明冲突""生态危机"等也成为人类必须解决的重大问题。有识之士呼吁，要从中华和合文化中寻求智慧，化解人类面对的冲突与危机。为此，许多著名学者如张岱年、汤一介、季羡林、钱穆、程思远、邢贲思、许嘉璐等，对和合文化开展了卓有成效的研究。90年代中后期，和合文化研究开始转向系统化研究与体系性建构，程思远先生等一批学者和专家发起并实施"中华和合文化弘扬工程"；张立文教授多年来从事和合文化研究，出版了《和合学概论》，创立了和合学，影响所及不限于中国，还远播异域。

天台山和合文化研究就是在这样的时代背景下和学术文化氛围中启动的。学者们围绕天台山和合文化展开了广泛研究，撰写了数百篇论文，出版了几十本专著，其间还成立了天台山文化研究会，组织举办了"寒山子暨和合文化国际研讨会"和"天台山和合论坛"等多场学术研讨会，汇编出版了一系列会议论文集，《东南文化·天台山专号》在海内外产生较大影响。

## （一）天台山和合文化研究的主要焦点

1. 天台山文化特质研究。一种观点认为天台山文化是"名山文化"，如叶哲明教授认为，"天台山文化是以我国东南海滨的幽秀神奇为特色的名山文化"[①]。但也有学者持不同看法，他们认为，与其说天台山文化属于名山文化，还不如说是"区域文化"更为准确，如任继愈先生认为天台山文化可看作"具有地区特色的文化"。

随着研究的深入，学者们认识到，"名山文化"和"区域文化"都是普适概念，神州大地名山胜地众多，以"名山文化"界定天台山文化，不能彰显天台山文化的特质，天台山文化有必要做更为准确的定性和定位。为此，连晓鸣先生认为天台山文化是融合了儒道释和宗族文化的"复合型名山文化"[②]。相较于"名山文化"，"复合型名山文化"的界说反映了天台山儒释道三教并存互融的文化生态，更为准确地揭示了天台山文化三教和合的特质，在认识天台山文化的过程中具有里程碑意义。

进入新世纪后，为了提炼台州人文精神，不少学者对天台山文化的

---

① 叶哲明：《天台山文化和学派特色之研究》，《台州学院学报》2003年第1期。

② 连晓鸣：《天台山文化初论》，《东南文化》1990年第6期。

特质做了深入的研究，如周琦、过亚林等学者在各自的论文中，相继指出并肯定"和合"是天台山文化的内核或特质，他们据此认为天台山文化本质上是一种"和合文化"。[①]我国诸多名山历史上或偏于佛，或偏于道，而天台山儒释道三教兼融，和睦相处，呈现出多种文化并存和合的特质。

2. **天台山和合文化渊源研究。**在研究区域文化渊源时，学者们常以地理环境决定论、历史决定论或生产方式决定论作为研究方法。从事天台山和合文化研究的学者很少采用其中的单一方法，而是运用多种方法探究天台山和合文化的渊源，如叶哲明从地理环境和文化两个方面分析天台山和合文化渊源，认为山海相连的自然环境与附丽其中的诸多人文景观，共同孕育了天台山和合文化；[②]高汉先生则兼顾了自然和历史两个方面，认为天台山和合文化是由自然和历史所赐；周琦则认为，山海相连的自然地理、田耕渔获的多元经济和移民社会的和谐要求，是形成天台山和合文化不可或缺的因素。[③]

也有学者如杨供法认为，随着交通的快速发展，不同地区的生产模式和消费模式变得更加相似，地理环境决定论和生产方式决定论已经难以说明地域文化的特质，因而，探究天台山和合文化的渊源应当借鉴当代文化研究的新方法如"文化决定论"等，从天台山儒释道三教并存的文化生态，以及天台山文化各种形态本身中挖掘出丰富的和合因子。这些丰富的和合因子，才是天台山文化成为和合文化的决定性要素。

3. **天台山和合文化内涵研究。**研究天台山和合文化的内涵，旨在理清天台山和合文化的内容结构，这一直是学界研究的重点和主要目的，

---

① 杨供法：《文化精神价值——以台州文化为例》，北京：中央编译出版社，2012年，第25—28页。

② 叶哲明：《天台山文化和学派特色之研究》，《台州学院学报》2003年第1期。

③ 周琦：《天台山文化"和合学"概论》，载《浙江省社会学学会成立二十周年纪念暨2007学术年会论文集》。

然而学界对此的认识却非常多样，概括起来主要有两种：一是以周琦、许尚枢等为代表的"和合学"架构。他们从"和合学"视角出发，认为天台山和合文化由"天人和合论""社会和谐论""自我身心和合论"三部分构成；① 二是以连晓鸣、叶哲明等为代表的"文化主干"架构。他们参照中华传统文化的三大主干分法，认为天台山和合文化由以天台宗为代表的佛教文化、以南宗为代表的道教文化和以理学为代表的儒家文化三部分构成。

天台山和合文化的"三大主干"深受国内外学者的重视，在天台山儒释道三个领域均有专门论著，其中以天台宗研究最为丰富，研究者也遍及海内外。如保罗·L.史万森在全面解读《法华玄义》文本的基础上，对智颢做了高度的评价，把智者视为与托马斯·阿奎那、安萨里同列的世界史上伟大的宗教思想与实践的系统化大师。② 国外的天台宗研究，以日本学者的成就为最大，如平川彰的《法华思想》、田村芳朗的《天台思想》、安藤俊雄的《天台学》等，这些学者及其成果在学界颇受关注。同时还需关注的是，日本有不少学者在研究智颢在佛教思想史上的地位及其哲学对后世思想及文化产生的影响和当代价值，如增谷文雄说，作为中国的代表性的头脑，"如果要从佛教徒中挑选的话，那就恐怕非天台大师智颢莫属"；梅原猛也称赞"天台学恐怕是中国最高深、最有系统性的哲学之一"③；池田大作说，他之所以提出天台大师深刻的佛学哲理，是因为"它会给面临崩溃危机的西欧现代文明体系带来一种新的觉醒"。④

台湾有很多研究天台宗的学者，成果也颇丰，如尤惠贞的《天台哲

---

① 许尚枢：《构建广义天台学刍议》，载《天台山文化当代价值理论研讨会论文集》，2015年。
② [美]保罗·L.史万森：《天台哲学的基础》，上海：上海古籍出版社，2009年，第1页。
③ [日]池田大作：《我的天台观》，成都：四川人民出版社，2001年，第5页。
④ [日]池田大作：《我的天台观》，第4页。

学与佛教实践》、吴汝钧的《天台智顗的心灵哲学》、林志钦的《智者大师教观思想之研究》、张曼涛主编的《天台学概论》等，这些成果依据扎实的史料，对天台宗的发展历史做了比较全面的梳理，尤其对天台宗的体系内容做了系统的阐发，在天台宗人物的研究方面有独到的见解。还有学者关注天台宗的"圆融"方法，如戈国龙先生的《〈摩诃止观〉之圆顿义》、郭朝顺的《智者的圆顿思想》等，以智者所提的"圆顿止观法门"为视角，分析了"圆融"在天台佛学中的地位，认为它是圆满、具足无缺、中正不偏、一时全具的了义精神。

改革开放以来，大陆学界天台宗的研究水平提高较快，发表和出版了许多论著，如董平教授的《天台宗研究》、潘桂明教授的《中国天台宗通史》、曾其海教授的《天台佛学》等，这些研究成果涉及天台宗的形成、体系架构、对外传播、当代价值以及天台佛教现代化等各个层面，形成了较为完备的"天台宗研究体系"。还有学者在挖掘和研究天台宗的和合思想，如董飞博士在方法论层面阐述了天台宗"圆融"思维的特点，指出这一方法使天台宗既超越藏、通、别等教法，又不排斥这些教法，是天台宗在方法论上区别于其他宗派的一面旗帜。[1]陈坚教授则指出，智顗运用"三千互具""会三归一"的圆融方法，融合了当时佛教南北两宗，和合了儒道两种本土文化，阐发出"五常、五行义，亦似五戒"和"一切世间外道经书，皆是佛说"。[2]此外，还有一些学者认为，天台宗不仅是中国佛教从融会阶段走向创造阶段的里程碑，而且其"圆融"的思维方法与和合思想，对近代以来中西文化交流乃至21世纪人类文明发展有着重大价值。如黄夏年先生指出，天台宗"一念三千"的认识论、"一心三观"的实践论、"圆融三谛"的本体论等，都与当代社会

---

① 董飞：《天台圆教的超越与综合》，复旦大学2003年博士学位论文。

② 陈坚：《天台宗是中国化佛教刍议》，《台州学院学报》2005年第1期。

有着密不可分的联系，同时，它反过来给当代文化建设和发展以重要启示，就是要以开放的心态和学习的方法尽可能将世界上好的思想和学说加以借鉴与吸收，才能促进文化的创新和发展。[①]

4."和合二圣"研究。天台山文化滋育了一大批具有和合思想的代表人物，如智𫖮、司马承祯、寒山子、湛然、徐灵府、杜光庭、智圆、张伯端、杜煜和杜知仁、方孝孺、王棻等。虽然学界从多个侧面对他们做过研究，但聚焦于探究和合思想，大家的研究重心还是会选取作为"和合二圣"的寒山拾得。如梁立新先生的《读寒山说和合》、钱学烈女士的《碧潭秋月映寒山》等解读了寒山诗的和合思想，认为寒山经历了由儒入道、由道入佛的心路历程，寒山诗中的自叙诗和风俗诗大都打上了儒家思想的烙印，而隐逸诗则浸润老庄，颇具仙风道骨；[②]张红的《寒山文化与当代中国生态文化建设》、于阿丽的《论寒山诗中关于"生死"问题的灵性追寻》等论文，从处理人与自然、人的身心关系出发，探析寒山的和合思想及其价值；而徐光大等认为，寒山对儒释道三家思想均有汲取，寒山子集儒释道身份于一人，寒山诗合人情、禅意、仙境为一体。儒释道三教思想，在寒山身上实现了玄妙的结合，因此，寒山子或寒山诗最具"和合"文化的象征意义，无怪乎任平先生认为："寒山的精神就是和合文化精神，寒山的思想就是和合思想。"[③]

寒山诗不仅从天台山走向神州大地，也流播海外，影响欧美。《寒山子诗集》在欧美的影响以译介为主，如赤松翻译的《寒山歌诗集》是第一个英文译本。东亚的寒山研究则较为深入，朴永焕教授有专文介绍韩国的寒山研究现况，而寒山诗蕴含的"世界为一"的和合境界，在日

① 黄夏年：《21世纪天台宗理论的提升——圆融三谛的现代意义》，《佛学研究》2003年刊。
② 钱学烈：《试论寒山诗中的儒家与道家思想》，《中国文化研究》1998年第2期。
③ 任平：《寒山精神：走向全球的"和合"文化》，载《首届寒山寺文化论坛论文集》，2007年，第40页。

本产生了更大的影响，成为日本文化语境中的"经典"与"中心"。①

　　在域外研究寒山的学者中，对寒山诗的和合思想进行较为系统探究的，还是港台学者。如胥端甫就读出寒山诗中的和合意境，认为寒山从小受经史熏陶，造就了他"恕""仁"的伦理。他入天台山不久，很快登上道家"丧我""玄同"的境界，而且他与国清寺的丰干、拾得交谊深厚，加上自身的勤修，其修为达到了"见性成佛"的禅境。有如此经历和修为的寒山，用其一生写就的寒山诗，熔铸了儒释道三教思想，奠定了自己作为和合文化化身的思想基础。

　　寒山诗在海外尤其是在欧美的流播和影响，是中华文化对外传播的一个成功范例。正因如此，在"文明冲突"的全球化背景下，对于寒山和合思想的深入研究就显得非常必要。研究寒山这一文化现象，不仅要从文学层面感受其深微之诗艺，还要体会其三教和合之意境，更要在跨文化研究中探究寒山诗流播异域的内在理路，从而为全球化时代的民族文化交流提供借鉴或启示。

　　5. 天台山和合文化地位与价值研究。其一，天台山和合文化的地位问题，主要是与中华和合文化的关系问题。纵观学者的相关成果，主要有四种观点：一是"源头"说，认为天台山和合文化是中华和合文化的源头。如叶玲君认为"天台山是和合文化源头"，徐鸿武教授主编的全国领导干部国学教材《和合之道》，把天台山文化与古代龙图腾文化、华夏三祖文化，作为中华和合文化的三大源头；二是"基础"说，如高汉认为天台山和合文化是构成吴越文化和中华和合文化的基础之一；三是"发祥地"说，如许尚枢、赵平安等认为天台山是中华和合文化的发祥地之一；四是"缩影"说，如梁立新主张"天台山文化是中华和合文化的缩影"。

---

① 区鉷、胡安江：《寒山诗在日本的传布与接受》，《外国文学研究》2007第3期。

"基础说""发祥地说"和"源头说"其实并没有实质差别，这三种判断都含有如下意思，即既然天台山和合文化是"源头"，那它在历史发展中已融入中华和合文化发展的大河里，不再有当代的独立存在。这样的判断，可能不够恰切。因为一种文化尤其是曾达至鼎盛辉煌的天台山文化，一旦形成就具有强大的发展惯性，而一直延续的天台山宗教、台州独特的民俗，以及改革开放以来台州在经济、政治、社会和文化各个领域的制度创新，无不表明它的持续存在。所以，所谓天台山和合文化是中华和合文化的"源头说"或"基础说"，也许都不是它的贴切定位，天台山和合文化需要更为恰如其分的定位。

其二，天台山和合文化的价值问题，从根本上说，是如何看待它对经济、社会、文化发展的作用问题。这是学者们研究天台山和合文化的落脚点和目的。从学者的研究成果来看，其价值论述集中体现在以下几个方面：

一是为中华文化发展提供丰富资源。中华和合文化的许多内容来自天台山，包括儒、道、佛"三教合一"的和合思想、"和合二仙"的和合文化象征、济公扶危济困的社会和合情理，以及刘阮故事表现的和合情爱等文化资源。所谓天台山文化是中华和合文化的"源头说""基础说"等，其主要依据也在于此。也因如此，不少著名学者如许嘉璐先生呼吁，要进一步挖掘、整理天台山和合文化资源，以丰富中华和合文化的资源和内涵。

二是对建设和谐社会的文化价值。文化的基本功能是"化人"，不同时期的社会需要培养不同的人，不同的人需要不同的文化理念来培养。在构建社会主义和谐社会中，迫切需要弘扬和合文化，培育具有和合理念的社会建设主体。赵平安、张朝红、梁立新等学者认为，弘扬天台山和合文化，有利于培育人们的和合理念，构建"和而不同"的人际关系、促进不同群体共同发展，这与当今中国特色社会主义和谐社会的要求和目标完全一致。

三是提供应对人类危机的"中国智慧"。在这方面的具体研究中，学者们的视域并不限于天台山和合文化，而是把它融入中华和合文化之中，来认识和阐述它的价值。许嘉璐先生表示，以天台山文化为样板的和合圆融的中华精神，正是对以"现代化"和"发展"为名，控制、盘剥、讹诈新兴国家和待发展国家的"新自由主义"截然不同的新思维、新文化。在实现中华民族伟大复兴的关键时刻，天台山文化理应被"唤醒"并使之服务于这个伟大的时代。[①]

此外，还有一些学者注重天台山和合文化在具体层面的价值研究。如杨供法通过对"台州现象"形成原因的深入分析，发现台州的股份合作制、民主恳谈会等制度创新，以及农业合作社的蓬勃发展，都蕴含着浓厚的和合因素，他因此认为，天台山和合文化是"台州现象"得以形成的文化动因。[②]叶小平则致力于天台山和合文化对发展旅游产业的价值研究，她认为，天台山文化的和合理念，不仅符合当今世界的价值取向，还与当代旅游消费者追求内心和谐的要求相吻合。天台山和合文化遗址丰富，独具特色，其整合有利于提升旅游品牌的核心形象，以此确定"和合圣地"的旅游意象定位。也有学者以台州企业走出国门、完成跨国并购的成功为例，详细分析它们在跨国并购中秉持的理念、谈判的经过，尤其是并购后的制度建设，发现台州这些企业的并购理念，正是天台山文化和合思想在跨国并购中的体现，他们进而认为，天台山和合文化是破解"七七定律"重要的精神力量。[③]

---

① 许嘉璐：《给"天台山文化当代价值研讨会"（2015年）的贺信》。

② 杨供法：《论台州合作经济的文化动因》，《台州学院学报》2008年第5期。

③ 杨供法：《文化和合：跨文化管理的新思维》，《天台山文化当代价值理论研讨会论文集》（2015）。

## （二）天台山和合文化研究存在的问题

天台山和合文化研究也存在不足之处，特别是以下三大问题，需要引起研究者的关注和思考。

1. 天台山文化典籍的和合思想研究有待加强。天台山文化积淀深厚，典籍众多。据《民国台州府志》统计，台州籍作者的著作入选《四库全书》有114部，1360卷。就佛家而言，历代高僧著述共有300部1360卷，仅智者大师的经典就多达34部366卷，其中包括最著名的"天台三大部"。如果说，儒释道是中华传统文化的三大主干，和合文化是中华传统文化的精髓，那么，佛学天台宗作为中华传统文化最具典型意义的宗教哲学，其蕴含着丰富而集中的和合思想自不待言。然而，从天台山文化研究的既有成果看，解读天台山佛教典籍的有之，分析天台宗人物的亦有之，但挖掘其中和合思想的，则较为罕见，也较少有人进行系统性的挖掘和整理，以至于不少人质疑天台山文化的和合特质，乃至质疑天台山和合文化本身，这在某种程度上影响了天台山文化当代价值的彰显。

2. 天台山和合文化体系的建构有待深化。自20世纪80年代至今，天台山文化研究大致走过了从文献整理到专题研究、再到综合研究的过程。然而，由于缺少对天台山文化典籍的全面挖掘和系统整理，张立文先生创立的"和合学"尚未催生出一个比较完整的"天台山和合文化"体系。徐永恩先生编著的《天台山和合文化》循着"和合神"的产生、演变、传播这一线索展开叙述，有所创获，但"和合神"毕竟只是一种民间信仰，"和合二圣"也只是天台山和合文化的一个文化符号或文化象征，它不是天台山和合文化的全部。周琦先生的《天台山文化"和合学"概论》一文，以"和合学"的视角，搭建了天台山和合文化的一个体系框架，有功于学林，但限于篇幅，此文也仅仅搭建了一个框架而已。

总之，当前天台山和合文化的体系构建，还有待进一步深化。

3. 天台山和合文化当代价值研究视野有待拓宽。以往的天台山和合文化研究主要服务于和谐社会建设需要，因而多数学者在界定和合文化的内涵时往往偏向于和谐文化，包括人与自然的和谐、人与人的和谐、人与社会的和谐等。这些研究成果无疑为和谐社会建设提供了文化支撑，但正如习近平总书记所说，"要跟上时代前进步伐，就不能身体已进入21世纪，而脑袋还停留在过去"。人的思想要与时俱进，文化研究也理当如此。随着创新全球治理目标的提出、全球化的推进及我国逐渐进入国际舞台的中心，作为中华文化精髓之一的和合文化，可以为回应"文明冲突论"提供中国智慧，天台山和合文化研究可以为此做出更大的贡献。

### （三）天台山和合文化研究努力的方向

天台山和合文化研究，应超越和合文化与和谐社会关系的既有视域，要站在治国理政、国家外交战略、中西文明对话及助力构建人类命运共同体的新高度，重点推进天台山和合文化的当代价值研究。没有这样的理论高度，就很难有天台山文化的新辉煌。

第一，积极推进天台山和合文化对于社会主义核心价值观内化的价值研究。一要着力探究弘扬天台山和合文化与社会主义核心价值观内化于心之间的内在关联和机理，助力践行社会主义核心价值观。正如习近平总书记所说："深入挖掘和阐发中华优秀传统文化……尚和合、求大同的时代价值，使中华优秀传统文化成为涵养社会主义核心价值观的重要源泉。"二要着力于挖掘和总结天台山和合文化的形成与发展经验，为全球化、网络化时代处理不同文化和多元价值碰撞问题提供经验借鉴。从中外文化交流层面看，借鉴和合中印文化以创立天台宗的经验，有助于解决"文明冲突"问题，促进中西文化交流，实现中华传统文化的再创新；从国内层面看，当前我国社会正处于转型时期，文化多元、价值多元是我国文化领域的重要特征，借鉴天台山儒释道并存和合的经验，有助于处理我国复杂的多元文化关系，培养开放包容精神。

第二，积极推进天台山和合文化对于营造"双创"氛围的价值研究。"创新是一个民族进步的灵魂，是一个国家兴旺发达的不竭动力"[①]，创新有多种方法和途径，但现代创新必须在各个创新主体、多种创新要素交互作用下才能实现。天台山文化作为一种和合文化，它具有"和而不同"与"和实生物"的两大基因，而这两大基因依然是现代创新必需的要素。"和而不同"体现为和合文化的包容性，有利于形塑创新的文化和制度氛围，包容不同的创新主体，形成创新合力；"和实生物"体现了和合文化的创新性，它表明事物的产生与创新，是不同要素和合的结果。天台山和合文化形成和发展的历史表明，天台山儒释道三教并存的文化生态，是天台山文化"和而不同"的典型；印度佛教与中华文化在此和合而成天台宗，正是两种文化"和实生物"的表现；当代台州股份合作制、民主恳谈会等制度创新，也是各种要素和合创新的结晶。[②] 天台山和合文化研究要理清和合思维与创新思维的关系，以和合思维培育开放包容理念，提高谋划全局的战略思维能力和开拓创新能力，为"大众创业、万众创新"营造浓厚的创新文化氛围。总之，包容和合，是当代开放社会需要的一种精神；和合创新，是中国特色自主创新的基本路径。

第三，积极推进天台山和合文化对于创新社会治理的价值研究。文化研究终归要服务于经济社会发展和人的进步。我们希望在推进天台山和合文化研究中，弘扬"和而不同"精神，培育和合思维与和合理念，促进社会主义和谐社会建设，包括形塑互爱互助的社会治理主体、和谐

---

① 江泽民：《江泽民文选》（第一卷），北京：人民出版社，2006年，第432页。

② 杨供法：《文化精神价值：以台州文化为例》，北京：中央编译出版社，2008年，第210—222页。

良性的社会治理结构、协商民主的政治体制、合作信任的社会氛围、和合发展的国际环境，助力当代社会治理创新和全球治理创新。

第四，积极推进天台山和合文化对于实施"一带一路"的价值研究。"一带一路"是以习近平同志为核心的党中央提出的重大经济和外交倡议，这一倡议具有的"睦邻、安邻、惠邻"的诚意和"与邻为善、以邻为伴"的友善，体现了中华文化的和合理念。"一项没有文化支撑的事业难以持续长久"，研究和弘扬天台山和合文化，就是要为实施"一带一路"这一伟业提供强大的文化支撑。

第五，积极推进天台山和合文化对于促进中西文明对话融合的价值研究。以天台宗为代表的天台山文化，在面临第一次中国文化与外来文化（印度佛教文化）的融突之际，首先实现了佛教的中国化，这是中外文化对话、融合的成功典范。近代以来，我们面对着强势的西方文明，中华文化又一次面对与外来文化的融突问题。因此，研究天台山文化与外来文化融合的历史经验特别是其圆融方法，对于当今中外文化的交流融合，进而实现中华文化创新具有非常重要的借鉴意义。

### 三、台州海洋文化研究

台州海洋文化目前主要的研究者有周琦、金台临、林文毅、毛时亮等，主要成果有《台州海外交往史》《论海洋文化与海洋产业发展——以浙江台州为例》《台州海洋文化的发展历程及其内涵》《建设台州海洋文化的思考》等，主要围绕下面三大问题展开。

### （一）台州海洋文化的历史源流

台州海洋文化，历史悠久，博大精深。从远古到春秋战国时期，台州境内已有了一定规模的造船和海洋航行，并孕育了利用海洋、开发海洋的文化心态，为台州海洋文化全面发展和特点形成奠定了基础。从秦汉到南北朝，台州海洋文化进入大发展时期。台州章安港成为海上六大古港之一，雄踞东南，造船业、航运业相当发达，成为中央政府借以控制瓯、闽两地的军事重镇、浙东南的重要军港。唐宋元时期，台州海洋商贸大发展，制盐业、造船业、海外交通贸易、中外文化交流盛极一时，海洋文化发展达到巅峰。元末明初，实行严厉的海禁政策，导致海运贸易一蹶不振，致使台州海洋文化走向衰落。然而，这一时期的海防文化，特别是抗倭文化为沉寂的台州添上了浓墨重彩的一笔。清康熙二十四年（1685），朝廷设浙江户关台州分关于葭沚上，海门港逐渐走向兴盛。从此，台州海洋文化一阳来复、止跌回升。改革开放以来，台州的海洋文化真正开始走向复兴。

### （二）台州海洋文化的内涵与类型

1. 抗倭文化。历史上，台州是倭寇、海盗为患的重灾区，也是抗倭斗争的战略要地。民族英雄戚继光率领的戚家军在台州人民支持下，取得抗倭斗争的九战九捷，迅速扫平浙江倭寇。现存台州有关戚继光的遗迹有：三门的戚令公去思碑、健跳的戚公祠；临海的戚公祠、斩倭八百碑、埋倭桥、南塘戚公表功碑、戚继光记功碑、戚继光桥；温岭的南塘戚公奏捷实记碑；黄岩的戚继光将军绝倭碑；椒江的海门卫城、晏清门、枫山钟亭，城隍庙戚家军屯兵处及戚公祠、椒江入海口箬鳎礁、界牌乡沙王村戚公亭及戚继光平倭纪念碑；台州金清的戚继光庙（三座）等。遗迹之多，实为罕见。

戚继光抗倭深深地影响了人们的文化观念和民间的生活习俗。如台州人正月十四过元宵并讲究"间间亮"，八月十六过中秋，温岭新河的"九月九，拜戚公"，台州吃"糟羹"、吃"光饼"等习俗可能都与戚继光抗倭颇有关联。关于戚继光的民间文艺创作层出不穷，如抗倭故事、治军故事、练兵故事、亲情故事、爱民故事、惩恶故事、戍蓟故事、故里传说、地名传说、景物传说、节俗传说、食俗传说等广泛流传，已经渗透到老百姓的日常生活和内心世界。

2. **海塘文化**。台州历史上曾屡遭强台风袭击。面对台风接二连三带来的重大自然灾害，台州人民共同谱写了一曲又一曲威武雄壮、感人至深的抗台救灾之歌，生动展示了一种伟大的精神。这就是尊重自然、尊重规律，以人为本、果断决策的科学理性精神；众志成城、团结奋战，干群同心、患难相扶的革命英雄主义和集体主义精神；在困难面前不低头、不折腰，愈挫愈奋、顽强拼搏的精神。

海塘和万里长城、京杭大运河并称中国古代三项伟大工程，台州的海塘在中国海塘建设史上可圈可点。唐代时期，海平面逐步上升，海水随潮涌入内河，土地不适合耕种。到北宋时，罗适兴修水利，在内河水道网络中建造了六闸，蓄淡去咸，使温黄平原成为台州的粮仓。温黄平原历代海塘遗迹，以平直向海推移而连续记录500年变迁的壮举，提供了"沧海桑田"的历史地理实例，为我国海塘工程中罕见的历史地理景观。其中尤以椒江段的海塘遗迹最具典型意义，现在已是台州宝贵的"自然人文历史遗产"。这些海塘，对我国东海岸海陆环境变化和流域性地表物质大迁移的研究有很重要的科学意义。可以说，历代海塘遗迹是台州人文精神之重要载体，其中可提炼出重要的精神价值，如视死如归、英勇顽强的斗争精神，众志成城、齐心协力的团队精神，屡毁屡建、勇于冒险的拼搏精神，因地制宜，合理规划的科学精神以及围海造田、海涂开发的可持续发展思想。

3. **海洋民俗文化**。"送大暑船"，"正月半夜扛台阁"，石塘箬山的"大奏鼓"等是台州渔民在独特的生存环境和历史文化背景中，在长期耕海牧渔的生产生活中形成的别具特色的传统民俗活动。渔民祭祀活动和传统民间文艺表演等，主要有娱神、娱人两大板块，以祭祀为核心，以民间文艺表演为主轴，含有历史、宗教、生产、民俗等诸多文化内容。

这些活动承载着台州渔民许多重大的历史文化信息和原始记忆，使大量的原始祭祀礼仪和民间文艺被保留下来，它不仅对活跃渔村文化生活、繁荣渔文化创作有重要的推动作用，而且对于浙东海洋文化研究也有较高的学术价值。

4. **海洋商贸文化**。台州兼有"山海之利"，既有山谷之民的"山市"、泽国之民的"商市"，又有海滨之民的"鱼市"。台州商贸文化历史悠久，隋唐五代，台州已出现颇具特色的商业活动。当时，临海港的"新罗屿"是来自朝鲜半岛的新罗商船专门停泊的地方，在台州黄岩还有"新罗坊"，唐五代时新罗人聚居于此。明清以降，台州工商业更趋活跃，商贾云集，不少商人往返于府城、县城与全国各地之间，"或商于广，或商于闽，或商苏杭，或商留都（今南京市）"。光绪二十四年（1898），海门港正式立埠通商，此后，街道店铺林立，商贾云集，景象繁荣，有"小上海"之称。

5. **海洋休闲文化**。台州海岸曲折，山奇水秀，风光旖旎，自古以"海上名山"著称，宋代文天祥称"海山仙子国，邂逅寄孤蓬。万象画图里，千岩玉界中"，清代冯庚雪赞为"风景直冠东南"。台州的海岸、海岛景点众多。临海桃渚，集峰、洞、石、瀑、滩为一体，誉为五绝风光。有"台州海天胜境"之誉的三门仙岩洞，据《临海志》载，南宋文天祥"至此募兵"，明朝洪武年间洞中建起"文信国公大忠祠"，仙岩洞遂闻名遐迩。位于台州湾外的大陈岛被誉为"东海明珠"，玉环的大鹿岛被誉为"东海翡翠"，此岛有中国唯一在海上的国家级森林公园，为人们所钟爱。"千洞之岛"蛇蟠岛是目前国内唯一一个以海盗文化为主题的海岛洞窟景区。石塘渔村有东方巴黎圣母院之称，以石塘山为屏，三面环海，楼房道路皆用石块垒筑，形成错落有致的古堡式石屋群，建筑风格十分独特，大海的美景与奇特的渔村建筑风情融为一体，令人神往。

6. **海鲜餐饮文化**。台州海鲜菜肴的选料以当地海产品为主，讲究原料鲜活，口味追求清鲜纯正，保持和突出原料本身的鲜味，烹调以红烧、煮、蒸等法为主。菜式主料突出，以保持主料的原状为主，自然大方。台州的海鲜菜肴，得到了越来越多人的喜爱。

另外，台州人民在千百年来的海洋开发过程中，一种不畏强暴、敢冒险、善创造、重合作、重商贸的海洋文化精神也在逐步形成，成为台州人文精神的重要组成部分，具有浓厚的台州地域特色，成为助推台州经济社会发展的重要文化因素。

### （三）台州海洋文化资源的开发

1. **传承发展涉海优秀传统文化。** 台州海洋文化历经5000多年的积淀，从宏观层面来讲，无论是海洋民俗文化、海港商贸文化、海塘水利文化，还是海疆海防文化、海洋军事文化、海岛旅游文化和海鲜饮食文化，都有较为丰富的资源。我们要深入挖掘和整理沿海地区与海洋文明息息相关的古遗址、古遗迹和古典籍，特别是要重视挖掘整理卫温从台州远航台湾、戚继光抗倭、解放一江山岛等历史文化遗产，顺应时代潮流，激活由来已久的海洋文化因子，唤醒沉睡多年的海洋文化遗风。

2. **加强海洋历史文化遗产保护。** 根据不同的海洋历史文化遗产，可采取分类保护、分类扶持的策略。对现有的和潜在的定级文物保护单位、不可移动文物保护单位、文物点等海洋文化旅游资源，要继续加大保护力度。积极推动"送大暑船"，"正月半夜扛台阁"，石塘箬山的"大奏鼓"、玉环坎门"鱼龙灯"等海洋民俗文化项目进入国家或省级层面非物质文化遗产名录，运用影视、娱乐等多种形式创新再造海洋民俗文化，使其从民间走向社会、走向市场，使其成为台州民众文化娱乐消费中颇具本土特色的靓丽景观。

3. **大力发展海洋文化旅游产业。** 立足台州丰富的海洋旅游资源和海洋文化底蕴，以接轨大上海、融入长三角和浙闽旅游合作为契机，大力实施品牌战略，打造台州海洋文化旅游大品牌，把台州海洋建成旅游者体验中国海洋文化的重要大本营。[①]以海岸带和海岛为依托，重点开发"四湾"（台州湾、三门湾、乐清湾和隘顽湾），建设"四岛"（大陈岛、大鹿岛、蛇蟠岛和扩塘山岛），形成"四心"（即台州、温岭、玉环和三门四个旅游接待中心），积极构建海洋文化旅游目的地。要深入挖掘历史文化旅游产品，积极开拓现代文化旅游产品，传承再造民俗文化旅游产品，努力构建完善海洋旅游产品体系，推进滨海旅游业的壮大发展。

4. 积极推进海洋文化研究和交流。要把海洋文化研究成果融入国民教育和精神文明全过程，转化为文化软实力，使孩子们从小就接受海洋知识的教育，使社会各界不断增强海洋意识。要深入挖掘传统海洋文化，加快开展海洋影视作品和海洋文艺精品创作。要紧密结合经济社会发展实际，注重研究海洋文化产业发展的思路和途径，充分利用海洋文化优势，在提升海洋经济的同时充实海洋文化，达到双赢。要积极推动海洋文化的交流，开展卫温从台州远航台湾的纪念活动，加深海峡两岸同宗同源的认识，以文化交流推动两岸经贸合作。注重吸收引进国际和省内外先进港口文化资源、项目、技术、人才、创意等要素，加快与本地海洋文化融合，实现古今融汇、中西合璧、全面创新。[②]

## 四、司马承祯与浙东唐诗之路研究

近年来，浙江省倾力建设"诗画浙江"，提出"积极打造浙东唐诗之路与钱塘江唐诗之路"。浙江省发改委的《浙东唐诗之路建设三年行动计划》（2020—2022）要求加强诗路重要历史人物的研究。在此背景下，司马承祯与浙东唐诗之路的关系问题，成为当今浙东学界关注的热点问

---

① 朱芬芳：《论台州海洋文化及其旅游开发》，http：//www.bianjibu.net/guanlixue/lvyou/4156.htm1。
② 林文毅、卢昌彩：《建设台州海洋文化的思考》，《海洋经济》2013年第2期。

题之一。关于司马承祯与浙东唐诗之路的研究，高平教授等作过比较完整的综述，现撮要述之。

首先，关于浙东唐诗之路的界定。一般认为浙东唐诗之路的主体是一条剡溪（含浙东运河西段、曹娥江）串起两个景区（镜湖、剡中盆地）、三大名山（会稽山、四明山、天台山），文人名士来此壮游、宦游、隐游、避乱游、经济考察游，抑或神游，关键词都是"游"，是安顿身心的方外之"游"，不是建功立业的世俗之"进"，有悠游山水的超逸之"乐"，无蹀躞奔竞的风尘之"累"。因此，浙东唐诗之路是一条悠游之路、清修之路、隐逸之路，这使其与奔竞仕途、关涉政坛的两京唐诗之路，开疆拓土、建功立业的陇右唐诗之路等区别开来。

其次，关于司马承祯的专门研究，主要体现在以下几个方面。

**1. 司马承祯生平研究。**学界研究司马承祯的论文或多或少都会涉及其生平研究，但基本上都是简介或个别考证。吴受琚《司马承祯集》（2013）是学界第一部系统整理司马承祯著作的文献，其中的事迹辑略、年表、师承系统表、著述表等为其生平研究作了初步梳理。师伟红的硕士论文《司马承祯交游与文学考论》（2014）从司马承祯时代背景入手，将与之交游的典型人物分为统治者、士大夫和宗教人士三类，对其交游的人物和事件进行系统的归纳总结，以再现司马承祯的朋友圈和精神风貌。朱越利《解读司马承祯传记》（2016）通过将两《唐书》本传与众多文献相结合，考证"止于天台山"乃司马承祯在密崖题写的台州天台山；认为司马承祯署名"中岩道士"，并非自称中岩台道士，不能证明武后时他曾居王屋山；杜光庭《天坛王屋山圣迹记》所说"宣诏住上方院"，应校正为"宣诏住桐柏观"，即司马承祯接受睿宗召见完毕即回到了浙江天台山；《旧唐书·司马承祯传》将开元九年司马承祯奏请置真君祠一事写到开元十五年是错误的；司马承祯的一生中，拒绝召见的次数远远多于接受的次数，等等。朱文不迷信史籍，且有所匡正，体现了严谨求实的学风。不过整体而言，本专题开拓性研究不多，深度有待加强，重要节点活动的考索还需细化，尤其是对其生活过的遗迹缺少实地考察，未能将纸上文献与实物勘察结合起来研究其生平轨迹。

2. 司马承祯道学思想研究。这是司马承祯研究中成果最丰富的部分。卿希泰《道教史》认为"在唐代修炼外丹的风气中，司马承祯力倡坐忘，强调主静去欲，以老庄思想为依据，吸收佛教止观、禅定的方法，予后世道教以极大影响，特别是在道教理论由外丹向内丹的转变过程中，起了重要的理论奠基作用，成为宋元道教内丹学的先驱，并予儒家新学——宋明理学以一定的影响"。吴受琚《司马承祯集》代序《论司马承祯》重点阐释了司马承祯的道教哲学思想、精神（心性）修炼学说，认为"作为唐代上清派一位宗师，司马承祯不仅精通道教宗教的义理、仪轨，同时也旁通祖国医学的辨证施治及药物学的君臣佐使。这使他能更科学地辨析继承前人各派学说，结合修炼实践，系统地创造出修性养命的道教修炼学说。"孔令宏《浙江道教史》参考何建明《道家思想的历史转折》[①]，将司马承祯分为早年、中年、晚年三个时期进行研究，认为三期皆有所不同：早期在《服气精义论》中提出"道气冲凝"的哲学本体论，重视道与术，突破传统道教天人感应理论，将生理学意义上的人与所处的自然环境结合起来研究，具有科学的理性精神，同时主张养气与服药相结合，去弊得利；中期受佛教心性思辨理论的影响，主张心道一体，心源即道源，心是万物的源头，故须虚心忘形；晚年作《坐忘论》与《天隐子》，认为得道者"心有五时，身有七候"，将"坐忘"分为七个步骤，具有很强的理论性与可操作性。张松辉《坐忘论新译》对此七步骤分别从题解、章旨、注释、语译、研析五部分进行阐释，分析透彻。陈澎认为司马承祯主静去欲的修养方法被周敦颐所继承，后者"无欲故

---

① 何建明：《道家思想的历史转折》，武汉：华中师范大学出版社，1997年。

静"之说导源于司马承祯；司马承祯"收心离境""心安而虚，则道自来止"的坐忘求知之法启发了陆九渊"心外无物"的思想，但二者都违背了辩证唯物主义的认识论①。陈文慧眼独具，但未正面看待司马承祯探索心灵世界的积极意义，有一定的局限性。

3. 司马承祯艺术研究。姜约认为，"《坐忘论》的修炼阶次思想对于今天的审美教育具有深刻的借鉴意义。和修道一样，审美教育也可以将训练过程分为七个既连续又相对独立的阶段，使人们可以依循这七个阶段逐次展开审美训练，逐渐提升自身精神境界，实现对世俗人生的精神超越"②。师伟红《司马承祯交游与文学考论》从求仙主题、自然审美、隐逸情趣三个方面讨论了司马承祯道教思想对唐代文学的影响，又从文学造诣、琴乐技术、书画与建筑的审美观念三个角度阐述了司马承祯的文学艺术成就，论述比较全面。张硕的硕士论文《司马承祯之身体美学研究》以初、盛唐时期道教思想家司马承祯为个案，依据史论结合的方法，按"身体观——身体修炼——身体指归"的逻辑框架，从"身体"这一角度诠释"道教美学"的意义。其他还有探讨司马承祯诗文、书法、绘画、制琴、造镜、铸剑、建筑等方面成就的论文，但不少都未紧扣司马承祯艺术活动中的道教精神进行研究，缺少形而上的提炼。

再次，关于司马承祯与浙江唐诗之路关系研究。对此专题进行深入研究的首推徐永恩专著《司马承祯与天台山》。该著在吴受琚《司马承祯集》、孔令宏《浙江道教史》等基础上，详细考证了司马承祯的家族世系、生平事略、天台仙派谱系以及朋友圈"方外十友""仙宗十友"和其他诗文酬赠者，突出之处是论证了司马承祯的天台情结与其历史地位及影响。作者充分发挥了天台学者的地缘优势，亲至司马承祯隐居处考察，

---

① 陈澍：《从司马承祯、王玄览看唐代道教对宋明理学的影响》，《宗教学研究》1988年第4期。

② 姜约：《司马承祯〈坐忘论〉修道阶次思想研究》，《宗教学研究》2015年第2期。

将道教碑刻、古典文献、历史遗迹相结合，还至河南王屋山、温县等地实地调研，于其生平事迹多有发现。作者认为没有司马承祯就没有浙东唐诗之路，是司马承祯开创道教天台仙派、培养众多教徒、提出服气养生医学理论、建议设立五岳真君祠、总结洞天福地学说，以及建立天台山桐柏宫、王屋山上阳台、南岳白云庵等，使其成为宗教领袖、三代帝师，形成巨大影响力，其长期隐居之地天台山才成为众多诗人向往的圣地，浙东唐诗之路由此形成。

综上所述，学界对司马承祯的研究已有较为丰厚的积淀，在文集整理、生平经历、道学思想、艺术活动以及与南岳天台系、唐诗之路的关系研究等方面取得了不少的成绩。但总体来说，这与司马承祯在唐代宗教界的地位、对中国宗教哲学的贡献还不相称。司马承祯是唐代道教的一代宗师，其"治国如治身"的政治理念所蕴含的治国理政智慧，其在唐诗之路形成过程中的关键作用，对历史上浙学形成的推动，对道教内丹派、宋明理学的启发等，都应该得到更好的阐扬。

## 第三节　台州文化的继往开来

改革开放以来，台州人民以自己的聪明才智、勤劳勇敢和开拓创新，吹响了中国民营经济发展的先锋号，引领了区域经济的蓬勃发展，开创了股份合作制、民主恳谈会、党代表常任制等全国性典型经验，创造了世人瞩目的"台州现象"。台州的发展站到了一个新的历史起点，台州文化的发展也处于一个新的历史方位。

### 一、文化台州建设

随着改革开放的逐步推进，中国发生了翻天覆地的变化，社会主义市场经济体制确立，物质文明建设稳步推进、民众生活水准逐步提高的同时，如何构建中国特色的社会主义文化体系，助推精神文明与物质文明协调发展，成为国家治理必须面对的课题；国际上文明冲突论、中国威胁论的声音不绝于耳，如何构建中国文化价值体系，发出中国声音，解决失声、失语的现象，亟待破解；兴起于20世纪80年代的后现代思潮，对西方现代性的质疑，促进中国更加注重返本开新，从中华优秀传统文化中寻找破解当代发展难题的中国智慧。

改革开放以来，从中国特色社会主义文化建设的实际出发，我们国家始终强调要弘扬中华优秀传统文化，增强中国人的文化自信与民族自豪感。党的十八大以来，我们对社会主义核心价值体系建设有了更清晰的认识，对中华优秀传统文化的特质与内涵有了更深入的了解，提出了更清晰的文化建设理念与方针。

习近平总书记指出："要认真汲取中华优秀传统文化的思想精华和道德精髓，大力弘扬以爱国主义为核心的民族精神和以改革创新为核心的时代精神，深入挖掘和阐发中华优秀传统文化讲仁爱、重民本、守诚信、崇正义、尚和合、求大同的时代价值，使中华优秀传统文化成为涵养社会主义核心价值观的重要源泉。要处理好继承和创造性发展的关系，重点做好创造性转化和创新性发展。"[1]2017年1月，为建设社会主义文化强国，增强国家文化软实力，实现中华民族伟大复兴的中国梦，中共中央办公厅、国务院办公厅专门印发《关于实施中华优秀传统文化传承发展工程的意见》，为传承发展中华优秀传统文化作出指导性建议，以延续中华文化独一无二的理念、智慧、气度，增加中国人民和中华民族内心深处的自信心和自豪感。

---

[1]　《习近平：使社会主义核心价值观的影响像空气一样无所不在》，新华网2014年2月25日，http://www.xinhuanet.com//politics/2014-02/25/c_119499523.htm

台州历届党委政府高度重视文化建设，2005年市委、市政府召开文化大市建设大会，2017年市委实施"和合圣地"建设行动，2018年部署推进新时代文化台州建设，之后不断推动文化建设走深走实。2021年，首次以市委名义召开文化工作会议，更是把这项工作摆到了新的战略高度。市委书记李跃旗在会议中号召：要进一步把文化工作摆到两个百年交汇的历史大势中审视，摆到展示大国文化自信的历史使命下把握，摆到守护"红色根脉"的政治要求中聚焦，摆到"构建文化高地润富"的实践要求中思考，以强烈的历史自觉、文化自觉、政治自觉答好推进新时代文化工作的宏大命题。李跃旗强调，要坚持以习近平新时代中国特色社会主义思想为指导，围绕举旗帜、聚民心、育新人、兴文化、展形象的使命任务，以高质量全面落实意识形态工作责任制为统领，以高质量文化发展、高品质文化生活、高水平文化供给、高层次文化融合为导向，以数字化改革为抓手，全面实施新时代文化台州"5851计划"，将台州打造成为文化润富先行标杆、文明实践示范窗口、和合文化传播基地、文化融合创新城市，构建起以文化力量推动社会全面进步的新格局，全力打造社会主义文化强国的市域典范，以文化先行为现代化建设和共同富裕示范先行注入强大动力。同时，他还就如何建设台州文化提出了具体建议①，现摘其要：

**（一）从厚重的历史文化底蕴出发，总结提炼台州这座城市的文化标识**

台州的城市文化，总的可以用五句话来概括，就是"文化传万年、和合润古今、山海铸风骨、垦荒立精神、情义溢全城"。

一是文化传万年。台州自下汤发祥，东瓯建国，秦始皇置闽中，汉

---

① 李跃旗：《高标准推进新时代文化台州建设 全力打造社会主义文化强国市域典范》，在中共台州市委文化工作会议上的讲话，2021年12月10日。

武帝设回浦，三国东吴建郡，唐初置台州，文化绵延已逾万年。溯台州万年文脉，各类文化在此生生不息，在中华民族乃至人类历史的文化长河中留下了精彩笔墨。

二是和合润古今。天台山孕育了博大精深的和合文化，唐代诗僧寒山、拾得并称为"和合二仙"，和合文化不仅涵养了台州人温润、和气、包容的独特气质，也对中华文化以及东亚文化的发展产生广泛而久远的影响，在浙江历史文化乃至中华文明格局中都有着特殊的地位。

三是山海铸风骨。从地理特征看，台州坐山望海，三面环山、一面靠海，历史上的台州由于环境封闭、交通不便、资源短缺，人们为了谋生计，不是面山开拓，就是向海而生，必须付出极大的努力才能求得温饱。在这样的环境下，一代代台州人奔赴山海，在开山垦田和搏击风浪中不断打开天地。年复一年的岁月磨砺，造就了台州人"山的硬气、水的灵气、海的大气、人的和气"的独特人文气质，也塑造了台州人特别能吃苦、特别能创业的集体群像。

四是垦荒立精神。浙江是百年大党的"红色根脉"，台州在"红色根脉"中留下了先行印记，其中最浓墨重彩的一笔，就是孕育了伟大的大陈岛垦荒精神。1956年起，467名青年垦荒队员先后响应"建设伟大祖国的大陈岛"号召，用青春和汗水培育出"艰苦创业、奋发图强、无私奉献、开拓创新"的大陈岛垦荒精神，以一座荒岛的沧桑巨变印照了我们党的初心使命。

五是情义溢全城。在神秀山海和千年文脉的滋养下，台州成为一座有情义、有涵养、有温度的城市，文明有礼、崇德向善成为台州人的群体气质。特别是近年来，我们推进文明城市和幸福城市建设，坚持以文化人、以文培元，用志愿服务、先进典型、文明行为温暖城市的每个角落，台州已实现全国文明城市"两连创"，五次获评"中国最具幸福感城市"，2020年度获评中国"十大心仪之城"称号。

总之，台州历史文化底蕴深厚、城市精神特质鲜明，形成了积厚成势、蓄力跃升的良好态势，为新时代攀登文化高峰打下了坚实基础。

**（二）深刻把握台州文化发展使命，全力打造社会主义文化强国的市域典范**

第一，要在创新理论铸魂上先行，发挥"红色根脉"的政治优势，提升理论张力，引领社会风尚，强化实践指导，系统化推进习近平新时代中国特色社会主义思想的学习宣传实践，争做"两个确立"忠诚拥护者、"两个维护"示范引领者。

第二，要在垦荒精神立心上先行，全面加强大陈岛垦荒精神的研究阐释，深入推进垦荒精神物化工作，开展"垦荒精神六进"行动，挖掘培树"新时代垦荒人"先进典型，进一步加大传承弘扬力度，不断提升台州红色文化的标识度。

第三，要在文明实践育人上先行，坚持立德树人、以文育人、成风化人，全面巩固提升全国文明城市创建成果，深入实施文明好习惯养成行动，不断提升公民思想道德素质、科学文化素质和社会文明程度。

第四，要在文化供给提质上先行，紧扣群众精神文化生活需求，加强公共文化服务标准化、均衡化建设，深入实施公共文化服务提升行动，推动更多公共文化资源下沉，打造更多文艺精品，让美好精神文化生活真实可感。

第五，要在文化融合兴业上先行，深入实施文化产业数字化战略，发展文化创意产业，加快推动文旅融合，进一步巩固提升"文化融"品牌，实现文化与其他产业双向赋能。

第六，要在和合文化传承上先行，坚持立足台州、放眼全国、面向世界，深入推进文化研究工程，着力推进文化遗产保护开发，加强和合文化对外交流，打造具有台州特色韵味的文化金名片。

第七，要在城市形象传播上先行，加快推动媒体融合改革发展，完善宣传工作机制，加强国际传播能力建设，生动讲好台州故事、传播台州声音。

### （三）全面强化文化台州建设推进体系，广泛凝聚推进文化先行的强大合力

文化建设意义重大、使命光荣。要进一步完善工作机制，推动文化领域体系重塑、功能优化、高效协同、闭环管理，努力实现文化工作"每年有突破、两年大提升、五年开新局"。

一要建立完善责任落实体系。各级党委（党组）要加强党对文化工作的全面领导，树立"不重视文化是失职、抓不好文化是渎职"的理念，切实担负起推动文化改革发展的领导责任和政治责任。各地各部门"一把手"要增强懂文化之识、爱文化之情、谋文化之心，不断提高驾驭文化工作、领导意识形态工作的能力，牢牢把文化工作抓在手里。

二要建立完善激励保障体系。要坚持推动宣传文化系统的深层次改革，形成真正适应文化发展规律、有利于文化建设事业的管理体制机制。要谋深谋实突破性文化扶持政策，加强对文化产业发展、公共文化服务普惠、文化精品创作等重点领域的政策扶持。要加大公共财政对文化工作的投入力度，同步提高文化支出占财政支出比例，建立财政投入稳定增长机制。

三要建立完善争先创优体系。要强化考核指挥棒作用，以高质量全面落实意识形态工作责任制综合试点工作为总抓手，建立定性和定量相结合的分级分类科学评价体系，完善目标体系、工作体系、政策体系、评价体系。

2024年2月2日，台州市召开全市宣传思想文化工作会议。市委书记李跃旗在会上强调，要以学习贯彻习近平文化思想为引领，贯彻落实

习近平总书记考察浙江重要讲话精神和全国、全省宣传思想文化工作会议精神，全面对标"在建设中华民族现代文明上积极探索"的重要嘱托，加快建设高水平文化强市、奋力打造中华民族现代文明建设市域实践高地，为全市聚力"三条路径"、奋进"三高三新"提供坚强思想保证、强大精神力量和有利文化条件。

李跃旗强调，要坚持把学习贯彻习近平新时代中国特色社会主义思想作为首要政治任务，不断巩固拓展主题教育成果，着力推动深化内化转化，加强理论研究，做实理论宣传，大力弘扬垦荒精神立心，打造创新理论铸魂市域实践范例；坚持保护第一、传承优先，加强台州历史文脉溯源研究，深化构建活态传承利用体系，形成文化遗产大保护格局，打造文化传承发展市域实践范例；坚持培育和践行社会主义核心价值观，深入开展群众性精神文明建设，倡导主流价值，涵育道德风尚，深化文明创建，打响"有礼"品牌，打造文明实践育人市域实践范例；坚持内容为王、移动优先、流量说话，突出正面主题宣传，建强重大传播平台，拓展网络IP集群，强化定调引领能力，不断提升新闻舆论传播力、引导力、影响力、公信力，打造现代全媒传播市域实践范例；坚持文化融合、普惠共享，统筹抓好文艺精品创作、文化服务普惠、文化设施覆盖、文化产业升级、文旅深度融合，促进文化事业和文化产业繁荣发展，打造现代文化润富市域实践范例；坚持"请进来""走出去"相结合，发挥和合文化传播优势，提升和合价值全球美誉，拓宽文化出海渠道路径，全面构建对外宣传和文化交流传播体系，打造和合文化传播市域实践范例。①

---

① 《李跃旗在全市宣传思想文化工作会议上强调：加快建设高水平文化强市 奋力打造中华民族现代文明建设市域实践高地》，中国台州网 https://paper.taizhou.com.cn/taizhou/tzrb/pc/content/202402/03/content_193693.html。

## 二、打造和合圣地

台州文化的发展现在已经从文化自觉走向文化自信。2017 年 2 月份召开的台州市五届一次党代会上，提出了建设"山海水城、和合圣地、制造之都"的城市发展定位与战略目标，决定把"和合圣地"作为台州城市发展的文化定位，将其打造成为台州文化品牌和城市文化名片。

2017 年 10 月 27 日，为加快推进"和合圣地"建设，传承弘扬中华优秀传统文化，提升城市文化软实力，中共台州市委、市政府颁发了《台州市"和合圣地"建设行动纲要》(下简称《纲要》)，号召社会各界"大力传承和弘扬台州和合文化，打造产业和兴、生态和美、社会和睦、身心和谐的城市特质，努力把台州建设成为'贵和尚中、善解能容，厚德载物、和而不同'的中华和合文化的标志地、传播地、示范地，为全面建成小康社会、早日实现现代化提供强大的精神动力和文化支撑"。[①]《纲要》充分体现了对台州和合文化的高度自信，指出"和合文化是中华民族优秀传统文化的精髓之一。台州在中华和合文化发展中具有特殊地位，台州和合文化是中华和合文化的典型形态和鲜活样本"，"要加强弘扬和传播，推动和合文化走出台州、走出国门、走向世界，增强台州在海内外的知名度和影响力"。同时，《纲要》对如何建设"和合圣地"提出了详细而又切实可行的指导性意见与建议，从指导思想、基本原则、工作目标、主要任务、工作保障等方面为"和合圣地"构建规划了路径，指明了方向。

在《纲要》的指引下，和合文化正在台州各地以物化与具化的形式蓬勃兴起，"和合"理念逐步深入人心。其中"和合二圣"所在地天台县更是利用地利条件，积极响应，2018 年以来多项举措并进，取得了丰硕

---

① 中共台州市委、台州市人民政府：《台州市"和合圣地"建设行动纲要》(2017 年)。

成果，成为台州和合文化建设的标杆。①

一是深化和合文化理论研究，阐发和合文化精髓。天台县和合办在天台山文化研究会里专门设立和合文化研究组，会同台州市社联、台州学院和合文化研究院开展浙江省历史文化研究工程"天台山和合文化"、和合文化与治国理政、和合文化与党性修养等课题研究，与省市社科联、台州学院合作举办"诗路遗产与魅力廊道"——浙东唐诗之路国际学术会议，出版《和合文化当代价值论坛论文集》《天台山和合文化》《和合文化读本》《解读和合文化》《寒山拾得与和合图》《寒山拾得（和合二仙）传说》《和合三部曲》《浙江天台山和合文化之旅》等论著二十多部，初步形成了具有地方特色的和合文化理论和话语体系。

二是推进了一批重大物化项目落地。推动和合文化与城市建设管理融合，启动城市文化规划工作。加快建设和合小镇，建成高速入城口济公大型绿植雕塑、和合文化公园、和合文化创意街区、和合圣地碑公园、天台山民俗博物馆、和合人间文化园、天台山家风家训馆等一批物化工程，通过了始丰溪百里和合唐诗廊、和合学院、寒山田园综合体概念性总体规划。

三是创作文艺精品讲好和合故事。首先，加快影视文化产业发展，出台了《天台县影视文化产业发展扶持办法（试行）》，设立三年共2000万元的影视文化产业专项资金。已牵头社会投资成立天台影视文化产业孵化园、天台影视孵化基地（刘志江影视工作室）、天台和合影视学院，引进注册23家影视公司，建成了石梁、龙穿峡、寒山湖、龙溪峡谷、黑洞等10个影视外景拍摄基地，举行开机仪式23部，拍摄本土题材影视动画电影《济公神扇》《济公之降龙降世》《阳光小伙伴》《地瓜味的冰激凌》《回龙岗》《护宝联盟》《天台行动》《青春返场》等十部。其次，牵

---

① 天台县和合办：《2018年工作总结和2019年工作思路》。

头组织向艺术学校投资400多万，开发旅游演艺《天台遇仙记》，每周二、四常态化演出。第三，继续推进和完善《天台度过》雅集，总演出场次超过了200场；成立和合杂技团，以后岸村为基地，向全省展示以和合文化为主题的杂技表演，并常态化开展演出；创作和合圣地主题歌曲《和合颂》，并牵头创作《和合星》歌曲。

四是立足生产生活推进文化传承。首先，申报文化遗产。积极推进寒山拾得（和合二仙）传说故事申报国家级非物质文化遗产，出版《寒山拾得（和合二仙）传说》。其次，推动基层单位开展和合文化活动。举办第二届天台山和合文化节，围绕和合论道、和合展演、和合礼堂等内容，发动天台县各部门、乡镇及社会各界开展丰富多彩的文化活动。第三，推动各级各类学校开展和合文化活动。推动申报和建设国家级中小学研学实践教育基地，成为台州唯一国家级研学基地。正式出版《天台山和合文化》乡土教材七套；街头小学、职业中专被命名为天台县"和合文化非遗传承基地"。第四，举办和合民间工艺展览。举办"和合之美"首届中国民间工艺文创精品展和"和合文化全国创意设计大赛"，开设工艺美术大师精品展、民间工艺文创精品展销、浙江省优秀非遗项目展示。第五，推动发展和合文化创意产业。全县开展和合元素办公用品设计比赛，推动和合文化主题文创产品开发。

五是突出"六进"活动助推社会治理。天台县深入挖掘和合文化精神内涵，在机关、企业、学校、窗口、社区、村居等广泛开展"和合文化六进活动"，将和合理念融入社会治理各个方面，涌现了天台职业中专、天都社区、洪畴镇明公村、明丰公司等一批和合机关、和合企业、和合学校、和合窗口、和合村居、和合社区县级示范点。和合文化、和合理念的普及，推动了和合征迁、和合信访、和合诉讼、和合调解、和合撤并村、和合班子、和合移民等重点工作。

六是构建传播体系推动文化走出去。首先，搭建各类传播平台。正式开通国内首个"和合文化网"与电视"和合频道"；在杭州设立和合文化传播驿站，就天台山和合文化作重点推介；牵头引进社会资本成立和合新媒体学校。其次，拍摄视频推送报道。与浙江腾越网络科技有限公司（腾讯·大浙网）签订全媒体传播战略合作框架协议，拍摄制作"和合文化"系列报道，摄制了《改革开放百城故事——天台"和合文化"》全媒体报道、《百城故事系列报道之——天台"和合文化"篇》专题纪录片；完成制作并首播诗画浙江之《天台山》纪录片。第三，加强海外传播。实施海外中餐馆计划，在海外中餐馆播放天台山宣传专题片；在美国纽约时代广场播放天台宣传片《神秀浙江天台，养生休闲天堂》。在东京艺术中心举办和合红娃剪纸艺术展，与韩国、美国、日本、加拿大、东南亚等国政府访问团开展和合主题文化交流活动，一批海外人士受聘为天台山和合文化海外传播大使。10月在加拿大列治文市成立"加拿大和合文化研究会"。天台山和合文化正成为国家"一带一路"建设和中华优秀传统文化走出去的重大载体和纽带，发挥出越来越重要的作用。

2018年，天台县在弘扬与践行和合文化方面取得了显著成绩，一方面显示了天台山和合文化在当代的复兴，另一方面印证了其当代价值的魅力。2019年，天台和合文化建设又有一些新的推进。一是推动打造和合文化标志地，促进和合文化物化具体化，推进文化与城市建设、文化与旅游融合；二是发展和合文化创意产业，深层激发和合文化内在价值活力，加强和合文化研究、加快文化遗产传承工程、大力发展影视产业、推进文化创意产业发展。三是创新传播手段，加大实施和合文化"走出去"工程力度，加大媒体宣传推广、对外交流力度，进一步推进和合文化"六进"活动。

为进一步整合资源，以文化融合推动产业转型升级、企业提质增效、产品设计再造、企业文化涵养，并深化和合文化当代价值的研究，推动台州高质量发展，2019年10月11日，2019中国台州"文化融"主题峰会暨天台山和合文化论坛在天台县和合小镇隆重召开。会议指出，台州是中华和合文化重要发源地，和合文化有着"文化融"的特质，具有"贵和尚中、善解能容，厚德载物、和而不同"的文化品格；在天台山，儒释道三教在此交融，儒以济世、道以修身、佛以治心，三教和合，各显神通，成为中华和合文化的典型代表；千百年来，和合文化在台州大地历久弥新，融入思想、行为和日常生活之中，成为滋养这片土地的无形力量；近年来，台州市委、市政府提出打造"和合圣地"，进一步推动和合文化融入经济、社会、文化、生态各领域，使之内化于心、外化于行，为我市高质量发展提供了强大的精神动力和文化支撑。

此外，为与各国机构和有识之士加强交流合作，共同挖掘中华优秀传统文化的当代价值，加强对外文化交流和多层次文明对话，激发和合文化的国际传播新活力，为促进中国和世界各国文明交流互鉴、推动构建人类命运共同体作出新贡献，台州联合各方力量创建了以论坛为组织形式的机制化国际交流对话平台——"和合文化全球论坛"。论坛由浙江省人民政府新闻办公室、中国外文局、中华文化学院、中国人民对外友好协会、台州市人民政府主办，当代中国与世界研究院、台州市人民政府新闻办公室、中国互联网新闻中心、中国外文局文化传播中心、天台县人民政府承办。"和合文化全球论坛"已经连续举办三届（2021、2022、2023），展示了台州作为和合圣地的国际影响力。

2021年12月9日，"2021和合文化全球论坛"以线上线下相结合的方式在浙江省台州市天台县举行。论坛以"和合文化与人类命运共同体"为主题，设置了"坚持和睦共荣，实现包容发展""坚持和衷共济，实现合作共赢""坚持和谐共生，实现生态文明"三个分议题。来自中、日、韩、法等十几个国家的政要人士、国际组织代表、外国驻华使节、国际汉学家，以及有关智库、高校、研究机构的专家学者等约150人参与研讨。论坛期间，还同步举办了"中华文化国际传播合作基地"授牌仪式、"和合文化海外驿站"授牌仪式以及"天台山和合文化基金会"揭牌仪式，并开展了《中国关键词》多文种系列图书和"天台山和合文化"研究丛书推广发布活动。①

2022年11月29日，以"和合文化与促进共同发展"为主题的"2022和合文化全球论坛"在浙江省台州市天台县举行，论坛创新设立日本东京、西班牙马德里分会场，与天台主会场进行跨国动态连线。国际组织代表、国外驻华使节、国际汉学家，以及有关智库、高校、研究机构的专家学者等约200人以线上线下方式聚首，研讨关于世界"和合"发展的理论、规律、原则、方法，推动全球共树人类命运共同体理念。开幕式后，由台州市委、市政府与新华社新闻信息中心合作共建的"全球和合文化国际传播中心"正式揭牌；当代中国与世界研究院分别同日本东亚共同体研究所、泰中"一带一路"合作研究中心签约，进一步推动亚洲文明交流互鉴、亚洲文化传承发展。本届论坛举行了罗马尼亚、南非、俄罗斯、缅甸、柬埔寨、巴西、尼日利亚、匈牙利等8家"和合文化海外驿站"授牌仪式；发布了台州市"和合"精品旅游线路以及《和合文化关键词》中英文版图书、《向天台》图书。②

2023年11月7日，"2023和合文化全球论坛"在浙江省台州市天台县举行。来自中国、美国、日本、韩国、泰国、保加利亚等国的政要人士、国际组织代表，来自16个国家的20多位驻华使节，以及有关智库、高校、研究机构的专家学者等约500人参与研讨。本次论坛以"和合文化与全球文明倡议"为主题，旨在积极践行全球文明倡议，更好向世界

---

① 中国外文局、当代中国与世界研究院、中国翻译研究院：《中国关键词·和合文化·和合文化全球论坛》，http://keywords.china.org.cn/2023–03/20/content_85179454.html。

② 台传媒记者陶宇新等《和合文化与促进共同发展 2022和合文化全球论坛在台州开幕》，无限台州，2022–11–29 http://m.576tv.com/OLTZ/a/id/144938/flash

展示中华优秀传统文化精髓，推动文明交流互鉴。论坛设置"和合文化与文明对话合作""和合文化与共同价值引领""和合文化与保护传承创新""和合文化与家庭文明建设"四个分议题，并同步举办大使圆桌对话会、专题论坛及海外青年沙龙活动。论坛现场，来自中国、黎巴嫩、白俄罗斯、巴西、日本、印度的青年代表以多语种的方式宣读《"和合世界"全球倡议》，发出各国青年弘扬和合精神、共建美好世界的共同心声。现场同步发布了中英文版图书《和合文化快读》，并举行了《和合》纪录片全球首发与"和合文化海外驿站"颁奖等仪式活动。[①]

### 三、垦荒精神立心

当下，台州文化建设还有一项重要内容，即大力弘扬大陈岛垦荒精神，"以垦荒精神立心"。目前，相关行动计划正在助推大陈岛垦荒精神成为台州奋力建设新时代浙江重要窗口的动力之源，成为台州城市立心之源。2019 年 11 月，台州市委宣传部发布"五大行动"计划，以理论研究阐释、标志标识打造、专题宣传展示、文艺精品创作、主题教育实践这"五大行动"为抓手，大力推进大陈岛垦荒精神升华为台州城市精神，具体措施如下[②]：

一是在理论研究方面，全面深入梳理精神谱系，建成大陈岛垦荒精神研究中心，积极挖掘、整理和出版一批大陈岛垦荒精神历史遗存资料，同时开展理论宣讲、推出理论专版、编印理论读本等，为台州城市精神提供更丰富的理论支撑。

二是积极推进标识打造行动，发挥椒江主战场优势，大力推进大陈

---

① 潮新闻记者许峰等：《万物同生长 寰宇尽和合 2023 和合文化全球论坛在台州举行》，《浙江日报》2023 年 11 月 7 日，https://baijiahao.baidu.com/s?id=1781886636042832367&wfr=baike

② 王丽玮：《"五大行动"助力大陈岛垦荒精神升华为台州城市精神》，人民网浙江频道 2019 年 11 月 29 日。

岛青垦文化纪念馆、青垦文化园、垦荒剧场、垦荒纪念碑广场等阵地建设。

三是开展"弘扬垦荒精神献礼伟大中国"系列网络宣传活动，在全网推送《我和我的祖国》《誓言》《传承》等垦荒精神主题微电影。

四是实施文艺精品创作行动，台州乱弹现代戏《我的大陈岛》在省人民大会堂成功献演，并在台州各县（市、区）巡演；大型诗话剧《海岛上的丰碑》也已正式演出等。

五是主题教育实践方面，重点针对青少年群体，加大教育普及力度，纳入中小学德育课程体系和高校思政课重要内容，编撰出版大陈岛垦荒精神读本等地方教材，开展"弘扬大陈岛垦荒精神 争做新时代雷锋传人"等主题活动。

接下来，台州将通过开展"垦荒精神主题宣讲行动、台州城市精神宣传展示行动、德行台州典型引领行动、垦荒精神志愿服务行动、文明实践全域推进行动"等五大行动推动大陈岛垦荒精神作为台州城市精神、深度融入社会发展各个方面，进一步推动《台州市传承弘扬大陈岛垦荒精神并升华为城市精神实施纲要》落实落细。

2020 年是全面建成小康社会和"十三五"规划收官之年，也是应对新冠肺炎疫情考验的特殊一年。这一年，台州市"两会"提出了"三立三进三突围"的新时代发展路径，即以"民营经济立市、制造之都立业、垦荒精神立心"，推动"城市发展向'二次城市化'迈进、产业升级向'两业并举'迈进、社会治理向'两智融合'迈进"、在"思想理念上突围、项目攻坚上突围、开放接轨上突围"，为全面建设新时代民营经济高质量发展强市而努力奋斗。

就当下而言，因为和合文化与大陈岛垦荒精神的当代价值与独特魅力，台州各界都试图将两者发扬光大，既加强形而上"道"的研究与传播，也在实践层面加强形而下"术"的弘扬与践行，用和合思维与理念，结合时代发展步伐，重构人与社会、人与自然、人之身心的秩序与平衡，并用垦荒精神立心，使其成为台州人民干事创业的强劲动力。

当前，从理论研究、话语体系构建、物化项目落地，再到对外宣传、辐射与应用，台州文化正以全新的姿态展现在世人面前，正发挥着越来越大的作用，成为推进台州政治、经济、社会、生态文明等各项事业发展的精神动力，也将在更大的范围内为解决社会治理、对外交流、人类命运前途等方面的问题贡献台州智慧。

# 参考文献

说　明：

一、现将本书所征引的参考文献，分为台州古今方志、台州古代典籍、台州文化研究著述、其他古代典籍、其他研究著述共五个大类，每个大类兼顾学术惯例和具体内容分为若干小类。其中古代典籍指1912年以前的各种著述，研究著述指1912年以后成书的各种著述。

二、台州古今方志按地域分为十个小类，每个小类的文献按著者时间依次胪列；台州古代典籍按著者时间分为三个小类，每个小类的文献按著者时间依次胪列；台州文化研究著述按内容分为八个小类，每个小类的文献按出版、发表时间依次胪列；其他古代典籍按经史子集分为四个小类，每个小类的文献按著者时间依次胪列；其他研究著述按出版、发表时间依次胪列。

三、本参考文献是本书征引的主要文献清单，现在分为两级类目，并将古代典籍按文献作者时间先后胪列，将其他文献按出版、发表时间先后胪列，希望能为同道即类求书和梳理学术史提供便利。

## 一、台州古今方志

### （一）台州

（宋）陈耆卿：《嘉定赤城志》，《台州丛书乙集》本，徐三见点校，上海：上海古籍出版社，2013年。

（明）谢铎：《赤城新志》，《四库全书存目丛书》本，济南：齐鲁书社，1996年，史部第177册。

（清）冯甦、方景濂等：《（康熙）台州府志》，康熙六十一年刊本。

（清）王舟瑶等：《（光绪）台州府志》，台州旅杭同乡会1926年铅印本。

喻长霖等：《（民国）台州府志》，胡正武等点校，上海：上海古籍出版社，2015年。

方山等：《台州地区志》，杭州：浙江人民出版社，1995年。

王永献等：《台州市志》，北京：中华书局，2010年。

## （二）椒江

项士元：《海门镇志》，见椒江市地方志办公室1993年编印本《海门镇志稿》。

金商等：《海门志稿》，见椒江市地方志办公室1993年编印本《海门镇志稿》。

陈志超等：《椒江市志》，杭州：浙江人民出版社，1998年。

陈志超等：《椒江续志》，北京：中华书局，2001年。

## （三）黄岩

（明）牟汝忠等：《（万历）黄岩县志》，北京：中国文史出版社，2010年。

（清）王棻、王咏霓等：《（光绪）黄岩县志》，《中国方志丛书》本，台北：台湾成文出版社，1975年。

严振非等：《黄岩县志》，上海：三联书店，1992年。

严振非等：《黄岩志》，北京：中华书局，2002年。

## （四）路桥

杨晨：《（民国）路桥志略》，1915年石印本。

杨绍翰：《增订路桥志略》，1936年刊本。

管彦达等：《台州市路桥区志》，杭州：浙江人民出版社，2019年。

## （五）临海

（清）洪若皋：《（康熙）临海县志》，《中国地方志集成》本（善本方志辑第1编），南京：凤凰出版社，2014年。

（清）宋世荦：《临海县补志料》，《浙江图书馆藏稀见方志丛刊》本（第38册），北京：国家图书馆出版社，2011年。

项士元：《（民国）临海要览》，杭州：武林印书馆，1916年。

何奏簧：《（民国）临海县志》，丁伋整理，北京：中国文史出版社，2006年。

梁光军等：《临海县志》，杭州：浙江人民出版社，1989年。

王荣福、金志平等：《临海市志（1986—2012）》，杭州：浙江古籍出版社，2020年。

## （六）温岭（太平）

（明）叶良佩：《（嘉靖）太平县志》，《温岭丛书》本，杭州：浙江大学出版社，2019年。

（清）戚学标：《（嘉庆）太平县志》，《中国地方志集成》本（浙江府县志辑），上海：上海书店出版社，2011年。

（清）王棻：《（光绪）太平续志》，《中国地方志集成》本（浙江府县志辑），上海：上海书店出版社，2011年。

吴小谦等：《温岭县志》，杭州：浙江人民出版社，1992年。

方先勇等：《温岭市志（1988-2007）》，北京：中华书局，2018年。

### （七）玉环

（清）张坦熊：《（雍正）特开玉环志》，见《玉环古志》，北京：中华书局，2000年。

（清）吕鸿焘等：《（光绪）玉环厅志》，见《玉环古志》，北京：中华书局，2000年。

胡万樑等：《玉环县志》，上海：汉语大词典出版社，1994年。

### （八）仙居

（明）顾震宇：《（万历）仙居县志》，沈在秀点校，上海：同济大学出版社，1993年。

（清）王棻等：《（光绪）仙居县志》，沈在秀等标注，上海：同济大学出版社，1990年。

干人俊：《（民国）仙居县新志（稿）》，项军美点校，仙居县地方志办公室2000年刊印本。

沈在秀等：《仙居县志》，杭州：浙江人民出版社，1987年。

项军美等：《仙居县志（1986—2010）》，北京：中华书局，2013年。

### （九）三门

邵万户等：《三门县志》，杭州：浙江人民出版社，1992年。

邵万户等：《三门湾志》，合肥：黄山书社，1994年。

### （十）天台

（清）赵廷锡、李德耀等：《（康熙）天台县志》，北京：方志出版社，2012年。

张立道等：《天台县志》，上海：汉语大词典出版社，1995年。

庞国凭等：《天台县志（1989—2000）》，北京：方志出版社，2007年。

## 二、台州古代典籍

### （一）先宋时期

（三国·吴）沈莹撰，张崇根辑校：《临海水土异物志辑校》，北京：农业出版社，1981年。

（唐）徐灵府：《天台山记》，胡正武点校，杭州：浙江大学出版社，2010年。

（唐）司马承祯撰，吴受琚整理：《司马承祯集》，北京：中国社会科学文献出版社，2013年。

（唐）寒山撰，徐光大校注：《寒山子诗校注》，西安：陕西人民出版社，1991年。

（唐）项斯撰，徐光大校注：《项斯诗注》，杭州：浙江古籍出版社，2006年。

### （二）两宋时期

（宋）陈骙：《文则》，《台州丛书甲集》本，胡正武点校，上海：上海古籍出版社，2013年。

（宋）林表民辑：《赤城集》，《台州丛书乙集》本，徐三见点校，上海：上海古籍出版社，2013年。

（宋）李庚等编：《天台集》，郑钦南、郑苍钧点校，上海：上海古籍出版社，2018年。

（宋）杜范：《清献集》，《文渊阁四库全书》本，台北：台湾商务印书馆，1986年，第1175册。

（宋）戴复古撰，吴茂云校注：《戴复古全集校注》，北京：中国文史出版社，2008年。

（宋）戴复古：《石屏集》，《台州丛书甲集》本，吴茂云点校，上海：上海古籍出版社，2013年。

### （三）元明清时期

（元）陶宗仪：《南村辍耕录》，李梦生点校，上海：上海古籍出版社，2012年。

（明）方孝孺：《逊志斋集》，徐光大点校，宁波：宁波出版社，1996年。

（明）金贲亨：《道南书院录》，《台州丛书乙集》本，徐三见点校，上海：上海古籍出版社，2013年。

（明）金贲亨：《台学源流》，《台州丛书乙集》本，徐三见点校，上海：上海古籍出版社，2013年。

（明）释传灯：《天台山方外志》，上海：上海古籍出版社，2018年。

（明）谢铎：《赤城后集》，徐三见点校，上海：上海古籍出版社，2019年。

（明）黄绾：《明道编》，刘厚祜、张岂之标点，北京：中华书局，1959年。

（明）李时渐：《三台文献录》，徐三见点校，北京：中国文史出版社，2008年。

（明）徐一夔：《徐一夔集》，徐永恩点校，杭州：浙江古籍出版社，2017年。

（明）王士性：《广志绎》，《台州丛书甲集》本，朱汝略点校，上海：上海古籍出版社，2013年。

（清）张联元辑，徐永恩校注：《清圣祠志校注》，杭州：浙江古籍出版社，2018年。

（清）冯甦：《见闻随笔》，《台州丛书甲集》本，胡正武点校，上海：上海古籍出版社，2013年。

（清）冯甦：《滇考》，《台州丛书乙集》本，胡正武点校，上海：上海古籍出版社，2013年。

（清）齐召南：《重订天台山方外志要》，许尚枢点校，北京：国家图书馆出版社，2018年。

（清）洪颐煊：《洪颐煊集》，胡正武、徐三见点校，上海：上海古籍出版社，2017年。

（清）洪颐煊：《台州札记》，徐三见点校，北京：中国文史出版社，2004年。

（清）李诚：《万山纲目》，严振非点校，北京：国家图书馆出版社，2017年。

（清）齐召南：《水道提纲》，胡正武点校，北京：国家图书馆出版社，2017年。

（清）郭肇昌：《台州续考》，许尚枢点校，上海：上海古籍出版社，2019年。

（清）戚学标：《清戚学标台州史事杂著三种》，长春：吉林文史出版社，2017年。

（清）王棻：《台学统》，《续修四库全书》本，上海：上海古籍出版社，2002年，第545–546册。

## 三、台州文化研究著述

### （一）整体研究

连晓鸣等：《台州文化史话》，杭州：杭州大学出版社，1993年。

李一、周琦：《台州文化概论》，北京：中国文联出版社，2002年。

徐三见：《默墨斋集》，北京：中国社会科学出版社，2004年。

叶哲明：《台州文化发展史》，昆明：云南民族出版社，2006年。

徐三见：《默墨斋续集》，北京：中国社会科学出版社，2006年。

丁伋：《堆沙集》，北京：中国社会科学出版社，2007年。

丁式贤：《丹丘论稿》，北京：作家出版社，2010年。

杨供法：《文化精神价值——以台州文化为例》，北京：中央编译出版社，2012年。

胡正武：《台学研究》，北京：中华书局，2012年。

何林辉：《禾睦山房集·学海泛舟》，郑州：中州古籍出版社，2015年。

徐永恩：《天台山和合文化通论》，北京：中国文史出版社，2015年。

徐永恩：《天台山和合文化》，上海：上海古籍出版社，2017年。

中共台州市委宣传部、台州市社科联主编：《品读台州丛书》（含《台州风流》《台州风云》《台州风景》《台州风味》《台州风雅》《台州风韵》六册），上海：上海教育出版社，2019年。

胡正武：《天台山文化简明读本》，杭州：浙江工商大学出版社，2019年。

## （二）台州历史

王及：《历史古镇章安》，北京：中国文联出版社，2000年。

马曙明、任林豪：《临海墓志集录》，北京：宗教文化出版社，2002年。

王永献、严振非：《东瓯国研究》，北京：中华书局，2005年。

任林豪、马曙明：《临海文物志》，北京：文物出版社，2005年。

张峋：《仙居历史文化论丛》，北京：作家出版社，2007年。

林明达、王永献：《台州历史大事记》，北京：中华书局，2012年。

滕雪慧：《瓜瓞绵延山海间：临海传统宗祠研究》，北京：文物出版社，2015年。

任林豪、马曙明：《台州历代郡守辑考》，上海：上海古籍出版社，2016年。

张峋：《台州文物考论》，上海：上海古籍出版社，2016年。

周琦：《东瓯丛考》，上海：上海古籍出版社，2016年。

张明君：《台州藏书史》，上海：上海古籍出版社，2016年。

任林豪、马曙明：《台州编年史》，杭州：浙江古籍出版社，2017年。

王及：《章安史话》，上海：上海古籍出版社，2017年。

严振非：《正史台州籍人物传》，上海：上海古籍出版社，2018年。

马曙明、任林豪：《台州历代进士考》，上海：上海古籍出版社，2018年。

任林豪、马曙明：《宋台州崇道观祠禄官考释》，上海：上海古籍出版社，2019年。

## （三）台州儒释道

曾其海：《天台宗佛学导论》，北京：今日中国出版社，1993年。

朱封鳌、韦彦铎：《中华天台宗通史》，北京：宗教文化出版社，2001年。

任林豪、马曙明：《台州道教考》，北京：中国社会科学出版社，2009年。

朱封鳌：《天台山道教史》，北京：宗教文化出版社，2012年。

朱封鳌：《天台山佛教史》，北京：宗教文化出版社，2012年。

严振非：《台州理学南湖学派史》，上海：上海古籍出版社，2015年。

张宏敏：《黄绾年谱简编》，上海：上海古籍出版社，2016年。

许尚枢：《济公文化面面观》，上海：上海古籍出版社，2016年。

周琦：《天台山与中国五百罗汉文化》，上海：上海古籍出版社，2016年。

徐永恩：《司马承祯与天台山》，上海：上海古籍出版社，2019年。

严振非：《台州儒学史》，上海：上海古籍出版社，2019年。

（四）文学艺术

胡正武：《浙东唐诗之路与隐逸文化》，北京：中国社会科学出版社，2006年。

李建军：《宋代浙东文派研究》，北京：中华书局，2013年。

王小天：《非遗保护视域中的台州乱弹研究》，苏州：苏州大学出版社，2014年。

吴茂云：《戴复古论稿》，上海：上海古籍出版社，2015年。

张峋：《翰墨飘萧——柯九思的艺术世界》，上海：上海古籍出版社，2017年。

王及：《台州历代书画篆刻家传略》，上海：上海古籍出版社，2018年。

何方形：《戴复古诗词研究》，上海：上海古籍出版社，2018年。

安祖朝编注：《天台山唐诗总集》，杭州：浙江古籍出版社，2018年。

林家骊：《谢铎及茶陵诗派》，上海：上海古籍出版社，2019年。

胡正武：《浙东唐诗之路论集》，杭州：浙江工商大学出版社，2019年。

（五）民俗方言

项士元：《台州方言考》，《文澜学报》1937年第2期。

阮咏梅：《温岭方言研究》，北京：中国社会科学出版社，2013年。

周仲强：《诗性婚俗：台州"洞房经"的审美研究》，北京：中国社会科学出版社，2015年。

郑瑛中、戴相尚：《台州节俗概说》，上海：上海古籍出版社，2015年。

## （六）海外交往

周琦、赵宗彪：《台州海外交往史话》，北京：中国文史出版社，2008年。

周琦：《台州海外交往史》，北京：中国文史出版社，2008年。

周琦：《一带一路：天台山与中外文化交流史》，北京：宗教文化出版社，2017年。

叶哲明：《台州海运海港发展史》，上海：上海古籍出版社，2018年。

## （七）名人专题

王晚霞：《郑虔研究》，杭州：浙江古籍出版社，1990年。

徐建春、梁光军：《王士性论稿》，杭州：杭州大学出版社，1994年。

王晚霞：《郑虔传略》，合肥：黄山书社，1998年。

何善蒙：《隐逸诗人——寒山传》，杭州：浙江人民出版社，2006年。

李建军：《南宋英儒陈耆卿》，太原：北岳文艺出版社，2009年。

何善蒙：《荒野寒山》，南昌：江西人民出版社，2015年。

张峋：《丹丘之旅——蒲华与晚清台州士林》，上海：上海古籍出版社，2019年。

## （八）其他

叶哲明：《东吴的海外拓展和卫温、诸葛直从章安出使台湾考略》，《台州师专学报》（哲社版）1981第2期，《中国人民大学复印报刊资料·中国古代史》1981年第23期全文复印。

叶哲明：《东吴卫温、诸葛直远规台湾出海港口考析》，《东南文化》1990年第6期。

金祖明：《从考古发现看台州秦以前文化》，《东南文化》1990年第6期。

金祖明：《台州窑新论》，《东南文化》1990年第6期。

陈剑、戴星翼主编：《台州，后来居上——浙江台州发展道路研究》，北京：经济日报出版社，1996年。

陈广建、屈彦皆主编：《改革在台州系列丛书·综合卷——走向辉煌》，天津：南开大学出版社，1997年。

高飞、倪侃：《"草根文化"与台州社会经济发展》，《浙江社会科学》2005年第3期。

高飞：《台州区域文化传统特色论》，《社会科学战线》2008年第3期。

胡斯求主编：《台州改革开放30年》，杭州：浙江人民出版社，2008年。

张崤：《仙居岩画述论》，《东南文化》2009年第6期。

李建军：《宋代名志嘉定〈赤城志〉的历史价值》，《中国地方志》2010年第7期。

浙江省文物考古研究所、临海市文物保护管理所：《浙江临海峙山头遗址调查与试掘简报》，《东南文化》2017年第1期。

胡可先：《天台山：浙东唐诗之路与海上丝绸之路的交汇》，《浙江社会科学》2019年第12期。

## 四、其他古代典籍

### （一）经部

（汉）许慎撰，（清）段玉裁注：《说文解字注》，许惟贤整理本，南京：凤凰出版社，2007年。

（唐）孔颖达：《周易正义》，李学勤主编标点本，北京：北京大学出版社，1999年。

（唐）孔颖达：《尚书正义》，李学勤主编标点本，北京：北京大学出版社，1999年。

（唐）孔颖达：《毛诗正义》，李学勤主编标点本，北京：北京大学出版社，1999年。

（唐）孔颖达：《礼记正义》，李学勤主编标点本，北京：北京大学出版社，1999年。

（唐）孔颖达：《春秋左传正义》，李学勤主编标点本，北京：北京大学出版社，1999年。

（唐）贾公彦：《周礼注疏》，李学勤主编标点本，北京：北京大学出版社，1999年。

（唐）贾公彦：《仪礼注疏》，李学勤主编标点本，北京：北京大学出版社，1999年。

（唐）杨士勋：《春秋谷梁传注疏》，李学勤主编标点本，北京：北京大学出版社，1999年。

（宋）邢昺：《论语注疏》，李学勤主编标点本，北京：北京大学出版社，1999年。

（宋）孙奭：《孟子注疏》，李学勤主编标点本，北京：北京大学出版社，1999年。

## （二）史部

（先秦）无名氏撰，徐元诰集解：《国语集解》，北京：中华书局，2002年。

（汉）司马迁：《史记》，北京：中华书局，2013年。

（汉）班固：《汉书》，北京：中华书局，1962年。

（晋）陈寿：《三国志》，北京：中华书局，1959年。

（南朝宋）范晔：《后汉书》，北京：中华书局，1965年。

（南朝齐）沈约：《宋书》，北京：中华书局，1974年。

（南朝梁）萧子显：《南齐书》，北京：中华书局，1972年。

（北朝）魏收：《魏书》，北京：中华书局，1974年。

（唐）刘知几撰，（清）浦起龙注：《史通通释》，上海：上海古籍出版社，1978年。

（唐）李延寿：《北史》，北京：中华书局，1974年。

（唐）李延寿：《南史》，北京：中华书局，1975年。

（唐）魏征等：《隋书》，北京：中华书局，1973年。

（唐）房玄龄等：《晋书》，北京：中华书局，1974年。

（宋）薛居正等：《旧五代史》，北京：中华书局，1976年。

（宋）王溥：《唐会要》，北京：中华书局，1955年。

（宋）欧阳修：《新五代史》，北京：中华书局，1974年。

（宋）欧阳修、宋祁：《新唐书》，北京：中华书局，1975年。

（宋）司马光：《资治通鉴》，北京：中华书局，1956年。

（宋）李焘：《续资治通鉴长编》，北京：中华书局，1995年。

（元）脱脱：《宋史》，北京：中华书局，1977年。

（清）张廷玉：《明史》，北京：中华书局，1974年。

（清）徐松：《宋会要辑稿》，刘琳等点校本，上海：上海古籍出版社，2014年。

（清）黄宗羲等：《宋元学案》，北京：中华书局，1986年。

（清）永瑢等：《四库全书总目》，四库全书研究所整理本，北京：中华书局，1997年。

（清）嵇曾筠等：《（雍正）浙江通志》，北京：中华书局，2001年。

（三）子部

（先秦）老子撰，陈鼓应注译：《老子今注今译》，北京：中华书局，

1984年。

（先秦）庄子撰，陈鼓应注译：《庄子今注今译》，北京：中华书局，2001年。

（晋）葛洪撰，王明校释《抱朴子内篇校释》，北京：中华书局，1985年。

（宋）叶适：《习学记言序目》，北京：中华书局，1977年。

（宋）黎靖德编：《朱子语类》，北京：中华书局，1986年。

（明）《（正统）道藏》，北京、上海、天津：文物出版社、上海书店、天津古籍出版社，1988年。

（明）王守仁：《王阳明全集》，吴光等编校，上海：上海古籍出版社，2011年。

河北省佛教协会印行：《大正新修大藏经》，中华佛教出版社，2008年。

## （四）集部

（唐）李白撰，郁贤皓校注：《李太白全集校注》，南京：凤凰出版社，2015年。

（唐）杜甫撰，萧涤非等校注：《杜甫全集校注》，北京：人民文学出版社，2014年。

（唐）白居易：《白居易集》，顾学颉校点本，北京：中华书局，1999年。

（宋）陈亮：《陈亮集》，邓广铭点校增订本，石家庄：河北教育出版社，2003年。

（清）严可均辑：《全上古三代秦汉三国六朝文》，北京：中华书局，1999年。

## 五、其他研究著述

浙江省名镇志编纂委员会：《浙江省名镇志》，上海：上海书店出版社，1991年。

滕复等：《浙江文化史》，杭州：浙江人民出版社，1992年。

何炳松：《浙东学派溯源》，桂林：广西师范大学出版社，2004年。

金普森、陈剩勇主编：《浙江通史》，杭州：浙江人民出版社，2005年。

陈华文：《浙江民俗史》，杭州：杭州出版社，2008年。

沈善洪主编：《浙江文化史》，杭州：浙江大学出版社，2009年。

钱茂伟：《浙东史学研究述评》，北京：海洋出版社，2009年。

余绍宋等：《重修浙江通志稿》，北京：方志出版社，2010年。

《浙江通志》编纂委员会编：《浙江通志》，杭州：浙江人民出版社，2017—2021年。

# 后　记

　　府城墙边的蜡梅还在绽放缕缕幽香，展现傲霜斗雪的风骨，灵江边的柳树已迫不及待冒出嫩绿的枝叶，舞出轻拂江面的婀娜——江南的又一个春天悄然来临。冬去春来，万象更新，《台州文化新论》书稿编撰经历了两个冬天的煎熬，终于全部完成、校核完毕、即将面世，书稿迎来了明媚的春光，那是胜利的曙光。

　　2019年的秋冬时节，台州市社科联委托台州学院牵头编撰一本全面反映台州文化的新著。接到任务后，笔者会同人文学院、天台山文化研究院高平、杨供法等同道多次讨论，拟定了写作提纲，选定了撰写人员，明确了章节分工。具体分工如下：

　　　　绪论：李建军（台州学院）

　　　　上编：文脉新释（李建军统稿）

　　　　　　第一章、台州文化的孕育时期：张峋（台州市博物馆）
　　　　　　第二章、台州文化的成熟时期：胡正武（台州学院）
　　　　　　第三章、台州文化的嬗变时期：王康艺（椒江区教育局）
　　　　　　第四章、台州文化的复兴时期：王康艺（椒江区教育局）

中编：文华新观（高平统稿）

　　第五章、史学哲学的辉煌成就：第一节张天星（台州学院），第二节高平（台州学院），第三节范正来（椒江区人大）

　　第六章、文学艺术的璀璨多姿：范正来（椒江区人大）

　　第七章、教育科技的发达灿烂：吕继北（台州学院）

　　第八章、民俗方言的别具风貌：第一节周仲强（台州职业技术学院），第二节郭建利（台州学院）

　　第九章、地方戏曲的别具魅力：周仲强（台州职业技术学院）

　　第十章、茶文化与武术的别有洞天：第一节孙明霞（椒江区政协），第二节马曙明（临海市政协）

下编：文韵新析（杨供法统稿）

　　第十一章、台州文化的主要类型：第一节、第二节严胜英（武汉大学），第三节张天星（台州学院），第四节张燕（台州学院），第五节杨供法（台州学院）

　　第十二章、台州文化的基本精神：杨供法（台州学院）

　　第十三章、台州文化的境外传播：郝金广（台州学院）

　　第十四章、台州文化的返本开新：第一节王宏芹（台州学院），第二节杨供法（台州学院），第三节张燕（台州学院）

参考文献：李建军（台州学院）

书稿编撰得到了台州市委宣传部的指导，蒋冰风部长亲自担任指导委员会主任，林杰副部长、陈剑副部长等担任副主任，对书稿的体例安排、史料选用等提出明确要求，同时将书稿列入台州市（2020—2021年）扶持重点文艺精品创作项目名单，予以经费支持；文艺处尚小星处长对书稿撰写如何雅俗共赏、兼具学术性与可读性等问题提出了非常中肯的建议。书稿的编撰，得到了台州市社科联陈文献主席、王仲媚副主席、汤天伟副主席的大力支持和精心指导，该项目被列为2020年度台州市哲社规划重大课题（课题编号：20GHZD01）；书稿的统稿会和评审会，市社科联领导都亲临指导，对书稿的章节安排、时间跨度、内容表述、文字风格等提出了恰中肯綮的意见和建议。书稿的编撰，得到了台州学院的鼎力支持，副校长、校社科联主席王正教授亲自参与书稿的策划，对书稿如何博采众长、推陈出新，提出了很多真知灼见。尤可一提的是，书稿的撰写还得到了浙江大学何善蒙教授、绍兴文理学院俞志慧教授、台州文化研究中心周琦主任、《台州日报》赵宗彪副总编等方家的指点，他们对书稿的章节安排、文史互证、详略博约等问题提出了非常精准的建议。

当然，书稿的撰写更是得到了项目组成员的鼎力支持。台州市博物馆副馆长张峋老师、椒江区政协文史专员王康艺老师、椒江区人大范正来老师、台州职业技术学院人文学院院长周仲强老师、椒江区政协文化文史和学习委副主任孙明霞老师、临海市政协马曙明老师，在台州文博、文艺、民俗、戏曲、茶文化、武术等方面学有专精，积极参与书稿撰写，各自提交了颇有分量的相关章节文本，为书稿增光添色。台州学院的胡正武教授、高平教授、张天星教授、杨供法副教授、郭建利副教授、张燕副教授，在台州文献、历史、哲学、方言、文化精神等方面积淀深厚，尽心尽力撰写相关章节，提交的文本有根有据、斐然成章。另外，台州学院的吕继北博士、严胜英博士、郝金广博士、王宏芹博士，功底扎实，从事台州文化研究能很快抓住要领、登堂入室，提交的文本虽难臻老成之境，但能自圆其说、文理畅达。

回首书稿的撰写，经过两次统稿会的把关、一次审稿会的审核和四五次的修改，书稿质量在不断提升，同时不断在"新"字上有所迈进。书稿名为"台州文化新论"，是立足于李一、周琦主编《台州文化概论》（中国文联出版社2002年版）、叶哲明著《台州文化发展史》（云南民族出版社2006年版）等台州文化研究已有著述，开启新思路、挖掘新史料、关注新动态、做出新判断，以谱写台州文化研究新篇章。就开启新思路而言，书稿采取总分结合、纵横交织的策略，分为上中下三编。上编"文脉新释"着眼于从时空格局方面梳理台州文脉，中编"文华新观"着眼于从特色、成就方面彰显台州文华，下编"文韵新析"着眼于从类型、精神、传播等方面呈现台州文韵。这种结构有一定的新意，同时中编在以往探讨史学、哲学、文学、艺术、教育、科技、戏曲、民俗、茶文化、武术的基础上，特地增加方言一节，下编特地增设"台州文化的主要类型""台州文化的基本精神"等内容，以更为全面地呈现台州文化。就挖掘新史料而言，全书充分运用了近二十年考古发掘的新材料，特别是第一章"台州文化的孕育时期"，结合近二十年仙居下汤、临海峙山头、路桥灵山和梅屿山、玉环三合潭等遗址的考古新报告以及仙居岩画的探索新发现，对史前时期、先秦时期的台州文化进行了新的探讨，具有正本清源的学术价值。就关注新动态而言，书稿的时间跨度从史前直到2020年，相关章节的撰写都力求将台州经济社会发展特别是文化领域的最新动态呈现出来，如和合圣地建设、唐诗之路研究、垦荒精神立心、台州城市精神等都有涉及。就做出新判断而言，书稿指出，台州文化经历了史前到隋唐"从区域性文明到大一统文明"，五代到南宋"从边缘区域到全国重心区域"，元代到明清"从王畿辅郡滑落为海陬边郡"，近代到当下"从内陆时代走向海洋时代"等四个阶段，呈现出"三教和合而释道更显""大小传统共生而硬气贯穿""地域性开放性并存而开放性走强"等硬核特质，这些论断未必都恰切，但都是立足于原始文献的新探索，值得关注。

特别需要指出的是，《台州文化新论》的"新"不是追求标新立异的"新"，而是崇尚守正出新的"新"。我们力图恪守文献考据、文本细读、文史互证等优良学术传统，遵循辨章学术、考镜源流等正统学术路径，走正路、阐新意。我们力图吸收学界最新成果，全面梳理台州文化的区域背景、演进历程，系统分析台州文化的辉煌成就、独特价值，细致探讨台州文化的主要类型、基本精神，综合把握台州文化的境外传播、未来发展，编撰一本雅俗共赏、守正出新的台州文化新著。我们力图融会贯通、自出机杼，但因书成众手、各具面貌，尽管笔者最后统稿时做了相当程度的删削、修正、校补，书稿仍有不少瑕疵、留有不少缺憾。庆幸的是，浙江大学出版社的资深编辑宋旭华老师非常专业、非常敬业，对书稿进行了极为精细的审读，发现并纠正了书稿中不少讹误，切实帮助书稿减少了失误、提高了质量。

台州是"一郡连山，围在海外"而成"另一乾坤"的海滨城市，台州文化作为负山表海、别有天地的区域文化，既以多元一体、百川归海的姿态显示出中华文化的共通性、向心力，也以自身特色显示出地域文化的丰富性、多样性。台州人文荟萃、文化昌盛，享有"文献上郡""东南小邹鲁""声华文物之区"的美誉。编撰《台州文化新论》，在东亚文化的大视野中观照三台大地，在华夏文化的大境界中考量区域文化，在文化自信的大格局中诠释台州文化，钩玄提要，抉隐索微，可以自立立人、以文化人，可以鉴往知来、返本开新。正如台州名士屈映光在1936年为喻长霖主纂之《台州府志》作序，云："窃愿与同乡诸君子追踪曩哲，武步古人，举先贤之事业，益发挥而光大之，于以上追小邹鲁之盛，而遥待来哲于无穷焉，则区区之愿也。"

站在春天的门槛，回首《台州文化新论》编撰的两个冬天，感慨万千。仔细校完最后一页书稿，快递寄给出版社，又来到灵江边漫步。天空下着毛毛细雨，蜡梅传来缕缕幽香，轰轰隆隆的响声由远而近，灵江的晚潮如期而至，那是澎湃的春潮，那是涌动的浪潮……

李建军

辛丑初春于临海

## 修订附记

本书自2021年4月问世后，受到台州各界人士的关注，也受到省内外地域文化研究同道的关注。现充分吸取各方意见和建议，对本书进行修订完善，并邀请台州文史方家黄晓慧先生审读校核。"文章千古事，得失寸心知"，地域文化研究要追踪曩哲、俯仰无愧，需要师法匠人、弘扬匠心。有志君子，大家共勉。

李建军

壬寅初春于临海

## 再版附记

本书于2021年4月出版后，作为台州向建党百年献礼的文化著作，作为三台地域文化研究的最新成果，受到大家的关注和社会的好评。后来2022年4月又重印了一次，修改了一些讹误、完善了一些表述。

该书重印本问世后，我们又陆续收到了一些专家学者乃至普通读者的意见和建议，主要有三条：第一，该书最好有一个主标题统摄台州文化，成为全书的灵魂；第二，该书的部分章节可将台州文化领域的最新成果吸纳进去；第三，建议开本为通行的16开，字体大小保持重印本的样式。

经过与浙大出版社沟通，与相关人员商议，我们决定出版《台州文化新论》修订版，以"人间丹丘：台州文化新论"为书名，用"人间丹丘"统摄台州文化，贯穿全书。同时，对相关章节进行了修订和完善，以反映台州文化建设和研究的最新动态。

台州历史上作为"佛宗道源"，享有"丹丘"的美誉，名闻遐迩。今天的台州，更是生机勃勃、驰名中外，成为宜业、宜居、宜游、宜养、宜学的乐土，成为新时代"人间丹丘"的鲜活样本。希望此书的修订再版，能为"大美台州　人间丹丘"的建设增光添色，能为新时代的文化浙江建设添砖加瓦，能为中华优秀传统文化的返本开新提供地域样本。

李建军

甲辰季夏于临海

**图书在版编目（CIP）数据**

人间丹丘：台州文化新论 / 李建军主编. -- 杭州：
浙江大学出版社，2024.12. -- ISBN 978-7-308-25742
-8

Ⅰ. G127.553

中国国家版本馆CIP数据核字第2024DM8111号

## 人间丹丘：台州文化新论

李建军　主编

| | |
|---|---|
| 责任编辑 | 宋旭华 |
| 责任校对 | 蔡　帆 |
| 封面设计 | 周　灵 |
| 出版发行 | 浙江大学出版社 |
| | （杭州市天目山路148号　邮政编码310007） |
| | （网址：http://www.zjupress.com） |
| 排　　版 | 杭州林智广告有限公司 |
| 印　　刷 | 浙江新华数码印务有限公司 |
| 开　　本 | 710mm×1000mm　1/16 |
| 印　　张 | 45.5 |
| 字　　数 | 618千 |
| 版 印 次 | 2024年12月第1版　2024年12月第1次印刷 |
| 书　　号 | ISBN 978-7-308-25742-8 |
| 定　　价 | 118.00元 |